Gröls Verlage

„Bücher sind wie Fallschirme. Sie nützen uns nichts, wenn wir sie nicht öffnen."

Gröls Verlag

Redaktionelle Hinweise und Impressum

Das vorliegende Werk wurde zugunsten der Authentizität sehr zurückhaltend bearbeitet. So wurden etwa ursprüngliche Rechtschreibfehler regelmäßig *nicht* behoben, denn kleine Unvollkommenheiten machen das Buch – wie im Übrigen den Menschen – erst authentisch. Mitunter wurden jedoch zum Beispiel Absätze behutsam neu getrennt, um den Lesefluss zu erleichtern.

Um die Texte zu rekonstruieren, werden antiquarische Bücher von Lesegeräten gescannt und dann durch eine Software lesbar gemacht. Der so entstandene Text wird von Menschen gegengelesen und korrigiert – hierbei treten auch Fehler auf. Wenn Sie ebenfalls antiquarische Texte einreichen möchten, finden Sie weitere Informationen auf www.groels.de

Viel Freude bei der Lektüre wünscht Ihnen das Team des Gröls-Verlags.

Adressen

Verleger: Hermann-Josef Gröls,

Im Borngrund 26, 61440 Oberursel

Externer Dienstleister für Distribution & Herstellung:

BoD, In de Tarpen 42, 22848 Norderstedt

Unsere „Edition | Werke der Weltliteratur“ hat den Anspruch, eine der größten und vollständigsten Sammlungen klassischer Literatur in deutscher Sprache zu werden. Nach und nach versammeln wir hier nicht nur die „üblichen Verdächtigen“ von Goethe bis Schiller, sondern auch Kleinode der vergangenen Jahrhunderte, die – zu Unrecht – drohen, in Vergessenheit zu geraten. Wir kultivieren und kuratieren damit einen der wertvollsten Bereiche der abendländischen Kultur. Kleine Auswahl:

Francis Bacon • Neues Organon • **Balzac** • Glanz und Elend der Kurtisanen • **Joachim H. Campe** • Robinson der Jüngere • **Dante Alighieri** • Die Göttliche Komödie • **Daniel Defoe** • Robinson Crusoe • **Charles Dickens** • Oliver Twist • **Denis Diderot** • Jacques der Fatalist • **Fjodor Dostojewski** • Schuld und Sühne • **Arthur Conan Doyle** • Der Hund von Baskerville • **Marie von Ebner-Eschenbach** • Das Gemeindekind • **Elisabeth von Österreich** • Das Poetische Tagebuch • **Friedrich Engels** • Die Lage der arbeitenden Klasse • **Ludwig Feuerbach** • Das Wesen des Christentums • **Johann G. Fichte** • Reden an die deutsche Nation • **Fitzgerald** • Zärtlich ist die Nacht • **Flaubert** • Madame Bovary • **Gorch Fock** • Seefahrt ist not! • **Theodor Fontane** • Effi Briest • **Robert Musil** • Über die Dummheit • **Edgar Wallace** • Der Frosch mit der Maske • **Jakob Wassermann** • Der Fall Maurizius • **Oscar Wilde** • Das Bildnis des Dorian Grey • **Émile Zola** • Germinal • **Stefan Zweig** • Schachnovelle • **Hugo von Hofmannsthal** • Der Tor und der Tod • **Anton Tschechow** • Ein Heiratsantrag • **Arthur Schnitzler** • Reigen • **Friedrich Schiller** • Kabale und Liebe • **Nicolo Machiavelli** • Der Fürst • **Gotthold E. Lessing** • Nathan der Weise • **Augustinus** • Die Bekenntnisse des heiligen Augustinus • **Marcus Aurelius** • Selbstbetrachtungen • **Charles Baudelaire** • Die Blumen des Bösen • **Harriett Stowe** • Onkel Toms Hütte • **Walter Benjamin** • Deutsche Menschen • **Hugo Bettauer** • Die Stadt ohne Juden • **Lewis Caroll** • *und viele mehr….*

Inhalt

Erster Teil 2
Zweiter Teil 133
Dritter Teil 252

Bettina von Arnim

Goethes Briefwechsel mit einem Kinde

***

Seinem Denkmal

***

Erster Teil

Dem Fürsten Pückler

Haben sie von deinem Fehlen
Immer viel erzählt,
Und fürwahr, sie zu erzählen
Vielfach sich gequält.
Hätten sie von deinem Guten
Freundlich dir erzählt,
Mit verständig treuen Winken
Wie man Bess'res wählt;
O gewiß! Das Allerbeste
Blieb uns nicht verhehlt,
Das fürwahr nur wenig Gäste
In der Klause zählt. –
Westöstlicher Divan.
Buch der Betrachtung.

Es ist kein Geschenk des Zufalls oder der Laune, was Ihnen hier dargebracht wird. Aus wohlüberlegten Gründen und mit freudigem Herzen biete ich Ihnen an das Beste, was ich zu geben vermag. Als Zeichen meines Dankes für das Vertrauen, was Sie mir schenken.

Die Menge ist nicht dazu geeignet, die Wahrheit, sondern nur den Schein zu prüfen; den geheimen Wegen einer tiefen Natur nachzuspüren, das Rätselhafte in ihr aufzulösen ist ihr versagt, sie spricht nur ihre Täuschungen aus, erzeugt hartnäckige Vorurteile gegen bessere Überzeugung und beraubt den Geist der Freiheit, das vom Gewöhnlichen Abweichende in seiner Eigentümlichkeit anzuerkennen. In solchen Verwirrungen waren auch meine Ansichten von Ihnen verstrickt, während Sie aus eigner Bewegung, jedes verkleinernde Urteil über mich abweisend, mir freundlich zutrauten: „Sie würden Herz und Geist durch mich bereichern können“, wie sehr hat mich dies beschämt! – Die Einfachheit Ihrer Ansichten, Ihrer sich selbst beschauenden, selbstbildenden Natur, Ihr leiser Takt für fremde Stimmung, Ihr treffendes fertiges Sprachorgan; sinnbildlich vieldeutig in melodischem Stil innere Betrachtung wie äußere Gegenstände darstellend, diese Naturkunst Ihres Geistes, alles hat mich vielfältig über Sie zurechtgewiesen und mich mit jenem höheren Geist in Ihnen bekannt gemacht, der so manche Ihrer Äußerungen idealisch parodiert.

Einmal schrieben Sie mir: *"Wer meinen Park sieht, der sieht in mein Herz."* Es war im vorigen Jahr in der Mitte September, daß ich am frühen Morgen, wo eben die Sonne ihre Strahlen ausbreitete, in diesen Park eintrat; es war große Stille in der ganzen Natur, reinliche Wege leiteten mich zwischen frischen Rasenplätzen, auf denen die einzelnen Blumenbüsche noch zu schlafen schienen; bald kamen geschäftige Hände, ihrer zu pflegen, die Blätter, die der Morgenwind abgeschüttelt hatte, wurden gesammelt und die verwirrten Zweige geordnet; ich ging noch weiter an verschiedenen Tagen und zu verschiedenen Stunden nach allen Richtungen, so weit ich kam, fand ich dieselbe Sorgfalt und eine friedliche Anmut, die sich über alles verbreitete. So entwickelt und pflegt der Liebende den Geist und die Schönheit des Geliebten, wie Sie hier ein anvertrautes Erbteil der Natur pflegen. Gern will ich glauben, daß dies der Spiegel Ihres tiefsten Herzens sei, da es so viel Schönes besagt; gern will ich glauben, daß das einfache Vertrauen zu Ihnen nicht minder gepflegt und geschätzt sei als jede einzelne Pflanze Ihres Parks. Dort hab' ich Ihnen auch aus meinen Briefen und dem Tagebuch an Goethe vorgelesen, Sie haben gern zugehört; ich gebe sie Ihnen jetzt hin, beschützen Sie diese Blätter wie jene Pflanzen, und so treten Sie abermals hier zwischen mich und das Vorurteil derer, die schon jetzt, noch eh' sie es kennen, dies Buch als unecht verdammen und sich selbst um die Wahrheit betrügen.

Lassen Sie uns einander gut gesinnt bleiben, was wir auch für Fehler und Verstoße in den Augen anderer haben mögen, die uns nicht in demselben Lichte sehen, wir wollen die Zuversicht zu einer höheren Idealität, die so weit alle zufälige Verschuldungen und Mißverständnisse und alle angenommene und herkömmliche Tugend überragt, nicht aufgeben. Wir wollen die mannigfaltigen edlen Veranlassungen, Bedeutungen und Interesse, verstanden und geliebt zu werden, nicht verleugnen, ob andre es auch nicht begreifen, so mag es ihnen ein Rätsel bleiben.

Im August 1834

Bettina Arnim.

Vorrede

Dies Buch ist für die Guten und nicht für die Bösen.

Während ich beschäftigt war, diese Papiere für den Druck zu ordnen, hat man mich vielfältig bereden wollen, manches auszulassen oder anders zu wenden, weil es Anlaß geben könne zu Mißdeutungen. Ich merkte aber bald, man mag nur da guten Rat annehmen, wo er der eignen Neigung nicht widerspricht. Unter den vielen Ratgebern war nur einer, dessen Rat mir gefiel; er sagte: „Dies Buch ist für die Guten und nicht für die Bösen; nur böse Menschen können es übel ausdeuten, lassen Sie alles stehen, wie es ist, das gibt dem Buch seinen Wert, und Ihnen kann man auch nur Dank wissen, daß Sie das Zutrauen haben, man werde nicht mißdeuten, was der gute Mensch nie mißverstehen kann." – Dieser Rat leuchtete mir ein, er kam von dem Faktor der Buchdruckerei von Trowitzsch und Sohn, Herrn Klein, derselbe, der mir Druck und Papier besorgte, Orthographiefehler korrigierte, Komma und Punkt zurechtrückte und bei meinem wenigen Verstand in diesen Sachen viel Geduld bewies. Diese seine ausgesprochne Meinung bestärkte mich darin, daß ich den bösen Propheten und den ängstlichen Ansichten der Ratgebenden nicht nachgab. Wie auch der Erfolg dieses Rates ausfallen mag, ich freue mich seiner, da er unbezweifelt von den Guten als der edelste anerkannt wird, die es nicht zugeben werden, daß die Wahrheit eines freudigen Gewissens sich vor den Auslegungen der Bösen flüchte. –

Auch dem Herrn Kanzler von Müller in Weimar sage ich Dank, daß er auf meine Bitte sich bemühte, trotz dem Drang seiner Geschäfte, meine Briefe aus Goethes umfassendem Nachlaß hervorzusuchen, es sind jetzt achtzehn Monate, daß ich sie in Händen habe; er schrieb mir damals: „So kehre denn dieser unberührte Schatz von Liebe und Treue zu der reichen Quelle zurück, von der er ausgeströmt! Aber eins möchte ich mir zum Lohn meiner gemessenen Vollziehung Ihres Wunsches und Willens wie meiner Enthaltsamkeit doch von Ihrer Freundschaft ausbitten. – Schenken Sie mir irgendein Blatt aus dieser ohne Zweifel lebenswärmsten Korrespondenz; ich werde es heilig aufbewahren, nicht zeigen noch kopieren lassen, aber mich zuweilen dabei still erfreuen, erbauen oder betrüben, je nachdem der Inhalt sein wird; immerhin werde ich ein *zweifach liebes* Andenken, einen Tropfen gleichsam Ihres Herzbluts, das dem größten und herrlichsten Menschen zuströmte, daran besitzen." Ich habe diese Bitte nicht befriedigt, denn ich war zu eifersüchtig auf diese Blätter, denen Goethe eine ausgezeichnete Teilnahme geschenkt hatte, sie sind meistens von seiner Hand korrigiert, sowohl Orthographie als auch hie und da Wortstellung, manches ist mit Rötel unterstrichen, anderes wieder mit Bleistift, manches ist eingeklammert, anderes ist durchstrichen. Da ich ihn nach längerer Zeit wiedersah, öffnete er ein Schubfach, worin meine Briefe lagen, und sagte: *"Ich lese alle Tage darin."* Damals erregten mir diese Worte einen leisen Schauer. Als ich jetzt diese Briefe wieder las, mit diesen Spuren seiner Hand, da empfand ich denselben Schauer, und ich hätte mich nicht leichtlich von einem der geringsten Blätter trennen mögen. Ich habe also die Bitte des Kanzler von Müller mit Schweigen übergangen, aber nicht undankbar vergessen; möge ihm der Gebrauch, den ich davon gemacht habe, beides, meinen Dank und meine Rechtfertigung, beweisen.

Briefwechsel mit Goethes Mutter

Am 1. März 1807.

Liebste Frau Rat! Ich warte schon lange auf eine besondere Veranlassung, um den Eingang in unsere Korrespondenz zu machen. Seitdem ich aus Ihrem Abrahamsschoß, als dem Hafen stiller Erwartung, abgesegelt bin, hat der Sturmwind noch immer den Atem angehalten, und das *Einerleileben* hat mich wie ein schleichend Fieber um die schöne Zeit gebracht. Wie sehr bejammere ich die angenehme Aussicht, die ich auf der Schawell zu Ihren Füßen hatte, nicht die auf den Knopf des Katharinenturms, noch auf die Feueresse der rußigen Zyklopen, die den goldnen Brunnen bewachen; nein! die Aussicht in Ihren vielsagenden feurigen Blick, der ausspricht, was der Mund nicht sagen kann. – Ich bin zwar hier mitten auf dem Markt der Abenteuer, aber das köstliche Netz, in dem mich Ihre mütterliche Begeistrung eingefangen, macht mich gleichgültig für alle. Neben mir an, Tür an Tür, wohnt der Adjutant des Königs; er hat rotes Haar, große blaue Augen, ich weiß einen, der ihn für unwiderstehlich hält, der ist er selber. Vorige Nacht weckte er mich mit seiner Flöte aus einem Traum, den ich für mein Leben gern weiter geträumt hätte, am andern Tag bedankt' ich mich, daß er mir noch so fromm den Abendsegen vorgeblasen habe; er glaubte, es sei mein Ernst, und sagte, ich sei eine Betschwester, seitdem nennen mich alle Franzosen so und wundern sich, daß ich mich nicht drüber ärgere: – ich kann aber doch die Franzosen gut leiden.

Gestern ist mir ein Abenteuer begegnet. Ich kam vom Spaziergang und fand den Rothschild vor der Tür mit einem schönen Schimmel; er sagte: es sei ein Tier wie ein Lamm, und ob ich mich nicht draufsetzen wolle? – Ich ließ mich gar nicht bitten, kaum war ich aufgestiegen, so nahm das Lamm Reißaus und jagte in vollem Galopp mit mir die Wilhelmshöher Allee hinauf, ebenso kehrte es wieder um. Alle kamen totenblaß mir entgegen, das Lamm blieb plötzlich stehen, und ich sprang ab; nun sprachen alle von ihrem gehabten Schreck; – ich fragte: „Was ist denn passiert?“ – „Ei, der Gaul ist ja mit Ihnen durchgegangen!“ – „So!“ sagt' ich, „das hab' ich nicht gewußt.“ – Rothschild wischte mit seinem seidnen Schnupftuch dem Pferd den Schweiß ab, legte ihm seinen Überrock auf den Rücken, damit es sich nicht erkälten solle, und führte es in Hemdärmel nach Haus; er hatte gefürchtet, es nimmermehr wiederzusehen. – Wie ich am Abend in die Gesellschaft kam, nannten mich die Franzosen nicht mehr Betschwester, sie riefen alle einstimmig: „Ah l'hëroine!“

Leb' Sie wohl, ruf' ich Ihr aus meiner Traumwelt zu, denn auch über mich verbreitet sich ein wenig diese Gewalt. Ein gar schöner (ja, ich müßte blind sein, wenn ich dies nicht fände), nun, ein feiner, schlanker, brauner Franzose sieht mich aus weiter Ferne mit scharfen Blicken an, er naht sich bescheiden, er bewahrt die Blume, die meiner Hand entfällt, er spricht von meiner Liebenswürdigkeit; Frau Rat, wie gefällt einem das? Ich tue zwar sehr kalt und ungläubig, wenn man indessen in meiner Nähe sagt: „Le roi vient“, so befällt mich immer ein kleiner Schreck, denn so heißt mein liebenswürdiger Verehrer.

Ich wünsche Ihr eine gute Nacht, schreib' Sie mir bald wieder.

Bettine.

Goethes Mutter an Bettine.

Am 14. März 1807.

Ich habe mir meine Feder frisch abknipsen lassen und das vertrocknete Tintenfaß bis oben vollgegossen, und weil es denn heute so abscheulich Wetter ist, daß man keinen Hund vor die Tür jagt, so sollst Du auch gleich eine Antwort haben. Liebe Bettine, ich vermisse Dich sehr in der bösen Winterzeit; wie bist Du doch im vorigen Jahr so vergnügt dahergesprungen kommen? – Wenn's kreuz und quer schneite, da wußt' ich, das war so ein recht Wetter für Dich, ich braucht' nicht lange zu warten, so warst Du da. Jetzt guck' ich auch immer noch aus alter Gewohnheit nach der Ecke von der Katharinenpfort', aber Du kommst nicht, und weil ich das ganz gewiß weiß, so kümmert's mich. Es kommen Visiten genug, das sind aber nur so Leutevisiten, mit denen ich nichts schwätzen kann.

Die Franzosen hab' ich auch gern – das ist immer ein ganz ander Leben, wenn die französische Einquartierung hier auf dem Platz ihr Brot und Fleisch ausgeteilt kriegt, als wenn die preußische oder hessische Holzböck' einrücken.

Ich hab' recht meine Freud' gehabt am Napoleon, wie ich den gesehen hab'; er ist doch einmal derjenige, der der ganzen Welt den Traum verzaubert, und dafür können sich die Menschen bedanken, denn wenn sie nicht träumten, so hätten sie auch nichts davon und schliefen wie die Säck', wie's die ganze Zeit gegangen ist.

Amüsiere Dich recht gut und sei lustig, denn wer lacht, kann keine Todsünd' tun.

Deine Freundin

Elisabeth Goethe.

Nach dem Wolfgang frägst Du gar nicht; ich hab' Dir's ja immer gesagt: wart' nur bis einmal ein andrer kommt, so wirst Du schon nicht mehr nach ihm seufzen

***

Am 20. März 1807

Frau Rat! Geh' Sie doch mit Ihren Vorwürfen; – das antwort' ich Ihr auf Ihre Nachschrift, und sonst nichts.

Jetzt rat' Sie einmal, was der Schneider für mich macht. Ein Andrieng? – Nein! – Eine Kontusche? – Nein! Einen Joppel? – Nein! Eine Mantille? – Nein! Ein paar Boschen? – Nein! Einen Reifrock? – Nein! Einen Schlepprock? – Nein! Ein Paar Hosen? – Ja! – Vivat – jetzt kommen andre Zeiten angerückt – und auch eine Weste und ein Überrock dazu. Morgen wird alles anprobiert, es wird schon sitzen, denn ich hab' mir alles bequem und weit bestellt, und dann werf' ich mich in eine Chaise und reise Tag und Nacht Kurier durch die ganzen Armeen zwischen Feind und Freund durch; alle Festungen tun sich vor mir auf, und so geht's fort bis Berlin, wo einige Geschäfte abgemacht werden, die mich nichts angehn. Aber dann geht's eilig zurück und wird nicht eher haltgemacht bis Weimar. O Frau Rat, wie wird's denn dort aussehen? – Mir klopft das Herz gewaltig, obschon ich noch bis zu Ende April reisen kann, ehe ich dort hinkomme. Wird mein Herz auch Mut genug haben, sich ihm hinzugeben? – Ist mir's doch, als ständ' er eben vor der Tür! – Alle Adern klopfen mir im Kopf; ach wär' ich doch bei Ihr! – Das allein könnt' mich ruhig machen, daß ich säh', wie Sie auch vor Freud' außer sich wär', oder wollt' mir einer einen Schlaftrunk geben, daß ich schlief', bis ich bei ihm erwachte. Was werd' ich ihm sagen? – Ach, nicht wahr, er ist nicht hochmütig? – Von Ihr werd' ich ihm auch alles erzählen, das wird er doch gewiß gern hören. Adieu, leb' Sie wohl und wünsch' Sie mir im Herzen eine glückliche Reis'. Ich bin ganz schwindlig.

Bettine.

Aber das muß ich Ihr doch noch sagen, wie's gekommen ist. Mein Schwager kam und sagte, wenn ich seine Frau überreden könne, in Männerkleidern mit ihm eine weite Geschäftsreise zu machen, so wolle er mich mitnehmen und auf dem Rückweg mir zulieb über Weimar gehen. Denk' Sie doch, Weimar schien mir immer so entfernt, als wenn es in einem andern Weltteil läg', und nun ist's vor der Tür.

***

Am 5. Mai 1807.

Liebe Frau Rat! Eine Schachtel wird Ihr mit dem Postwagen zukommen, beste Frau Mutter, darin sich eine Tasse befindet; es ist das sehnlichste Verlangen, Sie wieder zu sehen, was mich treibt, Ihr solche unwürdige Zeichen meiner Verehrung zu senden. Tue Sie mir den Gefallen, Ihren Tee früh morgens draus zu trinken, und denk' Sie meiner dabei. – Ein Schelm gibt's besser, als er's hat.

Den Wolfgang hab' ich endlich gesehen; aber ach, was hilft's? Mein Herz ist geschwellt wie das volle Segel eines Schiffs, das fest vom Anker gehalten ist am fremden Boden und doch so gern ins Vaterland zurück möchte.

Adieu, meine liebe gute Frau Mutter, halt' Sie mich lieb.

Bettine Brentano.

Goethes Mutter an Bettine.

Am 11. Mai 1807.

Was läßt Du die Flügel hängen? Nach einer so schönen Reise schreibst Du einen so kurzen Brief, und schreibst nichts von meinem Sohn, als daß Du ihn gesehen hast; das hab' ich auch schon gewußt, und er hat mir's gestern geschrieben. Was hab' ich von Deinem geankerten Schiff? Da weiß ich soviel wie nichts. Schreib' doch, was passiert ist. Denk' doch, daß ich ihn acht Jahre nicht gesehen hab' und ihn vielleicht nie wieder seh'; wenn Du mir nichts von ihm erzählen willst, wer soll mir dann erzählen? – Hab' ich nicht Deine alberne Geschichten hundertmal angehört, die ich auswendig weiß, und nun, wo Du etwas Neues erfahren hast, etwas Einziges, wo Du weißt, daß Du mir die größte Freud' machen könntest, da schreibst Du nichts. Fehlt Dir denn was? – Es ist ja nicht übers Meer bis nach Weimar. Du hast ja jetzt selbst erfahren, daß man dort sein kann, bis die Sonne zweimal aufgeht. – Bist Du traurig? – Liebe, liebe Tochter, mein Sohn soll Dein Freund sein, Dein Bruder, der Dich gewiß liebt, und Du sollst mich Mutter heißen in Zukunft für alle Täg', die mein spätes Alter noch zählt, es ist ja doch der einzige Name, der mein Glück umfaßt.

Deine treue Freundin

Elisabeth Goethe.

Vor die Tasse bedank' ich mich.

An Goethes Mutter.

Am 16. Mai 1807.

Ich hab' gestern an Ihren Sohn geschrieben; verantwort' Sie es bei ihm. Ich will Ihr auch gern alles schreiben, aber ich hab' jetzt immer so viel zu denken, es ist mir fast eine Unmöglichkeit, mich loszureißen, ich bin in Gedanken immer bei ihm; wie soll ich denn sagen, wie es gewesen ist? – Hab' Sie Nachsicht und Geduld; ich will die ander' Woch' nach Frankfurt kommen, da kann Sie mir alles abfragen.

Ihr Kind

Bettine.

***

Ich lieg' schon eine Weile im Bett, und da treibt mich's heraus, daß ich Ihr alles schreib' von unserer Reise. – Ich hab' Ihr ja geschrieben, daß wir in männlicher Kleidung durch die Armeen passierten. Gleich vorm Tor ließ uns der Schwager aussteigen, er wollte sehen wie Kleidung uns stehe. Die Lulu sah sehr gut aus, denn sie ist prächtig gewachsen, und die Kleidung war sehr passend gemacht; mir war aber alles zu weit und zu lang, als ob ich's auf dem Grempelmarkt erkauft hätte. Der Schwager lachte über mich und sagte, ich sähe aus wie ein Savoyardenbube, ich könnte gute Dienste leisten. Der Kutscher hatte uns vom Weg abgefahren durch einen Wald, und wie ein Kreuzweg kam, da wußt' er nicht wohinaus; obschon es nur der Anfang war von der ganzen vier Wochen langen Reise, so hatt' ich doch Angst, wir könnten uns verirren und kämen dann zu spät nach Weimar; ich klettert' auf die höchste Tanne, und da sah ich bald, wo die Chaussee lag. Die ganze Reise hab' ich auf dem Bock gemacht; ich hatte eine Mütze auf von Fuchspelz, der Fuchsschwanz hing hinten herunter. Wenn wir auf die Station kamen, schirrte ich die Pferde ab und half auch wieder anspannen. Mit den Postillons sprach ich gebrochen Deutsch, als wenn ich ein Franzose wär'. Im Anfang war schön' Wetter, als wollt' es Frühling werden, bald wurd' es ganz kalter Winter; wir kamen durch einen Wald von ungeheuren Fichten und Tannen, alles bereift, untadelhaft, nicht eine Menschenseele war des Wegs gefahren, der ganz weiß war; noch obendrein schien der Mond in dieses verödete Silberparadies, eine Totenstille – nur die Räder pfiffen von der Kälte. Ich saß auf dem Kutschersitz und hatte gar nicht kalt; die Winterkält' schlägt Funken aus mir; – wie's nah an die Mitternacht rückte, da hörten wir pfeifen im Walde; mein Schwager reichte mir ein Pistol aus dem Wagen und fragte, ob ich Mut habe loszuschießen, wenn die Spitzbuben kommen, ich sagte: „Ja." Er sagte: „Schießen Sie nur nicht zu früh." Die Lulu hatte große Angst im Wagen, ich aber unter freiem Himmel, mit der gespannten Pistole, den Säbel umgeschnallt, unzählige funkelnde Sterne über mir, die blitzenden Bäume, die ihren Riesenschatten auf den breiten mondbeschienenen Weg warfen – das alles machte mich kühn auf meinem erhabenen Sitz. – Da dacht' ich an ihn, wenn der mich in seinen Jugendjahren so begegnet hätte, ob das nicht einen poetischen Eindruck auf ihn gemacht haben würde, daß er Lieder auf mich gemacht hätte und mich nimmermehr vergessen. Jetzt mag er anders denken – er wird erhaben sein über einen magischen Eindruck; höhere Eigenschaften (wie soll ich die erwerben?) werden ein Recht über ihn behaupten. Wenn nicht Treue – ewige, an seine Schwelle gebannt, mir endlich ihn erwirbt! So war ich in jener kalten hellen Winternacht gestimmt, in der ich keine Gelegenheit fand, mein Gewehr loszuschießen, erst wie der Tag anbrach, erhielt ich Erlaubnis loszudrücken; der Wagen hielt, und ich lief in den Wald und schoß in die dichte Einsamkeit Ihrem Sohn zu Ehren mutig los, indessen war die Achse gebrochen; wir fällten einen Baum mit dem Beil, das wir bei uns hatten, und knebelten ihn mit Stricken fest; da fand denn mein Schwager, daß ich sehr anstellig war, und lobte mich. So ging's fort bis Magdeburg; präzis sieben Uhr abends wird die Festung gesperrt, wir kamen eine Minute nachher und mußten bis den andern Morgen um sieben halten; es war nicht sehr kalt, die beiden im Wagen schliefen. In der Nacht fing's an zu schneien, ich hatte den Mantel über den Kopf genommen und blieb ruhig sitzen auf meinem freien Sitz; am Morgen guckten sie aus dem Wagen, da hatte ich mich in einen Schneemann verwandelt, aber noch eh' sie recht erschrecken konnten, warf ich den Mantel ab, unter dem ich recht warm gesessen hatte. In Berlin war ich wie ein Blinder unter vielen Menschen, und auch geistesabwesend war ich, an nichts konnt' ich teilnehmen, ich sehnte mich nur immer nach dem Dunkel, um von nichts zerstreut zu sein, um an die Zukunft denken zu können, die so nah gerückt war. Ach, wie oft schlug es da Alarm! – plötzlich, unversehens, mitten in die stille Ruhe, ich wußte nicht von was. Schneller, als ich's denken konnte, hatte mich ein süßer Schrecken erfaßt. O Mutter, Mutter! denk' Sie an Ihren Sohn, wenn Sie wüßte, sie sollte ihn in kurzer Zeit sehen, sie wär' auch wie ein Blitzableiter, in den alle Gewitter einschlugen. – Wie wir nur noch wenig Meilen von Weimar waren, da sagte mein Schwager, er wünsche nicht den Umweg über Weimar zu machen und lieber eine andre Straße zu fahren. Ich schwieg stille, aber die Lulu litt es nicht; sie sagte: „Einmal wär' mir's versprochen und er müßte mir Wort halten." – Ach Mutter! – das Schwert hing an einem Haar über meinem Haupt, aber ich kam glücklich drunter weg.

In Weimar kamen wir um zwölf Uhr an; wir aßen zu Mittag, ich aber nicht. Die beiden legten sich aufs Sofa und schliefen; drei Nächte hatten wir durchwacht. „Ich rate Ihnen", sagte mein Schwager, „auch auszuruhen; der Goethe wird sich nicht viel draus machen, ob Sie zu ihm kommen oder nicht, und was Besondres wird auch nicht an ihm zu sehen sein." Kann Sie denken, daß mir diese Rede allen Mut benahm? – Ach, ich wußte nicht, was ich tun sollte, ich war ganz allein in der fremden Stadt; ich hatte mich anders angekleidet; ich stand am Fenster und sah nach der Turmuhr, eben schlug es halb drei. – Es war mir auch so, als ob sich Goethe nichts draus machen werde, mich zu sehen; es fiel mir ein, daß ihn die Leute stolz nennen; ich drückte mein Herz fest zusammen, daß es nicht begehren solle; – auf einmal schlug es drei Uhr. Und da war's doch auch grad', als hätte er mich gerufen, ich lief hinunter nach dem Lohnbedienten, kein Wagen war da, eine Portechaise? Nein, sagt' ich, das ist eine Equipage fürs Lazarett. Wir gingen zu Fuß. Es war ein wahrer Schokoladenbrei auf der Straße, über den dicksten Morast mußte ich mich tragen lassen, und so kam ich zu Wieland, nicht zu Ihrem Sohn. Den Wieland hatte ich nie gesehen, ich tat, als sei ich eine alte Bekanntschaft von ihm, er besann sich hin und her und sagte: „Ja, ein lieber bekannter Engel sind Sie gewiß, aber ich kann mich nur nicht besinnen, wann und wo ich Sie gesehen habe." Ich scherzte mit ihm und sagte: „Jetzt hab' ich's herausgekriegt, daß Sie von mir träumen, denn anderswo können Sie mich unmöglich gesehen haben."Von ihm ließ ich mir ein Billett an Ihren Sohn geben, ich hab' es mir nachher mitgenommen und zum Andenken aufbewahrt; und hier schreib' ich's Ihr ab. "*Bettina Brentano, Sophiens Schwester, Maximilians Tochter, Sophie La Rochens Enkelin* wünscht Dich zu sehen, l. Br., und gibt vor, sie fürchte sich vor Dir, und ein Zettelchen, das ich ihr mitgebe, würde ein Talisman sein, der ihr Mut gäbe. Wiewohl ich ziemlich gewiß bin, daß sie nur ihren Spaß mit mir treibt, so muß ich doch tun, was sie haben will, und es soll mich wundern, wenn Dir's nicht ebenso wie mir geht.

Den 23. April 1807. W."

Mit diesem Billett ging ich hin, das Haus liegt dem Brunnen gegenüber; wie rauschte mir das Wasser so betäubend – ich kam die einfache Treppe hinauf, in der Mauer stehen Statuen von Gips, sie gebieten Stille. Zum wenigsten ich könnte nicht laut werden auf diesem heiligen Hausflur. Alles ist freundlich und doch feierlich. In den Zimmern ist die höchste Einfachheit zu Hause, ach so einladend! „Fürchte dich nicht", sagten mir die bescheidnen Wände, „er wird kommen und wird sein, und nicht *mehr* sein wollen wie Du", – und da ging die Tür auf, und da stand er feierlich ernst und sah mich unverwandten Blickes an; ich streckte die Hände nach ihm, glaub' ich – bald wußt' ich nichts mehr, Goethe fing mich rasch auf an sein Herz. "*Armes Kind, hab' ich Sie erschreckt*", das waren die ersten Worte, mit denen seine Stimme mir ins Herz drang; er führte mich in sein Zimmer und setzte mich auf das Sofa gegen sich über. Da waren wir beide stumm, endlich unterbrach er das Schweigen: „Sie haben wohl in der Zeitung gelesen, daß wir einen großen Verlust vor wenig Tagen erlitten haben durch den *Tod der Herzogin Amalie*." „Ach!" sagt' ich, „ich lese die Zeitung nicht." – „So! – Ich habe geglaubt, alles interessiere Sie, was in Weimar vorgehe." – „Nein, nichts interessiert mich als nur Sie, und da bin ich viel zu ungeduldig, in der Zeitung zu blättern." – „Sie sind ein freundliches Kind." – Lange Pause – ich auf das fatale Sofa gebannt, so ängstlich. Sie weiß, daß es mir unmöglich ist, so wohlerzogen da zu sitzen. Ach Mutter! Kann man sich selbst so überspringen? – Ich sagte plötzlich: „Hier auf dem Sofa kann ich nicht bleiben", und sprang auf. – „Nun!" sagte er, „machen Sie sich's bequem"; nun flog ich ihm an den Hals, er zog mich aufs Knie und schloß mich ans Herz. – Still, ganz still war's, alles verging. Ich hatte so lange nicht geschlafen; Jahre waren vergangen in Sehnsucht nach ihm – ich schlief an seiner Brust ein; und da ich aufgewacht war, begann ein neues Leben. Und mehr will ich Ihr diesmal nicht schreiben.

Bettine.

***

September 1807.

Frau Rat, so oft mir was Komisches begegnet, so denk' ich an Sie, und was das für ein Jubel und für eine Erzählung sein würde, wenn Sie es selbst erlebt hätte. Hier, in dem traubenreichen Mildeberg sitze ich bei meinem Herrn Schwab, der ehmals bei unserm Vater Schreiber war und uns Kinder alle mit seinen Märchen großgezogen hat. Er kann zum wenigsten so gut erzählen wie Sie, aber er schneidet auf und verbraucht Juden- und Heidentum, die entdeckte und unentdeckte Welt zur Dekoration seiner Abenteuer; Sie aber bleibt bei der Wahrheit, aber mit so freudigen Ausrufungszeichen, daß man wunder denkt, was passiert ist. Ich habe das Eichhörnchen, was Sie mir mitgab, im großen Eichenwald ins Freie gesetzt, es war Zeit – die fünf Meilen, die es im Wagen fuhr, hat es großen Schaden gemacht, und im Wirtshaus hat es über Nacht dem Bürgermeister die Pantoffel zerfressen. Ich weiß gar nicht, wie Sie es gemacht hat, daß es Ihr nicht alle Gläser umgeworfen, alle Möbel angenagt und alle Hauben und Tocken beschmutzt hat. Mich hat's gebissen, aber im Andenken an den schönen stolzen Franzosen, der es auf seinem Helm vom südlichen Frankreich bis nach Frankfurt in Ihr Haus gebracht hat, hab' ich ihm verziehen. Im Wald setzte ich's auf die Erde, wie ich wegging, sprang es wieder auf meine Schulter und wollte von der Freiheit nichts profitieren, und ich hätt's gern wieder mitgenommen, weil mich's lieber hatte als die schönen grünen Eichbäume. Wie ich aber in den Wagen kam, machten die andern so großen Lärm und schimpften so sehr auf unsern lieben Stubenkameraden, daß ich's in den Wald tragen mußte. Ich ließ dafür auch lange warten; ich suchte mir den schönsten Eichbaum im ganzen Wald und kletterte hinauf. Da oben ließ ich's aus seinem Beutel, es sprang gleich lustig von Ast zu Ast und machte sich an die Eicheln, unterdessen kletterte ich hinunter. Wie ich unten ankam, hatte ich die Richtung nach dem Wagen verloren, und obschon ich nach mir rufen hörte, konnte ich gar nicht unterscheiden, wo die Stimmen herkamen. Ich blieb stehen, bis sie herbeikamen, um mich zu holen; sie zankten alle auf mich, ich schwieg still, legte mich im Wagen auf drei Selterskrüge unten am Boden und schlief einen herrlichen Schlaf, bis bei Mondschein, wo der Wagen umfiel, ganz sanft, daß niemand beschädigt ward. Eine nußbraune Kammerjungfer flog vom Bock und legte sich am flachen Mainufer in romantischer Unordnung grade vor das Mondantlitz in Ohnmacht; zwei Schachteln mit Blonden und Bändern flogen etwas weiter und schwammen ganz anständig den Main hinab; ich lief nach, immer im Wasser, das jetzt bei der großen Hitze sehr flach ist, alles rief mir nach, ob ich toll sei, – ich hörte nicht, und ich glaub', ich wär' in Frankfurt wieder mitsamt den Schachteln angeschwommen, wenn nicht ein Nachen hervorgeragt hätte, an dem sie haltmachten. Ich packte sie unter beide Arme und spazierte in den klaren Wellen wieder zurück. Der Bruder Franz sagte: „Du bist unsinnig, Mädchen", und wollte mit seiner sanften Stimme immer zanken; ich zog die nassen Kleider aus, wurde in einen weichen Mantel gewickelt und in den zugemachten Wagen gepackt. –

In Aschaffenburg legte man mich mit Gewalt ins Bett und kochte mir Kamillentee. Um ihn nicht zu trinken, tat ich, als ob ich fest schlafe. Da wurde von meinen

Verdiensten verhandelt, wie ich doch gar ein zu gutes Herz habe, daß ich voll Gefälligkeit sei und mich selber nie bedenke, wie ich gleich den Schachteln nachgeschwommen, und wenn ich die nicht wiedergefischt hätte, so würde man morgen nicht haben mit der Toilette fertig werden können, um beim Fürst Primas zu Mittag zu essen. Ach! sie wußten nicht, was ich wußte, – daß nämlich unter dem Wust von falschen Locken, von goldnen Kämmen, Blonden, in rotsamtner Tasche ein Schatz verborgen war, um den ich beide Schachteln ins Wasser geworfen haben würde mit allem, was mein und nicht mein gehörte, und daß, wenn diese nicht drin gewesen wär', so würde ich mich über die Rückfahrt der Schachteln gefreut haben. In dieser Tasche liegt verborgen ein Veilchenstrauß, den Ihr Herr Sohn, in Weimar in Gesellschaft bei Wieland, mir heimlich im Vorübergehen zuwarf. – Frau Mutter, damals war ich eifersüchtig auf den Wolfgang und glaubte, die Veilchen seien ihm von Frauenhand geschenkt; er aber sagte: kannst du nicht zufrieden sein, daß ich sie dir gebe? – Ich nahm heimlich seine Hand und zog sie an mein Herz, er trank aus seinem Glas und stellte es vor mich, daß ich auch draus trinken sollte; ich nahm es mit der linken Hand und trank und lachte ihn aus, denn ich wußte, daß er es hier hingestellt hatte, damit ich seine Hand loslassen sollte. Er sagte: „Hast du solche List, so wirst du auch wohl mich zu fesseln wissen mein Leben lang.“ Ich sag' Ihr, mach' Sie sich nicht breit, daß ich Ihr mein heimlichstes Herz vertraue; – ich muß wohl jemand haben, dem ich's mitteile. Wer ein schön Gesicht hat, der will es im Spiegel sehen, Sie ist der Spiegel meines Glücks, und *das* ist grade jetzt in seiner schönsten Blüte, und da muß es denn der Spiegel oft in sich aufnehmen. Ich bitte Sie, klatsch' Sie ihrem Herrn Sohn im nächsten Brief, den Sie gleich morgen schreiben kann und nicht erst eine Gelegenheit abzuwarten braucht, daß ich dem Veilchenstrauß in der Schachtel in kühler Mondnacht nachgeschwommen bin, wohl eine Viertelstunde lang, so lang war es aber nicht, und daß die Wellen mich wie eine Wassergöttin dahingetragen haben, – es waren aber keine Wellen, es war nur seichtes Wasser, das kaum die leichten Schachteln hob; und daß mein Gewand aufgebauscht war um mich her wie ein Ballon. Was sind denn die Reifröcke seiner Jugendliebschaften alle gegen mein dahinschwimmendes Gewand! Sag' Sie doch nicht, Ihr Herr Sohn sei zu gut für mich, um einen Veilchenstrauß solche Lebensgefahr zu laufen! Ich schließ' mich an die Epoche der empfindsamen Romane und komme glücklich im „Werther“ an, wo ich denn gleich die Lotte zur Tür hinauswerfen möchte. Ihr Herr Sohn hat einen schlechten Geschmack an dem weißen Kleide mit Rosaschleifen. Ich will gewiß in meinem Leben kein weißes Gewand anziehen; grün, grün sind alle meine Kleider.

Apropos, guck' Sie doch einmal hinter ihren Ofenschirm, wo Sie immer die schön bemalte Seite gegen die Wand stellt, damit die Sonne ihn nicht ausbleicht; da wird Sie entdecken, daß das Eichhörnchen der Ofengöttin großen Schaden getan hat, und daß es ihr das ganze Angesicht blaß gemacht hat. Ich wollt' Ihr nichts sagen, weil ich doch das Eichhörnchen gegen Ihren Befehl an den Ofenschirm gebunden hatte, und da fürchtete ich, Sie könnte bös' werden, drum hab' ich's Ihr schreiben wollen, damit Sie in meiner Abwesenheit Ihren Zorn kann austoben lassen. Morgen geht's nach Aschaffenburg, da schreib' ich Ihr mehr. Mein Schawellchen soll die Lieschen ausklopfen, damit die Motten nicht hineinkommen, lasse Sie ja keinen andern drauf sitzen, adje, Frau Rat, ich bin Ihre untertänige Magd.

An Frau Rat Goethe.

Frau Rat, Sie hat eine recht garstige Hand, eine wahre Katzenpfote, nicht die, mit der Sie im Theater klatscht, wenn der Schauspieler Werdi wie ein Müllereſel dahertrappst und tragisches Schicksal spielen will, nein, sondern die geschriebene Hand ist häßlich und unleserlich. Mir kann Sie zwar immer so undeutlich, wie Sie will, schreiben, daß ich ein albernes Ding bin; ich kann's doch lesen, gleich am ersten großen A. Denn was sollte es sonst heißen? Sie hat mir's ja oft genug gesagt; aber wenn Sie an Ihren Herrn Sohn schreibt von mir, befleißige Sie sich der Deutlichkeit; die Mildeberger Trauben hab' ich noch herausgekriegt, die Sie in chaldäischen und hebräischen Buchstaben verzeichnet hat, ich werde Ihr eine ganze Schachtel voll bestellen, das hätt' ich auch ohnedem getan. Der Herr Schlosser hat mir übrigens nichts Besondres in Ihrem Brief geschrieben. Ich kann das auch nicht leiden, daß Sie sich die Zeit von ihm vertreiben läßt, wenn ich nicht da bin, und ich sag' Ihr: lasse Sie ihn nicht auf meiner Schawelle sitzen, er ist auch so einer, der Laute spielen will und glaubt, er könne auf meiner Schawelle sitzen, und Sie auch, wenn Sie ihn sooft sieht, so bild't Sie sich ein, er wär' besser als ich; Sie hat so schon einmal geglaubt, er wär' ein wahrer Apoll von Schönheit bis ich Ihr die Augen aufgetan habe, und die Fr. Rat Schlosser hat gesagt, daß, wie er neugeboren war, so habe man ihn auf ein grünes Billard gelegt, da habe er so schön abgestochen und habe ausgesehen wie ein glänzender Engel; ist denn Abstechen eine so große Schönheit? Adieu, ich sitze in einer Raufe, wo die Kuh den Klee herausfrißt, und schreibe; schreib' Sie das nicht an Ihren Sohn; das könnte ihm zu toll vorkommen, denn ich selbst, wenn ich denke: ich fände meinen Schatz im Kuhstall sitzen und zärtliche Briefe an mich schreiben, ich weiß auch nicht, wie ich mich benehmen sollte. Doch sitze ich hier oben aus lauter Verzweiflung, und weil ich mich versteckt habe, und weil ich allein sein möchte, um an ihn zu denken. Adieu Fr. Rat.

Wir haben gestern beim Primas zu Mittag gegessen, es war Fasttag; da waren wunderliche Speisen, die Fleisch vorstellten und doch keins waren. Da wir ihm vorgestellt wurden, faßte er mich am Kinn und nannte mich kleiner Engel, liebliches Kind; ich fragte, wie alt er denn glaubt, daß ich sei? „Nun, zwölf Jahre allenfalls.“ „Nein, dreizehn“, sagte ich. „Ja“, sagte er, „das ist schon alt, da müssen Sie bald regieren.“

(Die Antwort fehlt.)

***

Winckel.

Liebe Frau Rat! – Alles, was ich aufgeschrieben habe, das will ich Ihr vorlesen; Sie kann selbst sich überzeugen, daß ich nichts hinzugesetzt habe und das bloß geschrieben, was meine Augen Ihr aus dem Mund gesogen haben, nur das kann ich nicht begreifen, daß es aus Ihrem Mund so gescheit lautet, und daß meine Feder es so dumm wiedergibt; daß ich nicht sehr klug bin, davon geb' ich häufige Beweise. Also das kann ich wohl zugeben, daß Sie zu den Leuten sagt, Sie wünscht, sie wären alle so närrisch wie ich; aber sag' Sie ja nicht, ich sei klug, sonst kompromittiert Sie sich, und der Wirt in Kassel an der großen Rheinbrücke kann den Gegenbeweis führen. Es war so langweilig, bis unsere ganze Bagage an der Douane untersucht war, ich nahm den Mückenplätscher und verfolgte ein paar Mücken, sie setzten sich an die Fensterscheiben, ich schlug zu, die Scheibe flog hinaus und mit ihr die Mücken in die goldne Freiheit, über den großen stolzen Rhein hinüber; der Wirt sagte, das war dumm; und ich war sehr beschämt.

Ach Fr. Mutter! Was ist hier in dem Langenwinkel für ein wunderlich Leben; das soll schöne Natur sein und ist es auch gewiß, ich hab' nur keinen Verstand, es zu erkennen. Eh' meine Augen hinüber auf den Johannisberg schweifen, werden sie von ein paar schmutzigen Gassen in Beschlag genommen und von einem langen Feld raupenfräßiger Zwetschen- und Birnenbäume. Aus jedem Gaubloch hängen Perlenschnüre von getrockneten Schnitzeln und Hutzeln; der Lohgerber gegen uns über durchdampft alle Wohlgerüche der Luft; alle fünf Sinne gehören dazu, um etwas in seiner Schönheit zu empfinden, und wenn auch die ganze Natur noch so sehr entzückend wär' und ihr Duft führte nicht auch den Beweis, so wär' der Prozeß verloren.

Die Orgel klingt auch ganz falsch hier in der Kirche. Man mußte von Fr. bis Winckel reisen, um eine so grobe Disharmonie zu Ehren Gottes aufführen zu hören.

Leb' Sie recht wohl.

Bettine

Unser Kutscher wird Ihr eine Schachtel mit Pfirsich bringen, verderb' Sie sich nicht den Magen, denn der ist nicht göttlich und läßt sich leicht verführen.

Wir waren am letzten Donnerstag mit den beiden Schlossers bis Lorch. Man fuhr auf dem Wasser, Christian Schlosser glaubte die Wasserfahrt nicht vertragen zu können und ging den Weg zu Fuß; ich ging mit ihm, um ihm die Zeit zu vertreiben, aber ich hab's bereut. Zum erstenmal hab' ich über den Wolfgang mit einem andern gesprochen wie mit Ihr, und das war eine Sünde. Alles kann ich wohl vertragen von ihm zu hören, aber kein Lob und keine Liebe; Sie hat Ihren Sohn lieb und hat ihn geboren, das ist keine Sünde, und ich lasse mir's gefallen: aber mehr nicht; die andern sollen nur keine weitere Prätensionen machen. Sie frägt zwar, ob ich ihn allein gepacht habe? – Ja, Fr. Rath, darauf kann ich Ihr antworten. Ich glaub', daß es eine Art und Weise gibt, jemand zu besitzen, die niemand streitig machen kann; diese üb' ich an Wolfgang, keiner hat es vor mir gekonnt, das weiß ich, trotz allen seinen Liebschaften, von denen sie mir erzählt. – Vor ihm tu' ich zwar sehr demütig, aber hinter seinem Rücken halte ich ihn fest, und da müßte er stark zappeln, wenn er los will.

Fr. Rat! – Ich kenne die Prinzen und Prinzessinnen nur aus der Zauberwelt der Feenmärchen und aus Ihren Beschreibungen, und die geben einander nichts nach; dort sind zwar die schönsten Prinzessinnen in Katzen verwandelt, und gewöhnlich werden sie durch einen Schneider erlöst und geheiratet. Das überleg' Sie doch auch, wenn Sie wieder ein Märchen erfindet, und geb' Sie diesem Umstand eine moralische Erläuterung.

Bettine.

(Die Antwort fehlt.)

***

Ich habe freilich einen Brief vom Wolfgang hier im Rheingau erhalten, er schreibt: „Halte meine Mutter warm und behalte mich lieb." Diese lieben Zeilen sind in mich eingedrungen wie ein erster Frühlingsregen; ich bin sehr vergnügt, daß er verlangt, ich soll ihn lieb behalten; ich weiß es wohl, daß er die ganze Welt umfaßt; ich weiß, daß ihn die Menschen sehen wollen und sprechen, daß ganz Deutschland sagt: *unser Goethe*. Ich aber kann Ihr sagen, daß mir bis heute die allgemeine Begeistrung für seine Größe, für seinen Namen noch nicht aufgegangen ist. Meine Liebe zu ihm beschränkt sich auf das Stübchen mit weißen Wänden, wo ich ihn zuerst gesehen, wo am Fenster der Weinstock, von seiner Hand geordnet, hinaufwächst, wo er auf dem Strohsessel sitzt und mich in seinen Armen hält; da läßt er keinen Fremden ein, und da weiß er auch von nichts als nur von mir allein. Frau Rat! Sie ist seine Mutter, und Ihr sag' ich's: wie ich ihn zum erstenmal gesehen hatte und ich kam nach Haus, da fand ich, daß ein Haar von seinem Haupt auf meine Schulter gefallen war. Ich verbrannte es am Licht, und mein Herz war ergriffen, daß es auch in Flammen aufschlug, aber so heiter, so lustig wie die Flammen in blauer, sonnenheller Luft, die man kaum gewahr wird, und die ohne Rauch ihr Opfer verzehrt. So wird mir's auch gehen: mein Leben lang werde ich lustig in die Lüfte flackern, und die Leute werden nicht wissen, woher sich diese Lust schreibt; es ist nur, weil ich weiß, daß, wenn ich zu ihm komme, er allein mit mir sein will und alle Lorbeerkränze vergißt.

Leb' Sie wohl und schreib' Sie ihm von mir.

Goethes Mutter an Bettine.

Frankfurt, am 12. Mai 1808.

Liebe Bettine! Deine Briefe machen mir Freude, und die Jungfer Lieschen, die sie schon an der Adresse erkennt, sagt: „Fr. Rat, da bringt der Briefträger ein Pläsier." – Sei aber nicht gar zu toll mit meinem Sohn, alles muß in seiner Ordnung bleiben. Das braune Zimmer ist neu tapeziert mit der Tapete, die Du ausgesucht hast, die Farbe mischt sich besonders schön mit dem Morgenrot, das überm Katharinenturm heraufsteigt und mir bis in die Stube scheint. Gestern sah unsre Stadt recht wie ein Feiertag aus in dem unbefleckten Licht der Alba.

Sonst ist noch alles auf dem alten Fleck. Um Deinen Schemmel habe keine Not, die Liese leidet's nicht, daß jemand drauf sitzt.

Schreib recht viel, und wenn's alle Täg' wär', Deiner wohlgeneigten Freundin Goethe.

***

Schlangenbad.

Frau Rat! Wir sind gestern auf Müllereseln geritten, weit ins Land hinaus über Rauenthal hinweg. Da geht's durch bewaldete Felswege, links die Aussicht in die Talschlucht und rechts die waldige emporsteigende Felswand. Da haben mich dann die Erdbeeren sehr verlockt, daß ich schier um meinen Posten gekommen wär', denn mein Esel ist der Leitesel. Weil ich aber immer Halt machte, um die Erdbeeren zu pflücken, so drängte die ganze Gesellschaft auf mich ein, und ich mußte tausend rote Beeren am Wege stehen lassen. Heute sind's acht Tage, aber ich schmachte noch danach, die gespeisten sind vergessen, die ungepflückten brennen mich noch auf der Seele. Eben drum würde ich's ewig bereuen, wenn ich versäumte, was ich das Recht habe zu genießen, und da braucht Sie nicht zu fürchten, daß ich die Ordnung umstoße. Ich häng' mich nicht wie Blei an meinen Schatz, ich bin wie der Mond, der ihm ins Zimmer scheint, wenn die geputzten Leute da sind und die vielen Lichter angezünd't, dann wird er wenig bemerkt, wenn die aber weg sind und das Geräusch ist vorüber, dann hat die Seele um so größere Sehnsucht, sein Licht zu trinken. So wird auch er sich zu mir wenden und meiner gedenken, wenn er allein ist. – Ich bin erzürnt über alle Menschen, die mit ihm zu tun haben, doch ist mir keiner gefährlich bei ihm, aber das geht Sie alles nichts an. Ich werde doch nicht die Mutter fürchten sollen, wenn ich den Sohn lieb hab'? –

An Bettine.

Frankfurt, am 25. Mai.

Ei Mädchen, Du bist ja ganz toll, was bild'st Du Dir ein? – Ei, wer ist denn Dein Schatz, der an Dich denken soll bei Nacht im Mondschein? – Meinst Du, der hätt' nichts Bessers zu tun? – Ja proste Mahlzeit.

Ich sag' Dir noch einmal: alles in der Ordnung, und schreib ordentliche Briefe, in denen was zu lesen steht. – Dummes Zeug nach Weimar schreiben; – schreib, was Euch begegnet, alles ordentlich hintereinander. Erst wer da ist, und wie Dir jeder gefällt, und was jeder an hat, und ob die Sonne scheint oder ob's regnet, das gehört auch zur Sach'. Mein Sohn hat mir's wieder geschrieben, ich soll Dir sagen, daß Du ihm schreibst. Schreib ihm aber ordentlich, Du wirst Dir sonst das ganze Spiel verderben.

Am Freitag war ich im Konzert, da wurde Violoncell gespielt, da dacht' ich an Dich, es klang so recht wie Deine braunen Augen. Adieu, Mädchen, Du fehlst überall Deiner Frau Rat.

***

Frau Rat! Ich will Ihr gern den Gefallen tun und einmal einen recht langen deutlichen Brief schreiben, meinen ganzen Lebensaufenthalt in Winckel.

Erst ein ganzes Haus voll Frauen, kein einziger Mann, nicht einmal ein Bedienter. Alle Läden im Haus' sind zu, damit uns die Sonne nicht wie unreife Weinstöcke behandelt und garkocht. Das Stockwerk, in dem wir wohnen, besteht aus einem großen Saal, an das lauter kleine Kabinette stoßen, die auf den Rhein sehen, in deren jedem ein Pärchen von unserer Gesellschaft wohnt. Die liebe Marie mit den blonden Haaren ist Hausfrau und läßt für uns backen und sieden. Morgens kommen wir alle aus unseren Gemächern im Saal zusammen. Es ist ein besondres Pläsier zu sehen, wie einer nach dem andern griechisch drapiert hervorkommt. Der Tag geht vorüber in launigem Geschwätz, dazwischen kommen Bruchstücke von Gesang und Harpegge auf der Gitarre. Am Abend spazieren wir an den Ufern des Rheins entlang, da lagern wir uns auf dem Zimmerplatz; ich lese den Homer vor, die Bauern kommen alle heran und hören zu; der Mond steigt zwischen den Bergen herauf und leuchtet statt der Sonne. In der Ferne liegt das schwarze Schiff, da brennt ein Feuer, der kleine Spitzhund auf dem Verdeck schlägt von Zeit zu Zeit an. Wenn wir das Buch zumachen, so ist ein wahres politisches Verhandeln; die Götter gelten nicht mehr und nicht weniger als andre Staatsmächte, und die Meinungen werden so hitzig behauptet, daß man denken sollte, alles wär' gestern geschehen, und es wär' manches noch zu ändern. Einen Vorteil hab' ich davon: hätt' ich den Bauern nicht den Homer vorgelesen, so wüßte ich heut' noch nicht, was drin steht, die haben mir's durch ihre Bemerkungen und Fragen erst beigebracht. – Wenn wir nach Hause kommen, so steigt einer nach dem andern, wenn er müde ist, zu Bette. Ich sitze dann noch am Klavier, und da fallen mir Melodien ein, auf denen ich die Lieder, die mir lieb sind, gen Himmel trage. *Wie ist Natur so hold und gut*. Im Bett richte ich meine Gedanken dahin, wo mir's lieb ist, und so schlafe ich ein. Sollte das Leben immer so fortgehen? – Gewiß nicht.

Am Samstag waren die Brüder hier, bis zum Montag. Da haben wir die Nächte am Rhein verschwärmt. George mit der Flöte, wir sangen dazu, so ging's von Dorf zu Dorf, bis uns der aufgehende Tag nach Hause trieb. – Fr. Mutter, auf dem prächtigen Rheinspiegel in Mondnächten dahingleiten und singen, wie das Herz eben aufjauchzt, allerlei lustige Abenteuer bestehen in freundlicher Gesellschaft, ohne Sorge aufstehen, ohne Harm zu Bette gehen, das ist so eine Lebensperiode, in der ich mitten inne stehe. Warum lasse ich mir das gefallen? – weiß ich's nicht besser? – und ist die Welt nicht groß und mancherlei in ihr, was bloß des Menschengeistes harrt, um in ihm lebendig zu werden? Und soll das alles mich unberührt lassen? – Ach Gott, das Philistertum ist eine harte Nuß, nicht leicht aufzureißen, und mancher Kern vertrocknet unter dieser harten Schale. Ja, der Mensch hat ein Gewissen, es mahnt ihn, er soll nichts fürchten und soll nichts versäumen, was das Herz von ihm fordert. Die Leidenschaft ist ja der einzige Schlüssel zur Welt, durch die lernt der Geist alles kennen und fühlen, wie soll er denn sonst in sie hineinkommen? Und da fühl' ich, daß ich durch die Liebe zu Ihm erst in den Geist geboren bin, daß durch Ihn die Welt sich mir erst aufschließt, da mir die Sonne scheint, und der Tag sich von der Nacht scheidet. Was ich durch diese Liebe nicht lerne, das werde ich nie begreifen. Ich wollt', ich säß' an seiner Tür, ein armes Bettelkind, und nähm' ein Stückchen Brot von ihm, und er erkennte dann an meinem Blick, wes Geistes Kind ich bin, da zög' er mich an sich und hüllte mich in seinen Mantel, damit ich warm würde. Gewiß, er hieß' mich nicht wieder geben, ich dürfte fort und fort im Haus herumwandeln, und so vergingen die Jahre, und keiner wüßte, wer ich wäre, und niemand wüßte, wo ich hingekommen wär', und so vergingen die Jahre und das Leben, und in seinem Antlitz spiegelte sich mir die ganze Welt, ich brauchte nichts andres mehr zu lernen. Warum tu' ich's denn nicht? – Es kommt ja nur darauf an, daß ich Mut fasse, so kann ich in den Hafen meines Glückes einlaufen.

Weiß Sie noch, wie ich den Winter durch Schnee und Regen gesprungen kam, und Sie fragt': „Wie läufst Du doch über die Gasse?“ Und ich sagte, wenn ich die alte Stadt Frankfurt nicht wie einen Hühnerhof traktieren sollte, so würd' ich nicht weit in der Welt kommen, und da meinte Sie, mir sei gewiß kein Wasser zu tief und kein Berg zu hoch; und ich dachte damals schon: ja, wenn Weimar der höchste Berg und das tiefste Wasser ist. Jetzt kann ich's Ihr noch besser sagen, daß mein Herz schwer ist und bleiben wird, so lang ich nicht bei ihm bin, und das mag Sie nun in der Ordnung finden oder nicht.

Adieu, leb' Sie recht wohl. Ich werd' nächstens bei Ihr angerutscht kommen.

An Goethes Mutter.

Winckel, am 12. Juni.

Ein Brief von Ihr macht immer groß Aufsehen unter den Leuten; die möchten gern wissen, was wir uns zu sagen haben, da ich ihnen so unklug vorkomme. Sie kann getrost glauben, ich werd' auch nie klug werden. Wie soll ich Klugheit erwerben, mein einsamer Lebenslauf führt nicht dazu. Was hab' ich dies Jahr erlebt? – Im Winter war ich krank; dann macht' ich ein Schattenspiel von Pappendeckel, da hatten die Katze und der Ritter die Hauptrollen, da hab' ich nah an sechs Wochen die Rolle der Katze studiert, sie war keine Philosophin, sonst hätt' ich vielleicht profitiert. Im Frühjahr blühte der Orangenbaum in meinem Zimmer; ich ließ mir einen Tisch drum zimmern und eine Bank, und in seinem duftenden Schatten hab' ich an meinen Freund geschrieben. Das war eine Lust, die keine Weisheit mir ersetzen konnte. Im Spiegel gegenüber sah ich den Baum noch einmal und wie die Sonnenstrahlen durch sein Laub brachen; ich sah sie drüben sitzen, die Braune, Vermessene; an den größten Dichter, an den Erhabenen über alle, zu schreiben. Im April bin ich früh drauß' gewesen auf dem Wall und hab' die ersten Veilchen gesucht und botanisiert, im Mai hab' ich fahren gelernt mit zwei Pferd', morgens mit Sonnenaufgang fuhr ich hinaus nach Oberrad, ich spaziert' in die Gemüsfelder und half dem Gärtner alles nach der Schnur pflanzen, bei der Milchfrau hab' ich mir einen Nelkenflor angelegt, die dunkelroten Nelken sind meine Lieblingsblumen. Bei solcher Lebensweise, was soll ich da lernen, woher soll ich klug werden? Was ich Ihrem Sohn schreib', das gefällt ihm, er verlangt immer mehr, und mich macht das selig, denn ich schwelge in einem Überfluß von Gedanken, die meine Liebe, mein Glück ausdrücken, wie es ihm erquicklich ist. Was ist nun Geist und Klugheit, da der seligste Mensch wie ich ihrer nicht bedarf? –

Es war voriges Jahr im Eingang Mai, da ich ihn sah zum erstenmal, da brach er ein junges Blatt von den Reben, die an seinem Fenster hinaufwachsen, und legt's an meine Wange und sagte: „Das Blatt und deine Wange sind beide wollig“; ich saß auf dem Schemel zu seinen Füßen und lehnte mich an ihn, und die Zeit verging im stillen. –

Nun, was hätten wir Kluges einander sagen können, was diesem verborgnen Glück nicht Eintrag getan hätte; welch Geisterwert hätte diesen stillen Frieden ersetzt, der in uns blühte? – O wie oft hab' ich an dieses Blatt gedacht, und wie er damit mir die Stirne und das Gesicht streichelte, und wie er meine Haare durch die Finger zog und sagte: *„Ich bin nicht klug*; man kann mich leicht betrügen, du hast keine Ehre davon, wenn du mir was weismachst mit deiner Liebe." Da fiel ich ihm um den Hals. – Das alles war kein Geist, und doch hab' ich's tausendmal in Gedanken durchlebt und werde mein Leben lang dran trinken wie das Aug' das Licht trinkt; – es war kein Geist, und doch überstrahlt es mir alle Weisheit der Welt; – was kann mir sein freundliches Spielen ersetzen? – was den feinen durchdringenden Strahl seines Blicks, der in mein Auge leuchtet? – Ich achte die Klugheit nichts, ich habe das Glück unter anderer Gestalt kennen lernen, und auch was andern weh tut, das kann mir nicht Leid tun, und meine Schmerzen, das wird keiner verstehen.

So hell wie diese Nacht ist! Glanzverhüllt liegen die Berg' da mit ihren Rebstöcken und saugen schlaftrunken das nahrhafte Mondlicht. – Schreib' Sie bald; ich hab' keinen Menschen, dem ich so gern vertraue, denn weil ich weiß, daß Sie mit keinem andern mehr anbindet und abgeschlossen für mich da ist, und daß Sie mit niemand über mich spricht. – Wenn Sie wüßt', wie tief es schon in der Nacht ist! Der Mond geht unter, das betrübt mich. Schreib' Sie mir recht bald.

Bettine.

***

Winckel, am 25. Juni.

Frau Rat, ich war mit dem Franz auf einer Eisenschmelze, zwei Tag' mußt' ich in der engen Talschlucht aushalten, es regnete oder vielmehr näßte fortwährend, die Leute sagten: „Ja, das sind wir gewohnt, wir leben wie die Fisch', immer naß, und wenn einmal ein paar trockne Tage sind, so juckt einem die Haut, man möchte wieder naß sein." Ich muß mich besinnen, wie ich Ihr das wunderliche Erdloch beschreibe, wo unter dunklen gewaltigen Eichen die Glut hervorleuchtet, wo an den Bergwänden hinan einzelne Hütten hängen, und wo im Dunkel die einzelnen Lichter herüberleuchten und der lange Abend durch eine ferne Schalmei, die immer dasselbe Stückchen hören läßt, recht an den Tag gibt, daß die Einsamkeit hier zu Haus' ist, die durch keine Geselligkeit unterbrochen wird. Warum ist denn der Ton einer einsamen Hausflöte, die so vor sich hinbläst, so melancholisch langweilig, daß einem das Herz zerspringen möcht' vor Grimm, daß man nicht weiß, wo aus noch ein; ach, wie gern möcht' man da das Erdenkleid abstreifen und hochfliegen weit in die Lüfte; ja, so eine Schwalbe in den Lüften, die mit ihren Flügeln wie mit einem scharfen Bogen den Äther durchschneidet, die hebt sich weit über die Sklavenkette der Gedanken ins Unendliche, das der Gedanke nicht faßt. –

Wir wurden in gewaltig große Betten logiert, ich und der Bruder Franz, ich hab' viel mit ihm gescherzt und geplaudert, er ist mein liebster Bruder. Am Morgen sagte er ganz mystisch: „Geb einmal acht, der Herr vom Eisenhammer hat ein Hochgericht im Ohr;" ich konnt's nicht erraten; wie sich aber Gelegenheit ergab ins Ohr zu sehen, da entdeckt' ich's gleich, eine Spinne hatte ihr Netz ins Ohr aufgestellt, eine Fliege war drin gefangen und verzehrt, und ihre Reste hingen noch im unverletzten Gewebe; daraus wollte der Franz das versteinerte langweilige Leben recht deutlich erkennen, ich aber erkannte es auch am Tintefaß, das so pelzig war und so wenig Flüssiges enthielt. Das ist aber nur die eine Hälfte dieses Lochs der Einsamkeit. Man sollt's nicht meinen, aber geht man langsam in die Runde, so kommt man an eine Schlucht. Am Morgen, wie eben die Sonne aufgegangen war, entdeckte ich sie, ich ging hindurch, da befand ich mich plötzlich auf dem steilen höchsten Rand eines noch tieferen und weiteren Talkessels, sein samtner Boden schmiegt sich sanft an die ebenmäßigen Bergwände, die es rund umgeben und ganz besäet sind mit Lämmer und Schafen; in der Mitte steht das Schäferhaus und dabei die Mühle, die vom Bach, der mitten durchbraust, getrieben wird. Die Gebäude sind hinter uralten himmelhohen Linden versteckt, die gerade jetzt blühen, und deren Duft zu mir heraufdampfte, und zwischen deren dichtem Laub der Rauch des Schornsteins sich durchdrängte. Der reine blaue Himmel, der goldne Sonnenschein hatte das ganze Tal erfüllt. Ach lieber Gott, säß' ich hier und hütete die Schafe und wüßte, daß am Abend einer käm', der meiner eingedenk ist, und ich wartete den ganzen Tag und die sonneglänzenden Stunden gingen vorüber und die Schattenstunden mit der silbernen Mondsichel und dem Stern brächten den Freund, der fänd' mich am Bergesrand ihm entgegenstürzend in die offne Arme, daß er mich plötzlich am Herzen fühlte mit der heißen Liebe, was wär' dann nachher noch zu erleben? Grüß' Sie Ihren Sohn und sag' Sie ihm, daß zwar mein Leben friedlich und von Sonnenglanz erleuchtet ist, daß ich aber der goldnen Zeit nicht achte, weil ich mich immer nach der Zukunft sehne, wo ich den Freund erwarte. Adieu, leb' Sie wohl. Bei Ihr ist Mitternacht eine Stunde der Geister, in der Sie es für eine Sünde hält, die Augen offen zu haben, damit Sie keine sieht; ich aber ging eben noch allein in den Garten durch die langen Traubengänge, wo Traube an Traube hängt vom Mondlicht beschienen, und über die Mauer hab' ich mich gelehnt und hab' hinausgesehen in den Rhein, da war alles still. Aber weiße Schaumwellen zischten, und es patschte immer ans Ufer, und die Wellen lallten wie Kinder. Wenn man so einsam nachts in der freien Natur steht, da ist's, als ob sie ein Geist wär', die den Menschen um Erlösung bäte. Soll vielleicht der Mensch die Natur erlösen? Ich muß einmal darüber nachdenken; schon gar zu oft hab' ich diese Empfindung gehabt, als ob die Natur mich jammernd wehmütig um etwas bäte, daß es mir das Herz durchschnitt, nicht zu verstehen, was sie verlangte. Ich muß einmal recht lang dran denken, vielleicht entdeck ich etwas, was über das ganze Erdenleben hinaushebt. Adieu, Fr. Rat, und wenn Sie mich nicht versteht, so denk' Sie nur, wie Ihr noch immer in Ihren jetzigen Tagen ein Posthorn, das Sie in der Ferne hört, einen wunderlichen Eindruck macht, ungefähr so ist mir's auch heute.

Bettine.

An Bettine.

Frankfurt, am 28. Juli.

Gestern war Feuer am hellen Tag hier auf der Hauptwach', grad' mir gegenüber, es brannte wie ein Blumenstrauß aus dem Gaubloch an der Katharinenpfort'. Da war mein best Pläsier die Gassenbuben mit ihren Reffs auf dem Buckel, die wollten alle retten helfen, der Hausbesitzer wollt' nichts retten lassen, denn weil das Feuer gleich aus war, da wollten sie ein Trinkgeld haben, das hat er nicht geben, da tanzten sie und wurden von der Polizei weggejagt. – Es ist viel Gesellschaft zu mir kommen, die wollten alle fragen, wie ich mich befind' auf den Schreck, und da mußt' ich ihnen immer von vorne erzählen, und das ist jetzt schon drei Täg', daß mich die Leut' besuchen und sehen, ob ich nicht schwarz geworden bin vom Rauch. Dein Melinchen war auch da und hat mir ein' Brief gebracht von Dir, der ist so klein geschrieben, daß ich ihn hab' müssen vorlesen lassen, rat' einmal von wem?

Die Meline ist aber einmal schön, ich hab' gesagt, die Stadt sollt' sie malen lassen und sollt' sie auf dem Ratsaal hängen, da könnten die Kaiser sehen, was ihre gute Stadt für Schönheiten hat. Deine Brüder sind aber auch so schön, ich hab' meiner Lebtag' keine so schöne Menschen gesehen als den George, der sieht aus wie ein Herzog von Mailand, und alle andern Menschen müssen sich schämen mit ihren Fratzengesichtern neben ihm. – Adieu und grüß' auch die Geschwister von Deiner Freundin

Goethe.

An Bettine.

Da kommt der Fritz Schlosser aus dem Rheingau und bringt mir drei geschnittne Federn von Dir und sagt: er hätt' geschworen, daß er mir keine Ruh' lassen will, ich müßt' schreiben, wer's gewesen ist, der Deinen Brief gelesen hat. – Was hat's denn für Not, wer sollt's denn gewesen sein? – In Weimar ist alles ruhig und auf dem alten Fleck. Das schreiben die Zeitungen schon allemal voraus, lang eh' es wahr ist, wenn mein Sohn zu einer Reis' Anstalt macht, der kommt einem nicht mit der Tür ins Haus gefallen. Da sieht man aber doch recht, daß Dein Herz Deinem Kopf was weismacht. Herz, was verlangst du? – Das ist ein Sprichwort, und wenn es sagt, was es will, so geht's wie in einem schlechten Wirtshaus, da haben sie alles, nur keine frische Eier, die man grad' haben will. Adieu, das hab' ich bei der Nachtlamp' geschrieben.

Ich bin Dir gut.

Katharina Goethe.

Das hätt' ich bald vergessen zu schreiben, wer mir Deinen Brief gelesen hat, das war der Pfarrer Hufnagel, der wollt' auch sehen, was ich mach' nach dem Schreck mit dem Feuer, ich sagt': „Ei, Herr Pfarrer, ist denn der Katharine-Turm grad' so groß, daß er mir auf die Nas' fällt, wenn er umstürzt?" – Da hat er gesessen mit seinem dicken Bauch im schwarzen Talar mit dem runden weißen Kragen in doppelten Falten, mit der runden

Stutzperück' und den Schnallenschuh' auf Deiner Schawell, und hat den Brief gelesen, hätt's mein Sohn gesehen, er hätt' gelacht.

Katharina Goethe.

***

Frau Mutter, ich danke Ihr für die zwei Brief hintereinander, das war einmal gepflügt, recht durch schweres Erdreich, man sieht's, die Schollen liegen nebenan, wie dick; gewiß, das sind der Lieschen ihre Finger gewesen, mit denen Sie die Furchen gezogen hat, die sind recht krumm. Was mich wundert, das ist, daß ich Ihr so gern schreib', daß ich keine Gelegenheit versäum', und alles, was mir begegnet, prüf ich, ob es nicht schön wär' ihr zu schreiben, das ist weil ich doch nicht alles und fortwährend an den Wolfgang schreiben kann, ich hab' ihm gesagt in Weimar: wenn ich dort wohnte, so wollt' ich als nur die Sonn- und Feiertäg' zu ihm kommen und nicht alle Tag', das hat ihn gefreut; so mein' ich, daß ich auch nicht alle Tag' an ihn schreiben darf, aber er hat mir gesagt: „Schreib alle Tag', und wenn's Folianten wären, es ist mir nicht zu viel", aber ich selbst bin nicht alle Tag' in der Stimmung, manchmal denke ich so geschwind, daß ich's gar nicht schreiben kann, und die Gedanken sind so süß, daß ich gar nicht abbrechen kann, um zu schreiben, noch dazu mag ich gern grade Linien und schöne Buchstaben machen, und das hält im Denken auf, auch hab' ich ihm manches zu sagen, was schwer auszusprechen ist, und manches hab' ich ihm mitzuteilen, was nie ausgesprochen werden kann; da sitz' ich oft Stunden und seh' in mich hinein und kann's nicht sagen, was ich seh', aber weil ich im Geist mich mit ihm zusammen fühl', so bleib ich gern dabei, und ich komme mir vor wie eine Sonnenuhr, die grad' nur die Zeit angibt, solang' die Sonne sie bescheint. Wenn meine Sonne mich nicht mehr anlächelt, dann wird man auch die Zeit nicht mehr an mir erkennen; es sollte einer sagen, ich leb', wenn er mich nicht mehr lieb hat; das Leben, was ich jetzt führ', davon hat keiner Verstand, an der Hand führt mich der Geist einsame Straßen, er setzt sich mit mir nieder am Wassersrand, da ruht er mit mir aus, dann führt er mich auf hohe Berge; da ist es Nacht, da schauen wir in die Nebeltale, da sieht man den Pfad kaum vor den Füßen, aber ich geh' mit, ich fühl', daß er da ist, wenn er auch vor meinen leiblichen Augen verschwindet, und wo ich geh' und steh', da spür' ich sein heimlich Wandeln um mich, und in der Nacht ist er die Decke, in die ich mich einhülle, und am Morgen ist er es, vor dem ich mich verhülle, wenn ich mich ankleide, niemals mehr bin ich allein, in meiner einsamen Stube fühl' ich mich verstanden und erkannt von diesem Geist; ich kann nicht mit lachen, ich kann nicht mit Komödie spielen, die Kunst und die Wissenschaft, die lasse ich fahren; noch vor einem halben Jahr, da wollt' ich Geschichte studieren und Geographie, es war Narrheit. Wenn die Zeit, in der wir leben, erst recht erfüllt wär' mit der Geschichte, so daß einer alle Hände voll zu tun hätt', um nur der Geschichte den Willen zu tun, so hätt' er keine Zeit, um nach den vermoderten Königen zu fragen, so geht mir's, ich hab' keine Zeit, ich muß jeden Augenblick mit meiner Liebe verleben. Was aber die Geographie anbelangt, so hab' ich einen Strich gemacht mit roter Tinte auf die Landkart'. Der geht, von wo ich bin bis dahin, wo es mich hinzieht, das ist der rechte Weg, alles andre sind Irr- und Umwege. Das ganze Firmament mit Sonne, Mond und Sterne gehören bloß zur Aussicht meiner

Heimat. Dort ist der fruchtbare Boden, in den mein Herz die harte Rinde sprengt und ins Licht hinaufblüht.

Die Leute sagen: Was bist du traurig, sollt' ich vergnügt sein? – Oder dies oder jenes? – Wie paßt das zu meinem innern Leben? Ein jedes Betragen hat seine Ursache, das Wasser wird nicht lustig dahin tanzen und singen, wenn sein Bett nicht dazu gemacht ist. So werd' ich nicht lachen, wenn nicht eine geheime Lust der Grund dazu ist; ja ich habe Lust im Herzen, aber sie ist so groß, so mächtig, daß sie sich nicht ins Lachen fügen kann, wenn es mich aus dem Bett aufruft vor Tag und ich zwischen den schlafenden Pflanzen bergauf wandle, wenn der Tau meine Füße wäscht und ich denk' demütig, daß es der Herr der Welten ist, der meine Füße wäscht, weil er will, ich soll rein sein von Herzen, wie er meine Füße vom Staub reinigt; wenn ich dann auf des Berges Spitze komme und übersehe alle Lande im ersten Strahl der Sonne, dann fühl' ich diese mächtige Lust in meiner Brust sich ausdehnen, dann seufz' ich auf und hauch' die Sonne an zum Dank, daß sie mir in einem Bild erleuchte, was der Reichtum, der Schmuck meines Lebens ist, denn was ich sehe, was ich verstehe, es ist alles nur Widerhall meines Glückes.

Adieu, läßt Sie sich den Brief auch vom Pfarrer vorstudieren? – Ich hab' ihn doch mit ziemlich großen Buchstaben geschrieben. Hat dann in meinem letzten Brief etwas gestanden, daß ich so einen heißen Durst hab', und daß ich mondsüchtig bin, oder so was? – Wie kann Sie ihm denn das lesen lassen? Sie wirft ihm ja seinen gepolsterten Betschemel um, in seinem Kopf. Die Bettine hat Kopfweh schon seit drei Tage, und heut' liegt sie im Bett und küßt ihrer Frau Rat die Hand.

An Bettine.

Werd' mir nicht krank, Mädchen, steh auf aus Deinem Bett und nimm's, und wandle. So hat der Herr Christus gesagt zum Kranken, das sag' ich Dir auch, Dein Bett ist Deine Liebe, in der Du krank liegst, nimm sie zusammen, und erst am Abend breite sie aus, und ruhe in ihr, wenn Du des Tages Last und Hitze ausgestanden hast. – Da hat mein Sohn ein paar Zeilen geschrieben, die schenk' ich Dir, sie gehören dem Inhalt nach Dein.

Der Prediger hat mir Deinen Brief vorgerumpelt wie ein schlechter Postwagen auf holperigem Weg, schmeißt alles Passagiergut durcheinander; Du hast auch Deine Gedanken so schlecht gepackt, ohne Komma, ohne Punkt, daß, wenn es Passagiergut wär', keiner könnt' das seinige herausfinden; ich hab' den Schnupfen und bin nicht aufgelegt, hätt' ich Dich nicht so lieb, so hätt' ich nicht geschrieben, wahr' Deine Gesundheit. Ich sag' allemal, wenn die Leut' fragen, was Du machst: sie fängt Grillen, und das wird Dir auch gar nicht sauer, bald ist's ein Nachtvogel, der Dir an der Nas' vorbeifliegt, dann hast Du um Mitternacht, wo alle ehrliche Leute schlafen, etwas zu bedenken, und marschierst durch den Garten an den Rhein in der kalten feuchten Nachtluft, Du hast eine Natur von Eisen und eine Einbildung wie eine Rakett, wie die ein Funken berührt, so platzt sie los. Mach', daß Du bald wieder nach Haus' kommst. Mir ist nicht heuer wie's vorige Jahr, manchmal krieg' ich Angst um Dich, und an den Wolfgang muß ich stundenlang denken, immer wie er ein klein Kind war und mir unter den Füßen spielte, und dann wie er mit seinem Bruder Jacob so schön gespielt hat und hat ihm

Geschichten gemacht; ich muß einen haben, dem ich's erzähl', die andern hören mir alle nicht so zu wie Du; ich wollt' wirklich wünschen, die Zeit wär' vorbei und Du wärst wieder da. Adieu, mach', daß Du kommst, ich hab' alles so hell im Gedächtnis, als ob's gestern passiert wär', jetzt kann ich Dir die schönsten Geschichten vom Wolfgang erzählen, und ich glaub', Du hast mich angesteckt, ich mein' immer, das wär' kein rechter Tag, an dem ich nichts von ihm gesprochen hab'.

Deine Freundin Goethe.

Liebe Frau Rat! Ich war in Köln, da hab' ich den schönen Krug gekauft, schenk' Sie ihn Ihrem Sohn von sich, das wird ihr besser Freud' machen, als wenn ich Ihr ihn schenkte. Ich selbst mag ihm nichts schenken, ich will nur von ihm nehmen.

Köln ist recht wunderlich, alle Augenblick' hört man eine andre Glocke läuten, das klingt hoch und tief, dumpf und hell von allen Seiten untereinander. Da spazieren Franziskaner, Minoriten, Kapuziner, Dominikaner, Benediktiner aneinander vorbei, die einen singen, die andren brummen eine Litanei, und wenn sie aneinander vorbeikommen, da begrüßen sie sich mit ihren Fahnen und Heiligtümern und verschwinden in ihren Klöstern. Im Dom war ich grade bei Sonnenuntergang, da malten sich die bunten Fensterscheiben durch die Sonn' auf dem Boden ab, ich kletterte überall in dem Bauwerk herum und wiegte mich in den gesprengten Bögen.

Fr. Rat, das wär' Ihr recht gefährlich vorgekommen, wenn Sie mich vom Rhein aus in einer solchen gotischen Rose hätte sitzen sehen; es war auch gar kein Spaß; ein paarmal wollte mich Schwindel antreten, aber ich dachte: sollte der stärker sein wollen wie ich? – Und expreß wagt' ich mich noch weiter. Wie die Dämmerung eintrat, da sah ich in Deutz eine Kirche mit bunten Scheiben von innen illuminiert, da tönte das Geläut herüber, der Mond trat hervor und einzelne Sterne. Da war ich so allein, rund um mich zwitscherte es in den Schwalbennestern, deren wohl Tausende in den Gesimsen sind, auf dem Wasser sah ich einzelne Segel sich blähen. Die andern hatten unterdessen den ganzen Kirchbau examiniert, alle Monumente und Merkwürdigkeiten sich zeigen lassen. Ich hatte dafür einen stillen Augenblick, in dem meine Seele gesammelt war, und die Natur, auch alles, was Menschenhände gemacht haben und mich mit, in die feierliche Stimmung des im Abendrot glühenden Himmels einschmolz. – Versteh' Sie das oder versteh' Sie es nicht, es ist mir einerlei. Ich muß Sie freilich mit meinen übersichtigen Grillen behelligen, wem sollt' ich sie sonst mitteilen!

Das ist auch noch eine Merkwürdigkeit von Köln; die Betten, die so hoch sind, daß man einen Anlauf nehmen muß, um hineinzukommen; man kann immer zwei, drei Versuche machen, ehe einer glückt; ist man erst drin, wie soll man da wieder herauskommen? Ich dachte, hier ist gut sein, denn ich war müde, und hatte mich schon den ganzen Tag auf meine Träume gefreut, was mir die bescheren würden; da kam mir auch auf ihrem goldnen Strom ein Kahn beladen und geschmückt mit Blumen aus dem Paradies entgegen, und ein Apfel, den mir der Geliebte schickte, den hab' ich auch gleich verzehrt.

Wir haben am Sonntag so viel Rumpelkammern durchsucht, Altertümer, Kunstschätze betrachtet, ich hab' alles mit großem Interesse gesehen. Ein Humpen, aus dem die Kurfürsten gezecht, ist schön, mit vier Henkel, auf denen sitzen Nymphen, die ihre Füße im Wein baden, mit goldnen Kronen auf dem Kopf, die mit Edelsteinen geziert sind; um den Fuß windet sich ein Drache mit vier Köpfen, die die vier Füße bilden, worauf das Ganze steht; die Köpfe haben aufgesperrte Rachen, die inwendig vergoldet sind, auf dem Deckel ist Bacchus von zwei Satyrn getragen, er ist von Gold und die Satyrn von Silber. So haben auch die Nymphen emaillierte Gewande an. Der Trinkbecher ist von Rubinglas, und das Laubwerk, was zwischen den Figuren sich durchwindet, ist sehr schön von Silber und Gold durcheinander geflochten. – Dergleichen Dinge sind viel, ich wollt' Ihr bloß den einen beschreiben, weil er so prächtig ist, und weil Ihr die Pracht wohlgefällt.

Adieu, Frau Rat! – Zu Schiff kamen wir herab, und zu Wagen fuhren wir wieder zurück nach Bonn.

Bettine

Winckel.

Frau Rat! Ich will nicht lügen: wenn Sie die Mutter nicht wär', die Sie ist, so würd' ich auch nicht bei Ihr schreiben lernen. Er hat gesagt, ich soll ihn vertreten bei Ihr und soll Ihr alles Liebe tun, was er nicht kann, und soll sein gegen Sie, als ob mir all die Liebe von Ihr angetan wär', die er nimmer vergißt. – Wie ich bei ihm war, da war ich so dumm und fragte, ob er Sie liebhabe, da nahm er mich in seinen Arm und drückte mich ans Herz und sagte: „Berühr' eine Saite und sie klingt, und wenn sie auch in langer Zeit keinen Ton gegeben hätte.“ Da waren wir still und sprachen nichts mehr hiervon, aber jetzt hab' ich sieben Briefe von ihm, und in allen mahnt er mich an Sie; in einem sagt er: „Du bist immer bei der Mutter, das freut mich; es ist, als ob der Zugwind von daher geblasen habe, und jetzt fühl' ich mich gesichert und warm, wenn ich Deiner und der Mutter gedenke;“ ich hab' ihm dagegen erzählt, daß ich Ihr mit der Schere das Wachstuch auf dem Tisch zerschnitten hab', und daß Sie mir auf die Hand geschlagen hat und hat gesagt: „Grad' wie mein Sohn – auch alle Unarten hast du von ihm!“ –

Von Bonn kann ich nichts erzählen, da war's wieder einmal so, daß man alles empfindet, aber nichts dabei denkt, wenn ich mich recht besinne, so waren wir im botanischen Garten, grad' wie die Sonn' unterging; alle Pflanzen waren schon schlaftrunken, die Siebenberg' waren vom Abendrot angehaucht, es war kühl, ich wickelte mich in den Mantel und setzt' mich auf die Mauer, mein Gesicht war vom letzten Sonnenstrahl vergoldet, besinnen mocht' ich mich nicht, das hätt' mich traurig gemacht in der gewaltigen verstummten Natur. Da schlief ich ein, und da ich erwachte (ein großer Käfer hat mich geweckt), da war's Nacht und recht kalt. Am andern Tag sind wir wieder hier eingetroffen.

Adieu, Fr. Rat, es ist schon so spät in der Nacht, und ich kann gar nicht schlafen.

Bettine.

An Bettine.

21. September.

Das kann ich nicht von Dir leiden, daß Du die Nächte verschreibst und nicht verschläfst, das macht Dich melancholisch und empfindsam, wollt' ich drauf antworten, bis mein Brief ankäm', da ist schon wieder ander Wetter. Mein Sohn hat gesagt: was einem drückt, das muß man verarbeiten, und wenn er ein Leid gehabt hat, da hat er ein Gedicht draus gemacht. – Ich hab' Dir gesagt, Du sollst die Geschichte von der Günderode aufschreiben, und schick' sie nach Weimar, mein Sohn will es gern haben, der hebt sie auf, dann drückt sie Dich nicht mehr.

Der Mensch wird begraben in geweihter Erde, so soll man auch große und seltne Begebenheiten begraben in einem schönen Sarg der Erinnerung, an den ein jeder hintreten kann und dessen Andenken feiern. Das hat der Wolfgang gesagt, wie er den „Werther" geschrieben hat; tu es ihm zulieb' und schreib's auf.

Ich will Dir gern schreiben, was meine arme Feder vermag, weil ich Dir Dank schuldig bin; eine Frau in meinem Alter und ein junges feuriges Mädchen, das lieber bei mir bleibt und nach nichts anderm frägt, ja das ist dankenswert; ich hab's nach Weimar geschrieben. Wann ich ihm von Dir schreib', da antwortet er immer auf der Stell'; er sagt, daß Du bei mir aushältst, das sei ihm ein Trost. – Adieu, bleib nicht zu lang im Rheingau; die schwarzen Felswände, an denen die Sonne abprallt, und die alten Mauern, die machen Dich melancholisch,

Deine Freundin Elisabeth.

Der Moritz Bethmann hat mir gesagt, daß die Staël mich besuchen will; sie war in Weimar, da wollt' ich, Du wärst hier, da werd' ich mein Französisch recht zusammennehmen müssen.

An Goethes Mutter.

Diesmal hat Sie mir's nicht recht gemacht, Frau Rat; warum schickt Sie mir Goethes Brief nicht? – Ich hab' seit dem 13. August nichts von ihm, und jetzt haben wir schon Ausgang September. Die Staël mag ihm die Zeit verkürzt haben, da hat er nicht an mich gedacht. Eine berühmte Frau ist was Kurioses, keine andre kann sich mit ihr messen, sie ist wie Branntwein, mit dem kann sich das Korn auch nicht vergleichen, aus dem er gemacht ist. So Branntwein bitzelt auf der Zung' und steigt in den Kopf, das tut eine berühmte Frau auch; aber der reine Weizen ist mir doch lieber, den säet der Säemann in die gelockerte Erd', die liebe Sonne und der fruchtbare Gewitterregen locken ihn wieder heraus, und dann übergrünt er die Felder und trägt goldne Ähren, da gibt's zuletzt noch ein lustig Erntefest; ich will doch lieber ein einfaches Weizenkorn sein als eine berühmte Frau und will auch lieber, daß Er mich als tägliches Brot breche, als daß ich ihm wie ein Schnaps durch den Kopf fahre. – Jetzt will ich Ihr nur sagen, daß ich gestern mit der Staël zu Nacht gegessen hab' in Mainz; keine Frau wollt' neben ihr sitzen bei Tisch, da hab' ich mich neben sie gesetzt; es war unbequem genug, die Herren standen um den Tisch und hatten sich alle hinter uns gepflanzt, und einer drückte auf den andern, um mit ihr zu sprechen und ihr ins Gesicht zu sehen; sie bogen sich weit über mich; ich sagte: „Vos Adorateurs me suffoquent“, sie lachte. – Sie sagte, Goethe habe mit ihr von mir gesprochen; ich blieb gern sitzen, denn ich hätte gern gewußt, was er gesagt hat, und doch war mir's unrecht, denn ich wollt' lieber, er spräch' mit niemand von mir; und ich glaub's auch nicht, – sie mag nur so gesagt haben; – es kamen zuletzt so viele, die alle über mich hinaus mit ihr sprechen wollten, daß ich's gar nicht länger konnte aushalten; ich sagt' ihr: „Vos lauriers me pèsent trop fort sur les épaules.“ Und ich stand auf und drängt' mich zwischen den Liebhabern durch; da kam der Sismondi, ihr Begleiter, und küßt' mir die Hand, und sagte, ich hätte viel Geist, und sagt's den andern, und sie repetierten es wohl zwanzigmal, als wenn ich ein Prinz wär', von denen findet man auch immer alles so gescheit, wenn es auch das Gewöhnlichste wär'. – Nachher hört' ich ihr zu, wie sie von Goethe sprach; sie sagte, sie habe erwartet, einen zweiten Werther zu finden, allein sie habe sich geirrt, sowohl sein Benehmen wie auch seine Figur passe nicht dazu, und sie bedauerte sehr, daß er ihn ganz verfehle; Fr. Rat, ich wurd' zornig über diese Reden („das war überflüssig“, wird Sie sagen), ich wendt' mich an Schlegel und sagt' ihm auf deutsch: die Frau Staël hat sich doppelt geirrt, einmal in der Erwartung, und dann in der Meinung; wir Deutschen erwarten, daß Goethe zwanzig Helden aus dem Ärmel schütteln kann, die den Franzosen so imponieren; wir meinen, daß er selbst aber noch ein ganz andrer Held ist. – Der Schlegel hat unrecht, daß er ihr keinen bessern Verstand hierüber beigebracht hat. Sie warf ein Lorbeerblatt, womit sie gespielt hatte, auf die Erde; ich trat drauf und schubste es mit dem Fuß auf die Seite und ging fort. – Das war die Geschichte mit der berühmten Frau; hab' Sie keine Not mit ihrem Französisch, sprech' Sie die Fingersprach' mit ihr und mache Sie den Kommentar dazu mit ihren großen Augen, das wird imponieren; die Staël hat ja einen ganzen Ameisenhaufen Gedanken im Kopf, was soll man ihr noch zu sagen haben? Bald komm' ich nach Frankfurt, da können wir's besser besprechen.

Hier ist's sehr voll von Rheingästen; wenn ich morgens durch den dicken Nebel einen Nachen hervorstechen seh', da lauf ich ans Ufer und wink' mit dem Schnupftuch, immer sind's Freunde oder Bekannte; vor ein paar Tagen waren wir in Nothgottes, da war eine große Wallfahrt, der ganze Rhein war voll Nachen, und wenn sie anlandeten, ward eine Prozession draus und wanderten singend, eine jede ihr eigen Lied, nebeneinander hin; das war ein Schariwari, mir war angst, es möcht' unserm Herrgott zuviel werden; so kam's auch: er setzte ein Gewitter dagegen und donnerte laut genug, sie haben ihn übertäubt, aber der gewaltige Regenguß hat die lieben Wallfahrer auseinander gejagt, die da im Gras lagen, wohl Tausende, und zechten; – ich hab' grad keinen empfindsamen Respekt vor der Natur, aber ich kann's doch nicht leiden, wenn sie so beschmutzt wird mit Papier und Wurstzipfel und zerbrochnen Tellern und Flaschen, wie hier auf dem großen grünen Plan, wo das Kreuz zwischen Linden aufgerichtet steht, wo der Wandrer, den die Nacht überrascht, gern Nachtruhe hält und sich geschützt glaubt durch den geweihten Ort. – Ich kann Ihr sagen, mir war ganz unheimlich; ich bin heut' noch kaputt. Ich seh' lieber die Lämmer auf dem Kirchhof weiden als die Menschen in der Kirch'; und die Lilien auf dem Feld, die, ohne zu spinnen, doch vom Tau genährt sind, – als die langen Prozessionen drüber stolpern und sie im schönsten Flor zertreten. Ich sag' Ihr gute Nacht, heut' hab' ich bei Tag geschrieben.

Bettine.

Kostbare Pracht- und Kunstwerke in Köln und auf der Reise dahin gesehen und für meine liebste Fr. Rat beschrieben

Geh' Sie Achtung, damit Sie es recht versteht, denn ich hab' schon zweimal vergeblich versucht, eine gutgeordnete Darstellung davon zu machen.

Ein großer Tafelaufsatz, der mir die ganze Zeit im Kopf herumspukt, und den mir deucht im großen Bankettsaal der kurfürstlichen Residenz gesehen zu haben; er besteht aus einer ovalen, fünf bis sechs Fuß langen kristallenen Platte, einen See vorstellend, in Wellen sanft geschliffen, die sich gegen die Mitte hin mehr und mehr heben und endlich ganz hoch steigen, wo sie einen silbernen Fels mit einem Throne umgeben, auf welchem die Venus sitzt; sie hat ihren Fuß auf den Rücken eines Tritonen gestemmt, der einen kleinen Amor auf den Händen balanciert; rundum spritzt silberner Schaum, auf den höchsten Wellen umher reiten mutige Nymphen, sie haben Ruder in Händen, um die Wellen zu peitschen, ihre Gewande sind emailliert, meistens blaßblau oder seegrün, auch gelblich; sie scheinen in einem übermütigen jauchzenden Wassertanz begriffen; etwas tiefer silberne Seepferde, von Tritonen gebändigt und zum Teil beritten; alles in Silber und Gold getrieben mit emaillierten Verzierungen. Wenn man in den hohlen Fels Wein tut, so spritzt es aus Röhrchen in regelmäßigen feinen Strahlen rund um die Venus empor und fließt in ein verborgenes Becken unter dem Fels; das ist die hohe Mittelgruppe. Näher am Ufer liegen bunte Muscheln zwischen den Wellen und emaillierte Wasserlilien; aus ihren Kelchen steigen kleine Amoretten empor, die mit gespanntem Bogen einander beschießen, zwischendurch flüchten Seeweibchen mit Fischschweifen, von Seemännchen mit spitzen Bärten verfolgt und an ihren Schilfkränzen erhascht oder mit Netzen eingefangen. Auf der andern Seite sind Seeweibchen, die einen kleinen Amor in der Luft gefangen halten und ihn unter die Wellen ziehen wollen, er wehrt sich und stemmt sein Füßchen der einen auf die Brust, während die andere ihn an den bunten Flügeln hält; diese Gruppe ist ganz köstlich und sehr lustig; der Amor ist schwarz von Ambra, die Nymphen sind von Gold mit emaillierten Kränzen. Die Gruppen sind verteilt in beiden Halbovalen, alles emailliert mit blau, grün, rot, gelb, lauter helle Farben; viele Seeungeheuer gucken zwischen den kristallnen Wellen hervor mit aufgesperrten Rachen; sie schnappen nach den fliehenden Nymphen, und so ist ein buntes Gewirr von lustiger glitzernder Pracht über das Ganze verbreitet, aus dessen Mitte der Fels mit der Venus emporsteigt; am einen Ende der Platte, wo sonst gewöhnlich die Handhabe ist, sitzt etwas erhaben gegen den Zuschauer der berühmte Zyklop Polyphem, der die Galatee in seinen Armen gefangen hält; er hat ein großes Aug' auf der Stirn, sie sieht schüchtern herab auf die Schafherde, die zu beiden Seiten gelagert ist, wodurch die Gruppe sich in einen sanften Bogen mit zwei Lämmern, welche an beiden Enden liegen und schlafen, abschließt. Jenseits sitzt Orpheus, auch gegen die Zuschauer gewendet; er spielt die Leier, ein Lorbeerbaum hinter ihm, auf dessen ausgebreiteten goldnen Zweigen Vögel sitzen; Nymphen haben sich herbeigeschlichen mit Rudern in der Hand, sie lauschen; dann sind noch allerlei Seetiere bis auf zwei Delphine, die auf beiden Seiten die Gruppe wie jenseits in einem sanften

Bogen abschließen; sehr hübsch ist ein kleiner Affe, der sich einen Sonnenschirm von einem Blatt gemacht hat, zu Orpheus Füßen sitzt und ihm zuhört. – Das ist, wie Sie leicht denken kann, ein wunderbares Prachtstück; es ist sehr reich und doch erhaben; und ich könnte Ihr noch eine halbe Stunde über die Schönheit der einzelnen Figuren vorschwätzen. Gold und Silber macht mir den Eindruck von etwas Heiligem; ob dies daher kommt, weil ich im Kloster immer die goldnen und silbernen Meßgeschirre und den Kelch gewaschen habe, den Weihrauchkessel geputzt und die Altarleuchter vom abträufelnden Wachs gereinigt, alles mit einer Art Ehrfurcht berührt habe? Ich kann Ihr nur sagen, daß uns beim Betrachten dieses reichen und künstlichen Werkes eine feierliche Stimmung befiel.

Jetzt beschreib' ich Ihr aber noch etwas Schönes, das gefällt mir in der Erinnerung noch besser, und die Kunstkenner sagen auch, es habe mehr Stil; das ist so ein Wort, wenn ich frage, was es bedeutet, sagt man: „Wissen Sie nicht, was Stil ist?“ – Und damit muß ich mich zufrieden geben, hierbei hab' ich's aber doch ausgedacht. Alles große Edle muß einen Grund haben, warum es edel ist: wenn dieser Grund rein ohne Vorurteil, ohne Pfuscherei von Nebendingen und Absichten, die einzige Basis des Kunstwerks ist: das ist der reine Stil. Das Kunstwerk muß gerade nur das ausdrücken, was die Seele erhebt und edel ergötzt und nicht mehr. Die Empfindung des Künstlers muß allein darauf gerichtet sein, das übrige ist falsch. In den kleinen Gedichten vom Wolfgang ist die Empfindung aus einem Guß, und was er da ausspricht, das erfüllt reichlich eines jeden Seele mit derselben edlen Stimmung. In allen liegt es, ich will Ihr aber nur dies kleinste zitieren, das ich so oft mit hohem Genuß in den einsamen Wäldern gesungen habe, wenn ich allein von weitem Spazierwege nach Hause ging.

Der du von dem Himmel bist,
Alles Leid und Schmerzen stillest,
Den, der doppelt elend ist,
Doppelt mit Erquickung füllest;
Ach, ich bin des Treibens müde,
Was soll all der Schmerz und Lust? –
Süßer Friede!
Komm, ach komm in meine Brust.

Im Kloster hab' ich viel predigen hören, über den Weltgeist und die Eitelkeit aller Dinge, ich habe selbst den Nonnen die Legende jahraus jahrein vorgelesen, weder der Teufel noch die Heiligen haben bei mir Eindruck gemacht, ich glaub', sie waren nicht vom reinen Stil; ein solches Lied aber erfüllt meine Seele mit der lieblichsten Stimmung, keine Mahnung, keine weise Lehren könnten mir je so viel Gutes einflößen; es befreit mich von aller Selbstsucht, ich kann andern alles geben und gönne ihnen das beste Glück, ohne für mich selbst etwas zu verlangen; das macht, weil es vom reinen edlen Stil ist. So könnte ich noch manches seiner Lieder hersetzen, die mich über alles erheben und mir einen Genuß schenken, der mich in mir selber reich macht. Das Lied: *Die schöne Nacht*, hab' ich wohl hundertmal dies Jahr auf spätem Heimweg gesungen:

Luna bricht durch Busch und Eichen,
Zephyr meldet ihren Lauf,

Und die Birken streun mit Neigen
Ihr den schönsten Weihrauch auf.

Wie war ich da glücklich und heiter in diesem Frühjahr, wie die Birken während meinem Gesang rund um mich her der eilenden Luna wirklich ihren duftenden Weihrauch streuten. Es soll mir keiner sagen, daß reiner Genuß nicht Gebet ist. Aber in der Kirche ist's mir noch nimmer gelungen, da hab' ich geseufzt vor schwerer Langenweile, die Predigt war wie Blei auf meinen Augenlidern. O je, wie war mir leicht, wenn ich aus der Klosterkirche in den schönen Garten springen konnte, da war mir der geringste Sonnenstrahl eine bessre Erleuchtung als die ganze Kirchengeschichte.

Das zweite Kunstwerk, welches ich Ihr beschreibe, ist ein Delphin aus einem großen Elefantenzahn gemacht; er sperrt seinen Rachen auf, in den ihm zwei Amoretten das Gebiß einlegen; ein andrer, der auf dem Nacken des Delphins sitzt, nimmt von beiden Seiten den Zaum; auf der Mitte des Rückens liegt ein goldner Sattel mit einem Sitz von getriebener Arbeit, welches Laubwerk von Weinreben vorstellt; inmitten desselben steht Bacchus von Elfenbein, ein schöner, zarter, schlanker Jüngling mit goldnen Haaren und einer phrygischen Mütze auf; er hat die eine Hand in die Seite gestemmt, mit der andern hält er einen goldnen Rebstock, der unter dem Sattel hervorkommt und ihn mit schönem, feinem Laub überdacht; auf beiden Seiten des Sattels sind zwei Muscheln angebracht wie Tragkörbe, darin sitzen zwei Nymphen von Elfenbein in jedem und blasen auf Muscheln; die breiten Floßfedern, so wie der Schwanz des Fisches sind von Gold und Silber gearbeitet; unmittelbar hinter dem Sattel schlängelt sich der Leib des Fisches aufwärts, als ob er mit dem Schweif in die Lüfte schnalze; auf dem Bug desselben sitzt ein zierliches Nymphchen und klatscht in die Hände; dieses kommt etwas höher zu stehen und sieht über die Gruppe des Bacchus herüber; die Floßfedern des Schweifes bilden ein zierliches Schattendach über der Nymphe; der Rachen des Fisches ist inwendig von Gold; man kann ihn auch mit Wein füllen, der dann in zwei Strahlen aus seinen Nüstern emporspringt; man stellte dieses Kunstwerk bei großen Festen in einem goldnen Becken auf den Nebentischen auf. Dieses ist nun ein Kunstwerk vom erhabenen Stil, und ich kann auch sagen, daß es mich ganz mit stummer heiliger Ehrfurcht erfüllte. Noch viele dergleichen sind da; alles hat Bezug auf den Rhein, unter andern ein Schiff von Zedernholz, so fein gemacht, mit schönen Arabesken; ein Basrelief umgibt den Oberteil des Schiffes, auf dessen Verdeck die drei Kurfürsten von Köln, Mainz und Trier sitzen und zechen; Knappen stehen hinter ihnen mit Henkelkrügen. Dies hat mir nicht so viel Freud' gemacht, obschon viel Schönes daran ist, besonders die Glücksgöttin, die am Vorderteil des Schiffes angebracht ist.

Ich beschreib' Ihr noch einen Humpen, das ist ein wahres Meisterstück und stellt eine Kelter vor. In der Mitte steht ein hohes Faß, das ist der eigentliche Humpen; auf beiden Seiten klettern in zierlichen Verschlingungen Knaben hinauf mit Butten voll Trauben über die Schultern von Männern, um an den Rand zu gelangen und ihre Trauben auszuschütten; in der Mitte, als Knopf des Deckels, der etwas tief in den Rand des Humpens paßt, steht Bacchus mit zwei Tigern, die an ihm hinanspringen; er ist im Begriff, die Trauben, deren gehäufte Menge mit einzelnen Ranken dazwischen den Deckel bilden, mit den Füßen zu keltern. Die Knaben, die von allen Seiten herüberreichen, um ihre Gefäße mit Trauben auszuleeren, bilden einen wunderschönen

Rand; die starken Männer am Fuß der Kelter, die die kleinen Knaben auf ihre Schultern heben und auf mannigfache Weise heraufhelfen, sind ganz außerordentlich herrlich, nackt, einem oder dem andern hängt ein Tigerfell über dem Rücken, sonst ganz ungeniert. Am Humpen sieht man auf einer Seite das Mainzer Wappen, auf der andern das von Köln.

Der ganze Humpen steht auf einem Aufsatz, der wie ein sanfter Hügel gestaltet ist; auf diesem sitzen und liegen Nymphen im Kreis; sie spielen mit Tamburinen, Becken, Triangel, andre liegen und balgen sich mit Leoparden, die ihnen über die Köpfe springen; es ist gar zu schön. – Das hab' ich Ihr nun beschrieben, aber hätte Sie es erst gesehen, Sie würde vor Verwunderung laut aufgeschrien haben. Was überfällt einem nur, wenn man so etwas von Menschenhänden gemacht sieht? Mir rauchte der Kopf, und ich meinte in der trunkenen Begeistrung, ich werde keine Ruhe finden, wenn ich nicht auch solche schöne Sachen erfinden und machen könne. Aber wie ich hinauskam und es war Abend geworden und die Sonne ging so schön unter, da vergaß ich alles, bloß um mit den letzten Strahlen der Sonne meine Sinne in dem kühlen Rhein zu baden.

Eine Mutter gibt sich alle erdenkliche Mühe, ihr kleines unverständiges Kindchen zufriedenzustellen, sie kommt seinen Bedürfnissen zuvor und macht ihm aus allem ein Spielwerk; wenn es nun auf nichts hören will und mit nichts sich befriedigen läßt, so läßt sie es seine Unart ausschreien, bis es müde ist, und dann sucht sie es wieder von neuem mit dem Spielwerk vertraut zu machen. Das ist gerade, wie es Gott mit den Menschen macht, er gibt das Schönste, um den Menschen zur Lust, zur Freude zu reizen und ihm den Verstand dafür zu schärfen. – Die Kunst ist ein so schönes Spielwerk, um den unruhigen, ewig begehrenden Menschengeist auf sich selbst zurückzuführen, um ihn denken zu lehren und sehen; um Geschicklichkeit zu erwerben, die seine Kräfte weckt und steigert. Er soll lernen, ganz der Unschuld solcher Erfindung sich hingeben und vertrauen auf die Lust und das Spiel der Phantasie, die ihn zum Höchsten auszubilden und zu reifen vermag. Gewiß liegen in der Kunst große Geheimnisse höherer Entwicklung verborgen; ja ich glaub' sogar, daß alle Neigungen, von denen die Philister sagen, daß sie keinen nützlichen Zweck haben, zu jenen mystischen gehören, die den Keim zu großen, in diesem Leben noch unverständlichen Eigenschaften in unsre Seele legen; welche dann im nächsten Leben als ein höherer Instinkt aus uns hervorbrechen, der einem geistigeren Element angemessen ist. –

Die Art, wie jene in Gold und Silber getriebene Kunstwerke aufgestellt sind, ist auch zu bewundern und trägt sehr dazu bei, dieselben sowohl in ihrer Pracht mit einem Blick zu überschauen, als auch ein jedes einzelne bequem zu betrachten. Es ist eine Wand von schwarzem Ebenholz mit tiefen Kassetten, in der Mitte der Wand eine große, in welcher das Hauptstück steht, auf beiden Seiten kleinere, in denen die anderen Kunstwerke als Humpen, Becher usw. usw. stehen. An jeder Kassette hebt sich durch den Druck einer Feder der Boden heraus und läßt das Kunstwerk von allen Seiten sehen.

Noch eines Bechers gedenke ich von Bronze, eine echte Antike, wie man behauptet: und man muß es wohl glauben, weil er so einfach ist und doch so majestätisch. Ein Jüngling: wahrscheinlich Ganymed, sitzt nachlässig auf einem Stein, der Adler auf der Erde zwischen seinen Knien breitet beide Flügel aus, als wolle er ihn damit schlagen, und legt den ausgestreckten Kopf auf des Jünglings Brust, der auf den Adler herabsieht, während er die Arme emporhebt und mit beiden Händen ein herrliches Trinkgefäß hält, was den Becher bildet. Kann man sich was Schöneres denken? – Nein! Der wilde Adler, der ganz leidenschaftlich den ruhigen Jüngling gleichsam anfällt und doch an ihm ausruht, und jener, der so spielend den Becher emporhebt, ist gar zu schön, und ich hab' allerlei dabei gedacht. Eine andre Wand will ich Ihr noch beschreiben und dann zu Bette gehn, denn ich bin müde; stell' Sie sich ein goldnes Honigwaben vor, aus dem die ganze Wand besteht, lauter achteckige goldne Zellen, in jeder ein andrer Heiliger, zierlich, ja wahrhaft reizend in Holz geschnitzt mit schönen Kleidern angetan, in bunter Farbe gemalt; in der Mitte, wo die Zelle für den Bienenweisel ist, da ist Christus, auf beiden Seiten die vier Evangelisten, dann rund umher die Apostel, dann die Erzväter, endlich die Märtyrer, zuletzt die Einsiedler. Diese Wand habe ich in Oberwesel als Hauptaltar in der Kirche aufgestellt gesehen; es ist keine Figur, die man nicht gleich als schönes naives, in seiner Art eigentümliches Bild abmalen könnte. Adieu, Frau Rat, ich muß abbrechen, sonst könnte der Tag herankommen über meinem Extemporieren.

Bettine.

An Bettine.

Fr. 7. Oktober 1808.

Die Beschreibung von Deinen Prachtstücken und Kostbarkeiten hat mir recht viel Pläsier gemacht; wenn's nur auch wahr ist, daß Du sie gesehen hast, denn in solchen Stücken kann man Dir nicht wenig genug trauen. Du hast mir ja schon manchmal hier auf Deinem Schemel die Unmöglichkeiten vorerzählt, denn wenn Du, mit Ehren zu melden, ins Erfinden gerätst, dann hält Dich kein Gebiß und kein Zaum! – Ei, mich wundert's, daß Du noch ein End' finden kannst und nicht in einem Stück fortschwätzst, bloß um selbst zu erfahren, was alles noch in Deinem Kopf steckt. Manchmal mein' ich aber doch, es müßt' wahr sein, weil Du alles so natürlich vorbringen kannst. Wo solltest Du auch alles herwissen? Es ist aber doch kurios, daß die Kurfürsten immer mit Fisch und Wassernymphen zu tun haben; auf der Krönung hab' ich in den Silberkammern auch solche Sachen gesehen, da war ein Springbrunnen von Silber mit schönen Figuren, da sprang Wein heraus, der wurde zur Pracht auf die Tafel gestellt. Und einmal hat der Kurfürst von der Pfalz ein Fischballett aufführen lassen, da tanzten die Karpfen, prächtig in Gold und Silberschuppen angetan, aufrecht einen Menuett. Nun, Du hast das alles allein gesehen, solche Sachen, die man im Kopf sieht, die sind auch da und gehören ins himmlische Reich, wo nichts einen Körper hat, sondern nur alles im Geist da ist.

Mach' doch, daß Du bald wieder herkommst, Du hast den ganzen Sommer verschwärmt, mir ist es gar nicht mehr drum zu tun mit dem Schreiben, und ich hab' Dich auch solange nicht gesehen, es verlangt mich recht nach Dir,

Deine wahre Herzenfreundin

Goethe.

An Goethes Mutter.

Frau Rat, den ganzen Tag bin ich nicht zu Haus', aber wenn ich an Sie schreib', dann weiß ich, daß ich eine Heimat habe; es ist die Zeit, daß die Leut' Feldgötter im Weinberg aufstellen, um die Sperlinge von den Trauben zu scheuchen; heut' morgen konnt' ich nicht begreifen, was für ein wunderbarer Besuch sich so früh im Weingarten aufhalte, der mir durch den dicken Nebel schimmerte; ich dachte erst, es wär' der Teufel, denn er hat einen scharlachroten Rock und schwarze Unterkleider und goldpapierne Mütze; und am Abend in der Dämmerung fürchtete ich mich dran vorbeizugehen und zwar so sehr, daß ich wieder umkehrte und nicht bis ans Wasser ging, wie ich jeden Abend tue; und wie ich wieder im Zimmer war, da dachte ich, wenn mich jemand Liebes dort hinbestellt hätte, so würd' ich wohl nichts von Furcht gespürt haben; ich ging also noch einmal und glücklich an dem Lumpengespenst vorbei, denn dort wartet ja wohl etwas Liebes auf mich; die stille weit verbreitete Ruhe über dem breiten Rhein, über den brütenden Weinbergen, wem vergleiche ich die wohl als dem stillen ruhigen Abend, in dem mein Andenken ihm einen freundlichen Besuch macht und er sich's gefallen läßt, daß das Schifflein mit meinen kindischen Gedanken bei ihm anlande? Was ich in so einsamer Abendstunde, wo die Dämmerung mit der Nacht tauscht, denke, das kann Sie sich am besten vorstellen, da wir es tausendmal miteinander besprochen haben, und haben so viel Ergötzen dabei gehabt. Wenn wir miteinander zu ihm gereist kämen, das denk' ich mir immer noch aus. – Damals hatte ich ihn noch nicht gesehen, wie Sie meiner heißen Sehnsucht die Zeit damit vertrieb, daß Sie mir seine freudige Überraschung malte, und unser Erscheinen unter tausenderlei Veränderungen; – jetzt kenne ich ihn und weiß, wie er lächelt und den Ton seiner Stimme, wie die so ruhig ist und doch voll Liebe, und seine Ausrufungen, wie die so aus dem tiefen Herzen anschwellen, wie der Ton im Gesang; und wie er so freundlich beschwichtigt und bejaht, was man im Herzensdrang unordentlich herausstürmt; – wie ich im vorigen Jahr so unverhofft wieder mit ihm zusammentraf, da war ich so außer mir, und wollte sprechen und konnte mich nicht zurechtfinden; da legt' er mir die Hand auf den Mund und sagt': „Sprech' mit den Augen, ich versteh' alles"; und wie er sah, daß die voll Tränen standen, so drückt' er mir die Augen zu und sagte: „Ruhe, Ruhe, die bekommt uns beiden am besten;" – ja, liebe Mutter, die Ruhe war gleich über mich hingegossen, ich hatte ja alles, wonach ich seit Jahren mich einzig gesehnt habe. – O Mutter, ich dank' es Ihr ewig, daß Sie mir den Freund in die Welt geboren, – wo sollt' ich ihn sonst finden! Lach' Sie nicht darüber, und denk' Sie doch, daß ich ihn geliebt hab', eh' ich das Geringste von ihm gewußt, und hätt' Sie ihn nicht geboren, wo er dann geblieben wär', das ist doch die Frage, die Sie nicht beantworten kann.

Über die Günderode ist mir am Rhein unmöglich zu schreiben, ich bin nicht so empfindlich, aber ich bin hier am Platz nicht weit genug von dem Gegenstand ab, um ihn ganz zu übersehen; – gestern war ich da unten, wo sie lag; die Weiden sind so gewachsen, daß sie den Ort ganz zudecken, und wie ich mir so dachte, wie sie voll Verzweiflung hier herlief und so rasch das gewaltige Messer sich in die Brust stieß, und wie das tagelang in ihr gekocht hatte, und ich, die so nah mit ihr stand, jetzt an demselben Ort, gehe hin und her an demselben Ufer, in süßem Überlegen meines

Glückes, und alles und das Geringste, was mir begegnet, scheint mir mit zu dem Reichtum meiner Seligkeit zu gehören; da bin ich wohl nicht geeignet, jetzt alles zu ordnen und den einfachen Faden unseres Freundeslebens, von dem ich doch nur alles anspannen könnte, zu verfolgen. – Nein, es kränkt mich, und ich mache ihr Vorwürfe, wie ich ihr damals in Träumen machte, daß sie die schöne Erde verlassen hat; sie hätt' noch lernen müssen, daß die Natur Geist und Seele hat und mit dem Menschen verkehrt und sich seiner und seines Geschickes annimmt, und daß Lebensverheißungen in den Lüften uns umwehen; ja, sie hat's bös' mit mir gemacht, sie ist mir geflüchtet, grade wie ich mit ihr teilen wollte alle Genüsse. Sie war so zaghaft; eine junge Stiftsdame, die sich fürchtete, das Tischgebet laut herzusagen; sie sagte mir oft, daß sie sich fürchtete, weil die Reihe an ihr war; sie wollte vor den Stiftsdamen das Benedicite nicht laut hersagen; unser Zusammenleben war so schön, es war die erste Epoche, in der ich mich gewahr ward; – sie hatte mich zuerst aufgesucht in Offenbach, sie nahm mich bei der Hand und forderte, ich solle sie in der Stadt besuchen; nachher waren wir alle Tage beisammen, bei ihr lernte ich die ersten Bücher mit Verstand lesen, sie wollte mich Geschichte lehren, sie merkte aber bald, daß ich zu sehr mit der Gegenwart beschäftigt war, als daß mich die Vergangenheit hätte lange fesseln können; – wie gern ging ich zu ihr! Ich konnte sie keinen Tag mehr missen, ich lief alle Nachmittag' zu ihr; wenn ich an die Tür des Stifts kam, da sah ich durch das Schlüsselloch bis nach ihrer Tür, bis mir aufgetan ward; – ihre kleine Wohnung war ebner Erde nach dem Garten; vor dem Fenster stand eine Silberpappel, auf die kletterte ich während dem Vorlesen; bei jedem Kapitel erstieg ich einen höheren Ast und las von oben herunter; – sie stand am Fenster und hörte zu und sprach zu mir herauf, und dann und wann sagte sie: Bettine, fall' nicht; jetzt weiß ich erst, wie glücklich ich in der damaligen Zeit war, denn weil alles, auch das Geringste, sich als Erinnerung von Genuß in mich geprägt hat; – sie war so sanft und weich in allen Zügen wie eine Blondine. Sie hatte braunes Haar, aber blaue Augen, die waren gedeckt mit langen Augenwimpern; wenn sie lachte, so war es nicht laut, es war vielmehr ein sanftes gedämpftes Girren, in dem sich Lust und Heiterkeit sehr vernehmlich aussprach; – sie ging nicht, sie wandelte, wenn man verstehen will, was ich damit auszusprechen meine; – ihr Kleid war ein Gewand, was sie in schmeichelnden Falten umgab, das kam von ihren weichen Bewegungen her; ihr Wuchs war hoch, ihre Gestalt war zu fließend, als daß man es mit dem Wort schlank ausdrücken könnte; sie war schüchtern-freundlich und viel zu willenlos, als daß sie in der Gesellschaft sich bemerkbar gemacht hätte. Einmal saß sie bei dem Fürst Primas mit allen Stiftsdamen zu Mittag; sie war im schwarzen Ordenskleid mit langer Schleppe und weißem Kragen mit dem Ordenskreuz; da machte jemand die Bemerkung, sie sähe aus wie eine Scheingestalt unter den andern Damen, als ob sie ein Geist sei, der eben in der Luft zerfließen werde. – Sie las mir ihre Gedichte vor und freute sich meines Beifalls, als wenn ich ein großes Publikum wär'; ich war aber auch voll lebendiger Begierde, es anzuhören; nicht als ob ich mit dem Verstand das Gehörte gefaßt habe, – es war vielmehr ein mir unbekanntes Element, und die weichen Verse wirkten auf mich wie der Wohllaut einer fremden Sprache, die einem schmeichelt, ohne daß man sie übersetzen kann. – Wir lasen zusammen den „Werther" und sprachen viel über den Selbstmord; sie sagte:"Recht viel lernen, recht viel fassen mit dem Geist und dann früh sterben; ich mag's nicht erleben, daß mich die Jugend verläßt." Wir lasen vom Jupiter Olymp des Phidias, daß die Griechen von dem sagten, der

Sterbliche sei um das Herrlichste betrogen, der die Erde verlasse, ohne ihn gesehen zu haben. Die Günderode sagte, wir müssen ihn sehen, wir wollen nicht zu den Unseligen gehören, die so die Erde verlassen. Wir machten ein Reiseprojekt, wir erdachten unsre Wege und Abenteuer, wir schrieben alles auf, wir malten alles aus, unsre Einbildung war so geschäftig, daß wir's in der Wirklichkeit nicht besser hätten erleben können; oft lasen wir in dem erfundenen Reisejournal und freuten uns der allerliebsten Abenteuer, die wir drin erlebt hatten, und die Erfindung wurde gleichsam zur Erinnerung, deren Beziehungen sich noch in der Gegenwart fortsetzten. Von dem, was sich in der Wirklichkeit ereignete, machten wir uns keine Mitteilungen; das Reich, in dem wir zusammentrafen, senkte sich herab wie eine Wolke, die sich öffnete, um uns in ein verborgenes Paradies aufzunehmen; da war alles neu, überraschend, aber passend für Geist und Herz; und so vergingen die Tage. Sie wollte mir Philosophie lehren, was sie mir mitteilte, verlangte sie von mir aufgefaßt und dann auf meine Art schriftlich wiedergegeben; die Aufsätze, die ich ihr hierüber brachte, las sie mit Staunen; es war nie auch eine entfernte Ahnung von dem, was sie mir mitgeteilt hatte; ich behauptete im Gegenteil, so hätt' ich es verstanden; – sie nannte diese Aufsätze Offenbarungen, gehöht durch die süßesten Farben einer entzückten Imagination; sie sammelte sie sorgfältig, sie schrieb mir einmal: „Jetzt verstehst Du nicht, wie tief diese Eingänge in das Bergwerk des Geistes führen, aber einst wird es Dir sehr wichtig sein, denn der Mensch geht oft öde Straßen; je mehr er Anlage hat durchzudrängen, je schauerlicher ist die Einsamkeit seiner Wege, je endloser die Wüste. Wenn du aber gewahr wirst, wie tief Du Dich hier in den Brunnen des Denkens niedergelassen hast, und wie Du da unten ein neues Morgenrot findest und mit Lust wieder heraufkömmst und von Deiner tieferen Welt sprichst, dann wird Dich's trösten, denn die Welt wird nie mit Dir zusammenhängen, Du wirst keinen andern Ausweg haben, als zurück durch diesen Brunnen in den Zaubergarten Deiner Phantasie; es ist aber keine Phantasie, es ist eine Wahrheit, die sich nur in ihr spiegelt. Der Genius benutzt die Phantasie, um unter ihren Formen das Göttliche, was der Menschengeist in seiner idealen Erscheinung nicht fassen könnte, mitzuteilen oder einzuflößen; ja Du wirst keinen andern Weg des Genusses in Deinem Leben haben, als den sich die Kinder versprechen von Zauberhöhlen, von tiefen Brunnen; wenn man durch sie gekommen, so findet man blühende Gärten, Wunderfrüchte, kristallne Paläste, wo eine noch unbegriffne Musik erschallt und die Sonne mit ihren Strahlen Brücken baut, auf denen man festen Fußes in ihr Zentrum spazieren kann; – das alles wird sich Dir in diesen Blättern zu einem Schlüssel bilden, mit dem Du vielleicht tief versunkene Reiche wieder aufschließen kannst, drum verliere mir nichts und wehre auch nicht solchen Reiz, der Dich zum Schreiben treibt, sondern lerne mit Schmerzen denken, ohne welche nie der Genius in den Geist geboren wird; – wenn er erst in Dich eingefleischt ist, dann wirst Du Dich der Begeistrung freuen, wie der Tänzer sich der Musik freut."

Mit solchen wunderbaren Lehren hat die Günderode die Unmündigkeit meines Geistes genährt. Ich war damals bei der Großmutter in Offenbach, um auf vier Wochen wegen meiner schwankenden Gesundheit die Landluft zu genießen; auf welche Weise berührten mich denn solche Briefe? – Verstand ich ihren Inhalt? – Hatte ich einen Begriff von dem, was ich geschrieben hatte? Nein; ich wußte mir so wenig den Text meiner schriftlichen Begeistrungen auszulegen, als sich der Komponist den Text seiner

Erfindungen begreiflich machen kann; er wirft sich in ein Element, was höher ist als er; es trägt ihn, es nährt ihn, seine Nahrung wird Inspiration, sie reizt, sie beglückt, ohne daß man sie sinnlich auszulegen vermochte, obschon die Fähigkeiten durch sie gesteigert, der Geist gereinigt, die Seele gerührt wird. So war es auch zwischen mir und der Freundin: die Melodien entströmten meiner gereizten Phantasie, sie lauschte und fühlte unendlichen Genuß dabei und bewahrte, was, wenn es mir geblieben wär', nur störend auf mich gewirkt haben würde; – sie nannte mich oft die Sibylle, die ihre Weissagungen nicht bewahren dürfe; ihre Aufforderungen reizten mich, und doch hatte ich eine Art Furcht; mein Geist war kühn, und mein Herz war zaghaft; ja, ich hatte ein wahres Ringen in mir; – ich wollte schreiben, ich sah in ein unermeßliches Dunkel, ich mußte mich auch äußerlich vom Licht entfernen; am liebsten war mir, wenn ich die Fenster verhing und doch durchsah, daß draußen die Sonne schien; ein Blumenstrauß, dessen Farben sich durch die Dämmerung stahlen, der konnte mich fesseln und von der innern Angst befreien, so daß ich mich vergaß, während ich in die schattigflammenden Blumenkelche sah und Duft und Farbe und Formen gleichsam ein Ganzes bildeten; Wahrheiten hab' ich da erfahren, von denen ich ausging in meinen Träumereien, und die mir plötzlich den gebundenen Geist lösten, daß ich ruhig und gelassen das, was mir ahndete, fassen und aussprechen konnte; – indem ich den Blumenstrauß, der nur durch eine Spalte im Fensterladen erleuchtet war, betrachtete, erkannte ich die Schönheit der Farbe, das Übermächtige der Schönheit; die Farbe war selbst ein Geist, der mich anredete wie der Duft und die Form der Blumen; – das erste, was ich durch sie vernahm, war, daß alles in den Naturgebilden durch das Göttliche erzeugt sei, daß Schönheit der göttliche Geist sei im Mutterschoß der Natur erzeugt; daß die Schönheit größer sei wie der Mensch, daß aber die Erkenntnis allein die Schönheit des freien Menschengeistes sei, die höher ist als alle leibliche Schönheit. – O, ich brauchte mich hier nur in den Brunnen niederzulassen, so könnte ich vielleicht wieder sagen alles, was ich durch die Gespräche mit der Farbe und den Formen und dem Duft des Blumenstraußes erfuhr; ich könnte auch noch mehr sagen, was wunderlich und wunderbar genug klingt; ich müßte fürchten, es würde nicht geglaubt oder für Wahnsinn und Unsinn geachtet; – warum soll ich's aber hier verhehlen? Der's lesen wird, dem wird es einleuchten, er hat oft die wunderbaren Phänomene des Lichtes beobachtet, wie sie durch Farbe und zufällige oder besondere Formen neue Erscheinungen bildeten. – So war's in meiner Seele damals, so ist es auch jetzt. Das große und scharfe Auge des Geistes war vom innern Lichtstrahl gefangen genommen, es mußte ihn einsaugen, ohne sich durch selbstische Reflexion davon ablösen zu können; der Freund weiß ja, was dieses Gebanntsein im Blick auf einen Lichtstrahl – Farbengeist – für Zauberei hervorbringt, und er weiß auch, daß der Schein hier kein Schein ist, sondern Wahrheit. –

Trat ich aus dieser innern Anschauung hervor, so war ich geblendet; ich sah Träume, ich ging ihren Verhältnissen nach, das machte im gewöhnlichen Leben keinen Unterschied, in dies paßte ich ohne Anstoß, weil ich mich in ihm nicht bewegte; aber ohne Scheu sag' ich es meinem Herrn, der den Segen hier über sein Kind sprechen möge: ich hatte eine innre Welt und geheime Fähigkeiten, Sinne, mit denen ich in ihr lebte; mein Auge sah deutlich große Erscheinungen, so wie ich es zumachte; – ich sah die Himmelskugel, sie drehte sich vor mir in unermeßlicher Größe um, so daß ich ihre Gesetze nicht sah, aber doch eine Empfindung von ihrer Rundung hatte; das Sternenheer zog auf dunklem Grund an mir vorüber, die Sterne tanzten in reinen geistigen Figuren, die ich als Geist begriff; es stellten sich Monumente auf von Säulen und Gestalten, hinter denen die Sterne wegzogen; die Sterne tauchten unter in einem Meer von Farben; es blühten Blumen auf, sie wuchsen empor bis in die Höhe; ferne goldne Schatten deckten sie vor einem höheren weißen Licht, und so zog in dieser Innenwelt eine Erscheinung nach der anderen herauf; dabei fühlten meine Ohren ein feines silbernes Klingen, allmählich wurde es ein Schall, der größer war und gewaltiger, je länger ich ihm lauschte, ich freute mich, denn es stärkte mich, es stärkte meinen Geist, diesen großen Ton in meinem Gehör zu beherbergen; öffnete ich die Augen, so war alles nichts, so war alles ruhig, und ich empfand keine Störung, nur konnte ich die sogenannte wirkliche Welt, in der die andern Menschen sich auch zu befinden behaupten, nicht mehr von dieser Traum- oder Phantasiewelt unterscheiden; ich wußte nicht, welche Wachen oder Schlafen war, ja zuletzt glaubte ich immer mehr, daß ich das gewöhnliche Leben nur träume, und ich muß es noch heute unentschieden lassen, und werde nach Jahren noch daran zweifeln; dieses Schweben und Fliegen war mir gar zu gewiß; ich war innerlich stolz darauf und freute mich dieses Bewußtseins; ein einziger elastischer Druck mit der Spitze der Fußzehen – und ich war in Lüften; ich schwebte leise und anmutig zwei, drei Fuß über der Erde, aber ich berührte sie gleich wieder und flog wieder auf – und schwebte auf die Seite, von da wieder zurück; so tanzte ich im Garten im Mondschein hin und her, zu meinem unaussprechlichen Vergnügen; ich schwebte über die Treppen herab oder herauf, zuweilen hob ich mich zur Höhe der niedern Baumäste und schwirrte zwischen den Zweigen dahin; morgens erwachte ich in meinem Bett mit dem Bewußtsein, daß ich fliegen könne, am Tag aber vergaß ich's. – Ich schrieb an die Günderode, ich weiß nicht was, sie kam heraus nach Offenbach, sah mich zweifelhaft an, tat befremdende Fragen über mein Befinden, ich sah im Spiegel: schwärzer waren die Augen wie je, die Züge hatten sich unendlich verfeinert, die Nase so schmal und fein, der Mund geschwungen, eine äußerst weiße Farbe; ich freute mich und sah mit Genuß meine Gestalt, die Günderode sagte, ich sollte nicht so lang mehr allein bleiben, und nahm mich mit in die Stadt; da waren wenige Tage verflossen, so hatte ich das Fieber; ich legte mich zu Bett und schlief und weiß auch nichts, als daß ich nur schlief; endlich erwachte ich und es war am vierzehnten Tag, nachdem ich mich gelegt hatte; indem ich die Augen öffnet', sah ich ihre schwanke Gestalt im Zimmer auf- und abgehen und die Hände ringen; „aber Günderode“, sagt' ich, „warum weinst Du?“ „Gott sei ewig gelobt“, sagt sie, und kam an mein Bett, „bist Du endlich wieder wach, bist Du endlich wieder ins Bewußtsein gekommen?“ – Von der Zeit an wollte sie mich nichts Philosophisches lesen lassen, und auch keine Aufsätze sollte ich mehr machen; sie war fest überzeugt, meine Krankheit sei davon hergekommen; ich hatte großes Wohlgefallen an meiner Gestalt, die Blässe, die von meiner Krankheit zurückgeblieben war, gefiel mir unendlich; meine Züge erschienen mir sehr bedeutend, die großgewordenen Augen herrschten, und die anderen Gesichtsteile verhielten sich geistig leidend; ich fragte die Günderode, ob nicht darin schon die ersten Spuren einer Verklärung sich zeigten.

Hier hab' ich abgebrochen und hab' viele Tage nicht geschrieben; es stieg so ernst und schwer herauf, der Schmerz ließ sich nicht vom Denken bemeistern; ich bin noch jung, ich kann's nicht durchsetzen, das Ungeheure. Unterdessen hat man den Herbst eingetan, der Most wurde vom laubbekränzten Winzervolk unter Jubelgesang die Berge herabgefahren und getragen, und sie gingen mit der Schalmei voran und tanzten. O du – der du dieses liest, du hast keinen Mantel so weich, um die verwundete Seele drin einzuhüllen. Was bist du mir schuldig? – Dem ich Opfer bringe wie dies, daß ich dich die Hand in die Wunden legen lasse. – Wie kannst du mir vergelten? Du wirst mir nimmer vergelten; du wirst mich nicht locken und an dich ziehen, und weil ich kein Obdach in der Liebe habe, wirst du mich nicht herbergen, und der Sehnsucht wirst du keine Linderung gewähren; ich weiß es schon im voraus, ich werd' allein sein mit mir selber, wie ich heut' allein stand am Ufer bei den düstern Weiden, wo die Todesschauer noch wehen über den Platz, da kein Gras mehr wächst; dort hat sie den schönen Leib verwundet grad' an der Stelle, wo sie's gelernt hatte, daß man da das Herz am sichersten trifft; o Jesus Maria! –

Du! Mein Herr! – Du! – Flammender Genius über mir! Ich hab' geweint; nicht über sie, die ich verloren habe, die wie warme frühlingbrütende Lüfte mich umgab; die mich schützte, die mich begeisterte, die mir die Höhe meiner eignen Natur als Ziel vertraute; ich hab' geweint um mich, mit mir; hart muß ich werden wie Stahl, gegen mich, gegen das eigne Herz; ich darf es nicht beklagen, daß ich nicht geliebt werde, ich muß streng sein gegen dies leidenschaftliche Herz; es hat kein Recht zu fordern, nein, es hat kein Recht; – Du bist mild und lächelst mir, und Deine kühle Hand mildert die Glut meiner Wangen, das soll mir genügen.

Gestern waren wir im laubbekränzten Nachen den Rhein hinabgefahren, um die hundertfältige Feier des Weinfestes an beiden Bergufern mitanzusehen; auf unserem Schiff waren lustige Leute, sie schrieben weinbegeisterte Lieder und Sprüche, steckten sie in die geleerten Flaschen und ließen diese unter währendem Schießen den Rhein hinabschwimmen; auf allen Ruinen waren große Tannen aufgepflanzt, die bei einbrechender Dämmerung angezündet wurden; auf dem Mäuseturm, mitten im stolzen Rhein ragten zwei mächtige Tannen empor, ihre flammenden durchbrannten Äste fielen herab in die zischende Flut, von allen Seiten donnerten sie und warfen Raketen, und schöne Sträußer von Leuchtkugeln stiegen jungfräulich in die Lüfte und auf den Nachen sang man Lieder, und im Vorbeifahren warf man sich Kränze zu und Trauben; da wir nach Hause kamen, so war's spät, aber der Mond leuchtete hell; ich sah zum Fenster hinaus und hörte noch jenseits das Toben und Jauchzen der Heimkehrenden, und diesseits, nach der Seite, wo sie tot am Ufer gelegen hatte, war alles still, ich dacht', da ist keiner mehr, der nach ihr frägt, und ich ging hin, nicht ohne Grausen, nein, mir war bang, wie ich, von weitem die Nebel über den Weidenbüschen wogen sah, da wär' ich bald wieder umgekehrt, es war mir, als sei sie es selbst, die da schwebte und wogte und sich ausdehnte; ich ging hin, aber ich betete unterwegs, daß mich Gott doch schützen möge; – schützen? – Vor was? Vor einem Geist, dessen Herz voll liebendem Willen gewesen war gegen mich im Leben; und nun er des irdischen Leibs entledigt ist, soll ich ihn fürchtend fliehen? – Ach, sie hat vielleicht einen bessren Teil ihres geistigen Vermögens auf mich vererbt seit ihrem Tod. Vererben doch die Voreltern auf ihre Nachkommen, warum nicht die Freunde? Ich weiß nicht, wie weh mir ist! – Sie, die freundlich Klare, hat meinen Geist vielleicht beschenkt. Wie ich von ihrem Grab zurückkam, da fand ich Leute, die nach ihrer Kuh suchten, die sich verlaufen hatte, ich ging mit ihnen; sie ahndeten gleich, daß ich von dort her kam, sie wußten viel von der

Günderode zu erzählen, die oft freundlich bei ihnen eingesprochen und ihnen Almosen gegeben hatte; sie sagten, sooft sie dort vorbeigehen, beten sie ein Vaterunser; ich hab' auch dort gebetet zu und um ihre Seele und hab' mich vom Mondlicht reinwaschen lassen und hab' es ihr laut gesagt, daß ich mich nach ihr sehne, nach jenen Stunden, in denen wir Gefühl und Gedanken harmlos gegeneinander austauschten.

Sie erzählte mir wenig von ihren sonstigen Angelegenheiten, ich wußte nicht, in welchen Verbindungen sie noch außer mir war; sie hatte mir zwar von Daub in Heidelberg gesprochen und auch von Creuzer, aber ich wußte von keinem, ob er ihr lieber sei als der andre; einmal hatte ich von andern davon gehört, ich glaubte es nicht, einmal kam sie mir freudig entgegen und sagte: „Gestern hab' ich einen Chirurg gesprochen, der hat mir gesagt, daß es sehr leicht ist, sich umzubringen," sie öffnete hastig ihr Kleid und zeigte mir unter der schönen Brust den Fleck; ihre Augen funkelten freudig; ich starrte sie an, es ward mir zum erstenmal unheimlich, ich fragte: „Nun! – Und was soll ich denn tun, wenn Du tot bist? –" „O", sagte sie, „dann ist Dir nichts mehr an mir gelegen, bis dahin sind wir nicht mehr so eng verbunden, ich werd' mich erst mit Dir entzweien." – Ich wendete mich nach dem Fenster, um meine Tränen, mein vor Zorn klopfendes Herz zu verbergen, sie hatte sich nach dem andern Fenster gewendet und schwieg; – ich sah sie von der Seite an, ihr Auge war gen Himmel gewendet, aber der Strahl war gebrochen, als ob sich sein ganzes Feuer nach innen gewendet habe; – nachdem ich sie eine Weile beobachtet hatte, konnt' ich mich nicht mehr fassen, – ich brach in lautes Schreien aus, ich fiel ihr um den Hals und riß sie nieder auf den Sitz und setzte mich auf ihre Knie und weinte viel Tränen und küßte sie zum *erstenmal* an ihrem Mund und riß ihr das Kleid auf und küßte sie an die Stelle, wo sie gelernt hatte, das Herz treffen; und ich bat mit schmerzlichen Tränen, daß sie sich meiner erbarme, fiel ihr wieder um den Hals und küßte ihre Hände, die waren kalt und zitterten, ihre Lippen zuckten, sie war ganz kalt, starr und totenblaß und konnte die Stimme nicht erheben; sie sagte leise: „Bettine, brich mir das Herz nicht"; – ach, da wollte ich mich aufreißen und wollte ihr nicht wehtun; ich lächelte und weinte und schluchzte laut, ihr schien immer banger zu werden, sie legte sich aufs Sofa; da wollt' ich scherzen und wollte ihr beweisen, daß ich alles für Scherz nehme; da sprachen wir von ihrem Testament; sie vermachte einem jeden etwas; mir vermachte sie einen kleinen Apoll unter einer Glasglocke, dem sie einen Lorbeerkranz umgehängt hatte; ich schrieb alles auf; im Nachhausegehen machte ich mir Vorwürfe, daß ich so aufgeregt gewesen war; ich fühlte, daß es doch nur Scherz gewesen war oder auch Phantasie, *die in ein Reich gehört, welches nicht in der Wirklichkeit seine Wahrheit behauptet*; ich fühlte, daß ich Unrecht gehabt hatte und nicht sie, die ja oft auf diese Weise mit mir gesprochen hatte. Am andern Tag führte ich ihr einen jungen französischen Husarenoffizier zu mit hoher Bärenmütze; es war Wilhelm von Türkheim, der schönste aller Jünglinge, das wahre Kind voll Anmut und Scherz; er war unvermutet gekommen; ich sagte: „Da hab' ich Dir einen Liebhaber gebracht, der soll Dir das Leben wieder lieb machen." Er vertrieb uns allen die Melancholie; wir scherzten und machten Verse, und da der schöne Wilhelm die schönsten gemacht zu haben behauptete, so wollte die Günderode, ich sollte ihm den Lorbeerkranz schenken; ich wollte mein Erbteil nicht ungeschmälert wissen, doch mußt' ich ihm endlich die Hälfte des Kranzes lassen; so hab' ich denn nur die eine Hälfte. Einmal kam ich zu ihr, da zeigte sie mir einen Dolch mit silbernem Griff, den sie auf der

Messe gekauft hatte, sie freute sich über den schönen Stahl und über seine Schärfe; ich nahm das Messer in die Hand und probte es am Finger, da floß gleich Blut, sie erschrak, ich sagte: „O Günderode, du bist so zaghaft und kannst kein Blut sehen und gehest immer mit einer Idee um, die den höchsten Mut voraussetzt, ich hab' noch das Bewußtsein, daß ich eher vermögend wär', etwas zu wagen, obschon ich mich nie umbringen würde; aber mich und dich in einer Gefahr zu verteidigen, dazu hab' ich Mut; und wenn ich jetzt mit dem Messer auf dich eindringe siehst du, wie du dich fürchtest?" – Sie zog sich ängstlich zurück; der alte Zorn regte sich wieder in mir unter der Decke des glühendsten Mutwills; ich ging immer ernstlicher auf sie ein, sie lief in ihr Schlafzimmer hinter einen ledernen Sessel, um sich zu sichern; ich stach in den Sessel, ich riß ihn mit vielen Stichen in Stücke, das Roßhaar flog hier und dahin in der Stube, sie stand flehend hinter dem Sessel und bat, ihr nichts zu tun; ich sagte: „Eh' ich dulde, daß du dich umbringst, tu' ich's lieber selbst." „Mein armer Stuhl!" rief sie. „Ja was, dein Stuhl, der soll den Dolch stumpf machen." Ich gab ihm ohne Barmherzigkeit Stich auf Stich, das ganze Zimmer wurde eine Staubwolke, so warf ich den Dolch weit in die Stube, daß er prasselnd unter das Sofa fuhr; ich nahm sie bei der Hand und führte sie in den Garten in die Weinlaube, ich riß die jungen Weinreben ab und warf sie ihr vor die Füße; ich trat darauf und sagte: „So mißhandelst du unsre Freundschaft." – Ich zeigte ihr die Vögel auf den Zweigen, und daß wir wie jene, spielend, aber treu gegeneinander bisher zusammengelebt hätten. Ich sagte: „Du kannst sicher auf mich bauen, es ist keine Stunde in der Nacht, die, wenn du mir deinen Willen kund tust, mich nur einen Augenblick besinnen machte; – komm vor mein Fenster und pfeif um Mitternacht, und ich geh' ohne Vorbereitung mit dir um die Welt. Und was ich für mich nicht wagte, das wag' ich für dich; – aber du? – Was berechtigt dich mich aufzugeben? – Wie kannst du solche Treue verraten, und versprich mir, daß du nicht mehr deine zaghafte Natur hinter so grausenhaft prahlerische Ideen verschanzen willst." – Ich sah sie an, sie war beschämt und senkte den Kopf und sah auf die Seite und war blaß; wir waren beide still, lange Zeit. „Günderode", sagte ich, „wenn es ernst ist, dann gib mir ein Zeichen"; – sie nickte. Sie reiste ins Rheingau; von dort aus schrieb sie mir ein paarmal, wenig Zeilen; – ich hab' sie verloren, sonst würde ich sie hier einschalten. Einmal schrieb sie: „Ist man allein am Rhein, so wird man ganz traurig, aber mit mehreren zusammen, da sind grade die schauerlichsten Plätze am lustaufreizendsten: mir aber ist doch lieb, den weiten gedehnten Purpurhimmel am Abend allein zu begrüßen, da dichte ich im Wandeln an einem Märchen, das will ich Dir vorlesen; ich bin jeden Abend begierig, wie es weiter geht, es wird manchmal recht schaurig, und dann taucht es wieder auf." Da sie wieder zurückkam und ich das Märchen lesen wollte, sagte sie: „Es ist so traurig geworden, daß ich's nicht lesen kann; ich darf nichts mehr davon hören, ich kann es nicht mehr weiter schreiben: ich werde krank davon." Sie legte sich zu Bett und blieb mehrere Tage liegen, der Dolch lag an ihrem Bett; ich achtete nicht darauf, die Nachtlampe stand dabei, ich kam herein: „Bettine, mir ist vor drei Wochen eine Schwester gestorben; sie war jünger als ich, du hast sie nie gesehen; sie starb an der schnellen Auszehrung." – „Warum sagst du mir dies heute erst", fragte ich. – „Nun, was könnte dich dies interessieren? Du hast sie nicht gekannt, ich muß so was allein tragen", sagte sie mit trocknen Augen. Mir war dies doch etwas sonderbar, mir jungen Natur waren alle Geschwister so lieb, daß ich glaubte, ich würde verzweifeln müssen, wenn einer stürbe, und daß ich mein Leben für jeden gelassen hätte. Sie fuhr fort: „Nun denk'! Vor drei Nächten ist mir diese Schwester erschienen; ich lag im Bett und die Nachtlampe brannte auf jenem Tisch; sie kam herein in weißem Gewand, langsam, und blieb an dem Tisch stehen; sie wendete den Kopf nach mir, senkte ihn und sah mich an; erst war ich erschrocken, aber bald war ich ganz ruhig, ich setzte mich im Bett auf, um mich zu überzeugen, daß ich nicht schlafe. Ich sah sie auch an und es war, als ob sie etwas bejahend nickte; sie nahm dort den Dolch, hob ihn gen Himmel mit der rechten Hand, als ob sie mir ihn zeigen wolle, legte ihn wieder sanft und klanglos nieder; dann nahm sie die Nachtlampe, hob sie auch in die Höhe und zeigte sie mir, und als ob sie mir bezeichnen wolle, daß ich sie verstehe, nickte sie sanft, führte die Lampe zu ihren Lippen und hauchte sie aus; denk' nur", sagte sie voll Schauder, „ausgeblasen; im Dunkel hatte mein Auge noch das Gefühl von ihrer Gestalt; da hat mich plötzlich eine Angst befallen, die ärger sein muß, als wenn man mit dem Tod ringt; ja, denn ich wär' lieber gestorben, als noch länger diese Angst zu tragen."

Ich war gekommen, um Abschied zu nehmen, weil ich mit Savigny nach Marburg reisen wollte, aber nun wollte ich bei ihr bleiben. „Reise nur fort", sagte sie, „denn ich reise auch übermorgen wieder ins Rheingau." – So ging ich denn weg. – „Bettine", rief sie mir in der Tür zu, „behalt diese Geschichte, sie ist doch merkwürdig!" Das waren ihre letzten Worte. In Marburg schrieb ich ihr oft ins Rheingau von meinem wunderlichen Leben; ich wohnte einen ganzen Winter am Berg dicht unter dem alten Schloß, der Garten war mit der Festungsmauer umgeben, aus den Fenstern hatt' ich eine schöne Aussicht über die Stadt und das reich bebaute Hessenland; überall ragten die gotischen Türme aus den Schneedecken hervor; aus meinem Schlafzimmer ging ich in den Berggarten, ich kletterte über die Festungsmauer und stieg durch die verödeten Gärten; wo sich die Pförtchen nicht aufzwingen ließen, da brach ich durch die Hecken, – da saß ich auf der Steintreppe, die Sonne schmolz den Schnee zu meinen Füßen, ich suchte die Moose und trug sie mitsamt der angefrornen Erde nach Haus; – so hatt' ich an dreißig bis vierzig Moosarten gesammelt, die alle in meiner kalten Schlafkammer in irdnen Schüsselchen auf Eis gelegt mein Bett umblühten; ich schrieb ihr davon, ohne zu sagen, was es sei; ich schrieb in Versen: mein Bett steht mitten im kalten Land, umgeben von vielen Hainen, die blühen in allen Farben, und da sind silberne Haine uralter Stämme, wie der Hain, auf der Insel Cypros; die Bäume stehen dicht gereiht und verflechten ihre gewaltigen Äste; der Rasen, aus dem sie hervorwachsen, ist rosenrot und blaßgrün; ich trug den ganzen Hain heut' auf meiner erstarrten Hand in mein kaltes Eisbeetland – da antwortet sie wieder in Versen: „Das sind Moose ewiger Zeiten, die den Teppich unterbreiten, ob die Herren zur Jagd drauf reiten, ob die Lämmer drüber weiden, ob der Winterschnee sie decket oder Frühling Blumen wecket; in dem Haine schallt es wieder, summen Mückchen ihre Lieder; an der Silberbäume Wipfel hängen Tröpfchen Tau am Gipfel; in dem klaren Tröpfchen Taue spiegelt sich die ganze Aue; du mußt andre Rätsel machen, will dein Witz des meinen lachen!"

Nun waren wir ins Rätsel *geben und lösen* geraten; alle Augenblick' hatt' ich ein kleines Abenteuer auf meinen Spazierwegen, was ich ihr verbrämt zu erraten gab; meistens löste sie es auf eine kindlich-lustige Weise auf. Einmal hatte ich ihr ein Häschen, was mir auf wildem einsamen Waldweg begegnet war, als einen zierlichen Ritter beschrieben, ich nannte es la petite perfection, und daß es mir mein Herz eingenommen habe; sie antwortete gleich: „Auf einem schönen grünen Rasen, da ließ ein Held zur Mahlzeit blasen, da flüchteten sich alle Hasen; so hoff' ich, wird ein Held einst kommen, Dein Herz, von Hasen eingenommen, von diesen Wichten zu befreien und seine Gluten zu erneuen;" – dies waren Anspielungen auf kleine Liebesabenteuer. – So verging ein Teil des Winters; ich war in einer sehr glücklichen Geistesverfassung, andre würden sie Überspannung nennen, aber mir war sie eigen. An der Festungsmauer, die den großen Garten umgab, war eine Turmwarte, eine zerbrochne Leiter stand drin; – dicht bei uns war eingebrochen worden, man konnte den Spitzbuben nicht auf die Spur kommen, man glaubte, sie versteckten sich auf jenem Turm; ich hatte ihn bei Tag in Augenschein genommen und erkannt, daß es für einen starken Mann unmöglich war, an dieser morschen, beinah' stufenlosen himmelhohen Leiter hinaufzuklimmen; ich versuchte es, gleitete aber wieder herunter, nachdem ich eine Strecke hinaufgekommen war; in der Nacht, nachdem ich schon eine Weile im Bett gelegen hatte und Meline schlief, ließ es mir keine Ruhe; ich warf ein Überkleid um, stieg zum Fenster hinaus und ging an dem alten Marburger Schloß vorbei, da guckte der Kurfürst Philipp mit der Elisabeth lachend zum Fenster heraus; ich hatte diese Steingruppe, die beide Arm in Arm sich weit aus dem Fenster lehnen, als wollten sie ihre Lande übersehen, schon oft bei Tage betrachtet, aber jetzt bei Nacht fürchtete ich mich so davor, daß ich in hohen Sprüngen davoneilte in den Turm; dort ergriff ich eine Leiterstange und half mir, Gott weiß wie, daran hinauf; was mir bei Tage nicht möglich war, gelang mir bei Nacht in der schwebenden Angst meines Herzens; wie ich beinah' oben war, machte ich Halt; ich überlegte, wie die Spitzbuben wirklich oben sein könnten und da mich überfallen und von der Warte hinunterstürzen; da hing ich und wußte nicht hinunter oder herauf, aber die frische Luft, die ich witterte, lockte mich nach oben – wie war mir da, wie ich plötzlich durch Schnee und Mondlicht die weitverbreitete Natur überschaute, allein und gesichert, das große Heer der Sterne über mir! – So ist es nach dem Tod, die freiheitstrebende Seele, der der Leib am angstvollsten lastet, im Augenblick, da sie ihn abwerfen will; sie siegt endlich und ist der Angst erledigt; – da hatte ich bloß das Gefühl, allein zu sein, da war kein Gegenstand, der mir näher war als meine Einsamkeit, und alles mußte vor dieser Beseligung zusammensinken; – ich schrieb der Günderode, daß wieder einmal mein ganzes Glück von der Laune dieser Grille abhänge; ich schrieb ihr jeden Tag, was ich auf der freien Warte mache und denke, ich setzte mich auf die Brustmauer und hing die Beine hinab. – Sie wollte immer mehr von diesen Turmbegeistrungen, sie sagte: „Es ist mein Labsal, du sprichst wie ein auferstandner Prophet!" – Wie ich ihr aber schrieb, daß ich auf der Mauer, die kaum zwei Fuß breit war, im Kreis herumlaufe und lustig nach den Sternen sehe, und daß mir zwar am Anfang geschwindelt habe, daß ich jetzt aber ganz keck und wie am Boden mich da oben befinde – da schrieb sie: „Um Gottes willen falle nicht, ich hab's noch nicht herauskriegen können, ob du das Spiel böser oder guter Dämonen bist." „Falle nicht", schrieb sie mir wieder, „obschon es mir wohltätig war, deine Stimme von oben herab über den Tod zu vernehmen, so fürchtete ich nichts mehr, als daß du elend und *unwillkürlich* zerschmettert ins Grab stürzest"; – ihre Vermahnungen aber erregten mir keine Furcht und keinen Schwindel, im Gegenteil war ich tollkühn; ich wußte Bescheid, ich hatte die triumphierende Überzeugung, daß ich von Geistern geschützt sei. Das Seltsame war, daß ich's oft vergaß, daß es mich oft mitten aus dem Schlaf weckte und ich noch in unbestimmter Nachtzeit hineilte, daß ich auf dem Hinweg immer Angst hatte und auf der Leiter jeden Abend wie den ersten, daß ich oben allemal die Beseligung einer von schwerem Druck befreiten Brust empfand; oben, wenn Schnee lag, schrieb ich der Günderode ihren Namen hinein und: Jesus nazarenus rex judaeorum als schützenden Talisman darüber, da war mir, als sei sie gesichert gegen böse Eingebungen.

Jetzt kam Creuzer nach Marburg, um Savigny zu besuchen. Häßlich wie er war, war es zugleich unbegreiflich, daß er ein Weib interessieren könne; ich hörte, daß er von der Günderode sprach, in Ausdrücken, als ob er ein Recht an ihre Liebe habe; ich hatte in meinem von allem äußeren Einfluß abgeschiednen Verhältnis zu ihr früher nichts davon geahndet und war im Augenblick aufs heftigste eifersüchtig; er nahm in meiner Gegenwart ein kleines Kind auf den Schoß und sagte: „Wie heißt du?" „Sophie". „Nun, du sollst, solange ich hier bin, Karoline heißen; Karoline gib mir einen Kuß." Da ward ich zornig, ich riß ihm das Kind vom Schoß und trug es hinaus, fort durch den Garten auf den Turm; da oben stellte ich es in den Schnee neben ihren Namen und legte mich mit dem glühenden Gesicht hinein und weinte laut und das Kind weinte mit, und da ich herunter kam, begegnete mir Creuzer; ich sagte: „Weg aus meinem Weg, fort." Der Philolog konnte sich einbilden, daß Ganymed ihm die Schale des Jupiters reichen werde. – Es war in der Neujahrsnacht, ich saß auf meiner Warte und schaute in die Tiefe; alles war so still – kein Laut bis in die weiteste Ferne, und ich war betrübt um die Günderode, die mir keine Antwort gab; die Stadt lag unter mir, auf einmal schlug es Mitternacht, – da stürmte es herauf, die Trommeln rührten sich, die Posthörner schmetterten, sie lösten ihre Flinten, sie jauchzten, die Studentenlieder tönten von allen Seiten, es stieg der Jubellärm, daß er mich beinah' wie ein Meer umbrauste; – das vergesse ich nie, aber sagen kann ich auch nicht, wie mir so wunderlich war da oben auf schwindelnder Höhe und wie es allmählich wieder still ward und ich mich ganz allein empfand. Ich ging zurück und schrieb an die Günderode; vielleicht finde ich den Brief noch unter meinen Papieren, dann will ich ihn beilegen; ich weiß, daß ich ihr die heißesten Bitten tat, mir zu antworten; ich schrieb ihr von diesen Studentenliedern, wie die gen Himmel geschallt hätten und mir das tiefste Herz aufgeregt; ja, ich legte meinen Kopf auf ihre Füße und bat um Antwort und wartete mit heißer Sehnsucht acht Tage, aber nie erhielt ich eine Antwort; ich war blind, ich war taub, ich ahndete nichts. Noch zwei Monate gingen vorüber – da war ich wieder in Frankfurt – ich lief ins Stift, machte die Tür auf: siehe da stand sie und sah mich an; kalt, wie es schien; „Günderod'„, rief ich, „darf ich hereinkommen?" – Sie schwieg und wendete sich ab; „Günderod', sag' nur ein Wort und ich lieg' an deinem Herzen." „Nein", sagte sie, „komme nicht näher, kehre wieder um, wir müssen uns doch trennen." – „Was heißt das?" – „So viel, daß wir uns ineinander geirrt haben, und daß wir nicht zusammengehören." – Ach, ich wendete um! Ach, erste Verzweiflung, erster grausamer Schlag, so empfindlich für ein junges Herz! Ich, die nichts kannte wie die Unterwerfung, die Hingebung in dieser Liebe, mußte so zurückgewiesen werden. Ich lief nach Haus zur Meline, ich bat sie mitzugehen zur Günderode, zu sehen, was ihr fehle, sie zu bewegen, mir einen Augenblick ihr Angesicht zu gönnen; ich dachte, wenn ich sie nur einmal ins Auge fassen könne, dann wolle ich sie zwingen; ich lief über die Straße, vor der Zimmertür blieb ich stehen, ich ließ die Meline allein zu ihr eintreten, ich wartete, ich zitterte und rang die Hände in dem kleinen engen Gang, der mich so oft zu ihr geführt hatte; die Meline kam heraus mit verweinten Augen, sie zog mich schweigend mit sich fort; – einen Augenblick hatte mich der

Schmerz übermannt, aber gleich stand ich wieder auf den Füßen; nun! dacht' ich, wenn das Schicksal mir nicht schmeicheln will, so wollen wir Ball mit ihm spielen; ich war heiter, ich war lustig, ich war überreizt, aber in Nächten weinte ich im Schlaf. – Am zweiten Tag ging ich des Wegs, wo ihre Wohnung war, da sah ich die Wohnung von Goethes Mutter, die ich nicht näher kannte und nie besucht hatte; ich trat ein. „Frau Rat", sagte ich, „ich will Ihre Bekanntschaft machen, mir ist eine Freundin in der Stiftsdame Günderode verloren gegangen, und die sollen Sie mir ersetzen." – „Wir wollen's versuchen," sagte sie, und so kam ich alle Tage und setzte mich auf den Schemel und ließ mir von ihrem Sohn erzählen und schrieb's alles auf und schickte es der Günderode; – wie sie in's Rheingau ging, sendete sie mir die Papiere zurück; die Magd, die sie mir brachte, sagte, es habe der Stiftsdame heftig das Herz geklopft, da sie ihr die Papiere gegeben, und auf ihre Frage, was sie bestellen solle, habe sie geantwortet: „Nichts."

Es vergingen vierzehn Tage, da kam Fritz Schlosser; er bat mich um ein paar Zeilen an die Günderode, weil er ins Rheingau reisen werde und wolle gern ihre Bekanntschaft machen. Ich sagte, daß ich mit ihr brouilliert sei, ich bäte ihn aber, von mir zu sprechen und achtzugeben, was es für einen Eindruck auf sie mache. – „Wann gehen Sie hin", sagte ich, „morgen?" „Nein, in acht Tagen." „O, gehen Sie morgen, sonst treffen Sie sie nicht mehr; – am Rhein ist's so melancholisch", sagte ich scherzend, „da könnte sie sich ein Leid's antun"; – Schlosser sah mich ängstlich an. „Ja, ja", sagte ich mutwillig, „sie stürzt sich ins Wasser oder ersticht sich aus bloßer Laune." – „Freveln Sie nicht", sagte Schlosser, und nun frevelte ich erst recht: „Geben Sie acht, Schlosser, Sie finden Sie nicht mehr, wenn Sie nach alter Gewohnheit zögern, und ich sage Ihnen, gehen Sie heute lieber wie morgen und retten Sie sie von unzeitiger melancholischer Laune"; – und im Scherz beschrieb ich sie, wie sie sich umbringen werde, im roten Kleid, mit aufgelöstem Schnürband, dicht unter der Brust die Wunde; das nannte man tollen Übermut von mir, es war aber bewußtloser Überreiz, indem ich die Wahrheit vollkommen genau beschrieb. – Am andern Tag kam Franz und sagte: „Mädchen, wir wollen ins Rheingau gehen, da kannst du die Günderode besuchen." – „Wann?" fragte ich. – „Morgen", sagte er; – ach, ich packte mit Übereile ein, ich konnte kaum erwarten, daß wir gingen; alles, was ich begegnete, schob ich hastig aus dem Weg, aber es vergingen mehrere Tage, und es ward die Reise immer verschoben; endlich, da war meine Lust zur Reise in tiefe Trauer verwandelt, und ich wär' lieber zurückgeblieben. – Da wir in Geisenheim ankamen, wo wir übernachteten, lag ich im Fenster und sah ins mondbespiegelte Wasser; meine Schwägerin Toni saß am Fenster; die Magd, die den Tisch deckte, sagte: „Gestern hat sich auch eine junge schöne Dame, die schon sechs Wochen hier sich aufhielt, bei Winckel umgebracht; sie ging am Rhein spazieren ganz lang, dann lief sie nach Hause, holte ein Handtuch; am Abend suchte man sie vergebens; am andern Morgen fand man sie am Ufer unter Weidenbüschen, sie hatte das Handtuch voll Steine gesammelt und sich um den Hals gebunden, wahrscheinlich, weil sie sich in den Rhein versenken wollte, aber da sie sich ins Herz stach, fiel sie rückwärts, und so fand sie ein Bauer am Rhein liegen unter den Weiden an einem Ort, wo es am tiefsten ist. Er riß ihr den Dolch aus dem Herzen und schleuderte ihn voll Abscheu weit in den Rhein, die Schiffer sahen ihn fliegen – da kamen sie herbei und trugen sie in die Stadt." – Ich hatte im Anfang nicht zugehört, aber zuletzt hört' ich's mit an und rief: „Das ist die Günderode!" Man redete mir's aus und sagte, es sei wohl eine andre, da so viel Frankfurter im Rheingau wären. Ich ließ mir's gefallen und dachte: grade, was man prophezeie, sei gewöhnlich nicht wahr. – In der Nacht träumte mir, sie käme mir auf einem mit Kränzen geschmückten Nachen entgegen, um sich mit mir zu versöhnen; ich sprang aus dem Bett in des Bruders Zimmer und rief: „Es ist alles nicht wahr, eben hat mir's lebhaft geträumt!" „Ach", sagte der Bruder, „baue nicht auf Träume!" Ich träumte noch einmal, ich sei eilig in einem Kahn über den Rhein gefahren, um sie zu suchen; da war das Wasser trüb und schilfig, die Luft war dunkel, und es war sehr kalt; – ich landete an einem sumpfigen Ufer, da war ein Haus mit feuchten Mauern, aus dem schwebte sie hervor und sah mich ängstlich an und deutete mir, daß sie nicht sprechen könne; – ich lief wieder zum Schlafzimmer der Geschwister und rief: „Nein, es ist gewiß wahr; denn mir hat geträumt, daß ich sie gesehen habe, und ich hab' gefragt: ›Günderode, warum hast Du mir dies getan?‹ Da hat sie geschwiegen, hat den Kopf gesenkt und hat sich, traurig, nicht verantworten können." Nun überlegte ich im Bett alles und besann mich, daß sie mir früher gesagt hatte, sie wolle sich erst mit mir entzweien, eh' sie diesen Entschluß ausführen werde; nun war mir unsre Trennung erklärt; auch daß sie mir ein Zeichen geben werde, wenn ihr Entschluß reif sei; – das war also die Geschichte von ihrer toten Schwester, die sie mir ein halb Jahr früher mitteilte; da war der Entschluß schon gefaßt. – O, ihr großen Seelen, dieses Lamm in seiner Unschuld, dieses junge, zaghafte Herz, welche ungeheure Gewalt hat es bewogen, so zu handeln? Am andern Morgen fuhren wir bei früher Zeit auf dem Rhein weiter; – Franz hatte befohlen, daß das Schiff jenseits sich halten solle, um zu vermeiden, daß wir dem Platz zu nahe kämen, aber dort stand der Fritz Schlosser am Ufer, und der Bauer, der sie gefunden, zeigte ihm, wo der Kopf gelegen hatte und die Füße und daß das Gras noch niederliege, – und der Schiffer lenkte unwillkürlich dorthin, und Franz, bewußtlos, sprach im Schiff alles dem Bauer nach, was er in der Ferne verstehen konnte, und da mußt' ich denn mit anhören die schauderhaften Bruchstücke der Erzählung vom roten Kleid, das aufgeschnürt war und der Dolch, den ich so gut kannte, und das Tuch mit Steinen um ihren Hals und die breite Wunde; – aber ich weinte nicht, ich schwieg. – Da kam der Bruder zu mir und sagte: „Sei stark, Mädchen." – Wir landeten in Rüdesheim; überall erzählte man sich die Geschichte; ich lief in Windeseile an allen vorüber, den Ostein hinauf, eine halbe Stunde bergan, ohne auszuruhen; oben war mir der Atem vergangen, mein Kopf brannte, ich war den andern weit vorausgeeilt. – Da lag der herrliche Rhein mit seinem smaragdnen Schmuck der Inseln; da sah ich die Ströme von allen Seiten dem Rhein zufließen und die reichen friedlichen Städte an beiden Ufern und die gesegneten Gelände an beiden Seiten; da fragte ich mich, ob mich die Zeit über diesen Verlust beschwichtigen werde, und da war auch der Entschluß gefaßt, kühn mich über den Jammer hinauszuschwingen; denn es schien mir unwürdig, Jammer zu äußern, den ich einstens beherrschen könne.

Briefwechsel mit Goethe

SONETT

Mit Flammenschrift war innigst eingeschrieben
Petrarcas Brust, vor allen andern Tagen,

Charfreitag. Ebenso, ich darf's wohl sagen,
Ist mir Advent von Achtzehnhundertsieben.

Ich fing nicht an, ich fuhr nur fort zu lieben
Sie, die ich früh im Herzen schon getragen,
Dann wieder weislich aus dem Sinn geschlagen,
Der ich nun wieder bin ans Herz getrieben .

Petrarcas Liebe, die unendlich hohe,
War beiden unbelohnt und gar zu traurig,
Ein Herzensweh, ein ewiger Charfreitag;

Doch stets erscheine, fort und fort, die frohe
Süß, unter Palmenjubel, wonneschaurig,
Der Herrin Ankunft mir, ein ew'ger Maitag.

An Goethe.

Kassel, den 15. Mai 1807.

„Liebe, liebe Tochter! Nenne mich für alle Tage, für alle Zukunft mit dem einen Namen, der mein Glück umfaßt; mein Sohn sei Dein Freund, Dein Bruder, der Dich gewiß liebt usw.“

Solche Worte schreibt mir Goethes Mutter; zu was berechtigen mich diese? – Auch brach es los wie ein Damm in meinem Herzen; – ein Menschenkind, einsam auf einem Fels, von Stürmen umbraust, seiner selbst ungewiß hin- und herschwankend, wie Dornen und Disteln um es her – so bin ich; so war ich, da ich meinen Herrn noch nicht erkannt hatte. Nun wend' ich mich wie die Sonnenblume nach meinem Gott und kann ihm mit dem von seinen Strahlen glühenden Angesicht beweisen, daß er mich durchdringt. O Gott! Darf ich auch! – Und bin ich nicht allzu kühn?

Und was will ich denn? – Erzählen, wie die herrliche Freundlichkeit, mit der Sie mir entgegenkamen, jetzt in meinem Herzen wuchert? – alles andre Leben mit Gewalt erstickt? Wie ich immer muß hinverlangen, wo mir's zum erstenmal wohl war? – Das hilft alles nichts; die Worte Ihrer Mutter! – Ich bin weit entfernt, Ansprüche an das zu machen, was ihre Güte mir zudenkt, – aber diese haben mich geblendet; und ich mußte zum wenigsten den Wunsch befriedigen, daß Sie wissen möchten, wie mächtig mich die Liebe in jedem Augenblick zu Ihnen hinwendet.

Auch darf ich mich nicht scheuen, einem Gefühl mich hinzugeben, das sich aus meinem Herzen hervordrängt wie die junge Saat im Frühling; – es mußte so sein, und der Same war in mich gelegt; es ist nicht mein vorsätzlicher Wille, wenn ich oft aus dem augenblicklichen Gespräch zu Ihren Füßen getragen bin; dann setze ich mich an die Erde und lege den Kopf auf Ihren Schoß oder ich drücke Ihre Hand an meinen Mund, oder ich stehe an Ihrer Seite und umfasse Ihren Hals; und es währt lange, bis ich eine Stellung finde, in der ich beharre. Dann plaudre ich, wie es mir behagt; die Antwort aber, die ich mir in Ihrem Namen gebe, spreche ich mit Bedacht aus: *“Mein Kind! Mein artig gut*

Mädchen! Liebes Herz!" Ja, so klingt's aus jener wunderbaren Stunde herüber, in der ich glaubte von Geistern in eine andre Welt getragen zu sein; und wenn ich dann bedenke, daß es von Ihren Lippen so widerhallen könnte, wenn ich wirklich vor Ihnen stände, dann schaudre ich vor Freude und Sehnsucht zusammen. O, wieviel hundertmal träumt man und träumt besser, als einem je wird. – Mutwillig und übermütig bin ich auch zuweilen und preise den Mann glücklich, der so sehr geliebt wird; dann lächeln Sie und bejahen es in freundlicher Großmut.

Weh mir! Wenn dies alles nie zur Wahrheit wird, dann werd' ich im Leben das Herrlichste vermissen. Ach, ist der Wein denn nicht die süßeste und begehrlichste unter allen himmlischen Gaben? Daß, wer ihn einmal gekostet hat, trunkner Begeistrung nimmer abschwören möchte. – Diesen Wein werd' ich vermissen, und alles andre wird mir sein wie hartes geistloses Wasser, dessen man keinen Tropfen mehr verlangt, als man bedarf.

Wie werd' ich mich alsdann trösten können! – Mit dem Lied etwa: „Im Arm der Liebe ruht sich's wohl, wohl auch im Schoß der Erde?" – Oder: „Ich wollt', ich läg' und schlief zehntausend Klafter tief." –

Ich wollt', ich könnte meinen Brief mit einem Blick in Ihre Augen schließen; schnell würde ich Vergebung der Kühnheit herauslesen und diese noch mit einsiegeln; ich würde dann nicht ängstlich sein über das kindische Geschwätz, das mir doch so ernst ist. Da wird es hingetragen in rascher Eile viele Meilen; der Postillon schmettert mit vollem Enthusiasmus seine Ankunft in die Lüfte, als wolle er frohlockend fragen: „Was bring' ich?" – Und nun bricht Goethe seinen Brief auf und findet das unmündige Stammeln eines unbedeutenden Kindes. Soll ich noch Verzeihung fordern? – O, Sie wissen wohl, wie übermächtig, wie voll süßen Gefühls das Herz oft ist, und die kindische Lippe kann das Wort nicht treffen, den Ton kaum, der es widerklingen macht.

Bettine Brentano.

An Bettine, im Brief an seine Mutter eingelegt von Goethe.

Solcher Früchte, reif und süß, würde man gern an jedem Tag genießen, den man zu den schönsten zu zählen berechtigt sein dürfte.

Wolfgang Goethe.

Liebe Mutter, geben Sie dies eingesiegelte Blättchen an Bettine und fordern Sie sie auf, mir noch ferner zu schreiben.

An Goethe.

Am 25. Mai.

Wenn die Sonne am heißesten scheint, wird der blaue Himmel oft trübe; man fürchtet Sturm und Gewitter, beklemmende Luft drückt die Brust, aber endlich siegt die Sonne; ruhig und golden sinkt sie dem Abend in den Schoß.

So war mir's, da ich Ihnen geschrieben hatte; ich war beklemmt, wie wenn ein Gewitter sich spüren läßt, und ward oft rot über den Gedanken, daß Sie es unrecht finden möchten, und endlich ward mein Mißtrauen nur durch wenig Worte, aber so lieb gelöst. Wenn Sie wüßten, wie schnelle Fortschritte mein Zutrauen in demselben Augenblick machte, da ich erkannte, daß Sie es gern wollen! – Gütiger, freundlich gesinnter Mann! Ich bin so unbewandert in Auslegung solcher köstlichen Worte, daß ich schwankte über ihren Sinn; die Mutter aber sagte: „Sei nicht so dumm, er mag geschrieben haben, was er will, so heißt es, Du sollst ihm schreiben, so oft Du kannst, und was Du willst." – Ach, ich kann Ihnen nichts anders mitteilen als bloß, was in meinem Herzen vorgeht. O dürft' ich jetzt bei ihm sein, dacht' ich, so glühend hell sollte meine Freudensonne ihm leuchten, wie sein Auge freundlich dem meinigen begegnet. Jawohl, herrlich! Ein Purpurhimmel mein Gemüt, ein warmer Liebestau meine Rede, die Seele müßte wie eine Braut aus ihrer Kammer treten ohne Schleier und sich bekennen: „O Herr, in Zukunft will ich Dich oft sehen und lang am Tage, und oft soll ihn ein solcher Abend schließen."

Ich gelobe es, dasjenige, was von der äußeren Welt unberührt in mir vorgeht, heimlich und gewissenhaft demjenigen darzulegen, der so gern teil an mir nimmt, und dessen allumfassende Kraft den jungen Keimen meiner Brust Fülle befruchtender Nahrung verspricht.

Das Gemüt hat ohne Vertrauen ein hartes Los; es wächst langsam und dürftig wie eine heiße Pflanze zwischen Felsen; so bin ich, – so war ich bis heute, – und diese Herzensquelle, die nirgend wo ausströmen konnte, findet plötzlich den Weg ans Licht, und paradiesische Ufer im Balsamduft blühender Gefilde, begleiten ihren Weg.

O Goethe! – Meine Sehnsucht, mein Gefühl sind Melodien, die sich ein Lied suchen, dem sie sich anschmiegen möchten. Darf ich mich anschmiegen? – Dann sollen diese Melodien so hoch steigen, daß sie *Ihre* Lieder begleiten können.

Ihre Mutter schrieb wie von mir: daß ich keinen Anspruch an Antworten mache; daß ich keine Zeit rauben wolle, die Ewiges hervorbringen kann; so ist es aber nicht: meine Seele schreit wie ein durstiges Kindchen; alle Zeiten, zukünftige und verflossene, möchte ich in mich trinken und mein Gewissen würde mir wenig Bedenken machen, wenn die Welt von nun an weniger von Ihnen zu erfahren bekäme und ich mehr. Bedenken Sie indes, daß nur wenig Worte von Ihnen ein größeres Maß von Freude ausfüllen werden, als ich von aller späteren Zeit erwarte.

Bettine.

Die Mutter ist sehr heiter und gesund, sie trinkt noch einmal soviel Wein wie vor'm Jahr, geht bei Wind und Wetter ins Theater; singt in ihrem Übermut mir vor: „Zärtliche getreue Seele, deren Schwur kein Schicksal bricht."

Extrablatt.

Wir führen Krieg, ich und die Mutter, und nun ist's so weit gekommen, daß ich kapitulieren muß; die harte Bedingung ist, daß ich selbst Ihnen alles erzählen soll, womit ich's verschuldet habe, und was die gute Mutter so heiter und launig ertragen hat; sie hat eine Geschichte daraus zusammengesponnen, die sie mit tausend Pläsier erzählt; sie könnte es also selbst viel besser schreiben, das will sie nicht, ich soll's zu meiner Strafe erzählen, und da fühl' ich mich ganz beschämt.

Ich sollte ihr den Gall bringen und führte ihr unter seinem Namen den Tieck zu; sie warf gleich ihre Kopfbedeckung ab, setzte sich und verlangte, Gall soll ihren Schädel untersuchen, ob die großen Eigenschaften ihres Sohnes nicht durch sie auf ihn übergegangen sein möchten; Tieck war in großer Verlegenheit, denn ich ließ ihm keinen Moment, um der Mutter den Irrtum zu benehmen; sie war gleich in heftigem Streit mit mir und verlangte, ich solle ganz stillschweigen und dem Gall nicht auf die Sprünge helfen; da kam Gall selbst und nannte sich; die Mutter wußte nicht, zu welchem sie sich bekehren solle, besonders da ich stark gegen den rechten protestierte, jedoch hat er endlich den Sieg davongetragen, indem er ihr eine sehr schöne Abhandlung über die großen Eigenschaften ihres Kopfes hielt; und ich hab' Verzeihung erhalten und mußte versprechen, sie nicht wieder zu betrügen. Ein paar Tage später kam eine gar zu schöne Gelegenheit, mich zu rächen. Ich führte ihr einen jungen Mann aus Straßburg zu, der kurz vorher bei Ihnen gewesen war; sie fragte höflich nach seinem Namen; noch eh' er sich nennen konnte, sagte ich: der Herr heißt Schneegans, hat Ihren Herrn Sohn in Weimar besucht und bringt Ihr viele Grüße von ihm. Sie sah mich verächtlich an und fragte: „Darf ich um Ihren werten Namen bitten?“ Aber noch ehe er sich legitimieren konnte, hatte ich schon wieder den famösen Namen Schneegans ausgesprochen; ganz ergrimmt über mein grobes Verfahren, den fremden Herrn eine Schneegans zu schimpfen, bat sie ihn um Verzeihung, und daß mein Mutwill' keine Grenzen habe und manchmal sogar ins Alberne spiele; ich sagte: „Der Herr heißt aber doch Schneegans.“ „O schweig“, rief sie, „wo kann ein vernünftiger Mensch Schneegans heißen!“Wie nun der Herr endlich zu Wort kam und bekannte, daß er wirklich die Fatalität habe, so zu heißen, da war es sehr ergötzlich, die Entschuldigungen und Beteuerungen von Hochachtung gegenseitig anzuhören; sie amüsierten sich vortrefflich miteinander, als hätten sie sich jahrelang gekannt, und beim Abschied sagte die Mutter mit einem heroischen Anlauf: „Leben Sie recht wohl, Herr von Schneegans, hätte ich doch nimmermehr geglaubt, daß ich's über die Zunge bringen könne!“ –

Nun, da ich's geschrieben habe, erkenne ich erst, wie schwer die Strafe ist; denn ich hab' einen großen Teil des Papiers beschrieben, ohne auch nur ein Wörtchen von meinen Angelegenheiten, die mir so sehr am Herzen liegen, anzubringen. Ja, ich schäme mich, Ihnen heute noch was anders zu sagen, als nur meinen Brief mit Hochachtung und Liebe abzuschließen. Aber morgen, da fange ich einen neuen Brief an, und der hier soll nichts gelten.

Bettine.

An Goethe.

3. Juni.

Ich habe heut' bei der Mutter einliegenden Brief an Sie abgeholt, um doch eher schreiben zu dürfen, ohne unbescheiden zu sein. Ich möchte gar zu gern recht vertraulich kindisch und selbst ungereimt an Sie schreiben dürfen, wie mir's im Kopf käme – Darf ich? Z. B., daß ich verliebt war fünf Tage lang, ist das ungereimt? – Nun, was spiegelt sich denn in Ihrer Jugendquelle? – Nur hineingeschaut; Himmel und Erde malen sich drin; in schöner Ordnung stehen die Berge und die Regenbogen und die blitzdurchriss'nen Gewitterwolken, und ein liebend Herz schreitet durch, höherem Glück entgegen; und den sonnedurchleuchteten Tag kränzet der heimliche Abend in Liebchens Arm.

Drum sei mir's nicht verargt, daß ich fünf Tage lang verliebt war.

Bettine.

Goethe an B.

10. Juni.

Der Dichter ist manchmal so glücklich, das Ungereimte zu reimen, und so wär' es Ihnen zu gestatten, liebes Kind, daß Sie ohne Rückhalt, alles was Sie der Art mitzuteilen haben ihm zukommen ließen.

Gönnen Sie mir aber auch eine nähere Beschreibung dessen, der in fünftägigem Besitz Ihres Herzens war, und ob Sie auch sicher sind, daß der Feind nicht noch im Versteck lauert. Wir haben auch Nachrichten von einem jungen Mann, der, in eine große Bärenmütze gehüllt, in Ihrer Nähe weilt und vorgibt, seine Wunden heilen zu müssen, während er vielleicht im Sinne hat, die gefährlichsten zu schlagen.

Erinnern Sie sich jedoch bei so gefahrvollen Zeiten des Freundes, der es angemessener findet, Ihren Herzenslaunen jetzt nicht in den Weg zu kommen.

G.

***

14. Juni.

Lieber Goethe! Lieber Freund!

Heute hab' ich mit der Mutter Wahl gehalten, was ich Ihnen für einen Titel geben darf; da hat sie mir die beiden freigelassen – ich hab' sie beide hingeschrieben; ich seh' der Zeit entgegen, wo meine Feder anders dahintanzen wird, – unbekümmert, wo die Flammen hinausschlagen; wo ich Ihnen mein verborgenes Herz entdecke, das so ungestüm schlägt und doch zittert. Werden Sie mir solche Ungereimtheiten auch auflösen? – Wenn ich in derselben Natur mich weiß, deren inneres Leben durch Ihren Geist mir verständlich wird; dann kann ich oft beide nicht mehr voneinander unterscheiden; ich leg' mich an grünen Rasen nieder mit umfassenden Armen und fühle mich Ihnen so nah wie damals, wo Sie, den Aufruhr in meinem Herzen zu beschwichtigen, zu dem einfachen Zaubermittel griffen, von meinen Armen umfaßt, so lange mich ruhig anzusehen, bis ich von der Gewißheit meines Glückes mich durchdrungen fühlte.

Lieber Freund! Wer dürfte zweifeln, daß das, was einmal so erkannt und so ergriffen war, wieder verloren gehen könne? – Nein! Sie sind mir nimmer fern. Ihr Geist lächelt mich an und berührt mich zärtlich vom ersten Frühlingsmorgen bis zum letzten Winterabend.

So kann ich Ihnen auch das Liebesgeheimnis mit der Bärenmütze für Ihren leisen Spott über meine ernste Treue auf das beschämendste erklären. – Nichts ist reizender als die junge Pflanze in voller Blüte stehend, auf der der Finger Gottes jeden frischen Morgen den zarten Tau in Perlen reihet und ihre Blätter mit Duft bemalt. – So blüheten im vorigen Jahr ein paar schöne blaue Augen unter der Bärenmütze hervor, so lächelten und schwätzten die anmutigen Lippen, so wogten die schwanken Glieder, und so schmiegte sich zärtliche Neigung in jede Frage und Antwort und hauchten in Seufzern den Duft des tieferen Herzens aus, wie jene junge Pflanze. – Ich sah's mit an und verstand die Schönheit, und doch war ich nicht verliebt; ich führte den jungen Husaren zur Günderode, die traurig war; wir waren jeden Abend zusammen, der Geist spielte mit dem Herzen, tausend Äußerungen und schöne Modulationen hörte und fühlte ich, und doch war ich nicht verliebt. Er ging – man sah, daß der Abschied sein Herz bedrängte. „Wenn ich nicht wiederkehre", sagte er, „so glauben Sie, daß die köstlichste Zeit meines Lebens diese letzte war." – Ich sah ihn die Stiegen hinabspringen, ich sah seine reizende Gestalt, in der Würde und Stolz seiner schwanken Jugend gleichsam einen Verweis geben, sich aufs Pferd schwingen und fort in den Kugelregen reiten, – und ich seufzte ihm nicht nach.

Dies Jahr kam er wieder mit einer kaum vernarbten Wunde auf der Brust; er war blaß und matt und blieb fünf Tage bei uns. Abends, wenn alles um den Teetisch versammelt war, saß ich im dunkeln Hintergrund des Zimmers, um ihn zu betrachten, er spielte auf der Gitarre; – da hielt ich eine Blume vors Licht und ließ ihren Schatten auf seinen Fingern spielen, das war mein Wagstück, – mir klopfte das Herz vor Angst, er möchte es bemerken; da ging ich ins Dunkel zurück und behielt meine Blume, und die Nacht legte ich sie unters Kopfkissen. – Das war die letzte Hauptbegebenheit in diesem Liebesspiel von fünf Tagen.

Dieser Jüngling, dessen Mutter stolz sein mag auf seine Schönheit, von dem die Mutter mir erzählte, *er sei der Sohn der ersten Heißgeliebten meines geliebten Freundes*, hat mich gerührt.

Und nun mag der Freund sich's auslegen, wie es kam, daß ich dies Jahr Herz und Aug' für ihn offen hatte und im vorigen Jahre nicht.

Du hast mich geweckt mitten in lauen Sommerlüften, und da ich die Augen aufschlug, sah ich die reifen Äpfel an goldnen Zweigen über mir schweben, und da langt' ich nach ihnen.

Adieu! In der Mutter Brief steht viel von Gall und dem Gehirn; in dem meinigen viel vom Herzen.

Ich bitte, grüßen Sie den Doktor Schlosser in Ihren Briefen an die Mutter nicht mehr mit mir in einer Rubrik; es tut meinem armen Hochmut gar zu weh.

Bettine.

Dein Kind, dein Herz, dein gut Mädchen, das den Goethe über alles lieb hat und sich mit seinem Andenken über alles trösten kann.

An Goethe.

18. Juni.

Gestern saß ich der Mutter gegenüber auf meinem Schemel, sie sah mich an und sagte: „Nun, was gibt's? – Warum siehst du mich nicht an?“ Ich wollte, sie solle mir erzählen; – ich hatte den Kopf in meine Arme verschränkt. „Nein“, sagte sie, „wenn Du mich nicht ansiehst, so erzähl' ich nichts;“ und da ich meinen Eigensinn nicht brechen konnte, ward sie ganz still. – Ich ging auf und ab durch die drei langen schmalen Zimmer, und so oft ich an ihr vorüberschritt, sah sie mich an, als wollte sie sagen: „Wie lang' soll's dauern?“ – Endlich sagte sie: „Hör'! – Ich dachte, du gingst.“ – „Wohin?“ fragte ich. – „Nach Weimar zum Wolfgang, und holtest dir wieder Respekt gegen seine Mutter.“ „Ach Mutter, wenn das möglich wär'!“ sagte ich und fiel ihr um den Hals und küßte sie und lief im Zimmer auf und ab. „Ei“, sagte sie, „warum soll es denn nicht möglich sein? Der Weg dahin hängt ja aneinander und ist kein Abgrund dazwischen; ich weiß nicht, was dich abhält, wenn du eine so ungeheure Sehnsucht hast; – eine Meile vierzigmal zu machen ist der ganze Spaß, und dann kommst du wieder und erzählst mir alles.“

Nun hab' ich die ganze Nacht von der einen Meile geträumt, die ich vierzigmal machen werde; es ist ja wahr, die Mutter hat recht, nach vierzig durchjagten Stunden läg' ich, am Herzen des Freundes; es ist auf *dieser* Erde, wo ich ihn finden kann, auf gebahnten Wegen gehet die Straße, alles deutet dorthin, der Stern am Himmel leuchtet bis zu seiner Schwelle, die Kinder am Weg rufen mir zu: „Dort wohnt er!“ Was hält mich zurück? – Ich bin allein meiner heißen Sehnsucht Zeuge und sollte mir's nicht gewähren, was ich bitte und flehe, daß ich Mut haben möge? Nein, ich bin nicht allein, diese sehnsüchtigen Gedanken – es sind Gestalten; sie sehen mir fragend unter die Augen: wie ich mein Leben verschleifen könne, ohne Hand in Hand mit ihm, ohne Aug' in Aug' in ihrem Feuer zu verglühen. – *O Goethe*, ertrag mich, nicht alle Tage bin ich so schwach, daß ich mich hinwerfe vor Dir und nicht aufhören will zu weinen, bis Du mir alles versprichst. Es geht wie ein schneidend Schwert durch mein Herz, daß ich bei Dir sein möchte; – bei Dir, und nichts anders will ich, so wie das Leben vor mir liegt, weiß ich nichts, was ich noch fordern könnte, ich will nichts Neues wissen, nichts soll sich regen, kein Blatt am Baum, die Lüfte sollen schweigen; stille soll's in der Zeit sein, und Du sollst ausharren in Gelassenheit, bis alle Schmerzen an Deiner Brust verwunden sind.

***

19. Juni.

Gestern abend war's so, lieber Goethe; plötzlich riß der Zugwind die Tür auf und löschte mir das Licht, bei dem ich Dir geschrieben habe. – Meine Fenster waren offen, und die Pläne waren niedergelassen; der Sturmwind spielte mit ihnen; – es kam ein heftiger Gewitterregen, da ward mein kleiner Kanarienvogel aufgestört – er flog hinaus in den Sturm, er schrie nach mir, und ich lockte ihn die ganze Nacht. Erst wie das Wetter vorüber war, legt' ich mich schlafen; ich war müde und sehr traurig, auch um meinen lieben Vogel. Wie ich noch bei der Günderode die griechische Geschichte studierte, da zeichnete ich Landkarten, und wenn ich Seen zeichnete, da half er Striche hineinmachen, daß ich ganz verwundert war, wie emsig er mit seinem kleinen Schnabel immer hin und her kratzte. Nun ist er fort, gewiß hat ihm der Sturm das Leben gekostet; da hab' ich gedacht, wenn ich nun hinausflög', um Dich zu suchen, und käm' durch Sturm und Unwetter bis zu Deiner Tür, die Du mir nicht öffnen würdest – nein, Du wärst fort; Du hättest nicht auf mich gewartet, wie ich die ganze Nacht auf meinen kleinen Vogel; Du gehest andern Menschen nach, Du bewegst Dich in andern Regionen; bald sind's die Sterne, die mit Dir Rücksprache halten, bald die tiefen abgründlichen Felskerne; bald schreitet Dein Blick als Prophet durch Nebel und Luftschichten, und dann nimmst Du der Blumen Farben und vermählst sie dem Licht; deine Leier findest Du immer gestimmt, und wenn sie Dir auch frischgekränzt entgegenprangte, würdest Du fragen: „Wer hat mir diesen schönen Kranz gewunden?“ – Dein Gesang würde diese Blumen bald versengen; sie würden ihre Häupter senken, sie würden ihre Farbe verlieren, und bald würden sie unbeachtet am Boden schleifen. Alle Gedanken, die die Liebe mir eingibt, alles heiße Sehnen und Wollen kann ich nur solchen Feldblumen vergleichen; – sie tun unbewußt über dem grünen Rasen ihre goldnen Augen auf, sie lachen eine Weile in den blauen Himmel, dann leuchten tausend Sterne über ihnen und umtanzen den Mond und verhüllen die zitternden, tränenbelasteten Blumen in Nacht und betäubendem Schlummer. So bist Du, Poete, ein von Sternenreigen seiner Eingebungen umtanzter Mond; meine Gedanken aber liegen im Tal wie die Feldblumen und sinken in Nacht vor Dir, und meine Begeisterung ermattet vor Dir, und alle Gedanken schlafen unter deinem Firmament.

Bettine.

Goethe an Bettine.

18. Juni.

Mein liebes Kind! Ich klage mich an, daß ich Dir nicht früher ein Zeichen gegeben, wie genußreich und erquickend es mir ist, das reiche Leben Deines Herzens überschauen zu dürfen. Wenn es auch ein Mangel in mir ist, daß ich Dir nur wenig sagen kann, so ist es Mangel an Fassung über alles, was Du mir gibst.

Ich schreibe Dir diesen Augenblick im Flug; denn ich fürchte da zu verweilen, wo so viel Überströmendes mich ergreift. Fahre fort, Deine Heimat bei der Mutter zu befestigen; es ist ihr zu viel dadurch geworden, als daß sie Dich entbehren könnte, und rechne Du auf meine Liebe und meinen Dank.

G.

An Goethe.

Frankfurt, am 29. Juni.

Wenn ich alles aus dem Herzen in die Feder fließen ließ', so würdest Du manches Blatt von mir beiseite legen, denn immer von mir und von Dir und einzig von meiner Liebe, das wär' doch nur der bewußte ewige Inhalt.

Ich hab's in den Fingerspitzen und meine, ich müßte Dir erzählen, was ich nachts von Dir geträumt habe, und denk' nicht, daß Du für anders in der Welt bist. Häufig hab' ich denselben Traum, und es hat mir schon viel Nachdenken gemacht, daß meine Seele immer unter denselben Bedingungen mit Dir zu tun hat; es ist, als solle ich vor Dir tanzen, ich bin ätherisch gekleidet, ich hab' ein Gefühl, daß mir alles gelingen werde, die Menge umdrängt mich. – Ich suche Dich, dort sitzest Du frei mir gegenüber; es ist, als ob Du mich nicht bemerktest und seiest mit anderem beschäftigt; – jetzt trete ich vor Dich, goldbeschuhet und die silbernen Ärmel hängen nachlässig, und warte; da hebst Du das Haupt, Dein Blick ruht auf mir unwillkürlich, ich ziehe mit leisen Schritten magische Kreise, Dein Aug' verläßt mich nicht mehr, Du mußt mir nach, wie ich mich wende, und ich fühle einen Triumph des Gelingens; alles, was Du kaum ahnest, das zeige ich Dir im Tanz, und Du staunst über die Weisheit, die ich Dir vortanze, bald werf' ich den lustigen Mantel ab und zeig' Dir meine Flügel und steig' auf in die Höhen; da freu' ich mich, wie Dein Aug' mich verfolgt; dann schweb' ich wieder herab und sink' in Deine umfassenden Arme; dann atmest Du Seufzer aus und siehst an mir hinauf und bist ganz durchdrungen; aus diesen Träumen erwachend, kehr' ich zu den Menschen zurück wie aus weiter Ferne; ihre Stimmen schallen mir fremd und ihre Gebärden auch; – und nun laßt mich bekennen, daß bei diesem Bekenntnis meiner Traumspiele meine Tränen fließen. Einmal hast Du für mich gesungen: „So laßt mich scheinen, bis ich werde, zieht mir das weiße Kleid nicht aus." – Diese magischen Reize, diese Zauberfähigkeiten sind mein weißes Kleid; ich flehe auch, daß es mir bleibe, bis ich werde, aber Herr: diese Ahnung läßt sich nicht bestreiten, daß auch mir das weiße Kleid ausgezogen werde, und daß ich in den gewöhnlichen des alltäglichen, gemeinen Lebens einhergehen werde, und daß diese Welt, in der meine Sinne lebendig sind, versinken wird; das, was ich schützend decken sollte, das werde ich verraten; da wo ich duldend mich unterwerfen sollte, da werde ich mich rächen; und da, wo mir unbefangne kindliche Weisheit einen Wink gibt, da werd' ich Trotz bieten und es besser wissen wollen – aber das Traurigste wird sein, daß ich mit dem Fluch der Sünde belasten werde, was keine ist, wie sie es alle machen – und mir wird Recht dafür geschehen. – Du bist mein Schutzaltar, zu Dir werd' ich flüchten; diese Liebe, diese mächtige, die zwischen uns waltet, und die Erkenntnis, die mir durch sie wird, und die Offenbarungen, die werden meine Schutzmauern sein; sie werden mich frei machen von denen, die mich richten wollen.

Dein Kind.

An Goethe.

Vorgestern waren wir im „Egmont", sie riefen alle: „Herrlich!" Wir gingen noch nach dem Schauspiel unter den mondbeschienenen Linden auf und ab, wie es Frankfurter Sitte ist, da hört' ich tausendfachen Widerhall. – Der kleine Dalberg war mit uns; er hatte deine Mutter im Schauspiel gesehen und verlangte, ich solle ihn zu ihr bringen; sie war eben im Begriff, Nachttoilette zu machen, da sie aber hörte, er komme vom Primas, so ließ sie ihn ein; sie war schon in derweilen Negligéjacke, aber sie hatte ihren Kopfputz noch auf. Der liebenswürdige feine Dalberg sagte ihr, sein Onkel habe von oben herüber ihre freudeglänzenden Augen gesehen während der Vorstellung, und er wünsche sie vor seiner Abreise noch zu sprechen und möchte sie doch am andern Tag bei ihm zu Mittag essen. Die Mutter war sehr geputzt bei diesem Diner, das mit allerlei Fürstlichkeiten und sonst merkwürdigen Personen besetzt war, denen zulieb' die Mutter wahrscheinlich invitiert war; denn alle drängten sich an sie heran, um sie zu sehen und mit ihr zu sprechen. Sie war sehr heiter und beredsam, und nur von mir suchte sie sich zu entfernen. Sie sagte mir nachher, sie habe Angst gehabt, ich möge sie in Verlegenheit bringen; ich glaube aber, sie hat mir einen Streich gespielt; denn der Primas sagte mir sehr wunderliche Sachen über Dich, und daß Deine Mutter ihm gesagt habe, ich habe einen erhabenen ästhetischen Sinn. Da nahm er einen schönen Engländer bei der Hand, einen Schwager des Lord Nelson, und sagte: „Dieser feine Mann mit der Habichtsnase, der soll Sie zu Tisch führen, er ist der schönste von der ganzen Gesellschaft, nehmen Sie vorlieb;" der Engländer lächelte, er verstand aber nichts davon. Bei Tisch wechselte er mein Glas, aus dem ich getrunken hatte, und bat mich um Erlaubnis, daraus zu trinken; der Wein würde ihm sonst nicht schmecken; das ließ ich geschehen, und alle Weine, die ihm vorgesetzt wurden, die goß er in dies Glas und trank sie mit begeisterten Blicken aus; es war eine wunderliche Tischunterhaltung; bald rückte er seinen Fuß dicht an den meinigen und fragte mich, was meine liebste Unterhaltung sei; ich sagte, ich tanze lieber, als ich gehe, und fliege lieber, als ich tanze, und dabei zog ich meinen Fuß zurück. Ich hatte meinen kleinen Strauß, den ich vorgesteckt hatte, ins Wasserglas gestellt, damit er nicht so bald welken solle, um ihn nach Tisch wieder vorzustecken, er frug: „Will you give me this?" Ich nickte ihm, er nahm ihn, daran zu riechen, und küßte ihn; er steckte ihn in Busen und knöpfte die Weste darüber zu und seufzte, und da sah er, daß ich rot ward. – Sein Gesicht übergoß sich mit einem Schmelz von Freundlichkeit; er wendete es zu mir, ohne die Augen aufzuschlagen, als wolle er mich auffordern, seine wohlgefällige Bildung zu beachten; sein Fuß suchte wieder den meinen, und mit leiser Stimme sagte er: „Be good, fine girl." – Ich konnte ihm nicht unfreundlich sein, und doch wollte ich gerne meine Ehre retten; da zog ich das eine End' meines langen Gürtels um sein Bein und band es geschickt an dem Tischbein fest, ganz heimlich, daß es niemand sah; er ließ es geschehen, ich sagte: „Be good, fine boy." – Und nun waren wir voll Scherz und Witz bis zum End' der Tafel, und es war wirklich eine zärtliche Lust zwischen uns; und ich ließ ihn sehr gern meine Hand an sein Herz ziehen, wie er sie küßte. –

Ich habe meine Geschichte der Mutter erzählt, die sagt', ich soll sie Dir schreiben, es sei ein artig Lustspiel für Dich, und Du würdest sie allein schön auslegen; es ist ja wahr, Du! Der es weiß, daß ich gern den Nacken unter Deine Füße lege, Du wirst mich nicht schelten, daß ich der Kühnheit des Engländers, der gern mit meinem Fuß gespielt hätte, keinen strengeren Verweis gab. – Du, der die Liebe erkennt und die Feinheit der Sinne, o, wie ist alles so schön in Dir; wie rauschen die Lebensströme so kräftig durch dein erregtes Herz und stürzen sich mit Macht in die kalten Wellen Deiner Zeit und brausen auf, daß Berg und Tal rauchen von Lebensglut, und die Wälder stehen mit glühenden Stämmen an Deinen Gestaden; und alles, was Du anblickst, wird herrlich und lebendig. Gott, wie gern möcht' ich jetzt bei Dir sein! Und wär' ich im Flug, weit über alle Zeiten und schwebte über Dir: ich müßte die Fittiche senken und mich gelassen der stillen Allmacht Deiner Augen hingeben.

Die Menschen werden Dich nicht immer verstehen, und die Dir am nächsten zu stehen behaupten, die werden am meisten Dich verleugnen; ich seh' in die Zukunft, da sie rufen werden: „Steiniget ihn!" Jetzt, wo Deine eigne Begeistrung gleich einem Löwen sich an Dich schmiegt und Dich bewacht, da wagt sich die Gemeinheit nicht an Dich.

Deine Mutter sagte jetzt: „Die Menschen sind zu jetziger Zeit alle wie Gerning, der immer spricht: ›Wir *übrigen* Gelehrten‹, und ganz wahr spricht; denn er ist übrig." –

Lieber tot als übrig sein! Ich bin es aber nicht; denn ich bin Dein, weil ich Dich erkenne in allem. Ich weiß, daß, wenn sich auch die Wolken vor dem Sonnengott auftürmen, daß er sie bald wieder niederdrückt mit glänzender Hand; ich weiß, daß er keinen Schatten duldet als den er unter den Sprossen seines Ruhmes sich selber sucht. – Die Ruhe des Bewußtseins wird Dich überschatten; – ich weiß, daß, wenn er sich über den Abend hinwegbeugt, so erhebt er wieder im Morgen das goldne Haupt. – Du bist ewig. Drum ist es gut mit Dir sein.

Wenn ich abends allein im dunkeln Zimmer bin und des Nachbars Lichter den Schein an die Wand werfen, zuweilen auch Streiflichter Deine Büste erleuchten, ober wenn es schon still in der Stadt ist, in der Nacht; hier und dort ein Hund bellt, ein Hahn schreit; – ich weiß nicht, warum es mich oft mehr wie menschlich ergreift; ich weiß nicht, wo ich vor Schmerz hin will. Ich möchte anders als wie mit Worten mit Dir sprechen; ich möchte mich an Dein Herz drücken; – ich fühl', daß meine Seele lodert. – Wie die Luft so fürchterlich still ruht kurz vor dem Sturm, so stehen dann gerade meine Gedanken kalt und still, und das Herz wogt wie das Meer. Lieber, lieber Goethe! – Dann löst mich eine Rückerinnerung an Dich wieder auf; die Feuer- und Kriegszeichen gehen langsam an meinem Himmel unter, und Du bist wie der hereinströmende Mondstrahl. Du bist groß und herrlich und besser als alles, was ich bis heute erkannt und erlebt hab' – Dein ganzes Leben ist so gut.

An Bettine.

Am 16. Juni 1807.

Was kann man Dir sagen und geben, was Dir nicht schon auf eine schönere Weise zugeeignet wäre; man muß schweigen und Dich gewähren lassen; wenn es Gelegenheit gibt, Dich um etwas zu bitten, da mag man seinen Dank mit einfließen lassen für das viele, was unerwartet durch Deine reiche Liebe einem geschenkt wird. Daß Du die Mutter pflegst, möchte ich Dir gern aufs herzlichste vergelten, – von dorther kam mir der Zugwind, und jetzt, weil ich Dich mit ihr zusammen weiß, fühl' ich mich gesichert und warm.

Ich sage Dir nicht: „Komm!" Ich will nicht den kleinen Vogel aus dem Neste gestört haben; aber der Zufall würde mir nicht unwillkommen sein, der Sturm und Gewitter benützte, um ihn glücklich unter mein Dach zu bringen. Auf jeden Fall, liebste Bettine, bedenke, daß Du auf dem Weg bist, mich zu verwöhnen.

Goethe.

An Goethe.

Wartburg, den 1. August in der Nacht.

Freund, ich bin allein; alles schläft, und mich hält's wach, daß es kaum ist, wie ich noch mit Dir zusammen war. Vielleicht, Goethe, war dies das höchste Ereignis meines Lebens; vielleicht war es der reichste, der seligste Augenblick; schönere Tage sollen mir nicht kommen, ich würde sie abweisen.

Es war freilich ein letzter Kuß, mit dem ich scheiden mußte, da ich glaubte, ich müsse ewig an Deinen Lippen hängen, und wie ich so dahin fuhr durch die Gänge unter den Bäumen, unter denen wir zusammen gegangen waren, da glaubte ich, an jedem Stamme müsse ich mich festhalten – aber sie verschwanden, die grünen, wohlbekannten Räume, sie wichen in die Ferne, die geliebten Auen, und Deine Wohnung war längst hinabgesunken, und die blaue Ferne schien allein mir meines Lebens Rätsel zu bewachen; – doch die mußt' auch noch scheiden, und nun hatt' ich nichts mehr als mein heiß Verlangen, und meine Tränen flossen diesem Scheiden; ach, da besann ich mich auf alles, wie Du mit mir gewandelt bist in nächtlichen Stunden und hast mir gelächelt, daß ich Dir die Wolkengebilde auslegte und meine Liebe, meine schönen Träume, und hast mit mir gelauscht dem Geflüster der Blätter im Nachtwind; der Stille der fernen weit verbreiteten Nacht. – Und hast mich geliebt, das weiß ich; wie Du mich an der Hand führtest durch die Straßen, da hab' ich's an Deinem Atem empfunden, am Ton deiner Stimme, an etwas, wie soll ich's Dir bezeichnen, das mich umwehte, daß Du mich aufnahmst in ein inneres geheimes Leben und hattest Dich in diesem Augenblick mir allein zugewendet und begehrtest nichts, als mit mir zu sein; und dies alles, wer wird mir's rauben? – Was ist mir verloren? – Mein Freund, *ich habe alles, was ich je genossen.* Und wo ich auch hingehe – mein Glück ist meine Heimat.

Wie die Regentropfen rasseln an den kleinen runden Fensterscheiben und der Wind furchtbar tobt! Ich habe schon im Bett gelegen und hatte mich nach der Seite gewendet und wollte einschlafen in Dir, im Denken an Dich. – Was heißt das: *im Herrn entschlafen?* Oft fällt mir dieser Spruch ein, wenn ich so zwischen Schlaf und Wachen fühle, daß ich mit Dir beschäftigt bin; – ich weiß genau, wie das ist: der ganze irdische Tag vergeht dem Liebenden, wie das irdische Leben der Seele vergeht; sie ist hier und da in Anspruch genommen, und ob sie sich's schon verspricht, sich selber nicht zu umgehen; so hat sie sich am End' durch das Gewebe der Zeiten durchgearbeitet, immer unter der heimlichen Bedingung, einmal nur Rücksprache zu nehmen mit dem Geliebten, aber die Stunden legen im Vorüberschreiten jede ihre Bitten und Befehle dar; und da ist ein übermächtiger Wille im Menschen, der heißt ihn allem sich fügen; den läßt er über sich walten, wie das Opfer über sich walten läßt, das da weiß, es wird zum Altar geführt. – Und so entschläft die Seele im Herrn, ermüdet von der ganzen Lebenszeit, die ihr Tyrann war und jetzt den Zepter sinken läßt. Da steigen göttliche Träume herauf und nehmen sie in ihren Schoß und hüllen sie ein, und ihr magischer Duft wird immer stärker und umnebelt die Seele, daß sie nichts mehr von sich weiß; das ist die Ruhe im Grabe; so steigen Träume herauf jede Nacht, wenn ich mich besinnen will auf Dich; und ich lasse mich ohne Widerstand einwiegen; denn ich fühle, daß mein Wolkenbett aufwärts mit mir steigt! –

Wenn Du diese Nacht auch wachgehalten bist, so mußt Du doch einen Begriff haben von dem ungeheuren Sturm. Eben wollte ich noch ganz stark sein und mich gar nicht fürchten; da nahm aber der Wind einen so gewaltigen Anlauf und klirrte an den Fensterscheiben und heulte so jammernd, daß ich Mitleid spürte, und nun riß er so tückisch die schwere Türe auf, er wollte mir das Licht auslöschen; ich sprang auf den Tisch und schützte es, und ich sah durch die offne Tür nach dem dunkeln Gang, um doch gleich bereit zu sein, wenn Geister eintreten sollten; ich zitterte vor herzklopfender Angst; da sah ich was sich bilden, draußen im Gang; und es war wirklich, als wollten zwei Männer eintreten, die sich bei der Hand hielten; einer weiß und breitschultrig und der andre schwarz und freundlich; und ich dachte: das ist Goethe! Da sprang ich vom Tisch Dir entgegen und lief zur Tür hinaus auf den dunkeln Gang, vor dem ich mich gefürchtet hatte und ging bis ans Ende Dir entgegen, und meine ganze Angst hatte sich in Sehnsucht verwandelt; und ich war traurig, daß die Geister nicht kamen, Du und der Herzog. Ihr seid ja oft hier gewesen zusammen, Ihr zwei freundlichen Brüder.

Gute Nacht ich bin begierig auf morgen früh; da muß sich's ausweisen, was der Sturm wird angerichtet haben; das Krachen der Bäume, das Rieseln der Wasser wird doch was durchgesetzt haben.

***

Am 2. August.

Heute morgen hat mich die Sonne schon halb fünf Uhr geweckt; ich glaub', ich hab' keine zwei Stund' geschlafen; sie mußte mir grade in die Augen scheinen. Eben hatte es aufgehört mit Wolkenbrechen und Windwirbeln, die goldne Ruhe breitete sich aus am blauen Morgenhimmel; ich sah die Wasser sich sammeln und ihren Weg zwischen den Felskanten suchen hinab in die Flut; gestürzte Tannen brachen den brausenden Wassersturz, und Felssteine spalteten seinen Lauf; er war unaufhaltsam; er riß mit sich, was nicht widerstehen konnte. Da überkam mich eine so gewaltige Lust – ich konnte auch nicht widerstehen: ich schürzte mich hoch, der Morgenwind hielt mich bei den Haaren im Zaum; ich stützte beide Hände in die Seite, um mich im Gleichgewicht zu halten, und sprang hinab in kühnen Sätzen von einem Felsstück zum andern, bald hüben, bald drüben, das brausende Wasser mit mir, kam ich unten an; da lag, als wenn ein Keil sie gespalten hätte bis an die Wurzel der halbe Stamm einer hohlen Linde quer über den sich sammelnden Wassern.

O liebster Freund! Der Mensch, wenn er Morgennebel trinkt und die frischen Winde sich mit ihm jagen und der Duft der jungen Kräuter in die Brust eindringt und in den Kopf steigt; und wenn die Schläfe pochen und die Wangen glühen und wenn er die Regentropfen aus den Haaren schüttelt, was ist das für eine Lust!

Auf dem umgestürzten Stamm ruhte ich aus, und da entdeckte ich unter den dickbelaubten Ästen unzählige Vogelnester, kleine Meisen mit schwarzen Köpfchen und weißen Kehlen, sieben in einem Neste, Finken und Distelfinken; die alten Vögel flatterten über meinem Kopf und wollten die jungen ätzen; ach, wenn's ihnen nur gelingt, sie groß zu ziehen in so schwieriger Lage; denk' nur, aus dem blauen Himmel herabgestürzt an die Erde, quer über einen reißenden Bach, wenn so ein Vögelchen herausfällt, muß es gleich ersaufen, und noch dazu hängen alle Nester schief. – Aber die hunderttausend Bienen und Mücken, die mich umschwirrten, die all in der Linde Nahrung suchten; – wenn Du doch das Leben mit angesehen hättest! Da ist kein Markt so reich an Verkehr, und alles war so bekannt, jedes sucht sein kleines Wirtshaus unter den Blüten, wo es einkehrte; und emsig flog es wieder hinweg und begegnete dem Nachbar, und da summten sie aneinander vorbei, als ob sie sich's sagten, wo gut Bier feil ist. – Was schwätze ich Dir alles von der Linde! – Und doch ist's noch nicht genug; an der Wurzel hängt der Stamm noch zusammen; ich sah hinauf zu dem Gipfel des stehenden Baumes, der nun sein halbes Leben am Boden hinschleifen muß, und im Herbst stirbt er ihm ab. Lieber Goethe, hätte ich meine Hütte dort in der einsamen Talschlucht, und ich wär' gewöhnt, auf Dich zu warten, welch großes Ereignis wär' dieses; wie würd' ich Dir entgegenspringen und von weitem schon zurufen: „Denk' nur unsere Linde!" – Und so ist es auch: ich bin eingeschlossen in meiner Liebe wie in einsamer Hütte, und mein Leben ist ein Harren auf Dich unter der Linde; wo Erinnerung und Gegenwart duftet und die Sehnsucht die Zukunft herbeilockt. Ach, lieber Wolfgang, wenn der grausame Sturm die Linde spaltet und die üppigere, stärkere Hälfte mit allem innewohnenden Leben zu Boden stürzt und ihr grünes Laub über bösem Geschick wie über stürzenden Bergwassern trauernd welkt und die junge Brut in ihren Ästen verdirbt; oh, dann denk', daß die eine Hälfte noch steht und in ihr alle Erinnerung und alles Leben, was dieser entsprießt, zum Himmel getragen wird.

Adieu! Jetzt geht's weiter; morgen bin ich Dir nicht so nah, daß ein Brief, den ich früh geschrieben, Dir spät die Zeit vertreibt. Ach, lasse sie Dir vertreiben, als wenn ich selbst bei Dir wär': zärtlich!

In Kassel bleib' ich vierzehn Tage, dort werd' ich der Mutter schreiben; sie weiß noch nicht, daß ich bei Dir war.

Bettine.

An Bettine.

War unersättlich nach viel tausend Küssen,
Und mußt' mit Einem Kuß am Ende scheiden.

Bei solcher Trennung herb empfundnem Leiden
War mir das Ufer, dem ich mich entrissen,

Mit Wohnungen, mit Bergen, Hügeln, Flüssen,
So lang' ich's deutlich sah, ein Schatz der Freuden.
Zuletzt im Blauen blieb ein Augenweiden
An fern entwichnen lichten Finsternissen.

Und endlich, als das Meer den Blick umgrenzte,
Fiel mir's zurück ins Herz, mein heiß Verlangen,
Ich suchte mein Verlornes gar verdrossen.

Da war es gleich, als ob der Himmel glänzte,
Mir schien, als wäre nichts mir, nichts entgangen,
Als hätt' ich alles, was ich je genossen –

Ein Strom entrauscht umwölktem Felsensaale,
Dem Ozean sich eilig zu verbinden;
Was auch sich spiegeln mag von Grund zu Gründen,
Er wandelt unaufhaltsam fort zu Tale.

Doch stürzt sich Oreas mit einem Male,
Ihr folgen Berg und Wald in Wirbelwinden
Herab zur Flut, Behagen dort zu finden,
Und hemmt den Lauf, begrenzt die weite Schale.

Die Welle sprüht und staunt zurück und weichet,
Und schwillt bergan, sich immer selbst zu trinken.
Gehemmt ist nun zum Vater hin das Streben,

Sie schwankt und ruht zum See zurück gedeichet.
Gestirne spiegelnd sich, beschaun das Blinken
Des Wellenschlags am Fels, ein neues Leben.

Deine fliegenden Blätter, liebste Bettine, kamen grade zu rechter Zeit, um dem Verdruß über Dein Verschwinden in etwas zu steuern. Beiliegend gebe ich Dir einen Teil derselben zurück; Du siehst, wie man versucht, sich an der Zeit, die uns des Liebsten beraubt, zu rächen und schöne Minuten zu verewigen. Möge sich Dir der Wert darin spiegeln, den Du für den Dichter haben mußt.

Sollte Dein Vagabondenleben noch länger dauern, so versäume nicht von allem Nachricht zu geben; ich folge Dir gerne, wo Dich auch Dein dämonischer Geist hinführt.

Ich lege diese Blätter an die Mutter bei, die Dir sie zu freundlicher Stunde senden mag, da ich Deine Adresse nicht genau weiß. – Lebe wohl und komme Deinen Verheißungen nach.

Weimar, den 7. August 1807. Goethe.

An Goethe.

Kassel, den 13. August 1807

Wer kann's deuten und ermessen, was in mir vorgeht? – Ich bin glücklich jetzt im Andenken der Vergangenheit, als ich kaum damals in der Gegenwart war; mein erregtes Herz, die Überraschung bei Dir zu sein, dies Kommen und Gehen und Wiederkehren in den paar Tagen, das war alles wie eindringende Wolken an meinem Himmel; er mußte durch meine zu große Nähe zugleich meinen Schatten aufnehmen, so wie er auch immer dunkler ist, wo er an die Erde grenzt; jetzt in der Ferne wird er mild, hoch und ganz hell.

Ich möchte Deine liebe Hand mit meinen beiden an mein Herz drücken und Dir sagen: wie Friede und Fülle über mich gekommen ist, seitdem ich Dich weiß.

Ich weiß, daß es nicht der Abend ist, der mir jetzt ins Leben hereindämmert; o, wenn er's doch wäre! Wenn sie doch schon verlebt wären die Tage und meine Wünsche und meine Freuden, möchten sie sich alle an Dir hinauf bilden, daß Du mit überdeckt wärst und bekränzt, wie mit immergrünem Laub.

Aber so warst Du, wie ich am Abend allein bei Dir war, daß ich Dich gar nicht begreifen konnte; Du hast über mich gelacht, weil ich bewegt war, und laut gelacht, weil ich weinte, aber warum? Und doch war es Dein Lachen, der Ton Deines Lachens, was mich zu Tränen rührte, so wie es meine Tränen waren, die Dich lachen machten, und ich bin zufrieden und sehe unter der Hülle dieses Rätsels Rosen hervorbrechen, die der Wehmut und der Freude zugleich entsprießen. – Ja, Du hast recht, Prophet: ich werde noch oft mit leichtem Herzen Scherz und Lust durchwühlen, ich werde mich müde tummeln, so wie ich in meiner Kindheit (ach, ich glaub' es war gestern!) mich aus Übermut auf den blühenden Feldern herumwälzte und alles zusammendrückte und die Blumen mit den Wurzeln ausriß, um sie ins Wasser zu werfen – aber auf süßem, warmem, festem Ernst will ich ausruhen, und der bist Du, lachender Prophet. –

Ich sag' Dir's noch einmal: wer versteht's auf der weiten Erde, was in mir vorgeht, wie ich so ruhig in Dir bin, so still, so ohne Wanken in meinem Gefühl; ich könnte wie die Berge Nächte und Tage in die Vergangenheit tragen, ohne nur zu zucken in Deinem Andenken. Und doch, wenn der Wind zuweilen von der ganzen blühenden Welt den Duft und Samen zusammen auf der Berge Wipfel trägt, so werden sie auch berauscht so wie ich gestern; da hab' ich die Welt geliebt, da war ich selig wie eine aufsprudelnde Quelle, in die die Sonne zum erstenmal scheint.

Leb' wohl, Herrlicher, der mich blendet und mich verschüchtert. – Von diesem steilen Fels, auf den sich meine Liebe mit Lebensgefahr gewagt hat, ist nicht mehr herunterzuklettern, daran ist gar nicht zu denken, da bräch' ich auf allen Fall den Hals.

Bettine.

Und so weit hatte ich gestern geschrieben, saß heute morgen auf dem Sessel und las still und andächtig in einer Chronik, ohne mich zu bewegen; denn ich wurde dabei gemalt, so wie Du mich bald sehen sollst, – da brachte man mir das blaue Kuvert, ich brach auf und fand mich darin in göttlichem Glanz wiedergeboren, und zum erstenmal glaubte ich an meine Seligkeit.

Was will ich denn? Ich begreif's nicht; Du betäubst mich, jeder kleine Lärm ist mir zuwider; wär's nur ganz still in der Welt, und ich brauchte nichts mehr zu erfahren nach diesem einen Augenblick, der mich schmerzt und nach dem ich mich immer zurücksehnen werde. – Ach! Und was will ich denn mit Dir? – Nicht viel; Dich ansehen oft und warm, Dich begleiten in Dein stilles Haus, Dich ausfragen in müßigen Stunden über Dein früheres und jetziges Leben, so wie ich Dein Angesicht ausgefragt habe über seine frühere und jetzige Schönheit. Auf der Bibliothek, da konnte ich nicht umhin, mich zu Deiner jungen Büste aufzuschwingen und meinen Schnabel wie eine Nachtigall dran zu wetzen; Du breiter voller Strom, wie Du damals die üppigen Gegenden der Jugend durchbraustest und jetzt eben ganz still durch Deine Wiesen zogst; ach, und ich stürzte Dir Felssteine vor; und wie Du wieder Dich auftürmtest; wahrlich, es war nicht zu verwundern; denn ich hatte mich tief eingewühlt.

O Goethe! Der Gott da oben ist ein großer Dichter, der bildet Geschicke, frei im Äther schwebend, glanzvoller Gestalt. Unser armes Herz, das ist der Mutterschoß, aus dem er sie mit großen Schmerzen geboren werden lässet; das Herz verzweifelt, aber jene Geschicke schwingen sich aufwärts, freudig hallen sie wider in den himmlischen Räumen. – Deine Lieder sind der Samen, er fällt ins wohlvorbereitete Herz ich fühl's, mag sich's wenden, wie es auch will, frei von irdischer Schwere wird es als himmlisches Gedicht einst aufwärts sich schwingen, und dem Gott da oben werden diese Schmerzen und diese Sehnsucht und diese begeisterten Schwingungen Sprossen des jungen Lorbeers weihen, und selig wird das Herz sein, das solche Schmerzen getragen hat.

Siehst Du, wie ich heute ernsthaft mit Dir zu sprechen versteh'? – Ernster als je: und weil Du jung bist und herrlich und herrlicher wie alle, so wirst Du mich auch verstehen. – Ich bin ganz sanft geworden durch Dich; am Tage treib' ich mich mit Menschen, mit Musik und Büchern herum, und abends, wenn ich müde bin und will schlafen, da rauscht die Flut meiner Liebe mir gewaltsam ins Herz. Da seh' ich Bilder, alles, was die Natur Sinnliches bietet, das umgibt Dich und spricht für Dich; auf Höhen erscheinst Du; zwischen Bergwänden in verschlungnen Wegen ereile ich Dich, und Dein Gesicht malt Rätsel, lieblich zu lösen. – Den Tag, als ich Abschied nahm von Dir, mit dem einen Kuß, *mit dem ich nicht schied*, da war ich morgens beinah' eine ganze Stunde allein im Zimmer, wo das Klavier steht; da saß ich auf der Erde im Eck und dachte: „Es geht nicht anders, Du mußt noch einmal weinen“, und Du warst ganz nah und wußtest es nicht; und ich weinte mit lachendem Mund; denn mir schaute das feste grüne Land durch den trübsinnigen Nebel durch. – Du kamst, und ich sagte Dir recht kurz (und ich schränkte mich recht ein dabei), wie Du mir wert seist.

Morgen reise ich nach Frankfurt, da will ich der Mutter alle Liebe antun und alle Ehre; denn selig ist der Leib, der Dich getragen hat.

Bettine.

An Goethe.

Am 21. August.

Du kannst Dir keinen Begriff machen, mit welchem Jubel die Mutter mich aufnahm! Sowie ich hereinkam, jagte sie alle fort, die bei ihr waren. „Nun, ihr Herren“, sagte sie, „hier kommt jemand, der mit mir zu sprechen hat“, und so mußten alle zum Tempel hinaus. Wie wir allein waren, sollte ich erzählen – da wußt' ich nichts. „Aber wie war's, wie Du ankamst?“ – „Ganz miserabel Wetter“; „vom Wetter will ich nichts wissen; – vom Wolfgang, wie war's, wie du hereinkamst?“ „Ich kam nicht, er kam“; – „nun wohin?“ – „In den Elefanten, um Mitternacht drei Treppen hoch; alles schlief schon fest, die Lampen auf dem Flur ausgelöscht, das Tor verschlossen, und der Wirt hatte den Schlüssel schon unterm Kopfkissen und schnarchte tüchtig.“ – „Nun, wie kam er denn da herein?“ – „Er klingelte zweimal, und wie er zum drittenmal recht lang an der Glocke zog, da machten sie ihm auf.“ „Und du?“ – „Ich in meiner Dachstube merkte nichts davon; Meline lag schon lange und schlief im Alkoven mit vorgezognen Vorhängen; ich lag auf dem Sofa und hatte die Hände überm Kopf gefaltet und sah, wie der Schein der Nachtlampe wie ein großer, runder Mond an der Decke spielte; da hört' ich's rascheln an der Tür und mein Herz war gleich auf dem Fleck; es klopfte, während ich lauschte, aber weil es doch ganz unmöglich war in dieser späten Stunde und weil es ganz still war, so hört' ich nicht auf mein ahnendes Herz; und da trat er herein, verhüllt bis ans Kinn im Mantel und machte leise die Tür hinter sich zu und sah sich um, wo er mich finden sollte; ich lag in der Ecke des Sofas ganz in Finsternis eingeballt und schwieg; da nahm er seinen Hut ab, und wie ich die Stirne leuchten sah, den suchenden Blick, und wie der Mund fragte: ›Nun, wo bist du denn?‹ da tat ich einen leisen Schrei des Entsetzens über meine Seligkeit, und da hat er mich auch gleich gefunden.“

Die Mutter meinte, das würde eine schöne Geschichte geworden sein in Weimar. Der Herr Minister um Mitternacht im Elefanten drei Treppen hoch eine Visite gemacht! – Jawohl, ist die Geschichte schön! Jetzt, wo ich sie hier überlese, bin ich entzückt, überrascht, hingerissen, daß mir dies all begegnet ist, und ich frag' Dich: welche Stunde wird so spät sein in Deinem Leben daß es nicht Dein Herz noch rühren sollte? Wie Du in der Wiege lagst, da konnte kein Mensch ahnen, was aus Dir werden würde, und wie ich in der Wiege lag, da hat mir's keiner gesungen, daß ich Dich einst küssen würde.

Hier fand ich alles auf dem alten Fleck; mein Feigenbaum hat Feigen gewonnen und seine Blätter ausgebreitet; mein Gärtchen auf dem großen Hausaltan, der von einem Flügel zum andern reicht, steht in voller Blüte, der Hopfen reicht bis ans Dach, in die Laube hab' ich meinen Schreibtisch gesetzt, da sitze ich und schreib' an Dich und träume von Dir, wenn mir der Kopf trunken ist von den Sonnenstrahlen; ach, ich lieg' so gern in der Sonne und lasse mich recht durchbrennen.

Gestern ging ich am Stift vorbei, da klingelte ich nach früherer Gewohnheit, und da lief ich nach dem kleinen Gang, der nach der Günderode ihrer Wohnung führt. Die

Tür ist noch verschlossen, es hat noch niemand wieder den Fuß über die Schwelle gesetzt; ich küßte diese Schwelle, über die sie so oft geschritten ist, um zu mir zu gehen und ich zu ihr. – Ach, wenn sie noch lebte, welch neues Leben würde ihr aufgehen, wenn ich ihr alles erzählte, wie wir in jenen Nachtstunden so still nebeneinander gesessen haben, die Hände ineinander gelegt, und wie die einzelnen Laute, die über Deine Lippen kamen, mir ins Herz drangen. Ich schreib' Dir's her, damit Du es nie vergessen sollst. Freund, ich könnte eifersüchtig sein über Deine Anmut; die Grazien sind weiblich, sie schreiten vor Dir her, wo Du eintrittst, da ist heilige Ordnung; denn alles Zufällige selbst schmiegt sich Deiner Erscheinung an. – Sie umgeben Dich, sie halten Dich gefangen und in der Zucht; denn Du möchtest vielleicht manchmal anders, aber die Grazien leiden's nicht, ja diese stehen Dir weit näher, sie haben viel mehr Gewalt über Dich als ich.

Der Primas hat mich auch einladen lassen, wie er hörte, daß ich von Weimar gekommen; ich sollte ihm von Dir erzählen. Da hab' ich ihm allerlei gesagt, was ihm Freude machen konnte. Dein Mädchen hatte sich geputzt, es wollte Dir Ehre machen, ja, ich wollte schön sein, weil ich Dich liebe, und weil es die Leute wissen, daß Du mir gut bist; ein rosa Atlaskleid mit schwarzen Samtärmeln und schwarzem Bruststück, und ein schöner Strauß duftete an meinem Herzen, und goldne Spangen hielten meine schwarzen Locken zurück. Du hast mich noch nie geputzt gesehen; ich kann Dir sagen, mein Spiegel ist freundlich bei solcher Gelegenheit, und das macht mich sehr vergnügt, so daß ich geputzt immer sehr lustig bin. Der Primas fand mich auch hübsch und nannte die Farben meines Kleides „préjugé vaincu." „Nein", sagte ich, „Marlborough s'en va-t-en guerre, qui sait quand il reviendra." – „Le voilà de retour", sagte er und zog meinen Engländer hervor, der vor drei Wochen mit mir bei ihm zu Mittag gegessen hatte; nun mußte ich wieder neben ihm sitzen beim Souper, und er sagte mir auch englisch allerlei Zärtlichkeiten, die ich nicht verstehen wollte, und worauf ich ihm verkehrte Antworten gab, so war ich sehr lustig; wie ich spät nach Hause kam, da duftete mein Schlafzimmer von Wohlgeruch, und da war eine hohe Blume, die diesen Duft ausströmte, die ich noch nie gesehen hatte, eine Königin der Nacht; ein fremder Bedienter, der nicht deutsch sprechen konnte, hatte sie für mich gebracht; das war also ein freundliches Geschenk vom Engländer, der in dieser Nacht noch abgereist war. Ich stand vor meiner Blume allein und beleuchtete sie, und ihr Duft schien mir wie Tempelduft. Der Engländer hat's verstanden, mir zu gefallen.

Der Primas hat mir noch Aufträge gegeben; ich soll Dir sagen, daß wenn Dein Sohn kommt, so soll er ihn in Aschaffenburg besuchen, wohin er in diesen Tagen abreist. – Da er aber erst zu Ostern kommt, so wird der Primas wieder hier sein.

Dein Kind küßt Dir die Hände.

Die Mutter läßt mich heut' rufen und sagt, sie habe einen Brief von Dir, und läßt mich nicht hineingehen und sagt, Du verlangst, ich soll dem Dux schreiben, ein paar Zeilen, weil er die Artigkeit gehabt hat, für die umgestürzte Linde zu sorgen, und das nennst Du in meine elegischen Empfindungen eingehen. – Liebster Freund, ich kann nicht leiden, daß ein andrer in meine Empfindung eingehe, die ich bloß zu Dir hege;

da treib ihn nur wieder heraus und sei Du allein in mir und mache mich nicht eifersüchtig.

Dem Dux aber sage, was meine Devotion mir hier eingibt: daß es ein andrer hoher Baum ist, für dessen Pflege ich ihm danke, dessen blühende Äste weit über die Grenzen des Landes in andre Weltteile ragen und Früchte spenden und duftenden Schatten geben. Für den Schutz *dieses Baumes,* für die Gnadenquelle, die ihn tränkt, für den Boden der Liebe und Freundschaft, aus welchem er begeisternde Nahrung saugt, bleibt mein Herz ihm ewig unterworfen, und dann dank' ich ihm auch noch, daß er der Wartburger Linde nicht vergißt. –

An Bettine.

Am 5. September.

Du hast Dich, liebe Bettine, als ein wahrer kleiner Christgott erwiesen, wissend und mächtig, eines jeden Bedürfnisse kennend und ausfüllend; – und soll ich Dich schelten oder loben, daß Du mich wieder zum Kinde machst? Denn mit kindischer Freude hab' ich Deine Bescherung verteilt und mir selbst zugeeignet. Deine Schachtel kam kurz vor Tische; verdeckt trug ich sie dahin, wo Du auch einmal gesessen, und trank zuerst August aus dem schönen Glase zu. Wie verwundert war er, als ich es ihm schenkte! Darauf wurde Riemer mit Kreuz und Beutel beliehen; niemand erriet, woher? Auch zeigte ich das künstliche und zierliche Besteck; – da wurde die Hausfrau verdrießlich, daß sie leer ausgehen sollte. Nach einer Pause, um ihre Geduld zu prüfen, zog ich endlich den schönen Gewandstoff hervor; das Rätsel war aufgelöst und jedermann in Deinem Lobe eifrig und fröhlich.

Wenn ich also das Blatt noch umwende, so hab' ich immer nur Lob und Dank da capo vorzutragen; das ausgesuchte Zierliche der Gaben war überraschend. Kunstkenner wurden herbeigerufen, die artigen Balgenden zu bewundern – genug, es entstand ein Fest, als wenn Du eben selbst wiedergekommen wärst. – Du kommst mir auch wieder in jedem Deiner lieben Briefe und doch immer neu und überraschend, so daß man glauben sollte, von dieser Seite habe man Dich noch nicht gekannt; und Deine kleinen Abenteuer weißt Du so allerliebst zu drehen, daß man gern der eifersüchtigen Grillen sich begibt, die einem denn auch zuweilen anwandeln; bloß um das artige Ende des Spaßes mit zu erleben. So war es mit der launigen Episode des Engländers, dessen ungeziemendes Wagnis den Beweis für sein schönes sittliches Gefühl herbeiführen mußte. Ich bin Dir sehr dankbar für solche Mitteilungen, die freilich nicht jedem recht sein mögen; möge Dein Vertrauen wachsen, das mir so viel zubringt, was ich jetzt nicht mehr gerne entbehren mag; auch ein belobendes Wort muß ich Dir hier sagen für die Art, wie Du Dich mit meinem gnädigsten Herrn verständigt hast. Er konnte nicht umhin, auch Dein diplomatisches Talent zu bewundern; Du bist allerliebst, meine kleine Tänzerin, die einem mit jeder Wendung unvermutet den Kranz zuwirft. Und nun hoffe ich bald Nachricht, wie Du mit der guten Mutter lebst, wie Du ihrer pflegst, und welche schöne vergangne Zeiten zwischen Euch beiden wieder auferstehen.

Der lieben Meline Mützchen ist auch angekommen. Ich darf's nicht laut sagen, es steht aber niemand so gut als ihr. Freund Stollens Attention auf dem blauen Papier hat Dir doch Freude gemacht. Adieu, mein artig Kind! Schreibe bald, daß ich wieder was zu übersetzen habe.

An Goethe.

G., 17. September.

Freundlicher Mann! Du bist zu gut, Du nimmst alles, was ich Dir im heiteren Übermut biete, als wenn es noch so viel Wert habe; aber ich fühl's recht in Deinem freundlichen Herabneigen, daß Du mir gut bist wie dem Kind, das Gras und Kräuter bringt und meint, es habe einen auserlesenen Strauß zusammengesucht; dem lächelt man auch so zu und sagt: „Wie schön ist dein Strauß, wie angenehm duftet er, er soll mir blühen in meinem Garten, hier unter meinem Fenster will ich ihn pflanzen"; und doch sind es nur wurzellose Feldblumen, die bald welken. Ich aber sehe mit Lust, wie du mich in Dich aufnimmst, wie du diese einfachen Blumen, die am Abend schon welken müßten, ins Feuer der Unsterblichkeit hältst und mir zurückgibst. – Nennst Du das auch *übersetzen*, wenn der göttliche Genius die idealische Natur vom irdischen Menschen scheidet, sie läutert, sie enthüllt, sie sich selbst wieder anvertraut, und so die Aufgabe, selig zu werden, löst? Ja, Goethe, so machst Du die Seufzer, die meine sehnende Liebe aushaucht zu Geistern, die mich auf der Straße der Seligkeit umschweben; ach, und wohl auch meiner Unsterblichkeit weit voraneilen.

Welch heiliges Abenteuer, das unter dem Schutze des Eros sich kühn und stolz aufschwingt, kann ein herrlicher Ziel erreichen, als ich in Dir erreicht habe! Wo Du mir zugibst mit Lust: *Gehemmt sei nun zum Vater hin das Streben*. – O glaub' es: nimmer trink' ich mich satt an diesen Liebesergießungen, ewig fühl' ich von brausenden Stürmen mich zu Deinen Füßen getragen, und in diesem *neuen Leben*, in dem meine Glückssterne sich spiegeln, vor Wonne untergehn.

Diese Tränen, die meine Schrift verblassen, die möcht' ich wie Perlen aufreihen, geschmückt vor Dir erscheinen und Dir sagen: vergleiche ihr reines Wasser mit Deinen andern Schätzen, und dann solltest Du mein Herz schlagen hören wie am Abend, wo ich vor Dir kniete.

Geheimnisse umschweben Liebende, sie hüllen sie in ihre Zauberschleier, aus denen sich schöne Träume entfalten. Du sitzest mit mir auf grünem Rasen und trinkst dunklen Wein aus goldnem Becher und gießest die Neige auf meine Stirn. Aus diesem Traum erwachte ich heute, voll Freude, daß Du mir geneigt bist. Ich glaube, daß du teil an solchen Träumen hast; daß Du liebst in solchen Augenblicken; – wem sollte ich sonst dies selige Sein verdanken, wenn Du mir's nicht gäbst! Und wenn ich denn zum gewöhnlichen Tag erwache, dann ist mir alles so gleichgültig, und was mir auch geboten wird – ich entbehre es gern; ja, ich möchte von allem geschieden sein, was man Glück nennt, und nur innerlich das Geheimnis, daß Dein Geist meine Liebe genießt, sowie meine Seele von Deiner Güte sich nährt.

Ich soll Dir von der Mutter schreiben; – nun, es ist wunderlich zwischen uns beschaffen, wir sind nicht mehr so gesprächig wie sonst, aber doch vergeht kein Tag, ohne daß ich die Mutter seh'. Wie ich von der Reise kam, da mußt' ich die Rolle des Erzählens übernehmen, und obschon ich lieber geschwiegen hätte, so war doch ihres Fragens kein Ende und ihre Begierde mir zuzuhören auch nicht. Es reizt mich unwiderstehlich, wenn sie mit großen Kinderaugen mich ansieht, in denen der genügendste Genuß funkelt. So löste sich meine Zunge und nach und nach manches vom Herzen, was man sonst nicht leicht wieder ausspricht.

***

Am 2. Oktober.

Die Mutter ist listig, wie sie mich zum Erzählen bringt, so sagt sie: „Heute ist ein schöner Tag, heut' geht der Wolfgang gewiß nach seinem Gartenhaus, es muß noch recht schön da sein, nicht wahr, es liegt im Tal?“ – „Nein, es liegt am Berg, und der Garten geht auch bergauf, hinter dem Haus da sind große Bäume von schönem Wuchs und reich belaubt.“ – „So! Und da, bist Du abends mit ihm hingeschlendert aus dem römischen Haus?“ – „Ja, ich hab's Ihr ja schon zwanzigmal erzählt“; – „so erzähl's noch einmal. Hattet ihr denn Licht im Haus?“ – „Nein, wir saßen vor der Tür auf der Bank, und der Mond schien hell.“ – „Nun! Und da ging ein kalter Wind?“ – „Nein, es war gar nicht kalt, es war warm, und die Luft ganz still und wir waren auch still. Die reifen Früchte fielen von den Bäumen, er sagte: da fällt schon wieder ein Apfel und rollt den Berg hinab; da überflog mich ein Frostschauer; – der Wolfgang sagte: ›Mäuschen, du frierst‹, und schlug mir seinen Mantel um, den zog ich dicht um mich, seine Hand hielt ich fest und so verging die Zeit; – wir standen beide zugleich auf und gingen Hand in Hand durch den einsamen Wiesengrund; – jeder Schritt klang mir wieder im Herzen, in der lautlosen Stille, – der Mond kam hinter jedem Busch hervor und beleuchtete uns, – da blieb der Wolfgang stehen, lachte mich an im Mondglanz und sagte zu mir: ›Du bist mein süßes Herz‹, so führte er mich bis zu seiner Wohnung und das war alles.“ – „Das waren goldne Minuten, die keiner mit Gold aufwiegen kann“, sagte die Mutter, „die sind nur dir beschert, und unter Tausenden wird's keiner begreifen, was dir für ein Glückslos zugefallen ist; ich aber versteh' es und genieße es, als wenn ich zwei schöne Stimmen sich singend Red' und Antwort geben hörte über ihr verschwiegenstes Glück.“

Da holte mir die Mutter Deinen Brief und ließ mich lesen, was Du über mich geschrieben hast, daß es Dir ein großer Genuß sei, meine Mitteilungen über Dich zu hören; die Mutter meint', sie könne es nicht, es läg' in meiner Art, zu erzählen, das Beste.

Da hab' ich Dir nun diesen schönen Abend beschrieben.

Ich weiß ein Geheimnis: wenn zwei miteinander sind und der göttliche Genius waltet zwischen ihnen, das ist das höchste Glück.

Adieu, mein lieber Freund.

An Goethe.

Ach, frage nur nicht, warum ich schon wieder ein neues Blatt vornehme, da ich Dir doch eigentlich nichts zu sagen habe? – Ich weiß freilich noch nicht, womit ich's ausfüllen soll, aber das weiß ich, daß es doch zuletzt in Deine lieben Hände kommt. Drum hauch' ich's an mit allem, was ich Dir aussprechen würde, stünd' ich selbst vor Dir. Ich kann nicht kommen, drum soll der Brief mein ungeteiltes Herz zu Dir hinübertragen, erfüllt mit Genuß vergangner Tage, mit Hoffnung auf neue, mit Sehnsucht und Schmerz um Dich; da weiß ich nun keinen Anfang und kein Ende.

Von heute mag ich Dir nun gar nichts vertrauen, wie soll ich loskommen vom Wünschen, Sinnen und Wähnen; wie soll ich Dir mein treues Herz, das sich von allem zu Dir allein hinüberwendet, aussprechen? – Ich muß schweigen wie damals, als ich vor Dir stand, um Dich anzusehen. Ach, was hätt' ich auch sagen sollen? Ich hatte nichts mehr zu verlangen.

Gestern waren viele witzige Köpfe im Haus Brentano beisammen, da wurden unter andern gymnastischen Geistesübungen auch Rätsel aufgegeben, da waren sehr geschickte Einfälle, und wie die Reihe an mich kam, da wußt' ich nichts. Wie ich in der Verlegenheit mich umsah und kein Gesicht, das mir einen befreundeten, verständlichen Ausdruck hatte, da erfand ich dies Rätsel: „Warum die Menschen keine Geister sehen?" – Keiner konnte es raten, ich sagte: „Weil sie sich vor Gespenster fürchten." – „Wer? – Die Menschen?" „Nein, die Geister." – Ja, so grausamlich kamen mir diese Gesichter vor und so fremd und unverständlich, aus denen nichts zu mir sprach wie aus Deinen geliebten Zügen, vor denen sich die Geister gewiß nicht fürchten; nein, es ist Deine Schönheit, daß die Geister mit Deinen Mienen spielen, und dies ist der unwiderstehliche Reiz für den Liebenden, daß der Geist ewig Dein Gesicht umströmt.

Sonntag, ganz allein im einsamen großen Haus, alles ist ausgefahren, geritten und gegangen, Deine Mutter ist vor dem Bockenheimer Tor im Garten, weil heute die Birnen geschüttelt werden von dem Baum, der bei Deiner Geburt gepflanzt wurde.

Bettine.

An Bettine.

Du bist ein feines Kind, ich lese Deine lieben Briefe mit innigem Vergnügen und werde sie gewiß immer wieder lesen mit demselben Genuß. Dein Malen des Erlebten samt aller innern Empfindung von Zärtlichkeit und dem, was Dir Dein witziger Dämon eingibt, sind wahre Originalskizzen, die auch neben den ernsteren Beschäftigungen ihr hohes Interesse nicht verleugnen, nimm es daher als eine herzliche Wahrheit auf, wenn ich Dir danke. Bewahre mir Dein Vertrauen und lasse es womöglich noch zunehmen. Du wirst mir immer sein und bleiben, was Du bist. Mit was kann man Dir auch vergelten als nur, daß man sich willig von allen Deinen guten Gaben bereichern läßt. Wieviel Du meiner Mutter bist, weißt Du selbst, ihre Briefe fließen in Lob und Liebe über. Fährst Du so fort, den flüchtigen Momenten guten

Glückes liebliche Denkmale der Erinnerung zu widmen: ich stehe Dir nicht dafür, daß ich mir's anmaßen könnte, solche geniale lebensvolle Entwürfe zur Ausführung zu benützen, wenn sie dann nur auch so warm und wahr ans Herz sprechen.

Die Trauben an meinem Fenster, die schon vor ihrer Blüte und nun ein zweites Mal Zeugen Deiner freundlichen Erscheinung waren, schwellen ihrer vollen Reife entgegen, ich werde sie nicht brechen, ohne Deiner dabei zu gedenken, *schreibe mir bald* und liebe mich.

G.

An Goethe.

Am 11. November.

Mit nächstem Postwagen wirst Du einen Pack Musik erhalten, beinah' alles vierstimmig, also für Dein Hausorchester eingerichtet. Ich hoffe, daß Du sie nicht schon besitzest; bis jetzt ist es alles, was ich in dieser Art habhaft werden konnte. Gefällt sie Dir, so schick' ich nach, was ich noch auftreiben kann; auf meine Wahl mußt Du Dich nicht dabei verlassen, ich richte mich nur nach dem Ruf dieser Werke und kenne das wenigste. Musik imponiert mir nicht, auch kann ich sie nicht beurteilen; ich verstehe den Eindruck nicht, den sie auf mich macht, ob sie mich rührt, ob sie mich begeistert; nur das weiß ich, daß ich keine Antwort darauf habe, wenn ich gefragt werde, ob sie mir gefalle. Da könnte einer sagen, ich habe keinen Verstand davon, – das muß ich zugeben, allein ich ahne in ihr das Unermeßliche. Wie in den andern Künsten das Geheimnis der Dreifaltigkeit sich offenbart, wo die Natur einen Leib annimmt, den der Geist durchdringt und der mit dem Göttlichen in Verbindung ist; so ist es in der Musik, als wenn die Natur sich hier nicht ins sinnlich Wahrnehmbare herabneige, sondern daß sie die Sinne reizt, daß sie sich mitempfinden ins Überirdische.

Wenn man von einem Satz in der Musik spricht und wie der durchgeführt ist, oder von der Begleitung eines Instruments und von dem Verstand, mit dem es behandelt ist, da meine ich grade das Gegenteil, nämlich, daß der Satz den Musiker durchführt, daß der Satz sich so oft aufstellt, sich entwickelt, sich konzentriert, bis der Geist sich ganz in ihn gefügt hat. Und *das* tut *wohl* in der Musik; ja alles, was den Erdenleib verleugnet, das tut wohl. Ich habe einen sehr ausgezeichneten Musiker zum Lehrer, wenn ich den frage, warum? – so hat er nie ein „Weil" zur Antwort, und er muß gestehen, alles in der Musik ist himmlisches Gesetz, und dies überzeugt mich noch mehr, daß in der Berührung zwischen dem Göttlichen und Menschlichen keine Erläuterung stattfinde. Ich habe hier eine freundliche Bekanntschaft mit einer sehr musikalischen Natur; wir sind oft zusammen in der Oper, da macht sie mich aufmerksam auf die einzelnen Teile, auf das Durchführen eines Satzes, auf das Einwirken der Instrumente; da bin ich denn ganz perplex, wenn ich solchen Bemerkungen nachgehe; das Element der Musik, in dem ich mich aufgenommen fühlte, stößt mich aus, und dafür erkenne ich ein gemachtes, dekoriertes, mit Geschmack behandeltes Thema. Ich bin nicht in einer Welt, die mich aus der Finsternis ins Licht geboren werden läßt, wie damals in Offenbach, wo ich in der

Großmutter Garten auf grünem Rasen lag und in den sonnigen blauen Himmel sah, während im Nachbarsgarten Onkel Bernhards Kapelle die ganze Luft durchströmte und ich nichts wußte, nichts wollte, als meine Sinne der Musik vertrauen. Damals hatte ich kein Urteil, ich hörte keine Melodien heraus, es war kein Schmachten, kein Begeistern für Musik, ich fühlte mich in ihr, wie der Fisch sich im Wasser fühlt. – Wenn ich gefragt würde, ob ich damals zugehört habe, so könnte ich's eigentlich nicht wissen, es war nicht Zuhören, es war Sein in der Musik; ich war viel zu tief versunken, als daß ich gehört hätte auf das, was ich vernahm.

Ich bin dumm, Freund, ich kann nicht sagen, was ich weiß. Gewiß, Du würdest mir Recht geben, wenn ich mich deutlich aussprechen könnte, und auf andre Weise wirst Du am wenigsten sie verstehen lernen. – Verstehen, wie der Philister verstehet, der seinen Verstand mit Konsequenz anwendet und es so weit bringt, daß man Talent nicht vom Genie unterscheidet. Talent überzeugt, aber Genie überzeugt nicht; dem, dem es sich mitteilt, gibt es die Ahnung vom Ungemessenen, Unendlichen, während Talent eine genaue Grenze absteckt und so, weil es begriffen ist, auch behauptet wird.

Das Unendliche im Endlichen, das Genie in jeder Kunst ist Musik. – In sich selbst aber ist sie die Seele, indem sie zärtlich rührt; indem sie aber sich dieser Rührung bemächtigt, da ist sie Geist, der seine eigne Seele wärmt, nährt, trägt, wiedergebärt; und darum vernehmen wir Musik, sonst würde das sinnliche Ohr sie nicht hören, sondern nur der Geist; und so ist jede Kunst der Leib der Musik, die die Seele jeder Kunst ist; und so ist Musik auch die Seele der Liebe, die auch in ihrem Wirken keine Rechenschaft gibt; denn sie ist das Berühren des Göttlichen mit dem Menschlichen, und auf jeden Fall ist das Göttliche die Leidenschaft, die das Menschliche verzehrt. Liebe spricht nichts für sich aus, als daß sie in Harmonie versunken ist; Liebe ist flüssig, sie verfliegt in ihrem eignen Element; Harmonie ist ihr Element.

***

Am 17. November.

Lieber Goethe, halte meine wunderlichen Gedanken dem wunderlichen Platz zu gut, wo ich mich befinde; ich bin in der Karmeliterkirche, in einem verborgnen Winkel hinter einem großen Pfeiler; da geh' ich alle Tage her in der Mittagsstunde, da scheint die Herbstsonne durchs Kirchenfenster und malt den Schatten der Weinblätter hier auf die Erde und an die weiße Wand, da seh' ich, wie der Wind die bewegt, und wie eins nach dem andern abfällt; hier ist tiefe Einsamkeit, und die Menschen, die ich hier zur ungewöhnlichen Stunde treffe, die sind gewiß da, um an ihre Toten zu denken, die hier begraben sein mögen. Hier am Eingang ist die Gruft, wo Vater und Mutter begraben liegen und sieben Geschwister; da steht ein Sarg über dem andern. Ich weiß nicht, was mich in diese große düstre Kirche lockt; für die Toten beten? – Soll ich sagen: „Lieber Gott im Himmel, heb doch diese Verstorbenen zu dir in den Himmel?" – Die Liebe ist ein flüssig Element, sie löst Seele und Geist in sich auf, und das ist Seligkeit. – Wenn ich hier in die Kirche gehe, an der Gruft vorbei, die meine Eltern und Geschwister deckt, da falte ich die Hände, und das ist mein ganzes Gebet.

Der Vater hat mich zärtlich geliebt, ich hatte eine große Gewalt über ihn; oft schickte mich die Mutter mit einer schriftlichen Bitte an ihn und sagte: „Laß den Vater nicht los, bis er ja sagt", – da hing ich mich an seinen Hals und umklammerte ihn, da sagte er: „Du bist mein liebstes Kind, ich kann nicht versagen."

Der Mutter erinnere ich mich auch noch, ihrer großen Schönheit; sie war so fein und doch so erhaben und glich nicht den gewöhnlichen Gesichtern; Du sagtest von ihr, sie sei für die Engel geschaffen, die sollten mit ihr spielen. Deine Mutter hat mir erzählt, wie Du sie zum letztenmal gesehen, daß Du die Hände zusammenschlugst über ihre Schönheit, das war ein Jahr vor ihrem Tod; da lag der General Brentano in unserm Haus an schweren Wunden; die Mutter pflegte ihn, und er hatte sie so lieb, daß sie ihn nicht verlassen durfte. Sie spielte Schach mit ihm, er sagte: „Matt!" Und sank zurück ins Bett; sie ließ mich holen, weil er nach den Kindern verlangt hatte – ich trat mit ihr ans Bett, – da lag er blaß und still; die Mutter rief ihn: „Mein General!" Da öffnete er die Augen, reichte ihr lächelnd die Hand und sagte: „Meine Königin!" – Und so war er gestorben.

Ich seh' die Mutter noch wie im Traum, daß sie vor dem Bett steht, die Hand dieses erblaßten Helden festhält und ihre Tränen leise aus den großen schwarzen Augen über ihr stilles Antlitz rollen. Damals hast Du sie zum letztenmal gesehen, und Du sagtest voraus, daß Du sie nicht wiedersehen würdest. Deine Mutter hat mir's erzählt, wie Du tief bewegt über sie warst. Wie ich Dich zum erstenmal sah, da sagtest Du: „Du gleichst deinem Vater, aber der Mutter gleichst du auch", und dabei hast Du mich ans Herz gedrückt und warst tief gerührt, das war doch lange Jahre nachher. Adieu.

Bettine.

Von den Juden und den neuen Gesetzen ihrer Städtigkeit hat Dir die Mutter schon Meldung getan; alle Juden schreiben seitdem; der Primas hat viel Vergnügen an ihrem Witz. – Alle Christen schreiben über Erziehung; es kommt beinah' alle Wochen ein neuer Plan von einem neuverheirateten Erzieher heraus. Mich interessieren die neuen Schulen nicht so sehr als das Judeninstitut, in das ich oft gehe.

An Bettine.

Weimar, den 2. Januar 1818.

Sie haben, liebe kleine Freundin, die sehr grandiose Manier, uns Ihre Gaben recht in Masse zu senden. So hat mich Ihr letztes Paket gewissermaßen erschreckt, denn wenn ich nicht recht haushälterisch mit dem Inhalt umgehe, so erwürgt meine kleine Hauskapelle eher daran, als daß sie Vorteil davon ziehen sollte. Sie sehen also, meine Beste, wie man sich durch Großmut selbst dem Vorwurf aussetzen könne; lassen Sie sich aber nicht irre machen. Zunächst soll Ihre Gesundheit von der ganzen Gesellschaft recht ernstlich getrunken und darauf das Confirma hoc Deus von Jomelli angestimmt werden, so herzlich und wohlgemeint, als nur jemals ein salvum fac Regem.

Und nun gleich wieder eine Bitte, damit wir nicht aus der Übung kommen. Senden Sie mir die jüdischen Broschüren. Ich möchte doch sehen, wie sich die modernen Israeliten gegen die neue Städtigkeit gebärden, in der man sie freilich als wahre Juden und ehemalige kaiserliche Kammerknechte traktiert. Mögen Sie etwas von den christlichen Erziehungsplänen beilegen, so soll auch das unsern Dank vermehren. Ich sage nicht, wie es bei solchen Gelegenheiten gewöhnlich ist, daß ich zu allen gefälligen Gegendiensten bereit sei, doch wenn etwas bei uns einmal reif wird, was Sie freuen könnte, so soll es auch zu Ihnen gelangen.

Liebstes Kind, verzeih, daß ich mit fremder Hand schreiben mußte. Über Dein musikalisches Evangelium und über alles, was Du mir Liebes und Schönes schreibst, hätte ich Dir so heute nichts sagen können, aber laß Dich nicht stören in Deinem Eigensinn und in Deinen Launen, es ist mir viel wert, Dich zu haben, wie Du bist, und in meinem Herzen findest Du immer eine warme Aufnahme. Du bist ein wunderliches Kind, und bei Deiner Ansiedlung in Kirchen könntest Du leicht zu einer wunderlichen Heiligen werden, ich gebe Dir's zu bedenken.

Goethe

An Goethe.

Wer draußen auf der Taunusspitze wär' und die Gegend und ganze liebe Natur von Schönheit zu Schönheit steigen und sinken sähe abends und morgens, während sein Herz so mit Dir beschäftigt wär' wie meins, der würde freilich auch besser sagen können, was er zu sagen hat. Ich möchte so gern vertraulich mit Dir sprechen, und Du verlangst ja auch, ich soll Eigensinn und Laune Dir preisgeben.

Du kennst mein Herz, Du weißt, daß alles Sehnsucht ist, Wille, Gedanke und Ahnung; Du wohnst unter Geistern, sie geben Dir göttliche Wahrheit. Du mußt mich ernähren, Du gibst alles zum Voraus, was ich nicht zu fordern verstehe. Mein Geist hat einen kleinen Umfang, meine Liebe einen großen, Du mußt sie ins Gleichgewicht bringen. Die Liebe kann nicht ruhig werden, als wenn der Geist ihr gewachsen ist; Du bist meiner Liebe gewachsen; Du bist mild, freundlich, nachsichtig; lasse mich's fühlen, wenn mein Herz sich nicht im Takt wiegt, ich versteh' Deine leisen Winke.

Ein Blick von Deinen Augen in die meinen, ein Kuß von Dir auf meinen Mund belehrt mich über alles; was könnte dem auch wohl noch erfreulich scheinen zu lernen, der wie ich, hiervon Erfahrung hat. Ich bin entfernt von Dir, die Meinen sind mir fremd geworden, da muß ich immer in Gedanken auf jene Stunde zurückkehren, wo Du mich in den sanften Schlingen Deiner Arme hieltest, da fang' ich an zu weinen; aber die Tränen trocknen mir unversehens wieder: er liebt ja herüber in diese verborgene Stille, denke ich, und sollte ich mit meinem ewigen ungestörten Sehnen nach ihm nicht in die Ferne reichen? Ach, vernimm es doch, was Dir mein Herz zu sagen hat, es fließt über von leisen Seufzern, alle flüstern Dir zu: mein einzig Glück auf Erden sei Dein freundlicher Wille zu mir. O, lieber Freund, gib mir doch ein Zeichen, Du seist meiner gewärtig. Du schreibst, daß Du meine Gesundheit trinken willst, ach, ich gönne sie Dir, lasse keinen Tropfen übrig, möchte ich mich selber doch so in Dich ergießen und Dir wohl bekommen.

Deine Mutter erzählte mir, wie Du kurz, nachdem Du den „Werther" geschrieben, im Schauspiel gesessen und wie Dir da anonym ein Billet sei in die Hand gedrückt worden, darin geschrieben war: „Ils ne te comprendront point, Jean Jacques." Sie behauptet, ich aber könne immer zu jedem sagen: „Tu ne me comprendras point, Jean Jacques", denn welcher Hans Jacob wird Dich nicht mißverstehen oder Dich gelten lassen? – Sie sagt aber, Du, Goethe, verstündest mich, und ich gelte alles bei Dir.

Die Erziehungsplane und Judenbroschüren werd' ich mit nächstem Posttag senden. Obschon Du nicht zu allen gefälligen Gegendiensten bereit bist, aber doch mir schicken willst, was reif ist; so denke doch, daß meine Liebe zu Dir brennende Strahlen zusendet, um jede Regung für mich zu süßer Reife zu bringen.

Bettine.

An Goethe.

Was soll ich Dir denn schreiben, da ich traurig bin und nichts neues Freundliches zu sagen weiß? Lieber möcht' ich Dir gleich das weiße Blatt schicken, statt daß ich's erst mit Buchstaben beschreibe, die doch immer nicht sagen, was ich will, Du fülltest es zu Deinem Zeitvertreib aus, machtest mich überglücklich und schicktest es an mich zurück, wenn ich denn den blauen Umschlag sehe und riss' ihn auf: neugierig eilig, wie die Sehnsucht immer der Seligkeit gewärtig ist, und ich lese nun, was mich aus Deinem Mund einst entzückte: *Lieb Kind, mein artig Herz, mein einzig Liebchen, klein Mäuschen*, die süßen Worte, mit denen Du mich verwöhntest, so freundlich mich beschwichtigend; – ach! mehr wollt' ich nicht, alles hätt' ich wieder, sogar Dein Lispeln würde ich mitlesen, mit dem Du mir leise das Lieblichste in die Seele ergossen und mich auf ewig vor mir selbst verherrlicht hast. – Da ich noch an Deinem Arm durch die Straßen ging, ach, wie eine geraume Zeit dünkt mir's, da war ich zufrieden, alle Wünsche waren schlafen gegangen, hatten wie die Berge Gestalt und Farbe in Nebel eingehüllt; ich dachte, so ging' es, und weiter, ohne große Mühseligkeit vom Land in die hohe See, kühn und stolz, mit gelösten Flaggen und frischem Wind. – Aber, Goethe, feurige Jugend will die Sitten der heißen Jahreszeit, wenn die Abendschatten sich übers Land ziehen, dann sollen die Nachtigallen nicht schweigen: singen soll alles oder sich freudig aussprechen; die Welt soll ein üppiger Fruchtkranz sein, alles soll sich drängen im Genuß, und aller Genuß soll sich mächtig ausbreiten, er soll sich ergießen wie gärender Most, der brausend arbeitet, bis er zur Ruhe kommt, untergehen sollen wir in ihm wie die Sonne unter die Meereswellen, aber auch wiederkommen wie sie. So ist Dir's geworden, Goethe, keiner weiß, wie Du mit Gott vertraut warst, und was für Reichtum Du von ihm erlangt hast, wenn Du untergegangen wärst im Genuß.

Das seh' ich gerne, wenn die Sonne untergeht, wenn die Erde ihre Glut in sich saugt und ihr die feurigen Flügel leise zusammenfaltet und die Nacht durch gefangen hält, da wird es still auf der Welt, die Sehnsucht steigt so heimlich aus den Finsternissen empor; ihr leuchten die Sterne so unerreichbar überm Haupt, so unerreichbar, Goethe!

Wenn man selig sein soll, da wird man so zaghaft, das Herz scheidet zitternd vom Glück, noch ehe es den Willkommen gewagt; – auch ich fühl's, daß ich meinem Glück nicht gewachsen bin. Welche Allbefähigung, um Dich zu fassen! – Liebe muß eine Meisterschaft erwerben, das Geliebte besitzen wollen; wie es der gemeine Menschenverstand nimmt, ist nicht der ewigen Liebe würdig und scheitert jeden Augenblick am kleinsten Ereignis. – Das ist meine erste Aufgabe, daß ich mich Dir aneigne, nicht aber Dich besitzen wolle, Du Allbegehrlichster!

Ich bin doch noch so jung, daß es sich leicht entschuldigen läßt, wenn ich unwissend bin. Ach, für Wissenschaft hab' ich keinen Boden, ich fühl's, ich kann's nicht lernen, was ich nicht weiß, ich muß es erwarten, wie der Prophet in der Wüste die Raben erwartet, daß sie ihm Speise bringen. Der Vergleich ist so uneben nicht: durch die Lüfte wird meinem Geist Nahrung zugetragen, – oft grade, wenn er im Verschmachten ist.

Seitdem ich Dich liebe, schwebt ein Unerreichbares mir im Geist; ein Geheimnis, das mich nährt. Wie vom Baum die reifen Früchte fallen, so fallen hier mir Gedanken zu, die mich erquicken und reizen. O, Goethe, hätte der Springquell eine Seele, er könnte sich nicht erwartungsvoller ans Licht drängen, um wieder emporzusteigen, als ich mit ahnender Gewißheit mich diesem neuen Leben entgegendränge, das mir durch Dich gegeben ist, und das mir zu erkennen gibt, daß ein höherer Lebenstrieb den Kerker sprengen will, der nicht schont der Ruhe und Gemächlichkeit gewohnter Tage, die er in brausender Begeisterung zertrümmert. Diesem erhabenen Geschick entgeht der liebende Geist nicht, so wenig der Same der Blüte entgeht, wenn er einmal in frischer Erde liegt. So fühl' ich mich in Dir, Du fruchtbarer gesegneter Boden! Ich kann sagen, wie das ist, wenn der Keim die harte Rinde sprengt – es ist schmerzlich; die lächelnden Frühlingskinder sind unter Tränen erzeugt.

O Goethe, was geht mit dem Menschen vor? Was erfährt er, was erlebt er in dem innersten Flammenkelch seines Herzens? – Ich wollte Dir meine Fehler gern bekennen, allein die Liebe macht mich ganz zum idealischen Menschen. Viel hast Du für mich getan, noch eh' Du von mir wußtest, über vieles, was ich begehrte und nicht erlangte, hast Du mich hinweggehoben.

Bettine.

An Goethe.

Am 5. März.

Hier in Frankfurt ist es naß, kalt, verrucht, abscheulich; kein guter Christ bleibt gerne hier; – wenn die Mutter nicht wär', der Winter wär' unerträglich, so ganz ohne Hältnis – nur ewig schmelzender Schnee! – Ich habe jetzt einen Nebenbuhler bei ihr, ein Eichhörnchen, was ein schöner französischer Soldat als Einquartierung hier ließ, von dem läßt sie sich alles gefallen, sie nennt es Hänschen, und Hänschen darf Tische und Stühle zernagen, ja, es hat selbst schon gewagt, sich auf ihre Staatshaube zu setzen und dort die Blumen und Federn anzubeißen. Vor ein paar Tagen ging ich abends noch hin, die Jungfer ließ mich ein mit dem Bedeuten, sie sei noch nicht zu Hause, müsse aber gleich kommen. Im Zimmer war's dunkel, ich setzte mich ans Fenster und sah hinaus auf den Platz. Da war's, als wenn was knisterte – ich lauschte und glaubte atmen zu hören – mir ward unheimlich, ich hörte wieder etwas sich bewegen und fragte, weil ich's gern aufs Eichhörnchen geschoben hätte: „Hänschen, bist du es?“ Sehr unerwartet und für meinen Mut sehr niederschlagend antwortete eine sonore Baßstimme aus dem Hintergrund: „Hänschen ist's nicht, es ist Hans“, und dabei räuspert sich der ubique malus Spiritus. Voll Ehrfurcht wag' ich mich nicht aus der Stelle, der Geist läßt sich auch nur noch durch Atmen und einmaliges Niesen vernehmen; – da hör' ich die Mutter, sie schreitet voran, die kaum angebrannte, noch nicht volleuchtende Kerze hintendrein, von Jungfer Lieschen getragen. „Bist du da?“fragte die Mutter, indem sie ihre Haube abnimmt, um sie auf ihren nächtlichen Stammhalter, eine grüne Bouteille, zu hängen. „Ja“, rufen wir beide, und aus dem Dunkel tritt ein besternter Mann hervor und fragt: „Frau Rat, werd' ich heut' abend mit Ihnen einen Specksalat mit Eierkuchen essen?“ Daraus schloß ich denn ganz richtig, daß Hans ein Prinz von Mecklenburg sei; denn wer hätte die schöne Geschichte nicht von Deiner Mutter gehört, wie auf der Kaiserkrönung die jetzige Königin von Preußen, damals als junges Prinzessinnenkind und ihr Bruder der Frau Rat zusahen, wie sie ein solches Gericht zu speisen im Begriff war, und daß dies ihren Appetit so reizte, daß sie es beide verzehrten, ohne ein Blatt zu lassen. Auch diesmal wurde die Geschichte mit vielem Genuß vorgetragen und noch manche andre, z. B. wie sie den Prinzessinnen den Genuß verschaffte, sich im Hof am Brunnen recht satt Wasser zu pumpen und die Hofmeisterin durch alle möglichen Argumente abhält, die Prinzessinnen abzurufen, und endlich, da diese nicht darauf Rücksicht nimmt, Gewalt braucht und sie im Zimmer einschließt. „Denn“, sagte die Mutter, „ich hätte mir eher den ärgsten Verdruß über den Hals kommen lassen, als daß man sie in den unschuldigen Vergnügungen gestört hätte, das ihnen nirgendwo gegönnt war als in meinem Hause; auch haben sie mir's beim Abschied gesagt, daß sie nie vergessen würden, wie glücklich und vergnügt sie bei mir waren.“ – So könnte ich Dir noch ein Paar Bogen voll schreiben von allen Rückerinnerungen!

Adieu, lieber Herr! – Die Frau grüß' ich, Riemers Sonett kracht wie neue Sohlen; er soll meiner Geschäfte gewärtig sein und seinen Diensteifer nicht umsonst gehabt haben.

Gelt, ich mach's grade wie Dein Liebchen, schreibe, kritzele, mach' Tintenkleckse und Orthographiefehler und denk', es schadet nichts, weil er weiß, daß ich ihn liebe, und der Brief, den Du mir geschrieben, war doch so artig und zierlich abgefaßt, das Papier mit goldnem Schnitt! – Aber, Goethe, erst ganz zuletzt denkst Du an mich! Erlaub', daß ich so frei bin, Dir einen Verweis zu geben für diesen Brief, fasse alles kurz ab, was Du verlangst, und schreib's mit eigner Hand, ich weiß nicht, warum Du einen Sekretär anstellst, um das Überflüssige zu melden, ich kann's nicht vertragen, es beleidigt mich, es macht mich krank; im Anfang glaubt' ich, der Brief sei gar nicht an mich, nun trag' ich doch gern solch einen Brief auf dem Herzen, solange bis der neue kommt – wie kann ich aber mit einer solchen fremden Sekretärhand verfahren? Nein, diesmal hab' ich Dich in meinem Zorn verdammt, daß Du gleich mit dem Sekretär in die alte Schublade eingeklemmt wurdest, und der Mutter hab' ich gar nicht gesagt, daß Du geschrieben hattest, ich hätte mich geschämt, wenn ich ihr diesen Perückenstil hätte vortragen müssen. Adieu, schreibe mir das einzige, was Du zu sagen hast, und nicht mehr.

Bettine.

An Goethe.

Am 15. März.

Nun sind's beinahe sechs Wochen, daß ich auch nur ein Wort von Dir gehört habe, weder durch die Frau Mutter, noch durch irgendeine andre Gelegenheit. Ich glaube nicht, daß, wie viele andere sind, Du auch bist und Dir durch Geschäfte und andere Wichtigkeiten den Weg zum Herzen versperrst; aber ich muß fürchten, daß meine Briefe Dir zu häufig kommen, und muß mich zurückhalten, was mich doch selig machen könnte, wenn es nicht so wär' und ich glauben dürfte, daß meine Liebe, die so anspruchslos ist, daß sie selbst Deinen Ruhm vergißt und zu Dir wie zu einem Zwillingsbruder spricht, Dich erfreut. Wie ein Löwe möcht' ich für Dich fechten, möcht' alles verderben und in die Flucht jagen, was nicht wert ist, Dich zu berühren; muß um deinetwillen die ganze Welt verachten, muß ihr um deinetwillen Gnade widerfahren lassen, weil Du sie verherrlichst, und weiß nichts von Dir! Sag' nur, ob Du's zufrieden bist, daß ich Dir schreibe? – Sag' nur: *"Ja, du darfst!"* Wenn ich nun in etlichen Wochen, denn da haben wir schon Frühling hier, ins Rheingau gehe, dann schreib' ich Dir von jedem Berg aus; bin Dir so immer viel näher, wenn ich außer den Stadtmauern bin, da glaub' ich manchmal, mit jedem Atemzug Dich zu fühlen, wie Du im Herzen regierst, wenn es recht schön ist draußen, wenn die Luft schmeichelt, ja, wenn die Natur gut und freundlich ist wie Du, da fühl' ich Dich so deutlich. – Aber was soll ich mit Dir? – Du selbst hast mir nichts zu sagen; in dem Brief, den Du mir schriebst, den ich zwar so lieb habe wie meinen Augapfel, da nennst Du mich nicht einmal, wie Du gewohnt warst, grad' als ob ich Deiner Vertraulichkeiten nicht wert wäre. Ach, es geht ja von Mund zu Herzen bei mir! Ich würde nichts von Schatz und Herz und Kuß veräußern, und wenn ich auch am Hungertuch nagen müßte. In der Karmeliterkirche hab' ich im Herbst allerlei geschrieben, Erinnerungen aus der Kindheit sie fielen mir immer ein, wenn ich dahin kam, und doch war ich bloß hingekommen, um ungestört an Dich zu denken! Jede Lebenszeit geht mir in Dir auf, ich denke mir die Kinderjahre, als ob ich sie mit Dir verspiele, und wachs' empor und wähne mich geborgen in Deinem Schutz und fühle stolz mich in Deinem Vertrauen, und da regte sich's im Herzen vor heißer Liebe, da such' ich Dich, wie soll ich Ruhe finden? – An Deiner Brust nur, umschränkt von Deinen Armen. – Und wärst *Du* es nicht, so wär' ich bei Dir; aber so muß ich mich fürchten vor aller Augen, die sind auf Dich gerichtet, ach, und vor dem stechenden Blick, der unter Deinem Kranz hervorleuchtet!

Außer Dir erscheinen mir alle Menschen wie einer und derselbe, ich unterscheide sie nicht, ich begehr' nicht nach dem ungeheuren allseitigen Meer der Ereignisse. Der Lebensstrom trägt Dich, Du mich, in Deinen Armen durchschiff' ich ihn, Du trägst mich bis zum Ende, nicht wahr? – Und wenn es auch noch tausendfache Existenzen gibt, ich kann mich nicht hinüberschwingen, bei Dir bin ich zu Hause, so sei doch auch zu Hause mit mir, oder weißt Du etwas Besseres als mich und Dich im magischen Kreis des Lebens?

Unlängst hatten wir ein kleines Fest im Hause wegen Savignys Geburtstag. Deine Mutter kam mittags um zwölf und blieb bis nachts um ein Uhr, sie befand sich auch den andern Tag ganz wohl darauf. Bei der Tafel war große Musik von Blaseinstrumenten, auch wurden Verse zu Savignys Lob gesungen, wo sie so tapfer einstimmte, daß man sie durch den ganzen Chor durchhörte. Da wir nun auch Deine und ihre Gesundheit tranken, wobei Trompeten und Pauken schmetterten, so ward sie feierlich vergnügt. Nach Tische erzählte sie der Gesellschaft ein Märchen, alles hatte sich in feierlicher Stille um sie versammelt. Im Anfang holte sie weit aus, das große Auditorium mochte ihr doch ein wenig bange machen; bald aber tanzten alle rollefähigen Personen in der grotesken Weise aus ihrem großen Gedächtniskasten auf das phantastischste geschmückt, es wurden noch allerlei kleine Szenen aufgeführt, dann trat eine junge spanische Tänzerin auf, die mit Kastagnetten sehr schön tanzte. Dieses graziöse Kind gibt hier beim Theater Vorstellungen, ich hab' Dir von ihr noch nicht gesagt, daß sie mich seit Wochen in einem stillen Enthusiasmus erhält, und daß ich oft denke, ob denn Gott was anders will, als daß sich die Tugend in die reine Kunst verwandle, daß man nämlich nach den Gesetzen einer himmlischen Harmonie die Glieder des Geistes mit leichtem Enthusiasmus rege und so mit anmutigen Gebärden die Tugend ausdrücke, wie jene den Takt und den Sinn der Musik. Nach dem Souper tanzte man, ich saß etwas schläfrig an der Seite Deiner Mutter, sie hielt mich umhalst und hatte mich lieb wie den Joseph; ich hatte dazu auch einen roten Rock an. Man hat einstimmig beschlossen, es solle nie ein Familienfest gegeben werden ohne die Mutter, so sehr hat man ihren guten Einfluß empfunden; ich hab' mich gewundert, wie schnell sie die Herzen gewinnen kann, bloß weil sie mit Kraft genießt und dadurch die ganze Umgebung auch zur Freude bewegt.

Die Deinen grüße ich herzlich, ich habe nicht vergessen, was ich für Deine Frau versprach; nächstens wird alles fertig sein, nur die Frau von Sch. mußte ich schändlicherweise vergessen mit dem Tuch! Nun, was ist zu tun? Mein Minister, denk' ich, bekommt hier eine schöne Negotiation. Gelt, ich mißbrauch' Deine Geduld? – Guter! Bester! Dem mein Herz ewig dient.

Dein Sohn wird sein Bündel bald schnüren; – nur nicht zu fest! Denn ich will ihm bei der Durchreise noch einen Pack guter Lehren mitgeben, die er auch noch mit einschnüren muß. Mein Bruder George hat ein kleines Landhaus in Rödelheim gekauft, Du mußt es kennen, da Du selbst den Plan dazu gemacht und mit Basset, der jetzt in Amerika wohnt, den Bau besorgtest. Ich freu' mich gar sehr über seine schönen Verhältnisse, ich meine, Dein Charakter, Deine Gestalt und Deine Bewegungen spiegeln sich in ihnen. Wir fahren beinah' alle Tage hinaus, gestern stieg ich aufs Dach; die Sonne schien so warm, es war so hell, man konnte so recht die Berge im Schoß der Täler liegen sehen. O Jammer, daß ich nicht fliegen kann! Was nützt es all, daß ich Dich so lieb hab'? – Jung, kräftig und stolz bin ich in Dir; – Ich mag's nicht auslegen, die Welt schiebt doch alles Gefühl in ihr einmal gemachtes Register, Du bist über alles gut, daß Du meine Liebe duldest, in der ich überglücklich bin. Wie das Weltmeer ohne Ufer ist mein Gemüt, seine Wellen tragen, was schwimmen kann; Dich aber hab' ich mit Gewalt ins tiefste

Geheimnis meines Lebens gezogen und walle freudebrausend dahin über der Gewißheit Deines Besitzes.

Wenn ich mich sonst im Spiegel betrachtete und meine Augen sich selbst so feurig anschauten und ich fühlte, daß sie in diesem Augenblick hätten durchdringen müssen, und ich hatte niemand, dem ich einen Blick gegönnt hätte, da war mir's leid daß alle Jugend verloren ging, jetzt aber denk' ich an Dich.

Bettine.

An Goethe.

Am 30. März.

Kleine unvorgesehene Reisen in die nächsten Gegenden, um den Winter vor seinem Scheiden noch einmal in seiner Pracht zu bewundern, haben mich abgehalten, sogleich meines einzigen und liebsten Freundes in der ganzen Welt Wunsch zu befriedigen. Hierbei sende ich alles, was bis jetzt erschienen, außer ein Journal, welches die Juden unter dem Namen Sulamith herausgeben. Es ist sehr weitläufig; begehrst Du es, so send' ich's, da die Juden es mir als ihrem Protektor und kleinen Nothelfer verehren. Es enthält die verschiedensten Dinge, kreuz und quer; besonders zeichnen sich die Oden, die sie dem Fürstprimas widmen, darin aus; ein großes Gedicht, was sie ihm am Neujahrstag brachten, schickte er mir und schrieb: „Ich verstehe kein Hebräisch, sonst würde ich eine Danksagung schreiben, aber da für die kleine Freundin der Hebräer nichts zu verkehrt und undeutsch ist, so trage ich ihr auf, in meinem Namen ein Gegengedicht zu machen." – Der boshafte Primas! – Ich hab' ihn aber gestraft! Und gestern im Konzert sagte er mir: „Es ist gut, daß die Juden nicht ebensoviel Heldengeist als Handelsgeist haben, ich wär' am End' nicht sicher, daß sie mich in meinem taxischen Haus blockierten." –

Währenddem bin ich im Odenwald gewesen und bin auf des Götz altem Schloß herumgeklettert, ganz oben auf den Mauern, wo beinah' kein menschlicher Fuß mehr sich stützen kann; über Mauerspalten, die mich doch zuweilen schwindeln machten, als immer im Gedanken an Dich, an Deine Jugend, an Dein Leben bis jetzt, das wie ein lebendig Wasser fortbraust. Weißt Du? – Es tut so wohl, wenn einem das Herz so ganz ergriffen ist. Wie ich mich drehe und wende, so spiegelt sich mir im Gemüt, was ich im Hinterhalt habe, und was mir wie ein seliger Traum nachgeht, und das bist Du!

Dort war es wunderschön! Ein ungeheurer Turm, worauf ehemals die Wächter saßen, um die Frankenschiffe in dem kleinen Mildeberg zu verkünden mit Trompetenstoß. Tannen und Fichten wachsen oben, die beinah' halb über seine Höhe hervorragen.

Zum Teil waren die Weinberge noch mit Schnee bedeckt; ich saß auf einem abgebrochenen Fensterbalken und fror, und doch durchdrang mich heiße Liebe zu Dir, ich zitterte vor Angst hinunterzustürzen und kletterte doch noch höher, weil mir's einfiel, Dir zu lieb' wollt' ich's wagen. So machst Du mich oft kühn; es ist ein Glück, daß die wilden Wölfe aus dem Odenwalde nicht herbeikamen, ich hätte mich mit ihnen balgen müssen, hätte ich Deiner Ehre dabei gedacht; es scheint Unsinn, aber so ist's. – Die Mitternacht, die böse Stunde der Geister weckt mich; ich leg' mich im kalten

Winterwind ans Fenster; ganz Frankfurt ist tot, der Docht in den Straßenlaternen ist im Verglimmen, die alten rostigen Wetterfahnen greinen mir was vor, und da denk' ich: ist das die ewige Leier? – Und da fühl' ich, daß dies Leben ein Gefängnis ist, wo ein jeder nur eine kümmerliche Aussicht hat in die Freiheit: das ist die eigne Seele. – Siehst Du, da rast es in mir; ich möchte hinauf über die alten spitzen Giebeldächer, die mir den Himmel abschneiden; ich verlasse das Zimmer, eile über die weiten Gänge unseres Hauses, suche mir einen Weg über die alten Böden, und hinter dem Sparrwerk ahne ich Gespenster, aber ich achte ihrer nicht; da suche ich die Treppe zum kleinen Türmchen, wenn ich endlich oben bin, da seh' ich aus der Turmluke den weiten Himmel und friere gar nicht; da ist mir's, als müsse ich die gesammelten Tränen abladen, und dann bin ich am andern Tag so heiter und so neugeboren, ich suche mit List nach einem Scherz, den ich ausführen möchte; und kannst Du mir glauben? Das alles bist Du.

Bettine.

Die Mutter kommt oft zu uns, wir machen ihr Maskeraden und alle mögliche Ergötzlichkeit; sie hat unsere ganze Familie in ihren Schutz genommen, ist frisch und gesund.

An Bettine.

Die Dokumente philanthropischer Christen- und Judenschaft sind glücklich angekommen, und Dir soll dafür, liebe kleine Freundin, der beste Dank werden. Es ist recht wunderlich, daß man eben zur Zeit, da so viele Menschen totgeschlagen werden, die übrigen aufs beste und zierlichste auszuputzen sucht. Fahre fort, mir von diesen heilsamen Anstalten, als Beschützerin derselben, von Zeit zu Zeit Nachricht zu geben. Dem braunschweigischen Judenheiland ziemt es wohl, sein Volk anzusehen, wie es sein und werden sollte; dem Fürsten Primas ist aber auch nicht zu verdenken, daß er dies Geschlecht behandelt wie es ist, und wie es noch eine Weile bleiben wird. Mache mir doch eine Schilderung von Herrn Molitor. Wenn der Mann so vernünftig wirkt, als er schreibt, so muß er viel Gutes erschaffen. Deinem eignen philanthropischen Erziehungswesen aber wird Überbringer dieses, der schwarzäugige und braunlockige Jüngling, empfohlen. Lasse seine väterliche Stadt auch ihm zur Vaterstadt werden, so daß er glaube, sich mitten und den Seinen zu befinden. Stelle ihn Deinen lieben Geschwistern und Verwandten vor und gedenke mein, wenn Du ihn freundlich aufnimmst. Deine Berg-, Burg-, Kletter- und Schaurelationen versetzen mich in eine schöne heitere Gegend, und ich stehe nicht davor, daß Du nicht gelegentlich davon eine phantastische Abspiegelung in einer Fata Morgana zu sehen kriegst. Da nun von August Abschied genommen ist, so richte ich mich ein, von Haus und der hiesigen Gegend gleichfalls Abschied zu nehmen und baldmöglichst nach dem Karlsbader Gebirge zu wandeln. Heute um die elfte Stunde wird „confirma hoc Deus“ gesungen, welches schon sehr gut geht und großen Beifall erhält.

Weimar, den 3. April 1808. G.

An Goethe.

Wir haben einen naßkalten April, ich merk's an Deinem Brief – der ist wie ein allgemeiner Landregen; der ganze Himmel überzogen von Anfang bis ans Ende; Du besitzest zwar die Kunst, in kleinen Formenzügen und Linien Dein Gefühl ahnen zu lassen, und in dem, was Du unausgesprochen läßt, stiehlt sich die Versicherung ins Herz, daß man Dir nicht gleichgültig ist; ja, ich glaub's, daß ich Dir lieb bin, trotz Deinem kalten Brief; aber wenn Deine schöne Mäßigung plötzlich zum Teufel ging' und Du bliebst ohne Kunst und ohne feines Taktgefühl, so ganz wie Dich Gott geschaffen hat in Deinem Herzen, ich würde mich nicht vor Dir fürchten, wie jetzt, wenn ein so kühler Brief ankommt, wo ich mich besinnen muß, was ich denn getan habe.

Heute schreibe ich aber doch mit Zuversicht, weil ich Dir erzählen kann, wie Dein einziger Sohn sich hier wohl und lustig befindet; er gibt mir alle Abend im Theater ein Rendezvous in unserer Loge; frühmorgens spaziert er schon auf den Stadttürmen herum, um die Gegend seiner väterlichen Stadt recht zu beschauen; ein paarmal hab' ich ihn hinausgefahren, um ihm die Gemüsgärtnerei zu zeigen, da grade jetzt die ersten und wunderbarlichen Vorbereitungen dazu geschehen, wo jeder Staude ihr Standort mit der Richtschnur abgemessen wird, und wo diese fleißigen Gärtner mit so großer Sorgfalt jedem Pflänzchen seinen Lebensunterhalt anweisen; auch ans Stallburgsbrünnchen hab' ich ihn geführt, auf die Pfingstwiese, auf den Schneidewall; dann hinter die schlimme Mauer, wo in der Jugend Dein Spielplatz war; dann zum Mainzer Törchen hinaus; auch in Offenbach war er mit mir und der Mutter und sind gegen Abend bei Mondschein zu Wasser wieder in die Stadt gefahren; da hat unterwegs die Mutter recht losgelegt von all Deinen Geschichten und Lustpartien; und da legte ich mich am Abend zu Bett mit trunkner Einbildung, was mir einen Traum eintrug, von dem die Erinnerung mir eine Zeitlang Nahrung sein wird. Es war, als lief' ich in Weimar durch den Park, in dem ein starker Regen fiel; es war grade alles im ersten Grün, die Sonne schien durch den Regen. Als ich an Deine Tür kam, hört' ich Dich schon von weitem sprechen; ich rief – du hörtest nicht – da sah ich Dich auf derselben Bank sitzen, hinter welcher im vorigen Jahr die schöne breite Malve noch spät gewachsen war – gegenüber lag auch die Katze wie damals, und als ich zu Dir kam, sagtest Du auch wieder: „Setze Dich nur dort üben zur Katze, wegen Deinen Augen, die mag ich nicht so nah.“ – Hier wachte ich auf, aber weil mir der Traum so lieb war, konnt' ich ihn nicht aufgeben; ich träumte fort, trieb allerlei Spiel mit Dir und bedachte dabei Deine Güte, die solche Zutraulichkeit erlaubt. – Du! der einen Kreis des Lebendigen umfasset, in dem wir alle Dein Vertrauen in so mächtigen Zügen schon eingezogen haben. Ich fürchte mich manchmal, die Liebe, die rasch in meinem Herzen aufsteigt, wenn auch nur in Gedanken vor Dir auszusprechen; aber so ein Traum stürzt wie ein angeschwollner Strom über den Damm. Es mag sich einer schwer entschließen, eine Reise nach der Sonne zu tun, weil ihn die Erfahrung, daß man da nicht ankommt, davon abhält; – mir gilt in solchen Augenblicken die Erfahrung nichts, und so scheint mir denn, Dein Herz zu erreichen in seinem vollen Glanze, nichts Unmögliches.

Molitor war gestern bei mir; ich las ihm die Worte über ihn aus Deinem Briefe vor, sie haben ihn sehr ergötzt; dieser Edle ist der Meinung, daß, da er einen Leib für die Juden zu opfern habe und einen Geist ihnen zu widmen, beide auch recht nützlich anzuwenden; es geht ihm übrigens nicht sehr wohl, außer in seinem Vertrauen auf Gott, bei welchem er jedoch fest glaubt, daß die Welt nur durch Schwarzkunst wieder ins Gleichgewicht zu bringen ist. Er hat groß Vertrauen auf mich und glaubt, daß ich mit der Divinationskraft begabt bin; brav ist er und will ernstlich das Gute; bekümmert sich deswegen nicht um die Welt und um sein eigen Fortkommen; ist mit einem Stuhl, einem Bett und mit fünf Büchern, die er im Vermögen hat, sehr wohl zufrieden.

Adieu, ich eile Toilette zu machen, um mit Deiner Mutter und Deinem Sohn zum Primas zu fahren, der heute ihnen zu Ehren ein großes Fest gibt; – da werd' ich denn wieder recht mit dem Schlaf zu kämpfen haben; diese vielen Lichter, die geputzten Leute, die geschminkten Wangen, das summende Geschwätz, haben eine narkotische unwiderstehliche Wirkung auf mich.

Bettine.

An Frau von Goethe.

Am 7. April.

Erinnern Sie sich noch des Abends, den wir bei Frau von Schopenhauer zubrachten und man eine Wettung machte, ich könne keine Nähnadel führen? – Ein Beweis, daß ich damals nicht gelogen habe, ist beikommendes Röcklein; ich hab' es so schön gemacht, daß mein Talent für weibliche Handarbeit ohne Ungerechtigkeit doch nicht mehr im Zweifel gezogen werden kann. Betrachten Sie es indessen mit Nachsicht; denn im stillen muß ich Ihnen bekennen, daß ich meinem Genie beinahe zuviel zugetraut habe. Wenn Sie nur immer darin erkennen, daß ich Ihnen gern so viel Freude machen möchte, als in meiner Gewalt steht. August scheint sich hier zu gefallen; das Fest, welches der Fürstprimas der Großmutter und dem Enkel gab, beweist recht, wie er den Sohn ehrt. Ich will indessen der Frau Rat nicht vorgreifen, die es Ihnen mit den schönsten Farben ausmalen wird. August schwärmt in der ganzen Umgegend umher; überall sind Jugendfreunde seines Vaters, die von den Höhen da und dort hindeuten und erzählen, welche glückliche Stunden sie mit ihm an so schönen Orten verlebten; und so geht es im Triumph von der Stadt aufs Land und von da wieder in die Stadt. – In Offenbach, dem zierlichsten und reinsten Städtchen von der Welt, das mit himmelblauseidenem Himmel unterlegt ist, mit silbernen Wellen garniert und mit blühenden Feldern von Hyazinthen und Tausendschönchen gestickt; da war des Erzählens der Erinnerungen an jene glücklichen Zeiten kein Ende. Beiliegende Granaten hab' ich aus Salzburg erhalten; tragen Sie dieselben zu meinem Andenken.

Bettine.

Einliegende Bücher für den Geheimen Rat.

An Bettine.

Weimar, den 20. April 1808.

Auch gestern wieder, liebes Herz, hat sich aus Deinem Füllhorn eine reichliche Gabe zu uns ergossen, grade zur rechten Zeit und Stunde, denn die Frauenzimmer waren in großer Überlegung, was zu einem angesagten Fest angezogen werden sollte. Nichts wollte recht passen, als eben das schöne Kleid ankam, das denn sogleich nicht geschont wurde.

Da unter allen Seligkeiten, deren sich meine Frau vielleicht rühmen möchte, die Schreibseligkeit die allergeringste ist: so verzeihe Du, wenn sie nicht selbst die Freude ausdrückt, die Du ihr gemacht hast. Wie leer es bei uns aussieht, fällt mir erst recht auf, wenn ich umherblicke und Dir doch auch einmal etwas Freundliches zuschicken möchte. Darüber will ich mir nun also weiter kein Gewissen machen und auch für die gedruckten Hefte danken, wie für manches, wovon ich noch jetzt nicht weiß, wie ich mich seiner würdig machen soll. Das wollen wir denn mit bescheidenem Schweigen übergehen und uns lieber abermals zu den Juden wenden, die jetzt in einem entscheidenden Moment zwischen Tür und Angel stecken und die Flügel schon sperren, noch ehe ihnen das Tor der Freiheit weit genug geöffnet ist. –

Es war mir sehr angenehm, zu sehen, daß man den finanzgeheimrätlichen, jakobinischen Israelssohn so tüchtig nach Hause geleuchtet hat. Kannst du mir den Verfasser der kleinen Schrift wohl nennen? Es sind treffliche einzelne Stellen drin, die in einem Plädoyer von Beaumarchais wohl hätten Platz finden können. Leider ist das Ganze nicht rasch, kühn und lustig genug geschrieben, wie es hätte sein müssen, um jenen Humanitätssalbader vor der ganzen Welt ein für allemal lächerlich zu machen. Nun bitte ich aber noch um die Judenstädtigkeit selbst, damit ich ja nicht zu bitten und zu verlangen aufhöre.

Was Du mir von Molitor zu sagen gedenkst, wird mir Freude machen; auch durch das letzte, was Du von ihm schickst, wird er mir merkwürdig, besonders durch das, was er von der Pestalozzischen Methode sagt.

Lebe recht wohl! Hab' tausend Dank für die gute Aufnahme des Sohns und bleibe dem Vater günstig.

G.

An Goethe.

Die Städtigkeits- und Schutzordnung der Judenschaft wird hierbei von einer edlen Erscheinung begleitet; nicht allein, um Dir eine Freude zu machen, sondern weil dies Bild mir lieb ist, hab' ich's von der Wand an meinem Bett genommen, an dem es seit drei Tagen hing und seine Schönheit dem Postwagen anvertraut; Du sollst nur sehen, was mich reizen kann. Häng' dies Bild vor Dich – schau' ihm in diese schönen Augen – in denen der Wahnsinn seiner Jugend schon überwunden liegt, dann fällt es Dir gewiß auf, was Sehnsucht erregt. – Dies Unwiederbringliche, was nicht lang das Tagslicht verträgt und schnell entschwindet, weil es zu herrlich ist für den Mißbrauch. – Diesem aber ist es nicht entschwunden, es ist ihm nur tiefer in die Seele gesunken; denn zwischen seinen Lippen haucht sich schon wieder aus, was sich im erhellten Aug' nicht mehr darf sehen lassen. – Wenn man das ganze Gesicht anblickt: – man hat's so lieb – man möcht' mit ihm gewesen sein, um alle Pein mit ihm zu dulden, um ihm alles zu vergüten durch tausendfache Liebe – und wenn man den breiten vollen Lorbeer erblickt, scheinen alle

Wünsche für ihn erfüllt. Sein ganzes Wesen – das Buch, was er an sich hält, macht ihn so lieb; hätt' ich damals gelebt, ich hätt' ihn nicht verlassen.

August ist weg; ich sang ihm vor: „Sind's nicht diese, sind's doch andre, die da weinen, wenn ich wandre, holder Schatz, gedenk' an mich." Und so wanderte er zu den Pforten unseres republikanischen Hauses hinaus; hab' ihn auch von Herzen umarmt, zur Erinnerung für mich an Dich; weil Du mich aber vergessen zu haben scheinst und mir nur immer von dem Volk schreibst, welches verflucht ist, und es Dir lieb ist, wenn Jacobson heimgeschickt wird, aber nicht, wenn ich heimlich mit Dir bin, so schreib' ich's zur Erinnerung für Dich an mich, die Dich trotz Deiner Kälte doch immer liebhaben muß – halt, weil sie muß.

Dem Primas hüte ich mich wohl, Deine Ansichten über die Juden mitzuteilen, denn einmal geb' ich Dir nicht recht und hab' auch meine Gründe; ich leugne auch nicht, die Juden sind ein heißhungriges, unbescheidenes Volk; wenn man ihnen den Finger reicht, so reißen sie einem bei der Hand an sich, daß man um und um purzeln möchte; das kommt eben daher, daß sie so lang in der Not gesteckt haben; ihre Gattung ist doch Menschenart, und diese soll doch einmal der Freiheit teilhaftig sein, zu Christen will man sie absolut machen, aber aus ihrem engen Fegfeuer der überfüllten Judengasse will man sie nicht herauslassen; das hat nicht wenig Überwindung der Vorurteile gekostet, bis die Christen sich entschlossen hatten, ihre Kinder mit den armen Judenkindern in *eine* Schule zu schicken, es war aber ein höchst genialer und glücklicher Gedanke von meinem Molitor, fürs erste Christen- und Judenkinder in eine Schule zu bringen; die können's denn miteinander versuchen und den Alten mit gutem Beispiel vorgehen. Die Juden sind wirklich voll Untugend, das läßt sich nicht leugnen; aber ich sehe gar nicht ein, was an den Christen zu verderben ist; und wenn denn doch alle Menschen Christen werden sollen, so lasse man sie ins himmlische Paradies, – da werden sie sich schon bekehren, wenn's ihnen gefällig ist. Siehst Du, die Liebe macht mich nicht blind, es wär' auch ein zu großer Nachteil für mich, denn mit sehenden Augen bin ich alles Schönen inne geworden. Adieu, kalter Mann, der immer über mich hinaus nach den Judenbroschüren reicht; ich bitte Dich, steck' das Bild an die Wand mit vier Nadeln, aber in Dein Zimmer, wo ich das einzige Mal drin war und hernach nicht mehr.

Bettine.

An Bettine.

Du zürnst auf mich, da muß ich denn gleich zu Kreuz kriechen und Dir recht geben, daß Du mir den Prozeß machst über meine kurzen kalten Briefe, da doch Deine lieben Briefe, Dein lieb Wesen, kurz alles, was von Dir ausgeht, mit der schönsten Anerkenntnis müßte belohnt werden. Ich bin Dir immer nah, das glaube fest, und daß es mir wohler tut, je länger ich Deiner Liebe gewiß werde. Gestern schickte ich meiner Mutter ein kleines Blättchen für Dich; nimm's als ein bares Äquivalent für das, was ich anders auszusprechen in mir kein Talent fühle, sehe zu, wie Du Dir's aneignen kannst. Leb' wohl, schreib mir bald, alles was Du willst.

Goethe.

Der durchreisende Passagier wird Dir hoffentlich wert geblieben sein bis ans Ende. Nehme meinen Dank für das Freundliche und Gute, was Du ihm erzeigt hast. – Wenn ich in Karlsbad zur Ruh' bin, so sollst Du von mir hören. Deine Briefe wandern mit mir; schreib mir ja recht viel von Deinen Reisen, Landpartien, alten und neuen Besitzungen; das lese ich nun so gern.

Weimar, den 4. Mai 1808.

Sonett, im Brief an Goethes Mutter eingelegt.

Als kleines art'ges Kind nach Feld und Auen
Sprangst du mit mir, so manchen Frühlingsmorgen.
„Für solch ein Töchterchen, mit holden Sorgen,
Möcht' ich als Vater segnend Häuser bauen!"

Und als du anfingst in die Welt zu schauen,
War deine Freude häusliches Besorgen.
„Solch eine Schwester! und ich wär' geborgen:
Wie könnt' ich ihr, ach! wie sie mir vertrauen!"

Nun kann den schönen Wachstum nichts beschränken;
Ich fühl' im Herzen heißes Liebestoben,
Umfass' ich sie, die Schmerzen zu beschwichtgen?

Doch ach! Nun muß ich dich als Fürstin denken:
Du stehst so schroff vor mir emporgehoben;
Ich beuge mich vor deinem Blick, dem flüchtgen.

An Goethe.

Ist es Dir eine Freude, mich in tiefer Verwirrung beschämt zu Deinen Füßen zu sehen, so sehe jetzt auf mich herab; so geht's der armen Schäfermaid, der der König die Krone aufsetzt, wenn ihr Herz auch stolz ist, ihn zu lieben, so ist die Krone doch zu schwer; ihr Köpfchen schwankt unter der Last, und noch obendrein ist sie trunken von der Ehre, von den Huldigungen, die der Geliebte ihr schenkt.

Ach, ich werde mich hüten, ferner zu klagen oder um schön Wetter zu beten, kann ich doch den blendenden Sonnenstrahl nicht vertragen. Nein, lieber im Dunkel seufzen, still verschwiegen, als von Deiner Muse ans helle Tageslicht geführt, beschämt, bekränzt; das sprengt mir das Herz. Ach, betrachte mich nicht so lange, nimm mir die Krone ab, verschränke Deine Arme um mich an Deinem Herzen und lehre mich vergessen über Dir selber, daß Du mich verklärt mir wiederschenkst.

Bettine.

An Goethe.

Am 20. Mai.

Schon acht Tage bin ich in der lieblichsten Gegend des Rheins und konnte vor Faulheit, die mir die liebe Sonne einbrennt, keinen Augenblick finden, Deinem freundlichen Brief eine Antwort zu geben. Wie läßt sich da auch schreiben! Die Allmacht Gottes schaut mir zu jedem Fenster herein und neigt sich anmutig vor meinem begeisterten Blick.

Dabei bin ich noch mit einem wunderbaren Hellsehen begabt, was mir die Gedanken einnimmt. Seh' ich einen Wald, so wird mein Geist auch alle Hasen und Hirsche gewahr, die drin herumspringen; und hör' ich die Nachtigall, so weiß ich gleich, was der kalte Mond an ihr verschuldet hat.

Gestern Abend ging ich noch spät an den Rhein; ich wagte mich auf einen schmalen Damm, der mitten in den Fluß führt, an dessen Spitze von Wellen umbrauste Felsklippen hervorragen; ich erreichte mit einigen gewagten Sprüngen den allervordersten, der grade so viel Raum bietet, um trocknen Fußes drauf zu stehen. Die Nebel umtanzten mich; Heere von Raben flogen über mir, sie drehten sich im Kreis, als wollten sie sich aus der Luft herablassen; ich wehrte mich dagegen mit einem Tuch, das ich über meinen Kopf schwenkte, aber ich wagte nicht, über mich zu sehen, aus Furcht, ins Wasser zu fallen. Wie ich umkehren wollte, da war guter Rat teuer; ich konnte kaum begreifen, wie ich hingekommen war; es fuhr ein kleiner Seelenverkäufer vorüber, – dem winkte ich, mich mitzunehmen. Der Schiffer wollte zu der weißen Gestalt, die er trocknen Fußes mitten auf dem Flusse stehen sah, und die die Raben für ihre Beute erklärten, kein Zutrauen fassen; endlich lernte er begreifen, wie ich dahin gekommen war, und nahm mich an Bord seines Dreibords. Da lag ich auf schmalem Brett, Himmel und Sterne über mir; wir fuhren noch eine halbe Stunde abwärts, bis wo seine Netze am Ufer hingen; wir konnten von weitem sehen, wie die Leute bei hellem Feuer Teer kochten und ihr Fahrzeug anstrichen.

Wie leidenschaftslos wird man, wenn man so frei und einsam sich befindet wie ich im Kahn; wie ergießt sich Ruh' durch alle Glieder, sie ertränkt einem mit sich selbsten, sie trägt die Seele so still und sanft wie der Rhein mein kleines Fahrzeug, unter dem man auch nicht eine Welle plätschern hörte. Da sehnte ich mich nicht, wie sonst meine Gedanken vor Dir auszusprechen, daß sie gleich den Wellen an der Brandung anschlagen und belebter weiter strömen; ich seufzte nicht nach jenen Regungen im Innern, von denen ich wohl weiß, daß sie Geheimnisse wecken und dem glühenden Jugendgeist Werkstätte und Tempel öffnen. Mein Schiffer mit der roten Mütze, in Hemdärmeln, hatte sein Pfeifchen angezündt; ich sagte: „Herr Schiffskapitän, Ihr seht ja aus, als hätt' die Sonne Euch zum Harnisch ausglühen wollen;" – „Ja", sagte er, „jetzt sitz' ich im Kühlen; aber ich fahre nun schon vier Jahre alle Reisende bei Bingen über den Rhein, und da ist keiner so weit hergekommen wie ich. Ich war in Indien; da sah ich ganz anders aus, da wuchsen mir die Haare so lang. Und war in Spanien; da ist die Hitze nicht so bequem, ich hab' Strapazen ausgestanden; da fielen mir die Haare aus, und ich kriegte einen schwarzen Krauskopf. – Und hier am Rhein wird's wieder anders: da wird mein Kopf gar weiß; in der Fremde hatt' ich Not und Arbeit, wie es ein Mensch kaum erträgt; und wenn ich Zeit hatte, konnte ich vierundzwanzig Stunden hintereinander schlafen, – da mocht' es regnen und blitzen unter freiem Himmel. Hier schlaf' ich nachts keine Stunde; wer's einmal geschmeckt hat auf offner See, dem kann's nicht gefallen, hier alle Polen und rothaarigen Holländer über die Gosse zu fahren, – und sollt' ich den ganzen Rhein hinunterschwimmen auf meinen dünnen Rippen, so muß ich fort aus einem Ort, wo's nichts zu lachen gibt und nichts zu seufzen." – „Ei, wo möchtet Ihr denn hin?" – „Da, wo ich am meisten ausgestanden habe, das war in Spanien; – da möcht' ich wieder sein, und wenn's noch einmal so hart herging!" – „Was hat Euch denn da so glücklich gemacht?" – Er lachte und schwieg, – wir landeten; ich bestellte ihn zu mir, daß er sich ein Trinkgeld bei mir hole, weil ich nichts bei mir hatte; er wollte aber nichts nehmen. Im Nachhausegehen überlegte ich, wie mein Glück ganz von Dir ausgeht; wenn Du nicht wärst im langweiligen Deutschland, so möcht' ich wahrhaftig auch auf meinen dünnen Rippen den unendlichen Rhein hinabschwimmen. Unsere Großmutter hat uns oft so erhabene Dinge gesagt von Deutschlands großen Geistern, aber Du warst nicht dabei, sonst hätt' ich mich vor Dir gehütet, und Du wärst meiner Begeisterung verlustig gewesen. Im Einschlafen fühlte ich mich noch immer gewiegt in süßer, gedankloser Zerstreuung, und es war mir, als hab' ich Dir große Dinge mitzuteilen, von denen ich glaubte, ich dürfe nur wollen, so werde sie der Mund meiner Gedanken aussprechen; jetzt aber, nach eingeschlafnem Traumleben, weiß ich nichts, als mich Deinem Andenken, Deiner freundlichen Neigung aufs innigste anzuschmiegen; denn wärst Du mir nicht, ich weiß nicht, was ich dann wär'; aber gewiß: unstät und unruhig würde ich suchen, was ich jetzt nicht mehr suche.

Dein Kind.

Wie ist mir, lieber einziger Freund! Wie schwindelt mir, was willst Du mir sagen, – Schatz! köstlicher! Von dem ich alles lerne tief in der Brust, der mir alle Fesseln abnimmt, die mich drücken, der mir winkt in die Lüfte, in die Freiheit.

Das hast Du mir gelehrt, daß alles, was meinem Geist eine Fessel ist, allein nur drückende Unwissenheit ist; wo ich mich fürchte, wo ich meinen Kräften nicht traue, da bin ich nur unwissend.

Wissen ist die Himmelsbahn; das höchste Wissen ist Allmacht, das Element der Seligkeit; solange wir nicht in ihm sind, sind wir noch ungeboren. Selig sein ist frei sein; ein freies, selbständiges Leben haben, dessen Höhe und Göttlichkeit nicht abhängt von seiner Gestaltung; das in sich göttlich ist, weil nur reiner Entfaltungstrieb in ihm ist; ewiges Blühen ans Licht und sonst nichts.

Liebe ist Entfaltungstrieb in die göttliche Freiheit. Dies Herz, das von Dir empfunden sein will, will frei werden; es will entlassen sein aus dem Kerker in Dein Bewußtsein. Du bist das Reich, der Stern, den es seiner Freiheit erobern will. Liebe will allmählich die Ewigkeit erobern, die wie Du weißt, kein Ende nehmen wird.

Dies Sehnen ist jenseits der Atem, der die Brust hebt; und die Liebe ist die Luft, die wir trinken.

Durch Dich werd' ich ins unsterbliche Leben eingehen; der Liebende geht ein durch den Geliebten ins Göttliche, in die Seligkeit. Liebe ist Überströmen in die Seligkeit.

Dir alles sagen, das ist mein ganzes Sein mit Dir; der Gedanke ist die Pforte, die den Geist entläßt; da rauscht er hervor und hebt sich hinüber zur Seele, die er liebt, und läßt sich da nieder und küßt die Geliebte, und das ist Wollustschauer: den Gedanken empfinden, den die Liebe entzündet.

Möge mir dies süße Einverständnis mit Dir bewahrt bleiben, in dem sich unser Geist berührt; dies kühne Heldentum, das sich über den Boden der Bedrängnis und Sorge hinweghebt, auf himmlischen Stufen aufwärtsschreitend, solchen schönen Gedanken entgegen, von denen ich weiß, sie kommen aus Dir.

Goethe an B.

Am 7. Juni.

Nur wenig Augenblicke vor meiner Abreise nach Karlsbad kommt Dein lieber Brief aus dem Rheingau; auf jeder Seite so viel Herrliches und Wichtiges leuchtet mir entgegen, daß ich im voraus Beschlag lege auf jede prophetische Eingebung Deiner Liebe; Deine Briefe wandern mit mir, die ich wie eine buntgewirkte Schnur auftrößle, um den schönen Reichtum, den sie enthalten, zu ordnen. Fahre fort, mit diesem lieblichen Irrlichtertanz mein beschauliches Leben zu ergötzen und beziehende Abenteuer zu lenken; – es ist mir alles aus eigner Jugenderinnerung bekannt wie die heimatliche Ferne, deren man sich deutlich bewußt fühlt, ob man sie schon lange verlassen hat. Forsche doch nach dem Lebenslauf Deines hartgebrannten Schiffers, wenn Du ihm wieder begegnest; es wäre doch wohl interessant zu erfahren, wie der indische Seefahrer endlich auf den Rhein kömmt, um zur gefährdeten Stunde den bösen Raubvögeln mein liebes Kind abzujagen. Adieu! Der Eichwald und die kühlen Bergschluchten, die meiner harren, sind der Stimmung nicht ungünstig, die Du so unwiderstehlich herauszulocken verstehst; auch predige Deine Naturevangelien nur immer in der schönen Zuversicht, daß Du einen frommen Gläubigen an mir hast.

Die gute Mutter hat mir sehr bedauerlich geschrieben, daß sie diesen Sommer Dich entbehren soll; Deine reiche Liebe wird auch dahin versorgend wirken, und Du wirst einen in dem andern nicht vergessen.

Möchtest Du doch auch gelegentlich meinen Dank, meine Verehrung unserm vortrefflichen Fürsten Primas ausdrücken, daß er meinen Sohn so über alle Erwartung geehrt und der braven Großmutter ein so einziges Fest gegeben. Ich sollte wohl selbst dafür danken, aber ich bin überzeugt, Du wirst das, was ich zu sagen habe, viel artiger und anmutiger, wenn auch nicht herzlicher vortragen.

Deine Briefe werden mir in Karlsbad bei den drei Mohren der willkommenste Besuch sein, von denen ich mir das beste Heil verspreche. Erzähle mir ja recht viel von Deinen Reisen, Landpartien, alten und neuen Besitzungen, und erhalte Dich mir in fortdauerndem, lebendigem Andenken.

G.

An Goethe.

Am 16. Juni.

Hier sind noch tausend herrliche Wege, die alle nach berühmten Gegenden des Rheins führen; jenseits liegt der Johannisberg, auf dessen steilen Rücken wir täglich Prozessionen hinaufklettern sehen, die den Weinbergen Segen erflehen, dort überströmt die scheidende Sonne das reiche Land mit ihrem Purpur, und der Abendwind trägt feierlich die Fahnen der Schutzheiligen in den Lüften und bläht die weitfaltigen weißen Chorhemden der Geistlichkeit auf, die sich in der Dämmerung wie ein rätselhaftes Wolkengebilde den Berg hinabschlängeln. Im Näherrücken entwickelt sich der Gesang; die Kinderstimmen klingen am vernehmlichsten; der Baß stößt nur ruckweise die Melodien in die rechten Fugen, damit sie das kleine Schulgewimmel nicht allzuhoch treibe, und dann pausiert er am Fuß des Berges, wo die Weinlagen aufhören. Nachdem der Herr Kaplan den letzten Rebstock mit dem Wadel aus dem Weihwasserkessel bespritzt hat, fliegt die ganze Prozession wie Spreu auseinander, der Küster nimmt Fahne, Weihkessel und Wadel, Stola und Chorhemd, alles unter den Arm und trägt's eilends davon, als ob die Grenze der Weinberge auch die Grenze der Audienz Gottes wär', so fällt das weltliche Leben ein, Schelmenliedchen bemächtigen sich der Kehlen, und ein heiteres Allegro der Ausgelassenheit verdrängt den Bußgesang, alle Unarten gehen los, die Knaben balgen sich und lassen ihre Drachen am Ufer im Mondschein fliegen, die Mädchen spannen ihre Leinwand aus, die auf der Bleiche liegt, und die Burschen bombardieren sie mit wilden Kastanien; da jagt der Stadthirt die Kuhherde durchs Getümmel, den Ochs voran, damit er sich Platz mache; die hübschen Wirtstöchter stehen unter den Weinlauben vor der Tür und klappen mit dem Deckel der Weinkanne, da sprechen die Chorherren ein, und halten Gericht über Jahrgänge und Weinlagen, der Herr Frühmeßner sagt nach gehaltener Prozession zum Herrn Kaplan: „Nun haben wir's unserm Herrgott vorgetragen, was unserm Wein nottut: noch acht Tage trocken Wetter, dann morgens früh Regen und mittags tüchtigen Sonnenschein, und das so fort Juli und August! Wenn's dann kein gutes Weinjahr gibt, so ist's nicht unsre Schuld.“

Gestern wanderte ich der Prozession vorüber, hinauf nach dem Kloster, wo sie herkam. Oft hatte ich im Aufsteigen Halt gemacht, um den verhallenden Gesang noch zu hören. Da oben auf der Höhe war große Einsamkeit; nachdem auch das Geheul der Hunde, die das Psalmieren obligat begleitet hatten, verklungen war, spürte ich in die Ferne; da hörte ich dumpf das sinkende Treiben des scheidenden Tags; ich blieb in Gedanken sitzen, – da kam aus dem fernen Waldgeheg von Vollratz her etwas Weißes, es war ein Reiter auf einem Schimmel; das Tier leuchtete wie ein Geist, sein weicher Galopp tönte mir weissagend, die schlanke Figur des Reiters schmiegte sich so nachgebend den Bewegungen des Pferdes, das den Hals sanft und gelenk bog; bald in lässigem Schritt kam er heran, ich hatte mich an den Weg gestellt, er mochte mich im Dunkel für einen Knaben halten, im braunen Tuchmantel und schwarzer Mütze sah ich nicht gerade einem Mädchen ähnlich. Er fragte, ob der Weg hier nicht zu steil sei zum Hinabreiten, und ob es noch weit sei bis Rüdesheim. Ich leitete ihn den Berg herab, der Schimmel hauchte mich an, ich klatschte seinen sanften Hals. Des Reiters schwarzes Haar, seine erhabene Stirn und Nase waren bei dem hellen Nachthimmel deutlich zu erkennen. Der Feldwächter ging vorüber und grüßte, ich zog die Mütze ab, mir klopfte das Herz neben meinem zweifelhaften Begleiter, wir gaben einander wechselweise Raum, uns näher zu betrachten; was er von mir zu denken beliebte, schien keinen großen Eindruck auf ihn zu machen, ich aber entdeckte in seinen Zügen, seiner Kleidung und Bewegungen *eine* reizende Eigenheit nach der andern. Nachlässig, bewußtlos, naturlaunig saß er auf seinem Schimmel, der das Regiment mit ihm teilte. – Dorthin flog er im Nebel schwimmend, der ihn nur allzubald mir verbarg; ich aber blieb bei den letzten Reben wo heute die Prozession in ausgelaßnem Übermut auseinandersprengte, allein zurück: ich fühlte mich sehr gedemütigt, ich ahnete nicht nur, ich war überzeugt, dies rasche Leben, das eben gleichgültig an mir vorübergestreift war, begehre mit allen fünf Sinnen des Köstlichsten und Erhabensten im Dasein sich zu bemächtigen.

Die Einsamkeit gibt dem Geist Selbstgefühl; die duftenden Weinberge schmeichelten mich wieder zufrieden.

Und nun vertraue ich Dir schmucklos meinen Reiter, meine gekränkte Eitelkeit, meine Sehnsucht nach dem lebendigen Geheimnis in der Menschenbrust. Soll ich in Dir lebendig werden, genießen, atmen und ruhen, alles im Gefühl des Gedeihens, so muß ich, Deiner höheren Natur unbeschadet, alles bekennen dürfen was mir fehlt, was ich erlebe und ahne; nimm mich auf, weise mich zurecht und gönne mir die heimliche Lust des tiefsten Einverständnisses.

Die Seele ist zum Gottesdienst geboren, daß ein Geist in dem andern entbrenne, sich in ihm fühle und verstehen lerne, das ist mir Gottesdienst – je inniger: je reiner und lebendiger.

Wo ich mich hinlagere am grünenden Boden, von Sonne und Mond beschienen, da bist Du meine Heiligung.

Bettine.

***

Am 25. Juni.

Du wirst doch auch einmal den Rhein wieder besuchen, den Garten Deines Vaterlands, der dem Ausgewanderten die Heimat ersetzt, wo die Natur so freundlich groß sich zeigt. – Wie hat sie mit sympathetischem Geist die mächtigen Ruinen aufs neue belebt, wie steigt sie auf und ab an den düstern Mauern und begleitet die verödeten Räume mit schmeichelnder Begrasung und erzieht die wilden Rosen auf den alten Warten und die Vogelkirsche, die aus verwitterter Mauerluke herablacht! Ja, komm und durchwandre den mächtigen Bergwald vom Tempel herab zum Felsennest, das über dem schäumenden Bingerloch herabsieht, die Zinnen mit jungen Eichen gekrönt, wo die schlanken Dreiborde wie schlaue Eidechsen durch die reißende Flut am Mäuseturm vorbeischießen. Da stehst Du und siehst, wie der helle Himmel über grünenden Rebhügeln aus dem Wasserspiegel herauflacht und Dich selbst auf Deinem kecken eigensinnigen basaltnen Ehrenfels inmitten abgemalt, in ernste, schaurig umfassende Felshöhen und hartnäckige Vorsprünge eingerahmt; da betrachte Dir die Mündungen der Tale, die mit ihren friedlichen Klöstern zwischen wallenden Saaten aus blauer Ferne hervorgrünen, und die Jagdreviere und hängenden Gärten, die von einer Burg zur andern sich schwingen, und das Geschmeide der Städte und Dörfer, das die Ufer schmückt.

O Weimar, o Karlsbad, entlaßt mir den Freund! Schließ Dein Schreibpult zu und komm hier her, lieber als nach Karlsbad; das ist ja ein Kleines, daß Du dem Postillon sagst: links statt rechts; ich weiß, was Du bedarfst, ich mache Dir Dein Zimmer zurecht neben meinem, das Eckzimmer, mit dem einen Fenster den Rhein hinunter und dem andern hinüber; ein Tisch, ein Sessel, ein Bett und ein dunkler Vorhang, daß die Sonne Dir nicht zu früh hereinscheint. Muß es denn immer auf dem Weg zum Tempel des Ruhms fortgeleiert sein, wo man so oft marode wird?

Eben entdeckte ich den Briefträger, ich sprang ihm entgegen, er zeigte mir auch von weitem Deinen Brief, er freute sich mit mir und hatte auch Ursache dazu, er sagte: „Gewiß ist der Brief von dem Herrn Liebsten!“ „Ja“, sagte ich, „für die Ewigkeit!“ Das hielt er für ein melancholisches Ausrufungszeichen.

Die Mutter hat mir auch heute geschrieben, sie sagt mir's herzlich, daß sie mir wohl will, von Deinem Sohn erhalte ich zuweilen Nachricht durch andre, er selbst aber läßt nichts von sich hören.

Und nun leb' wohl, Dein Aufenthalt in Karlsbad sei Dir gedeihlich, ich segne Deine Gesundheit; wenn Du krank wärst und Schmerzen littest, würde ich sehr mitleiden; ich hab' so manches nachfühlen müssen, was Du wohl längst verschmerzt hattest, noch eh' ich dich kannte.

Die drei Mohren sollen Deine Wächter sein, daß sich kein fremder Gast bei Dir einschleiche und Du Dir kein geschnitzeltes Bild machst, dasselbe anzubeten. Laß Dir's bei den drei Mohren gesagt sein, daß ich um den Ernst Deiner Treue bitte, erhalte sie mir unter den zierlichen, müßigen Badenymphen, die Dich umtanzen, die Nadel mit dem Gordischen Knoten trag an Deiner Brust, denk' daran, daß Du aus der Fülle meiner Liebe keine Wüste des Jammers machen sollst und sollst den Knoten nicht entzweihauen.

Dem Primas hab' ich geschrieben in Deinem Auftrag, er ist in Aschaffenburg, er hat mich eingeladen, dorthin zu kommen; ich werd' auch wahrscheinlich mit der ganzen Familie ihn besuchen, da kann ich ihm alles noch einmal mitteilen. Ich werde Dir Nachricht darüber geben.

Nun küsse ich Dir zum letztenmal Hand und Mund, um morgen einen neuen Brief zu beginnen.

Bettine.

An Goethe.

Am 5. Juli.

Wenn ich Dir alle Ausflüge beschreiben sollte, liebster Herr, die wir von unserm Rheinaufenthalt aus machen, so blieb' mir keine Minute übrig zum Schmachten und Seufzen. Das wär' mir sehr lieb, denn wenn mein Herz voll ist, so möcht' ich's gerne vor Dir überströmen lassen; aber so geht's nicht: hat man den ganzen Tag im heißen Sonnenbrand einen Berg um den andern erstiegen, alle Herrlichkeiten der Natur mit Hast in sich getrunken wie den kühlen Wein in der Hitze, so möchte man am Abend den Freund lieber ans Herz drücken und ihm sagen, wie lieb man ihn hat, als noch viele Beschreibungen von Weg und Steg machen. Was vermag ich auch vor Dir, als nur Dich innigst anzusehen! Was soll ich Dir vorplaudern? – Was können Dir meine einfältigen Reden sein?

Wer sich nach der schönen Natur *sehnt*, der wird sie am besten beschreiben, der wird nichts vergessen, keinen Sonnenstrahl, der sich durch die Felsritze stiehlt, keinen Windvogel, der die Wellen streift, kein Kraut, kein Mückchen, keine Blume am einsamen Ort. Wer aber mitten drinnen ist und mit glühendem Gesicht oben ankommt, der schläft, wie ich, gern auf dem grünen Rasen ein und denkt weiter nicht viel, manchmal gibt's einen Stoß ans Herz, da seh' ich mich um und suche, wem ich's vertrauen soll.

Was sollen mir all die Berge bis zur blauen Ferne, die blähenden Segel auf dem Rhein, die brausenden Wasserstrudel! – Es drückt einem doch nur und – keine Antwort, niemals, wenn man auch noch so begehrend fragt. –

***

Am 7. Juli

So lauten die Stoßseufzer am Abend, am Morgen klingt's anders, da regt sich's schon vor Sonnenaufgang und treibt mich hinaus, wie einer längst ersehnten Botschaft entgegen. Den Nachen kann ich schon allein regieren, es ist mein liebstes Morgengebet, ihn listig und verstohlen von der Kette zu lösen und mich hinüber ans Ufer zu studieren. Allemal muß ich's wieder von neuem lernen, es ist ein Wagstück, mit Mutwill' begonnen, aber sehr andächtig beschlossen; denn ich danke Gott, wenn ich glücklich gelandet bin. Ohne Wahl belaufe ich dann einen der vielen Strahlenwege, die sich hier nach allen Seiten auftun. Jedesmal lauscht die Erwartung im Herzen, jedesmal wird sie gelöst, bald durch die allumfassende Weite auf der Höh', durch die Sonne, die so plötzlich alles aus dem Schlaf weckt; ich klimme herab an Felswänden, reinliches Moos, zierliches Flechtwerk begleiten den Stein, kleine Höhlen zum Lager wie gegossen, in denen verschnauf' ich, dort zwischen dunklen Felsen leuchtet ein helleres Grün: kräftig, blühend, untadelig, mitten in der Wüste find' ich die Blume auf reinlichem Herd, einfache Haushaltung Gottes; inmitten von Blütenwänden die Opferstätte feierlich umstellt von schwanken priesterlichen Nymphen, die Libationen aus ihren Kelchkrüglein ergießen und Weihrauch streuen und wie die indischen Mädchen goldnen Staub in die Lüfte werfen. – Dann seh' ich's blitzen im Sand; ich muß hinab und wieder hinauf, ob's vielleicht ein Diamant ist, den der Zufall ans Licht gebracht hat. Wenn's einer wär', ich schenkte ihn Dir, und denk' mir Deine Verwunderung über das Kleinod unserer rheinischen Felsen. Da lieg' ich am unbeschatteten Ort mit brennenden Wangen und sammle Mut, wieder hinüberzuklettern zur duftenden Linde. Am Kreuzweg, beim Opferstock des heiligen Petrus, der mit großem Himmelsschlüssel ins vergitterte Kapellchen eingesperrt ist, ruh' ich aus auf weichem Gras und such' vergebens, o Himmel, an deinem gewölbten Blau das Loch, in das der Schlüssel passen könnte, da ich heraus möchte aus dem Gefängnis der Unwissenheit und Unbewußtheit; wo ist die Tür, die dem Licht und der Freiheit sich öffnet? – Da ruschelt's, da zwitschert's im Laub, dicht neben mir unter niederem Ast sitzt das Finkenweibchen im Nest und sieht mich kläglich an.

Das sind die kleinen allerliebsten Abenteuer und Mühseligkeiten des heutigen Tags. Heimwärts machte ich die Bekanntschaft der kleinen Gänsehirtin, sie strahlte mich von weitem an mit ihren zollangen schwarzen Augenwimpern, die andern Kinder lachten es aus und sagten, alle Menschen hielten sich drüber auf, daß es so lange Wimpern habe. Es stand beschämt da und fing endlich an zu weinen. Ich tröstete es und sagte: „Weil dich Gott zur Hüterin über die schönen weißen Gänse bestellt hat und du immer auf freier Wiese gehest, wo die Sonne so sehr blendet, so hat er dir diese langen Augenschatten wachsen lassen.“ Die Gänse drängten sich an ihre weinende Hüterin und zischten mich und die lachenden Kinder an, könnt' ich malen, – das gäb' ein Bild!

Gut ist's, daß ich nicht viel von dem weiß, was in der Welt vorgeht, von Künsten und Wissenschaften nichts versteh', ich könnte leicht in Versuchung geraten, Dir darüber zu sprechen, und meine Phantasie würde alles besser wissen wollen, jetzt nährt sich mein Geist von Inspirationen. – Manches hör' ich nennen, anwenden, vergleichen, was ich nicht begreife, was hindert mich danach zu fragen? – Was macht mich so gleichgültig dagegen? Oder warum weiche ich wohl gar aus, etwas Neues zu erfahren? –

Am frühen Morgen.

Ein Heer von Wolken macht mir heute meine frühe Wanderung zu Wasser, dort drüben die Ufer sind heute wie Schatten der Unterwelt schwankend und schwindend; die Turmspitzen der nebelbegrabenen Städte und Ortschaften dringen kaum durch, die schöne grüne Au ist verschwunden. – Es ist noch ganz früh, – ich merk's! Kaum kann es vier Uhr sein, da schlagen die Hähne an, von Ort zu Ort in die Runde bis Mittelheim, von Nachbar zu Nachbar; keiner verkümmert dem andern die Ehre des langen Nachhalls, und so geht's in die Ferne wie weit! Die Morgenstille dazwischen wie die Wächter der Moscheen, die das Morgengebet ausrufen.

Morgenstund' hat Gold im Mund, schon seh' ich's glänzen und flimmern auf dem Wasser, die Strahlen brechen durch und säen Sterne in den eilenden Strom, der seit zwei Tagen, wo es unaufhörlich gießt, angeschwollen ist.

Da hat der Himmel seine Schleier zerrissen! – Nun ist's gewiß, daß wir heute schön Wetter haben, ich bleibe zu Hause und will alle Segel zählen, die vorüberziehen, und allen Betrachtungen Raum geben, die mir die ferne, allmählich erhellende Aussicht zuführt. Du kennst den Fluß des Lebens wohl genau und weißt, wo die Sandbänke und Klippen sind, und die Strudel, die uns in die Tiefe ziehen, und wie weit der jauchzende Schiffer mit gespanntem Segel, mit frischem Wind wohl kommen wird, und was ihn am Ufer erwartet.

Wenn Dir's gefällt, einen Augenblick nachzudenken über den Eigensinn meiner Neigung und über die Erregbarkeit meines Geistes, so mag Dir's wohl anschaulich sein, was mir unmündig Schiffenden noch begegnen wird. O, sag' mir's, daß ich nichts erwarten soll von jenen Luftschlössern, die die Wolken eben im Saffran- und Purpurfeld der aufgehenden Sonne auftürmen, sag' mir: dies Lieben und Aufflammen, und dies trotzige Schweigen zwischen mir und der Welt sei nichtig und nichts!

Ach, der Regenbogen, der eben auf der Ingelheimer Au seinen diamantnen Fuß aufsetzt und sich übers Haus hinüberschwingt auf den Johannisberg, der ist wohl grad' wie der selige Wahn, den ich habe von Dir und mir. Der Rhein, der sein Netz ausspannt, um das Bild seiner paradiesischen Ufer darin aufzufangen, der ist wie diese Lebensflamme, die von Spiegelungen des Unerreichbaren sich nährt. Mag sie denn der Wirklichkeit auch nicht mehr abgewinnen als den Wahn; – es wird mir eben auch den eigentümlichen Geist geben und den Charakter, der mein Selbst ausspricht wie dem Fluß das Bild, das sich in ihm spiegelt.

Am Abend. Heute morgen schiffte ich noch mit dem launigen Rheinbegeisterten Niklas Vogt nach der Ingelheimer Au, seine enthusiastischen Erzählungen waren ganz von dem O und Ach vergangner schöner Zeiten durchwebt. Er holte weit aus und fing von da an, ob Adam hier nicht im Paradiese gelebt habe, und dann erzählte er vom Ursprung des Rheins und seinen Windungen durch wilde Schluchten und einengende Felstale, und wie er da nach Norden sich wende und wieder zurückgewiesen werde, links nach Westen, wo er den Bodensee bilde und dann so kräftig sich über die entgegenstellenden Felsen stürze; ja, sagte der gute Vogt ganz listig und lustig, man kann den Fluß ganz und gar mit Goethe vergleichen. Jetzt geben Sie acht: die drei Bächlein, die von der Höhe des ungeheuren Urfelsen, der so mannigfaltige abwechselnde Bestandteile hat, niederfließen und den Rhein bilden, der als Jünglingskind erst sprudelt, das sind seine Musen, nämlich Wissenschaft, Kunst und Poesie, und wie da noch mehr herrliche Flüsse sind: der Tessin, der Adda und Inn, worunter der Rhein der schönste und berühmteste, so ist Goethe auch der berühmteste und schönste vor Herder, Schiller und Wieland; und da, wo der Rhein den Bodensee bildet, das ist die liebenswürdige Allgemeinheit Goethes, wo sein Geist von den drei Quellen noch gleichmäßig durchdrungen ist, da, wo er sich über die entgegenstauenden Felsen stürzt: das ist sein trotzig Überwinden der Vorurteile, sein heidnisch Wesen, das braust tüchtig auf und ist tumultarisch begeistert; da kommen seine Xenien und Epigramme, seine Naturansichten, die den alten Philistern ins Gesicht schlagen, und seine philosophischen und religiösen Richtungen, die sprudeln und toben zwischen dem engen Felsverhack des Widerspruchs und der Vorurteile so fort, und mildern sich dann allmählich; nun aber kommt noch der beste Vergleich: die Flüsse, die er aufnimmt: die Limmat, die Thur, die Reuß, die Ill, die Lauter, die Queich, lauter weibliche Flüsse, das sind die Liebschaften, so geht's immer fort bis zur letzten Station. Die Selz, die Nah', die Saar, die Mosel, die Nette, die Ahr; – nun kommen sie ihm vom Schwarzwald zugelaufen und von der rauhen Alp, – lauter Flußjungfern: die

Elz, die Treisam, die Kinzig, die Murg, die Kraich, dann die Reus, die Jaxt; aus dem Odenwald und Melibokus herab haben sich ein paar allerliebste Flüßchen auf die Beine gemacht: die Wesnitz und die Schwarzbach; die sind so eilig: was giltst du, was hast du? – Dann führt ihm der Main ganz verschwiegen die Nid und die Krüftel zu; das verdaut er alles ganz ruhig und bleibt doch immer er selber; und so macht's unser großer deutscher Dichter auch, wie unser großer deutscher Fluß; wo er geht und steht, wo er gewesen ist und wo er hinkommt, da ist immer was Liebes, was den Strom seiner Begeistrung anschwelle.

Ich war überrascht von der großen Gesellschaft; Vogt meinte, das wären noch lange nicht alle; der Vergleiche waren noch kein Ende: Geschichte und Fabel, Feuer und Wasser, was über und unter der Erde gedeiht, wußte er passend anzuwenden; ein Rhinozerosgerippe und versteinerte Palmen, die man am Rhein gefunden, nahm er als Deine interessantesten Studien bezeichnend. So belehrte er mich und prophezeite, daß Du auch bis ans Ende, wie der Rhein, aushalten werdest, und nachdem Du wie er, alle gesättigt und genossen, sanft und gemachsam dem Meer der Ewigkeit zuwallen werdest; er schrieb mir das Verzeichnis aller Flüsse auf und verglich mich mit der Nidda; ach wie leid tut mir's, daß nach dieser noch die Lahn, die Sayn, die Sieg, die Roer, die Lippe und die Ruhr kommen sollen!

Adieu! Ich nenne diesen Brief die Epistel der Spaziergänge; wenn sie Dir nicht gefallen, so denke, daß die Nidda keine Goldkörner in ihrem Bett führt wie der Rhein, nur ein bißchen Quecksilber.

Sei mir gegrüßt bei den drei Mohren.

Bettine.

An Bettine.

Am 15. Juli.

Zwei Briefe von Dir, liebe Bettine, so reich an Erlebtem, sind mir kurz nacheinander zugekommen; der erste, indem ich im Begriff war, das Freie zu suchen. Wir nahmen ihn mit und bemächtigten uns seines Inhalts auf einem wohlgeeigneten bequemen Ruhepunkt, wo Natur und Stimmung, im Einklang mit Deinen sinnig heiteren Erzählungen und Bemerkungen, einen höchst erfreulichen Eindruck nicht verfehlten, der sich fortan durch den gordischen Knoten signalisieren soll. Mögen die Götter diesen magischen Verschlingungen geneigt sein und kein tückischer Dämon daran zerren! An mir soll's nicht fehlen, Deine Schutz- und Trutzgerechtsame zu bewahren gegen Nymphen und Waldteufel.

Deine Beschreibung der Rheinprozession und der flüchtigen Reitergestalt haben mir viel Vergnügen gemacht, sie bezeichnen wie Du empfindest und empfunden sein willst; lasse Dir dergleichen Visionen nicht entgehen und versäume ja nicht, solche vorüberstreifende Aufregungen bei den drei Haaren zu erfassen, dann bleibt es in Deiner Gewalt, das Verschwundene in idealischer Form wieder herbeizuzaubern.

Auch für Deine Naturbegeisterungen, in die Du mein Bild so anmutig verstrickst, sei Dir Dank, solchen allerliebsten Schmeicheleien ist nicht zu wehren.

Heute morgen ist denn abermals Deine zweite Epistel zu mir gelangt, die mir das schöne Wetter ersetzte. Ich habe sie mit Muße durchlesen und dabei den Zug der Wolken studiert. Ich bekenne Dir gern, daß mir Deine reichen Blätter die größte Freude machen; Deinen launigen Freund, der mir schon rühmlichst bekannt ist, grüße in meinem Namen und danke ihm für den großmütigen Vergleich; obschon ich hierdurch mit ausgezeichneten Prärogativen belehnt bin, so werd' ich diese doch nicht zum Nachteil Deiner guten Gesinnung mißbrauchen; liebe mich so fort, ich will gern die Lahn und die Sayn ihrer Wege schicken.

Der Mutter schreibe, und lasse Dir von ihr schreiben; liebet Euch untereinander, man gewinnt gar viel, wenn man sich durch Liebe einer des andern bemächtigt; und wenn du wieder schreibst, so könntest Du mir nebenher einen Gefallen tun, wenn Du mir immer am Schluß ein offnes, unverhohlnes Bekenntnis des Datums machen möchtest; außer manchen Vorteilen, die sich erst durch die Zeit bewähren, ist es auch noch besonders erfreulich, gleich zu wissen, in wie kurzer Zeit dies alles von Herzen zu Herzen gelangt. Das Gefühl der Frische hat eine wohltuende, raumverkürzende Wirkung, von welcher wir beide ja auch Vorteil ziehen können.

G.

An Goethe.

Am 18. Juli.

Warst Du schon auf dem Rochusberg? – Er hat in der Ferne was sehr Anlockendes, wie soll ich es Dir beschreiben? – So, als wenn man ihn gern befühlen, streicheln möchte, so glatt und samtartig. Wenn die Kapelle auf der Höhe von der Abendsonne beleuchtet ist und man sieht in die reichen grünen, runden Täler, die sich wieder so fest aneinander schließen, so scheint er sehnsüchtig an das Ufer des Rheins gelagert mit seinem sanften Anschmiegen an die Gegend und mit den geglätteten Furchen die ganze Natur zur Lust erwecken zu wollen. Er ist mir der liebste Platz im Rheingau; er liegt eine Stunde von unserer Wohnung; ich habe ihn schon morgens und abends, im Nebel, Regen und Sonnenschein besucht. Die Kapelle ist erst seit ein paar Jahren zerstört, das halbe Dach ist herunter, nur die Rippen eines Schiffgewölbes stehen noch, in welches Weihen ein großes Nest gebaut haben, die mit ihren Jungen ewig aus und ein fliegen, ein wildes Geschrei halten, das sehr an die Wassergegend gemahnt. Der Hauptaltar steht noch zur Hälfte, auf demselben ein hohes Kreuz, an welches unten der heruntergestürzte Christusleib festgebunden ist. Ich kletterte an dem Altar hinauf; um den Trümmern noch eine letzte Ehre anzutun, wollte ich einen großen Blumenstrauß, den ich unterwegs gesammelt hatte, zwischen eine Spalte des Kopfes stecken; zu meinem größten Schrecken fiel mir der Kopf vor die Füße, die Weihen und Spatzen und alles was da genistet hatte, flog durch das Gepolter auf, und die stille Einsamkeit des Orts war Minuten lang gestört. Durch die Öffnungen der Türen schauen die entferntesten Gebirge: auf der einen Seite der Altkönig, auf der andern der ganze Hunsrück bis Kreuznach, vom Donnersberg begrenzt; rückwärts kannst Du so viel Land übersehen als Du Lust hast. Wie ein breites Feiergewand zieht es den Rhein schleppend hinter sich her, den Du vor der Kapelle mit allen grünen Inseln wie mit Smaragden geschmückt liegen siehst; der Rüdesheimer Berg, der Scharlach- und Johannisberg, und wie all das edle Gefels heißt, wo der beste Wein wächst, liegen von verschiedenen Seiten und fangen die heißen Sonnenstrahlen wie blitzende Juwelen auf; man kann da alle Wirkung der Natur in die Kraft des Weines deutlich erkennen, wie sich die Nebel zu Ballen wälzen und sich an den Bergwänden herabsenken, wie das Erdreich sie gierig schluckt, und wie die heißen Winde drüber herstreifen. Es ist nichts schöner, als wenn das Abendrot über einen solchen benebelten Weinberg fällt; da ist's, als ob der Herr selbst die alte Schöpfung wieder angefrischt habe, ja, als ob der Weinberg vom eignen Geist benebelt sei. Und wenn dann endlich die helle Nacht heraufsteigt und allem Ruh' gibt, – und mir auch, die vorher wohl die Arme ausstreckte und nichts erreichen konnte; die an Dich gedacht hat; – Deinen Namen wohl hundertmal auf den Lippen hatte, ohne ihn auszusprechen – müßten nicht Schmerzen in mir erregt werden, wenn ich es einmal wagte? – Und keine Antwort? Alles still? – Ja Natur! wer so innig mit ihr vertraut wär', daß er an ihrer Seligkeit genug hätte! – Aber ich nicht! Lieber, lieber Freund, erlaub's doch, daß ich Dir jetzt beide Hände küsse; zieh sie nicht zurück, wie Du sonst getan hast.

Wo war ich heut' nacht? Wenn sie's wüßten, daß ich die ganze Nacht nicht zu Hause geschlafen habe und doch so sanft geruht habe! – Dir will ich's sagen; Du bist weit entfernt, wenn Du auch schmälst, – bis hierher verhallt der Donner Deiner Worte.

Gestern abend ging ich noch allein auf den Rochusberg und schrieb Dir bis hierher, dann träumte ich ein wenig und wie ich mich wieder besann und glaubte, die Sonne wolle untergehen, da war's der aufgehende Mond; ich war überrascht, ich hätte mich gefürchtet, – die Sterne litten's nicht; diese Hunderttausende und ich beisammen in dieser Nacht! – Ja, wer bin ich, daß ich mich fürchten sollte, zähl' ich denn mit? – Hinunter traute ich mich nicht, ich hätte keinen Nachen gefunden zum Überfahren; die Nacht ist auch gar nicht lang jetzt, da legt' ich mich auf die andere Seite und sagte den Sternen gute Nacht; bald war ich eingeschlafen – dann und wann weckten mich irrende Lüftchen, dann dacht' ich an Dich; so oft ich erwachte, rief ich Dich zu mir, ich sagte immer im Herzen: Goethe sei bei mir, damit ich mich nicht fürchte; dann träumte ich, daß ich längs den schilfigen Ufern des Rheins schiffe, und da, wo es am tiefsten war, zwischen schwarzen Felsspalten, da entfiel mir Dein Ring; ich sah ihn sinken, tiefer und tiefer bis auf den Grund! Ich wollte nach Hilfe rufen, – da erwachte ich im Morgenrot, neubeglückt, daß der Ring noch am Finger war. Ach, Prophet! – deute mir diesen Traum; komm dem Schicksal zuvor, laß unserer Liebe nicht zu nahe geschehen, nach dieser schönen Nacht, wo ich zwischen Furcht und Freude im Rat der Sterne Deiner Zukunft gedachte. Ich hatte schon längst Sehnsucht nach diesem süßen Abenteuer; nun hat es mich so leise beschlichen, und alles steht noch auf dem alten Fleck. Keiner weiß, wo ich war, und wenn sie's auch wüßten – könnten sie ahnen, warum? – Dort kamst Du her, durch den flüsternden Wald, von milder Dämmerung umflossen, und wie Du ganz nahe warst, das konnten die müden Sinne nicht ertragen, der Thymian duftete so stark; – da schlief ich ein, es war so schön, alles Blüte und

Wohlgeruch. Und das weite, grenzenlose Heer der Sterne, und das flatternde Mondsilber, das von Ferne zu Ferne auf dem Fluß tanzte, die ungeheure Stille der Natur, in der man alles hört, was sich regt; ach, hier fühle ich meine Seele eingepflanzt in diese Nachtschauer; hier keimen zukünftige Gedanken; diese kalten Tauperlen, die Gras und Kräuter beschweren, von denen wächst der Geist; er eilt, er will Dir blühen; Goethe, er will seine bunten Farben vor Dir ausbreiten; Liebe zu Dir ist es, daß ich denken will, daß ich ringe nach noch Unausgesprochenem, Du siehst mich an im Geist, und Dein Blick zieht Gedanken aus mir; da muß ich oft sagen, was ich nicht verstehe, was ich nur sehe.

Der Geist hat auch Sinne; so wie wir manches nur hören, oder nur sehen, oder nur fühlen: so gibt's Gedanken, die der Geist auch nur mit einem dieser Sinne wahrnimmt; oft seh' ich nur, was ich denke, oft fühle ich's; und wenn ich's höre, da erschüttert mich's. Ich weiß nicht, wie ich zu diesen Erfahrungen komme, die sich nicht aus eigner Überlegung erzeugen; – ich sehe mich um nach dem Herrn dieser Stimme; – und dann meine ich, daß sich alles aus dem Feuer der Liebe erzeuge. Es ist Wärme im Geist, wir fühlen es; die Wangen glühen vom Denken, und Frostschauer überlaufen uns, die die Begeistrung zu neuer Glut anfachen. Ja, lieber Freund, heute morgen, da ich erwachte, war mir's, als hätte ich Großes erlebt, als hätten die Gelübde meines Herzens Flügel und schwängen sich über Berg und Tal ins reine, heitre, lichterfüllte Blau. – Keinen Schwur, keine Bedingungen, alles nur angemessene Bewegung, reines Streben nach dem Himmlischen. Das ist mein Gelübde: Freiheit von allen Banden, und daß ich nur dem Geist glauben will, der Schönes offenbart, der Seligkeit prophezeit.

Der Nachttau hat mich gewaschen; der scharfe Morgenwind trocknete mich wieder; ich fühlte ein leises Frösteln, aber ich erwärmte mich beim Herabsteigen von meinem lieben samtnen Rochus; die Schmetterlinge flogen schon um die Blumen; ich trieb sie alle vor mir her, und wo ich unterwegs einen sah, da jagte ich ihn zu meiner Herde; unten hatte ich wohl an dreißig beisammen, – ich hätte sie gar zu gerne mit über den Rhein getrieben, aber da haspelten sie alle auseinander.

Eben kommt eine Ladung Frankfurter Gäste; Christian Schlosser bringt mir einen Brief von der Mutter und Dir, ich schließe um zu lesen.

Dein Kind.

Lieber Goethe! Du bist zufrieden mit mir und freust dich über alles, was ich schreibe, und willst meine goldne Halsnadel tragen; – ja, tu es, und lasse sie ein Talisman sein für diese glückerfüllte Zeit. Heute haben wir den 21.

An Goethe.

Caub.

Ich schreibe Dir in der kristallnen Mitternacht; schwarze Basaltgegend, ins Mondlicht eingetaucht! Die Stadt macht einen rechten Katzenbuckel mit ihren geduckten Häusern, und ganz bepelzt mit himmelsträubenden Felszacken und Burgtrümmern; und da gegenüber schauert's und flimmert's im Dunkel, wie wenn man der Katze das Fell streicht.

Ich lag schon im Bett unter einer wunderlichen Damastdecke, die mit Wappen und verschlungenen Namenszügen und verblichnen Rosen und Jasminranken ganz starr gestickt ist; ich hatte mich aber drunter in das Dir bekannte Fell des Silberbären eingehüllt. Ich lag recht bequem und angenehm und überlegte mir, was der Christian Schlosser mir unterwegs hierher alles vorgefaselt hat; er sagt, Du verstehst nichts von Musik und hörst nicht gern vom Tod reden. Ich fragte, woher er das wisse; – er meint, er habe sich Mühe gegeben, Dich über Musik zu belehren; es sei ihm nicht gelungen; – vom Tod aber habe er gar nicht angefangen, aus Furcht, Dir zu mißfallen. Und wie ich eben in dem alleinigen, mit großen Federbüschen verzierten Ehebett darüber nachdenke, hör' ich draußen ein Liedchen singen in fremder Sprache; so viel Gesang – so viel Pause! – Ich springe im Silberbär ans Fenster und gucke hinaus, – da sitzt mein spanischer Schiffsmann in der frischen Mondnacht und singt. Ich erkannte ihn gleich an der goldnen Quaste auf seiner Mütze; ich sagte: „Guten Abend, Herr Kapitän, ich dachte, Ihr wärt schon vor acht Tagen den Rhein hinab ins Meer geschwommen.“ Er erkannte mich gleich und meinte, er habe drauf gewartet, ob ich nicht mit wolle. Ich ließ mir das Lied noch einmal singen; es klang sehr feierlich, – in den Pausen hörte man den Widerhall an der kleinen scharfkantigen Pfalz, die inmitten umdrängender schwarzer Felsgruppen mit ihren elfenbeinernen Festen und silbernen Zinnen ganz ins Mondlicht eingeschmolzen war. –

Lieber Goethe, ich weiß nicht, was Dir der Schlosser über Musik demonstriert hat mit seiner verpelzten Stimme – aber hättest Du heute nacht mit mir dem fremden Schiffer zugehört, wie da die Töne unter sich einen feierlichen Reigen tanzten; wie sie hinüberwallten an die Ufer, die Felsen anhauchten und der leise Widerhall in tiefer Nacht so süß geweckt, träumerisch nachtönte; der Schiffer, wie er aus verschmachteter Pause wehmütig aufseufzt, in hohen Tönen klagt und aufgeregt, in Verzweiflung hallend, ruft nach Unerreichbarem und dann mit erneuter Leidenschaft der Erinnerung seinen Gesang weiht, in Perlenreihen weicher Töne den ganzen Schatz seines Glückes hinrollt; – O und Ach! haucht – lauscht – schmetternd ruft; – wieder lauscht und ohne Antwort endlich die Herde sammelt, in Vergessenheit die kleinen Lämmer zählt: eins, zwei, drei, und wegzieht vom verödeten Strand seines Lebens, der arme Schäfer. – Ach, wunderbare Vermittlung des Unaussprechlichen, was die Brust bedrängt, ach Musik!

Ja, hättest Du's mit angehört, mit eingestimmt hättest Du in die Geschicke; mitgeseufzt – mitgeweint – und Begeistrung hätte Dich durchzückt und mich, lieber Goethe – die ich auch dabei war – tiefbewegt – mich hätte der Trost in Deinen Armen ereilt.

Mir sagte der Schiffer gute Nacht, ich sprang in mein großes Bett unter die damastene Decke, sie knarrte mir so vor den Ohren; – ich konnte nicht schlafen, – ich wollte stilliegen; – da hörte ich in den gewundenen Säulen der Bettstelle die

Totenwürmchen picken; eins nach dem andern legte los wie geschäftige Gesellen in einer Waffenschmiede. –

Ich muß mich schämen vor Dir; – ich fürchte mich zuweilen, wenn ich so allein bin in der Nacht und ins Dunkel sehe; es ist nichts, aber ich kann mich nicht dagegen wehren; dann möcht' ich nicht allein sein, und bloß darum denke ich manchmal, ich müsse heiraten, damit ich einen Beschützer habe gegen diese verwirrte angstvolle Gespensterwelt. Ach Goethe! – nimmst Du mir das übel? Ja, wenn der Tag anbricht, dann bin ich selbst ganz unzufrieden über solche alberne Verzagtheit. – Ich kann in der Nacht gehen im Freien und im Wald, wo jeder Busch, jeder Ast ein ander Gesicht schneidet; mein wunderlicher der Gefahr trotzender Mutwille bezwingt die Angst. – Draußen ist es auch was ganz andres, – da sind sie nicht so zudringlich; man fühlt das Leben der Natur als ewiges göttliches Wirken, das alles und einem selbst durchströmt; – wer kann sich da fürchten? – Vorgestern auf dem Rochus in tiefer Nacht allein, da hörte ich den Wind ganz von weitem herankommen; – er nahm zu in rascher Eile je näher er kam, und dann grade zu meinen Füßen senkte er die Flügel sanft, ohne nur den Mantel zu berühren, kaum, daß er mich anhauchte, mußte ich da nicht glauben, er sei bloß gesendet, um mich zu grüßen? – Du weißt es doch, Goethe, Seufzer sind Boten; Du säßest allein am offnen Fenster, am späten Abend, und dächtest und fühltest die letzte Begeisterung für die letzte Geliebte in Deinem Blut wallen; – dann unwillkürlich stößt Du den Seufzer aus – der macht sich augenblicklich auf den Weg und jagt – Du kannst ihn nicht zurückrufen.

Irrende Seufzer nennt man, die aus unruhiger Brust, aus verwirrtem Denken und Wünschen entspringen; aber ein solcher Seufzer aus mächtiger Brust, wo die Gedanken, in schöner Wendung sich verschränkend, auf hohen Kothurnen die taugebadeten Füße in heiligem Takte bewegen, von schwebender Muße geleitet; – ein solcher Seufzer, der Deinen Liedern die Brust entriegelt, – der schwingt sich als Herold vor ihnen her, und *meine* Seufzer, lieber Freund! – zu Tausenden umdrängen sie ihn.

Heute nacht nun hab' ich mich grausam gefürchtet, – ich sah nach dem Fenster, wo es hell war – ich wär' so gern dort gewesen! Ich war auf meine fatales Erblager aus dem vorigen Jahrhundert, in dem Ritter und Prälaten schon mögen ihren Geist ausgehaucht haben und ein Dutzend kleiner Meister vom Hammer, alle emsig, pochten und pickten, fest gebannt. Ach, wie sehnt' ich mich nach der kühlen Nachtluft. – Kann man so närrisch sein? – Plötzlich hatte ich's überwunden, ich stand mitten in der Stube. Auf den Füßen, da bin ich gleich ein Held, es soll mir einer nah kommen – ach, wie pochten mir Herz und Schläfe; die vierzehn Nothelfer, die ich aus alter Gewohnheit vom Kloster her noch herbeirief, sind auch keine Gesellschaft zum Lachen, da der eine seinen eignen Kopf, der andre sein Eingeweide im Arm trägt und so weiter. Ich entließ sie alle zum Fenster hinaus. Und du, magischer Spiegel, in dem alles so zauberisch widerscheint, was ich erlebe, was war's denn, was mich beseligte? – Nichts! – Tiefes Bewußtsein, Friede atmen, – so stand ich am Fenster und erwartete den anbrechenden Tag. –

Bettine.

***

Am 24. Juli.

Über Musik lasse ich Dich nicht los. Du sollst mir bekennen, ob Du mich liebst, Du sollst sagen, daß Du Dich von ihr durchdrungen fühlst. Der Schlosser hat Generalbaß studiert, um ihn Dir beizubringen, und Du hast Dich gewehrt, wie er sagt, gegen die kleine Sept, und hast gesagt: „Bleibt mir mit eurer Sept vom Leibe, wenn ihr sie nicht in Reih und Glied könnt aufstellen, wenn sie nicht einklingt in die so bündig abgeschlossenen Gesetze der Harmonie, wenn sie nicht ihren sinnlich natürlichen Ursprung hat so gut wie die andern Töne" – und Du hast den verdutzten Missionar zu Deinem heidnischen Tempel hinausgejagt und bleibst einstweilen bei Deiner Indischen Tonart, die keine Sept hat. – Aber Du mußt ein Christ werden, Heide! – Die Sept klingt freilich nicht ein, und ohne sinnliche Basis; sie ist der göttliche Führer, Vermittler der sinnlichen Natur mit der himmlischen; sie ist übersinnlich, sie führt in die Geisterwelt, sie hat Fleisch und Bein angenommen, um den Geist vom Fleisch zu befreien, sie ist zum Ton geworden, um den Tönen den Geist zu geben, und wenn sie nicht wär', so würden alle Töne in der Vorhölle sitzenbleiben. Bilde Dir nur nicht ein, daß die Grundakkorde was Gescheuteres wären als die Erzväter vor der Erlösung, vor der Himmelfahrt. Er kam und führte sie mit sich gen Himmel, und jetzt, wo sie erlöst sind, können sie selber erlösen – sie können die harrende Sehnsucht befriedigen. So ist es mit den Christen, so ist es mit den Tönen: ein jeder Christ fühlt den Erlöser in sich, ein jeder Ton kann sich selbst zum Vermittler, zur Sept erhöhen und da das ewige Werk der Erlösung aus dem Sinnlichen ins Himmlische vollbringen, und nur durch Christum gehen wir in das Reich des Geistes ein, und nur durch die Sept wird das erstarrte Reich der Töne erlöst und wird Musik, ewig bewegter Geist, was eigentlich der Himmel ist; sowie sie sich berühren, erzeugen sich neue Geister, neue Begriffe; ihr Tanz, ihre Stellungen werden göttliche Offenbarungen; Musik ist das Medium des Geistes, wodurch das Sinnliche geistig wird – und wie die Erlösung über alle sich verbreitet, die von dem lebendigen Geist der Gottheit ergriffen, nach ewigem Leben sich sehnen: so leitet die Sept durch ihre Auflösung alle Töne, die zu ihr um Erlösung bitten, auf tausend verschiednen Wegen zu ihrem Ursprung, zum göttlichen Geist. Und wir armen Menschen sollten uns genügen lassen, daß wir fühlen: unser ganzes Dasein ist ein Zubereiten, Seligkeit zu fassen, und sollten nicht warten auf einen wohlgepolsterten, aufgeputzten Himmel, wie Deine Mutter, die da glaubt, daß dort alles, was uns auf Erden Freude gemacht hat, in erhöhtem Glanz sich wieder finde; ja sogar behauptet, ihr verblichnes Hochzeitskleid von blaßgrüner Seide mit Gold- und Silberblättern durchwirkt und scharlachrotem Samtüberwurf werde dort ihr himmlisches Gewand sein und der juwelene Strauß, den ein grausamer Dieb ihr entwendet, sauge schon jetzt einstweilen das Licht der Sterne ein, um auf ihrem Haupt als Diadem unter den himmlischen Kronen zu glänzen. Sie sagt: „Für was wär' dies Gesicht das meinige, und warum spräche der Geist aus meinen Augen diesen oder jenen an, wenn er nicht vom Himmel wär' und die Anwartschaft auf ihn hätte? Alles was tot ist, macht keinen Eindruck; was aber Eindruck macht, das ist ewig lebendig." Wenn ich ihr etwas erzähle, erfinde, so meint sie, das sind alles Dinge, die im Himmel aufgestellt werden. Oft erzähle ich ihr von Kunstwerken meiner Einbildung. Sie sagt: „Das sind Tapeten der Phantasie, mit denen die Wände der himmlischen Wohnungen verziert sind." Letzt war sie im Konzert und freute sich sehr über ein Violoncell; da nahm ich die Gelegenheit wahr und sagte: „Geb' Sie acht, Frau Rat, daß Ihr die Engel nicht so lang mit dem Fidelbogen um den Kopf schlagen, bis Sie einsieht, der Himmel ist Musik.“ Sie war ganz frappiert, und nach langer Pause sagte sie: „Mädchen, du kannst recht haben.“

***

Am 25.

Was mache ich denn, Goethe, meine halben Nächte verschreib' ich an Dich; gestern früh im Nachen, da schlief ich, wir fuhren bis St. Goar, und träumte über Musik, und was ich Dir gestern abend halb ermüdet und halb besessen niedergeschrieben habe, ist kaum eine Spur von dem, was sich in mir aussprach, aber Wahrheit liegt drinnen; es ist eben ein *großer* Unterschied zwischen dem, was einem schlafend der Geist eingibt, und dem, was man wachend davon behaupten kann. Ich sage Dir, ich hoffe in Zukunft mehr bei Sinnen zu sein, wenn ich Dir schreibe; ich werde mich mäßigen und alle kleinen Züge sammeln, unbekümmert ob sie aus *einer* Anschauung hervorgehen, ob sie *ein* System begründen. Ich möchte selbst gerne wissen, was Musik ist, ich suche sie, wie der Mensch die ewige Weisheit sucht. Glaube nicht, daß, was ich geschrieben habe, nicht mein wahrer Ernst sei, ich glaube dran, gerad' weil ich's gedacht habe, obschon es der himmlischen Genialität entbehrt und man ordentlich erkennt, wie ich froh war, mich vor meinem zürnenden Dämon, daß ich ihn so schlecht verstand, hinter den goldnen Reifrock Deiner Mutter verbergen zu können. – Adieu! Gestern abend ging ich noch spät in der schönen blühenden Lindenallee im Mondschein am Ufer des Rheins, da hörte ich's klappen und sanft singen. Da saß vor ihrer Hütte unter dem blühenden Lindenbaum die Mutter von Zwillingen, eins hatte sie an der Brust, und das andre wiegte ihr Fuß im Takt, während sie ihr Lied sang; also im Keim, wo kaum die erste Lebensspur sich regt, da ist Musik schon die Pflegerin des Geistes, es summt ins Ohr, und dann schläft das Kind, die Töne sind die Gesellen seiner Träume, sie sind seine Mitwelt; es hat ja nichts –, das Kind, ob es die Mutter auch wiege, es ist *allein* im Geist; aber die Töne dringen in es ein und fesseln es an sich, wie die Erde das Leben der Pflanze an sich fesselt, und wenn Musik das Leben nicht hielt', so würde es erkalten, und so brütet Musik fort, von da an, wo der Geist sich regt, bis er reif, flügge und ungeduldig hinausstrebt nach jenseits, und da werden wir's wohl auch erfahren, daß Musik die Mutterwärme war, um den Geist unter der Erdenhülle auszubrüten. Amen.

***

Am 26.

Dies heimliche Ergötzen, an Deiner Brust zu schlafen: – denn dies Schreiben an Dich nach durchlaufener Tagsgeschichte ist ein wahres Träumen an Deinem Herzen, von Deinen Armen umschlungen, ich freu' mich immer, wenn wir in die Herberge einziehen und es heißt: „Wir wollen früh zu Bett, denn wir müssen auch früh wieder heraus“; der Franz jagt mich immer zuerst ins Bett, und ich bin auch so müde, daß ich's kaum erwarten kann; ich werfe in Hast die Kleider ab und sinke vor Müdigkeit in einen tiefen Brunnen, da umfängt mich das Waldrevier, durch das wir am Tag geschritten waren, das Licht der Träume blitzt durch die dunklen Wölbungen des Schlafs. – „Träume sind Schäume", sagt man, ich hab' eine andre Bemerkung gemacht, ob die wahr ist? – Allemal die Gegend, die Umgebung, in der ich mich im Traum fühle, die deutet auf die Stimmung, auf das Passive meines Gemüts. So träum' ich mich jetzt immer in Verborgenes, Heimliches; es sind Höhlen von weichem Moos bei kühlen Wassern, verschränkt von blühenden Zweigen; es sind dunkle Waldschluchten, wo uns gewiß kein Mensch findet und sucht. Da wart' ich auf Dich im Traum, ich harre und sehe mich um nach Dir; ich gehe auf engen, verwachsenen Wegen hin und her und eile zurück, weil ich glaub', jetzt bist Du da; dann bricht plötzlich der Wille durch, ich ringe in mir, Dich zu haben, und das ist mein Erwachen. Dann färbt sich's schon im Osten, ich rücke mir den Tisch ans Fenster, die Dämmerung verschleiert noch *die ersten Zeilen*; bis ich aber das Blatt zu Ende geschrieben habe, scheint schon die Sonne. Ach, was schreib' ich Dir denn? – Ich hab' selbst kein Urteil drüber, aber ich bin allemal neugierig, was kommen wird. Laß andre ihre Schicksale bereichern durch schöne Wallfahrten in's gelobte Land, laß sie ihr Journal schreiben von gelehrten und andern Dingen, wenn sie Dir auch einen Elefantenfuß oder eine versteinerte Schneck' mitbringen, – darüber will ich schon Herr werden, wenn sie sich nur nicht in ihren Träumen in Dich versenken wie ich. Laß mir die stille Nacht, nimm keine Sorgen mit zu Bett, ruh' aus in dem schönen Frieden, den ich Dir bereite, ich bin ja auch so glücklich in Dir! Es ist freilich schön, wie Du sagst, sich in dem Labyrinth geistiger Schätze mit dem Freund zu ergehen; aber darf ich nicht bitten für das Kind, das stumm vor Liebe ist? Denn eigentlich ist dieses geschriebene Geplauder nur eine Nothilfe, – die tiefste Liebe in mir ist stumm: es ist, wie ein Mückchen summt um Deine Ohren im Schlaf, und wenn Du nicht wach werden willst und meiner bewußt sein, dann wird Dich's stechen. – Sag', ist dies Leidenschaft, was ich Dir hier vorbete? – O sag's doch; – wenn's wahr wäre, wenn ich geboren wär', in Leidenschaft zu verflammen, wenn ich die hohe Zeder wär' auf dem die Welt überragenden Libanon, angezündet zum Opfer Deinem Genius, und verduften könnte in Wohlgerüchen, daß jeder Deinen Geist einsöge durch mich; wenn's so wär', mein Freund, daß Leidenschaft den Geist des Geliebten entbindet, wie das Feuer den Duft? – und so ist es auch! Dein Geist wohnt in mir und entzündet mich, und ich verzehre mich in Flammen und verduften und was die aussprühenden Funken erreichen, das verbrennt mit; – so knackert und flackert jetzt die Musik in mir, – die muß auch herhalten zum lustigen Opferfeuer; sie will nur nicht recht zünden und setzt viel Rauch. Ich gedenke hier Deiner und Schillers; die Welt sieht Euch an wie zwei Brüder auf einem Thron, er hat so viel Anhänger wie Du; – sie wissen's nicht, daß sie durch den einen vom andern berührt werden; ich aber bin dessen gewiß. – Ich war auch einmal ungerecht gegen Schiller und glaubte, weil ich Dich liebe, ich dürfe seiner nicht achten; aber nachdem ich Dich gesehen hatte, und nachdem seine Asche als letztes Heiligtum seinen Freunden als Vermächtnis hinterblieb, da bin ich in mich gegangen; ich fühlte wohl, das Geschrei der Raben über diesem heiligen Leichnam sei gleich dem ungerechten Urteil. Weißt Du, was Du mir gesagt hast, wie wir uns zum erstenmal sahen? – Ich will Dir's hier zum Denkstein hinsetzen Deines innersten Gewissens, Du sagtest: „Ich denke jetzt an Schiller", indem sahst Du mich an und seufztest tief, da sprach ich drein und wollte Dir sagen, wie ich ihm nicht anhinge, Du sagtest abermals: „Ich wollte, er wär' jetzt hier. – Sie würden anders fühlen, kein Mensch konnte seiner Güte widerstehen, wenn man ihn nicht so reich achtet und so ergiebig, so war's, weil sein Geist einströmte in alles Leben seiner Zeit, und weil jeder durch ihn genährt und gepflegt war und seine Mängel ergänzt. So war er andern, so war er mir des meisten, und sein Verlust wird sich nicht ersetzen." Damals schrieb ich Deine Worte auf, nicht um sie als merkwürdiges Urteil von Dir andern mitzuteilen; – nein, sondern weil ich mich beschämt fühlte. Diese Worte haben mir wohlgetan, sie haben mich belehrt, und oft, wenn ich im Begriff war, über einen den Stab zu brechen, so fiel mir's ein, wie Du damals in Deiner milden Gerechtigkeit den Stab über meinen Aberwitz gebrochen. Ich mußte in aufgeregter Eifersucht doch anerkennen, ich sei nichts. „Man berührt nichts umsonst", sagtest Du, „diese langjährige Verbindung, dieser ernste tiefe Verkehr, der ist ein Teil meiner selbst geworden; und wenn ich jetzt ins Theater komme und seh' nach seinem Platz, und muß es glauben, daß er in dieser Welt nicht mehr da ist, daß diese Augen mich nicht mehr suchen, dann verdrießt mich das Leben, und ich möchte auch lieber nicht mehr da sein."

Lieber Goethe, Du hast mich sehr hochgestellt, daß Du damals so köstliche Gefühle und Gesinnungen vor mir aussprachst. Es war zum erstenmal, daß jemand sein innerstes Herz vor mir aussprach, und Du warst es! – Ja, Du nahmst keinen Anstoß und ergabst Dich diesen Nachwehen in meiner Gegenwart; und freilich hat Schiller auf mich gewirkt, denn er hat Dich zärtlich und weich gestimmt, daß Du lange an mir gelehnt bliebst und mich endlich fest an Dich drücktest!

Ich bin müde, ich habe geschrieben von halb drei bis jetzt gegen fünf Uhr; heute wird's gar nicht hell werden – es hängen dicke Regenwolken am Himmel, da werden wir wohl warten bis Mittag, eh' wir weiterfahren. Du solltest nur das Getümmel von Nebel sehen auf dem Rhein, und was an den einzelnen Felszacken hängt! Wenn wir hier bleiben, dann schreib' ich Dir mehr heute nachmittag, denn ich wollte Dir von Musik sagen, von Schiller und Dir, wie Ihr mit *der* zusammenhängt – das bohrt mir schon lange im Kopf.

Ich bin müde, lieber Goethe, ich muß schlafen.

Am Abend.

Ich bin sehr müde, lieber Freund, und würde Dir nicht schreiben, aber ich seh', daß diese Blätter auf dieser wunderlichen Kreuz- und Querreise sich zu etwas Ganzem bilden, und da will ich doch nicht versäumen, wenn auch nur in wenig Zeilen, das Bild des Tages festzuhalten: lauter Sturm und Wetter, abwechselnd ein einzelner Sonnenblick. Wir waren bis Mittag in St. Goarshausen geblieben, und haben den Rheinfels erstiegen; meine Hände sind von Dornen geritzt, und meine Kniee zittern noch von der Anstrengung, denn ich war voran und wählte den kürzesten und steilsten Weg. Hier oben sieht es so feierlich und düster aus; eine Reihe nackter Felsen schieben sich gedrängt hintereinander hervor, mit Weingärten, Wäldern und alten Burgtrümmern gekrönt; und so treten sie keck ins Flußbett dem Lauf des Rheins entgegen, der aus dem tiefen stillen See um den verzauberten Lurelei sich herumschwingt, über Felsschichten hinrauschend, schäumt, bullert, schwillt, gegen den Riff anschießt und den überbrausenden Zorn der schäumenden Flut wie ein echter Zecher in sich hineintrinkt.

Da oben sah ich bequem unter der schützenden Mauer des Rheinfels die Nachkommenden mit roten und grünen Parapluies mühsam den schlüpfrigen Pfad hinaufklettern, und da eben der Sonne letzter Hoffnungsstrahl verschwand und ein tüchtiger Guß dem Gebet um schön Wetter ein End' machte, kehrte die naturliebende Gesellschaft beinah' am Ziel verzagt wieder um, und ich blieb allein unter den gekrönten Häuptern. Wie beschreib' ich Dir diese erlebte Stunde mit kurzem Wort treffend? Kaum konnte ich Atem holen, – so streng und gewaltig. Ach, ich bin glücklich! Die ganze Welt ist schön, und ich erleb' alles für Dich. Ich sah still und einsam in die tobende Flut, die Riesengesichter der Felsen schüchterten mich ein; ich getraute kaum den Blick zu heben; – manche machen's zu arg, wie sie sich überhängen und mit dem düstern Gesträuch, das sich aus geborstener Wand hervordrängt; die nackten Wurzeln, kaum vom Stein gehalten, die hängenden Zweige schwankend im reißenden Strom; – es wurde so finster, – ich glaubte, heute könne nicht mehr Tag werden. Eben überlegte ich, ob mich die Wölfe heute nacht fressen würden, – da trat die Sonne hervor und umzog, mit Wolken kämpfend, die Höhen mit einem Feuerring. Die Waldkronen flammten, die Höhlen und Schluchten hauchten ein schauerliches Dunkelblau aus über den Fluß hin; da spielen mannigfaltige Widerscheine auf den versteinerten Gaugrafen, und eine Schattenwelt umtanzt sie in flüchtigem Wechsel auf der bewegten Flut; alles wankte, – ich mußte die Augen abwenden. Ich riß den Efeu von der Mauer herab und machte Kränze und schwang sie mit meinem Hakenstock, mit dem ich hinaufgeklettert war, weit in die Flut. Ach, ich sah sie kaum, – weg waren sie! Gute Nacht! –

Am 27.

Goethe, guten Morgen! Ich war früh um vier Uhr bei den Salmenfischern und habe helfen lauern, denn sie meinen auch: „Im Trüben ist gut fischen“, aber es half nichts, es wurde keiner gefangen. Einen Karpfen hab' ich losgekauft und Gott und Dir zu Ehren wieder in die Flut entlassen.

Das Wetter will sich nicht aufklären; eben schiffen wir über, um auf dem linken Ufer zu Wagen wieder nach Hause zu fahren, ich hätte gar zu gern noch ein paar Tage hier herumgekreuzt.

An Bettine.

3. August 1808.

Ich muß ganz darauf verzichten, Dir zu antworten, liebe Bettine; Du läßt ein ganzes Bilderbuch herrlicher, allerliebster Vorstellungen zierlich durch die Finger laufen; man erkennt im Flug die Schätze, und man weiß, was man hat, noch eh' man sich des Inhalts bemächtigen kann. Die besten Stunden benütze ich dazu, um näher mit ihnen vertraut zu werden, und ermutige mich, die elektrischen Schläge Deiner Begeistrungen auszuhalten. In diesem Augenblick hab' ich kaum die erste Hälfte Deines Briefs gelesen und bin zu bewegt, um fortzufahren. Habe einstweilen Dank für alles; verkünde ungestört und unbekümmert Deine Evangelien und Glaubensartikel von den Höhen des Rheins, und laß Deine Psalmen herabströmen zu mir und den Fischen; wundre Dich aber nicht, daß ich wie diese verstumme. Um eines bitte ich Dich: höre nicht auf mir gern zu schreiben; ich werde nie aufhören, Dich mit Lust zu lesen.

Was Dir Schlosser über mich mitgeteilt hat, verleitet Dich zu sehr interessanten Exkursionen aus dem Naturleben in das Gebiet der Kunst. Daß Musik mir ein noch rätselhafter Gegenstand schwieriger Untersuchung ist, leugne ich nicht; ob ich mir den harten Ausspruch des Missionärs, wie Du ihn nennst, muß gefallen lassen, das wird sich erst dann erweisen, wenn die Liebe zu ihr, die jetzt mich zu wahrhaft abstrakten Studien bewegt, nicht mehr beharrt. Du hast zwar flammende Fackeln und Feuerhecken ausgestellt in der Finsternis, aber bis jetzt blenden sie mehr, als sie erleuchten, indessen erwarte ich doch von der ganzen Illumination einen herrlichen Totaleffekt, so bleibe nur dabei und sprühe nach allen Seiten hin.

Da ich nun heute bis zum Amen Deiner reichen inhaltsvollen Blätter gekommen bin, so möchte ich Dir schließlich nur mit einem Wort den Genuß ausdrücken, der mir daraus erwächst, und Dich bitten, daß Du mir ja das Thema über Musik nicht fallen läßt, sondern vielmehr nach allen Seiten hin und auf alle Weise variierst. Und so sage ich Dir ein herzliches Lebewohl; bleibe mir gut, bis günstige Sterne uns zueinander führen.

G.

An Goethe.

Rochusberg.

Fünf Tage waren wir unterwegs, und seitdem hat es unaufhörlich geregnet. Das ganze Haus voll Gäste, kein Eckchen, wo man sich der Einsamkeit hätte freuen können, um Dir zu schreiben.

Solang' ich Dir noch zu sagen habe, so lang' glaub' ich auch fest, daß Dein Geist auf mich gerichtet ist wie auf so manche Rätsel der Natur; wie ich denn glaube, daß jeder Mensch ein solches Rätsel ist, und daß es die Aufgabe der Liebe ist zwischen Freunden, das Rätsel aufzulösen; so daß ein jeder seine tiefere Natur durch und in dem Freund kennenlerne. Ja, Liebster, das macht mich glücklich, daß sich allmählich mein Leben durch Dich entwickelt, drum möcht' ich auch nicht falsch sein, lieber möcht' ich's dulden, daß alle Fehler und Schwächen von Dir gewußt wären, als Dir einen falschen Begriff von mir geben; weil dann Deine Liebe nicht mit mir beschäftigt sein würde, sondern mit einem Wahnbild, was ich Dir statt meiner untergeschoben hätte. – Darum mahnt mich auch oft ein Gefühl, daß ich dies oder jenes Dir zulieb' meiden soll, weil ich es doch vor Dir leugnen würde.

Lieber Goethe, ich muß Dir die tiefsten Sachen sagen; sie kommen eigentlich allen Menschen zu, aber nur Du hörst mich an und glaubst an mich und gibst mir in der Stille recht. Ich habe oft darüber nachgedacht, daß der Geist nicht kann, was er will, daß eine geheime Sehnsucht in ihm verborgen liegt, und daß er die nicht befriedigen kann; zum Beispiel, daß ich eine große Sehnsucht habe bei Dir zu sein, und daß ich doch nicht, wenn ich auch noch so sehr an Dich denke, Dir dies fühlbar machen kann; ich glaube, es kommt daher, weil der Geist wirklich nicht im Reich der Wahrheit lebt und er also sein eigentliches Leben noch nicht wahrmachen kann, bis er ganz aus der Lüge heraus in das Reich der Offenbarung übergegangen ist; denn die Wahrheit ist ja nur Offenbarung, und dann wird sich ein Geist auch dem andern zu offenbaren vermögen. Ich möchte Dir noch anderes sagen, aber es ist schwer, mich befällt Unruh', und ich weiß nicht wohin ich mich wenden soll; ja, im ersten Augenblick ist alles reich, aber will ich's mit dem Wort anfassen, da ist alles verschwunden, so wie im Märchen, wo man einen kostbaren Schatz findet, in dem man alle Kleinode deutlich erkennt, will man ihn berühren, so versinkt er, und das beweist mir auch, daß der Geist hier auf Erden das Schöne nur träumt und noch nicht seiner Meister ist, denn sonst *könnte* er fliegen, so gut wie er denkt, daß er fliegen möchte. Ach, wir sind soweit voneinander! Welche Tür ich auch öffne und sehe die Menschen beisammen, Du bist nicht unter ihnen; – ich weiß es ja, noch eh' ich öffne, und doch muß ich mich erst überzeugen und empfinde die Schmerzen eines Getäuschten; – sollte ich Dir nun auch noch meine Seele verbergen? – oder das, was ich zu sagen habe, einhüllen in Gewand, weil ich mich schäme der verzagten Ahnungen? – Soll ich nicht das Zutrauen in Dich haben, daß Du das Leben liebst, wenn es auch noch unbehilflich der Pflege bedarf, bis es seinen Geist mitteilen kann? – Ich habe mir große Mühe gegeben mich zu sammeln und mich selbst auszusprechen; ich hab' mich vor dem Sonnenlicht versteckt, und in dunkler Nacht, wo kein Stern leuchtet und die Winde brausen, da bin ich in die Finsternis hinaus und hab' mich fortgeschlichen bis zum Ufer; – da war es immer noch nicht einsam genug, – da störten mich die Wellen, das Rauschen im Gras, und wenn ich in die dichte Finsternis hineinstarrte und die Wolken sich teilten, daß sich die Sterne zeigten, – da hüllte ich mich in den Mantel und legte das Gesicht an die Erde, um ganz, ganz allein zu sein; das stärkte mich, daß ich freier war, da regte es mich an, das, was vielleicht keiner beachtet, zu beachten; da besann ich mich, ob ich denn wirklich mit Dir spreche, oder ob ich nur mich von Dir hören lasse? – Ach Goethe! – Musik, ja Musik! Hier kommen wir wieder auf das heilige Kapitel, – da hören wir auch zu, aber wir sprechen nicht mit, – aber wir hören, wie sie untereinander sprechen, und das erschüttert uns, das ergreift uns; – ja sie sprechen untereinander, wir hören und empfinden, daß sie eins werden im Gespräch. – Drum, das wahre Sprechen ist eine Harmonie, ohne Scheidung, alles in sich vereint; – wenn ich Dir die Wahrheit sage, so muß Deine Seele in meine überfließen, – das glaub' ich.

Wo kommen sie her, diese Geister der Musik? – Aus des Menschen Brust; – er schaut sich selber an, der Meister; – das ist die Gewalt, die den Geist zitiert. Er steigt hervor aus unendlicher Tiefe des Inneren, und sie sehen sich scharf an, der Meister und der Geist, – das ist die Begeistrung; – so sieht der göttliche Geist die Natur an, davon sie blüht. – Da blühen Geister aus dem Geist; sie umschlingen einander, sie strömen aus, sie trinken einander, sie gebären einander; ihr Tanz ist Form, Gebild; wir sehen sie nicht, – wir empfinden's und unterwerfen uns seiner himmlischen Gewalt; und indem wir dies tun, erleiden wir eine Einwirkung, die uns heilt. – Das ist Musik.

O, glaub' gewiß, daß wahre Musik übermenschlich ist. Der Meister fordert das Unmögliche von den Geistern, die ihm unterworfen sind, – und siehe, es ist möglich, sie leisten es. – An Zauberei ist nicht zu zweifeln, nur muß man glauben, daß das Übermächtige auch im Reich der Übermacht geleistet werde, und daß das Höchste von der Ahnung, von dem Streben desjenigen abhänge, dem die Geister sich neigen. Wer das Göttliche will, dem werden sie Göttliches leisten. Was ist aber das Göttliche? – Das ewige Opfer des menschlichen Herzens an die Gottheit: – dies Opfer geht hier geistigerweise vor; und wenn es der Meister auch leugnet, oder nicht ahnt, – es ist doch wahr. – Erfaßt er eine Melodie, so ahnet er schon ihre Vollkommenheit, und das Herz unterwirft sich einer strengen Prüfung, es läßt sich alles gefallen, um dem Göttlichen näherzukommen; je höher es steigt, je seliger; und das ist das Verdienst des Meisters, daß er sich gefallen lasse, daß die Geister auf ihn eindringen, ihm nehmen, sein Ganzes vernichten, daß er ihnen gehorcht, das Höhere zu suchen unter ewigen Schmerzen der Begeistrung. Wo ich das alles, und einzig, was ich gehört habe, war Musik. Wie ich aus dem Kloster kam nach Offenbach, da lag ich im Garten auf dem Rasen und hörte Salieri und Winter, Mozart und Cherubini, Haydn und Beethoven. Das alles umschwärmte mich; ich begriff's weder mit den Ohren noch mit dem Verstand, aber ich fühlte es doch, während ich alles andre im Leben nicht fühlte; das heißt, der innere, höhere Mensch fühlt es; und schon damals fragte ich mich: „Wer ist das, der da gespeist und getränkt wird durch Musik, und was ist das, was da wächst und sich nährt, pflegt und selbsttätig wird durch sie?“ – Denn ich fühlte eine Bewegung zum Handeln; ich wußte aber nicht, was ich ergreifen sollte. Oft dachte ich, ich müsse mit fliegender Fahne voranziehen den Völkern; ich würde sie auf Höhen führen über den Feind, und dann müßten sie auf mein Geheiß, auf meinen Wink hinunterbrausen ins Tal und siegend sich verbreiten. Da sah ich die roten und weißen Fähnlein fliegen und den Pulverdampf in den sonneblendenden Gefilden; da sah ich sie heransprengen im Galopp, – die Siegesboten, mich umringen und mir zujauchzen; da sah und fühlte ich, wie der Geist in der Begeistrung sich löst und zum Himmel aufschwingt; die Helden, an den Wunden verblutend, zerschmettert, selig aufschreiend im Tod, ja und ich selbst hab' es mit erlebt, – denn ich fühlte mich auch verwundet und fühlte, wie der Geist Abschied nahm, gern noch verweilt hätte unter den Palmen der Siegesgöttin und doch, da sie ihn enthob, auch gern sich mit ihr aufschwang. Ja, so hab' ich's erlebt und anderes noch: wo ich mich einsam fühlte, in tiefe, wilde Schluchten sah, nicht tief – *untief*, unendliche Berge über mir, ahnend die Gegenwart der Geister. Ja, ich nahm mich zusammen und sagte: „Kommt nur, ihr Geister, kommt nur heran; weil ihr göttlich seid und höher als ich, so will ich mich nicht wehren.“ Da hörte ich aus dem unsäglichen Gebraus der Stimmen die Geister sich losreißen; – sie wichen voneinander – ich sah sie aus der Ferne in glänzendem Fluge mir nahen; durch die himmlische blaue Luft verdufteten sie ihre silberne Weisheit, und sie neigten sich in den Felsensaal herab und strömten Licht über die schwarzen Abgründe, daß alles sichtbar war. Da sprangen die Wellen in Blumen in die Höhe und umtanzten sie, und ihr Nahen, ihr ganzes Sprechen war ein Eindringen ihrer Schönheit auf mich, daß meine Augen sie kaum faßten mit allem Beistand des Geistes – und das war ihre ganze Wirkung auf mich.

O Goethe! Ich könnte Dir noch viele Gesichte mitteilen; ja ich glaub's, daß Orpheus sich umringt sah von den wilden Tieren, die in süßer Wehmut aufstöhnten mit den Seufzern seines Gesangs; ich glaub's, daß die Bäume und Felsen sich nahten und neue Gruppen und Wälder bildeten, denn auch ich hab's erlebt; ich sah Säulen emporsteigen und wunderbares Gebälk tragen, auf dem sich schöne Jünglinge wiegten; ich sah Hallen, in denen erhabene Götterbilder aufgestellt waren; wunderbare Gebäude, deren Glanz den Blick des stolzen Auges brachen; deren Galerien Tempel waren, in denen Priesterinnen mit goldnen Opfergeräten wandelten und die Säulen mit Blumen schmückten, und deren Zinnen von Adlern und Schwanen umkreist waren; ich sah diese ungeheuren Architekturen mit der Nacht sich vermählen, die elfenbeinernen Türme mit ihren diamantnen Lazuren im Abendrot schmelzen und über die Sterne hinausragen, die im kalten Blau der Nacht wie gesammelte Heere dahinflogen und, tanzend im Takt der Musik und um die Geister sich schwingend, Kreise bildeten. Da hörte ich in den fernen Wäldern das Seufzen der Tiere um Erlösung; und was schwärmte alles noch vor meinem Blick und in meinem Wahn. – Was glaubte ich tun zu müssen und zu können; welche Gelübde hab' ich den Geistern ausgesprochen; alles, was sie verlangten, hab' ich auf ewig und ewig gelobt. Ach Goethe, das alles hab' ich erlebt in dem grünen goldgeblümten Gras. Da lag ich in der Spielstunde und hatte die feine Leinwand über mich gebreitet, die man da bleichte, ich hörte oder fühlte mich vielmehr getragen und umbraust von diesen unaussprechlichen Symphonien, die keiner deuten kann; da kamen sie und begossen die Leinwand; und ich blieb liegen und fühlte die Glut behaglich abgekühlt. Du wirst gewiß auch ähnliches erlebt haben; diese Fieberreize, ins Paradies der Phantasie aufzusteigen, haben Dich auf irgendeine Weise durchdrungen; sie durchglühen die Natur, die wieder erkaltet – etwas anders geworden, zu etwas anderm befähigt ist. An Dich haben die Geister Hand gelegt, in's unsterbliche Feuer gehalten; – und das war Musik; ob Du sie verstehst, oder empfindest; ob Unruhe oder Ruhe Dich befällt; ob Du jauchzest oder tief trauerst; ob Dein Geist Freiheit atmet oder seine Fesseln empfindet; – es ist immer die Geisterbasis des Übermenschlichen in Dir. Wenn auch weder die Terz noch die Quint Dir ein Licht aufstecken, wenn sie nicht so gnädig sind, sich von Dir beschauen und befühlen zu lassen, so ist es bloß, weil Du durchgegangen bist durch ihre Heiligung, weil die Sinne, gereift an ihrem Licht, schon wieder die goldnen Fruchtkörner zur Saat ausspreuen. Ja, Deine Lieder sind die süßen Früchte, ihres Balsams voll. Balsam strömt in Deiner dithyrambischen Wollust! Schon sind's nicht mehr Töne, – es sind ganze Geschlechter in Deinen Gedichten, die ihre Gewalt tragen und verbreiten. – Ja, das glaub' ich gewiß, daß Musik jede echte Kunsterscheinung bildet und sich freut, in Dir so rein wiedergeboren zu sein. – Kümmere dich nicht um die leeren Eierschalen, aus denen die flügge gewordenen

Geister entschlüpft sind; – nicht um die Terz und die Quint und um die ganze Basen- und Vetterschaft der Dur- und Molltonarten, – Dir sind sie selber verwandt; Du bist mitten unter ihnen. Das Kind fragt nicht unter den Seinigen: „Wer sind diese, und wie kommen sie zueinander?“ Es fühlt das ewige Gesetz der Liebe, das es allen verbindet. – Und dann muß ich Dir auch noch eins sagen: Komponisten sind keine Maurer, die Steine aufeinanderbacken, den Rauchfang nicht vergessen, die Treppe nicht, nicht den Dachstuhl, und die Tür nicht, wo sie wieder herausschlüpfen können, und glauben, sie haben ein Haus gebaut. – Das sind mir keine Komponisten, die Deinen Liedern ein artig Gewand zuschneiden, das hinten und vorne lang genug ist. O Deine Lieder, die durchs Herz brechen mit ihrer Melodie; wie ich vor zehn Tagen da oben saß auf dem Rheinfels, und der Wind die starken Eichen bog, daß sie krachten, und sie sausten und brausten im Sturm, und ihr Laub, getragen vom Wind, tanzte über den Wellen. – Da hab' ich's gewagt zu singen; da war's keine Tonart, da war's kein Übergang, – da war's kein Malen der Gefühle oder Gedanken, was so gewaltig mit in die Natur einstimmte: es war der Drang eins mit ihr zu sein. Da hab' ich's wohl empfunden, wie Musik Deinem Genius einwohnt! Der hat sich mir gezeigt, schwebend über den Wassern, und hat mir's eingeschärft, daß Dich ich liebe. – Ach Goethe, laß Dir keine Liedchen vorlallen und glaube nicht, Du müßtest sie verstehen und würdigen lernen; ergib Dich auf Gnad' und Ungnad'; leide in Gottesnamen Schiffbruch mit Deinem Begriff; was willst Du alles Göttliche ordnen und verstehen, wo's her kommt und hin will? Siehst Du, so schreib' ich, wenn ich zügellos bin und nichts danach frage, ob's der Verstand billigt. Ich weiß nicht, ob es Wahrheit ist; mehr als das, was ich prüfe; aber so möcht' ich lieber schreiben, ohne zu befürchten, daß Du wie andre mich schweigen hießest; was könnt' ich Dir alles sagen, wenn ich mich nicht besinnen wollte! Bald würde ich Herr werden, und nichts sollte sich mir verbergen, was ich halten wollte mit dem Geist, – und wenn Du einstimmtest und neigtest Dich meinem Willen, wie der Septakkord sich der Auflösung entgegendrängt, dann wär's wie die Liebe es will.

***

Rochusberg.

Ich kann oft vor Lust, daß jetzt die selige, einsame Stunde dazu ist, nicht zum Schreiben kommen. Hier oben, im goldnen Sommer an die goldne Zukunft denken, – denn das ist meine Zukunft: Dich wiedersehen; schon von dem Augenblick an, wo Du mir die Hand zum Abschied reichst und zu verstehen gibst, es sei genug der Zärtlichkeit, – da wende ich in Gedanken schon wieder um zu Dir. Darum lache ich auch mit dem einen Auge, während ich mit dem andern weine.

Wie selig, also Dich zu denken, wie geschwätzig wird meine Seele in jedem kleinen Ereignis, aus dem sie hofft, den Schatz zu heben.

Mein erster Gang war hier herauf, wo ich Dir den letzten Brief schrieb, ehe wir reisten. Ich wollte sehen, ob mein Tintenfaß noch da sei und meine kleine Mappe mit Papier. Alles noch an Ort und Stelle, ach Goethe, ich habe Deine Brief so lieb, ich habe sie eingehüllt in ein seidnes Tuch mit bunten Blumen und goldnem Zierrat gestickt.

Am letzten Tag vor unserer Rheinreise, da wußte ich nicht wohin mit, mitnehmen wollte ich sie nicht, da wir allesamt nur einen Mantelsack hatten; in meinem Zimmerchen, das ich nicht verschließen konnte, weil es gebraucht wurde, mochte ich sie auch nicht lassen, ich dachte, der Nachen könnte versinken und ich versaufen, und dann würden diese Briefe, deren einer um den andern an meinem Herzen gelegen hat, in fremde Hand kommen. Erst wollte ich sie den Nonnen in Vollratz aufzuheben geben; – es sind Bernhardinerinnen, die, aus dem Kloster vertrieben, jetzt dort wohnen, – nachher hab' ich's anders überlegt. Das letztemal habe ich hier auf dem Berg einen Ort gefunden; unter dem Beichtstuhl der Rochuskapelle, der noch steht, in dem ich auch immer meine Schreibereien verwahre, hab' ich eine kleine Höhle gegraben und hab' sie inwendig mit Muscheln vom Rhein und wunderschönen kleinen Kieselsteinchen ausgemauert, die ich auf dem Berge fand; da hab' ich sie in ihrer seidnen Umhüllung hineingelegt und eine Distel vor die Stelle gepflanzt, deren Wurzel ich sorgfältig mitsamt der Erde ausgestochen. Unterwegs war mir oft bange; welcher Schlag hätte mich getroffen, hätte ich sie nicht wiedergefunden, mir steht das Herz still; – sieben Tage war schlecht Wetter nach unserer Heimkehr; es war nicht möglich, hinüberzukommen; der Rhein ist um drei Fuß gestiegen und ganz verödet von Nachen; ach, wie hab' ich's verwünscht, daß ich sie da oben hingebracht hatte; keinem mocht' ich's sagen, aber die Ungeduld hinüberzukommen! Ich hatte Fieber aus Angst um meine Briefe, ich konnte mir ja erwarten, der Regen würde irgendwo durchgedrungen sein und sie verderben; ach, sie haben auch ein bißchen Wassernot gelitten, aber nur ganz wenig, ich war so froh, wie ich von weitem die Distel blühen sah, da hab' ich sie denn ausgegraben und in die Sonne gelegt; sie sind gleich trocken, und ich nehm' sie mit. Die Distel hab' ich zum ewigen Andenken wieder festgepflanzt. – Nun muß ich Dir auch erzählen, was ich hier oben für eine neue Einrichtung gefunden, nämlich oben im Beichtstuhl ein Brett befestigt und darauf einen kleinen viereckigen Bienenkorb. Die Bienen waren ganz matt und saßen auf dem Brettchen und an dem Korb. Nun muß ich Dir aus dem Kloster erzählen. Da war eine Nonne, die hieß man Mere celatrice, die hatte mich an sich gewöhnt, daß ich ihr alle Geschäfte besorgen half. Hatten wir den Wein im Keller gepflegt, so sahen wir nach den Bienen; denn sie war Bienenmutter, und das war ein ganz bedeutendes Amt. Im Winter wurden sie von ihr gefüttert, die Bienen saugten aus ihrer Hand süßes Bier. Im Sommer hingen sie sich an ihren Schleier, wenn sie im Garten ging, und sie behauptete, von ihnen gekannt und geliebt zu sein. Damals hatte ich große Neigung zu diesen Tierchen. Die Mere celatrice sagte, vor allem müsse man die Furcht überwinden, und wenn eine stechen wolle, so müsse man nicht zucken, dann würden sie nie stark stechen. Das hat mich große Überwindung gekostet, nachdem ich den festen Vorsatz gefaßt hatte, mitten unter den schwärmenden Bienen ruhig zu sein, befiel mich die Furcht, ich lief, und der ganze Schwarm mir nach. Endlich hab' ich's doch gelernt, es hat mir tausend Freude gemacht, oft hab' ich ihnen einen Besuch gemacht und einen duftenden Strauß hingehalten, auf den sie sich setzten. Den kleinen Bienengarten hab' ich gepflegt, und die gewürzigen dunklen Nelken besonders hab' ich hineingepflanzt. Die alte Nonne tat mir auch den Gefallen, zu behaupten, daß man alle Blumen, die ich gepflanzt hatte, aus dem Honig herausschmecke. So lehrte sie mich auch, daß, wenn die Bienen erstarrt waren, sie wieder beleben. Sie rieb sich die Hand mit Nesseln und mit einem duftenden Kräutchen, welches man Katzenstieg nennt, machte den großen Schieber des Bienenhauses auf und steckte die Hand hinein. Da setzten sie sich alle auf die Hand und wärmten sich, das hab' ich oft auch mitgemacht; da steckte die kleine Hand und die große Hand im Bienenkorb. Jetzt wollt' ich's auch probieren, aber ich hatte nicht mehr das Herz; siehst Du, so verliert man seine Unschuld und die hohen Gaben, die man durch sie hat.

Bald hab' ich auch den Eigentümer des Korbes kennen lernen; indem ich am mitten Berg lag, um im Schatten ein wenig zu faulenzen, hört' ich ein Getrappel im Traumschlummer, das war die Binger Schafherde nebst Hund und Schäfer; er sah auch gleich nach seinem Bienenkorb; er sagte mir, daß er noch eine Weile hier weide, da hab' ihm der volle blühende Thymian und das warme, sonnige Plätzchen so wohl gefallen, daß er den Schwarm junger Bienen hier herauf gepflanzt habe, damit sie sich recht wohl befinden, und wenn sie sich dann mehren sollten und den ganzen gegitterten Beichtstuhl einnehmen, wenn er übers Jahr wiederkäme, so solle es ihm recht lieb sein.

Der Schäfer ist ein alter Mann; er hat einen langen grauen Schnurrbart, er war Soldat und erzählte mir allerlei von den Kriegsszenen und von der früheren Zeit; dabei pfiff er seinen Hund, der ihm die Herde regierte. Von verschiedenen Berggeistern erzählte er auch, das glaube er alles nicht, aber auf der Ingelheimer Höhe, wo noch Ruinen von dem großen Kaisersaal stehen, da sei es nicht geheuer; er habe selbst auf der Heide im Mondschein einen Mann begegnet, ganz in Stahl gekleidet, dem sei ein Löwe gefolgt; und da der Löwe Menschen gewittert, so habe er fürchterlich geheult; da habe der Ritter sich umgekehrt, mit dem Finger gedroht und gerufen: „Bis stille, frevelicher Hund!“ – da sei der Löwe verstummt und habe dem Mann die Füße geleckt. Der Schäfer erzählte mir dies mit besonderen Schauer, und ich schauderte zum Pläsier ein klein bißchen mit; ich sagte: „Ich glaube wohl, daß ein frommer Schäfer sich vor dem Hüter eines Löwen fürchten muß.“ „Was?“sagte er, „ich war damals kein Schäfer, sondern Soldat und auch gar nicht besonders fromm; ich freite um ein Schätzchen und war herübergegangen nach Ingelheim um Mitternacht, um Tür und Riegel zu zwingen; aber in *der* Nacht ging ich nicht weiter; ich kehrte um.“ – „Nun“, fragt' ich, „Euer Schätzchen, das hat wohl umsonst auf Euch gewartet?“ – „Ja“, sagte er, „wo Geister sich einmischen, da muß der Mensch dahinten bleiben.“ – Ich meinte, wenn man liebe, brauche man sich vor Geistern nicht zu fürchten und könne sich grade *dann* für ihresgleichen achten; denn die Nacht ist zwar keines Menschen Freund, aber des *Liebenden* Freund ist sie.

Ich fragte den Schäfer, wie er sich bei seinem einsamen Geschäft die Zeit vertreibe in den langen Tagen; – er ging den Berg hinauf, die ganze Herde hinter ihm drein, über mich hinaus, er kam wieder, die Herde nahm wieder keinen Umweg; er zeigte mir eine schöne Schalmei, – so nannte er ein Hautbois mit silbernen Klappen und Elfenbein zierlich eingelegt; er sagte: „Die hat mir ein Franzose geschenkt, darauf kann ich blasen, daß man es eine Stunde weit hört; wenn ich hier auf der Höhe weide und seh' ein Schiffchen mit lustigen Leuten drüben, da blas' ich; in der Ferne nimmt sich die Schalmeie wunderschön aus, besonders wenn das Wasser so still und sonnig ist wie heute; das Blasen ist mir lieber wie Essen und Trinken.“ Er setzte an und wendete sich nach dem Tal, um das Echo hören zu lassen; nun blies er das Lied des weissagenden Tempelknaben aus Axur von Ormus mit Variationen eigner Eingebung; die feierliche Stille, die aus diesen Tönen hervorbricht und sich mitten im leeren Raum ausdehnt, beweist wohl, daß die Geister auch in der sinnlichen Welt einen Platz einnehmen; zum wenigsten ward alles anders: Luft und Gebirge, Wald und Ferne, und der ziehende Strom mit den gleitenden Nachen waren von der Melodie beherrscht und atmeten ihren weissagenden Geist; – die Herde hatte sich zum Ruhen gelagert; der Hund lag zu des Schäfers Füßen, der von mir entfernt auf der Höhe stand und die Begeistrung eines Virtuosen empfand, der sich selbst überbietet, weil er fühlt, er werde ganz genossen und verstanden. Er ließ das Echo eine sehr feine Rolle darin spielen; hier und da ließ er es in eine Lücke einschmelzen, dann wiederholte er die letzte Figur, zärtlicher, eindringender; – das Echo wieder! – Er ward noch feuriger und schmachtender; und so lehrte er dem Widerhall, wie hoch er's treiben könne, und dann endigte er in einer brillanten Fermate, die alle Täler und Schluchten des Donnersbergs und Hunsrücks widerhallen machte. Er zog blasend mit der Herde um den Berg. – Ich packte meine Schreibereien auf, da die Einsamkeit doch hier oben aufgehoben ist, und schlenderte noch eine Weile bei gewaltigem Abendrot, mit dem Schäfer in weisen Reden begriffen, hinter der weißen Herde drein; er entließ mich mit dem Kompliment, ich sei gescheuter als alle Menschen, die er kenne; dies war mir was ganz Neues, denn bisher hab' ich von gescheuten Leuten gehört, ich sei gänzlich unklug; ich kann aber doch dem Schäfer nicht unrecht geben; ich bin auch gescheut und habe scharfe Sinne.

Bettine.

***

Winkel, 7. August.

Gestern hab' ich meinen Brief zugemacht und abgeschickt; aber noch nicht geschlossen. – Wüßtest Du, was mich bei diesen einfachen Erzählungen oft für Unruhe und Schmerzen befallen! – Es scheint Dir alles nur so hingeschrieben, wie erlebt, ja! – Aber so manches seh' ich und denke es und kann es doch nicht aussprechen; und ein Gedanke durchkreuzt den andern, und einer nimmt vor dem andern die Flucht, und dann ist es wieder so öde im Geist wie in der ganzen Welt. Der Schäfer meinte, Musik schütze vor bösen Gedanken und vor Langerweile; da hat er recht, denn die Melancholie der Langenweile entsteht doch nur, weil wir uns nach der Zukunft sehnen. In der Musik ahnen wir diese Zukunft, da sie doch nur Geist sein kann und nichts anderes, und ohne Geist gibt es keine Zukunft; wer nicht im Geist aufblüht, wie wollte *der* leben und Atem holen? – Aber ich habe mir zu Gewaltiges vorgenommen, Dir von Musik zu sagen; denn weil ich weiß, daß ihre Wahrheit doch nicht mit irdischer Zunge auszusprechen ist. So vieles halte ich zurück, aus Furcht, Du möchtest es nicht genehmigen, oder eigentlich, weil ich glaube, daß Vorurteile Dich blenden, die Gott weiß von welchem Philister in Dich geprägt sind. Ich habe keine Macht über Dich, Du glaubst Dich an gelehrte Leute wenden zu müssen; und was die Dir sagen können, das ist doch nur dem höheren Bedürfnis im Wege; o Goethe, ich fürchte mich vor Dir und dem Papier, ich fürchte mich aufzuschreiben, was ich für Dich denke.

Ja, das hat der Christian Schlosser gesagt: Du verstündest keine Musik, Du fürchtest Dich vor dem Tod, und habest keine Religion, was soll ich dazu sagen? – Ich bin so dumm wie stumm, wenn ich so empfindlich gekränkt werde. Ach Goethe, wenn man kein Obdach hätte, das vor schlechtem Wetter schützt, so könnte einem der kalte lieblose Wind schon was anhaben, aber so weiß ich Dich in Dir selber geborgen; die drei Rätsel aber sind mir eine Aufgabe. Ich möchte Dir nach allen Seiten hin Musik erklären, und fühl' doch selbst, daß sie übersinnlich ist und von mir unverstanden; dennoch kann ich nicht weichen von diesem Unauflösbaren und bete zu ihm: nicht, daß ich es begreifen möge; nein, das Unbegreifliche ist immer Gott, und es gibt keine Zwischenwelt, in der noch andere Geheimnisse begründet wären. Da Musik unbegreiflich ist, so ist sie gewiß Gott; dies muß ich sagen, und Du wirst mit Deinem Begriff von der Terz und der Quint mich auslachen! Nein, Du bist zu gut, Du lachst nicht; und dann bist Du auch zu weise; Du wirst wohl gerne Deine Studien und errungenen Begriffe aufgeben gegen ein solches, alles heiligende Geheimnis des göttlichen Geistes in der Musik. Was lohnte denn auch die Mühe der Forschung, wenn es nicht dies wäre! Nach was können wir forschen, was bewegt uns, als nur das Göttliche! – und was können Dir andere, die Wohlstudierten, Besseres und Höheres darüber sagen; – und wenn einer dagegen was aufbringen wollte, – müßte er sich nicht schämen? Wenn einer sagen wollte: Musik sei nur da, daß der Menschengeist sich darin ausbilde? – Nun ja! wir sollen uns in Gott bilden. Wenn einer sagt, sie sei nur Vermittlung zum Göttlichen, sie sei nicht Gott selbst! Nein, ihr falschen Kehlen, euer eitler Gesang ist nicht göttlich durchdrungen. Ach, die Gottheit selbst lehrt uns den Buchstaben begreifen, damit wir gleich ihr aus eignem Vermögen im Reich der Gottheit regieren lernen. Alles *Lernen* in der Kunst ist nur dazu, daß wir den Grund der Selbständigkeit in uns legen, und daß es *unser* Errungenes bleibe. Einer sagte von Christus, daß er nichts von Musik gewußt habe; dagegen konnte ich nichts sagen; einmal weiß ich seinen Lebenslauf nicht genau, und dann, was mir dabei einfiel, kann ich nur Dir sagen, obschon ich nicht weiß, was Du dazu sagen wirst. Christus sagt: „Auch euer Leib soll verklärt werden!“ Ist nun Musik nicht die Verklärung der sinnlichen Natur? – Berührt Musik nicht unsere Sinne, daß sie sich eingeschmolzen fühlen in die Harmonie der Töne, wie Du mit Terz und Quint berechnen willst? – Lerne nur verstehen, – Du wirst um so mehr Dich wundern über das Unbegreifliche. Die Sinne fließen in den Strom der Begeisterung, und das erhöht sie. Alles, was den Menschen geistigerweise anspricht, geht hier in die Sinne über; drum fühlt er sich auch durch sie zu allem bewegt. Liebe und Freundschaft, kriegerischer Mut und Sehnsucht nach der Gottheit – alles wallt im Blut; das Blut ist geheiligt; es entzündet den Leib, daß er mit dem Geist zusammen dasselbe wolle. Das ist die Wirkung der Musik auf die Sinne; das ist die Verklärung des Leibes; die Sinne von Christus waren eingeschmolzen in den göttlichen Geist, sie wollten mit ihm dasselbe; er sagte: „Was ihr berührt mit dem Geist wie mit den Sinnen, das sei göttlich, denn dann wird euer Leib auch Geist.“ Siehst Du, das hab' ich ungefähr empfunden und gedacht, da man sagte, Christus habe nichts von Musik gewußt.

Verzeihe mir, daß ich so mit Dir spreche, gleichsam ohne Basis, denn mir schwindelt, und ich deute kaum an, was ich sagen möchte, und vergesse alles so leicht wieder; aber wenn ich in Dich das Zutrauen nicht haben sollte, Dir zu bekennen, was sich in mir aufdringt, wem sollte ich's sonst mitteilen! –

Diesen Winter hatte ich eine Spinne in meinem Zimmer; wenn ich auf der Gitarre spielte, kam sie eilig herab in ein Netz, was sie tiefer ausgespannt hatte. Ich stellte mich vor sie und fuhr über die Saiten; man sah deutlich, wie es durch ihre Gliederchen dröhnte, wenn ich Akkord wechselte, so wechselten ihre Bewegungen, sie waren unwillkürlich; bei jedem verschiedenen Harpege wechselte der Rhythmus in ihren Bewegungen; es ist nicht anders – dies kleine Wesen war freudedurchdrungen oder geistdurchdrungen, solang' mein Spielen währte; wenn's still war, zog sie sich wieder zurück. Noch ein kleiner Geselle war eine Maus, der aber mehr der Vokalmusik geneigt war; sie erschien meistens, wenn ich die Tonleiter sang; je stärker ich den Ton anschwellen ließ, je näher kam sie; in der Mitte der Stube blieb sie sitzen; mein Meister hatte große Freude an dem Tierchen; wir nahmen uns sehr in acht, sie nicht zu stören. Wenn ich Lieder und abwechselnde Melodien sang, so schien sie sich zu fürchten; sie hielt dann nicht aus und lief eilends weg. Also die Tonleiter schien diesem kleinen Geschöpfchen angemessen, die durchgriff sie, und wer kann zweifeln: bereitete ein Höheres in ihr vor; diese Töne, so rein wie möglich getragen, in sich schön, die berührten diese Organe. Dieses Aufschwellen und wieder Sinken bis zum Schweigen nahm das Tierchen in ein Element auf. Ach Goethe, was soll ich sagen? – es rührt mich alles so sehr, ich bin heute so empfindlich, ich möchte weinen; wer im Tempel wohnen kann auf reinen, heiteren Höhen, sollte der verlangen hinaus in eine Spitzbubenherberge? – Diese beiden kleinen Tierchen haben sich der Musik hingegeben; es war ihr Tempel, in dem sie ihre Existenz erhöht, vom Göttlichen berührt fühlten, und Du, der sich bewegt fühlt durch das ewige Wallen des Göttlichen in Dir, Du habest keine Religion? Du, dessen Worte, dessen Gedanken immer an die Muse gerichtet sind, Du lebtest nicht in dem Element der Erhöhung, der Vermittelung mit Gott. –

Ach ja: das Erheben aus dem bewußtlosen Leben in die Offenbarung, das ist Musik. Gute Nacht.

***

Karlsbad, den 28. Juli 1808.

Ist es wahr, was die verliebten Poeten sagen, daß keine süßere Freude sei als das Geliebte zu schmücken, so hast Du das größte Verdienst um mich. Da ist mir durch die Mutter eine Schachtel voll der schönsten Liebesäpfel zugekommen, an goldnen Ketten zierlich aufgereiht; schier wären sie in meinem Kreise zu Zankäpfeln geworden. Ich sehe unter diesem Geschenk und der Anweisung dabei eine Spiegelfechterei verborgen, die ich nicht umhin kann zu rügen, denn da Du listig genug bist, mich mitten im heißen Sommer aufs Eis zu führen, so möchte ich Dir auch meinen Witz zeigen, wie ich auch unvorbereitet und unverhofft mit Geschicklichkeit diese Winterfreuden zu bestehen wage; ich werde Dir nicht sagen, daß ich keinen lieber schmücken möchte wie Dich, denn schmucklos hast Du mich überrascht, und schmucklos wirst Du mich ewig ergötzen. Ich hing die Perlenreihe chinesischer Früchte zwischen den geöffneten Fensterflügeln auf, und da eben die Sonne drauf schien, so hatte ich Gelegenheit, ihre Wirkung an diesen balsamartigen Gewächsen zu beachten. Das brennende Rot verwandelte sich da, wo die Strahlen auflagen, bald in dunklen Purpur, in Grün und entschiedenes Blau; alles von dem echten Gold des Lichtes erhöht; kein anmutigeres Spiel der Farben habe ich lange beobachtet, und wer weiß, zu welchen Umwegen mich das alles verführen wird; zum wenigsten würde der Schwanenhals, von dem die Dir gehorsamen Schreibefinger der Mutter mir melden, schwerlich mich zu so entschiedenen Betrachtungen und Reflexionen veranlaßt haben; und so hab' ich es denn Deinem Willen ganz angemessen gefunden, mich so dran zu erfreuen und zu belehren, und ich hüte vielmehr meinen Schatz vor jedem lüsternen Auge, als daß ich ihn der Wahl preisgeben sollte. Deiner gedenk' ich dabei und aller Honigfrüchte der Sonnenlande, und ausgießen möcht' ich Dir gerne die gesamten Schätze des Orients, wenn es auch wäre, um zu sehen, wie Du ihrer nicht achtest, weil Du Dein Glück in anderem begründet fühlst.

Dein freundlicher Brief, Deine reichen Blätter haben mich hier bei einer Zeit aufgesucht, wo ich Dich gerne selbst auf- und angenommen hätte. Es war eine Zeit der Ungeduld in mir; schon seit mehreren Posttagen sah ich allemal den freundlichen Postknaben, der noch in den Schelmenjahren ist, mit spitzen Fingern Deine wohlbeleibten Pakete in die Höhe halten. Da schickte ich denn eilig hinunter, sie zu holen, und fand meine Erwartung nicht betrogen; ich hatte Nahrung von einem Posttag zum andern; nun war sie aber zweimal vergeblich erwartet und ausgeblieben. Rechne mir's nicht zu hoch an, daß ich ungeduldig wurde; Gewohnheit ist ein gar zu süßes Ding. – Die liebe Mutter hatte aus einer übrigens sehr löblichen Ökonomie Deine Briefe gesammelt und sie der kleinen Schachtel beigepackt, und nun umströmt mich alles – eine andere Gegend, ein anderer Himmel, Berge, über die auch ich gewandert bin; Täler, in denen auch ich die schönsten Tage verlebt und trefflichen Wein getrunken habe; und der Rhein, den auch ich hinuntergeschwommen bin, in einem kleinen, lecken Kahn. Ich habe also ein doppeltes Recht an Dein Andenken; einmal war ich ja dort, und einmal bin ich bei Dir und vernehme mit beglückendem Erstaunen die Lehren Deiner Weisheit wie auch die so lieblichen Ereignisse, denn in allen bist Du es, die sie durch ihre Gegenwart verherrlicht.

Hier noch eine wohlgemeinte Bemerkung, mit Dank für das Eingesendete, die Du demjenigen den es angeht, gelegentlich mitteilen mögest: ob ich gleich den Nifelheimischen Himmel nicht liebe, unter welchem sich der ..... gefällt; so weiß ich doch recht gut, daß gewisse Klimaten und Atmosphären nötig sind, damit diese und jene Pflanze, die wir doch auch hier entbehren mögen, zum Vorschein komme. So heilen wir uns durch Renntiermoos, das an Orten wächst, wo wir nicht wohnen möchten, und, um ein ehrsameres Gleichnis zu brauchen, so sind die Nebel von England nötig, um den schönen grünen Rasen hervorzubringen.

So haben auch mir gewisse Aufschößlinge dieser Flora recht wohl behagt. Wäre es dem Redakteur jederzeit möglich, dergestalt auszuwählen, daß die Tiefe niemals hohl und die Fläche niemals platt würde, so ließe sich gegen ein Unternehmen nichts sagen, dem man in mehr als einem Sinne Glück zu wünschen hat. Grüße mir den Freund zum schönsten und entschuldige mich, daß ich nicht selbst schreibe.

Wie lang wirst Du noch im Rheinlande verweilen? – Was wirst Du zu der Zeit der Weinlese vornehmen? Mich finden Deine Blätter wohl noch einige Monate hier, zwischen den alten Felsen, neben den heißen Quellen, die mir auch diesmal sehr wohltätig sind: ich hoffe, Du wirst mich nicht vergeblich warten lassen, denn meine Ungeduld zu beschwichtigen, alles zu erfahren, was in Deinem Köpfchen vorgeht, dafür sind diese Quellen nicht geeignet.

Meinem August geht es bis jetzt in Heidelberg ganz wohl. Meine Frau besucht in Lauchstädt Theater und Tanzsaal. Schon haben mich manche entfernte Freunde hier brieflich besucht; mit andern bin ich ganz unvermutet persönlich zusammengekommen.

Ich habe so lange gezaudert, daher will ich dies Blatt gleich fortschicken und schlage es an meine Mutter ein. Sage Dir alles selbst, wozu mir der Platz hier nicht gegönnt ist, und lasse mich gleich von Dir hören.

G.

An Goethe

Am 8. August.

Überall wo es gut ist, das muß man zu früh verlassen; – so war es mir wahrlich gut bei Dir, drum mußt' ich Dich zu früh verlassen.

Ein guter lieber Aufenthalt ist für mich, was das fruchtbare Land einem Schiffer ist, der eine unsichre Reise vorhat, er wird Vorrat einsammeln, soviel ihm Zeit und Mittel erlauben. Ach, wenn er auf der einsamen weiten See ist, wenn die frischen Früchte schwinden, das süße Wasser! – er sieht kein Ziel vor sich; – wie sehnsuchtsvoll wird die Erinnerung ans Land. – Jetzt geht mir's auch so: in zwei Tagen muß ich den Rhein verlassen, um mit dem ganzen Familientroß in Schlangenbad zusammenzutreffen. Ich war indessen nicht immerwährend hier, sonst hätte Dich schon lange wieder eine Epistel von mir erreicht; viele Streifereien haben mich abgehalten: die Reise in die Wetterau, von welcher ich Dir hier ein Bruchstück beilege. Den Primas hab' ich in Aschaffenburg besucht, er meint immer, ich habe die Kinderschuhe noch nicht ausgetreten, und begrüßt mich, indem er mir die Wangen streichelt und mich herzlich küßt. Diesmal sagte er: „Mein gutes, liebes Schätzchen, wie Sie frisch aussehen, und wie Sie gewachsen sind!" – Ein solches Betragen hat nun eine zauberische Wirkung auf mich; ich fühlt' mich ganz und gar, wie er mich ansah, und betrug mich auch, als ob ich nur zwölf Jahr' alt sei, ich erlaubte mir allen Scherz und gänzlichen Mangel an Hochachtung, unter solchen zweifelhaften Umständen trug ich ihm Deine Aufträge vor. Sei nur nicht bestürzt, ich kenne Dein würdevolles Benehmen mit großen Herren und habe Dir als Botschafter nichts vergeben, ich hatte mir einen schriftlichen Auszug aus dem Brief an Deine Mutter gemacht und legte ihm denselben vor und die Zeile, wo Du geschrieben hast: die Bettine soll sich doch alle Mühe geben, dies auf eine artige Weise vom Primas herauszulocken, die hielt ich mit der Hand zu; nun wollte er grade sehen, was da unten verborgen sei; ich machte vorher meine Bedingungen, er versprach mir das kleine Indische Herbarium, es ist in Paris, und er wollte noch denselben Tag drum schreiben. Was die Papiere des Propst D'umée anbelangt, so hat er sehr interessante wissenschaftliche Sachen, die er Dir alle verspricht, die Korrespondenz mit ... gibt er nicht heraus, ich soll nur sagen, Du habest es nicht verdient und er werde diese Briefe als einen wichtigen Familienschatz aufbewahren und als ein Muster von feurigen Ausdrücken bei der höchsten Ehrerbietung. Ich weiß nicht, was mich befiel bei dieser Rede, ich fühlte, daß ich rot ward, da hob er mir das Kinn in die Höhe und sagte: „Was fehlt Ihnen denn, mein Kind, Sie schreiben wohl auch an Goethe?“ – „Ja“, sagte ich, „unter der Obhut seiner Mutter.“ „So, so, das ist ganz schön, kann denn die Mutter lesen?“ – Da mußt' ich ungeheuer lachen, ich sagte: „Wahrhaftig, Euer Hoheit haben's erraten; ich muß der Mutter alles vorlesen, und was sie nicht wissen soll, das übergeh' ich.“ – Er brachte noch allerlei Scherzhaftes vor und frug, ob ich Dich Du nenne, und was ich Dir alles schreibe? – Ich sagte, des Rhythmus halber nenne ich Dich Du, und eben habe ich seine Dispensation einholen wollen, um schriftlich beichten zu dürfen, denn ich wolle Dir gern beichten; er lachte, er sprang auf (denn er ist sehr vif und macht oft große Sätze) und sagte: „Geist wie der Blitz! Ja, ich gebe Ihnen Dispensation und ihm – schreiben Sie es ihm ja – geb' ich Macht, vollkommen Ablaß zu erteilen, und nun werden Sie doch mit mir zufrieden sein?“ – Ich hatte große Lust, ihm zu sagen, daß ich nicht mehr zwölf Jahr', sondern schon eine Weile *ins Blütenalter der Empfindung* eingerückt sei; aber da hielt mich etwas ab: bei seinen lustigen Sprüngen fiel ihm seine kleine geistliche violettsamtne Mütze vom Kopf; ich nahm sie auf, und weil mir ahnete, sie würde mir gut stehen, so setzte ich sie auf. Er betrachtete mich eine Weile und sagte: „Ein allerliebster kleiner Bischof! Die ganze Kanzlei würde hinter ihm dreinlaufen“, – und nun mochte ich ihm den Wahn nicht mehr benehmen, daß ich noch so jung sei, denn es kam mir vor, was ihn an einem Kind erfreuen dürfe, das könne ihm bei einer verständigen Dame, wie ich doch eine sein müßte, als höchst inkonvenabel erscheinen. Ich ließ es also dabei und nahm die Sünde auf mich, ihm was weisgemacht zu haben, indem ich mich dabei auf die Kraft des Ablasses verlasse, den er Dir übermacht.

Ach, ich möchte Dir lieber andere Dinge schreiben, aber die Mutter, der ich alles erzählen mußte, quälte mich drum, sie meint, so was mache Dir Freude und Du hieltest etwas drauf, dergleichen genau zu wissen; ich holte mir auch einen lieben Brief von Dir bei ihr ab, der mich dort schon an vierzehn Tagen erwartete, und doch möcht' ich Dich über diesen schmälen. Du bist ein koketter, zierlicher Schreiber, aber Du bist ein harter Mann; die ganze schöne Natur, die herrliche Gegend, die warmen Sommertage der Erinnerung, – das alles rührt Dich nicht; so freundlich Du bist, so kalt bist Du auch. Wie ich das große Papierformat sah, auf allen vier Seiten beschrieben, da dacht' ich, es würde doch hier und da durchblitzen, daß Du mich liebst; es blitzt auch, aber nur von Flittern, nicht von leisem, beglückendem Feuer. Oh, welcher gewaltige Abstand mag sein zwischen jener Korrespondenz, die der Primas nicht herausgeben will, und unserm Briefwechsel; das kommt daher, weil ich Dich zu sehr liebe und es Dir auch bekenne, das soll eine so närrische Eigenheit der Männer sein, daß sie dann kalt sind, wenn man sie zu sehr liebt.

Die Mutter ist nun immer gar zu vergnügt und freundlich, wenn ich von meinen Streifereien komme; sie hört mit Lust alle kleine Abenteuer an, ich mache dann nicht selten aus klein groß, und diesmal war ich reichlich damit versehen, da nicht nur allein Menschen, sondern Ochsen, Esel und Pferde sehr ausgezeichnete Rollen dabei spielten. Du glaubst nicht, wie froh es mich macht, wenn sie recht von Herzen lacht. Mein Unglück führte mich grade nach Frankfurt, als Frau von Staël durchkam, ich hatte sie schon in Mainz einen ganzen Abend genossen, die Mutter aber war recht froh, daß ich ihr Beistand leistete, denn sie war schon preveniert, daß die Staël ihr einen Brief von Dir bringen würde, und sie wünschte, daß ich die Intermezzos spielen möge, wenn ihr bei dieser großen Katastrophe Erholung nötig sei. Die Mutter hat mir nun befohlen, Dir alles ausführlich zu beschreiben; die Entrevue war bei Bethmann-Schaaf, in den Zimmern des Moritz Bethmann. Die Mutter hatte sich – ob aus Ironie oder aus Übermut, wunderbar geschmückt, aber mit deutscher Laune, nicht mit französischem Geschmack, ich muß Dir sagen, daß, wenn ich die Mutter ansah, mit ihren drei Federn auf dem Kopf, die nach drei verschiedenen Seiten hinschwankten, eine rote, eine weiße und eine blaue – die französischen Nationalfarben, welche aus einem Feld von Sonnenblumen emporstiegen, so klopfte mir das Herz vor Lust und Erwartung; sie war mit großer Kunst geschminkt, ihre großen schwarzen Augen feuerten einen Kanonendonner, um ihren Hals schlang sich der bekannte goldne Schmuck der Königin von Preußen, Spitzen von altherkömmlichem Ansehen und großer Pracht, ein wahrer Familienschatz, verhüllte ihren Busen, und so stand sie mit weißen Glacéhandschuhen, in der einen Hand einen künstlichen Fächer, mit dem sie die Luft in Bewegung setzte, die andre, welche entblößt war, ganz beringt mit blitzenden Steinen, dann und wann aus einer goldnen Tabatiere mit einer Miniatur von Dir, wo Du mit hängenden Locken, gepudert, nachdenklich den Kopf auf die Hand stützest, eine Prise nehmend. Die Gesellschaft der vornehmen älteren Damen bildete einen Halbkreis in dem Schlafzimmer des Moritz Bethmann; auf purpurrotem Teppich in der Mitte ein weißes Feld, worauf ein Leopard – sah die Gesellschaft so stattlich aus, daß sie wohl imponieren konnte. An den Wänden standen schöne schlanke indische Gewächse, und das Zimmer war mit matten Glaskugeln erleuchtet; dem Halbkreis gegenüber stand das Bett auf einer zwei Stufen erhabenen Estrade, auch mit einem purpurnen Teppich verhüllt, an beiden Seiten Kandelaber. Ich sagte zur Mutter: „Die Frau Staël wird meinen, sie wird hier vor Gericht des Minnehofs zitiert, denn dort das Bett sieht aus wie der verhüllte Thron der Venus." Man meinte, da dürfte es manches zu verantworten geben. Endlich kam die Langerwartete durch eine Reihe von erleuchteten Zimmern, begleitet von Benjamin Constant, sie war als Corinna gekleidet, ein Turban von aurora- und orangefarbner Seide, ein ebensolches Gewand mit einer orangen Tunika, sehr hoch gegürtet, so daß ihr Herz wenig Platz hatte; ihre schwarzen Augenbrauen und Wimpern glänzten, ihre Lippen auch, von einem mystischen Rot; die Handschuh' waren herabgestreift und bedeckten nur die Hand, in der sie das bekannte Lorbeerzweiglein hielt. Da das Zimmer, worin sie erwartet war, so viel tiefer liegt, so mußte sie vier Treppen herabsteigen. Unglücklicherweise nahm sie das Gewand vorne in die Höhe, statt hinten, dies gab der Feierlichkeit ihres Empfangs einen gewaltigen Stoß, denn es sah wirklich einen Moment mehr als komisch aus, wie diese ganz im orientalischen Ton überschwankende Gestalt auf die steifen Damen der tugendverschwornen Frankfurter Gesellschaft losrückte. Die Mutter warf mir einige couragierte Blicke zu, da man sie einander präsentierte. Ich hatte mich in die Ferne gestellt, um die ganze Szene zu beobachten. Ich bemerkte das Erstaunen der Staël über den wunderbaren Putz und das Ansehen Deiner Mutter, bei der sich ein mächtiger Stolz entwickelte. Sie breitete mit der linken Hand ihr Gewand aus, mit der rechten salutierte sie mit dem Fächer spielend, und indem sie das Haupt mehrmals sehr herablassend neigte, sagte sie mit erhabener Stimme, daß man es durchs ganze Zimmer hören konnte: „Je suis la mère de Goethe." „Ah, je suis charmée," sagte die Schriftstellerin, und hier folgte eine feierliche Stille. Dann folgte die Präsentation ihres geistreichen Gefolges, welches eben auch begierig war, Goethes Mutter kennenzulernen. Die Mutter beantwortete ihre Höflichkeiten mit einem französischen Neujahrswunsch, welchen sie mit feierlichen Verbeugungen zwischen den Zähnen murmelte – kurz, ich glaube, die Audienz war vollkommen und gab einen schönen Beweis von der deutschen Grandezza. Bald winkte mich die Mutter herbei, ich mußte den Dolmetscher zwischen beiden machen; da war denn die Rede nur von Dir, von Deiner Jugend, das Porträt auf der Tabatiere wurde betrachtet, es war gemalt in Leipzig, eh' Du so krank warst, aber schon sehr mager, man erkennt jedoch Deine ganze jetzige Größe in jenen kindlichen Zügen, und besonders den Autor des „Werther". Die Staël sprach über Deine Briefe und daß sie gern lesen möchte, wie Du an Deine Mutter schreibst, und die Mutter versprach es ihr auch, ich dachte, daß sie von mir gewiß Deine Briefe nicht zu lesen bekommen würde, denn ich bin ihr nicht grün; sooft Dein Name von ihren nicht wohlgebildeten Lippen kam, überfiel mich ein innerlicher Grimm; sie erzählte mir, daß Du sie „amie" in Deinen Briefen nenntest; ach, sie hat mir's gewiß angesehen, daß dies mir sehr unerwartet kam; ach, sie sagte noch mehr. – Nun riß mir aber die Geduld; – wie kannst Du einem so unangenehmen Gesicht freundlich sein? – Ach, da sieht man, daß Du eitel bist. Oder sie hat auch wohl nur gelogen! – Wär' ich bei Dir, ich litt's nicht. So wie Feen mit feurigen Drachen, würd ich mit Blicken meinen Schatz bewachen. Nun sitz' ich weit entfernt von Dir, weiß nicht, was Du alles treibst, und bin nur froh, wenn mich keine Gedanken plagen.

Ich könnte Dir ein Buch schreiben über alles, was ich in den acht Tagen mit der Mutter verhandelt und erlebt habe. Sie konnte kaum erwarten, daß ich kam, um alles mit ihr zu rekapitulieren. Da gab's Vorwürfe; ich war empfindlich, daß sie auf ihre Bekanntschaft mit der Staël einen so großen Wert legte; sie nannte mich kindisch, albern und eingebildet, und was zu schätzen sei, dem müsse man die Achtung nicht versagen, und man könne über eine solche Frau nicht wie über eine Gosse springen und weiterlaufen; es sei allemal eine ausgezeichnete Ehre vom Schicksal, sich mit einem bedeutenden und berühmten Menschen zu berühren. Ich wußte es so zu wenden, daß mir die Mutter endlich Deinen Brief zeigte, worin Du ihr Glück wünschest, mit diesem Meteor zusammenzustoßen, und da polterte denn alle ihre vorgetragene Weisheit aus Deinem Brief hervor. Ich erbarmte mich über Dich und sagte: „Eitel ist der Götterjüngling; er führt den Beweis für seine ewige Jugend." – Die Mutter verstand keinen Spaß; sie meinte: ich nehme mir zu viel heraus und ich soll mir doch nicht einbilden, daß Du ein anderes Interesse an mir habest, als man an Kindern habe, die noch mit der Puppe spielen; mit der Staël könnest Du Weltweisheit machen; mit mir könnest Du nur tändeln. Wenn die Mutter recht hätte? – Wenn's nichts wär' mit meinen neu erfundnen Gedanken, von denen ich glaubte, ich habe sie alleine? – Wie hab' ich doch in diesen paar Monaten, wo ich am Rhein lebe, nur bloß an Dich gedacht! – Jede Wolke hab' ich um Rat gefragt, jeden Baum, jedes Kraut hab' ich angesprochen um Weisheit; und von jeder Zerstreuung hab' ich mich abgewendet, um recht tief mit Dir zu sprechen. O böser, harter Mann, was sind das für Geschichten? Wie oft hab' ich zu meinem Schutzengel gebetet, daß er doch für mich mit Dir sprechen soll, und dann hab' ich mich still verhalten und die Feder laufen lassen. Die ganze Natur zeigte mir im Spiegel, was ich Dir sagen soll; wahrhaftig, ich habe geglaubt, alles sei von Gott so angeordnet, daß die Liebe einen Briefwechsel zwischen uns führe. Aber Du hast mehr Vertrauen in die berühmte Frau, die das große Werk geschrieben hat sur les passions, von welchen ich nichts weiß. – Ach, glaub' nur, Du bist vor die unrechte Schmiede gegangen; Lieben: das allein macht klug.

Über Musik hatte ich Dir auch noch manches zu sagen; es war alles schon so hübsch angeordnet; erst mußt Du begreifen, was Du ihr alles schon zu verdanken hast. – Du bist nicht feuerfest. Musik bringt Dich nicht in Glut, weil Du einschmelzen könntest.

So närrisch bin ich nicht, zu glauben, daß Musik keinen Einfluß auf Dich habe. Da ich doch glaube an das Firmament in Deinem Geist, da Sonne und Mond samt allen Sternen in Dir leuchten, da soll ich zweifeln, daß dieser höchste Planet über alle, der Licht ergießt, der ein Gewaltiger ist unserer Sinne, Dich nicht durchströme? Meinst Du dann, Du wärst der Du bist, wenn es nicht Musik wäre in Dir? – Du solltest Dich vor dem Tod fürchten, da doch Musik ihn auflöst? Du solltest keine Religion haben, da doch Musik in Dich die Anbetung pflanzt?

Horch in Dich hinein, da wirst Du in Deiner Seele der Musik lauschen, die Liebe zu Gott ist: dies ewige Jauchzen und Wallen zur Ewigkeit, das allein Geist ist.

Ich könnte Dir Sachen sagen, die ich selbst fürchte auszusprechen, obschon eine innere Stimme mir sagt, sie sind wahr. Wenn Du mir bleibst, so werd' ich viel lernen; wenn Du mir nicht bleibst, so werde ich wie der Same unter der Erde ruhen, bis die Zeit kommt, daß ich in Dir wieder blühe.

Mein Kopf glüht, ich hab' mich während dem Schreiben herumgestritten mit Gedanken, deren ich nicht mächtig werden konnte. Die Wahrheit liegt in ihrer ganzen Unendlichkeit im Geist, aber sie im einfachsten Begriff zu fassen, das ist so schwer, ach, es kann ja nichts verloren gehen. Wahrheit nährt ewig den Geist, der alles Schöne als Früchte trägt, und da es schön ist, daß wir einander lieben, so wolle die Wahrheit nicht länger verleugnen.

Ich will Dir lieber noch ein bißchen von unserm Zigeunerleben erzählen, das wir hier am Rhein führen, den wir so bald verlassen werden, und wer weiß, ob ich ihn wiederseh'! – *Hier, wo die Frühlingslüfte balsamisch uns umwehen, laß einsam uns ergehen; nichts trenne Dich von mir!* – und auch nicht die Frau von Staël:

Unsre Haushaltung ist allerliebst eingerichtet; wir sind zu acht Frauen, kein männliches Wesen ist im Haus; da es nun sehr heiß ist, so machen wir's uns so bequem wie möglich, zum Beispiel sind wir sehr leicht gekleidet, ein Hemd und dann noch eins, griechisch drapiert. Die Türen der Schlafzimmer stehen nachts offen; – je nachdem eins Lust hat, schlägt es sein Nachtlager auf dem Vorgang oder an sonst einem kühlen Ort auf; im Garten unter den Platanen, auf der schönen, mit breiten Platten gedeckten Mauer liegend, dem Rhein gegenüber den Aufgang der Sonne zu erwarten, hab' ich schon ein paarmal zu meinem Pläsier Nächte zugebracht; ich bin eingeschlafen auf meinem schmalen Bett; ich hätte können hinunterfallen im Schlaf, besonders wenn ich träume, daß ich Dir entgegenspringe. Der Garten liegt hoch, und die Mauer nach jenseits geht tief hinab, da könnte ich leicht verunglücken; ich bitte Dich also, wenn Du meiner gedenkst im Traum, halte mir die schützenden Arme entgegen, – damit ich doch gleich hineinsinke; *"denn alles ist doch nur ein Traum!"* – Am Tage geht's bei uns in großer Finsternis her; alle Läden sind zu im ganzen Hause, alle Vorhänge vorgezogen; früher machte ich morgens weite Spaziergänge, aber das ist bei dieser Hitze nicht mehr möglich; die Sonne beizt die Weinberge, und die ganze Natur seufzt unter der Brutwärme. Ich gehe doch jeden Morgen zwischen vier und fünf Uhr heraus mit einem Schnikermesser und hole frische kühle Zweige, die ich im Zimmer aufpflanze. Vor acht Wochen hatte ich Birken und Pappeln, die glänzten wie Gold und Silber, und dazwischen dicke duftende Sträußer von Maiblumen. Wie ein Heiligtum ist der Saal, an den alle Schlafkabinette stoßen; da liegen sie noch in den Betten, wenn ich nach Hause komme und warten, bis ich fertig bin; dann haben die Linden und Kastanien hier abgeblüht, und himmelhohes Schilf, das sich oben an der Decke umbiegt, mit blühenden Winden umstrickt; und die Feldblumen sind reizend, die kleinen Grasdolden, die Schafgarbe, die Johannisblume, Wasserlilien, die ich mit einiger Gefahr fische, und das ewig schöne Vergißmeinnicht. Heute hab' ich Eichen aufgepflanzt; hohe Äste, die ich aus dem obersten Gipfel geholt. Ich kletterte wie eine Katze; die Blätter sind ganz purpurrot und in so zierlichen Sträußern gewachsen, als hätten sie sich tanzend in Gruppen verteilt.

Ich sollte mich scheuen, Dir von Blumen zu sprechen; Du hast mich schon einmal ein bißchen ausgelacht, und doch ist der Reiz gar zu groß; die vielen schlafenden Blüten, die nur im Tod erwachen, das träumende Geschlecht der Wicken, die Herrgottsschückelchen, Himmelsschlüssel mit ihrem sanften freundlichen Duft, sie ist die geringste aller Blumen. Wie ich kaum sechs Jahr' alt war, und die Milchfrau hatte versprochen, mir einen Strauß Himmelsschlüssel mitzubringen, da riß mich die Erwartung schon mit dem ersten Morgenstrahl aus dem Schlaf im Hemdchen ans Fenster; wie frisch waren die Blumen! Wie atmeten sie in meiner Hand! – Einmal brachte sie mir dunkle Nelken in einen Topf eingepflanzt; welcher Reichtum! – Wie war ich überrascht von der Großmut! – Diese Blumen in der Erde, – sie schienen mir ewig ans Leben gebunden, es waren mehr, als ich zählen konnte; immer fing ich von vorne an; ich wollte kein Knöspchen überspringen; wie dufteten sie! Wie war ich demütig vor dem Geist, den sie ausströmten! – Ich wußte ja noch wenig von Wald und Flur, und die erste Wiese im Abendschein eine unendliche Fläche fürs Kinderauge, mit goldnen Sternen übersäet; – ach, wie hat Natur aus Liebe es dem Geist Gottes nachahmen wollen. – Und wie liebt er sie! – Wie neigte er sich herab zu ihr, für diese Zärtlichkeit ihm entgegenzublühen! – Wie hab' ich gewühlt im Gras und hab' gesehen, wie eins neben dem andern sich hervordrängt. Manches hätte ich vielleicht übersehen bei der Fülle, aber sein schöner Name hat mich mit ihm vertraut gemacht, und wer sie genannt hat, der muß sie geliebt und verstanden haben. Das kleine Schäfertäschchen zum Beispiel – ich hätte es nicht bemerkt, aber wie ich seinen Namen hörte, da fand ich's unter vielen heraus, ich mußte ein solches Täschchen öffnen und fand es gefüllt mit Samenperlen. Ach, alle Form enthält Geist und Leben, um sich auf die Ewigkeit zu vererben. Tanzen die Blumen nicht? – Singen sie nicht? – Schreiben sie nicht Geist in die Luft? – Malen sie nicht sich selbst ihr Innerstes in ihrem Bild? – Alle Blumen hab' ich geliebt, eine jede in ihrer Art, wie ich sie nacheinander kennen lernte, und keiner bin ich untreu geworden, und wie ich ihre Muskelkraft entdeckte: das Löwenmäulchen, wie es mir zum erstenmal die Zunge aus seinem samtnen Rachen entgegenstreckte, als ich es zu kräftig anfaßte. – Ich will sie nicht alle nennen, mit denen ich so innig vertraut wurde, wie sie mir jetzt im Gedächtnis erwachen; nur eines einzigen gedenk' ich, eines Myrtenbaums, den eine junge Nonne dort pflegte. Sie hatte ihn Winter und Sommer in ihrer Zelle; sie richtete sich in allem nach ihm; sie gab ihm nachts wie tags die Luft, und nur so viel Wärme erhielt sie im Winter, als ihm nottat. Wie fühlte sie sich belohnt, da er mit Knospen bedeckt war! Sie zeigte mir sie, schon wie sie kaum angesetzt hatten; ich half ihn pflegen; alle Morgen füllte ich den Krug mit Wasser am Madlenenbrünnchen; die Knospen wuchsen und röteten sich, endlich brachen sie auf; am vierten Tag stand er in voller Blüte; eine weiße Zelle jede Blüte, mit tausend Strahlenpfeilen in ihrer Mitte, deren jeder auf seiner Spitze eine Perle darreicht. Er stand im offenen Fenster, die Bienen begrüßten ihn. – Jetzt erst weiß ich, daß dieser Baum der Liebe geweiht ist; damals wußt' ich's nicht; und jetzt verstehe ich ihn. – Sag': kann die Liebe süßer gepflegt werden, als dieser Baum? – Und kann eine zärtliche Pflege süßer belohnt werden, als durch eine so volle Blüte? – Ach, die liebe Nonne mit halb verblühten Rosen auf den Wangen in Weiß verhüllt und der schwarze Florschleier, der ihren raschen zierlichen Gang umschwebte; wie aus dem weiten Ärmel des schwarzen wollenen Gewands die schöne Hand hervorreichte, um die Blumen zu begießen! Einmal steckte sie ein kleines schwarzes Böhnchen in die Erde, sie schenkte mir's und sagte, ich solle es pflegen; ich werde ein schönes Wunder daran erleben. Bald keimte es und zeigte Blätter wie der Klee; es zog sich an einem Stöckchen in die Höh' wie die Wicke mit kleinen geringelten Haken; dann brachte es sparsame gelbe Blüten hervor, aus denen wuchs so groß wie eine Haselnuß ein grünes Eichen, das sich in Reifen bräunte. Die Nonne brach es ab und zog es am Stiel auseinander, in eine Kette von zierlich geordneten Stacheln, zwischen denen der Same von kleinen Bohnen gereift war. Sie flocht daraus eine Krone, setzte sie ihrem elfenbeinernen Christus am Kruzifix zu Füßen und sagte mir, man nennt diese Pflanze Corona Christi.

Wir glauben an Gott und an Christus, daß er Gott war, der sich ans Kreuz schlagen ließ; wir singen ihm Litaneien und schwenken ihm den Weihrauch; wir versprechen heilig zu werden und beten und empfinden's nicht. Wenn wir aber sehen, wie die Natur spielt und in diesem Spiel eine Sprache der Weisheit kindlich ausdrückt; wenn sie auf Blumenblätter Seufzer malt, ein O und Ach, wenn die kleinen Käfer das Kreuz auf ihren Flügeldecken gemalt haben und diese kleine Pflanze eben, so unscheinbar, eine mit Sorgfalt gehegte künstliche Dornenkrone trägt; wenn wir Raupen und Schmetterlinge mit dem Geheimnis der Dreifaltigkeit bezeichnet sehen, dann schaudert uns, und wir fühlen, die Gottheit selber nimmt ewigen Anteil an diesen Geheimnissen; dann glaub' ich immer, daß Religion alles erzeugt hat, ja, daß sie selber der sinnliche Trieb zum Leben in jedem Gewächs und jedem Tier ist. – Die Schönheit erkennen in allem Geschaffenen, und sich ihrer freuen, das ist Weisheit und fromm; wir beide waren fromm, ich und die Nonne; es werden wohl zehn Jahr' sein, daß ich im Kloster war. Voriges Jahr hab' ich's im Vorüberreisen wieder besucht. Meine Nonne war Priorin geworden, sie führte mich in ihren Garten, – sie mußte an einer Krücke gehen, sie war lahm geworden, – ihr Myrtenbaum stand in voller Blüte. Sie fragte mich, ob ich ihn noch kenne; er war sehr gewachsen; umher standen Feigenbäume mit reifen Früchten und große Nelken, sie brach ab, was blühte, und was reif war, und schenkte mir alles, nur der Myrte schonte sie; das wußte ich auch schon im voraus. Den Strauß befestigte ich im Reisewagen; ich war wieder einmal so glücklich, ich betete, wie ich im Kloster gebetet hatte; ja, selig sein macht beten!

Siehst Du, das war ein Umweg und etwas von meiner Weisheit; sie kann sich freilich der Weltweisheit, die zwischen Dir und Deiner amie Staël obwaltet, nicht begreiflich machen; – aber das kann ich Dir sagen: ich habe schon viele große Werke gesehen von zähem Inhalt in schweinsledernem Einband; ich habe Gelehrte brummen hören, und ich habe immer gedacht, eine einzige Blume müsse all' dies beschämen und ein einziger Maikäfer müsse durch einen Schneller, den er einem Philosophen an die Nase gibt, sein ganzes System umpurzeln.

Pax tecum! Wir wollen's einander verzeihen; ich, daß Du einen Herzens- und Geistesbund mit der Staël geschlossen hast, worüber, der Prophezeiung Deiner Mutter nach, ganz Deutschland und Frankreich die Augen aufreißen wird, denn es wird doch nichts draus: – und Du, daß ich so aberwitzig bin, alles besser wissen und mehr als alle Dir gelten zu wollen, denn das gefällt Dir. –

Heute geh' ich noch einmal auf den Rochusberg; ich will sehen, was die Bienen machen im Beichtstuhl, ich nehme allerlei Pflanzen mit, die in Scherben eingesetzt sind, und auch einen Rebstock; die grab' ich dort oben ein; die Rebe soll am Kreuz hinaufwachsen, in dessen Schutz ich eine so schöne Nacht verschlafen habe; am Beichtstuhl pflanz' ich Kaiserkronen und *Jelängerjelieber*, Deiner Mutter zu Ehren; – vielleicht, wenn mir's ums Herz ist, beicht' ich Dir da oben, da ich zum letztenmal dort sein werde; um doch den Ablaß des Primas in Wirkung zu setzen; aber ich glaube wohl, ich habe nichts Verborgenes mehr in mir; Du siehst in mich hinein, und außer dem ist nichts in mir zu finden.

Den gestrigen Tag wollen wir zum Schluß noch hierher malen, denn er war schön. Wir gingen mit einem irreführenden Wegweiser durch eine Talschlucht einen Fluß entlang, den man die Wisper nennt, wahrscheinlich wegen dem Rauschen des Wassers, das über laute platte Felssteine sich windet und in den Lücken schäumt und flüstert. Auf beiden Seiten gehen hohe Felsen her, auf denen zerfallene Burgen stehen, mit alten Eichen umwachsen. Das Tal wird endlich so enge, daß man genötigt ist, im Fluß zu gehen. Das kann man nicht besser tun, als barfuß und etwas hochgeschürzt von Stein zu Stein zu springen, bald hüben, bald drüben am Ufer sich forthelfen. Es wird immer enger und enger hoch über uns; die Felsen und Berge umklammern sich endlich; die Sonne kann nur noch die Hälfte der Berge beleuchten; die schwarzen Schlagschatten der übergebogenen Felsstücke durchschneiden ihre Strahlen; aus der

Wisper, die kein ganz unbedeutender Fluß ist, – sie rauscht mit ziemlicher Gewalt, – stehen erhöhte Felsplatten wie harte, kalte Heiligenbetten hervor. Ich legte mich auf eins, um ein wenig auszuruhen; ich lag mit dem glühenden Gesicht auf dem feuchten Stein; das stürzende Wasser beregnete mich fein, die Sonnenstrahlen kamen sans rime et raison quer durch die Felsschichten, um mich und mein Bett zu vergolden; über mir war Finsternis; meinen Strohhut, den ich schon längst mit Naturmerkwürdigkeiten angefüllt hatte, ließ ich schwimmen, um die Wurzeln der Pflanzen zu tränken; – wie wir weiterkamen, drängten die Berge sich nesterweise aneinander, die nur dann und wann von schroffen Felsen geschieden wurden. Ich wär' gar zu gern hinaufgeklettert, um zu sehen, wo man war; es war zu schroff, die Zeit erlaubte es nicht, dem gescheiten Wegweiser waren alle Sorgen auf dem Gesichte gemalt; er versicherte jedoch, daß er keine im Herzen hege; es wurde kühl in unserer engen Schlucht; so kühl war mir's auch innerlich; wir trippelten immer vorwärts.

Das Ziel unserer Reise war ein Sauerbrunnen hinter Weißenthurn, der in einer wüsten Wildnis liegt. Wir hatten alle Umwege der Wisper gemacht; der kluge Wegweiser dachte, wenn wir uns von der nicht entfernten, müßten wir endlich das Ziel erreichen, da die Wisper an dem Brunnen vorüberführt, und so hatte er uns auf einen Weg geführt, der wohl selten von Menschen betreten wird. Da wir dort ankamen, erleichterte er seine Brust durch ein Heer von Seufzern. Ich glaub', der fürchtete sich nicht allein vor dem Teufel, sondern vor Gott und allen Heiligen, daß sie ihn würden zur Rechenschaft ziehen, weil er uns ins Verderben gestürzt habe; – kaum waren wir angekommen, so schlug die Kuckucksuhr in der einsamen Hütte bei dem Brunnen und mahnte an den Rückweg. Es war acht Uhr! Zu essen war nichts, auch kein Brot, nur Salat mit Salz ohne Essig und Öl. Eine Frau mit zwei Kindern wohnte da; ich frug, von was sie lebe; sie deutete mir in die Ferne auf den Backofen, der zwischen vier majestätischen Eichen auf einem freien Platz in voller Glut stand. Ihr kleines Söhnchen schleppte eben ein Reiserbündel hinter sich heran; sein Hemdchen hatte noch Ärmel, die Hinterwand und den Knopf vom Kragenbund, mit dem es befestigt war; vorne war es weggerissen; seine Schwesterpsyche wiegte sich quer über einen Block auf einem langen Backschieber, auf dem als Gegengewicht die zu backenden Brote lagen; ihr Gewand bestand auch aus einem Hemd und aus einer Schürze, die sie um den Kopf befestigt hatte, um die Haare vor dem Verbrennen zu bewahren, wenn sie in den Ofen guckte und die Reiser anlegte. Wir gaben der Frau ein Geldstück; sie frug, wieviel es wär; da sahen wir, daß es nicht in unserer Macht war, sie zu beschenken, denn sie war zufrieden und wußte nicht, daß man mehr brauchen könne, als man bedürfe.

Ich marschierte also wieder links um, ohne auszuruhen, und kam nachts um ein Uhr zu Hause an; in allem war ich zwölf Stunden unterwegs gewesen und durchaus nicht ermüdet. Ich stieg in ein Bad, das mir bereitet war, und setzte eine Flasche Rotwein an und ließ es so lange herunterglucken, bis ich den Boden sah. Die Zofe schrie und dachte, es könne mir schaden im heißen Bad, allein ich ließ mir nicht wehren; sie mußte mich ins Bett tragen; ich schlief sanft, bis ich am Morgen durch ein wohlbekanntes Krähen und Nachahmen eines ganzen Hühnerhofs vor meiner Tür geweckt wurde.

Du schreibst: meine Briefe versetzen Dich in eine bekannte Gegend, in der Du Dich heimatlich fühlst; versetzen sie Dich denn auch zu mir? Siehst Du mich in Gedanken, wie ich mit langem Hakenstock auf die Berge klettere, und siehst Du in mein Herz, wo Du Dich von Angesicht zu Angesicht erblicken kannst? Diese Gegend möcht' ich Dir doch am alleranschaulichsten machen!

Noch acht Wochen werd' ich wohl in allerlei Gegenden herumstreifen, im Oktober mit Savigny erst auf ein paar Monate nach München und dann nach Landshut gehen, wenn es der Himmel nicht anders fügt. –

Ich bitte Dich, wenn Du Dich meiner mit der Feder erbarmen solltest, um zu *"strafen oder zu lohnen"*, so adressiere gleich nach Schlangenbad über Wiesbaden; ich werde drei Wochen dort bleiben. Schickst Du den Brief an die Mutter, so wartet sie auf eine Gelegenheit; und ich will lieber einen Brief ohne Datum, als daß ich am Datum erkennen muß, daß er mir vierzehn Tage vorenthalten ist.

Der Mutter schreib' ich alles, was unglaublich ist; obschon sie weiß, was sie davon zu halten hat, so hat es doch ihren Beifall und fordert mich auf, ihr immer noch mehr dergleichen mitzuteilen; sie nennt dies „meiner Phantasie Luft machen".

Bettine.

An Bettine.

Karlsbad, am 21. August.

Es ist noch die Frage, liebste Bettine, ob man Dich mehr wunderlich oder wunderbar nennen kann; besinnen darf man sich auch nicht; man denkt endlich nur darauf, wie man sich gegen die reißende Flut Deiner Gedanken sicherzustellen habe; laß Dir daher genügen, wenn ich nicht ausführlich Deine Klagen, Deine Forderungen, Fragen und Beschuldigungen beschwichtige, befriedige, beantworte und ablehne; im ganzen aber Dir herzlich danke, daß Du mich wieder so reichlich beschenkt hast.

Mit dem Primas hast Du Deine Sache klug und artig gemacht. Ich habe schon ein eigenhändiges Schreiben von ihm, worin er mir alles zusichert, was Du so anmutig von ihm *erbettelt* hast, und mir andeutet, daß ich Dir alles allein zu verdanken habe, und mir noch viel Artiges von Dir schreibt, was Du in Deinem ausführlichen Bericht vergessen zu haben scheinst.

Wenn wir also Krieg miteinander führen wollten, so hatten wir wohl gleiche Truppen; Du die berühmte Frau und ich den liebenswürdigen Fürsten voll Güte gegen mich und Dich. – Beiden wollen wir die Ehre und den Dank nicht versagen, die sie so reichlich um uns verdienen, aber beiden wollen wir auch den Zutritt verweigern, wo sie nicht hingehören, sondern nur störend sein würden, nämlich zwischen das erfreulichste Vertrauen Deiner Liebe und meiner warmen Aufnahme derselben. – Wenn ich auch Deine Antagonistin in der Weltweisheit in einer nur zufälligen Korrespondenz amie nenne, so greife ich damit keineswegs in die Rechte ein, die Du mit erobernder Eigenmacht schon an Dich gerissen hast. Ich bekenne Dir indessen, daß es mir geht, wie dem Primas: Du bist mir ein liebes, freundliches Kind, das ich nicht verlieren möchte, und durch welches ein großer Teil des ersprießlichsten Segens mir zufließt. Du bist mir ein freundliches Licht, das den Abend meines Lebens behaglich erleuchtet, und da gebe ich Dir, um doch zustande zu kommen mit allen Klagen, zum letzten Schluß beikommendes Rätsel; an dem magst Du Dich zufrieden raten.

Goethe.

Charade.

Zwei Worte sind es, kurz, bequem zu sagen,
Die wir so oft mit holder Freude nennen,
Doch keineswegs die Wesen deutlich kennen,
Wovon sie eigentlich den Stempel tragen,
Es tut gar wohl, an schön beschloßnen Tagen
Eins an dem andern kecklich zu verbrennen,
Und kann man sie vereint zusammen nennen,
So drückt man aus ein seliges Behagen.
Nun aber such' ich ihnen zu gefallen
Und bitte mit sich selbst mich zu beglücken;
Ich hoffe still; doch hoff' ich's zu erlangen:
Als Namen der Geliebten sie zu lallen,
In Einem Bild sie beide zu erblicken,
In Einem Wesen *beide* zu umfangen.

Es findet sich noch Platz und auch noch Zeit, der guten Mutter Verteidigung hier zu übernehmen; ihr solltest Du nicht verargen, daß sie mein Interesse an dem Kinde, was noch mit der Puppe spielt, heraushebt, da Du es wirklich noch so artig kannst, daß Du selbst die Mutter noch dazu verführst, die ein wahres Ergötzen dran hat, mir die Hochzeitfeier Deiner Puppe mit dem kleinen Frankfurter Ratsherrn schriftlich anzuzeigen, der mir in seiner Allongeperücke, Schnabelschuhen und Halsschmuck von feinen Perlen im kleinen Plüschsessel noch gar wohl erinnerlich ist. Er war die Augenweide unserer Kinderjahre, und wir durften ihn nur mit geheiligten Händen anfassen. Bewahre doch alles sorgfältig, was Dir die Mutter bei diesen Gelegenheiten aus meiner und der Schwester Kindheit mitteilt; es kann mir mit der Zeit wichtig werden.

Dein Kapitel über die Blumen würde wohl schwerlich Eingang finden bei den Weltweisen wie bei mir; denn obschon Dein musikalisches Evangelium etwas hierdurch geschmälert ist (was ich doch ja nicht zu versäumen bitte im nächsten, recht bald zu erwartenden Brief), so ist es mir dadurch ersetzt, daß meine frühsten Kinderjahre sich mir auf eine liebliche Weise darin abspiegeln, denn auch mir erschienen die Geheimnisse der Flora als ein unmöglicher Zauber.

Die Geschichte des Myrtenbaums und der Nonne erregt warmen Anteil; möge er vor Frost und Schaden bewahrt bleiben! Aus voller Überzeugung stimme ich mit Dir ein, daß die Liebe nicht süßer gepflegt kann werden als dieser Baum, und keine zärtliche Pflege reichlicher belohnt, als durch eine solche Blüte.

Auch Deine Pilgrimschaft im rauschenden Fluß mit der allerliebsten Vignette der beiden Kinder gibt ein ergötzliches Bild und Deinen Rheinabenteuern einen anmutig abrundenden Schluß.

Bleib mir nun auch hübsch bei der Stange und gehe nicht zu sehr ins Blaue; ich fürchte so, daß die Zerstreuungen eines besuchten Badeorts Deine idealen Eingebungen auf dem einsamen Rochus verdrängen werden; ich muß mich darauf gefaßt machen, wie auch auf noch manches andere, was Dir im Köpfchen und Herzen spuken mag.

Ein bißchen mehr Ordnung in Deinen Ansichten könnte uns beiden von Nutzen sein; so hast Du Deine Gedanken wie köstliche Perlen nicht alle gleich geschliffen, auf losem Faden gereiht, der leicht zerreißt, wo sie denn in alle Ecken rollen können und manche sich verliert. –

Doch sage ich Dir Dank und dem lieben Rhein ein herzliches Lebewohl, von dem Du mir so manches Schöne hast zukommen lassen. Bleibe Dir's fest und sicher, daß ich gern ergreife, was Du mir reichst, und daß so das Band zwischen uns sich nicht leicht lösen wird.

Goethe.

***

Rochusberg.

Ich hatte mir's vorgenommen, noch einmal hier heraufzugehen, wo ich in Gedanken so glückliche Stunden mit dir verlebt habe, und vom Rhein Abschied zu nehmen, der in alle Empfindungen eingeht und der größer, feuriger, kühner, lustiger und überirdischer als alle ist; – ich komme um fünf Uhr nachmittags hier oben an; finde alles im friedlichen Sonnenlicht, die Bienen angesiedelt, von der Nordseite geschützt durch die Mauer; Beichtstuhl und Altar stehen gegen Morgen. Meine Pflanzen hab' ich alle eingesetzt mit Hilfe des Schiffsjungen, der sie mir heraufbringen half; die Rebe im Topf, welche schon an sechs Fuß hoch ist und voll Trauben hängt, hab' ich am Altar zwischen eine gebrochne Steinplatte gesetzt; den Topf hab' ich zerschlagen und die Scherben leise abgenommen, damit die Erde hübsch an den Wurzeln bleibt; es ist eine Muskatellerart, die sehr feine Blätter hat; dann hab' ich ihn am Kreuz auf dem Altar festgebunden; die Trauben hängen gerade über dem Christusleib; – wenn er schön einwächst und gedeiht, da werden sich die Menschen wundern, die hier oben herkommen; des Schäfers Bienen im Beichtstuhl mit dem Geißblatt, das ihn umzieht, und das Kreuz mit Trauben. Ach, so viele Menschen haben große Paläste und prächtige Gärten; – ich möchte nur diese einsame Rochuskapelle haben und daß alles so schön fortwüchse, wie ich's eingepflanzt habe; – vom Berg hab' ich mit den Scherben die Erde losgegraben und an die Rebe gelegt, und zweimal hab' ich unten am Rhein den Krug gefüllt, um ihn zu begießen; es ist wohl zum letztenmal, daß er Rheinwasser trinkt. – Jetzt, nach beendigtem Werk, sitz' ich hier im Beichtstuhl und schreib' an Dich; die Bienen kommen alle hintereinander heim; sie sind schon ganz eingewohnt; – könnt' ich einziehen in Dein Herz mit jedem Gedanken, so gefühlig, so süß summend wie diese Bienen, beladen mit Honig und Blumenstaub, den ich von allen Feldern zusammentrage und alles heimbringe zu Dir, – nicht wahr? –

***

Am 13. August.

„Alles hat seine Zeit!“ sprech' ich mit dem Weisen, ich habe die Reben ihre Blätter entfalten sehen; ihre Blüte hat mich betäubt und trunken gemacht; nun sie Laub haben und Früchte, muß ich Dich verlassen, du stiller, stiller Rhein! Noch gestern Abend war alles so herrlich; aus der dunklen Mitternacht trat mir eine große Welt entgegen. Als ich von meinem Bett aufstand in die kühle Nachtluft am Fenster, da war der Mond schon eine halbe Stunde aufgegangen und hatte die Welten alle unter sich getrieben; er warf einen fruchtbaren Schein über die Weinberge; – ich nahm das volle Laub des Weinstocks, der an meinem Fenster hinaufwächst, im Arm und nahm Abschied von ihm; keinem Lebendigen hätte ich den Augenblick dieser Liebe gegönnt; wär' ich bei Dir gewesen, – ich hätte geschmeichelt, gebeten und geküßt.

***

Schlangenbad, 17. August.

Nur das sei mir gegönnt! – Und ach, es wird mir nicht leicht, es auszusprechen, was ich will, wenn mich manchmal der Atem drückt, daß ich laut schreien möchte.

Es überfliegt mich zuweilen in diesen engbegrenzten Gegenden, wo die Berge übereinander klettern und den Nebel tragen und in den tiefen kühlen Tälern die Einsamkeit gefangen halten, ein Jauchzen, das wie ein Blitz durch mich fährt. – Nun ja! – Das sei mir gegönnt: daß ich dann mich an einen Freund schließe, – er sei noch so fern, – daß er mir freundlich die Hand aufs klopfende Herz lege und sich seiner Jugend erinnere. – O wohl mir, daß ich Dich gesehen hab'! Jetzt weiß ich doch, wenn ich suche und kein Platz mir genügt zum Ausruhen, wo ich zu Haus bin, und wem ich angehöre.

Etwas weißt Du noch nicht, was mir eine liebe Erinnerung ist, obschon sie seltsam scheint. – Als ich Dich noch nie gesehen hatte und mich die Sehnsucht zu Deiner Mutter trieb, um alles von Dir zu erforschen, – Gott, wie oft hab' ich auf meinem Schemel hinter ihr auf die Brust geschlagen, um meine Ungeduld zu dämpfen. Nun: – wenn ich da nach Hause kam, so sank ich oft mitten im Spielen von Scherz und Witz zusammen; sah mein Bild vor dem Deinen stehen, sah Dich mir nah kommen, und wie Du freundlich warst auf verschiedene Weise und gütig, bis mir die Augen vor freudigem Schmerz übergingen.

So hab' ich Dich durchgefühlt, daß mich das stille Bewußtsein einer innerlichen Glückseligkeit vielleicht manche stürmische Zeit meines Gemüts über den Wellen erhalten hat. – Damals weckte mich oft dieses Bewußtsein aus dem tiefen Schlaf; ich verpraßte denn ein paar Stunden mit selbsterschaffnen Träumen und hatte am End', was man nennt, eine unruhige Nacht zugebracht; ich war blaß geworden und mager; ungeduldig, ja selbst hart, wenn eins von den Geschwistern zur Unzeit mich zu einer Zerstreuung reizen wollte; dachte oft, daß, wenn ich Dich jemals selbst sehen sollte, was mir unmöglich schien, so würde ich vielleicht viele Nächte ganz schlaflos sein. – Da mir nun endlich die Gewißheit ward, fühlte ich eine Unruhe, die mir beinah' unerträglich war. – In Berlin, wo ich zum erstenmal eine Oper von Gluck hörte (Musik fesselt mich sonst so, daß ich mich von allem losmachen kann), wenn da die Pauken schlugen, – lache nur nicht, – schlug mein Herz heftig mit; ich fühlte Dich im Triumph einziehen; es war mir festlich wie dem Volk, das dem geliebten Fürsten entgegenzieht, und ich dachte: in wenig Tagen wird alles, was Dich so von außen ergreift, in Dir selber erwachen! – Aber da ich nun endlich, endlich bei Dir war: – Traum, jetzt noch, – wunderbarer Traum, – da kam mein Kopf auf Deiner Schulter zu ruhen, da schlief ich ein paar Minuten nach vier bis fünf schlaflosen Nächten zum erstenmal.

Siehst Du, siehst Du! – Da soll ich mich hüten vor Lieb', und hat mir nie sonst Ruhe geglückt; aber in Deinen Armen da kam der lang verscheuchte Schlaf, und ich hatte kein ander Begehren; alles andre, woran ich mich angeklammert hatte, und was ich glaubte zu lieben, das war's nicht; – aber soll keiner sich hüten oder sich um sein Schicksal kümmern, wenn er das Rechte liebt; sein Geist ist erfüllt, – was nützt das andere! –

***

Den 18.

Wenn ich nun auch zu Dir kommen wollte, würde ich den rechten Weg finden? Da so viele nebeneinanderher laufen, so denk' ich immer, wenn ich an einem Wegweiser vorübergehe und bleibe oft stehen und bin traurig, daß er nicht zu Dir führt; und dann eil' ich nach Hause und meine, ich hätte Dir viel zu schreiben! – Ach, ihr tiefen, tiefen Gedanken, die ihr mit ihm sprechen wollt, – kommt aus meiner Brust hervor! Aber ich fühl's in allen Adern, ich will Dich nur locken, ich will, ich muß Dich nur sehen.

Wenn man bei der Nacht im Freien geht und hat die Abendseite vor sich: am äußersten Ende des dunkeln Himmels sieht man noch das letzte helle Gewand eines glänzenden Tags langsam abwärts ziehen, – so geht mir's bei der Erinnerung an Dich. Wenn die Zeit noch so dunkel und traurig ist, weiß ich doch, wo mein Tag untergegangen ist.

***

Den 20.

Ich habe selten eine Zeit in meinem Leben so erfüllt gehabt, daß ich sagen könnte, sie sei mir unvermerkt verstrichen; ich fühl' nicht, wie andere Menschen, die sich amüsieren, wenn ihnen die Zeit schnell vergeht; im Gegenteil, es ist mir der Tag verhaßt, der mir vergangen ist, ich weiß nicht wie. Von jedem Augenblick bleibe mir eine Erinnerung tief oder lustig, freudig oder schmerzlich, ich wehre mich gegen sonst nichts als nur gegen nichts.

Gegen dies Nichts, das einen beinah' überall erstickt!

***

Den 22.

Vorgestern war ein herrlicher Abend und Nacht; ganz mit dem glänzenden frischen Schmelz der lebhaftesten Farben und Begebenheiten, wie sie nur in Romanen gemalt sind, so ungestört; der Himmel war besäet mit unzähligen Sternen, die wie blitzende Diamanten durch das dichte Laub der blühenden Linden funkelten; die Terrassen, welche an dem Berg hinaufgebaut sind, an dessen Fuß die großen Badehäuser liegen (die einzigen im engen Tal), haben etwas sehr Festliches und Ruhiges durch die Regelmäßigkeit ihrer Hecken, die auf jeder Terrasse ein Boskett von Linden und Nußbäumen umgeben; die vielen Quellen und Brunnen, die man unter sich rauschen hört, machen es nun gar reizend. Alle Fenster waren erleuchtet, die Häuser sahen wunderbar belebt unter dem dunklen einsamen Wald des übersteigenden Gebirges hervor. – Die junge Fürstin von Baden saß mit der Gesellschaft auf der untersten Terrasse und trank den Tee; bald hörten wir Waldhörner aus der Ferne; wir glaubten's kaum, so leise, – gleich antwortete es in der Nähe; dann schmetterte es über uns im Gipfel; sie schienen sich gegenseitig zu locken, rückten zusammen, und in milder Entfernung entfalteten sie die Schwingen, als wollten sie himmelwärts steigen, und immer senkten sie sich wieder auf die liebe Erde herab; – das Geplauder der Franzosen verstummte, ein paarmal hörte ich neben mir ausrufen: „Delicieux!" – Ich wendete mich nach dieser Stimme: ein schöner Mann, edle Gestalt und Gesicht, geistreicher Ausdruck, nicht mehr jung, bebändert und besternt; – er kam mit mir ins Gespräch und setzte sich neben mich auf die Bank. Ich bin nun schon gewohnt, für ein Kind angesehen zu werden, und war also nicht verwundert, daß mich der Franzose eher enfant nannte; er nahm meine Hand und fragte, von wem ich den Ring habe? – Ich sagte: „Von Goethe". „Comment de Goethe? – Je le connais"; und nun erzählte er mir, daß er nach der Schlacht bei Jena mehrere Tage bei Dir zugebracht habe, und Du habest ihm einen Knopf von seiner Uniform abgeschnitten, um ihn als Andenken in Deiner Münzsammlung zu bewahren; ich sagte: und mir habest Du den Ring zum Andenken gegeben und mich gebeten, Dich nicht zu vergessen. – „Et cela vous a remué le cœur?" – „Aussi tendrement et aussi passionnement que les sons, qui se font entendre là haut!" Da fragte er: „Et vous n'avez réellement que treize ans?" – Du wirst wohl wissen, wer er ist, ich habe um seinen Namen nicht gefragt.

Sie bliesen so herrlich in den Wald hinein und mir zugleich alle weltlichen Gedanken aus dem Kopf; ich schlich mich leise hinauf so nah als möglich und ließ mir's die Brust durchdröhnen; recht mit Gewalt. – Der Ansatz der Töne war so weich, sie wurden allmählich so mächtig, daß es unwiderstehliche Wollust war, sich ihnen hinzugeben. Da hatte ich allerlei wunderliche Gedanken, die schwerlich bei dem Verstand die Maut passiert hätten; es war, als läg' das Geheimnis der Schöpfung mir auf der Zunge. Der Ton, den ich lebendig in mir fühlte, gab mir die Empfindung, wie durch die Macht seiner Stimme Gott alles hervorgerufen, und wie Musik diesen ewigen Willen der Liebe und der Weisheit in jeder Brust wiederholt. – Und ich war beherrscht von Gefühlen, die von der Musik getragen, durchdrungen, vermittelt, verändert, vermischt und gehoben wurden; ich war endlich so in mich versunken, daß selbst die späte Nacht mich nicht vom Platz brachte. Das Hofgeschwirr und die vielen Lichter, von deren Widerschein die Bäume in grünen Flammen brannten, sah ich von oben herab verschwinden; endlich war alles weg; kein Licht brannte mehr in den Häusern; ich war allein in der kühlen himmlischen Ruhe der Nacht; ich dachte an Dich! Ach, hätten wir doch beisammen unter jenen Bäumen gesessen und bei dem Rauschen und Plätschern der Wasser miteinander geschwätzt!

***

Am 24. August.

Immer noch hab' ich Dir was zu erzählen; den letzten Abend am Rhein ging ich noch spät ins nächste Dorf mit Begleitung; als ich am Rhein hinschlenderte, sah ich von ferne etwas Flammendes heranschwimmen; es war ein großes Schiff mit Fackeln, die zuweilen das Ufer grell erleuchteten; oft verschwanden die Flammen; minutenlang war alles dunkel; es gab dem Fluß eine magische Wirkung, die sich mir tief einprägte als Abschluß von allem, was ich dort erlebt habe.

Es war Mitternacht, – der Mond stieg trüb auf; das Schiff, dessen Schatten in dem erleuchteten Rhein wie ein Ungeheuer mitsegelte, warf ein grelles Feuer auf die waldige Ingelheimer Aue, an der sie hinsteuerten, hinter welcher sich der Mond so mild bescheiden hervortrug und allmählich sich in die dünne Nebelwolke wie in einem Schleier entwickelte. – Wenn man der Natur ruhig und mit Bedacht zusieht, greift sie immer ins Herz. Was hätte Gott meine Sinne inniger zuwenden können? – Was mich leichter von dem Unbedeutenden, was mich drückt, lösen können? – Ich schäme mich nicht, Dir zu bekennen, daß Dein Bild dabei heftig in meiner Seele aufflammte. Wahr ist's: Du strahlst in mich, wie die Sonne in den Kristall der Traube, und wie diese kochst Du mich immer feuriger, aber auch klarer aus.

Ich hörte nun die Leute auf dem Schiff schon deutlich sprechen und zur Arbeit anrufen; sie ankerten an der Insel, löschten die Fackeln; – nun wurde alles still bis auf den Hund, der bellte, und die Flaggen, die sich in der frischen Nachtluft drehten. – Nun ging auch ich nach Haus zum Schlafen, und wenn Du's erlaubst, so legte ich mich zu Deinen Füßen nieder, und es belohnte mich der Traum mit Liebkosungen von Dir, wenn's nicht Falschheit war.

Wer wollte nicht an Erscheinung glauben! Beglückt mich doch die Erinnerung dieser Träume noch heute! Ja sag': was geht der Wirklichkeit ab? – O ich bin stolz, daß ich von Dir träume; ein guter Geist dient meiner Seele; er führt Dich ein, weil meine Seele Dich ruft; ich soll Deine Züge trinken, weil mich nach ihnen dürstet; ja, es gibt Bitten und Forderungen, die werden erhört.

Nun wehr' Dich immer gegen meine Liebe; was kann Dir's helfen? – Wenn ich nur Geist genug habe! – Dem Geist stehen die Geister bei.

Bettine.

***

Am 30. August.

Ich öffne das Siegel wieder, um Dir zu sagen, daß ich Deinen Brief vom 10. seit gestern abend in Händen habe, und habe ihn fleißig studiert. – O Goethe, Du sagst zwar, Du willst keinen Krieg führen, und verlangst Friede und schlägst doch mit dem Primas wie mit einer Herkuleskeule drein. Mutz' mir doch den Primas nicht auf! – Wenn ich's ihm sagte, er spränge Decken hoch und verliebte sich in mich – aber Du bist nicht eifersüchtig, Du bist nur gütig und voll Nachsicht.

Deine Charade hab' ich schlaftrunken ans Herz gelegt, aber geraten hab ich sie nicht; – wo hätt' ich Besinnung hernehmen sollen? Mag es sein, was es will, es macht mich selig; ein Kreis liebender Worte, – so unterscheidet man auch nicht Liebkosungen, man genießt sie und weiß, daß sie die Blüten der Liebe sind. Ach, ich möchte wissen was es ist:

Ich hoffe still; doch hoff' ich's zu erlangen,
Als Namen der Geliebten sie zu lallen.

Was hoffst Du? sag' mir's, und wie soll die Geliebte Dir heißen? Welche Bedeutung hat der Name, daß Du mit Entzücken ihn nur zu lallen vermagst? –

In Einem Bild sie beide zu erblicken,
In Einem Wesen beide zu umfangen.

Wer sind die beide? Wer ist mein Nebenbuhler? In welchem Bild soll ich mich spiegeln? – und mit wem soll ich in Deinen Armen verschmelzen? – Ach, wie viele Rätsel in einem verborgen, und wie brennt mir der Kopf; – nein, ich kann es nicht raten; es will nicht gelingen, mich von Deinem Herzen loszureißen und zu spekulieren.

Es tut gar wohl, an schön beschloßnen Tagen
Eins an dem andern kecklich zu verbrennen.
Und kann man sie vereint zusammen nennen,
So drückt man aus ein seliges Behagen.

Das tut Dir wohl, daß ich an Dir verglühe, an schön beschloßnen Tagen, wo ich den Abend in Deiner Nähe zubringe, und mir auch.

Und kann man uns vereint zusammen nennen,
So drückt man aus mein seligstes Behagen.

Du siehst, Freund, wie Du mich hinüberraten läßt in die Ewigkeit; aber das irdische Wort, was der Schlüssel zu allem ist, das kann ich nicht finden.

Aber Deinen Zweck hast Du erlangt, daß ich mich zufrieden raten solle, ich errate daraus meine Rechte, meine Anerkenntnis, meinen Lohn und die Bekräftigung unsers Bundes und werde jeden Tag Deine Liebe neu erraten, verbrenne mich immer, wenn Du mich zugleich umfangen und spiegeln willst in Deinem Geist und vereint mit mir gern genennt sein willst.

Wenn Dir die Mutter schreibt, so macht sie den Bericht allemal zu ihrem Vorteil, die Geschichte war so. Ein buntes Röckchen, mit Streifen von Blumen durchwirkt, und ein Flormützchen, mit silbernen Blümchen geschmückt, holte sie aus dem großen Tafelschrank und zeigte sie mir als Deinen ersten Anzug, in dem Du in die Kirche und zu den Paten getragen wurdest. Bei dieser Gelegenheit hörte ich die genaue Geschichte Deiner Geburt, die ich gleich aufschrieb. Da fand sich denn auch der kleine Frankfurter Ratsherr mit der Allongeperücke! – Sie war sehr erfreut über diesen Fund und erzählte mir, daß man sie ihnen geschenkt habe, wie ihr Vater Syndikus geworden war. Die Schnallen an den Schuhen sind von Gold, wie auch der Degen und die Perlenquasten am Halsschmuck sind echt; ich hätte den kleinen Kerl gar zu gern gehabt. Sie meinte, er müsse Deinen Nachkommen aufbewahrt bleiben, und so kam's, daß wir ein wenig Komödie mit ihm spielten. Sie erzählte mir dabei viel aus ihrer eignen Jugend, aber nichts von Dir; aber eine Geschichte, die mir ewig wichtig bleiben wird, und gewiß das Schönste, was sie zu erzählen vermag.

Du erfreust Dich an der Geschichte des Myrtenbaums meiner Fritzlarer Nonne, er ist wohl die Geschichte eines jeden feurig liebenden Herzens. Glück ist nicht immer das, was die Liebe nährt, und ich hab' mich schon oft gewundert, daß man *ihm* jedes Opfer bringt, und nicht der Liebe selbst, *wodurch allein sie blühen könnte, wie jener Myrtenbaum*. Es ist besser, daß man Verzicht auf alles tue, aber die Myrte, die einmal eingepflanzt ist, die soll man nicht entwurzeln, – *man soll sie pflegen bis ans Ende*.

Alles, was Du verlangst, hoff' ich Dir noch zu sagen, Du hast recht vermutet, daß mir die Zerstreuung hier viel rauben würde, aber Dein Wille hat Macht über mich, und ich hoffe, er soll Feuer aus dem Geist schlagen. Die Herzogin von Baden ist fort, aber unsre Familie samt anhängenden Freunden ist so groß, daß wir ganz Schlangenbad übervölkern. Adieu, ich schäme mich meines dicken Briefs, in dem viel Unsinn stecken mag. Wenn Du nicht frei Porto hättest, ich schickte ihn nicht ab.

Von der Mutter hab' ich die besten Nachrichten.

Bettine.

Zweiter Teil

An Goethe.

Da ich Dir zum letztenmal schrieb, war's Sommer, ich war am Rhein und reiste später mit einer heiteren Gesellschaft von Freunden und Verwandten zu Wasser bis Köln; als ich zurückgekommen war, verbrachte ich noch die letzten Tage mit Deiner Mutter, wo sie freundlicher, leidseliger war als je. Am Tag vor ihrem Tod war ich bei ihr, küßte ihre Hand und empfing ihr Lebewohl in Deinem Namen. Denn ich hab' Dich in keinem Augenblick vergessen; ich wußte wohl, sie hätte mir gern Deine beste Liebe zum Erbteil hinterlassen.

Sie ist nun tot, vor welcher ich die Schätze meines Lebens ausbreitete; sie wußte *wie* und *warum* ich Dich liebe, sie wunderte sich nicht darüber. Wenn andre Menschen klug über mich sein wollten, so ließ sie mich gewähren und gab dem Wesen keinen Namen. Noch enger hätte ich damals Deine Knie umschließen mögen, noch fester, tiefer Dich ins Auge fassen und alle andre Welt vergessen mögen, und doch hielt dies mich ab vom Schreiben. Später warst Du so umringt, daß ich wohl schwerlich hätte durchdringen können.

Jetzt ist ein Jahr vorbei, daß ich Dich gesehen habe, Du sollst schöner geworden sein, Karlsbad soll Dich erfrischt haben. Mir geht's recht hinderlich, ich muß die Zeit so kalt hinstreichen lassen ohne einen Funken zu erhaschen, an dem ich mir eine

Flamme anblasen könnte. Doch soll es nicht lange mehr währen, bis ich Dich wiederseht; dann will ich nur einmal Dich immer und ewig in meinen Armen festhalten.

Diese ganze Zeit hab' ich mit Jacobi beinah' alle Abende zugebracht, ich schätze es immer als ein Glück, daß ich ihn sehen und sprechen konnte; aber dazu bin ich nicht gekommen – aufrichtig gegen ihn zu sein, und die Liebe, die man seinem Wohlwollen schuldig ist, ihm zu bezeigen. Seine beiden Schwestern verpallisadieren ihn, es ist empfindlich, durch leere Einwendungen von ihm abgehalten zu werden. Er ist duldend bis zur Schwäche und hat gar keinen Willen gegen ein paar Wesen, die Eigensinn und Herrschsucht haben, wie die Semiramis. Die Herrschaft der Frauen verfolgt ihn bis zur Präsidentenstelle an der Akademie, sie wecken ihn, sie bekleiden ihn, knöpfen ihm die Unterweste zu, sie reichen ihm Medizin, will er ausgehn, so ist's zu rauh, will er zu Hause bleiben, so muß er sich Bewegung machen. Geht er auf die Akademie, so wird der Nimbus geschneutzt, damit er recht hell leuchte: da ziehen sie ihm ein Hemd von Batist an mit frischem Jabot und Manschetten und einen Pelzrock mit prächtigem Zobel gefüttert, der Wärmkorb wird vorangetragen, kommt er aus der Sitzung zurück, so muß er ein bißchen schlafen, nicht ob er will; so geht's bis zum Abend in fortwährendem Widerspruch, wo sie ihm die Nachtmütze über die Ohren ziehen und ihn zu Bette führen.

Der Geist auch unwillkürlich bahnt sich eine Freistätte, in der ihn nichts hindert zu walten nach seinem Recht, was diesem nicht Eintrag tut, wird er gern der Willkür andrer überlassen. Das hat die Mutter oft an Dir gepriesen, daß Deine Würde aus Deinem Geist fließe, und daß Du einer andern nie nachgestrebt habest; die Mutter sagte, Du seist dem Genius treu, der Dich ins Paradies der Weisheit führt, Du genießest alle Früchte, die er Dir anbietet, daher blühen Dir immer wieder neue, schon während Du die ersten verzehrst. Lotte und Lene aber verbieten dem Jacobi das Denken als schädlich, und er hat mehr Zutrauen zu ihnen als zu seinem Genius, wenn der ihm einen Apfel schenkt, so fragt er jene erst, ob der Wurm nicht drin ist.

Es braucht keinen großen Witz, und ich fühle es in mir selber gegründet: im Geist liegt der unauslöschliche Trieb, das Überirdische zu denken, so wie das Ziel einer Reise hat er den höchsten Gedanken als Ziel; er schreitet forschend durch die irdische Welt der himmlischen zu, alles was dieser entspricht, das reißt der Geist an sich und genießt es mit Entzücken, drum glaub' ich auch, daß die Liebe der Flug zum Himmel ist.

Ich wünsch' es Dir, Goethe, und ich glaub' es auch fest, daß all Dein Forschen, Deine Erkenntnis, das, was die Muse Dir lehrt, und endlich auch Deine Liebe vereint Deinem Geist einen verklärten Leib bilden, und daß der dem irdischen Leib nicht mehr unterworfen sein werde, wenn er ihn ablegt, sondern schon in jenen geistigen Leib übergeströmt. Sterben mußt Du nicht, sterben muß nur *der*, dessen Geist den Ausweg nicht findet. Denken beflügelt den Geist, der beflügelte Geist stirbt nicht, er findet nicht zurück in den Tod. –

Mit der Mutter konnte ich über alles sprechen, sie begriff meine Denkweise, sie sagte: „Erkenne erst alle Sterne und das letzte, dann erst kannst Du zweifeln, bis dahin ist alles möglich."

Ich habe von der Mutter viel gehört, was ich nicht vergessen werde, die Art, wie sie mir ihren Tod anzeigte, hab' ich aufgeschrieben für Dich. Die Leute sagen, Du wendest Dich von dem Traurigen, was nicht mehr abzuwenden ist, gerne ab, wende Dich in diesem Sinne nicht von der Mutter ihrem Hinscheiden ab, lerne sie kennen, wie weise und liebend sie grade im letzten Augenblick war und wie gewaltig das Poetische in ihr.

Heute sag' ich Dir nichts mehr, denn ich sehne mich, daß dieser Brief bald an Dich gelange; schreib mir ein Wort, meine Zufriedenheit beruht darauf. In diesem Augenblick ist mein Aufenthalt in Landshut; in wenig Tagen gehe ich nach München, um mit dem Kapellmeister Winter Musik zu studieren.

Manches möchte man lieber mit Gebärden und Mienen sagen, ach besonders Dir hab' ich nichts Höheres zu verkünden, als bloß Dich anzulächeln.

Leb' wohl, bleib mir geneigt, schreib mir wieder, daß Du mich lieb hast, was ich mit Dir erlebt habe, ist mir ein Thron seliger Erinnerung. Die Menschen trachten auf verschiedenen Wegen alle nach einem Ziel, nämlich glücklich zu sein, wie schnell bin ich befriedigt, wenn Du mir gut und meiner Liebe ein treuer Bewahrer sein willst.

Ich bitte die Frau zu grüßen, sobald ich nach München komme, werde ich ihrer gedenken.

Landshut, den 18. Dezember 1808.

Dir innigst angelobt
Bettine Brentano,
bei Baron von Savigny.

An Frau von Goethe.

Gerne hätte ich nach dem Beispiel der guten Mutter mein kleines Andenken zum Weihnachten zu rechter Zeit gesendet; allein ich muß gestehen, daß Mißlaune und tausend andre Fehler meines Herzens mich eine ganze Weile von allem freundlichen Verkehr abhielten. Die kleine Kette war Ihnen gleich nach dem Tode der Mutter bestimmt. Ich dachte, Sie sollten diese während der Trauer tragen, und immer verschob ich die Sendung, zum Teil weil es mir wirklich unerträglich war, auch nur mit der Feder den Verlust zu berühren, der für mich ganz Frankfurt zu einer Wüste gemacht hat. – Das kleine Halstuch hab' ich noch bei der Mutter gestickt und hier in den müßigen Stunden vollendet.

Bleiben Sie mir freundlich, erinnern Goethe in den guten Stunden an mich, ein Gedanke von ihm an mich ist mir eine strahlende Zierde, die mich mehr schmückt und ergötzt als die köstlichsten Edelsteine. Sie sehen also, welchen Reichtum Sie mir spenden können, indem Sie ihn bescheidentlich meiner Liebe und Verehrung versichern. Auch für ihn hab' ich etwas, es ist mir aber so lieb, daß ich es ungern einer gefahrvollen Reise aussetze. Ich mache mir Hoffnung, ihn in der ersten Hälfte dieses Jahres noch zu sehen, wo ich es ihm selbst bringen kann. Erhalten Sie sich gesund und recht heiter in diesem kalten Winter. Meine Schwachheit, Ihnen Freude machen zu wollen, behandeln Sie wie immer mit gütiger Nachsicht.

München, 8. Januar 1809. Bettine.

An Goethe.

Andre Menschen waren glücklicher als ich, die das Jahr nicht beschließen durften, ohne Dich gesehen zu haben. Man hat mir geschrieben, wie liebreich Du die Freunde bewillkommnest. –

Seit mehreren Wochen bin ich in München, treib' Musik und singe viel bei dem Kapellmeister Winter, der ein wunderlicher Kauz ist, aber gerade für mich paßt; denn er sagt: „Sängerinnen müssen Launen haben", und so darf ich alle an ihm auslassen; viel Zeit bringe ich am Krankenlager von Ludwig Tieck zu, er leidet an Gicht, eine Krankheit, die allen bösen Launen und Melancholie Audienz gibt; ich harre ebenso wohl aus Geschmack wie aus Menschlichkeit bei ihm aus; ein Krankenzimmer ist an und für sich schon durch die große Ruhe ein anziehender Aufenthalt, ein Kranker, der mit gelassenem Mut seine Schmerzen bekämpft, macht es zum Heiligtum. Du bist ein großer Dichter, der Tieck ist ein großer Dulder, und für mich ein Phänomen, da ich vorher nicht gewußt habe, daß es solche Leiden gibt; keine Bewegung kann er machen ohne aufzuseufzen, sein Gesicht trieft von Angstschweiß, und sein Blick irrt über der Schmerzensflut oft umher wie eine müde geängstigte Schwalbe, die vergeblich einen Ort sucht, wo sie ausruhen kann, und ich steh' vor ihm verwundert und beschämt, daß ich so gesund bin; dabei dichtet er noch Frühlingslieder und freut sich über einen Strauß Schneeglöckchen, die ich ihm bringe, sooft ich komme, fordert er zuerst, daß ich dem Strauß frisch Wasser gebe, dann wische ich ihm den Schweiß vom Gesicht ganz gelinde, man kann es kaum, ohne ihm weh zu tun, und so leiste ich ihm allerlei kleine Dienste, die ihm die Zeit vertreiben, Englisch will er mich auch lehren, allen Zorn und Krankheitsunmut läßt er denn an mir aus, daß ich so dumm bin, so absurd frage und nie die Antwort verstehe, auch ich bin verwundert; denn ich hab' mit den Leuten geglaubt, ich sei sehr klug, wo nicht gar ein Genie, und nun stoße ich auf solche Untiefen, wo gar kein Grund zu erfassen ist, nämlich der Lerngrund, und ich muß erstaunt bekennen, daß ich in meinem Leben nichts gelernt habe.

Eh' ich von Dir wußte, wußt' ich auch nichts von mir, nachher waren Sinne und Gefühl auf Dich gerichtet, und nun die Rose blüht, glüht und duftet, so kann sie's doch nicht von sich geben, was sie in geheim erfahren hat. Du bist, der mir's angetan hat, daß ich mit Schimpf und Schand' bestehe vor den Philistern, die eine Reihe von Talenten an einem Frauenzimmer schätzenswert finden. Das Frauenzimmer selbst aber ohne diese nicht.

Klavier spielen, Arien singen, fremde Sprachen sprechen, Geschichte und Naturwissenschaft, das macht den liebenswerten Charakter, ach und ich hab' immer *hinter* allem diesem erst nach dem gesucht, was ich lieben möchte; gestern kam Gesellschaft zu Tieck, ich schlich mich unbemerkt hinter einen Schirm, ich wär' auch gewiß da eingeschlafen, wenn nicht mein Name wär' ausgesprochen worden, da hat man mich gemalt, so daß ich mich vor mir selber fürchten müßte; ich kam auch plötzlich hervor und sagte: „Nein, ich bin zu abscheulich, ich mag nicht mehr allein bei mir sein.“ Dies erregte eine kleine Konsternation, und mir machte es viel Spaß. – So ging mir's auch bei Jacobi, wo Lotte und Lene nicht bemerkt hatten, daß ich hinter dem großen runden Tisch saß, ich rief hervor mitten in ihre Epistel hinein: „Ich will mich bessern.“ Ich weiß gar nicht warum mein Herz immer jauchzt vor Lust, wenn ich mich verunglimpft höre, und warum ich schon im voraus lachen muß, wenn einer mich tadelt: sie mögen mir aufbürden die allerverkehrtesten Dinge, ich muß alles mit Vergnügen anhören und gelten lassen. Es ist mein Glück; wollt' ich mich dagegen verteidigen, ich käm' in des Teufels Küche; wollte ich mit ihnen streiten, ich würde dummer wie sie. Doch diese letzte Geschichte hat mir Glück gebracht, Sailer war da, dem gefiel's, daß ich Lenen dafür beim Kopf kriegte und ihr auf ihr böses Maul einen herzlichen Schmatz gab, um es zu stopfen. Nachdem Sailer weg war, sagte Jacobi: „Nun, die Bettine hat dem Sailer das Herz gewonnen.“ „Wer ist der Mann?“ fragte ich. „Wie! Sie kennen Sailer nicht, haben ihn nie nennen hören, den allgemein gefeierten geliebten, den Philosophen Gottes, so gut wie Plato der göttliche Philosoph ist?“ – Diese Worte haben mir von Jacobi gefallen, ich freue mich unendlich auf den Sailer, er ist Professor in Landshut. Während dem Karneval ist hier ein Strom von Festen, die einen wahren Strudel bilden, so greifen sie ineinander; es werden wöchentlich neue Opern gegeben, die meinen alten Winter sehr im Atem erhalten, ich hör' manches mit großem Anteil, wollt' ich ihm sagen, was ich dadurch lerne, er würde es nicht begreifen. Am Rhein haben wir über Musik geschrieben, ich weiß nicht mehr was; ich hab' Dir noch mehr zu sagen, Neues, für mich Erstaunungswürdiges, kaum zu fassen für meinen schwachen Geist, und doch erfahre ich's nur durch mich selbst. Soll ich da nicht glauben, daß ich einen Dämon habe, der mich belehrt, ja es kommt alles auf die Frage an, je tiefer Du fragst, je gewaltiger ist die Antwort, der Genius bleibt keine schuldig; aber wir scheuen uns, zu fragen, und noch mehr die Antwort zu vernehmen und zu begreifen, denn das kostet Mühe und Schmerzen; anders können wir nichts lernen, wo sollten wir's herhaben, wer Gott fragt, dem antwortet er das Göttliche.

Auf den Festen, die man hier Akademien nennt – Maskenbälle, in der Mitte ein kleines Theater, worauf pantomimische Vorstellungen gegeben werden von Harlekin Pierrot und Pantalon –, hab' ich den Kronprinzen kennengelernt; ich habe eine Weile mit ihm gesprochen, ohne zu wissen, wer er sei, er hat etwas Zusprechendes, Freundliches und wohl auch originell Geistreiches; sein ganzes Wesen scheint zwar mehr nach Freiheit zu ringen, als mit ihr geboren zu sein; seine Stimme, seine Sprache und Gebärden haben etwas Angestrengtes wie ein Mensch, der sich mit großem Aufwand von Kräften an glatten Felswänden hinaufhalf, eine zitternde Bewegung in den noch nicht geruhten Gliedern hat. Und wer weiß, wie seine Kinderjahre, seine Neigungen bedrängt oder durch Widerspruch gereizt wurden, ich seh' ihm an, daß er schon manches überwinden mußte, und auch, daß sich Großes aus ihm entwickeln kann; ich bin ihm gut, ein so junger Herrscher in der Vorhölle, wo er leiden muß, daß sich jede Zunge über ihn erbarmt; seine guten Münchner, wie er sie nennt, sind ihm nicht grün; ja wartet nur, bis er mündig ist, entweder er beschämt euch alle, oder er wird's euch garstig eintränken.

***

Am 31. Januar.

Dem wunderbaren Frühlingswetter konnte ich nicht widerstehen, der warme mailiche Sonnenstrahl, der das harte eisige Neujahr ganz zusammenschmolz, war überraschend, es hat mich hinausgetrieben in den kahlen, englischen Garten, ich bin auf alle Freundschaftstempel, chinesische Türme und Vaterlandsmonumente geklettert, um die Tiroler Bergkette zu erblicken, die tausendfach ihre gespaltnen Häupter gen Himmel ragt; auch in meiner Seele kannst du solche große Bergmassen finden, die tief bis in die Wurzel gespalten sind, kalt und kahl ihre hartnäckige Zacken in die Wolken strecken. Bei der Hand möcht' ich Dich nehmen und weit wegführen, daß Du Dich besinnen solltest über mich, daß ich Dir in Deinen Gedanken aufginge als etwas Merkwürdiges, dem Du nachspürtest, wie zum Beispiel einem Intermaxilarknochen, über den Du Dein Recht in so eifriger Correspondence gegen Soemering behauptest, sag' mir aufrichtig, werde ich Dir nie so wichtig sein als ein solcher toter Knochen? – Daß Gott alles wohlgefügt habe, wer kann das bezweifeln! Ob Du aber Dein Herz wohl mit meinem verschränkt habest, dagegen erheben sich bei mir zu manchen trüben Stunden Zweifel, von schweren Seufzern begleitet. Am Rhein hab' ich Dir viel und liebend geschrieben, ja ich war ganz in Deiner Gewalt, und was ich dachte und fühlte, war, weil ich im Geiste Dich ansah, nun haben wir eine Pause gemacht beinah' vier Monate, Du hast mir noch nicht geantwortet auf zwei Briefe.

Es liegt mir an allem nichts, aber daran liegt mir, daß ich um Dich nicht betrogen werde; daß mir kein Wort, kein Blick von Dir gestohlen werde, ich hab' Dich so lieb, das ist alles, mehr wird nicht in mich gehen, und anders wird man nichts an mir erkennen, und ich denke auch, das ist genug, um mein ganzes Leben den Musen als ein wichtiges Dokument zu hinterlassen; darum vergeht mir manche Zeit so hart und kalt wie dieser harte Winter, darum blüht's wieder und drängt von allen Seiten wieder ins Leben. – Darum hüt' ich oft meine Gedanken vor Dir. Diese ganze Zeit konnte ich kein Buch von Dir anrühren. Nein, ich konnte keine Zeile lesen, es war mir zu traurig, daß ich nicht bei Dir sein kann. Ach, die Mutter fehlt mir, die mich beschwichtigte, die mich hart machte gegen mich selber, ihr klares, feuriges Auge sah mich durch und durch, ich brauchte ihr nichts zu gestehen, sie wußte alles, ihr feines Ohr hörte bei dem leisesten Klang meiner Stimme, wie es um mich stehe; o sie hat mir manche Gegengeschichte zu meiner Empfindung erzählt, ohne daß ich sie ihr wörtlich mitteilte, wie oft ein freudiges Zurufen von ihr alle Wolken in mir zerteilt, welche freundliche Briefe hat sie mir ins Rheingau geschrieben: „Tapfer!" – rief sie mir zu; „sei tapfer, da sie dich doch nicht für ein echtes Mädchen wollen gelten lassen, und sagen, man könne sich nicht in dich verlieben, so bist du die eine Plage los, sie höflich abzuweisen, so sei denn ein tapferer Soldat, wehr' dich dagegen, daß du meinst, du müßtest immer bei ihm sein und ihn bei der Hand halten, wehr' dich gegen deine eigne Melancholie, so ist er immer ganz und innigst dein und kein Mensch kann dir ihn rauben."

Solche Zeilen machten mich unendlich glücklich, wahrhaftig, ich fand Dich in ihr wieder, wenn ich nach Frankfurt kam, so flog ich zu ihr hin; wenn ich die Tür aufmachte, wir grüßten uns nicht, es war als ob wir schon mitten im Gespräch seien. Wir zwei waren wohl die einzig lebendigen Menschen in ganz Frankfurt und überall, manchmal küßte sie mich und sprach davon, daß ich in meinem Wesen sie an Dich erinnere, sie habe auch Dein Sorgenbrecher sein müssen. Sie baute auf mein Herz. Man konnte ihr nicht weismachen, daß ich falsch gegen sie sei, sie sagte: „*Der* ist falsch, der mir meine Lust an ihr verderben will"; ich war stolz auf ihre Liebe.

Wenn Du nun nicht mehr auf der Welt wärst! Ach, ich würde keine Hand mehr regen. Ach, es regen sich so viel tausend Hoffnungen und wird nichts draus. Wenn ich nur manchmal bei Dir sitzen könnte eine halbe Stunde lang; – da wird vielleicht auch nichts draus; *mein* Freund!! –

Am 3. Februar.

In den wenig Wochen, die ich in Landshut zubrachte, hab' ich trotz Schnee und Eis nah' und ferne Berge bestiegen, da lag mir das ganze Land im blendendsten Gewand vor Augen; alle Farben vom Winter getötet und vom Schnee begraben, nur mir rötete die Kälte die Wangen; – wie ein einsames Feuer in der Wüste, so brennt der einzige Blick, der beleuchtet und erkennt, während die ganze Welt schläft. Ich hatte so kurz vorher den Sommer verlassen, so reich beladen mit Frucht. – Wo war's doch, wo ich den letzten Berg am Rhein bestieg? – In Godesberg; warst Du da auch oft? – Es war bald Abend, da wir oben waren; Du wirst Dich noch erinnern, es steht oben ein einziger hoher Turm, und rund auf der Fläche stehen noch die alten Mauern. Die Sonne in großer Pracht senkte einen glühenden Purpur über die Stadt der Heiligen; der Kölner Dom, an dessen dornigen Zierraten die Nebel wie eine vorüberstreifende Schafherde ihre Flocken hängen ließen, in denen Schein und Widerschein so fein spielten, da sah ich ihn zum letztenmal; alles war zerflossen in dem ungeheuren Brand, und der kühle ruhige Rhein, den man viele Stunden weit sieht, und die Siebenberge hoch über den Ufergegenden.

Im Sommer, in dem leidenschaftlichen Leben und Weben aller Farben, wo die Natur die Sinne als den rührendsten Zauber ihrer Schönheit festhält; wo der Mensch durch das Mitempfinden selbst schön wird; da ist er sich selbst auch oft wie ein Traum, der vor dem Begriff wie Duft verfliegt. – Das Lebensfeuer in ihm verzehrt alles; den Gedanken im Gedanken, und bildet sich wieder in allem. Was das Aug' erreichen kann, gewinnt er nur, um sich wieder ganz dafür hinzugeben; und so fühlt man sich frei und keck in den höchsten Felsspitzen, in dem kühnsten Wassersturz, ja mit dem Vogel in der Luft, mit dem man in die Ferne zieht und höher mit ihm steigt, um früher den Ort der Sehnsucht zu erblicken. Im Winter ist's anders, da ruhen die Sinne mit der Natur, nur die Gedanken graben, wie die Arbeiter im Bergwerk, heimlich in der Seele fort. – Darauf hoffe und baue auch ich, lieber Goethe, jetzt, wo ich empfinde, wie öde und mangelhaft es in mir ist: daß die Zeit kommen werde, wo ich Dir mehr sagen und Dich mehr fragen kann. Einmal wird mir doch einleuchten, was ich zu wissen fordere. Das deucht mir der einzige Umgang mit Gott, nämlich die Frage um das Überirdische; und das scheint mir die einzige Größe des Menschen, diese Antwort zu empfinden, zu genießen. Gewiß ist die Liebe auch eine Frage an Gott, und der Genuß in ihr ist eine Antwort von dem liebenden Gott selbst.

***

4. Februar.

Hier im Schloß, welches man die Residenz heißt und siebzehn Höfe hat, ist in einem der Nebengebäude ein kleiner einsamer Hof, in der Mitte desselben steht ein Springbrunnen: Perseus, der die Medusa enthauptet, in Erz von einem Rasenplatz umgeben; ein Gang von Granitsäulen führt dahin; Meerweibchen, von Ton und Muscheln gemacht, halten große Becken, in die sie ehemals spien, Mohrenköpfe schauen aus der Mauer, die Decke und Seiten sind mit Gemälden geziert, die freilich schon zum Teil heruntergefallen sind, unter andern Apoll, der auf seinem Sonnenwagen sich über die Wolken bäumt und seine Schwester Luna im Herunterfahren begrüßt; der Ort ist sehr einsamlich, selten daß ein Hofbedienter quer durchläuft, die Spatzen hört man schreien, und den kleinen Eidechsen und Wassermäuschen seh' ich da oft zu, die im verfallnen Springbrunnen kampieren, es ist dicht hinter der Hofkapelle; manchmal höre ich am Sonntag da auch das hohe Amt oder die Vesper mit großem Orchester; Du mußt doch auch wissen, wo Dein Kind ist, wenn's recht treu und fleißig an Dich denkt. Adieu, leb' recht wohl, ich glaub' gewiß, daß ich dieses Jahr zu Dir komme und vielleicht bald, denk' an mich, wenn Du Zeit hast, so schreib mir, nur daß ich Dich so fort lieben darf, mehrere von meinen Briefen müssen verlorengegangen sein, denn ich hab' vom Rhein aus noch mehrmals an Dich geschrieben.

Die Frau bitte ich herzlich zu grüßen, ich weiß nicht, ob eine kleine Schachtel, die ich ihr unter Deiner Adresse schickte, verlorengegangen ist.

München, 5. Februar. Bettine.

Meine Adresse ist Landshut bei Savigny.

***

Verehrte Freundin! Empfangen Sie meinen Dank für die schönen Geschenke, welche ich von Ihnen erhalten habe, es hat mich außerordentlich gefreut, weil ich daraus ersah, daß Sie mir Ihr Wohlwollen fortdauernd erhalten, um das ich noch nicht Gelegenheit hatte, mich verdient zu machen.

Ich war nun acht Wochen in Frankfurt, die Ihrigen alle haben mir viel Gutes erzeugt, ich weiß wohl, daß ich dies alles der großen Liebe und Achtung, die man hier für die verstorbene Mutter hegte, zu danken habe; doch hab' ich Ihre Gegenwart sehr vermißt, Sie haben die Mutter sehr geliebt, und ich hatte auch verschiedene Aufträge vom Geheimen Rat an Sie, von denen er glaubte, daß Sie dieselben gerne übernehmen würden; ich habe nun alles so gut wie möglich selbst besorgt in diesen traurigen Tagen.

Alles, was ich von Ihrer Hand unter den Papieren der Mutter fand, hab' ich gewissenhaft an die Ihrigen abgegeben; ich fand es sehr wohlgeordnet mit gelben Band zugebunden und von der Mutter an Sie überschrieben.

Sie machen uns Hoffnung auf einen baldigen Besuch, der Geheime Rat und ich sehen diesen schönen Tagen mit Freuden entgegen, nur wünschen wir, daß es bald geschehe, da der Geheime Rat wahrscheinlich in der Mitte des Monat Mai wieder nach Karlsbad gehen wird.

Er befindet sich diesen Winter außerordentlich wohl, welches er doch den heilsamen Quellen zu danken hat. Bei meiner Zurückkunft kam er mir ordentlich jünger vor, und gestern, weil große Cour an unserm Hof war, sah ich ihn zum erstenmal mit seinen Orden und Bändern geschmückt, er sah ganz herrlich und stattlich aus, ich konnte ihn gar nicht genug bewundern, mein erster Wunsch war, wenn ihn doch die gute Mutter noch so gesehen hätte; er lachte über meine große Freude, wir sprachen viel von Ihnen, er trug mir auf, auch in seinem Namen zu danken für alles Gütige und Freundliche, was Sie mir erzeugen, er hat sich vorgenommen selbst zu schreiben und meine schlechte Feder zu entschuldigen, mit der ich nicht nach Wunsch ausdrücken kann, wie wert mir Ihr Andenken ist, dem ich mich herzlich empfehle.

Weimar, am 1. Februar 1809. C. v. Goethe.

An Bettine.

Du bist sehr liebenswürdig, gute Bettine, daß Du dem schweigenden Freunde immer einmal wieder ein lebendiges Wort zusprichst, ihm von Deinen Zuständen und von den Lokalitäten, in denen Du umherwandelst, einige Nachricht gibst; ich vernehme sehr gern, wie Dir zumute ist, und meine Einbildungskraft folgt Dir mit Vergnügen sowohl auf die Bergeshöhen als in die engen Schloß- und Klosterhöfe. Gedenke meiner auch bei den Eidechsen und Salamandern.

Eine Danksagung meiner Frau wird bei Dir schon eingelaufen sein, Deine unerwartete Sendung hat unglaubliche Freude gemacht, alles ist einzeln bewundert und hochgeschätzt worden. Nun muß ich Dir auch schnell für die mehreren Briefe danken, die Du mir geschrieben hast, und die mich in meiner Karlsbader Einsamkeit angenehm überraschten, unterhielten und teilweise wiederholt beschäftigten, so waren mir besonders Deine Explosionen über Musik interessant, so nenne ich diese gesteigerten Anschauungen Deines Köpfchens, die zugleich den Vorzug haben, auch den Reiz dafür zu steigern.

Damals schickte ich ein Blättchen an Dich meiner Mutter, ich weiß nicht, ob Du es erhalten hast. Diese Gute ist nun von uns gegangen, und ich begreife wohl, wie Frankfurt Dir dadurch verödet ist. – Alles, was Du mitteilen willst über Herz und Sinn der Mutter und über die Liebe, mit der Du es aufzunehmen verstehst, ist mir erfreulich. Es ist das Seltenste und daher wohl auch das Köstlichste zu nennen, wenn eine so gegenseitige Auffassung und Hingebung immer die rechte Wirkung tut; immer etwas bildet, was dem nächsten Schritt im Leben zugut kommt, wie denn durch eine glückliche Übereinstimmung des Augenblicks gewiß am lebendigsten auf die Zukunft gewirkt ist, und so glaub' ich Dir gern, wenn Du mir sagst, welche reiche Lebensquelle Dir in diesem Deinen Eigenheiten sich so willig hingebenden Leben versiegt ist; auch mir war sie dies, in ihrem Überleben aller anderen Zeugen meiner Jugendjahre bewies sie, daß ihre Natur keiner andern Richtung bedurfte als zu pflegen und zu lieben, was Geschick und Neigung ihr anvertraut hatten; ich habe in der Zeit nach ihrem Tode viele ihrer Briefe durchlesen und bewundert, wie ihr Geist bis zur spätesten Epoche sein Gepräge nicht verloren. Ihr letzter Brief war ganz erfüllt von dem Guten, was sich zwischen Euch gefunden, und daß ihre späten Jahre, wie sie selbst schreibt, von Deiner Jugend so grün umwachsen seien; auch in diesem Sinn also wie in allem andern, was Dein lebendiges Herz mir schon gewährt hat, bin ich Dir Dank schuldig.

Wilhelm Humboldt hat uns viel von Dir erzählt. Viel, das heißt oft. Er fing immer wieder von Deiner kleinen Person zu reden an, ohne daß er so was recht Eigentliches zu sagen gehabt, woraus wir denn auf ein eignes Interesse schließen konnten. Neulich war ein schlanker Architekt von Kassel hier, auf den Du auch magst Eindruck gemacht haben.

Dergleichen Sünden magst Du denn mancherlei auf Dir haben, deswegen Du verurteilt bist, Gichtbrüchige und Lahme zu warten und zu pflegen.

Ich hoffe jedoch, das soll nur eine vorübergehende Büßung werden, damit Du Dich des Lebens desto besser und lebhafter mit den Gesunden freuen mögest.

Bring' nun mit Deiner reichen Liebe alles wieder ins Geleis einer mir so lieb gewordenen Gewohnheit, lasse die Zeit nicht wieder in solchen Lücken verstreichen, lasse von Dir vernehmen, es tut immer seine gute und freundliche Wirkung, wenn auch der Gegenhall nicht bis zu Dir hinüberdringt; so verzichte ich doch nicht darauf, Dir Beweise ihres Eindruckes zu liefern, an denen Du selbst ermessen magst, ob die Wirkung auf meine Einbildungskraft den Zaubermitteln der Deinigen entspricht. Meine Frau, hör' ich, hat Dich eingeladen, das tue ich nicht, und wir haben wohl beide recht. Lebe wohl, grüße freundlich die Freundlichen und bleib mir Bettine.

Weimar, den 22. Februar 1809. G.

An Goethe.

Wenn Deine Einbildungskraft geschmeidig genug ist, mich in alle Schlupfwinkel von verfallenem Gemäuer, über Berg und Klüfte zu begleiten, so will ich's auch noch wagen, Dich bei mir einzuführen; ich bitte also: komm, – nur immer höher, – drei Steigen hoch – hier in mein Zimmer, setz' Dich auf den blauen Sessel am grünen Tisch, mir gegenüber; – ich will Dich nur ansehen, und – Goethe! – folgt mir Deine Einbildungskraft immer noch? – Dann mußt Du die unwandelbarste Liebe in meinen Augen erkennen, mußt jetzt liebreich mich in Deine Arme ziehen; sagen: „So ein treues Kind ist mir beschert, zum Lohn, zum Ersatz für manches. Es ist mir wert dies Kind, ein Schatz ist mir's, ein Kleinod, das ich nicht verlieren will." – Siehst Du? – Und mußt' mich küssen; denn das ist, was meine Einbildungskraft der Deinigen beschert.

Ich führ' Dich noch weiter; – tritt sachte auf in meines Herzens Kammer; – hier sind wir in der Vorhalle; – große Stille! – Kein Humboldt, – kein Architekt, – kein Hund, der bellt. – Du bist nicht fremd; geh hin, poch' an – es wird allein sein und „herein!" – Dir rufen. Du wirst's auf kühlem, stillem Lager finden, ein freundlich Licht wird Dir entgegenleuchten, alles wird in Ruh' und Ordnung sein, und Du willkommen. – Was ist das? – Himmel! – Die Flammen über ihm zusammenschlagend! – Woher die Feuersbrunst? – Wer rettet hier? – Armes Herz! – Armes, notgedrungenes Herz. – Was kann der Verstand hier? – *Der* weiß alles besser und kann doch nichts helfen, der läßt die Arme sinken.

Kalt und unbedeutend geht das Leben entweder so fort, das nennt man einen gesunden Zustand; oder wenn es wagt auch nur den einzigen Schritt tiefer ins Gefühl, dann greifen Leidenschaften brennend mit Gewalt es an, so verzehrt sich's in sich selber. – Die Augen muß ich zumachen und darf nichts ansehen, was mir lieb ist. Ach! Die kleinste Erinnerung macht mich ergrimmen in sehnendem Zorn, und drum darf ich auch nicht immer in Gedanken Dir nachgehen, weil ich zornig werde und wild. – Wenn ich die Hände ausstrecke, so ist's doch nur nach den leeren Wänden, wenn ich spreche, so ist's doch nur in den Wind, und wenn ich endlich Dir schreibe, so empört sich mein eigen Herz, daß ich nicht die leichte Brücke von dreimal Tag und Nacht überfliege und mich in süßester, der Liebe ewig ersehnter Ruhe zu Deinen Füßen lege.

Sag', wie bist Du so mild, so reichlich gütig in Deinem lieben Brief; mitten in dem hartgefrornen Winter sonnige Tage, die mir das Blut warm machen; – was will ich mehr? – Ach, so lang ich nicht bei Dir bin, kein Segen.

Ach, ich möchte, sooft ich Dir wieder schreibe, auch wieder Dir sagen: wie und warum und alles; ich möchte Dich hier auf den einzigen Weg leiten, den ich einzig will, damit es einzig sei und ich nur einzig sei, die so Dich liebt und so von Dir erkannt wird.

Ob Liebe die größte Leidenschaft sei und ob zu überwinden, versteh' ich nicht, bei mir ist sie Willen, mächtiger, unüberwindlicher.

Der Unterschied zwischen göttlichem und menschlichem Willen ist nur, daß jener nicht nachgibt und ewig dasselbe will; unser Wille über jeden Augenblick fragt: „Darf oder soll ich?" – Der Unterschied ist, daß der göttliche Wille alles verewigt und der menschliche am irdischen scheitert; das ist aber das große Geheimnis, daß die Liebe himmlischer Wille ist, Allmacht, der nichts versagt ist.

Ach, Menschenwitz hat keinen Klang, aber himmlischer Witz, der ist Musik, lustige Energie, dem ist das Irdische zum Spott; er ist das glänzende Gefieder, mit dem die Seele sich aufschwingt, hoch über die Ansiedelungen irdischer Vorurteile, von da oben herab ist ihr alles Geschick gleich. Wir sagen, das Schicksal walte über uns? Wir sind unser eigen Schicksal, wir zerreißen die Fäden, die uns dem Glück verbinden, und knüpfen jene an, die uns unselige Last aufs Herz legen; eine innere geistige Gestalt will sich durch die äußere weltliche bilden, dieser innere Geist regiert selbst sein eigen Schicksal, wie es zu seiner höheren Organisation erforderlich ist.

Du mußt mir's nicht verargen, wenn ich's nicht deutlicher machen kann, Du weißt alles und verstehst mich und weißt, daß ich recht habe, und freust Dich drüber.

Gute Nacht! – Bis morgen gute Nacht, – alles ist still, schläft ein jeder im Haus, hängt träumend dem nach, was er wachend begehrt, ich aber bin allein wach mit Dir. Draußen auf der Straße kein Laut mehr ich möchte wohl versichert sein, daß in diesem Augenblick keine Seele mehr an Dich denkt, kein Herz einen Schlag mehr für Dich tut und ich allein auf der weiten Welt sitze zu Deinen Füßen, das Herz in vollen Schlägen geht auf und ab; und während alles schläft, bin ich wach, Dein Knie an meine Brust zu drücken, – und Du? – Die Welt braucht's nicht zu wissen, daß Du mir gut bist.

Bettine.

An Goethe.

München, 3. März 1809.

Heut' bricht der volle Tag mit seinen Neuigkeiten in meine Einsamkeit herein, wie ein schwer beladener Frachtwagen auf einer leichten Brücke einbricht, die nur für harmlose Spaziergänger gebaut war. Da hilft nichts, man muß Hand anlegen und helfen, alles in Gang bringen; auf allen Gassen schreit man Krieg, die Bibliothekardiener rennen umher, um ausgeliehene Manuskripte und Bücher wieder einzufordern, denn alles wird eingepackt. Hamberger, ein zweiter Herkules – denn wie jener die Stallungen der zwanzigtausend Rinder, so mistet er die Bibliothek von achtzigtausend Bänden aus und jammert, daß alle geschehene Arbeit umsonst ist. Auch die Galerie soll eingepackt werden; kurz, die schönen Künste sind in der ärgsten Konsternation. Opern und Musik ist Valet gesagt, der erlauchte Liebhaber der Prima Donna zieht zu Felde; die Akademie steckt Trauerampeln aus und bedeckt ihr Antlitz, bis der Sturm vorbei, und so wär' alles in stiller müder Erwartung des Feindes, der vielleicht gar nicht kommt. Ich bin auch in Gärung, und auch in revolutionärer. – Die Tiroler, mit denen halt' ich's, das kannst Du denken. Ach, ich bin's müde, des Nachbars Flöte oben in der Dachkammer bis in die späte Nacht ihr Stückchen blasen zu hören, die Trommel und die Trompete, die machen das Herz frisch.

Ach, hätt' ich ein Wämslein, Hosen und Hut, ich lief hinüber zu den gradnasigen, gradherzigen Tirolern und ließ ihre schöne grüne Standarte im Winde klatschen.

Zur List hab' ich große Anlage, wenn ich nur erst drüben wär', ich könnte ihnen gewiß Dienste leisten. Mein Geld ist all fort, ein guter Kerl, ein Mediziner, hat eine List erfunden, es den gefangnen Tirolern, die sehr hart gehalten sind, zuzustecken. Das Gitter vom Gefängnis geht auf einen öden Platz am Wasser, den ganzen Tag waren böse Buben da versammelt, die mit Kot nach ihnen warfen, am Abend gingen wir hin, unterdessen einer neben der Schildwache ausrief: „Ach, was ist das für ein Rauch in der Ferne“, und indem diese sich nach dem Rauch umsah, zeigte der andere den Gefangenen das blinkende Goldstück, wie er es in Papier einwickelte und dann mit Kot eine Kugel draus machte. „Jetzt pass' Achtung“, rief er, und warf's dem Tiroler zu, so gelang es mehrmals; die Schildwache freute sich, daß die bösen Jungen so gut treffen konnten.

Du kennst vielleicht oder erinnerst Dich doch gesehen zu haben einen Grafen Stadion, Domherr und kaiserlicher Gesandter, von seinen Freunden der schwarze Fritz genannt, er ist mein einziger Freund hier, die Abende, die er frei hat, bringt er gern bei mir zu, da liest er die Zeitung, schreibt Depeschen, hört mir zu, wenn ich was erzähle, wir sprechen auch oft von Dir; ein Mann von kluger freier Einsicht, von edlem Wesen. Er teilt mir aus seiner Herzens- und Lebensgeschichte merkwürdige Dinge mit, er hat viel aufgeopfert, aber nichts dabei verloren, im Gegenteil ist sein Charakter hierdurch frei geworden von der Steifheit, die doch immer mehr oder weniger den Platz freiwilliger Grazie einnimmt, sobald man mit der Welt in einer nicht unwichtigen Verbindung ist, wo man sich zum Teil auch künstlich verwenden muß; er ist so ganz einfach wie ein Kind und gibt meinen Launen in meiner Einsamkeit manche Wendung. Sonntags holt er mich ab in seinem Wagen und liest mir in der königlichen Kapelle die Messe; die Kirche ist meistens ganz leer, außer ein paar alten Leuten. Die stille einsame Kirche ist mir sehr erfreulich, und daß der liebe Freund, von dem ich so manches weiß, was in seinem Herzen bewahrt ist, mir die Hostie erhebt und den Kelch – das freut mich. Ach, ich wollt', ich wüßte ihm auf irgendeine Art ersetzt, was ihm genommen ist.

Ach, daß das Entsagen dem Begehren die Wage hält! – Endlich wird doch der Geist, der durch Schmerzen geläutert ist, über das Alltagsleben hinaus zum Himmel tanzen.

Und was wär' Weisheit, wenn sie nicht Gewalt brauchte, um sich allein geltend zu machen? – jedes Entsagen will sie ja lindernd ersetzen, und sie schmeichelt Dir alle Vorteile ihres Besitzes auf, während Du weinst um das, was sie Dir versagt.

Und wie kann uns das Ewige gelingen, als nur wenn wir das Zeitliche dran setzen?

Alles seh' ich ein und möchte alle Weisheit dem ersten besten Ablaßkrämer verhandeln um Absolution für alle Liebesintrigen, die ich mit Dir noch zu haben gedenke.

***

11. März.

Ach, wenn mich die Liebe nicht hellsehend machte, so wär' ich elend, ich seh' die gefrornen Blumen an den Fensterscheiben, den Sonnenstrahl, der sie allmählich schmilzt, und denke mir alles in Deiner Stube, wie Du auf- und niederwandelst, diese gefrornen Landschaften mit Tannenwäldchen und diese Blumenstöcke sinnend betrachtest. – Da erkenne ich so deutlich Deine Züge, und es wird so wahr, daß ich Dich sehen kann; unterdessen geht die Trommel hier unter dem Fenster von allen Straßen her und ruft die Truppen zusammen.

***

15. März.

Staatsangelegenheiten vertraut man mir nicht, aber Herzensangelegenheiten, – gestern abend kam noch der liebe katholische Priester, das Gespräch war ein träumerisch Gelispel früherer Zeiten; ein feines Geweb', das ein sanfter Hauch wiegt in stiller Luft. „Das Herz erlebt auch einen Sommer", sagte er, „wir können es dieser heißen Jahreszeit nicht vorenthalten und Gott weiß, daß der Geist reifen muß wie der goldne Weizen, ehe die Sichel ihn schneidet."

***

20. März.

Ich bin begierig, über Liebe sprechen zu hören, die ganze Welt spricht zwar drüber, und in Romanen ist genug ausgebrütet, aber nichts, was ich gern hören will. Als Beweis meiner Aufrichtigkeit bekenne ich Dir: auch im „Wilhelm Meister" geht mir's so, die meisten Menschen ängstigen mich drin, wie wenn ich ein bös' Gewissen hätte, da ist es einem nicht geheuer innerlich und äußerlich, ich möchte zum Wilhelm Meister sagen: „Komm, flüchte Dich mit mir jenseits der Alpen zu den Tirolern, dort wollen wir unser Schwert wetzen und das Lumpenpack von Komödianten vergessen, und alle Deine Liebsten müssen denn mit ihren Prätensionen und höheren Gefühlen eine Weile darben; wenn wir wiederkommen, so wird die Schminke auf ihren Wangen erbleicht sein, und die flornen Gewande und die feinen Empfindungen werden vor Deinem sonneverbrannten Marsantlitz erschaudern. Ja, wenn etwas noch aus Dir werden soll, so mußt Du Deinen Enthusiasmus an den Krieg setzen, glaub' mir, die Mignon wär' nicht aus dieser schönen Welt geflüchtet, in der sie ja doch ihr Liebstes zurücklassen mußte, sie hätte gewiß alle Mühseligkeiten des Kriegs mit ausgehalten und auf den rauhen Alpen in den Winterhöhlen übernachtet bei karger Kost, das Freiheitsfeuer hätte auch in ihrem Busen gezündet und frisches, gesünderes Blut durch ihre Adern geleitet. – Ach, willst Du diesem Kind zulieb' nicht alle diese Menschen zuhauf verlassen? – Die Melancholie erfaßt Dich, weil keine Welt da ist, in der du handeln kannst. – Wenn Du Dich nicht fürchtest vor Menschenblut: – hier unter den Tirolern kannst du handeln für ein Recht, das ebensogut aus reiner Natur entsprungen ist, wie die Liebe im Herzen der Mignon. – Du bist's, Meister, der den Keim dieses zarten Lebens erstickt unter all dem Unkraut, was Dich überwächst. Sag', was sind sie alle gegen den Ernst der Zeit, wo die Wahrheit in ihrer reinen Urgestalt emporsteigt und dem Verderben, was die Lüge angerichtet hat, Trotz bietet? –

O, es ist eine himmlische Wohltat Gottes, an der wir alle gesunden könnten, eine solche Revolution: er läßt abermals und abermals die Seele der Freiheit wieder neugeboren werden.

Siehst Du, Meister, wenn Du heute in der sternhellen kalten Nacht Deine Mignon aus ihrem Bettchen holst, in dem sie gestern mit Tränen um Dich eingeschlafen war; Du sagst ihr: „Sei hurtig und gehe mit, ich will allein mit Dir in die Fremde ziehen"; o, sie wird's verstehen, es wird ihr nicht unglaublich vorkommen, Du tust, was sie längst von Dir verlangte, und was Du unbegreiflich unterlassen hast. Du wirst ihr ein Glück schenken, daß sie Deine harten Mühen teilen darf; bei Nacht auf gefahrvollen Wegen, wo jeder Schritt täuscht, da wird ihr Scharfblick, ihre kühne Zuversicht Dich sicher leiten hinüber zum kriegbedrängten Volk; und wenn sie sieht, daß Du Deine Brust den Pfeilen bietest, wird sie nicht zagen, es wird sie nicht kränken wie die Pfeile des schmeichelnden Sirenenvolks; sie wird rasch heranreifen zu dem kühnen Vertrauen, mit einzuklingen in die Harmonie der Freiheitsbegeisterung. Und wenn Du auch im Vordertreffen stürzen mußt, was hat sie verloren? – Was könnte ihr diesen schönen Tod ersetzen, an Deiner Seite vielleicht? – Beide Arm in Arm verschränkt, lägt Ihr unter der kühlen gesunden Erde, und mächtige Eichen beschatteten Euer Grab; sag', wär's nicht besser, als daß Du bald ihr feines Gebild den anatomischen Händen des Abbé überlassen mußt, daß er ein künstliches Wachs hineinspritze?

Ach, ich muß klagen, Goethe, über alle Schmerzen früherer Zeiten, die Du mir angetan, ich fühl' mich jetzt so hilflos, so unverstanden wie damals die Mignon. – Da draußen ist heute ein Lärm, und doch geschieht nichts, sie haben arme Tiroler gefangen eingebracht, armes Taglöhnervolk, was sich in den Wäldern versteckt hatte; ich hör' hier oben das wahnsinnige Toben, ich habe Läden und Vorhänge zugemacht, ich kann's nicht mit ansehen, der Tag ist auch schon im Scheiden, ich bin allein, kein Mensch, der wie ich menschlich fühlte. Die festen sicheren, in sich einheimischen Naturen, die den Geist der Treue und Freiheit mit der reineren Luft ihrer Berge einatmen, die müssen sich durch die kotigen Straßen schleifen lassen von einem biertrunkenen Volk, und keiner tut diesem Einhalt, keiner wehrt seinen Mißhandlungen; man läßt sie sich versündigen an den höheren Gefühlen der Menschheit. – Teufel! – Wenn ich Herrscher wär', hier wollt' ich ihnen zeigen, daß sie Sklaven sind, es sollte mir keiner wagen, sich am Ebenbild Gottes zu vergreifen.

Ich meine immer, der Kronprinz müsse anders empfinden, menschlicher, die Leute wollen ihn nicht loben, sie sagen: er sei eigensinnig und launig, ich habe Zutrauen zu ihm, er pflegt den Garten, den er als Kind hatte, noch jetzt mit Sorgfalt, begießt die Blumen, die in seinen Zimmern blühen, selbst, macht Gedichte, holperig, aber voll Begeisterung, das alles sagt mir gut für ihn.

Was wohl ein solcher für Gedanken hat, der jeden Gedanken realisieren könnte? – Ein Fürst, dessen Geist das ganze Land erhellen soll? – Er müßte verharren im Gebet sein Leben lang, der angewiesen ist, in tausend andern zu leben zu handeln.

Ja, ob ein Königssohn wohl den heiligen Geist in sich erweckt, daß der regiere statt seiner? – Der Stadion seufzt und sagt: „Das Beste ist, daß, wie die Würfel auch fallen, der Weg zum Himmel immer unversperrt bleibt für König und Untertan."

***

25. März.

Ich habe keinen Mut und keinen Witz, ach, hätt' ich doch einen Freund, der nächtlich mit mir über die Berge ging.

Die Tiroler liegen in dieser Kälte mit Weib und Kind zwischen den Felsen, und ihr begeisterter Atem durchwärmt die ganze Atmosphäre. Wenn ich den Stadion frage, ob der Herzog Karl sie auch gewiß nicht verlassen werde, dann faltet er die Hände und sagt: „Ich will's nicht erleben."

***

26. März.

Das Papier muß herhalten, einziger Vertrauter! – Was doch Amor für tückische Launen hat, daß ich in dieser Reihe von Liebesbriefen auf einmal mich für Mars entzünde, mein Teil Liebesschmerzen hab' ich schon, ich müßte mich schämen, in diesem Augenblick sie geltend machen zu wollen; und könnt' ich nur etwas tun und wollten die Schicksalsmächte mich nicht verschmähen! Das ist das Bitterste, wenn man ihnen nichts gilt, wenn sie einem zu nichts verwenden.

Denk' nur, daß ich in dem verdammten München allein bin. Kein Gesicht, dem zu trauen wär'; Savigny ist in Landshut, dem Stadion schlagen die Wellen in diesem politischen Meeressturm überm Kopf zusammen, ich seh' ihn nur auf Augenblicke, man ist ganz mißtrauisch gegen mich wegen ihm, das ist mir grade lieb, wenn man auch hochmütig ist auf den eignen Wahnsinn, so soll man doch ahnen, daß nicht jeder von ihm ergriffen ist.

Heute morgen war ich draußen im beschneiten Park und erstieg den Schneckenturm, um mit dem Fernrohr nach den Tiroler Bergen zu sehen, wüßte ich Dein Dach dort, ich könnte nicht sehnsüchtiger danach spähen.

Heute ließ Winter Probe halten von einem Marsch, den er für den Feldzug gegen Tirol komponierte, ich sagte, der Marsch sei schlecht, die Bayern würden alle ausreißen und der Schimpf auf ihn fallen. Winter zerriß die Komposition und war so zornig, daß sein langes Silberhaar wie ein vom Hagel getroffenes Ährenfeld hin- und herwogte. Ach, könnte ich doch andere Anstalten auch so hintertreiben wie den Marsch.

Jacobi habe ich in drei Wochen nicht gesehen, obschon ich ihm über seinen „Woldemar“, den er mir hier zu lesen gab, einen langen Brief geschrieben habe; ich wollte mich üben, die Wahrheit sagen zu können, ohne daß sie beleidigt, er war mit dem Brief zufrieden und hat mir mancherlei darauf erwidert, wär' ich nicht in das heftige Herzklopfen geraten wegen den Tirolern, so wär' ich vielleicht in eine philosophische Korrespondenz geraten und gewiß drin stecken geblieben; dort auf den Bergen aber nicht, da hätt' ich meine Sache durchgefochten.

Schelling seh' ich auch selten, er hat etwas an sich, das will mir nicht behagen, und dies Etwas ist seine Frau, die mich eifersüchtig machen will auf Dich, sie ist in Briefwechsel mit einer Pauline G. aus Jena, von dieser erzählt sie mir immer, wie lieb Du sie hast, wie liebenswürdige Briefe Du ihr schreibst usw., ich höre zu und werde krank davon, und dann ärgert mich die Frau. – Ach, es ist auch einerlei, ich kann nicht wollen, daß Du mich am liebsten hast, aber es soll sich niemand unterstehen, seine Rechte mit mir zu messen in der Liebe zu Dir.

Bettine.

An Goethe.

10. April.

Die Sonne geht mir launig auf, beleuchtet mir manches Verborgne, blendet mich wieder. Mit schweren Wolken abwechselnd zieht sie über mir hin, bald stürmisch Wetter, dann wieder Ruh'.

Es ebnet sich nach und nach, und auf dem glatten Spiegel, hell und glühend, steht immer wieder des liebsten Mannes Bildnis, wankt nicht, warum vor andern nur Du? – Warum nach allen immer wieder Du? Und doch bin ich Dir werter mit all der Liebe in der Brust? – – frag' ich Dich? – Nein, ich weiß recht gut, daß Du doch nichts antwortest, – und wenn ich auch sage: „Lieber, geliebter einziger Mann."

Was hab' ich alles erlebt in diesen Tagen, was mir das Herz gebrochen, ich möchte meinen Kopf an Deinen Hals verstecken, ich möchte meine Arme um Dich schlingen und die böse Zeit verschlafen.

Was hat mich alles gekränkt, – nichts hab' ich gehabt in Kopf und Herzen, als nur immer das mächtige Schicksal, das dort in den Gebirgen rast.

Warum soll ich aber weinen um die, die ihr Leben mit so freudiger Begeisterung ausgehaucht haben? – Was erbarmt mich denn so? – Hier ist kein Mitleid zu haben als nur mit mir, daß ich mich so anstrengen muß, es auszuhalten.

Will ich Dir alles schreiben, so verträume ich die Zeit – die Zeit, die auf glühenden Sohlen durchs Tirol wandert; so bittere Betrübnis hat mich durchdrungen, daß ich's nicht wage, die Papiere, die in jenen Stunden geschrieben sind, an Dich abzuschicken.

***

19. April.

Ich bin hellsehend, Goethe, – ich seh' das vergoßne Blut der Tiroler triumphierend in den Busen der Gottheit zurückströmen. Die hohen gewaltigen Eichen, die Wohnungen der Menschen, die grünen Matten, die glücklichen Herden, der geliebte gepflegte Reichtum des Heldenvolks, die den Opfertod in den Flammen fanden, das alles seh' ich verklärt mit ihnen gen Himmel fahren, bis auf den treuen Hund, der, seinen Herrn beschützend, den Tod verachtet wie er.

Der Hund, der keinen Witz hat, nur Instinkt, und heiter in jedem Geschick das Rechte tut. – Ach, hätte der Mensch nur so viel Witz, den eignen Instinkt nicht zu verleugnen.

***

20. April.

In all diesen Tagen der Unruh', glaub's Goethe, vergeht keiner, den ich nicht mit dem Gedanken an Dich beschließe, ich bin so gewohnt, Deinen Namen zu nennen, nachts, eh' ich einschlafe, Dir alle Hoffnung ans Herz zu legen, und alle Bitten und Fragen in die Zukunft.

Da liegen sie um mich her, die Papiere mit der Geschichte des Tags und den Träumen der Nacht, lauter Verwirrung, Unmut, Sehnsucht und Seufzer der Ohnmacht; ich mag Dir in dieser Zeit, die sich so geltend macht, nichts von meinem bedürftigen Herzen mitteilen, nur ein paar kleine Zufälle, die mich beschäftigen, schrieb ich Dir auf, damit ich nicht verleugne vor Dir, daß ein höheres Geschick auch mir Winke gab, obschon ich zu unmündig mich fühle, ihm zu folgen.

Im März war's, da leitete mir der Graf M..., bei dessen Familie ich hier wohne, eine wunderliche Geschichte ein, die artig ausging. Der Hofmeister seines Sohnes gibt ihn bei der Polizei an, er sei österreichisch gesinnt und man habe an seinem Tisch die

Gesundheit des Kaisers getrunken, er schiebt alles auf mich, und nun bittet er mich, daß ich auf diese Lüge eingehe, da es ihm sehr nachteilig sein könne, mir aber höchstens einen kleinen Verweis zuziehen werde, sehr willkommen war mir's, ihm einen Dienst leisten zu können, ich willige mit Vergnügen ein; in einer Gesellschaft wird mir der Polizeipräsident vorgestellt, unter dem Vorwand meine Bekanntschaft machen zu wollen, ich komme ihm zuvor und schütte ihm mein ganzes Herz aus, meine Begeisterung für die Tiroler und daß ich aus Sehnsucht alle Tage auf den Schneckenturm steige mit dem Fernrohr, daß man heute aber eine Schildwache hingepflanzt habe, die mich nicht hinaufgelassen; gerührt über mein Zutrauen, küßt er mir die Hand und verspricht mir, die Schildwache wegzubeordern, – es war keine List von mir, denn ich hätte wirklich nicht gewußt, mich anders zu benehmen, indessen ist durch dieses Verfahren der Freund weiß gebrannt und ich nicht schwarz.

Ein paar Tage später, in der Karwoche, indem ich abends in der Dämmerung in meinem Zimmer allein war, treten zwei Tiroler bei mir ein, ich bin verwundert, aber nicht erschrocken. – Der eine nimmt mich bei der Hand und sagt: „Wir wissen, daß du den Tirolern gut bist und wollen dich um eine Gefälligkeit bitten"; es waren Papiere an Stadion und mündliche Aufträge, sie sagten mir noch, es würde gewiß ein Augenblick kommen, da ich ihnen Dienste leisten könne, es war mir so wunderlich, ich glaubte, es könne eine List sein, mich auszuforschen, doch war ich kurz gefaßt und sagte: „Ihr mögt mich nun betrügen oder nicht, so werd' ich tun, was ihr von mir verlangt"; der Tiroler sieht mich an und sagt: „Ich bin Leibhusar des Königs, kein Mensch hat Arges gegen mich, und doch hab' ich nichts im Sinn als nur, wie ich meinen Leuten helfen will, nun hast du mich in Händen und wirst nicht fürchten, daß ein Tiroler auch ein Verräter sein könne."

Wie die Tiroler weg waren, war ich wie betäubt, mein Herz schlug hoch vor Entzücken, daß sie mir dies Zutrauen geschenkt haben; am andern Tag war Karfreitag, da holte mich der Stadion ab, um mir eine stille Messe zu lesen. Ich gab ihm meine Depeschen und erzählte ihm alles, äußerte ihm voll Beschämung die große Sehnsucht, daß ich fort möchte zu den Tirolern; Stadion sagt, ich soll mich auf ihn verlassen, er wolle einen Stutzen auf den Rücken nehmen und ins Tirol gehen, und alles, was ich möchte, das wolle er für mich ausrichten, es sei die letzte Messe, die er mir lesen werde, denn in wenig Tagen sei seine Abreise bestimmt. Ach Gott, es fiel mir schwer aufs Herz, daß ich so bald den lieben Freund verlieren sollte.

Nach der Messe ging ich aufs Chor, Winter ließ die Lamentation singen, ich warf ein Chorhemd über und sang mit, unterdessen kam der Kronprinz mit seinem Bruder, das Kruzifix lag an der Erde, das beide Brüder küßten, nachher umarmten sie sich; sie waren bis an den Tag entzweit gewesen über einen Hofmeister, den der Kronprinz, weil er ihn für untauglich hielt, von seinem Bruder entfernt hatte; sie versöhnten sich also hier in der Kirche miteinander, und mir machte es große Freude, zuzusehen. Bopp, ein alter Klaviermeister des Kronprinzen, der auch mir Unterricht gibt, begleitete mich nach Hause, er zeigte mir ein Sonett, was der Kronprinz an diesem Morgen gedichtet hatte; schon daß er diesen Herzensdrang empfindet, bei Ereignissen, die ihn näher angehen, zu dichten, spricht für eine tiefere Seele; in ihm waltet gewiß das Naturrecht vor, dann wird er auch die Tiroler nicht mißhandeln lassen; ja, ich hab' eine gute Zuversicht zu ihm; der alte Bopp erzählt mir alles, was meinen Enthusiasmus noch steigern kann. Am dritten Feiertag holte er mich ab in den englischen Garten, um die Anrede des Kronprinzen an seine versammelten Truppen, mit denen er seinen ersten Feldzug machen wird, anzuhören; ich konnte nichts Zusammenhängendes verstehen, aber was ich hörte, war mir nicht recht, er spricht von ihrer Tapferkeit, ihrer Ausdauer und Treue, von den abtrünnigen verräterischen Tirolern, daß er sie, vereint mit ihnen, zum Gehorsam zurückführen werde, und daß er seine eigne Ehre mit der ihrigen verflechte und verpfände usw. Wie ich nach Hause komme, wühlt das alles in mir, ich sehe schon im Geist, wie der Kronprinz, seinen Generalen überlassen, alles tut, wogegen sein Herz spricht, und dann ist's um ihn geschehen. So ein bayrischer General ist ein wahrer Rumpelbaß, aus ihm hervor brummt nichts als Bayerns Ehrgeiz; das ist die grobe, rauhe Stimme, mit der er alle besseren Gefühle übertönt.

Das alles wogte in meinem Herzen, da ich von dieser öffentlichen Rede zurückkam, und daß kein Mensch in der Welt einem Herrscher die Wahrheit sagt, im Gegenteil nur Schmeichler ihnen immerdar recht geben, und je tiefer sich ein solcher irrt, je gewaltiger ist in jenen die Furcht, er möge an ihrer Übereinstimmung zweifeln; sie haben nie das Wohl der Menschheit, sie haben nur immer die Gunst des Herrn im Auge. Ich mußte also einen verzweifelten Schritt tun, um den Tumult der eignen Lebensgeister zu beschwichtigen, und ich bitte Dich im voraus um Verzeihung, wenn Du es nicht gutheißen solltest.

Erst nachdem ich dem Kronprinzen meine Liebe zu ihm, meine Begeisterung für seinen Genius, Gott weiß in welchen Schwingungen, ans Herz getrieben habe, vertraue ich ihm meine Anschauung von dem Tirolervolk, das sich die Heldenkrone erwirbt, meine Zuversicht, er werde Milde und Schonung da verbreiten, wo seine Leute jetzt nur rohe Wut und Rachgierde walten lassen, ich frage ihn, ob der Name „Herzog von Tirol" nicht herrlicher klinge, als die Namen der vier Könige, die ihre Macht vereint haben, um diese Helden zu würgen? Und es möge nun ausgehen wie es wolle, so hoffe ich, daß er sich von jenen den Beinamen der Menschliche erwerben werde; dies ungefähr ist der Inhalt eines vier Seiten langen Briefs, den ich, nachdem ich ihn in heftigster Wallung geschrieben (da ich denn auch nicht davor stehen kann, was alles noch mir untergelaufen), mit der größten Kaltblütigkeit siegelte und ganz getrost in des Klaviermeisters Hände gab, mit der Bedeutung: es seien wichtige Sachen über die Tiroler, die dem Kronprinz von großem Nutzen sein würden. –

Wie gern macht man sich wichtig, mein Bopp purzelte fast die Stiegen herab, vor übergroßer Eile dem Kronprinzen den interessanten Brief zu überbringen, und wie leichtsinnig bin ich, ich vergaß alles. Ich ging zu Winter, Psalmen singen, zu Tieck, zu Jacobi, nirgends stimmt man mit mir ein, ja alles fürchtet sich, und wenn sie wüßten, was ich angerichtet habe, sie würden mir aus Furcht das Haus verbieten, da seh' ich denn ganz ironisch drein und denke: seid ihr nur bayrisch und französisch, ich und der Kronprinz wir sind deutsch und tirolisch, oder er läßt mich ins Gefängnis setzen, dann bin ich mit einem Male frei und selbständig, dann wird mein Mut schon wachsen, und wenn man mich wieder losläßt, dann geh' ich über zu den Tirolern und begegne dem Kronprinzen im Feld, und trotze ihm ab, was er so mir nicht zugesteht.

O Goethe, wenn ich sollte ins Tirol wandern und zur rechten Zeit kommen, daß ich den Heldentod sterbe! Es muß doch ein ander Wesen sein, es muß doch eine Belohnung sein für solche lorbeergekrönten Häupter; der glänzende Triumph im Augenblick des Übergangs ist ja Zeugnis genug, daß die Begeisterung, die der Heldentod uns einflößt, nur Widerschein himmlischer Glorie ist. Wenn ich sterbe, ich freue mich schon darauf, so gaukle ich als Schmetterling aus dem Sarg meines Leibes hervor, und dann treffe ich Dich in dieser herrlichen Sommerzeit unter Blumen, wenn ein Schmetterling Dich unter Blumen vorzieht und lieber auf Deiner Stirn sich niederläßt und auf Deinen Lippen als auf den blühenden Rosen umher, dann glaube sicher, es ist mein Geist, der auf dem Tiroler Schlachtfeld freigemacht ist von irdischen Banden, daß er hin kann, wo die Liebe ihn ruft.

Ja, wenn alles wahr würde, was ich schon in der Phantasie erlebt habe, wenn alle glanzvollen Ereignisse meines innern Lebens auch im äußern sich spiegelten, dann hättest Du schon große und gewaltige Dinge von Deinem Kind erfahren, ich kann Dir nicht sagen, was ich träumend schon getan habe, wie das Blut in mir tobt, daß ich wohl sagen kann, ich hab' eine Sehnsucht, es zu verspritzen.

Mein alter Klaviermeister kam zurück, zitternd und bleich; „Was hat in den Papieren gestanden, die Sie mir für den Kronprinzen anvertrauten", sagte er, „wenn es mich nur nicht auf ewig unglücklich macht, der Kronprinz schien aufgeregt, ja erzürnt während dem Lesen, und wie er mich gewahr wurde, hieß er mich gehen, ohne wie sonst mir auch nur ein gnädiges Wort zu sagen." – Ich mußte lachen, der Klaviermeister wurde immer ängstlicher, ich immer lustiger, ich freute mich schon auf meine Gefangenschaft, und wie ich da in der Einsamkeit meinen philosophischen Gedanken nachhängen würde, ich dachte: dann fängt mein Geschick doch einmal an, Leben zu gewinnen, es muß doch einmal was draus entstehen; aber so kam es wieder nicht, ein einzigmal sah ich den Kronprinz im Theater, er winkte mir freundlich; nun gut: acht Tage hatte ich meinen Stadion nicht gesehen, am 10. April, wo ich die gewisse Nachricht erhielt, er sei in der Nacht abgereist, da war ich doch sehr betrübt, daß ich ihn sollte zum letztenmal gesehen haben, es war mir eine wunderliche Bedeutung, daß er am Karfreitag seine letzte Messe gelesen hatte; – die vielen zurückgehaltenen und verleugneten Gefühle brachen endlich in Tränen aus. In der Einsamkeit, da lernt man kennen, was man will, und was einem versagt wird. Ich fand keine Lage für mein ringendes Herz, müde geworden vom Weinen, schlief ich ein, bist Du schon eingeschlafen, müde vom Weinen? – Männer weinen wohl so nicht? – Du hast wohl nie geweint, daß die Seufzer noch selbst im Schlaf die Brust beschweren. So schluchzend im Traum hör' ich meinen Namen rufen; es war dunkel, bei dem schwachen Dämmerschein der Laternen von der Straße erkenne ich einen Mann neben mir in fremder Soldatenkleidung, Säbel, Patrontasche, schwarzes Haar, sonst würde ich glauben, den schwarzen Fritz zu erkennen. – „Nein, du irrst nicht, es ist der schwarze Fritz, der Abschied von dir nimmt, mein Wagen steht an der Tür, ich gehe eben als Soldat zur österreichischen Armee, und was deine Freunde, die Tiroler, anbelangt, so sollst du mir keine Vorwürfe machen oder du siehst mich nie wieder, denn ich gebe dir mein Ehrenwort, ich werde nicht erleben, daß man sie verrate, es geht gewiß alles gut, eben war ich beim Kronprinzen, der hat mit mir die Gesundheit der Tiroler getrunken und dem Napoleon ein Pereat gebracht, er hat mich bei der Hand gefaßt und gesagt:

›Erinnern Sie sich dran, daß im Jahr Neune im April, während der Tiroler Revolution, der Kronprinz von Bayern dem Napoleon widersagt hat‹, und so hat er sein Glas mit mir angestoßen, daß der Fuß zerschellte"; ich sagte zu Stadion: „Nun bin ich allein und hab' keinen Freund mehr", er lächelte und sagte: „Du schreibst an Goethe, schreib ihm auch von mir, daß der katholische Priester auf dem Tiroler Schlachtfeld sich Lorbeern holen will", ich sagte: „Nun werde ich keine Messe so bald mehr hören"; – „und ich werde so bald auch keine mehr lesen", sagte er. Da stieß er sein Gewehr auf und reichte mir die Hand zum Abschied. Den werd' ich gewiß nicht wiedersehen. Kaum war er fort, klopfte es schon wieder, der alte Bopp kommt herein, es war finster im Zimmer, an seiner Stimme erkenne ich, daß er freudig ist, er reicht mir feierlich ein zerbrochnes Glas und sagt: „Das schickt Ihnen der Kronprinz und läßt Ihnen sagen, daß er die Gesundheit derjenigen daraus getrunken hat, die Sie protegieren, und hier schickt er Ihnen seine Kokarde als Ehrenpfand, daß er Ihnen sein Wort lösen werde, jeder Ungerechtigkeit, jeder Grausamkeit zu steuern." – Ich war froh, herzlich froh, daß ich nicht kleinlich und zaghaft gewesen war, dem Zutrauen zu folgen, was der Kronprinz und alles, ja auch selbst das Widersprechendste, was ich von ihm erfahren habe, mir einflößte; es war sehr freundlich von ihm, daß er mich so grüßen ließ, und daß er nicht meine Voreiligkeit von sich wies; ich werd' es ihm nicht vergessen, mag ich auch noch manches Verkehrte von ihm hören; denn unter allen, die ihn beurteilen, hat gewiß keiner ein so gutes Herz als er, der es sich ganz ruhig gefallen läßt. Ich weiß auch, daß er eine feierliche Hochachtung vor Dir hat und nicht wie andere Prinzen, die nur im Vorüberstreifen einen solchen Geist berühren wie Du, nein, es geht ihm von Herzen, wenn er Dich einmal sieht und Dir sagt, daß er sich's zum größten Glück schätze.

Ich habe noch viel auf dem Herzen, denn ich habe Dich allein, dem ich's mitteilen kann. Jeder Augenblick erregt mich aufs neue, es ist als ob das Schicksal dicht vor meiner Türe seinen Markt aufgeschlagen hätte; so wie ich den Kopf hinausstecke, bietet es Plunder, Verrat und Falschheit feil, außer die Tiroler, deren Siegesjubel durch alle Verleumdung und Erbitterung der Feinde durchklingt, aus deren frisch vergoßnem Blut schon neue Frühlingsblumen sprießen und die Jünglinge frisch jeden Morgen von den nebelverhüllten Felszacken dem gewissen Sieg entgegentanzen.

Adieu, Adieu, auf meine Liebe weise ich Dich an, die hier in diesen Blättern nur im Vorüberstreifen den Staub ihrer üppigen Blüte aus den vollen Kelchen schüttelt.

Bettine.

Friedrich Tieck macht jetzt Schellings Büste, sie wird nicht schöner als er, mithin ganz garstig, und doch ist es ein schönes Werk. –

Da ich in Tiecks Werkstätte kam und sah, wie der große, breite, prächtige, viereckige Schellingskopf unter seinen fixen Fingern zum Vorschein kam, dacht' ich, er habe unserm Herrgott abgelernt, wie er die Menschen machte, und er werde ihm gleich den Atem einblasen, und der Kopf werde lernen, A – B – sagen, womit ein Philosoph so vieles sagen kann.

An Bettine.

Man möchte mit Worten so gerne wie mit Gedanken Dir entgegenkommen, liebste Bettine; aber die Kriegszeiten, die so großen Einfluß auf das Lesen haben, erstrecken ihn nicht minder streng auf das Schreiben, und so muß ich's versagen, Deinen romantisch-charakteristischen Erzählungen gleichlautende Gesinnungen deutlich auszusprechen. Ich muß daher erwarten, was Du durch eine Reihe von Briefen mich hoffen läßt, nämlich Dich selbst, um Dir alles mit Dank für Deine nie versiegende Liebe zu beantworten.

Erst in voriger Woche erhielt ich Dein Paket, was der Kurier in meiner Abwesenheit dem Herzog übergab, der es mir selbst brachte. Seine Neugierde war nicht wenig gespannt, ich mußte, um nur durchzukommen, Deine wohlgelungenen politischen Verhandlungen ihm mitteilen, die denn auch so allerliebst sind, daß es einem schwer wird, sie für sich allein zu bewahren. Der Herzog bedauert sehr, daß Du im Interesse anderer Mächte bist. –

Ich habe mich nun hier in Jena in einen Roman eingesponnen, um weniger von allem Übel der Zeit ergriffen zu werden, ich hoffe, der Schmetterling, der da herausfliegt, wird Dich noch als Bewohner dieses Erdenrunds begrüßen und Dir beweisen, wie die Psychen auch auf scheinbar verschiednen Bahnen einander begegnen.

Auch Deine lyrischen Aufforderungen an eine frühere Epoche des Autors haben mir in manchem Sinne zugesagt, und wüchse der Mensch nicht aus der Zeit mehr noch wie aus Seelenepochen heraus, so würd' ich nicht noch einmal erleben, wie schmerzlich es ist, solchen Bitten kein Gehör zu geben.

Deine interessanten Ereignisse mit dem hohen Protektor eigner feindlicher Widersacher macht mich begierig, noch mehr und auch von andrer Seite von ihm zu wissen, zum Beispiel könntest Du mir die Versuche und Bruchstücke seiner Gedichte, in deren Besitz Du bist, mitteilen, mit Vergnügen würde ich ihn in dem unbefangnen Spiel mit seiner jungen Muse beobachten.

Die Gelegenheiten, mir sicher Deine Briefe zu schicken, versäume ja nicht, sie sind mir in dieser armen Zeit äußerst willkommen. Auch was der Tag sonst noch mit sich bringt, berichte, von Freunden und merkwürdigen Leuten, Künsten und philosophischen Erscheinungen; da Du in einem Kreis vielfach aufgeregter Geister bist, so kann Dir der Stoff hier nicht ausgehen.

Möchten doch auch die versprochnen Mitteilungen über die letzten Tage meiner Mutter in diesen verschlingenden Ereignissen nicht untergehen, mir ist zwar mancherlei von Freunden über sie berichtet, wie sie mit großer Besonnenheit alle irdischen Anordnungen getroffen; von Dir aber erwarte ich noch etwas anders, daß Dein liebender Sinn ihr ein Denkmal setze, in der Erinnerung ihrer letzten Augenblicke.

Ich bin sehr in Deiner Schuld, liebes Kind, mit diesen wenigen Zeilen, ich kann Dir nur mit Dank bezahlen für alles, was Du mir gibst, geben möchte ich Dir das Beste wenn Du es nicht schon unwiderstehlich an Dich gerissen hättest.

Der schwarze Fritz ist mir auch unter diesem Namen ein guter Bekannter, und die schönen Züge, die Du von ihm berichtest, bilden ein vollkommnes Ganze mit dem, was eine befreundete Erinnerung hinzubringt. Du hast wohl recht zu sagen, daß, wo der Boden mit Heldenblut getränkt wird, es in jeder Blume neu hervorsprieße, Deinem Helden gönne ich, daß Mars und Minerva ihm alles Glück zuwenden mögen, da er so schönem an Deiner Seite entrissen zu sein scheint

17. März 1809. G.

An Goethe.

18. Mai.

Der Kronprinz von Bayern ist die angenehmste unbefangenste Jugend, ist so edler Natur, daß ihn Betrug nie verletzt, so wie den gehörnten Siegfried nie die Lanzenstiche verletzten. Er ist eine Blüte, auf welcher der Morgentau noch ruht, er schwimmt noch in seiner eignen Atmosphäre, das heißt: seine besten Kräfte sind noch in ihm. Wenn es so fort ginge und daß keine bösen Mächte seine Meister würden? – Wie gut hatten's doch jene Ritter, die von geneigten Feen mit kräftigen Talismanen versehen wurden, wenn sie zwischen feurigen Drachen und ungeschlachten Riesen nach dem tanzenden Wasser des Lebens oder nach goldnen Liebesäpfeln ausgesandt waren und eine in Marmor verwünschte Prinzessin, so rot wie Blut, so weiß wie Schnee, schön wie das ausgespannte Himmelszelt über dem Frühlingsgarten, als ihrer Erlösung Lohn ihnen zuteil wurde. – Jetzt ist die Aufgabe anders: die unbewachten Apfelbäume hängen ihre fruchtbeladenen Zweige über den Weg, und Liebchen lauscht hinter der Hecke, um den Ritter selbst zu fangen, und diesem allem soll er entgehen und sein Herz der Tugend weihen, die keine Jugend hat, sondern eine gräuliche Larve, so daß man vor ihr Reißaus nehmen möchte; la belle et la bête, la bête ist die Tugend und la belle ist die Jugend, die sich von ihr soll fressen lassen; da ist's denn kein Wunder, wenn die Jugend vor der Tugend Reißaus nimmt, und man kann ohne geheime parteiliche Wünsche nicht Zeuge von diesem Wettrennen sein. – Armer Kronprinz! Ich bin ihm gut, weil er mit so schönem Willen hinübergeht zu meinen Tirolern, und wenn er auch nichts tut, als der Grausamkeit wehrt, ich verlasse mich auf ihn.

Gestern bin ich zum erstenmal wieder eine Strecke weit ins Freie gelaufen, mit einem kapriziösen Liebhaber der Wissenschaft und Künste, mit einem sehr guten gehorsamen Kinde seiner eignen Launen, eine warme lebendige Natur, breit und schmal, wie Du ihn willst, dreht sich schwindellos über einem Abgrund herum, steigt mit Vergnugen auf die kahlen Spitzen der Alpen, um nach Belieben in den Ozean oder ins Mittelländische Meer zu speien, macht übrigens wenig Lärm. Wenn du ihn je siehst und nach dieser Beschreibung erkennst, so ruf ihn nur Rumohr, ich vermute, er wird sich nach Dir umsehen. – Mit diesem also hat meine unbefangne Jugend gewagt, sich das Ziel einer anderthalb Stunden weiten Reise zu setzen, der Ort unserer Wallfahrt heißt Harlachingen, auf französisch Arlequin. Ein heißer Nachmittag, recht um melancholische Blicke in Brand zu stecken.

Wir verlassen den grünen Teppich, schreiten über einen schmalen Balken auf die andere Seite des Ufers, wandern zwischen Weiden, Mühlen, Bächen weiter; – wie nimmt sich da ein Bauer in roter Jacke aus, gelehnt an den hohen Stamm des edlen populus alba, dessen feine Äste mit kaum entsproßnen Blättern einen sanften grünen Schleier, gleichsam ein Frühlingsnetz niederspinnen, in welchem sich die tausend Käfer und sonstige Bestien fangen, scherzen und ganz lieblich haushalten. Jetzt! Warum nicht? – Da unter dem Baum ist genugsam Platz, seinen Gedanken Audienz zu geben, der launige Naturliebhaber läßt sich da nieder das Dolce farniente summt ihm ein Wiegenliedchen in die Ohren, die Augenlider sinken, Rumohr schläft. Natur hält Wache, lispelt, flüstert, lallt, zwitschert. – Das tut ihm so gut; träumend senkt er sein Haupt auf die Brust; jetzt möcht' ich dich fragen, Rumohr, was ich nie fragen mag, wenn du wach bist. Wie kommt's, daß du ein so großes Erbarmen hast und freundlich bist mit allen Tieren und dich nicht kümmerst um das gewaltige Geschick jenes Bergvolks? Vor wenig Wochen, wie das Eis brach und der Fluß überschwoll, da setztest Du alles dran, eine Katze aus der Wassersnot zu retten. Vorgestern hast du einen totgeschlagnen Hund, der am Wege lag, mit eignen Händen eine Grube gemacht und mit Erde bedeckt, obschon du in seidnen Strümpfen warst und einen Klaque in Händen hattest. Heute morgen hast du mit Tränen geklagt, daß die Nachbarn ein Schwalbennest zerstörten trotz deinen Bitten und Einreden. Warum gefällt dir's nicht, deine Langeweile, deine melancholische Laune zu verkaufen um einen Stutzen, du bist so leicht und schlank wie eine Birke, du könntest Sätze tun über die Abgründe, von einem Fels zum andern, aber faul bist du und furchtbar krank an Neutralität. – Da steh' ich allein auf der Wiese, Rumohr schnarcht, daß die Blumen erzittern, und ich denk' an die Sturmglocke, deren Geläut so fürchterlich in den Ohren der Feinde erklingt, und auf deren Ruf alle mit Trommeln und Pfeifen ausziehen, ob auch die Stürme brausen, ob Nacht oder Tag, – und Rumohr, im Schatten eines jungbelaubten Baumes, eingewiegt von scherzenden Lüftchen und singenden Mückchen, schläft fest; was geht den Edelmann das Schicksal derer an, denen keine Strapaze zu hart, kein Marsch zu weit ist, die nur fragen: „Wo ist der Feind? – Dran, dran, für Gott, unsern lieben Kaiser und Vaterland!!“ – Das muß ich Dir sagen, wenn ich je einen Kaiser, einen Landesherrn lieben könnte, so wär's im Augenblick, wo ein solches Volk im Enthusiasmus sein Blut für ihn verspritzt; ja, dann wollt' ich auch rufen: „Wer mir meinen Kaiser nehmen will, der muß mich erst totschlagen“, aber so sag' ich mit dem Apostel: „Ein jeder ist geboren, König zu sein und Priester der eignen göttlichen Natur, wie Rumohr.“

Die Isar ist ein wunderlicher Fluß. Pfeilschnell stürzen die jungen Quellen von den Bergklippen herab, sammeln sich unten im felsigen Bett in einen reißenden Strom. Wie ein schäumender Drache mit aufgesperrtem Rachen braust er hüben und drüben, über hervorragende Felsstücke verschlingend her, seine grünen dunklen Wellen brechen sich tausendfach am Gestein, und schäumend jagen sie hinab, sie seufzen, sie lallen, sie stöhnen, sie brausen gewaltig. Die Möven fliegen zu Tausenden über den Wassersturz und netzen die Spitzen ihrer scharfen Flügel; – und in so karger Gegend, schauderhaft anzusehen, ein schmaler Steg von zwei Brettern, eine Viertelstunde lang, schräg in die Länge des Flusses. – Nun, wir gingen, keine Gefahr ahnend, drüber hin, die Wellen brachen sich in schwindelnder Eile auf dem Wehr unter dem zitternden Steg. Außer daß die Bretter mit meiner Leichtigkeit hin- und herschwankten und Rumohrs Fuß zweimal durchbrach, waren wir schon ziemlich weit gekommen, ein dicker Bürger mit der Verdienstmedaille auf der Brust kam von der andern Seite, keiner hatte den andern bemerkt, aneinander vorbeizukommen war nicht, einer mußte umdrehen, Rumohr sagt: „Wir müssen erst erfahren, für was er die Medaille hat, darauf soll's ankommen, wer umkehrt." Wahrhaftig, ich fürchtete mich, mir war schon schwindlig, hätten wir umkehren müssen, so war ich voran, während die losen Bretter unter meinen Füßen schwankten. Wir erkundigten uns ehrerbietigst nach der Ursache seines Verdienstes: er hatte einen Dieb gefangen. Rumohr sagte: „Dies Verdienst weiß ich nicht zu schätzen, denn ich bin kein Dieb, also bitt' ich umzukehren", der verwunderte dicke Mann ließ sich mit Rumohrs Beihilfe umkehren und machte den Weg zurück.

Unter einem Kastanienbaum ließ ich mich nieder, träumend grub ich mit einem Reis in die Erde. Rumohr jagt mit Stock und Hut die Maikäfer auseinander, die wie viele Flintenkugeln uns umschwirrten beim Nachhausegehen in der Dämmerung. – Nah an der Stadt auf einem grünen Platz am Ufer steht die Statue des heiligen Johann von Nepomuk, der Wassergott; vier Laternen werfen einen frommen Glanz auf ihn, die Leute knien da nacheinander hin, verrichten ihr Gebet, stört keiner den andern, gehen ab und zu. Die Mondsichel stand oben; – in der Ferne hörten wir Pauken und Trompeten, Signal der Freude über die Rückkunft des Königs; er war geflohen vor einer Handvoll waghalsiger Tiroler, die wollten ihn gefangen haben, warum ließ er sich nicht fangen, da war er mitten unter Helden, keine bessere Gesellschaft für einen König; umsonst wär's nicht gewesen, der Jubel würde nicht gering gewesen sein, von Angesicht zu Angesicht hätte er vielleicht bessere Geschäfte gemacht, er ist gut, der König, der muß sich auch fügen ins eiserne Geschick der falschen Politik. – Die Stadt war illuminiert, als wir hineinkamen, und mein Herz war bei dem allen schwer, sehr schwer, wollte gern mit jenen Felssteinen in die Tiefe hinabrollen, denn weil ich alles geschehen lassen muß. Heut' haben wir den 18. Mai, die Bäume blühen, was wird noch alles vorgehen, bis die Früchte reifen. Vorgestern glühte der Himmel über jenen Alpen, nicht vom Feuer der untertauchenden Sonne, nein, vom Mordbrand; da kamen sie in den Flammen um, die Mütter mit den Säuglingen, hier lag alles im schweigenden Frieden der Nacht, und der Tau tränkte die Kräuter, und dort verkohlte die Flamme den mit Heldenblut getränkten Boden.

Ich stand die halbe Nacht auf dem Turm im Hofgarten und betrachtete den roten Schein und wußte nicht, was ich davon denken sollte, und konnte nicht beten, weil es doch nichts hilft, und weil ein göttlich Geschick größer ist als alle Not, und allen Jammer aufwiegt. –

Ach, wenn sehnsüchtiger Jammer beten ist, warum hat dann Gott mein heißes Gebet nicht erhört? – Warum hat er mir nicht einen Führer geschickt, der mich die Wege hinübergeleitet hätte? – Ich zittere zwar vor Furcht und Schrecken über allen Gräuel, den man nimmer ahnen könnte, wenn er nicht geschehen wär', aber die Stimme aus meinem Herzen hinüber zu ihnen übertäubt alles. Das Schloß der blinden Tannenberge haben sie verräterisch abgebrannt; Schwatz, Greise, Kinder, Heiligtümer; ach, was soll ich Dir schreiben, was ich nimmermehr selbst wissen möchte, und doch haben die Bayern selbst jubelnd sich dessen gerühmt, so was muß man tragen lernen mit kaltem

Blut und muß denken, daß Unsterblichkeit ein ewiger Lohn ist, der alles Geschick überbietet. –

Der König fuhr, da wir eben in die Stadt kamen, durch die erleuchteten Straßen, das Volk jauchzte, und Freudentränen rollten über die Wangen der harten Nation; ich warf ihm auch Kußhände zu, und ich gönn' ihm, daß er geliebt ist. – Adieu, hab' Dein treues Kind lieb, sag' ihm bald ein paar Worte.

Bettine.

An Goethe.

Am 22. Mai.

Heute morgen zu meiner Überraschung erhielt ich Deinen Brief. Ich war gar nicht mehr gefaßt darauf, schon die ganze Zeit schreibe ich meine Blätter als ein verzweifelter Liebhaber, der sie dem Sturmwind preisgibt, ob der sie etwa hintrage zu dem Freund, in den mein krankes Herz Vertrauen hat. So hat mich denn mein guter Genius nicht verlassen! Ei durchsauset die Lüfte auf einem schlechten Postklepper, und am Morgen einer Nacht voll weinender Träume erblick' ich erwachend das blaue Kuvert auf meiner grünen Decke,

So tretet denn, ihr steilen Berge, ihr schroffen Felswände, ihr kecken, racheglühenden Schützen, ihr verwüsteten Tale und rauchenden Wohnungen bescheiden zurück in den Hintergrund und überlaßt mich einer ungemessenen Freude, die elektrische Kette, die den Funken von ihm bis zu mir leitet, zu berühren, und unzähligemal nehm' ich ihn in mich auf, Schlag auf Schlag, diesen Funken der Lust. – Ein großes Herz, hoch über den Schrecken der Zeit, neigt sich herab zu meinem Herzen. Wie der silberne Faden sich niederschlängelt ins Tal zwischen hinabgrünenden Matten und blühenden Büschen (denn wir haben ja Mai), sich unten sammelt und im Spiegel mir mein Bild zeigt, so leiten Deine freundlichen Worte hinab zu mir das schöne Bewußtsein, aufbewahrt zu sein im Heiligtum Deiner Erinnerungen, Deiner Gefühle; so wag' ich's zu glauben, da dieser Glaube mir den Frieden gibt. –

O, lieber Freund, während Du Dich abwendest vor dem Unheil trüber Zeit, in einsamer Höhe Geschicke bildest und mit scharfen Sinnen sie lenkest, daß sie ihrem Glück nicht entgehen, denn sicher ist dies schöne Buch, welches Du dir zum Trost über alles Traurige erfindest, ein Schatz köstlicher Genüsse, wo Du in feinen Organisationen und großen Anlagen der Charaktere Stimmungen einleitest und Gefühle, die beseligen, wo Du mit freundlichem Hauch die Blume des Glücks erweckst und in geheimnisvoll glühenden Farben erblühen machst, was unser Geist entbehrt. Ja, Goethe, während diesem hat es sich ganz anders in mir gestaltet. – Du erinnerst dich wohl noch, daß die Gegend, das Klima meiner Gedanken und Empfindungen, heiter waren, ein freundlicher Spielplatz, wo sich bunte Schmetterlinge zu Herden über Blumen schaukelten, und wie Dein Kind spielte unter ihnen, so leichtsinnig wie sie selber, und Dich, den einzigen Priester dieser schönen Natur, mutwillig umjauchzte, manchmal auch tiefbewegt allen Reiz beglückter Liebe in sich sammelnd zu Deinen Füßen in Begeisterung überströmte. Jetzt ist es anders in mir, düstere Hallen, die prophetische Monumente gewaltiger Todeshelden umschließen, sind der Mittelpunkt meiner schweren Ahnungen; der weiche Mondesstrahl, der goldnen Birke Duft dringen da nicht ein, aber wohl Träume, die mir das Herz zerreißen, die mir im Kopf glühen, daß alle Adern pochen. Ich liege an der Erde am verödeten Ort und muß die Namen ausrufen dieser Helden, deren schauerliches Geschick mich verwundet; ich seh' ihre Häupter mit Siegeslorbeern geschmückt, stolz und mächtig unter dem Beil niederrollen auf das Schafott. Ach Gott, ach Gott, welch lauter Schrei der Verzweiflung durchfährt mich bei diesen einbilderischen Träumen. Warum muß ich verzagen, da noch nichts verloren ist? – Ich hab' ein Fieber, so glüht mir der Kopf. Auf dem tonnenförmigen Gipfel des Kofels, Speckbachers Horst, der schlaflos, keiner Speise bedürfend, mit besserer Hoffnung beflügelt, leicht wie ein Vogel schwebt über dem Augenblick, da es Zeit ist. Auf dem Brenner, wo Hofers unwandelbarer Gleichmut die Geschicke lenkt, die Totenopfer der Treue anordnet. Am Berge Ischel, wo der Kapuziner den weißen Stecken in der Hand, alles erratend und vorbeugend, sich allen voranwagend, an der Spitze des Landvolks, siegbewußt über die Saaten niederjagt ins Tal. Da seh' ich auch mich unter diesen, die kurze grün und weiße Standarte schwingend, weit voran auf steilstem Gipfel, und der Sieg brennt mir in den Gliedern, und da kommt der böse Traum und haut mit geschwungener Axt mir die feste Hand ab, die niederstürzt mitsamt der Fahne in den Abgrund, dann ist alles so öde und stumm, die Finsternis bricht ein und alles verschwunden, nur ich allein auf der Felswand ohne Fahne, ohne Hand, verzeih's, daß ich so rase, aber so ist's.

Heute morgen noch mein letzter Traum, da trat einer zu mir auf dem Schlachtfeld, sanft von Gesicht, von gemessenem Wesen, als wär' es Hofer; der sagte mitten unter Leichen stehend zu mir: *Die starben alle mit großer Freudigkeit*. In demselben Augenblick erwachte ich unter Tränen, da lag Dein Brief auf dem Bett.

Ach, vereine Dich doch mit mir, Ihrer zu gedenken, die da hinstürzen ohne Namen, kindliche Herzen ohne Fehl, lustig geschmückt wie zur Hochzeit mit goldnen Sträußern, die Mützen geziert mit Schwungfedern der Auerhähne und mit Gemsbärten, das Zeichen tollkühner Schützen. Ja! Gedenke ihrer; es ist des Dichters Ruhm, daß er den Helden die Unsterblichkeit sichere!

***

6. Juni.

Gestern, da ich Dir geschrieben hatte, da war die Sonne schon im Untergehen, da ging ich noch hinaus, wo man die Alpen sieht, was soll ich anders tun? Es ist mein täglicher Weg, da begegne ich oft einem, der auch nach den Tiroler Alpen späht. An jenem späten Abend, ich glaub' es war in der Mitte Mai, wo Schwatz abbrannte, da war er mit auf dem Turm, da konnte er sich gar nicht fassen, er rang die Hände und jammerte leise: „O Schwatz! O liebes Vaterland!" – Gestern war er wieder da und ergoß mit Freudebrausen den ganzen Schatz seiner Neuigkeiten vor mir. Wenn's demnach wahr ist, so haben die Tiroler am Herz-Jesu-Fest (den Datum wußte er nicht) den Feind überwältigt und ganz Tirol zum zweitenmal befreit. Ich kann nicht erzählen, was er alles vorbrachte, Du würdest es so wenig verstehen wie ich; Speckbachers Witz hat durch eine Batterie von Baumstämmen, als ob es Kanonen wären und durch zusammengebundne

Flintenläufe den Knall nachahmend, den Feind betrogen, gleich drauf die Brücke bei Hall dreimal gestürmt und den Feind mitsamt den Kanonen zurückgetrieben, die Kinder dicht hintendrein; wo der Staub aufwirbelte, schnitten sie mit ihren Messern die Kugeln aus und brachten sie den Schützen. Der Hauptsieg war am Berg Isel, dem Kapuziner ist der Bart weggebrannt. Die namhaften Helden sind alle noch vollzählig. Handbillett haben sie vom Kaiser mit großen Verheißungen aus der Fülle seines Herzens. Wenn's auch nicht alles wahr wird, meinte mein Tiroler, so war's doch wieder ein Freudentag fürs Vaterland, der alle Aufopferung wert ist.

Vom Kronprinz hab' ich kein Gedicht; ein einziges, was er am Tag vor seinem Auszug in den Krieg machte, an Heimat und die Geliebte, zeigte mir der alte getreue Pantalon, er will's unter keiner Bedingung abschreiben. Eine junge Muse der Schauspielkunst besitzt deren mehrere, der alte Bopp hat ihr auf meine Bitte drum angelegen, sie suchte danach unter den Theaterlumpen und fand sie nicht, sonst hätten sie zu Diensten gestanden, meinte sie, der Kronprinz würde ihr andere machen.

Gold und Perlen hab' ich nicht, der einzige Schatz, nach dem ich gewiß allein greifen würde bei einer Feuersbrunst, sind Deine Briefe, Deine schönen Lieder, die Du mit eigner Hand geschrieben, sie sind verwahrt in der roten Sammettasche, die liegt nachts unter meinem Kopfkissen, darin ist auch noch der Veilchenstrauß, den Du mir in der Gesellschaft bei Wieland so verborgen zustecktest, wo Dein Blick wie ein Sperber über allen Blicken kreiste, daß keiner wagte aufzusehen. – Die junge Muse gibt es auf, die Opfer, die der Kronprinz ihr in Dichterperlen gereiht zu Füßen legte, unter dem Wust von falschem Schmuck und Flitterstaat wiederzufinden, und doch waren sie im Zauberhauch der Mondnächte bei dem Lied der Nachtigall erfunden, Silb' um Silbe; Klang um Klang aufgereiht. Wer Silb' um Silbe die nicht liebt, nicht diesen Schlingen sich gefangen gibt, der mag von Himmelskräften auch nicht wissen, wie zärtlich die von Reim zu Reim sich küssen.

Deine Mutter werde ich nicht vergessen, und sollt' ich auch mitten im Kriegsgetümmel untergehen, so würde ich gewiß noch im letzten Moment die Erde küssen zu ihrem Andenken. Was ich Dir noch Merkwürdiges zu berichten habe, ist schon aufgeschrieben, im nächsten Brief wirst Du es finden, dieser wird schon zu dick, und ich schäme mich, daß ich Dir nichts Wichtiges zu schreiben habe und doch nicht abbrechen kann. Geschwätz! – ich weiß ja, wie's ging in Weimar, da sagt' ich auch nichts Gescheutes, und doch hörtest Du gern zu.

Vom Stadion weiß ich gar nichts, da muß ich kurzen Prozeß machen und ihn verschmerzen, wer weiß, ob ich ihn je wieder seh'.

Jacobi ist zart wie eine Psyche, zu früh geweckt, rührend; wär' es möglich, so könnte man von ihm lernen, aber die Unmöglichkeit ist ein eigner Dämon, der listig alles zu vereiteln weiß, zu was man sich berechtigt fühlt; so mein' ich immer, wenn ich Jacobi von Gelehrten und Philosophen umgeben seh', ihm wär' besser, er sei allein mit mir. Ich bin überzeugt, meine unbefangnen Fragen, um von ihm zu lernen, würden ihm mehr Lebenswärme erregen, als jene alle, die vor ihm etwas zu sein als notwendig erachten. Mitteilung ist sein höchster Genuß; er appelliert in allem an seine Frühlingszeit, jede frisch aufgeblühte Rose erinnert ihn lebhaft an jene, die ihm zum Genuß einst blühten, und indem er sanft durch die Haine wandelt, erzählt er, wie einst Freunde Arm in Arm sich mit ihm umschlungen in köstlichen Gesprächen, die spät in die laue Sommernacht währten, und da weiß er noch von jedem Baum in Pempelfort, von der Laube am Wasser, auf dem die Schwäne kreisten, von welcher Seite der Mond hereinstrahlte, auf reinlichem Kies, wo die Bachstelzchen stolzierten; das alles spricht sich aus ihm hervor, wie der Ton einer einsamen Flöte, sie deutet an: der Geist weilt noch hier; in ihren friedlichen Melodien aber spricht sich die Sehnsucht zum Unendlichen aus. Seine höchst edle Gestalt ist gebrechlich, es ist, als ob die Hülle leicht zusammensinken könne, um den Geist in die Freiheit zu entlassen. Neulich fuhr ich mit ihm, den beiden Schwestern und dem Grafen Westerhold nach dem Staremberger See. Wir aßen zu Mittag in einem angenehmen Garten, alles war mit Blumen und blühenden Sträuchern übersät, und da ich zur Unterhaltung der gelehrten Gesellschaft nichts beitragen konnte, so sammelte ich deren so viel, als mein Strohhut faßte. Im Schiff, auf dem wir bei herannahendem Abend wohl anderthalb Stunden fahren mußten, um das jenseitige Ufer wieder zu erreichen, machte ich einen Kranz. Die untergehende Sonne rötete die weißen Spitzen der Alpenkette, und Jacobi hatte seine Freude dran, er deployierte alle Grazie seiner Jugend, Du selbst hast mir einmal erzählt, daß er als Student nicht wenig eitel auf sein schönes Bein gewesen, und daß er in Leipzig mit Dir in einen Tuchladen gegangen, das Bein auf den Ladentisch gelegt, und dort die neuen Beinkleidermuster drauf probiert, bloß um das Bein der sehr artigen Frau im Laden zu zeigen; – in dieser Laune schien er mir zu sein; nachlässig hatte er sein Bein ausgestreckt, betrachtete es wohlgefällig, strich mit der Hand drüber, dann wenige Worte über den herrlichen Abend flüsternd, beugte er sich zu mir herab, da ich am Boden saß und den Schoß voll Blumen hatte, wo ich die besten auslas zum Kranz, und so besprachen wir uns einsilbig, aber zierlich und mit Genuß in Gebärden und Worten, und ich wußte es ihm begreiflich zu machen, daß ich ihn liebenswürdig finde, als auf einmal Tante Lenens vorsorgende Bosheitspflege der feinen Gefühlskoketterie einen bösen Streich spielte; ich schäme mich noch, wenn ich dran denke; sie holte eine weiße langgestrickte wollne Zipfelmütze aus ihrer Schürzentasche, schob sie ineinander und zog sie dem Jacobi weit über die Ohren, weil die Abendluft beginne rauh zu werden, grade in dem Augenblick als ich ihm sagte: „Heute versteh' ich's recht, daß Sie schön sind", und er mir zum Dank die Rose in die Brust steckte, die ich ihm gegeben hatte. Jacobi wehrte sich gegen die Nachtmütze, Tante Lene behauptete den Sieg, ich mochte nicht wieder aufwärts sehen, so beschämt war ich. – „Sie sind recht kokett", sagte der Graf Westerhold, ich flocht still an meinem Kranz, da aber Tante Lene und Lotte einstimmend mir gute Lehren gaben, sprang ich plötzlich auf und trappelte so, daß der Kahn heftig schwankte, „um Gotteswillen wir fallen!" schrie alles, „ja, ja!" rief ich, „wenn Sie noch ein Wort weiter sagen über Dinge, die Sie nicht verstehen." Ich schwankte weiter, „haben Sie Ruh', es wird mir schwindlig." – Westerhold wollte mich anrühren, aber da schwankte ich so, daß er sich nicht vom Platz getraute, der Schiffer lachte und half schwanken, ich hatte mich vor Jacobi gestellt, um ihn nicht in der fatalen Mütze zu sehen, jetzt, wo ich sie alle in der Gewalt hatte, wendete ich mich nach ihm, nahm die Mütze beim Zipfel und schwenkte sie weit hinaus in die Wellen; „da hat der Wind die Mütze weggeweht", sagte ich, ich drückte ihm meinen Kranz auf den Kopf, der ihm wirklich schön stand, Lene wollt' es nicht leiden, die frischen Blätter könnten ihm schaden. Lasse ihn mir doch, sagte Jacobi sanft, ich legte die Hand über den Kranz. „Jacobi", sagte ich: „Ihre feinen Züge leuchten im gebrochnen Licht dieser schönen Blätter wie die des verklärten Plato. Sie sind schön, und es bedarf nur eines Kranzes, den Sie so wohl verdienen, um Sie würdig der Unsterblichkeit darzustellen"; ich war vor Zorn begeistert, und Jacobi freute sich; ich setzte mich neben ihn an die Erde und hielt seine Hand, die er mir auch ließ, keiner sagte etwas, sie wendeten sich alle ab, um die Aussicht zu betrachten, und sprachen unter sich, da lachte ich ihn heimlich an. Da wir ans Ufer kamen, nahm ich ihm den Kranz ab und reichte ihm den Hut. – Das war meine kleine Liebesgeschichte jenes schönen Tages, ohne welche der Tag nicht schön gewesen sein würde; nun hängt der Kranz verwelkt an meinem Spiegel, ich bin seitdem nicht wieder hingegangen, denn ich fürchte mich vor Helenen, die aus beleidigter Würde ganz stumm war und mir nicht Adieu sagte; so mag denn Jacobi freundlich meiner gedenken, wenn ich ihn nicht wieder sehen sollte, dieser Abschied kann ihm keinen unangenehmen Eindruck in der Erinnerung lassen, und mir ist es grade recht, denn ich möchte doch nicht Kunst genug besitzen, den vielen Fallstricken und bösen Auslegungen zu entgehen, die jetzt wahrscheinlich im Gang sein mögen. Adieu, nun hab' ich Dir auf alle Artikel Deines lieben Briefes geantwortet und dir mein ganzes Herz ausgeschüttet. Versicherungen meiner Liebe gebe ich Dir nicht mehr, die sind in jedem Gedanken, im Bedürfnis, Dir alles ans Herz zu legen, hinlänglich beurkundet.

7. Juni. Bettine.

An Goethe.

16. Juni.

Gott lasse mir den einzigen Wunsch gedeihen, Dich wieder zu sehen, und zögere nicht allzulang. Soeben vernehme ich, daß jemand von meiner Bekanntschaft nach Weimar geht. Das bläst die Asche von der Glut, mich hält's, daß ich von hier aus die Tiroler Berge sehen kann, sonst nichts. Es martert mich alle Tage, nicht zu wissen, was dort vorgeht; ich käme mir vor wie ein feiger Freund, wenn ich mich dem Einfluß, den die Nähe des bedrängten Landes auf mich hat, entziehen wollte; wahrhaftig, wenn ich abends von meinem Schneckenturm die Sonne dort untergehen sehe, da muß ich immer mit ihr.

Wir haben schon seit Wochen schlecht Wetter. Nebel und Gewölk, Wind und Regen und schmerzliche Botschaft wird indessen durch Dein Andenken wie durch einen Sonnenstrahl erhellt. – Beinah' vier Wochen hab' ich nicht geschrieben, aber ich hab' Dich diese ganze Zeit über bedacht, mit Gedanken, Wort und Werken, und nun will ich's gleich auseinandersetzen: es ist auf der hiesigen Galerie ein Bild von Albrecht Dürer, in seinem achtundzwanzigsten Jahre von ihm selbst gemalt; es hat die graziösesten Züge eines weisheitsvollen, ernsten, tüchtigen Antlitzes; aus der Miene spricht ein Geist, der die jetzigen elenden Weltgesichter niederkracht. Als ich Dich zum erstenmal sah, war es mir auffallend und bewegte zugleich zu inniger Verehrung, zu entschiedener Liebe, das sich in Deiner ganzen Gestalt aussprach, was David von den Menschen sagt: ein jeder mag König sein über sich selber. So meine ich nämlich, daß die Natur des inneren Menschen die Oberhand erringe über die Unzuverlässigkeit, über die Zufälle des äußeren, daraus entstehe die edle Harmonie, das Wesen, was sowohl über Schönheit hinaus ist als der Häßlichkeit trotzt. So bist Du mir erschienen, die geistige Erscheinung der Unsterblichkeit, die der irdischen vergänglichen Meister wird. Obschon nun Dürers Antlitz ein ganz anderes ist, so hat mich doch die Sprache seines Charakters mächtig an die Deinige erinnert, ich habe mir's kopieren lassen. – Ich hab' das Bild den ganzen Winter über auf meinem Zimmer gehabt *und war nicht allein.* Ich hab' mich viel in Gedanken an diesen Mann gewendet, hab' Trost und Leid von ihm empfunden, bald war mir traurig zu fühlen, wie manches, worauf man doch in sich stolz ist, zugrunde geht vor einem solchen, der recht wollte, was er wollte; bald flüchtete ich mich zu diesem Bild als zu einem Hausgott. Wenn mich die Lebenden langweilten, und daß ich Dir's recht sage: mein Herz war in manchen Stunden so tief von dem reinen Scharfblick gerührt, der aus seinen edlen Augen dringt, daß er mir mehr im Umgang war als ein Lebender. Dieses Bild nun hatte ich eigentlich für dich kopieren lassen, ich wollte Dir's als einen Sachwalter meiner Herzensangelegenheiten senden, und so verging Woche um Woche, immer mit dem festen Entschluß es die nächstfolgende abzusenden, ohne daß ich es je dazu bringen konnte, mich davon zu trennen. Mein lieber Goethe, ich hab' noch weniges gesehen in der Welt, sowohl von Kunstwerken als sonst, was mich herzlich interessierte. Daher wär' wohl meiner kindischen Art zu verzeihen. Das Bild kann ich nun nicht mehr von mir lossagen, so wie man sich von einem Freund nicht mehr lossagen kann, Dir aber will ich's schicken, meinem geliebtesten von allen. Doch, wie es das Schicksal führt, soll es nicht in andre Hände kommen, und sollte der Zufall es von Dir trennen, so müsse es wieder in meine Hände kommen. Ich hoffte, die ganze Zeit es selbst bringen zu können, indessen ist gar keine Wahrscheinlichkeit in diesem Augenblick, wenn ich nicht stets auf die kommende Zeit hoffte, so würde ich verzweifeln, Dich bald wiederzusehen; allein, daß nach der Zukunft immer wieder eine ist, das hat schon manchen Menschen alt gemacht. – Du bist mir lieb über alles, in der Erinnerung, wie in der Zukunft; der Frühling, den Deine Gegenwart in mir erschaffen hat, dauert; denn schon sind zwei Jahre um, und noch hat kein Sturm ein Blättchen vom Ast gelöst, noch hat der Regen keine Blüte zerstört, alle Abend' hauchen sie noch den süßen Duft der Erinnerung aus; ja wahrhaftig kein Abend ist bis jetzt zum Schlafen gekommen, daß ich Dich nicht bei Namen gerufen und der Zeit gedacht, da Du mich auf meinen Mund geküßt, mich in Deinen Arm genommen, und ich will stets hoffen, daß die Zeit wiederkehre. Da ich Dir nichts in der Welt vorziehe, so glaub' ich's auch von Dir. Sei Du so alt und klug wie ich, lass' mich so jung und weise sein wie Du, und so möchten wir füglich die Hand einander reichen und sein wie die beiden Jünger, die zwei verschiednen Propheten folgten in einem Lehrer.

Schreib mir, wie Du glaubst, daß ich das Bild ohne Gefahr schicken könne, aber bald. Wenn Du mir keine Gelegenheit angeben kannst, so werde ich selbst schon eine finden. Hab' niemand lieber wie mich; Du, Goethe, wärest sehr ungerecht, wenn du andre mir vorzögst, da so meisterlich, so herrlich, Natur mein Gefühl dir verwebt hat, daß Du das Salz Deines eignen Geistes in mir schmecken mußt.

Wenn kein Krieg, kein Sturm und vorab keine verwüstende Zeitung, die alles bildende Ruhe im Busen störte, dann möchte ein leichter Wind, der durch die Grashalmen fährt, der Nebel, wie er sich von der Erde löst, die Mondessichel, wie sie über den Bergen hinzieht, oder sonst einsames Anschauen der Natur einem wohl tiefe Gedanken erregen;

jetzt aber in dieser beweglichen Zeit, wo alle Grundfesten ein rechtes Krachen und Gliederreißen haben, da will sie keinem Gedanken Raum gestatten, aber das, woran ein Freund teilgenommen, daß man sich auf seinen Arm gestützt, auf seiner Schulter geruht hat, dies einzige ätzt tief jede Linie der Gegenstände ins Herz, so weiß ich jeden Baum des Parks noch, an dem wir vorübergegangen, und wie Du die Äste der Zuckerplatane niederbogst und zeigtest mir die rötliche Wolle unter den jungen Blättern und sagtest, die Jugend sei wollig; und dann die runde, grüne Quelle, an der wir standen, die so ewig über sich sprudelt, bul, bul, und Du sagtest, sie rufe der Nachtigall, und die Laube mit der steinernen Bank, wo eine Kugel an der Wand liegt, da haben wir eine Minute gesessen, und Du sagtest: „Setze Dich näher, damit die Kugel nicht in Schatten komme, denn sie ist eine Sonnenuhr“, und ich war einen Augenblick so dumm, zu glauben, die Sonnenuhr könne aus dem Gange kommen, wenn die Sonne nicht auf sie scheine, und da hab' ich gewünscht, nur einen Frühling mit Dir zu sein, hast Du mich ausgelacht; da fragte ich, ob Dir dies zu lang sei; „ei nein“, sagtest du, „aber dort kommt einer gegangen, der wird gleich dem Spaß ein Ende machen“; das war der Herzog, der grad' auf uns zukam, ich wollte mich verstecken, Du warfst Deinen Überrock über mich, ich sah durch den langen Ärmel, wie der Herzog immer näher kam, ich sah auf seinem Gesicht, daß er was merkte, er blieb an der Laube stehen, was er sagte, verstand ich nicht, so große Angst hatte ich unter Deinem Überrock, so klopfte mir das Herz, Du winktest mit der Hand, das sah ich durch Deinen Rockärmel, der Herzog lachte und blieb stehen; er nahm kleine Sandsteinchen und warf nach mir, und dann ging er weiter. Da haben wir nachher noch lang geplaudert miteinander, was war's doch?, – nicht viel Weisheit, denn du verglichst mich damals mit der weisheitvollen Griechin, die den Sokrates über die Liebe belehrte, und sagtest: „Kein gescheutes Wort bringst Du vor, aber Deine Narrheit belehrt besser, wie ihre Weisheit“, – und warum waren wir da beide so tief bewegt? – daß Du von mir verlangtest mit den einfachen Worten: „Lieb' mich immer“, und ich sagte: „Ja.“ – Und eine ganze Weile drauf, da nahmst Du eine Spinnwebe von dem Gitter der Laube und hingst mir's aufs Gesicht, und sagtest: „Bleib verschleiert vor jedermann und zeige niemand, was Du mir bist.“ – Ach! Goethe, ich hab' dir keinen Eid der Treue getan mit den Lippen, die da zuckten vor heftiger Bewegung und keine Worte kannten; ich erinnere mich gar nicht, daß ich mit Selbstbewußtsein Dir die Treue zugesagt hätte, es ist alles mächtiger in mir wie ich, ich kann nicht regieren, ich kann nicht wollen, ich muß alles geschehen lassen. Zwei einzige Stunden waren so voll Ewigkeit; einen einzigen Frühling verlangte ich damals, und jetzt meine ich kaum, daß ich diesen bewältigen könne mein ganzes Leben lang, und mir klopft das Herz jetzt ebenso vor Unruh', wenn ich mich in die Mitte jenes Frühlings denke. Ich bin am Ende des Blattes, und wär's nicht gar zu sehr auf Dich gesündigt, so möcht' ich ein neues anfangen, um so fort zu plaudern; ich liege hier auf dem Sofa und schreibe den Brief auf einem Kissen, deswegen ist er auch so ungleich. Daß sie doch alle vergehen, wenn ich zu Dir sprechen will, diese Gedanken, die so ungerufen vor mir auf- und niedertanzen, von denen Schelling sagt: es sei unbewußte Philosophie.

Lebe wohl! So wie die vom Wind getragne Samenflocke auf den Wellen hintanzt, so spielt meine Phantasie auf diesem mächtigen Strom Deines ganzen Wesens und scheut nicht, drin unterzugehen; möchte sie doch! welch seliger Tod! –

Geschrieben am 16. Juni in München an einem Regentag, wo zwischen Schlaf und Wachen die Seele nach Wind und Wetter sich bequemte.

Bettine.

Bleib ihr gut, schreib ihr bald und grüß' die Deinen.

An Bettine.

In zwei Deiner Briefe hast Du ein reiches Füllhorn über mich ergossen, liebe Bettine, ich muß mich mit Dir freuen und mit Dir betrüben und kann des Genusses nimmer satt werden. So lasse Dir denn genügen, daß die Ferne Deinen Einfluß nicht mindert, da Du mit unwiderstehlicher Gewalt mich den mannigfachen Einwirkungen Deiner Gefühle unterwirfst, und daß ich Deine bösen wie Deine guten Träume mit träumen muß. Was Dich nun mit Recht so tief bewegt, über das verstehst Du auch allein Dich wieder zu erheben, hierüber schweigt man denn wie billig und fühlt sich beglückt, mit Dir in Befreundung zu stehen und Anteil an Deiner Treue und Güte zu haben; da man doch Dich lieben lernen müßte, selbst wenn man nicht wollte.

Du scheinst denn auch Deine liebenswürdige despotische Macht an verschiednen Trabanten zu üben, die Dich als ihren erwählten Planeten umtanzen. Der humoristische Freund, der mit Dir die Umgegend rekognosziert, scheint wohl nur durch die Atmosphäre der heißen Junitage dem Schlaf zu unterliegen, während er träumend das anmutige Bild Deiner kleinen Person rekognosziert, da mag es ihm denn freilich nicht beikommen, daß Du ihn unterdessen dahin versetzen möchtest, wo Dein heroischer Geist selber weilt.

Was Du mir von Jacobi erzählst, hat mich sehr ergötzt, seine jugendlichen Eigenheiten spiegeln sich vollkommen darin; es ist eine geraume Zeit her, daß ich mich nicht persönlich mit ihm berührt habe, die artige Schilderung Deiner Erlebnisse mit ihm auf der Seefahrt, die Dein Mutwille ausheckte, haben mir ähnliche heitere Tage unseres Umgangs wieder zurückgerufen. Zu loben bist Du, daß Du keiner authentischen Gewalt bedarfst, um den Achtungswerten ohne Vorurteil zu huldigen. So ist gewiß Jacobi unter allen strebenden und philosophierenden Geistern der Zeit derjenige, der am wenigsten mit seiner Empfindung und ursprünglichen Natur in Widerspruch geriet und daher sein sittliches Gefühl unverletzt bewahrte, dem wir als Prädikat höherer Geister unsere Achtung nicht versagen möchten. Wolltest Du nun auf Deine vielfach erprobte anmutige Weise ihm zu verstehen geben, wie wir einstimmen in die wahre Hochachtung, die Du unter Deinen liebenwürdigen Koboldstreichen verbirgst, so wäre dies ganz in meinem Sinne gehandelt.

Dein Eifer, mir die verlangten Gedichte zu verschaffen, verdient Anerkenntnis, obschon ich glauben muß, daß es Dir ebenso darum zu tun ist, den Gefühlen Deines Generalissimus näher auf die Spur zu kommen als auch meine Wünsche zu befriedigen, glauben wir indessen das Beste von ihm bis auf näheres; und da Du so entschieden die Divinität des schöpferischen Dichtervermögens erhebst, so glaube ich nicht unpassend beifolgendes kleine Gedicht vorläufig für Dich herausgehoben zu haben aus einer Reihe, die sich in guten Stunden allmählich vermehrt, wenn sie Dir später einmal zu Gesicht kommen werden, so erkenne daran, daß, während du glaubst, mein Gedächtnis für so schöne Vergangenheit wieder anfrischen zu müssen, ich unterdessen der süßesten Erinnerung in solchen unzulänglichen Reimen ein Denkmal zu errichten strebe, dessen eigendste Bestimmung es ist, den Widerhall so zarter Neigung in allen Herzen zu erwecken.

Bleibe mir schreibend und liebend von Tag zu Tag beglückender Gewohnheit treu.

G.

Jena, den 7. Juli 1809.

Wie mit innigstem Behagen
Lied, gewahr' ich deinen Sinn;
Liebevoll scheinst du zu sagen,
Daß ich ihm zur Seite bin.

Daß er ewig mein gedenket,
Seiner Liebe Seligkeit
Immerdar der Treuen schenket,
Die ein Leben ihm geweiht.

Ja, mein Herz, es ist der Spiegel,
Freund, worin du dich erblickt,
Diese Brust, wo deine Siegel
Kuß auf Kuß hereingedrückt.

Süßes Dichten, lautre Wahrheit
Fesselt mich in Sympathie!
Rein verkörpert Liebesklarheit
Im Gewand der Poesie.

An Goethe.

Kein Baum kühlt so mit frischem Laub, kein Brunnen labt so den Durstigen, Sonn' und Mondlicht und tausend Sterne leuchten so nicht ins irdische Dunkel, wie Du leuchtest in mein Herz. Ach, ich sage Dir: einen Augenblick in Deiner Nähe zu sein hält so viel Ewigkeit in sich, daß ein solcher Augenblick der Ewigkeit gleichsam einen Streich spielt, indem er sie gefangen nimmt, zum Scherz nur, er entläßt sie wieder, um sie wieder zu fangen, und was sollte mir auch in Ewigkeit noch für Freude geschehen, da Dein ewiger Geist, Deine ewige Güte mich in ihre Herrlichkeit aufnehmen.

Geschrieben am Tag, da ich Deinen letzten Brief empfangen.

Das Gedicht gehört der Welt, nicht mein, denn wollt' ich es mein nennen, es würde mein Herz verzehren.

Ich bin zaghaft in der Liebe, ich zweifle jeden Augenblick an Dir, sonst wär' ich schon auf eine Zeit zu Dir gekommen; ich kann mir nicht denken (weil es zu viel ist), daß ich Dir wert genug bin, um bei Dir sein zu dürfen.

Weil ich Dich kenne, so fürchte ich den Tod, die Griechen wollten nicht sterben ohne Jupiter Olymp gesehen zu haben, wie viel weniger kann ich die schöne Welt verlassen wollen, da mir prophezeit ist von Deinen Lippen, daß Du mich noch mit offnen Armen empfangen wirst.

Erlaube mir, ja fordere es, daß ich dieselbe Luft einatme wie Du, daß ich täglich Dir unter die Augen sehe, daß ich den Blick aufsuche, der mir die Todesgötter bannt.

Goethe, Du bist alles, Du gibst wieder, was die Welt, was die traurige Zeit raubt; da Du es nun vermagst mit gelaßnem Blick reichlich zu spenden, warum soll ich mit Zutrauen nicht begehren? Diese ganze Zeit bin ich nicht mehr ins Freie gekommen, die Gebirgsketten, die einzige Aussicht, die man von hier hat, waren oft von den Flammen des Kriegs gerötet, und ich habe nie mehr gewagt, meinen Blick dahin zu wenden, wo der Teufel ein Lamm würgt, wo die einzige Freiheit eines selbständigen Volkes sich selber entzündet und in sich verlodert. Diese Menschen, die mit kaltem Blut und sicher über ungeheure Klüfte schreiten, die den Schwindel nicht kennen, machen alle andere, die ihnen zusehen, von ihrer Höhe herab schwindlich; es ist ein Volk, das für den Morgen nicht sorgt, dem Gott unmittelbar grade, wenn die Stunde des Hungers kommt, auch die Nahrung in die Hand gibt; das, wie es den Adlern gleich, auf den höchsten Felsspitzen über den Nebeln ruht, auch so über den Nebeln der Zeit thront, das lieber im Licht untergeht, als im Dunkeln ein ungewisses Fortkommen sucht. O Enthusiasmus des eignen freien Willens! wie groß bist du, da du allen Genuß, der über ein ganzes Leben verbreitet ist, in einen Augenblick zusammenfassest, darum so läßt sich um einen solchen Moment auch wohl das Leben wagen; mein eigner Wille aber ist, Dich wiederzusehen, und allen Enthusiasmus der Liebe wird ein solcher Moment in sich fassen, und darum begehre ich auch außer diesem nichts mehr.

Von den Kuffsteiner Belagerungsgeschichten möchte ich Dir manches erzählen, was dem Dux gewiß Freude machen würde, und was auch verdiente, verewigt zu werden; allein zu sehr wird eine ernste Teilnahme an dem echten Heroismus mißhandelt durch Betrug aller Art, und das macht auch, daß man lieber gar nicht hinhorcht, als daß man das Herz durch Lügen sich schwer machen läßt. – Das Gute, was die Bayern als wahr passieren lassen, daran ist nicht zu zweifeln, denn wenn sie es vermöchten, so würden sie gewiß das Gelingen der Feinde leugnen. Speckbacher ist ein einziger Held, Witz, Geist, kaltes Blut, strenger Ernst, unbegrenzte Güte, durchsichtige, bedürfnislose Natur; Gefahr ist ihm gleich dem Aufgang der Sonne; da wird ihm Tag, da sieht er deutlich was not tut; und tut alles, indem er seinen Enthusiasmus beherrscht, er denkt auf seine Ehre und auf seine Verantwortung zugleich, er richtet alles durch sich allein aus, die Befehle der Kommandanten und seine eigne wohlberechneten Pläne; und auch noch was der Augenblick erheischt; unter dem Kanonenfeuer der Festung verwüstet er die Mühlen, erbeutet das Getreide und löscht die Haubitzen mit dem Hut; keinen gefahrvollen Plan überläßt er einem andern, die kleine Stadt Kuffstein steckte er selbst in Brand mitten unter den Feinden; eine Schiffbrücke der Bayern macht er flott. In einer stürmischen

Nacht, im Wasser bis an die Brust, hält er aus bis zum Morgen mit zwei Kameraden, wo er noch die letzten Schiffe unter einem Hagel von Kartätschen flott macht. – List ist seine göttlichste Eigenschaft, den verwilderten Bart, der ihm das halbe Gesicht bedeckt, nimmt er ab, verändert Kleidung und Geberde, und so verlangt er den Kommandanten der Festung zu sprechen, man läßt ihn ein, er macht ihnen was weis von Verrat und errät unterdessen alles, was er wissen will, in dieser großen Gefahr, mit noch zwei andern Kameraden, ist er keinen Augenblick verlegen, läßt sich beleuchten, untersuchen, zutrinken und endlich, vom Kommandanten bis zum kleinen Pförtchen, zu dem sie hereingekommen waren, begleitet, nimmt er treuherzig Abschied.

Alle diese Mühen und Aufopferungen werden indessen zunichte gemacht durch die Unzuverlässigkeit von Österreich, das überhaupt ist, als könne es keinen glücklichen Erfolg ertragen, und fürchte sich vor seinem großen Feind, einst diese Siege verantworten zu müssen, und so wird es auch noch kommen, es wird noch den großen Napoleon um Verzeihung bitten, daß man ihm die Ehre erzeigt, ihm ein Heldenvolk entgegenzustellen; ich breche ab, zu gewiß ist mir, daß auf Erden allem Großen schlecht vergolten wird.

Vor drei Wochen hat man ein Bild, eine Kopie von Albrecht Dürers selbst verfertigtem Porträt, an Dich abgeschickt; ich war grade auf einige Tage verreist und weiß also nicht, ob es wohl eingepackt und ob die Gelegenheit, mit welcher es ging, exakt ist, Du mußt es der Zeit nach jetzt bald in Händen haben, schreib mir darüber, das Bild ist mir sehr lieb, und darum mußt' ich Dir's geben, weil ich mich selbst Dir geben möchte.

Selbst in dem kalten Bayernlande reift alles nach und nach, das Korn wird schon gelb, und wenn die Zeit auch keine Rosen hier bricht, so bricht sie doch der Sturm, und falbe Blätter fliegen schon genug auf dem nassen Sandboden; wann wird denn eine gütige Sonne die Früchte an meinem Lebensbaum reifen, daß ich ernten kann Kuß um Kuß? –

Einen Weg geh' ich alle Tage, jede Staude, jedes Gräschen ist mir auf diesem bekannt, ja die Sandsteinchen im Kiesweg hab' ich mir schon betrachtet. Dieser Weg führt nicht zu Dir, und doch wird er mir täglich lieber, wenn mich nun einer gewohnt würde, zu Dir zu tragen, wie würden da Blumen und Kräuter erst mit mir bekannt werden, und daß mir stets das Herz pochte bis an Deine Schwelle, und allen Liebreiz hätte auf diesem Weg jeder Schritt.

Vom Kronprinz weiß ich Gutes, er hat mit den Gefangenen, die man hart behandelte und hungern ließ, zu Mittag gegessen. Die Kartoffeln waren gezählt, er teilte treulich mit ihnen, seitdem werden sie gut bedient, und er hat ein scharfes Auge darauf; das hab' ich durch seinen getreuen Bopp, der die ausführliche Erzählung mit etlichen Freudentränen begleitete. Sein kaltes Blut mitten in Gefahren, seine Ausdauer bei allen Mühen und Lasten werden auch noch anderweitig gerühmt, und immer ist er dabei bedacht, nutzlosen Grausamkeiten vorzubeugen; das war von ihm zu erwarten, aber daß er diese Erwartung nicht zuschanden gemacht hat, dafür sei er gelobt und gesegnet.

Einliegendes Kupfer von Heinze wirst Du wohl erkennen, ich hab's von Sömmering erhalten und zugleich den Auftrag, um Dein Urteil darüber zu bitten, er selbst findet es gleichend, aber nicht in den edelsten Zügen; ich sage: es hat eine große Ähnlichkeit mit einem Bock, dies ließe sich noch rechtfertigen.

Tieck liegt noch immer als Kranker auf dem Ruhebettlein, ein Zirkel vornehmer und schöner Damen umgibt sein Lager, das paßt zu gut und gefällt ihm zu wohl, als daß er je vom Platz rückte.

Jacobi befindet sich ganz leidlich, Tante Lene schreit zwar, sein Kopf tauge nichts, der, sowie er etwas Philosophisches schreiben wolle, ihn schmerze, zusamt den Augen; wenn nun auch der Kopf nichts taugt, so war doch sein Herz sehr lebendig aufgeregt als ich ihm vorlas, was du für ihn geschrieben hast; ich mußte es ihm abschreiben, er meinte, da er keine so freundliche Fürsprache bei Dir habe, wie Du bei ihm, so müsse er wohl selbst Dir schriftlich danken, einstweilen schickt er beikommende Rede über Vernunft und Verstand.

Bettine.

***

Köln, wo ich vorm Jahr so fröhlich war, der launige Rumohr hat's hingekritzelt, er geht hier so ganz verträglich mit der Langenweile um, und bejammert mit aufrichtigem Herzen die Zeit, die wir miteinander am Rhein zubrachten.

Hier spielt der Wind schon manches falbe Laub von den Ästen und mir die kalten Regentropfen ins Gesicht, wenn ich frühe, wo noch kein Mensch des Weges geht, durch die feuchten Alleen des englischen Gartens wandre, denn die langen Schatten am frühsten Morgen sind mir beßre Gefährten als alles, was mir den ganzen Tag über begegnet.

Da besuche ich alle Morgen meinen alten Winter; bei schönem Wetter frühstückt er in der Gartenlaube mit der Frau, da muß ich immer den Streit zwischen beiden schlichten um die Sahne auf der Milch. Dann steigt er auf seinen Taubenschlag, so groß wie er ist, muß er sich an den Boden ducken, hundert Tauben umflattern ihn, setzen sich auf Kopf, Brust, Leib und Beine; zärtlich schielt er sie an, und vor Freundlichkeit kann er nicht pfeifen, da bittet er mich: o pfeifen Sie doch; so kommen denn noch Hunderte von draußen hereingestürzt mit pfeifenden Schwingen; gurren, rucksen, lachen und umflattern ihn; da ist er selig und möchte eine Musik komponieren, die grad' so lautet. Da nun Winter ein wahrer Koloß ist, so stellt er ziemlich das Bild des Nils dar, der von einem kleinen Geschlecht umkrabbelt wird, und ich als Sphinx neben ihm kauernd, einen großen Korb voll Wicken und Erbsen auf dem Kopf. Dann werden Marcellos Psalmen gesungen, eine Musik, die mir in diesem Augenblick sehr zusagt, ihr Charakter ist fest und herrschend, man kann sie nicht durch Ausdruck heben, sie läßt sich nicht behandeln, man kann froh sein, wenn die Kraft ausreicht, welche der Geist dieser Musik fordert. Von höherer Macht fühlt man sich als Organ benützt, Figur und Ton von Harmonie umkreist und bedingt auszusprechen. So ist diese kunstgerechte gewaltige Sprache idealischer Empfindung, daß der Sänger nur Werkzeug, aber mitdenkend, mitgenießend sich empfindet, und dann die Rezitative, das Ideal ästhetischer Erhabenheit, wo alles, sei es Schmerz oder Freude, ein tobend Element der Wollust wird.

Wie lange haben wir nichts über Musik gesprochen, damals am Rhein, da war's, als müsse ich Dir den gordischen Knoten auflösen, und doch fühlte ich meine Unzulänglichkeit, ich wußte nichts von ihr, wie man auch vom Geliebten nichts weiß, als nur, daß man in ihn verliebt ist. Und jetzt bin ich erst gar ins Stocken geraten, alles möcht' ich gern aussprechen, aber in Worten zu denken, was ich im Gefühl denke, das ist schwer; – ja, solltest Du's glauben? – Gedanken machen mir Schmerzen, und so zaghaft bin ich, daß ich ihnen ausweiche, und alles, was in der Welt vorgeht, das Geschick der Menschen und die tragische Auflösung macht mir einen musikalischen Eindruck. Die Ereignisse im Tirol nehmen mich in sich auf wie der volle Strom allseitiger Harmonie. Dies Streben mitzuwirken ist grade wie in meinen Kinderjahren, wenn ich die Symphonien hörte im Nachbarsgarten und ich fühlte, man müsse mit einstimmen, mitspielen, um Ruhe zu finden; und alles Zerschmetternde in jenen Heldenereignissen ist ja auch wieder so belebend, so begeistigend, wie dies Streiten und Gebären der verschiedenen Modulationen, die doch alle in ihren eigensinnigen Richtungen unwillkürlich durch ein Gesamtgefühl getragen, immer allseitiger, immer in sich konzentrierter in ihrer Vollendung sich abschließen. – So empfinde ich die Symphonie, so erscheinen mir jene Heldenschlachten auch Symphonien des göttlichen Geistes, der in dem Busen des Menschen Ton geworden ist himmlischer Freiheit. Das freudige Sterben dieser Helden ist wie das ewige Opfern der Töne einem hohen gemeinsamen Zweck, der mit göttlichen Kräften sich selbst erstreitet; so scheint mir auch jede große Handlung ein musikalisches Dasein; so mag wohl die musikalische Tendenz des Menschengeschlechts als Orchester sich versammeln und solche Schlachtsymphonien schlagen, wo denn die genießende, mitempfindende Welt neu geschaffen, von Kleinlichkeit befreit, eine höhere Befähigung in sich gewahrt.

Ich werde müde vom Denken und schläfrig, wenn ich mir Mühe gebe, der Ahnung nachzugehen, da wird mir angst, ja ich möchte die Hände ringen vor Angst um einen Gedanken, den ich nicht fassen kann. Da möcht' ich mit *einem* Ausdruck Dir hingeben Dinge, denen ich nicht gewachsen bin, und da schwindet mir alle Erkenntnis, langsam, wie die untergehende Sonne, ich weiß, daß sie ihr Licht ausströmt, aber sie leuchtet mir nicht mehr.

Denken ist Religion, fürs erste Feueranbeten, wir werden einst noch weiter schreiten, wo wir mit dem ursprünglich göttlichen Geist uns vereinen, der Mensch geworden und gelitten hat, bloß um in unser Denken einzudringen; so erkläre ich mir das Christentum als Symbol einer höheren Denkkraft, wie mir denn überhaupt alles Sinnliche Symbol des Geistigen ist.

Nun, wenn auch die Geister sich mit mir necken und nicht fangen lassen, so erhält dies mich doch frisch und tätig, und sie haben mir auf den Weg gestreut gleich einem auserwählten Ritter der Tafelrunde gar mannigfach Ebenteuer auf holperigem Pfad, bekannt bin ich worden mit den dürren Geistern der Zeit, mit Ungeheuern verschiedener Art, und wunderbar haben mich diese Besessenen in ihr träumerisch Schicksal gezogen. Aber nicht hab' ich erblickt wie bei Dir, da von heiliger Leier mir frisches Grün entgegenglänzte, und nicht hört' ich wie bei Dir, dem unter den Füßen silbern der Pfad tönt, als der auf Straßen Apollos wandelt. Da denk' ich mit verschlossenen Augen, wie ich gewohnt war, mit Dir lächelnd des Herzens Meinung zu wechseln, den eignen Geist in der Seele fühlend. Deine Mutter sagte mir manchmal von vergangner Zeit, da wollt' ich nicht zuhören und hieß sie schweigen, weil ich grad' eben mich in Deine Gegenwart träumte.

Franz Bader, der nach seiner Glasfabrik in Böhmen gereist ist, hat mir beim Abschied beigepackte Abhandlungen für Dich gegeben und mich zugleich gebeten, Dich seiner innigsten Achtung zu versichern, er hat mir dabei mancherlei aus seinem Leben erzählt, wie er in Schottland zum Beispiel gar gefahrvolle Reisen gemacht, in einem winzigen Nachen, mit Deinem „Egmond", im Meer zwischen Klippen und Inseln hin und her geworfen, wie er mit den Meerkatzen fechten müssen, wie Nacht und Sturm ihm alle Lebensgeister ausbliesen und er mitten in der Not nur immer Deine Bücher zu retten gesucht. Siehst Du! so treibt's Dein Geist auf allen Pfaden, zu Land wie zu Wasser, und er zieht von der Quelle an fort mit dem Strom, bis wo er sich ergießt, und so ziehen mit die noch fremden Ufer, und die blaue Ferne sinkt neigend zusammen vor Deiner Ankunft. Und es sehen die Wälder Dir nach, und die vergoldende Sonne schmückt die Bergeshöhen zu Deinem Empfang; es feiern aber im Mondglanz Dein Andenken die Silberpappel und die Tanne am Weg, die Deiner Jugend reine Stimme gehört.

Gestern erhielt ich Dein Bild, eine kleine Paste in Gips, aus Berlin, es gleicht, was hilft's, ich muß nach Dir verlangen.

Noch ein ägyptisches Ungeheuer ist mir hier auf Bayerns feuchtem Boden begegnet, und nicht wundert mich, daß seine trockne sandige Natur hier verfault, es ist Klotz, der von den Geistern der Farbe verfolgte und gepeinigte, endlich ihrer Gewalt erliegend, sein fünfundzwanzigjähriges Werk endet. Ägyptisch nenne ich ihn, weil erstens sein Antlitz, wie von glühenden Harzen geschmiedet, zugleich eine ungeheure Pyramide darstellt, und zweitens, weil er in fünfundzwanzig Jahren mit außerordentlicher Anstrengung sich nicht vom Platze gearbeitet hat. Ich habe aus christlicher Milde (und zugleich um Dir, als welcher nach Klotzens Aussage einer Entschuldigung bedürfte, Gerechtigkeit widerfahren zu lassen) sein ganzes Manuskript angehört. Nun kann ich mich freilich mit was ich von ihm erlernt, nicht breit machen, ich war mit Rätseln umstrickt, die durch seine Reden nur noch verwickelter wurden, und er war ängstlich auf seiner Hut, daß ich ihm nicht eins seiner Geheimnisse erschnappe, um es Dir zu übertragen, er möchte gern mit Dir selber hierüber sprechen, am meisten klagte er, daß Du ihm auf einen demütigen, aufrichtigen Brief keine Antwort gegeben, ich aber tröstete ihn damit, daß Du mir auf einen bittenden, liebenden Brief auch keine Antwort gegeben, und so war es gut. – Ich kann dem armen Mann nicht begreiflich machen, daß er die Perlen mit den Kleien gemischt, und daß wahrscheinlich beides zusamt von den Schweinen gefressen wird. Du aber könntest hier gewiß Gutes stiften, wenn Du Dich über seine Entdeckungen mit ihm einlassen wolltest. Beikommende Tabelle hab' ich ihm für Dich abgeluchst, sie gefällt mir so wohl, daß ich sie wie ein schönes Bild betrachte.

Jetzt hab' ich noch eine geringe Frage, aber sie gilt mir viel, denn sie soll mir eine Antwort eintragen: hast Du Albrecht Dürers Bildnis, welches schon vor sechs Wochen von hier abging, erhalten? – wo nicht, so bitte ich, lasse doch in Weimar bei den Fuhrleuten nachfragen.

Es geht hier eine Sage unter dem Volk, es werde bald eine Erscheinung sein, die soll „Wahlverwandtschaften“ heißen und von Dir in Gestalt eines Romans ausgehen. Ich habe einmal einen fünf Stunden langen, saueren Weg nach einem Sauerbrunnen gemacht, er lag so einsam zwischen Felsen, der Mittag konnte nicht zu ihm niedersteigen, die Sonne zersplitterte tausendfach ihre Strahlenkrone an dem Gestein, alte dürre Eichen und Ulmen standen wie die Todeshelden drum her, und Abgründe, die man da sah, waren keine Abgründe der Weisheit, sondern dunkle, schwarze Nacht, mir wollt's nicht behagen, daß die himmlische Natur solche Launen habe, der Atem wurde mir schwer, und ich hatte das Gesicht ins Gras gewühlt. Wenn ich aber diese Wahlverwandtschaften dort an der Quelle wüßte, gern wollt' ich den schauerlichen, unheimlichen Weg noch einmal machen, und zwar mit leichtem Schritt und leichtem Sinn, denn erstens dem Geliebten entgegengehen beflügelt den Schritt, und zweitens mit dem Geliebten heimgehen ist der Inbegriff aller Seligkeit.

9. September 1809. Bettine.

An Bettine.

Ihr Bruder Clemens, liebe Bettine, hatte mir bei einem freundlichen Besuche den Albrecht Dürer angekündigt, so wie auch in einem Ihrer früheren Briefe desselben gedacht war. Nun hoffte ich jeden Tag darauf, weil ich an diesem guten Werk viel Freude zu erleben gedachte, und wenn ich mir's auch nicht zugeeignet hätte, es doch gern würde aufgehoben haben, bis Sie gekommen wären, es abzuholen. Nun muß ich Sie bitten, wenn wir es nicht für verloren halten sollen, sich genau um die Gelegenheit zu erkundigen, durch welche es gegangen, damit man etwa bei den verschiedenen Spediteurs nachkommen kann, denn aus Ihrem heutigen Briefe sehe ich, daß es Fuhrleuten abgeliefert worden. Sollte es inzwischen ankommen, so erhalten Sie gleich Nachricht.

Der Freund, welcher die Kölner Vignette gezeichnet, weiß, was er will, und versteht mit Feder und Pinsel zu hantieren, das Bildchen hat mir einen freundlichen guten Abend geboten.

Franz Badern werden Sie schönstens für das Gesendete danken. Es war mir von den Aufsätzen schon manches einzelne zu Gesicht gekommen. Ob ich sie verstehe, weiß ich selbst kaum, allein ich konnte mir manches daraus zueignen. Daß Sie meine Unart gegen den Maler Klotz durch eine noch größere, die Sie mir verziehen haben, entschuldigt, ist gar löblich und hat dem guten Mann gewiß besonders zur Erbauung gedient. Die Tafel ist wohlbehalten angekommen, so angenehm auch der Eindruck ist, den sie auf das Auge macht, so schwer ist sie doch zu beurteilen; wenn Sie ihn daher bewegen können, den Schlüssel zu diesem Farbenrätsel herzuleihen, so könnte ich vielleicht durch eine verständige und gegründete Antwort mein früheres Versäumnis wieder gutmachen.

Wieviel hätte ich nicht noch zu sagen, wenn ich auf Ihren vorigen lieben Brief zurückgehen wollte? Gegenwärtig nur so viel von mir, daß ich mich in Jena befinde, und vor lauter Verwandtschaften nicht recht weiß, welche ich wählen soll.

Wenn das Büchlein, das man Ihnen angekündigt hat, zu Ihnen kommt so nehmen Sie es freundlich auf, ich kann selbst nicht dafür stehen, was es geworden ist.

Mit eigner Hand: Nimm es nicht übel, daß ich mit fremder Hand schreibe, die meine war müde, und ich wollte Dich doch nicht ohne Nachricht lassen über das Bild, suche ihm doch ja auf die Spur zu kommen, fahre fort, an mich zu denken und mir etwas von Deinem wunderlichen Leben zu sagen, Deine Briefe werden wiederholt gelesen mit vieler Freude, was Dir auch die Feder darauf erwidern könnte, es wäre doch immer weit entfernt von dem unmittelbaren Eindruck, dem man sich so gern hingibt, selbst wenn es Täuschung wär', denn wer vermag bei wachenden Sinnen zu glauben an den Reichtum Deiner Liebe, den man als Traum aufzunehmen wohl am besten tut. – Was Du zum voraus über die „Wahlverwandtschaften" sagst, ist prophetischer Blick, denn leider geht die Sonne düster genug dort unter. Suche doch ja dem Albrecht Dürer auf die Spur zu kommen. Lebe recht wohl.

Jena, den 11. September 1809. Goethe.

***

Heute bitt' ich wieder einmal um Verzeihung, liebe Bettine, wie ich es schon oft hätte tun sollen. Ich habe Dir wegen des Bildes vergebene Sorge gemacht, es ist in Weimar wirklich angekommen, und nur durch Zufall und Vernachlässigung kam die Nachricht nicht an mich herüber. Nun soll es mich bei meiner Rückkehr in Deinem Namen freundlichst empfangen und mir ein guter Wintergeselle werden, auch so lang bei mir verweilen, bis Du zu mir kommst, es abzuholen. Laß mich bald wieder von Dir vernehmen. Der Herzog grüßt Dich aufs beste, einiges muß ich ihm auch diesmal aus Deinem schönen Fruchtkranz von Neuigkeiten zukommen lassen. Er ist Dir mit besonderer Neigung zugetan, und besonders was die Schilderung von Kriegsszenen anbelangt, teilt er vollkommen Deine enthusiastische An- und Umsichten; erwartet aber auch nur ein tragisches Ende.

August kommt Anfang Oktobers von Heidelberg zurück, wo es ihm ganz wohlgegangen ist. Auch hat er eine Rheinreise bis Koblenz gemacht. Lebe meiner gedenk.

Jena, den 15. September 1809. G.

***

26. September.

Wie ein Sperling kam mir Dein Brief vom 11. September auf den Schreibtisch geflogen; zuletzt hast Du zwar ein kleines Dompfaffenstückchen dran gehängt von besonderer Teilnahme, allein ich lasse mir nichts weismachen, das war nach der alten Drehorgel gepfiffen. Hättest Du mich lieb, unmöglich könntest Du von Deinem Sekretär einen Brief abschnurren lassen wie ein Paternoster, er ist ein Philister, daß er so was schreibt und Dich selbst dazu macht, ich kann mir auch gar nicht vorstellen, wie Du es mit ihm anstellst; sprichst Du ihm denn den Inhalt Deines Briefs vor, oder gibst Du ihm Deine Gedanken so im Rummel, daß er sie nachher reihenweis' nebeneinander aufschichte? –

Verliebt bist Du, und zwar in die Heldin Deines neuen Romans, und das macht Dich so eingezogen und so kalt gegen mich, Gott weiß, welches Muster Dir hier zum Ideal diente; ach Du hast einen eignen Geschmack an Frauen, Werthers Lotte hat mich nie erbaut, wär' ich nur. damals bei der Hand gewesen, Werther hätte sich nicht erschießen dürfen, und Lotte hätte sich geärgert, daß ich ihn so schön trösten konnte.

So geht mir's auch im „Wilhelm Meister", da sind mir alle Frauen zuwider, ich möchte sie alle zum Tempel hinausjagen, und darauf hatte ich auch gebaut, Du würdest mich gleich liebgewinnen, wenn Du mich kennenlerntest, weil ich besser bin und liebenswürdiger wie die ganze weibliche Komitee Deiner Romane, ja wahrhaftig, das ist nicht viel gesagt, für Dich bin ich liebenswürdiger, wenn Du, der Dichter, das nicht herausfinden willst? für keinen andern bin ich geboren; bin ich nicht die Biene, die hinausfliegt, aus jeder Blume Dir den Nektar heimbringt? – und ein Kuß! meinst Du, der sei gereift wie die Kirsche am Ast? – nein, ein Umschweben Deiner geistigen Natur, ein Streben zu Deinem Herzen, ein Sinnen über Deine Schönheit strömt zusammen in Liebe; und so ist dieser Kuß ein tiefes unbegreifliches Einverständnis mit Deiner unendlich verschiedensten Natur von mir. O versündige Dich nicht an mir und mache Dir kein geschnitzeltes Bild, dasselbige anzubeten, während die Möglichkeit Dir zuhanden liegt, ein wunderbares Band der Geisterwelt zwischen uns zu weben.

Wenn ich mein Netz aufzog, so willkürlich gewebt, so kühn ausgeworfen, im Gebiet des Unbekannten, ich brachte Dir den Fang, und was ich Dir auch bot, es war der Spiegel des menschlich Guten. Die Natur hat auch einen Geist, und in jeder Menschenbrust empfindet dieser Geist die höheren Ereignisse des Glücks und des Unglücks, wie sollte der Mensch um sein selbst willen selig sein können, da Seligkeit sich in allem empfindet und keine Grenze kennt? So empfindet sich Natur selig im Geist des Menschen, das ist meine Liebe zu Dir, und so erkennt der Menschengeist diese Seligkeit, das ist Deine Liebe zu mir: geheimnisvolle Frage und unentbehrliche Antwort.

Genug! lasse mich nicht vergebens bei Dir angeklopft haben, nimm mich auf und verhülle mich in Dein tieferes Bewußtsein.

Dein zweiter Brief ist auch hier, der mir das glückliche Einfangen des vagabundierenden Kunstwerkes meldet, möge es Dir bei Deiner Heimkehr einleuchten; es ist ein Gesicht, zwar nur ein gemaltes, aber unter tausend lebendigen wird Dir kein so durchdringender Blick begegnen, der hat sich angesehen, hat sich sein tiefstes Herz abgefragt und auf die Leinwand gemalt, daß es Rechenschaft gebe von ihm den nachkommenden Geschlechtern als der Würdige unter den Besten.

Vom Welttheater auf den Felsspitzen ist nur zu melden, daß sie gut balancieren. Am 3. September, am Geburtstag Deines gnädigsten Herrn und Freundes, hat ganz Tirol mit allen Glocken geläutet und Te Deum gesungen; es ist grade Platz genug dort, daß von allen Seiten Heldentaten dargestellt werden, die so kühn sind, so himmelanstrebend wie die Felszacken, von denen sie ausgehen, und bald so tief vergessen sein werden wie die tiefen Klüfte, in denen sie ihre Feinde begraben, entschieden Genaues erfährt man nicht;

das Großartige wird so viel wie möglich verketzert und verheimlicht; in diesen letzten Wochen hat sich Steger hervorgetan, auch ein allseitiges Genie, der sich selber als ein Geschenk Gottes betrachten kann für seine Landsleute. Von Deinem Musensohn, dem Kronprinzen, sind Briefe hier, über Begebenheiten melden sie nichts, er ist gesund und dichtet, auch mitten in dem Tumult des Schicksals, das beweist, daß er sich in diesem Element nicht fremd fühlt; weiter weiß ich nichts, das Gedicht bekam ich nicht zu lesen, ich hätte es Dir sehr gern als Probe gesendet, man fürchtet, es möchte mich zu tief ergreifen, sonderbar! Ich könnte mein ganzes Herz tätowieren, Namenszeichen und Andenken einbrennen lassen, und doch blieb' es so gesund und frisch dabei als ein gesunder Handwerksbursch, so geht's, wenn man Freunde hat, die sich um einen kümmern, sie beurteilen einem verkehrt und mißhandeln einen danach, das nennen sie Anteil nehmen, und dafür soll man sich noch bedanken: ich habe mir nun ein apartes Pläsier gemacht und ein schönes Miniaturbild des jungen Königsohns an mich gebracht, das betracht' ich zuweilen und bete ihm im Geist vor, wie es mit ihm werden soll; aber, aber! es ist dafür gesorgt, daß die Bäume nicht im Himmel wachsen, sag' ich mit Dir; es hat gute Wege mit Weltherrschern, daß die ihre Macht nicht gewahr werden und ihrer Fähigkeiten nicht Meister.

Rundum in der Gegend ist der Typhus ausgebrochen, durchmarschierende Truppen haben ihn mitgebracht, ganze Familien sterben auf dem Lande einer einzigen Nachteinquartierung nach; es raffte schon die meisten Lazarettärzte weg, gestern hab' ich einen jungen Mediziner, der sich freundlich an mich attaschiert hatte, verabschiedet, er heißt Janson, er ging nach Augsburg ins Lazarett, um dort einen alten Lehrer, der Frau und Kinder hat, abzulösen, dazu gehört auch großartiger Mut. Auch in Landshut, wo Savignys sind, fährt der Tod seinen Karren triumphierend durch alle Straßen, und besonders hat es mehrere junge Leute, ausgezeichnet an Herz und Geist, die sich der Krankenpflege annahmen, weggerafft, es waren treue Hausfreunde von Savigny; ich werde nächstens hingehen, um böse und gute Zeit mit auszuhalten. Denn ich sag' allen politischen Ereignissen Valet, was hilft alles Forschen, wenn man betrogen wird und alle aufgeregten Gefühle nutzlos sich verzehren müssen. Adieu, ich bin Dir nicht grün, daß Du Deinen Sekretär an mich hast schreiben lassen. Es braucht nur wenig zu sein zwischen uns, aber nichts Gleichgültiges, das tötet das flüchtige Salz des Geistes und macht die Liebe scheu. Schreibe bald und mache wieder gut.

Bettine.

An Bettine.

Deinen Vorwürfen, liebste Bettine, ist nicht auszuweichen, da bleibt nichts übrig als die Schuld zu bekennen und Besserung zu versprechen, um so mehr, da Du mit den geringen Beweisen von Liebe, die ich Dir geben kann, zufrieden bist; auch bin ich nicht imstande, Dir das von mir zu schreiben, was Dir am interessantesten sein möchte, dagegen Deine lieben Briefe so viel Erfreuliches gewähren, daß sie billig allem andern vorgehen; sie bescheren mir eine Reihe von Festtagen, deren Wiederkehr mich immer aufs neue erfreut.

Gern geb' ich Dir zu, daß Du ein weit liebenswürdigeres Kind bist wie alle, die man Dir als Geschwister an die Seite zu stellen versucht wird; eben darum erwart' ich von Dir, daß Du ihnen zugute halten werdest, was Du vor ihnen voraus hast. Verbinde nun mit solchen schönen Eigenschaften auch die, immer zu wissen, wie Du mit mir dran bist; schreibe mir, was Dir deucht, es wird jederzeit aufs herrlichste aufgenommen, Dein offenherziges Plaudern ist mir eine echte Unterhaltung, und Deine vertraulichen Hingebungen überwiegen mir alles. Lebe wohl, bleibe mir nah und fahre fort, mir wohl zu tun.

Jena, 7. Oktober. Goethe.

***

Landshut, am 24. Oktober.

Das Reich Gottes steht in der Kraft zu jeder Zeit und an allen Orten, dies habe ich heute bemerkt bei einer hohlen Eiche, die da stand in der Schar wilder hoher Waldpflanzen mächtig groß, und ihre Jahrhunderte zählte, ganz abgewendet vom Sonnenschein. Wolfsstein ist bei drei Stunden von hier, man muß über manchen Stiegelhupfer, kommt allmählich aufwärts zwischen Tannen und Fichten, die ihre breiten Äste im Sand schleifen. Dort stand vor vielen hundert Jahren ein Jagdschloß von Ludwig dem Schönen, Herzog in Bayern, dessen sonderliche Lust war, in Nebel und Abenddämmerung herumzuschweifen, da war er einstmals abwärts gegangen und hatte ihn die Dunkelheit heimlich noch an eine Mühle geführt, das Wasser hörte er brausen und das Mühlenrad gehen, sonst war alles still, er rief, ob ihn niemand höre, die Müllerin, die gar schön war, wachte auf, zündete ein Kienholz an und kam vor die Tür gegangen, da war der Herzog gleich verliebt, da er sie beim Schein der Flamme sehen konnte, und ging mit ihr ein, blieb auch bis am frühen Morgen. Er suchte sich aber einen heimlichen Weg, wie er wieder zu ihr kommen möge. Er vergaß ihrer nicht, aber wohl vergaß er der Mark Brandenburg, die er verlor, darum, daß er auf nichts achtete als nur auf die Liebe; eine Ulmenallee, die zur Mühle führt vom Schloß aus, und die er selbst pflanzte, steht noch; „daran sieht man, daß die Bäume wohl alt werden, aber die Liebe nicht“, sagte einer von unserer Gesellschaft, da wir durch die Allee gingen.

Und darum hat der Herzog nicht unrecht, daß er die Mark Brandenburg um die Liebe gab, denn diese ist immer noch da und ist dumm, aber in der Liebe geht man umher wie im Frühling, denn sie ist ein Regen von sammetnen Blütenblättern, ein kühles Hauchen am heißen Tag, und sie ist schön, bis sie am End' ist. Gäbst Du nun auch die Mark um die Liebe? – es würde mir nicht gefallen, wenn Du Brandenburg lieber hättest wie mich.

***

Am 23. Oktober.

Der Mond scheint weit her über die Berge, die Winterwolken ziehen herdenweis' vorüber. Ich habe schon eine Weile am Fenster gestanden und zugesehen, wie's oben jagt und treibt. Lieber Goethe, guter Goethe, ich bin allein, es hat mich wieder ganz aus den Angeln gehoben und zu Dir hinauf! wie ein neugeboren Kindchen, so muß ich diese

Liebe pflegen zwischen uns; schöne Schmetterlinge wiegen sich auf den Blumen, die ich um seine Wiege gepflanzt habe, goldne Fabeln schmecken seine Träume, ich scherze und spiele mit ihm, jede List versuch' ich um seine Gunst. Du aber beherrschst es mühelos, durch das herrliche Ebenmaß Deines Geistes; es bedarf bei Dir keiner zärtlichen Ausbrüche, keiner Beteuerungen. Während ich sorge um jeden Augenblick der Gegenwart, geht eine Kraft von Dir aus des Segens, die da reicht über alle Vernunft und über alle Welt.

***

Am 22. Oktober.

Ich fange gern hoch oben am Blatt an zu schreiben, und endige gern tief unten, ohne einen Platz zu lassen für den Respekt; das malt mir immer vor, wie vertraut ich mit Dir sein darf; ich glaub' wahrhaftig, ich hab's von meiner Mutter geerbt, denn alte Gewohnheit scheint's mir, und wie das Ufer den Schlag der Wellen gewöhnt ist, so mein Herz den wärmeren Schlag des Blutes bei Deinem Namen, bei allem, was mich daran erinnert, daß Du in dieser sichtbaren Welt lebst.

Deine Mutter erzählte mir, daß, wie ich neugeboren war, so habest Du mich zuerst ans Licht getragen und gesagt, das Kind hat braune Augen, und da habe meine Mutter Sorge getragen, Du würdest mich blenden, und nun geht ein großer Glanz von Dir aus über mich.

***

Am 21. Oktober.

Es geht hier ein Tag nach dem andern hin und bringt nichts, das ist mir nicht recht; ich sehne mich wieder nach der Angst, die mich aus München vertrieben hat, ich habe Durst nach den Märchen von Tirol, ich will lieber belogen sein als gar nichts hören; so halte ich doch mit ihnen aus und leide und bete für sie.

Der Kirchturm hat hier was Wunderliches, sooft ein Domherr stirbt, wird ein Stein am Turm geweißt, da ist er nun von oben bis unten weiß geplackt.

Indessen geht man an schönen Tagen hier weit spazieren mit einer liebenswürdigen Gesellschaft, die sich an Savignys menschenfreundlicher Natur ebenso erquickt wie an seinem Geist. Salvotti, ein junger Italiener, den Savigny sehr auszeichnet, hat schöne Augen, ich sehe ihn aber doch lieber vor mir hergehen als ins Gesicht; denn er trägt einen grünen Mantel, dem er einen vortrefflichen Faltenwurf gibt, Schönheit gibt jeder Bewegung Geist; er hat das Heimweh, und obschon er alle Tage seinen vaterländischen Wein durch den bayerischen Flußsand filtriert, um sich zu gewöhnen, so wird er täglich blasser, schlanker, interessanter, und bald wird er seine Heimat aufsuchen müssen, um ihr seine heimliche Liebe einzugestehen; so wunderliche Grillen hat Natur, zärtlich, aber nicht überall dieselbe, demselben.

Ringseis, der Arzt, der mir den Intermaxillarknochen sehr schön präpariert hat, um mir zu zeigen, wie Goethe recht hat, und viele freundliche Leute sind unsre Begleiter, man sucht die steilsten Berge und die beschwerlichsten Wege, man übt sich aufs kommende Frühjahr, wo man eine Reise in die Schweiz und Tirol vorhat; wer weiß, wie's dann dort aussehen wird, dann werden die armen Tiroler schon seufzen gelernt haben.

Heute Nacht hab' ich von Dir geträumt, was konnte mir Schöneres widerfahren? – Du warst ernsthaft und sehr geschäftig und sagtest: ich solle Dich nicht stören. Das machte mich traurig, da drücktest Du sehr freundlich meine Hand auf mein Herz und sagtest: „Sei nur ruhig, ich kenne Dich und weiß alles“, da wachte ich auf; Dein Ring, den ich im Schlaf an mich gedrückt hatte, war auf meiner Brust abgebildet, ich paßte ihn wieder in die Abbildung und drückte ihn noch fester an, weil ich Dich nicht an mich drücken konnte. Ist denn ein Traum nichts? – Mir ist er alles; ich will gern die Geschäfte des Tages aufgeben, wenn ich nachts mit Dir sein und sprechen kann. O sei's gern im Traum, mein Glück, Du.

***

Am 19. Oktober.

Auch hier hab' ich der Musik ein Lustlager aufzuschlagen gewußt, ich hab' mir eine Kapelle von sechs bis acht Sängern errichtet, ein alter geistlicher Herr, Eixdorfer (behalte seinen Namen, ich werde Dir noch mehr von ihm erzählen), ein tüchtiger Bärenjäger und noch kühnerer Generalbaßspieler, ist Kapellmeister. An Regentagen werden in meinem kleinen Zimmer die Psalmen von Marcello aufgeführt, ich will Dir gern die schönsten davon abschreiben lassen, wenn Du sie selbsten nicht hast, schreib nur ein Wort drum, denn die Musik ist einzig herrlich und nicht gar leicht zu haben. Auch die Duetten von Durante sind schön, das Gehör muß sich erst daran gewöhnen, ehe es ihre harmonische Disharmonie bändigen mag, eine Schar gebrochner Seufzer und Liebesklagen, die in die Luft wie ein irrendes Verhallen abbricht; drum sind sie aber auch so gewaltig, wenn sie recht gesungen werden, daß man sich immer wieder neu in diesen Schmerzen verschmachten ließe. Man hatte indessen ein barbarisches Urteil über diese und Marcello gefällt, ich wurde bizarr genannt, daß ich täglich zweimal, morgens und abends, nur diese Musik singen ließ. Nach und nach, wie jeder Sänger seinen Posten verstehen lernte, gewann er auch mehr Interesse. Auf Apolls hohen Kothurnen schreiten, mit Jupiters Blitzen um sich schleudern, mit Mars Schlachten liefern, Sklavenketten zerbrechen, den Jubel der Freiheit ausströmen, bacchantische Lust ausrasen, mit dem Schild der Minerva die anstürmenden Chöre zusammendrängen, ihre Evolutionen ordnend schützen, das sind so einzelne Teile dieser Musik, an denen ein jeder die Kraft seiner Begeisterung kann wirksam machen. Da ist denn auch kein Widerstand; Musik macht die Seele zu einem gefühligen Leib, jeder Ton berührt sie; Musik wirkt sinnlich auf die Seele, wer nicht so erregt ist im Spiel wie in der Komposition, der bringt nichts Gescheites hervor; die scheinheiligen, moralischen Tendenzen seh' ich so alle zum Teufel gehen mit ihrem erlogenen Plunder, denn nur die Sinne zeugen in der Kunst wie in der Natur, und Du weißt das am besten.

***

Am 18. Oktober.

Von Klotzens Farbenmartyrtum hab' ich noch Rechenschaft zu geben; es ist nichts mit ihm anzufangen, ich habe zum Teil mit Langerweile, aber doch auch mit Teilnahme mein Ohr seinem fünfundzwanzigjährigen Manuskript geliehen, mich mühsam durchgearbeitet und mit Verwunderung entdeckt, daß er sich selbst in höchst prosaischem Wahnsinn hinten angehängt hat; nichts hab' ich besser verstanden als dies eine: Ich bin Ich, und beim Lichte besehen, hat er sich durch häufiges Hineinsinnen endlich selbst in drei grobe, schmutzige Stoffarben verwandelt. Nachdem ich eine wahre Marter bei ihm ausgestanden hatte, besonders durch sein schauerliches Gesicht, so konnt' ich nach endlich beendigten Kollegien nicht mehr über mich gewinnen, ihn zu besuchen, und kam mir eine seltsame Furcht, wenn ich ihn auf der Straße witterte. Bei Sonn- und Mondenschein stürzt er auf mich los, ich suche zu entweichen, ach, vergebens, die Angst lähmt meine Glieder, und ich falle in seine Hände. Nun fing er an, sein System von Grund aus in meine Seele einzukeilen, damit ich den Unterschied von Goethes Ansicht ja recht auffasse; auch lud er mich ein, um mir seine Lichttheorie auf französisch vorzulesen, er übersetzte das Ganze, um es der Pariser Akademie zu übergeben; da nun ein Dämon in mir dem allen entgegenarbeitet, was sich als Wirklichkeit behauptet, keine Form veredelt, alles Poetische leugnet oder höchst gleichgültig überbaut oder zertrümmert, so hab' ich ihm durch meine großen Lügen, Parodien und Vergleichsammlungen wiederum das Leben, das ganz erstarren wollte, auf etliche Zeit gefristet.

Ich meinte, da ich durch sein Prisma sah in den schwarzen Streif und alles sah, was er wollte, daß der Glaube die Geburt und sichtliche Erscheinung des Geistes sei und eine Befestigung seines Daseins; denn ohne ihn schwebt alles und gewinnt keine Gestalt und verfliegt in tausend Auswegen, so auch, wenn ich zweifle, und nicht glaube, so verfliegt mir auch Dein schönes Andenken, und ich habe nichts.

***

Am 17. Oktober.

Um etwas bitte ich, Du darfst mir's nicht abschlagen, man kann nämlich während der Lebzeit nicht genug sammlen der Dinge, die die Einsamkeit des Grabes versüßen, als da sind: Schleifen, Haarlocken der Geliebten und so weiter; meine Liebe zu Dir ist zu groß, als daß ich Dir ein Haar krümmen möchte, viel weniger eins abschneiden, denn Dein Haar gehört zu Dir, und Du bist ein Ganzes, das meine Liebe sich zugeeignet hat und will auch nicht ein Haar an Dir missen. – Gib mir Dein Buch – lasse es schon einbinden in eine freundliche Farbe, in Rot etwa; denn das ist eine Farbe, in der wir uns oft begegneten, und dann schreibe mit eigner Hand vorne hinein: Bettine oder Schatz und so weiter – dies Buch schenk' ich Dir.

***

Am 16. Oktober.

Zwei Briefe erhielt ich von Dir über Dürers Bildnis, Du mußt mir aber auch Nachricht geben, ob es unbeschädigt angekommen, und ob es Dir gefällt? – Sag' mir, was Du

Lobenswertes daran findest, damit ich's dem sehr armen Maler wiedersagen kann. Ich habe jetzt noch obendrein gehäufte Korrespondenzen mit jungen Aufschößlingen der Kunst, einem jungen Baumeister in Köln, ein Musiker von achtzehn Jahren, der bei Winter Komposition studiert, reich an schönen Melodien, wie ein silberner Schwan, der in hellblauer Luft mit ausgespannten Flügeln singt. Der Schwan hat einen verflixt bayerischen Namen, er heißt Lindpaintner, doch sagt Winter, er wird diesen Namen zu Ehren bringen. Ein junger Kupferstecher, der bei Heß in München studiert. Beiliegendes radiertes Blättchen ist von ihm, es ist der erste Abdruck, noch verwischt und unzart, auch ist das Ganze etwas düster und nach dem Urteil anderer zu alt, indessen scheint mir's nicht ganz ohne Verdienst, er hat es ohne Zeichnung gleich nach der Natur aufs Kupfer gearbeitet; wenn Dir's gefällt, so schick' ich ein reineres, besseres, mit mehr Sorgfalt gepackt, das kannst Du an Dein Bett an die Wand stecken. – Allen diesen Menschen sprech' ich nun in verschiedner Art Trost zu und ist mir eine angenehme Würde, als ihr kleines Orakel von ihnen beraten zu werden, ich lehre sie nun ihre fünf Sinne verstehen; wie daß aller Dinge Wesen in ihnen fliegt und kriecht, wie Duft der Lüfte, wie Kraft der Erde, wie Drang der Wässer und Farben des Feuers in ihnen leben und arbeiten, wie die wahre Ästhetik im hellen Spiegel der Schöpfung liege, wie Reif, Tau und Nebel, Regenbogen, Wind, Schnee, Hagel, Donner und die drohenden Kometen, die Nordscheine und so weiter einen ganz andern Geist herbeiziehen. Der Gott, der den Winden Flügel anbindet, der wird sie ihrem Geist auch anbinden.

***

Am 15. Oktober.

Merkst Du denn nicht, daß mein Datum immer zurück, statt vorwärts geht? – Ich habe mir nämlich eine List ausgesonnen; da die Zeit mich immer weiter trägt und nie zu Dir, so will ich zurückgehen bis auf den Tag, wo ich bei Dir war, und dort will ich stehen bleiben und will von dem: *In Zukunft* und: *Mit der Zeit* und: *Bald* gar nichts mehr wissen, sondern dem allen den Rücken kehren, ich will der Zukunft ein Schloß vor die Tür legen und somit Dir auch den Weg versperren, daß Du nirgends als zu mir kannst.

Schreib mir über die Musik, damit ich sie schicken kann, wenn Du sie nicht hast, ich schicke so gern etwas, dann bitte ich an die Frau meinen lieblichsten Gruß, des Sohns gedenke ich auch, Du aber schreib mir an einem hellen Tag; ich bilde mir immer ein, daß ich Dir unter vielem das Liebste sei. Als Deine Mutter noch lebte, da konnte ich mich mit ihr drum besprechen, die erklärte mir aus Deinen paar flüchtigen Zeilen alles; „ich kenne ja den Wolfgang“, sagte sie, „das hat er mit schwebendem Herzen geschrieben, er hält Dich so sicher in seinen Armen wie sein bestes Eigentum.“ – Da streichelte mich diese Hand, die Deine Kindheit gepflegt hatte, und sie zeigte mir zuweilen noch manches aus dem ehmaligen Hausrat, wo Du dabei gewesen warst. Das waren Lieblichkeiten.

Bettine.

Morgen geh' ich wieder nach München, da werde ich den liebenswürdigen Präsidenten wiedersehen. In der diesjährigen öffentlichen Sitzung der Akademie ist eine sehr schöne

Abhandlung über die ehmalige Geschichte des Salzwesens zu Reichenhall gelesen worden. Sie hatte das eigne Schicksal, jedermann zu ennuyren, wenn mein Brief dies Schicksal mit mir teilt, so lese ihn immer um des Zwangs, den ich mir angetan, auch von was anderm als meiner ewigen Liebe zu sprechen.

Goethe an Bettine.

Weimar, den 3. November 1809.

Wie könnte ich mich mit Dir, liebe Bettine, wollen in Wettstreit einlassen, Du übertriffst die Freunde mit Wort und Tat, mit Gefälligkeiten und Gaben, mit Liebe und Unterhaltung; das muß man sich denn also gefallen lassen und Dir dagegen so viel Liebe zusenden als möglich, und wenn es auch im Stillen wäre.

Deine Briefe sind mir sehr erfreulich, könntest Du ein heimlicher Beobachter sein, während ich sie studiere, Du würdest keineswegs zweifeln an der Macht, die sie über mich üben; sie erinnern mich an die Zeit, wo ich vielleicht so närrisch war wie Du, aber gewiß glücklicher und besser als jetzt.

Dein hinzugefügtes Bild ward gleich von deinen Freunden erkannt und gebührend begrüßt. Es ist sehr natürlich und kunstreich, dabei ernst und lieblich. Sage dem Künstler etwas Freundliches darüber und zugleich: er möge ja fortfahren, sich im Radieren nach der Natur zu üben, das Unmittelbare fühlt sich gleich, daß er seine Kunstmaximen dabei immer im Auge habe, versteht sich von selbst. Ein solches Talent müßte sogar lukrativ werden, es sei nun, daß der Künstler in einer großen Stadt wohnte oder darauf reiste. In Paris hatte man schon etwas Ähnliches. Veranlasse ihn doch, noch jemand vorzunehmen, den ich kenne, und schreibe seinen Namen, vielleicht gelingt ihm nicht alles wie das interessante Bettinchen, fürwahr, sie sitzt so treulich und herzlich da, daß man dem etwas korpulenten Buche, das übrigens im Bilde recht gut komponiert, seine Stelle beneiden muß. Das zerknillte Blättchen habe ich sogleich aufgezogen, mit einem braunen Rahmen umstrichen, und so steht es vor mir, indem ich dies schreibe, sende ja bald bessere Abdrücke.

Albrecht Dürer wäre ganz glücklich angekommen, wenn man nicht die unselige Vorsicht gehabt hätte, feines Papier obenauf zu packen, das denn im Kleide an einigen Stellen gerieben hat, die jetzt restauriert werden. Die Kopie verdient alle Achtung, sie ist mit großem Fleiß und mit einer ernsten, redlichen Absicht verfertigt, das Original möglichst wiederzugeben. Sage dem Künstler meinen Dank, Dir sag' ich ihn täglich, wenn ich das Bild erblicke; ich möchte von diesem Pinsel wohl einmal ein Porträt nach der Natur sehen.

Da ich das Wort Natur abermals niederschreiben so fühle ich mich gedrungen Dir zu sagen: daß Du doch Dein Naturevangelium, das Du den Künstlern predigst, in etwas bedingen möchtest; denn wer ließe sich nicht von so einer holden Pythonisse gern in jeden Irrtum führen. Schreibe mir, ob Dir der Geist sagt, was ich meine. Ich bin am Ende des Blatts und nehme dies zum Vorwand, daß ich verschweige, was ich zu sagen keinen Vorwand habe. Ich bitte Dich nur noch durch Übersendung

Durantischer und Marcellischer Kompositionen abermals lieblich in meinem Hause zu spuken.

In diesen Tagen ließ sich eine Freundin melden, ich wollt' ihr zuvorkommen und glaubte wirklich Dir entgegenzugehen, da ich die zweite Treppe im Elefanten erstieg, aber es entwickelte sich ein ganz ander Gesicht aus der Reisekapuze, doch ist mir's seitdem angetan, daß ich mich oft nach der Tür wende, in der Meinung, Du kommst, meinen Irrtum zu berichtigen; durch eine baldige ersehnte Überraschung würde ich mich auch noch der in meiner Familie altherkömmlichen prophetischen Gabe versichert halten, und man würde sich mit Zuversicht auf ein so erfreuliches Ereignis vorbereiten, wenn der böse Dämon nicht gerade eingeübt wär', zuvörderst dem *Herzen* seine tückischsten Streiche zu spielen; und wie die zartesten Blüten oft noch mit Schnee gedeckt werden, so auch die lieblichste Neigung in Kälte zu verwandeln, auf so was muß man denn immer gefaßt sein, und es ist mir zum warnenden Merkzeichen, daß ich in dem launigen April, obschon im Scheiden begriffen, Deine erste Erscheinung verdanke.

Goethe.

An Goethe.

München, den 9. November.

Ach, es ist so schauerlich mit sich allein sein, in mancher Stunde! Ach, so mancher Gedanke bedarf des Trostes, den man doch niemand sagen kann, so manche Stimmung, die geradezu ins Ungeheure, Gestaltlose hinzieht, will verwunden sein. Hinaus ins Kalte, Freie, auf die höchsten Schneealpen mitten in der Nacht, wo der Sturmwind einem anbliese, wo man dem einzigen einengenden Gefühl der Furcht hart und keck entgegenträte, da könnte einem wohl werden, bilde ich mir ein.

Wenn Dein Genius eine Sturmwolke an dem hohen, blauen Himmel hinträgt und sie endlich von den breiten, mächtigen Schwingen niederschmettern läßt in die volle Blüte der Rosenzeit, das erregt nicht allgemeines Mitleid; mancher genießt den Zauber der Verwirrung, mancher löst sein eignes Begehren drin auf, ein dritter (mit diesem ich) senkt sich neben die Rose hin, so wie sie vom Sturm gebrochen ist, und erblaßt mit ihr und stirbt mit ihr, und wenn er dann wieder auflebt, so ist er neu geboren in schönerer Jugend – durch *Deinen* Genius, Goethe. Dies sag' ich Dir von dem Eindruck jenes Buchs: die „Wahlverwandtschaften“.

Eine helle Mondnacht hab' ich durchwacht, um Dein Buch zu lesen, das mir erst vor wenig Tagen in die Hände kam. Du kannst Dir denken, daß in dieser Nacht eine ganze Welt sich durch meine Seele drängte. Ich fühle, daß man nur bei Dir Balsam für die Wunde holen kann, die Du schlägst; denn als am andern Morgen Dein Brief kam mit allen Zeichen Deiner Güte, da wußte ich ja, daß Du lebst und auch für mich; ich fühlte, daß mir der Sinn mehr geläutert war, mich Deiner Liebe zu würdigen. Dies Buch ist ein sturmerregtes Meer, da die Wellen drohend an mein Herz schlagen, mich zu zermalmen. Dein Brief ist das liebliche Ufer, wo ich lande und alle Gefahr mit Ruhe, ja sogar mit Wohlbehagen übersehe.

Du bist in sie verliebt, Goethe, es hat mir schon lange geahnt, jene Venus ist dem brausenden Meer deiner Leidenschaft entstiegen, und nachdem sie eine Saat von Tränenperlen ausgesäet, da verschwindet sie wieder in überirdischem Glanz. Du bist gewaltig, Du willst, die ganze Welt soll mit Dir trauern, und sie gehorcht weinend Deinem Wink. Aber ich, Goethe, hab' auch ein Gelübde getan; Du scheinst mich freizugeben in Deinem Verdruß, „lauf hin“, sagst Du zu mir, „und such' dir Blumen“, und dann verschließt Du Dich in die innerste Wehmut Deiner Empfindung, ja, das will ich, Goethe! – Das ist mein Gelübde, ich will Blumen suchen, heitere Gewinde sollen Deine Pforte schmücken und wenn Dein Fuß strauchelt, so sind es Kränze, die ich Dir auf die Schwelle gelegt, und wenn Du träumst, so ist es der Balsam magischer Blüten, der Dich betäubt; Blumen einer fernen fremden Welt, wo ich nicht fremd bin, wie hier in dem Buch, wo ein gieriger Tiger das feine Gebild geistiger Liebe verschlingt; ich verstehe es nicht, dieses grausame Rätsel, ich begreife nicht, warum sie alle sich unglücklich machen, warum sie alle einem tückischen Dämon mit stacheligem Zepter dienen; und Charlotte, die ihm täglich, ja stündlich Weihrauch streut, die mit mathematischer Konsequenz das Unglück für alle vorbereitet. Ist die Liebe nicht frei? – Sind jene beiden nicht verwandt? – Warum will sie es ihnen wehren, dies unschuldige Leben mit- und nebeneinander? Zwillinge sind sie; ineinander verschränkt reifen sie der Geburt ins Licht entgegen, und sie will diese Keime trennen, weil sie nicht glauben kann an eine Unschuld; das ungeheure Vorurteil der Sünde impft sie der Unschuld ein. O, welche unselige Vorsicht.

Weißt Du was? Keiner ist vertraut mit der idealischen Liebe, jeder glaubt an die gemeine, und so pflegt, so gönnt man kein Glück, das aus jener höheren entspringt oder durch sie zum Ziel geführt könnte werden. Was ich je zu gewinnen denke! es sei durch diese idealische Liebe; sie sprengt alle Riegel in neue Welten der Kunst, der Weissagung und der Poesie; ja, natürlich, so wie sie in einem erhabneren Sinn nur sich befriedigt fühlt, so kann sie auch nur in einem erhabneren Element leben.

Hier fällt mir Deine Mignon ein, wie sie mit verbundnen Augen zwischen Eiern tanzt. Meine Liebe ist geschickt, verlasse Dich ganz auf ihren Instinkt, sie wird auch blind dahintanzen und wird keinen Fehltritt tun.

Du nimmst teil an meinen Zöglingen der Kunst, das macht mir und ihnen viel Freude. Der junge Mensch, welcher mein Bildchen radiert hat, ist aus einer Familie, deren jedes einzelne Mitglied mit großer Aufmerksamkeit an Deinem Beginnen hängt; ich hörte den beiden älteren Brüdern oft zu, wie sie Pläne machten, Dich nur einmal von weitem zu sehen; der eine hatte Dich aus dem Schauspiel gehen sehen, in einen großen grauen Mantel gehüllt, er erzählte es mir immer wieder. – Wie mir das ein doppelter Genuß war! – Denn ich war ja selbst an jenem Regentag mit Dir im Schauspiel gewesen, und dieser Mantel schützte mich vor den Augen der Menge, wie ich in Deiner Loge war, und Du nanntest mich Mäuschen, weil ich so heimlich verborgen aus seinen weiten Falten hervorlauschte; ich saß im Dunkel, Du aber im Licht der Kerzen, Du mußtest meine Liebe ahnen, ich konnte Deine süße Freundlichkeit, die in allen Zügen, in jeder Bewegung verschmolzen war, deutlich erkennen; ja, ich bin reich, der goldne Pactolus fließt durch meine Adern und setzt seine Schätze in meinem Herzen ab. Nun sieh! – Solch süßer Genuß von Ewigkeit zu

Ewigkeit, warum ist *der* den Liebenden in Deinem Roman nicht erlaubt? – Oder warum genügt er ihnen nicht? – Ja, es kann sein, daß ein ander Geschick noch zwischen uns tritt, ja, es muß sein; da doch alle Menschen handeln wollen, so werden sie einen solchen Spielraum nicht unbenutzt lassen; laß sie gewähren, laß sie säen und ernten, das ist es nicht; – die Schauer der Liebe, die tief empfundnen, werden einst wieder auftauchen; die Seele liebt ja; was ist es denn, was im keimenden Samen befruchtet wird? Die tief verschlossene, noch ungeborne Blüte, *diese*, ihre *Zukunft*, wird erzeugt durch solche Schauer; die Seele aber ist die verschlossene Blüte des Leibes, und wenn sie aus ihm hervorbricht, dann werden jene Liebesschauer in erhöhtem Gefühl mit hervorbrechen, ja, diese Liebe wird nichts anderes sein als der Atem jenes zukünftigen himmlischen Lebens, drum klopft uns auch das Herz, und der Atem regiert das unbegreifliche Wonnegefühl; bald schöpft er mit tiefem Seufzer aus dem Abgrund der Seligkeit, bald kann er mit Windesschnelle kaum alles erfassen, was ihn gewaltig durchströmt. Ja, so ist es, lieber Goethe, ich empfinde jede Minute, in der ich Deiner gedenke, daß sie die Grenze des irdischen Lebens überschreitet, und die tiefen Seufzer wechseln unversehen mit den raschen Pulsen der Begeisterung; ja, so ist es, diese Schauer der Liebe sind der Atem eines höheren Lebens, dem wir einst angehören werden, und das uns in diesen irdischen Beseligungen nur sanft anbläst.

Nun will ich wieder zu meinem jungen Künstler zurückkehren, der einer der liebenswürdigsten Familien angehört, deren alle sehr hoch begabten Mitglieder so jung schon jetzt weit über ihre Zeit hinausragen. Ludwig Grimm, der Zeichner, machte schon vor zwei Jahren, da er noch gar wenig Übung hatte, aber viel stillen vergrabenen Sinn, ein Bildchen von mir; für mich hat es Bedeutung, es hat Wahrheit, aber kein Geschick fürs Äußere, wenig Menschen finden es daher ähnlich; auch hat mich noch niemand über der Bibel eingeschlafen gesehen, im roten Kleide in der kleinen gotischen Kapelle, mit den Grabsteinen und Inschriften rund umher, ich eingeschlafen über der Weisheit Salomonis. Lasse es einrahmen als Lichtschirm und denke dabei, daß, während er Dein Abendlicht in stille Dämmerung verwandelt, ich träumend einer Hellung nachspähe, die den feurigliebendsten der Könige erleuchtet.

Des jungen Künstlers Charakter ist übrigens so, daß das übrige Gute, was Du für ihn sagst, nicht anwendbar ist; er ist furchtsam, ich habe ihn mit List erst nach und nach zahm gemacht, ich gewann ihn dadurch, daß ich mit Lust ebenso Kind war wie er; wir hatten eine Katze, mit der wir um die Wette spielten, in einer unbewohnten Küche kochte ich selbst das Nachtessen; während alles beim Feuer stand, saß ich daneben auf einem Schemel und las; wie es der Zufall wollte war ich gekleidet, gelagert, drapiert. – Mit großem Enthusiasmus für den günstigen Zufall machte er Skizzen nach der Natur und litt nicht, daß ich auch nur eine Falte änderte, so brachten wir eine interessante kleine Sammlung zusammen, wie ich gehe und stehe und liege; in die umliegende Gegend ist er gereist, wo schöne anziehende Gesichter sind, er brachte allemal einen Schatz von radierten Blättchen mit, mit schöner Treue, für das Gemütliche, nachgeahmt; das einfache Evangelium, was ich ihm predige, ist nichts anderes, als was dem Veilchen der laue Westwind zuflüstert. Dadurch wird's nicht in Irrtümer geführt werden. Beiliegende radierte Blättchen nach der Natur werden Dich erfreuen.

Der Musiker ist mein Liebling, und bei diesem könnte ich schon eher in meinen Kunstpredigten über die Schnur gehauen haben; denn da hole ich weiter aus, und hier schenke ich Dir nichts; es geht nächstens wieder über Dich her, Du mußt das überströmende unbegriffne Ahnungsgefühl wunderbarer Kräfte und ihrer mystischen Wirkungen in Dich aufnehmen, nächstens werde ich tiefer Atem holen und alles vor Dir aussprechen. Sehr sonderbar ist es, auch einen Architekten lernte ich früher schon kennen, der in Deinen „Wahlverwandtschaften" unverkennbar erscheint; er verdient es durch frühere enthusiastische Liebe zu Dir. Er machte damals einen Plan zu einem sehr wunderbaren Haus für Dich, das auf einem Felsen stand und mit vielen erznen Figuren, Springbrunnen und Säulen geziert war.

Wieviel hätte ich Dir noch zu sagen auf ein herrlich Wort aus Deinem Brief, es wird sich aber von selbst beantworten, oder ich bin nicht wert, daß Du so viel Herablassung an mich vergeudest. Oft möcht' ich Dich ansehen, um Dir Glück in die Augen zu tragen und wieder auch Glück daraus zu saugen, darum höre ich auch jetzt auf zu schreiben.

Bettine.

An Goethe.

Die Welt wird mir manchmal zu eng. Was mich drückt? Es ist der Waffenstillstand, der Friede mit allen schauerlichen Folgen, mit aller verruchten Verräterei der Politik. Die Gänse, die mit ihrem Geschrei das Kapitol einst retteten, lassen sich ihr Recht nicht streitig machen, sie allein führen das Wort.

Aber Du, freundlicher Goethe! Sonnenschein! Der auch mitten im Winter auf den beschneiten Höhen liegt und in mein Zimmer guckt. – Ich hab' mir des Nachbars Dach, das morgens von der Sonne beschienen ist, als ein Zeichen von Dir gesetzt.

Ohne Dich wär' ich vielleicht so traurig geworden als ein Blindgeborner, der von den Himmelslichtern keinen Begriff hat. Du klarer Brunnen, in dem der Mond sich spiegelt, da man die Sterne mit hohler Hand zum Trinken schöpft; Du Dichter, Freier der Natur, der, ihr Bild in der Brust, uns arme Sklavenkinder es anbeten lehrt.

Daß ich Dir schreibe, ist so sonderbar, als wenn eine Lippe zur andern spräche. Höre, ich habe Dir was zu sagen, ja ich hole zu weit aus, da sich doch alles von selbst versteht, und was sollte die andere Lippe darauf antworten? Im Bewußtsein meiner Liebe, meiner innigsten Verwandtschaft zu Dir schweigst Du. – Ach, wie konnte doch Ottilie früher sterben wollen? – O, ich frage Dich: ist es nicht auch Buße, Glück zu tragen, Glück zu genießen? – O Goethe, konntest Du keinen erschaffen, der sie gerettet hätte? – Du bist herrlich, aber grausam, daß Du dies Leben sich selbst vernichten läßt; nachdem nun einmal das Unglück hereingebrochen war, da mußtest Du decken, wie die Erde deckt, und wie sie neu über den Gräbern erblüht, so mußten höhere Gefühle und Gesinnungen aus dem Erlebten erblühen, und nicht durfte der unreife jünglinghafte Mann so entwurzelt weggeschleudert werden, und was hilft mich aller Geist und alles Gefühl in Ottiliens Tagebuch? Nicht kindlich ist's, daß sie den Geliebten verläßt und nicht von ihm die Entfaltung ihres Geschicks erwartet, nicht weiblich ist's, daß sie nicht bloß sein Geschick beratet; und nicht mütterlich, da sie ahnen muß die jungen Keime alle, deren Wurzeln mit den ihrigen verweht sind, daß sie ihrer nicht achtet und alles mit sich zugrunde richtet.

Es gibt eine Grenze zwischen einem Reich, was aus der Notwendigkeit entsteht, und jenem höheren, was der freie Geist anbaut; in die Notwendigkeit sind wir geboren, wir finden uns zuerst in ihr, aber zu jenem freien werden wir erhoben. Wie die Flügel den Vogel in die Lüfte tragen, der unbefiedert vorher ins Nest gebannt war, so trägt jener Geist unser Glück stolz und unabhängig in die Freiheit; hart an diese Grenze führst Du Deine Lieben, kein Wunder! Wir alle, die wir denken und lieben, harren an dieser Grenze unserer Erlösung; ja die ganze Welt kommt mir vor wie am Strand versammelt und einer Überfahrt harrend durch alle Vorurteile, böse Begierden und Laster hindurch zum Land, da einer himmlischen Freiheit gepflegt werde. Wir tun unrecht zu glauben, dazu müsse der Leib abgelegt werden, um in den Himmel zu kommen. Wahrhaftig! Wie die ganze Natur von Ewigkeit zu Ewigkeit sich vorbereitet, ebenso bereitet sich der Himmel vor, in sich selbsten, in der Erkenntnis eines keimenden geistigen Lebens, dem man alle seine Kräfte widmet, bis es sich von selbst in die Freiheit gebäre, dies ist unsere Aufgabe, unsere geistige Organisation, es kommt drauf an, daß sie sich belebe, daß der Geist Natur werde, damit dann *wieder* ein Geist, ein weissagender sich aus dieser entfalte. Der Dichter (Du, Goethe) muß zuerst dies neue Leben entfalten, er hebt die Schwingen und schwebt über den Sehnenden und lockt sie und zeigt ihnen, wie man über dem Boden der Vorurteile sich erhalten könne; aber ach! Deine Muse ist eine Sappho, statt dem Genius zu folgen, hat sie sich hinabgestürzt.

***

Am 29. November.

Gestern hab' ich so weit geschrieben, da hab' ich mich ins Bett gelegt aus lauter Furcht, und wie ich alle Abend tue, daß ich im Denken an Dich zu Deinen Füßen einschlafe, so wollte es mir gestern nicht gelingen; ich mußte mich schämen, daß ich so hoffärtig geschwätzt habe, und alles ist vielleicht doch nicht, wie ich's meine. Am End' ist es die Eifersucht, die mich so aufbringt, daß ich einen Weg suche, wie ich Dich wieder an mich reiße und *ihrer* vergessen mache; nun! Prüfe mich, und wie es auch sei, so vergesse nur meiner Liebe nicht und verzeihe mir auch, daß ich Dir mein Tagebuch zuschicke; am Rhein hab' ich's geschrieben, ich habe darin das Leben meiner Kinderjahre vor Dir ausgebreitet und Dir gezeigt, wie unser beider Wahlverwandtschaft mich trieb, wie ein Bächlein eilend dahinzurauschen über Klippen und Felsen zwischen Dornen und Moosen bis *dahin*, wo Du gewaltiger Strom mich verschlingst. Ja, ich wollte dies Buch behalten, bis ich endlich wieder bei Dir sein würde, da wollte ich morgens in Deinen Augen sehen, was Du abends darin gelesen hattest; nun aber quält mich's, daß Du mein Tagebuch an die Stelle von Ottilien ihrem legest, und die Lebende liebst, die bei Dir bleibt, mehr wie jene, die von Dir gegangen ist.

Verbrenne meine Briefe nicht, zerreiße sie nicht, es möchte Dir sonst selber weh tun, so fest, so wahrhaft lebendig häng' ich mit Dir zusammen, aber zeige sie auch niemanden, halt's verborgen wie eine geheime Schönheit, meine Liebe steht Dir schön, Du bist schön, weil Du Dich geliebt fühlst.

Am Morgen.

Über Nacht blüht oft ein Glück empor wie die türkische Bohne, die, am Abend gepflanzt, bis zum Morgen hinaufwuchs und sich in die Mondsichel einrankte; aber beim ersten Sonnenstrahl verwelkt alles bis zur Wurzel, so hat sich heute nacht mein Traum blühend zu Dir hinaufgerankt, und eben war's am schönsten, Du nanntest mich *"Dein alles"*, da dämmerte der Morgen, und der schöne Traum war verwelkt wie die türkische Bohne, an der man nachts so bequem das Mondland erstieg.

Ach, schreibe mir bald, ich bin unruhig über alles, was ich gewagt habe in diesem Brief, ich schließe ihn, um einen neuen anzufangen, ich könnte zwar zurückhalten, was ich Dir über die Wahlverwandtschaften sagte, aber wär' es recht, dem Freund zu verschweigen, *was im Labyrinth der Brust wandelt in der Nacht?* –

Bettine.

An Goethe.

Am 13. Dezember 1809.

Ach, ich will dem Götzendienst abschwören! Von Dir spreche ich nicht; denn welcher Prophet sagt, daß Du kein Gott seist? –

Ich spreche von Großem und Kleinem, was die Seele irrt. O wüßtest Du, was Dir zum Heile dient jetzt in den Tagen Deiner Heimsuchung? Lukas XIX.

Ich hätte Dir vieles zu sagen, aber in meinem Herzen zuckt es, und schmerzliche Gedanken türmen sich übereinander,

Der Friede bestätigt sich. Im Augenblick der glorreichsten Siege, wo die Energie dieses Volkes seinen Gipfel erreichte, mahnt Österreich, die Waffen niederzulegen; was hat es für ein Recht dazu? – Hat es nicht lange schon tückisch furchtsam seine Sache von der der Tiroler getrennt? – Da stehen die gekrönten Häupter um diesen Edelstein Tirol, sie schielen ihn an und sind alle von seinem reinen Feuer geblendet; aber sie werfen ein Leichentuch darüber hin: ihre abgefeimte Politik! Und nun entscheiden sie kaltblütig über sein Los. Wollt' ich sagen, welche tiefe Wunden mir die Geschichte dieses Jahres geschlagen, wer würde mich bemitleiden? – Ach und wer bin ich, daß ich meine Anklage, meinen Fluch dürfte verlauten lassen? – Jeder hat das Recht, sich den höchsten Geschicken zu vermählen, dem es so rast im Herzen wie mir, ach, ich hab' auch zu nichts mehr Lust und Vertrauen; der kalte Winterwind, der heute stürmt, mit dem bin ich nicht im Widerspruch, der belügt mich doch nicht. Vor sechs Wochen waren noch schöne Tage, wir machten eine Reise ins Gebirg'. Wie wir uns dem Kettenwerk der felsigen Alpen näherten, das hat mächtig in mir gearbeitet, die Asche fiel vom Herzen, es strömte Frühlingsglut in den matten Schein der Herbstsonne. Es war herrlich unter den Tannen und Fichten auf der Hochalme, sie neigten im Windesrauschen ihre Wipfel zueinander; war ich ein Kätzchen, in ihrem Schatten hätte mich des Kaisers Majestät nicht geblendet. – Hier lag ich am jähen Abhang und überschaute das enge Tal, dem verkuppelt mit Bergen hieroglyphische Felswände entstiegen. Ich war allein auf steilster Höhe und übersah unzählige Schluchten, die gefühlvollen Entzückungsprediger waren zurückgeblieben, es war für sie zu steil. – Wären wir beide doch dort beisammen im Sommer und stiegen Hand in Hand bedachtsam, langsam, einsam den gefahrsamen Pfad hinab, das waren so meine heiligen Gedanken da oben; wärst Du dabei gewesen, wir hätten noch anderes bedacht. – Ein Kranz kühlt und steht schön zu erhitzten Wangen; was willst Du? – Tannen stechen, Eichen wollen sich nicht geschmeidig biegen, Ulme, sind die Zweige zu hoch, Pappel schmückt nicht, und der Baum, der Dein ist, der ist nicht hier. – Das hab' ich oft gesagt, der mein ist, der ist nicht hier, Du bist mein, Du bist aber nicht hier.

Es könnte sich auch fügen, daß nach Deiner prophetischen Vision in kurzer Zeit mein Weg mich mit Dir zusammen führte, ich bedarf dieser Entschädigung für die böse Zeit, die ich ohne Dich verlebte.

Eine ausgezeichnete Klasse von Menschen, worunter herrliche Leute waren, sind die Mediziner, da die Krankheiten so schrecklich durch den Krieg in Aufruhr kamen, wurden die meisten ein Opfer ihrer Tätigkeit, da merkt man denn erst, wieviel einer wert war, wenn er nicht mehr lebt. Der Tod treibt zur Unzeit die Knospen in die Blüte.

Beiliegende Zeichnung ist das Porträt von Tiedemann, eines hiesigen Professors der Medizin, er interessiert sich so sehr für die Fische, daß er ein schönes Werk über die Fischherzen schrieb, mit gar guten Kupfern versehen; da Du nun in Deinen „Wahlverwandtschaften“ gezeigt, daß Du Herz und Nieren genau prüfst, so werden Dir Fischherzen auch interessant sein, und vielleicht entdeckst du, daß Deine Charlotte das Herz eines Weißfisches hat; mit nächstem, wo ich noch manches andre übersende, werd' ich's mitschicken. Die Zeichnung achte nicht gering, lernst Du den Mann einmal kennen, so wirst Du sehen, daß er seinem Spiegel Ehre macht.

Um wieder auf etwas Bitteres zu kommen, die Meline mit den schönen Augenwimpern, von der Du sagtest, sie gleiche einer Rose, die der Tau eben aus tiefem Schlaf geweckt, die heiratet einen Mann, von dem die allgemeine Sage geht, er sei ein ganz vortrefflicher Mensch. O, wie ist das traurig, Sklave der Vortrefflichkeit sein, da bringt man es nicht weiter wie Charlotte es gebracht hat, man ketzert sich und andre mit der Tugend ab. Verzeih nur, daß ich immer wieder von Deinem Buch anfange, ich sollte lieber schweigen, da ich nicht Geist genug habe, es ganz zu fassen.

Seltsam ist es, daß, während die Wirklichkeit mich so gewaltig aufregt, schlägt mich die Dichtung so gewaltig nieder. Die schwarzen Augen, die groß sind und etwas weit offen, aber ganz erfüllt voll Freundlichkeit, wenn sie mich ansehen, der Mund, von dessen Lippen Lieder fließen, die ich schließen kann mit einem Spiegel, die dann viel schöner singen, süßer und wärmer plaudern als vorher, und die Brust, an die ich mich verbergen kann, wenn ich zu viel geschwätzt habe, die werd' ich doch nie mißverstehen, die werden mir nie fremd sein. – Gute Nacht hierüber.

Beiliegende Kupfer sind von unserm Grimm, die beiden Bubenköpfchen machte er nur flüchtig auf einer Reise nach dem Staremberger See, die Zeichnung davon ist noch besser, sie ist samt der Gegend, die Buben, der braune auf einer Bank in der Sonne sitzend, der blonde auf die Brunnenmauer gelehnt, alles ganz lieblich nach der Natur. Das Mädchen ist ein früherer Versuch seiner Nadel, Dein Lob hat ihm großen Eifer gegeben, sein Lehrer ist der Kupferstecher Heß, dem ich manchmal mit stillem Staunen bei seinen großen ernsten Arbeiten zusehe.

Marcellos Psalmen werden hier in Landshut zu schlecht abgeschrieben, es ist alter Kirchenstil, ich muß Geduld haben, bis ich einen Abschreiber finde.

Lebe wohl, alles grüße herzlich von mir, was Dein ist.

Meine Adresse ist in Graf Joners Hause in Landshut.

Bettine.

An Goethe.

Ich habe meine Türe verriegelt, und um doch nicht so ganz allein zu sein mit meinem Mißmut, sucht' ich Deine „Eugenie“; sie hatte sich ganz in den hintersten Winkel des Bücherschranks versteckt, mir ahnte ein Trost, ein himmlischer Gedanke werde mich drin anwehen, ich habe sie eingezogen wie Blumenduft, unter drückenden Wolken bin ich gelassen unermüdet vorwärts geschritten bis zum einsamen Ziel, wo keiner gern weilt, weil da die vier Winde zusammenstoßen und den armen Menschen nicht jagen, aber fest in ihrer Mitte halten; ja, wen das Unglück recht anbraust, den treibt's nicht hin und her, es versteinert ihn wie Niobe.

Da nun das Buch gelesen ist, verzieht sich der dichte Erdennebel, und nun muß ich mit Dir reden. – Ich bin oft unglücklich und weiß nicht warum, heute meine ich nun, es komme daher, weil ich dem Boten Deinen Brief abzunehmen glaubte, und es war ein anderer, nun klopfte mir das Herz so gewaltig, und dann war's nichts. Als ich hereinkam, fragten alle, warum siehst Du so blaß aus? Und ich reichte meinen Brief hin und fiel ganz matt auf einen Sessel, man glaubte wunder, was er enthalte, es war eine alte Rechnung von 4 Fl. von dem alten Maler Robert aus Kassel, bei dem ich nichts gelernt habe; sie lachten mich alle aus, ich kann aber doch nicht lachen; denn ich hab' ein bös Gewissen, ich weiß ja wenig, was Geist, Seele und Herz für Prozesse miteinander führen, warum hab' ich Dir denn allerlei geschrieben, was ich nicht verantworten kann? Du bist nicht böse auf mich, wie könnte mein unmündig Geschwätz Dich beleidigen, aber Du antwortest nicht, weil ich ja doch nicht verstehe, was Du sagen könntest, und so hat mich mein Aberwitz um mein Glück gebracht, und wer weiß, wann Du wieder einlenkst. Ach, Glück! Du läßt dich nicht meistern und nicht bilden, wo du erscheinst, da bist du immer eigentümlich und vernichtest durch deine Unschuld alles Planmäßige, alle Berechnung auf die Zukunft.

Unglück ist vielleicht die geheime Organisation des Glückes, ein flüssiger Demant, der zum Kristall anschießt eine Krankheit der Sehnsucht, die zur Perle wird. O, schreib mir bald.

Am 12. Januar 1810. Bettine.

Goethe an Bettine

Das ist ein liebes, feines Kind, listig wie ein Füchschen, mit einer Glücksbombe fährst Du mir ins Haus, in der Du Deine Ansprüche und gerechte Klagen versteckst. Das schmettert einem denn auch so nieder, daß man gar nicht daran denkt, sich zu rechtfertigen. – Die Weste, innen von weichem Samt, außen glatte Seide, ist nun mein Bußgewand, je behaglicher mir unter diesem wohlgeeigneten Brustlatz wird, je bedrängter ist mein Gewissen, und wie ich gar nach zwei Tagen zufällig in die Westentasche fahre und da das Register meiner Sünden herausziehe, so bin ich denn auch gleich entschlossen, keinen Entschuldigungen für mein langes Schweigen aufzusuchen. Dir selbst aber mache ich es zur Aufgabe, mein Schweigen bei Deinen so überraschenden Mitteilungen auf eine gefällige Weise auszulegen, die Deiner nie versiegenden Liebe, Deiner Treue für Gegenwärtiges und Vergangenes auf verwandte Weise entspricht. Über die „Wahlverwandtschaften" nur dies: der Dichter war bei der Entwickelung dieser herben Geschicke tief bewegt, er hat seinen Teil Schmerzen getragen, schmäle daher nicht mit ihm, daß er auch die Freunde zur Teilnahme auffordert. Da nun so manches Traurige unbeklagt den Tod der Vergangenheit stirbt, so hat sich der Dichter hier die Aufgabe gemacht, in diesem einen erfundnen Geschick wie in einer Grabesurne die Tränen für manches Versäumte zu sammeln. Deine tiefen, aus dem Geist und der Wahrheit entspringende Ansichten gehören jedoch zu den schönsten Opfern, die mich erfreuen, aber niemals stören können, ich bitte daher recht sehr, mit gewissenhafter Treue dergleichen dem Papier zu vertrauen und nicht allenfalls in Wind zu schlagen, wie bei Deinem geistigen Kommers und Überfluß an Gedanken leichtlich zu befahren ist. Lebe wohl und lasse bald wieder von Dir hören.

Weimar, den 5. Februar 1810. Goethe.

Meine Frau mag Dir selbst schreiben, wie verlegen sie um ein Maskenkleid gewesen und wie erfreut sie bei Eröffnung der Schachtel war, es hat seinen herrlichen Effekt getan. Über der lieben Meline Heirat sage ich nichts, es macht einem nie wohl, wenn ein so schönes Kind sich weggibt, und der Glückwunsch, den man da anbringt, drückt einem nur auf dem Herzen.

An Goethe.

Fahre fort, so liebreich mit mir zu sein, packe selbst zusammen, was Du mir schickst, mache selbst die Adresse aufs Paket, das alles freut mich, und Dein Brief, der allen Schaden vergütet, ja meine eignen Schwächen so sanft stützt, mich mir selbst wiedergibt, indem er sich meiner annimmt.

Nun, ich bin angeblasen von allen Launen, ich drücke die Augen zu und brumme, um nichts zu sehen und zu hören, keine Welt, keine Einsamkeit, keinen Freund, keinen Feind, keinen Gott und endlich auch keinen Himmel.

Den Hofer haben sie in einer Sennhütte auf den Passeirer Bergen gefangen, diese ganze Zeit bin ich diesem Helden mit Gebet heimlich nachgegangen, gestern erhalt' ich einen Brief mit einem gedruckten Tiroler Klagelied: „Der Kommandant der Heldenschar, auf hoher Alp gefangen gar, findet viel Tränen in unseren Herzen."Ach, dieser ist nicht unbeweint von mir, aber die Zeit ist eisern und macht jede Klage zu Schanden, so muß man auch das Ärgste fürchten, obschon es unmöglich ist. Nein, es ist nicht möglich, daß sie diesem sanften Helden ein Haar krümmen, der da für alle Aufopferung, die er und sein Land umsonst gemacht hatten, keine andre Rache nahm, als daß er in einem Brief an Speckbacher schrieb: „Deine glorreichen Siege sind alle umsonst, Österreich hat mit Frankreich Friede geschlossen und Tirol vergessen."

In meinem Ofen saust und braust der Wind und treibt die Glut in Flammen und brennt die alten bayrischen Tannen recht zu Asche zusammen, dabei hab' ich denn meine Unterhaltung, wie es kracht und rumpelt und studiere zugleich Marpurgs Fugen, dabei tut mir denn gar wohl, daß das Warum nie beantwortet werden kann, daß man unmittelbare Herrschaft des Führers (Dux) annehmen muß, und daß der Gefährte sich anschmiegt, ach, wie ich mich gern an Dich anschmiegen möchte; wesentlich möchte ich ebenso Dir sein, ohne viel Lärm zu machen, alle Lebenswege sollten aus Dir hervorgehen und sich wieder in Dir schließen, und das wäre eine echte, strenge Fuge, wo dem Gefühl keine Forderung unbeantwortet bleibt, und wo sich der Philosoph nicht hineinmischen kann.

Ich will Dir beichten, will Dir alle meine Sünden aufrichtig gestehen, erst die, an welchen Du zum Teil Schuld hast, und die Du auch mitbüßen mußt, dann die, so mich am meisten drücken, und endlich jene, an denen ich sogar Freude habe.

Erstens: sage ich Dir zu oft, daß ich Dich liebe, ja, ich weiß gar nichts anders, wenn ich's hin- und herwende, es kömmt sonst nichts heraus.

Zweitens: beneide ich alle Deine Freunde, die Gespielen Deiner Jugend und die Sonne, die in Dein Zimmer scheint und Deine Diener, vorab Deinen Gärtner, der unter Deinem Kommando Spargelbeete anlegt.

Drittens: gönne ich Dir keine Lust, weil ich nicht dabei bin, wenn einer Dich gesehen hat, von Deiner Heiterkeit und Anmut spricht, das ist mir eben kein besonder Vergnügen; wenn er aber sagt, Du seist ernst, kalt, zurückhaltend usw. gewesen, das ist mir recht lieb.

Viertens: vernachlässige ich alle Menschen um Deinetwillen, es gilt mir keiner etwas, aus ihrer Liebe mache ich mir gar nichts; ja, wer mich lobt, der mißfällt mir, das ist Eifersucht auf mich und Dich und eben kein Beweis von einem großen Herzen und ist eine elende Natur, die auf einer Seite ausdürrt, wenn sie auf der andern blühen will.

Fünftens: hab' ich eine große Neigung, die Welt zu verachten, besonders in denen, so Dich loben, alles, was Gutes über Dich gesagt wird, kann ich nicht hören, nur wenige einfache Menschen, denen kann ich's erlauben, daß sie über Dich sprechen, und das braucht nicht grade Lob zu sein, nein, man kann sich ein bißchen über Dich lustig machen, und da kann ich Dir sagen, daß sich ein unbarmherziger Mutwille in mir regt, wenn ich die Sklavenketten ein bißchen abwerfen kann.

Sechstens: hab' ich einen tiefen Unwillen in der Seele, daß Du es nicht bist, mit dem ich unter einem Dach wohne und dieselbe Luft einatme, ich fürchte mich in der Nähe fremder Menschen zu sein, in der Kirche suche ich mir einen Platz auf der Bank der Bettler, weil die am neutralsten sind, je vornehmer die Menschen, je stärker ist mein Widerwillen; angerührt zu werden, macht mich zornig, krank und unglücklich; so kann ich's auch in Gesellschaften auf Bällen nie lange aushalten, tanzen mag ich gern, wenn ich allein tanzen könnte, auf einem freien Platz, wo mich der Atem, der aus fremder Brust kömmt, nicht berührte. Was könnte das für einen Einfluß auf die Seele haben, nur neben dem Freund zu leben? – Um so schmerzlicher der Kampf gegen das, was geistig und leiblich ewig fremd bleiben muß.

Siebentens: wenn ich in Gesellschaft soll vorlesen hören, setze ich mich in eine Ecke und halte die Ohren heimlich zu, oder ich verliere mich über dem ersten besten Wort ganz in Gedanken, wenn denn einer etwas nicht versteht, so erwache ich aus einer andern Welt und maße mir an, die Erklärung darüber zu geben, und was andre für Wahnwitz halten, das ist mir verständlich und hängt zusammen mit einem innern Wissen, das ich nicht von mir geben kann. Von Dir kann ich durchaus nichts lesen hören, noch selbst vorlesen, ich muß mit mir und Dir allein sein.

Achtens: kann ich gegen niemand fremd oder vornehm bleiben, wenn ich im mindesten unbequem bin, so werde ich ganz dumm; denn es scheint mir ungeheuer dumm, einander was weiszumachen. Auch daß sich der Respekt mehr in etwas Erlerntem, als in etwas Gefühltem äußert; ich meine, daß Ehrfurcht nur aus Gefühl der inneren Würde entspringen müsse. Dabei fällt mir ein, daß nahe bei München ein Dorf liegt, was Kultersheim heißt, auf einem Spaziergang dahin erklärte man mir, daß dieser Name von Kultursheim herrühre, weil man da dem Bauernstand eine höhere Bildung zu geben beabsichtigt habe; das Ganze hat sich jedoch auf den alten Fuß gesetzt, und diese guten Bauern, die dem ganzen Lande mit schönem Beispiel voranschreiten sollten, sitzen bei der Bierkanne und zechen um die Wette, das Schulhaus ist sehr groß und hat keine runde, sondern lauter viereckige Scheiben, doch liebt der Schulmeister die Dämmerung; er saß hinter dem Ofen, hatte ein blaues Schnupftuch über dem Kopf hängen, um sich vor den Fliegen zu schützen, die lange Pfeife war ihm entfallen, und er schlief und schnarchte, daß es widerhallte; die Schreibbücher lagen alle aufgehäuft vor ihm, um Vorschriften im Schönschreiben zu machen; – ich malte einen Storch, der auf seinem Neste steht und schrieb darunter:

„Ihr Kinder lernt bauen euer Nest mit eigner Hand aufs allerbest. Die Tanne in dem Walde stolz, die fällt zu euerm Zimmerholz. Und dann, wenn alle Wände stehn, müßt ihr euch nach 'ner Eich' umsehn; daraus ihr schnitzelt Bank und Tisch, worauf ihr speist gebratnen Fisch. Das best' Holz nehmt zu Bett und Wiegen für Frau und Kind, die ihr werd't kriegen, und lernt benützen Gottes Segen bei Sonnenschein und auch bei Regen. Dann steht ihr stolz auf eignem Hort wie der Storch auf seinem Neste dort. Der möge stets bei euch einkehren, um böses Schicksal abzuwehren. Dann lernt noch schreiben euern Namen, unter gerechte Sach', ich sage Amen. Das ist das echte Kultursheim, worauf ich machte diesen Reim."

Ich flirrte jeden Augenblick zur Tür hinaus, aus Angst, der Schulmeister möge aufwachen, draußen machte ich meinen Reim und schlich wieder auf den Zehen herbei, um ihn mit einer *einseitigen* Feder, die wahrscheinlich mit dem Brodkneip zugeschnitten war, aufzuschreiben, zuletzt nahm ich das blaue Band von meinem Strohhut und machte eine schöne Schleife um das Buch, damit er's doch sehen möge; denn sonst hätte dies schöne Gedicht leicht unter dem Wust der Schreibbücher verloren gehen können. Vor der Tür saß Rumohr, mein Begleiter, und hatte unterdessen eine Schüssel mit saurer Milch ausgespeist, ich wollte nichts essen und auch mich nicht mehr aufhalten, aus Furcht, der Schulmeister könne aufwachen. Unterwegs sprach Rumohr sehr schön über den Bauernstand, über ihre Bedürfnisse, und wie das Wohl des Staats von dem ihrigen abhinge, und wie man ihnen keine Kenntnisse aufzwingen müsse, die sie nicht selbst in ihrem Beruf unmittelbar benützen könnten, und daß man sie zu freien Menschen bilden müsse, das heißt: zu Leuten, die sich alles selbst verschaffen, was sie brauchen. Dann sprach er auch über ihre Religion, und da hat er etwas sehr Schönes gesagt, er meinte nämlich, jedem Stand müsse das als Religion gelten, was sein höchster Beruf sei; des Bauern Beruf sei, das ganze Land vor Hungersnot zu schützen, hierin müsse ihm seine Wichtigkeit für den Staat, seine Verpflichtungen für denselben begreiflich gemacht werden, es müsse ihm ans Herz gelegt werden, welchen großen Einfluß er auf das Wohl des Ganzen habe, und so müsse er auch mit Ehrfurcht behandelt werden, daraus werde die Selbstachtung entstehen, die doch eigentlich jedem Menschen mehr gelte wie jeder andre Vorteil, und so würden die Opfer, die das Schicksal fordert, ungezwungen gebracht werden, wie die Mutter, die ihr eignes Kind nährt, auch demselben mit Freuden ihr letztes aufopfert; so würde das unmittelbare Gefühl dem Wohle des Ganzen wesentlich zu sein, gewiß jedes Opfer bringen, um sich diese Würde zu erhalten; keine Revolutionen würden dann mehr entstehen; denn der gewitzigte Staatsgeist in allen würde jeder gerechten Forderung vorgreifen, und das würde eine Religion sein, die jeder begreife, und wo das ganze Tagewerk ein fortwährendes Gebet sei; denn alles, was nicht in diesem Sinn geschehe, das sei Sünde; er sagte dies noch viel schöner und wahrer, ich bin nur dieser Weisheit nicht gewachsen und kann es nicht so wiedergeben.

So bin ich denn auf einmal von meiner Beichte abgekommen, ich wollte Dir noch manches sagen, was man sündlich finden dürfte, wie daß ich Dein Gewand lieber habe wie meinen Nebenmenschen, daß ich die Stiege küssen möchte, auf der Deine Füße auf- und niedersteigen usw. – Dies könnte man Abgötterei nennen, oder ist es so, daß der Gott, der Dich belebt, auch an jeder Wand Deines Hauses hinschwebt? – Daß, wenn er in Deinen Mund und Augen spielt, er auch unter Deinen Füßen hingleitet und selbst in den Falten Deines Gewandes sich gefällt, daß, wenn er sich im Maskenzug in alle bunten Gestalten verwandelt, er wohl auch im Papier, in welches du den Maskenzug einpackst, verborgen sein kann? Also, wenn ich's Papier küsse, so ist es das Geliebte in Dir, das sich mir zulieb' auf die Post schicken ließ.

Adieu! Behalte Dein Kind lieb in trüben wie in hellen Tagen, da ich ewig und ganz Dein bin.

Bettine.

Du hast mein Tagebuch erhalten, aber liest Du auch darin, und wie gefällt Dir's? –

Am 29. Februar.

An Bettine.

Liebe Bettine, ich habe mich schon wieder eines Versehens an Dir schuldig gemacht, daß ich Dir nicht den Empfang Deines Tagebuchs angezeigt habe, Du mußt glauben, daß ich eines so schönen Geschenkes nicht würdig bin, indessen kann ich Dir nicht mit Worten schildern, was ich darauf zu erwidern habe. Du bist ein einziges Kind, dem ich mit Freuden jede Erheiterung, jeden lichten Blick in ein geistiges Leben verdanke, dessen ich ohne Dich vielleicht nie wieder genossen haben würde; es bleibt bei mir verwahrt, an einem Ort, wo ich alle Deine lieben Briefe zur Hand habe, die so viel Schönes enthalten, wofür ich Dir niemals genug danken kann, nur das sage ich Dir noch, daß ich keinen Tag vergehen lasse, ohne drin zu blättern. An meinem Fenster wachsen, wohlgepflegt, eine Auswahl zierlicher ausländischer Pflanzen; jede neue Blume und Knospe, die mich am frühen Morgen empfängt, wird abgeschnitten und nach indischem Gebrauch als Opfergras in Dein liebes Buch eingestreut. Alles, was Du schreibst, ist mir eine Gesundheitsquelle, deren kristallne Tropfen mir Wohlsein geben, erhalte mir diese Erquickung, auf die ich meinen Verlaß habe.

Weimar, am 1. März 1810. Goethe.

An Goethe

Ach, lieber Goethe! Deine Zeilen kamen mir zu rechter Stunde, da ich eben nicht wußte, wohin mit aller Verzweiflung; zum erstenmal hab' ich die Weltbegebenheiten verfolgt mit großer Treue für die Helden, die ihr Heiligtum verfechten; dem Hofer war ich nachgegangen auf jeder Spur, wie oft hat er nach des Tages Last und Hitze sich in der späten Nacht noch in die einsamen Berge verborgen und mit seinem reinen Gewissen beratschlagt, und dieser Mann, dessen Seele frei von bösen Fehlen, offen vor jedem lag als ein Beispiel von Unschuld und Heldentum, hat nun endlich am 20. Februar zur Bestätigung seines großen Schicksals den Tod erlitten; wie konnt' es anders kommen, sollte er die Schmach mittragen? – Das konnt' nicht sein, so hat es Gott am besten gemacht, daß er nach kurzer Pause seit dieser verklärenden Vaterlandsbegeisterung mit großer Kraft und Selbstbewußtsein, und nicht gegen sein Schicksal klagend, seinem armen Vaterland auf ewig entrissen ward. Vierzehn Tage lag er gefangen in dem Kerker bei Porta Molina, mit vielen andern Tirolern. Sein Todesurteil vernahm er gelassen und unerschüttert; Abschied ließ man ihn von seinen geliebten Landsleuten nicht nehmen, den Jammer und das Heulen der eingesperrten Tiroler übertönte die Trommel, er schickte ihnen durch den Priester sein letztes Geld und ließ ihnen sagen: er gehe getrost in den Tod und erwarte, daß ihr Gebet ihn hinüberbegleite. – Als er an ihren Kerkertüren vorbeischritt, lagen sie alle auf den Knien, beteten und weinten; auf dem Richtplatz sagte er: er stehe vor dem, der ihn erschaffen und stehend wolle er ihm seinen Geist übergeben; ein Geldstück, was unter seiner Administration geprägt war, übergab er dem Korporal, mit dem Bedeuten: *es solle Zeugnis geben, daß er sich noch in der letzten Stunde an sein armes Vaterland mit allen Banden der Treue gefesselt fühle*. Dann rief er: *"Gebt Feuer!"* Sie schossen schlecht, zweimal nacheinander gaben sie Feuer, erst zum drittenmal machte der Korporal, der die Exekution leitete, mit dem dreizehnten Schuß seinem Leben ein Ende.

Ich muß meinen Brief schließen, was könnte ich Dir noch schreiben? Die ganze Welt hat ihre Farbe für mich verloren. Ein großer Mann sei Napoleon, so sagen hier alle Leute, ja äußerlich, aber dieser äußern Größe opfert er alles, was seine unplanetarische Laufbahn durchkreuzt. Unser Hofer, innerlich groß, ein heiliger deutscher Charakter, wenn Napoleon ihn geschätzt hätte, dann wollte ich ihn auch groß nennen. – Und der Kaiser, konnte der nicht sagen, gib mir meinen Tiroler Helden, so geb' ich Dir meine Tochter, so hätte die Geschichte groß genannt, was sie jetzt klein nennen muß.

Adieu! Daß Du mein Tagebuch zum Tempel einer indischen Gottheit erhebst, ist Prädestination. Von jenen lichten Waldungen des Äthers, von Sonnenwohnungen, vom vielgestaltigen Dunkel und einer bildlosen Klarheit, in der die tiefe Seele lebt und atmet, habe ich oft schon geträumt.

An Rumohr konnt' ich Deinen Gruß nicht bestellen, ich weiß nicht, nach welcher Seite er mit dem Winde davongestoben ist.

Landshut, den 10. März 1810.

An Bettine.

Liebe Bettine, es ist mir ein unerläßlich Bedürfnis, Deiner patriotischen Trauer ein paar Worte der Teilnahme zuzurufen und Dir zu bekennen, wie sehr ich mich von Deinen Gesinnungen mit ergriffen fühle. Lasse Dir nur das Leben mit seinen eigensinnigen Wendungen nicht allzusehr verleiden. Durch solche Ereignisse sich durchzukämpfen, ist freilich schwer, besonders mit einem Charakter, der soviel Ansprüche und Hoffnungen auf ein idealisches Dasein hat wie Du. – Indem ich nun Deinen letzten Brief zu den andern lege, so finde ich abermals mit diesem eine interessante Epoche abgeschlossen. Durch einen lieblichen Irrgarten zwischen philosophischen, historischen und musikalischen Ansichten hast Du mich zu dem Tempel des Mars geleitet, und überall behauptet sich Deine gesunde Energie, habe den herzlichsten Dank dafür und lasse mich noch ferner der Eingeweihte Deiner inneren Welt sein und sei gewiß, daß die Treue und Liebe, die Dir dafür gebührt, Dir im Stillen gezollt wird.

Goethe.

An Goethe.

Lieber Goethe! Vieltausend Dank für Deine zehn Zeilen, in denen Du Dich tröstend zu mir neigst, so mag denn diese Periode abgeschlossen sein; dieses Jahr von 1809 hat mich sehr turbiert; nun sind wir an einem Wendepunkt: in wenig Tagen verlassen wir Landshut und gehen über und durch manche Orte, die ich Dir nicht zu nennen weiß. – Die Studenten packen eben Savignys Bibliothek ein, man klebt Nummern und Zettel an die Bücher, legt sie in Ordnung in Kisten, läßt sie an einem Flaschenzug durchs Fenster hinab, wo sie unten von den Studenten mit einem lauten Halt empfangen werden, alles ist Lust und Leben, obschon man sehr betrübt ist, den geliebten Lehrer zu verlieren; Savigny mag so gelehrt sein, wie er will, so übertrifft seine kindliche Freundesnatur dennoch seine glänzendsten Eigenschaften, alle Studenten umschwärmen ihn, es ist keiner, der nicht die Überzeugung hätte, auch außer dem großen Lehrer noch seinen Wohltäter zu verlieren; so haben auch die meisten Professoren ihn lieb, besonders die Theologen. Sailer, gewiß sein bester Freund. Man sieht sich hier täglich und zwar mehr wie einmal, abends begleitet der Wirt vom Hause leichtlich seine Gäste mit angezündetem Wachsstock einem jeden bis zu seiner Haustür, gar oft hab' ich die Runde mitgemacht; heute war ich noch mit Sailer auf dem Berg, auf dem die Trausnitz steht, ein Schloß alter Zeit: *Traue nicht*. Die Bäume schälen ihre Knospen! *Frühling!* Die Sperlinge flogen scharenweis' vor uns her, von Sailer hab' ich Dir wenig erzählt, und doch war er mir der Liebste von allen. Im harten Winter gingen wir oft über die Schneedecke der Wiesen und Ackerfläche und stiegen miteinander über die Hecken von einem Zaun zum andern, und alles, was ich ihm mitteilte, daran nahm er gern teil, und manche Gedanken, die aus Gesprächen mit ihm hervorgingen, die hab' ich aufgeschrieben, obschon sie in meinen Briefen nicht Platz finden, so sind sie doch für Dich; denn nie denke ich etwas Schönes, ohne daß ich mich darauf freue, es Dir zu sagen,

Zur Besinnung kann ich während dem Schreiben nicht kommen, der Studentenschwarm verläßt das Haus nicht mehr, seitdem Savignys Abreise in wenig Tagen bestimmt ist; eben sind sie vorbeigezogen an meiner Tür mit Wein und einem großen Schinken, den sie beim Packen verzehren, ich schenkte ihnen meine kleine Bibliothek, die sie eben auch einpacken wollten, da haben sie mir ein Vivat gebracht. – Abends bringen sie oft ein Ständchen mit Gitarren und Flöten, und das dauert oft bis nach Mitternacht, dabei tanzen sie um einen großen Springbrunnen, der vor unserm Hause auf dem Markt steht; ja, die Jugend kann sich aus allem einen Genuß machen. Die allgemeine Konsternation über Savignys Abreise hat sich bald in ein Jubelfest verwandelt; denn man hat beschlossen, zu Pferd und zu Wagen uns durch das Salzburgische zu begleiten, wer sich kein Pferd verschaffen kann, der geht zu Fuß voraus; nun freuen sich alle gar sehr auf den Genuß dieser letzten Tage, beim aufgehenden Frühling durch eine herrliche Gegend mit ihrem geliebten Lehrer zu reisen; auch ich erwarte mir schöne glückliche Tage, – ach, ich glaub', ich bin nah an dem Ziel, wo mein Leben am schönsten und herrlichsten ist. Sorgenfrei, voll süßem Feuer der Frühlingslust, in Erwartung herrlicher Genüsse, so klingen Ahnungstöne in meiner Brust, wenn das wahr wird, so muß es gewiß wahr werden, daß ich Dir bald begegne; ja, nach so vielem, was ich erlebt und Dir treulich mitgeteilt habe, wie kann es anders sein, da muß das

Wiedersehen eine neue Welt in mir erschaffen. Wenn alle freudigen Hoffnungen in die Wirklichkeiten ausbrechen, wenn die Gegenwart die Finsternis der Ferne durch ihr Licht verscheucht, ach und mit einem Wort: wenn Gefühl und Blick Dich erfaßt und hält, da weiß ich wohl, daß mein Glück zu ungemeßnem Leben sich steigert. Ach, und es reißt mich mit Windesflügeln zu diesen höchsten Augenblicken, wenn auch bald die süßesten Genüsse scheidend fliehen, einmal muß doch wiederkehren zu festem Bund, was sich begehrt.

Landshut, den 31. März 1810. Bettine.

Wenn du mir eine Zeile gönnen wolltest über Deinen Aufenthalt dieses Sommers, so bitte ich an Sailer in Landshut zu adressieren, dieser bleibt mit Savigny in Korrespondenz und wird mir am besten die Kleinodien deiner Zeilen nachschicken.

An Bettine.

Von Dir, liebe Bettine, habe ich sehr lange nichts gehört und kann meine Reise ins Karlsbad unmöglich antreten, ohne Dich nochmals zu begrüßen und Dich zu ersuchen, mir dorthin ein Lebenszeichen zu geben; möge ein guter Genius Dir diese Bitte ans Herz legen, da ich nicht weiß, wo Du bist, so muß ich schon meine Zuflucht zu höheren Mächten nehmen. Deine Briefe wandern mit mir, sie sollen mir dort Dein freundliches, liebevolles Bild vergegenwärtigen. Mehr sage ich nicht; denn eigentlich kann man dir nichts geben, weil Du Dir alles entweder schaffst oder nimmst. Lebe wohl und gedenke mein.

Jena, den 10. Mai 1810. Goethe.

***

Wien, den 15. Mai.

Ein ungeheurer Maiblumenstrauß durchduftet mein kleines Kabinett, mir ist wohl hier im engen kleinen Kämmerchen auf dem alten Turm, wo ich den ganzen Prater übersehe; Bäume und Bäume von majestätischem Ansehen, herrlicher grüner Rasen. Hier wohne ich im Hause des verstorbnen Birkenstock, mitten zwischen zweitausend Kupferstichen, ebensoviel Handzeichnungen, soviel hundert Aschenkrügen und hetrurischen Lampen, Marmorvasen, antiken Bruchstücken von Händen und Füßen, Gemälden, chinesischen Kleidern, Münzen, Steinsammlung, Meerinsekten, Ferngläser, unzählbare Landkarten, Pläne alter versunkener Reiche und Städte, kunstreich geschnitzter Stöcke, kostbare Dokumente und endlich das Schwert des Kaiser Carolus. Dies alles umgibt uns in bunter Verwirrung und soll grade in Ordnung gebracht werden, da ist denn nichts zu berühren und zu verstehen, die Kastanienallee in voller Blüte und die rauschende Donau, die uns hinüberträgt auf ihrem Rücken, da kann man es im Kunstsaal nicht aushalten, heute morgen um sechs Uhr frühstückten wir im Prater, rund umher unter gewaltigen Eichen lagerten Türken und Griechen, wie herrlich nehmen sich auf grünem Teppich diese anmutigen buntfarbigen Gruppen schöner Männer aus! Welchen Einfluß mag auch die

Kleidung auf die Seele haben, die mit leichter Energie die Eigentümlichkeit dieser fremden Nationen hier in der frischen Frühlingsnatur zum Allgemeingültigen erhebt und die Einheimischen in ihrer farblosen Kleidung beschämt. Die Jugend, die Kindheit, beschauen sich immer noch in den reifen Gestalten und Bewegungen dieser Südländer; sie sind kühn und unternehmend, wie die Knaben rasch und listig, doch gutmütig. Indem wir an ihnen vorübergingen, konnte ich nicht umhin, einen Pantoffel, der einem hingestreckten Türken entfallen war, unter meinen Füßen eine Strecke mit fortzuschlurren, endlich schleifte ich ihn ins Gras und ließ ihn da liegen; wir saßen und frühstückten, es währte nicht lange, so suchten die Türken den verlornen Pantoffel. Goethe, was mir das für eine geheime Lust erregte! Wie vergnügt ich war, sie über dies Wunder des verschwundenen Pantoffels staunen zu sehen; auch unsre Gesellschaft nahm Anteil daran, wo der Pantoffel geblieben sein möchte; nun wurde mir zwar Angst, ich möchte geschmält werden, allein der Triumph, den Pantoffel herbeizuzaubern, war zu schön, ich erhob ihn plötzlich zur allgemeinen Ansicht auf einer kleinen Gerte, die ich vom Baum gerissen hatte, nun kamen die schönen Leute heran und lachten und jubelten, da konnt' ich sie recht in der Nähe betrachten, mein Bruder Franz war einen Augenblick beschämt, aber er mußte mitlachen, so ging alles noch gut

***

27. Mai.

Es sind nicht Lustpartien, die mich abhalten, Dir zu schreiben, sondern ein scharlachkrankes Kind meines Bruders, bei dem ich Tage und Nächte verbringe, und so vergeht die Zeit schon in die dritte Woche; von Wien hab' ich nicht viel gesehen und von der Gesellschaft noch weniger, weil einem eine solche Krankheit eine Diskretion auflegt wegen Ansteckung. Der Graf Herberstein, der in meiner Schwester Sophie eine geliebte Braut verloren hat, hat mich mehrmals besucht und ist mit mir spazieren gegangen und hat mich alle Wege geführt, die er mit Sophie gewandert ist, da hat er mir sehr Schönes, Rührendes von ihr erzählt, es ist seine Freude, meiner Ähnlichkeit mit ihr nachzuspüren; er nannte mich gleich Du, weil er die Sophie auch so genannt hatte, manchmal, wenn ich lachte, wurde er blaß, „weil die Ähnlichkeit mit Sophie ihn frappierte". Wie muß diese Schwester liebenswürdig gewesen sein, da sie jetzt noch im Herzen der Freunde so tiefe Spuren der Wehmut ließ. Bänder, Tassen, Locken, Blumen, Handschuhe, die zierlichsten Billete, Briefe, alle diese Andenken liegen in einem kleinen Kabinett umher zerstreut, er berührt sie gern und liest die Briefe oft, die freilich schöner sind als alles, was ich je in meinem Leben gelesen habe; ohne heftige Leidenschaft deutet jeder Ausdruck auf innige Freundlichkeit, nichts entgeht ihr, jeder Reiz der Natur dient ihrem Geist. O! Was ist Geist für ein wunderbarer Künstler, wär' ich doch imstande, Dir von dieser geliebten Schwester einen Begriff zu geben, ja wär' ich selbst imstande, ihre Liebenswürdigkeit zu erfassen, alle Menschen, die ich hier sehe, sprechen mir von ihr, als wenn man sie erst vor kurzer Zeit verloren hätte, und Herberstein meinte, sie sei seine letzte und erste einzig wahre Liebe, dies alles bewegt mich, gibt mir eine Stimmung fürs Vergangene und Zukünftige, dämpft mein Feuer der Erwartung. Da denk' ich an den Rhein bei Bingen, wie da plötzlich seine lichte, majestätische Breite sich einengt zwischen düsteren Felsen, zischend und brausend sich durch Schluchten windet, und nie werden die Ufer wieder so ruhig, so kindlich schön, wie sie vor der Binger Untiefe waren, solche Untiefen stehen mir also bevor, wo sich der Lebensgeist durch schauerliche Schluchten winden muß. Mut! Die Welt ist rund, wir kehren zurück mit erhöhten Kräften und doppeltem Reiz, die Sehnsucht streut gleich beim Abschied schon den Samen der Wiederkehr; so bin ich nie von dir geschieden, ohne zugleich mit Begeisterung der Zukunft zu gedenken, die mich in Deinen Armen wieder empfangen werde, so mag wohl alle Trauer um die Abgeschiednen ein bescheidner Vorgenuß einer zukünftigen Wiedervereinigung sein, gewiß, sonst würden keine solchen Empfindungen der Sehnsucht das Herz durchdringen.

***

20. Mai.

Am Ende März war's wohl, wie ich Dir zum letztenmal von Landshut aus schrieb; ja, ich hab' lange geschwiegen, beinah' zwei Monate, heute erhielt ich durch Sailer von Landshut Deine lieben Zeilen vom 10. Mai, in denen du mich mit Schmeichelworten ans Herz drückst, nun fällt mir's erst ein, was ich alles nachzuholen habe; denn jeder Weg, jeder Blick in die Natur hängt am Ende mit Dir zusammen. Landshut war mir ein gedeihlicher Aufenthalt, in jeder Hinsicht muß ich's preisen. Heimatlich die Stadt, freundlich die Natur, zutunlich die Menschen und die Sitten harmlos und biegsam; kurz nach Ostern reisten wir ab, die ganze Universität war in und vor dem Hause versammelt, viele hatten sich zu Wagen und zu Pferde eingefunden, man wollte nicht so von dem herrlichen Freund und Lehrer scheiden, es ward Wein ausgeteilt, unter währendem Vivatrufen zog man zum Tor hinaus, die Reiter begleiteten das Fuhrwerk, auf einem Berg, wo der Frühling eben die Augen auftat, nahmen die Professoren und ernsten Personen einen feierlichen Abschied, die andern fuhren noch eine Station weiter, unterwegs trafen wir aller Viertelstunden noch auf Partien, die dahin vorausgegangen waren, um Savigny zum letztenmal zu sehen; ich sah schon eine Weile vorher die Gewitterwolken sich zusammenziehen, im Posthause drehte sich einer um den andern nach dem Fenster, um die Tränen zu verbergen. Ein junger Schwabe, Nußbaumer, die personifizierte Volksromanze, war weit vorausgelaufen, um dem Wagen noch einmal zu begegnen, ich werde das nie vergessen, wie er im Feld stand und sein kleines Schnupftüchelchen im Wind wehen ließ und die Tränen ihn hinderten aufzusehen, wie der Wagen an ihm vorbeirollte; die Schwaben hab' ich lieb.

Mehrere der geliebtesten Schüler Savignys begleiteten uns bis Salzburg, der erste und älteste, Nepomuk Ringseis, ein treuer Hausfreund, hat ein Gesicht wie aus Stahl gegossen, alte Ritterphysiognomie, kleiner, scharfer Mund, schwarzer Schnauzbart, Augen, aus denen die Funken fahren, in seiner Brust hämmert's wie in einer Schmiede, will vor Begeisterung zerspringen, und da er ein feuriger Christ ist, so möchte er den Jupiter aus der Rumpelkammer der alten Gottheiten vorkriegen, um ihn zu taufen und zu bekehren.

Der zweite, ein Herr von Schenk, hat weit mehr feine Bildung, hat Schauspieler kennen lernen, deklamiert öffentlich, war verliebt ganz glühend oder ist es noch, mußte seine Gefühle in Poesie ausströmen, lauter Sonette, lacht sich selbst aus über seine Galanterie, blonder Lockenkopf, etwas starke Nase, angenehm, kindlich, äußerst ausgezeichnet im Studieren. Der dritte, der Italiener Salvotti, schön im weiten grünen Mantel, der die edelsten Falten um seine feste Gestalt wirft, unstörbare Ruhe in den Bewegungen, glühende Regsamkeit im Ausdruck, läßt sich kein gescheit Wort mit ihm sprechen, so tief ist er in Gelehrsamkeit versunken. Der vierte, Freiherr von Gumpenberg, Kindesnatur, edlen Herzens, bis zur Schüchternheit still, um so mehr überrascht die Offenherzigkeit, wenn er erst Zutrauen gefaßt hat, wobei ihm denn unendlich wohl wird, nicht schön, hat ungemein liebe Augen, ein unzertrennlicher Freund des fünften, Freiberg, zwanzig Jahr alt, große männliche Gestalt, als ob er schon älter sei, ein Gesicht wie eine römische Gemme, geheimnisvolle Natur, verborgner Stolz, Liebe und Wohlwollen gegen alle, nicht vertraulich, verträgt die härtesten Anstrengungen, schläft wenig, guckt nachts zum Fenster hinaus nach den Sternen, übt eine magische Gewalt über die Freunde, obschon er sie weder durch Witz, noch durch entschiedenen Willen zu behaupten geneigt ist; aber alle haben ein unerschütterliches Zutrauen zu ihm, was der Freiberg will, das muß geschehen. Der sechste war der junge Maler Ludwig Grimm, von dem ich dir mein Bildchen und die schönen radierten Studien nach der Natur geschickt habe, so lustig und naiv, daß man mit ihm bald zum Kind in der Wiege wird, das um nichts lacht, er teilte mit mir den Kutschersitz, von wo herab wir die ganze Natur mit Spott und Witz begrüßten; warum ich Dir diese alle so deutlich beschreibe? – Weil keiner unter ihnen ist, der nicht durch Reinheit und Wahrheit im allgemeinen Leben hervorleuchten würde, und weil sie Dir als Grundlagen zu schönen Charaktern in Deiner Welt dienen können; diese alle feiern Dein Andenken in treuem Herzen, Du bist wie der Kaiser, wo er hinkommt, jauchzen ihm die Untertanen entgegen.

Der Tagereisen waren zwei bis Salzburg, auf der ersten kamen wir bis Alt-Öttingen, wo das wundertätige Marienbild in einer düsteren Kapelle die Pilger von allen Seiten herbeilockt. Schon der ganze Platz umher und die äußeren Mauern sind mit Votivtafeln gedeckt, es macht einen sehr ängstlichen Eindruck, die Zeugnisse schauerlicher Geschicke und tausendfachen Elendes gedrängt nebeneinander und über diese hin ein beständiges Ein- und Ausströmen der Wallfahrer mit bedrängenden Gebeten und Gelübden um Erhörung, jeden Tag des Jahres von Sonnenaufgang bis Sonnenuntergang. Früh morgens um vier Uhr beginnt der Gottesdienst mit Musik und währt bis zur Nacht. Das Innere der Kapelle ist ganz mit schwarzem Samt überzogen, auch selbst das Gewölbe, und mehr durch Kerzenlicht als vom Tag erleuchtet, die Altäre von Silber, an den Wänden hängen silberne Glieder und Gebeine und viele silberne Herzen mit goldnen Flammen oder feurigen Wunden, – wie sonderbar, Goethe! Der Mensch! Er bringt seine Schmerzen als Opfer der Gottheit, und da mögen diese Schmerzen entstanden sein, woher sie wollen, in Gott wird alles göttlich; – Max von Bayern kniet in Lebensgröße, auch von Silber, auf den schwarzen Stufen des Altars, vor dem kohlrabenschwarzen Muttergottesbild, das ganz in Diamanten gekleidet ist, zwei Männerstimmen, von der dumpfen Orgel begleitet, singen ihre Hymnen, das stille Messelesen, die Menschen, die mit Tränen die Stufen des Altars küssen, viele tausend Seufzer aus allen Ecken, das macht den wunderlichsten Eindruck. Wo alle beten, sollt' ich auch beten, dacht' ich, aber nimmermehr, das Herz war in beständigem Klopfen; ich hatte vor der Tür einem Bettelmann einen

Veilchenkranz abgekauft, da stand ein kleines Kind vor dem Altar mit blonden Locken, es sah mich so freundlich an und langte nach dem Kranz, den gab ich ihm, da warf es ihn auf den Altar; denn es war zu klein, um hinaufzureichen, der Kranz fiel grade zu den Füßen der Mutter Gottes, es war ein glücklicher Wurf, der machte mein Herz leicht. Der Strom der Pilger zog mich mit sich fort zur gegenüberstehenden Tür hinaus, ich wartete lange auf das Kind, ich hätte es so gern geküßt und wollte ihm eine kleine goldene Kette schenken, die ich am Hals trage, weil es mir ein so gutes Zeichen gegeben hatte für Dich; denn ich dachte grade in dem Augenblick, wo es mir den Kranz abnahm, an Dich, aber das Kindchen kam nicht heraus, der Wagen stand vor der Tür, ich schwang mich auf meinen Kutschersitz, auf jeder Station hatte ich einen andern Kameraden, der den Sitz mit mir teilte und zugleich mir seine Herzensangelegenheiten mitteilte, sie fingen immer so schüchtern davon an, daß mir bange ward, aber weit gefehlt, allemal war's eine andere, keinmal war ich's.

Unsre Reise ging durch einen Wald von Blüten, der Wind streute sie wie einen Regen nieder, die Bienen flogen nach den Blumen die ich hinter's Ohr gesteckt hatte, gelt, das war angenehm! –

***

26. Mai.

Von Salzburg muß ich Dir noch erzählen. Die letzte Station, vorher Laufen; diesmal saß Freiberg mit mir auf dem Kutschersitz, er öffnete lächelnd seinen Mund, um die Natur zu preisen, bei ihm ist aber ein Wort wie der Anschlag in einem Bergwerk, eine Schicht führt zur andern; es ging in einen fröhlichen Abend über, die Täler breiteten sich rechts und links, als wären sie das eigentliche Reich, das unendliche gelobte Land. Langsam wie Geister hob sich hie und da ein Berg und sank allmählich in seinem blitzenden Schneemantel wieder unter. Mit der Nacht waren wir in Salzburg, es war schauerlich, die glattgesprengten Felsen himmelhoch über den Häusern hervorragen zu sehen, die wie ein Erdhimmel über der Stadt schwebten im Sternenlicht – und die Laternen, die da all mit den Leutlein durch die Straßen fackelten, und endlich die vier Hörner, die schmetternd vom Kirchturm den Abendsegen bliesen, da tönte alles Gestein und gab das Lied vielfältig zurück. – Die Nacht hatte in dieser Fremde ihren Zaubermantel über uns geworfen, wir wußten nicht, wie das war, daß alles sich beugte und wankte, das ganze Firmament schien zu atmen, ich war über alles glücklich, Du weißt ja, wie das ist, wenn man aus sich selber, wo man so lange gesonnen und gesponnen, heraustritt ganz ins Freie.

Wie kann ich Dir nun von diesem Reichtum erzählen, der sich am andern Tag vor uns ausbreitete? – Wo sich der Vorhang allmählich vor Gottes Herrlichkeit teilet und man sich nur verwundert, daß alles so einfach ist in seiner Größe. Nicht einen, aber hundert Berge sieht man von der Wurzel bis zum Haupt ganz frei, von keinem Gegenstand bedeckt, es jauchzt und triumphiert ewig da oben, die Gewitter schweben wie Raubvögel zwischen den Klüften, verdunkeln einen Augenblick mit ihren breiten Fittichen die Sonne, das geht so schnell und doch so ernst, es war auch alles begeistert. In den kühnsten Sprüngen, von den Bergen herab bis zu den Seen, ließ sich der

Übermut aus, tausend Gaukeleien wurden ins Steingerüst gerufen, so verlebten wir wie die Priesterschaft der Ceres bei Brot, Milch und Honig ein paar schöne Tage; zu ihrem Andenken wurde zuletzt noch ein Granatschmuck von mir auseinandergebrochen, jeder nahm sich einen Stein und den Namen eines Berges, den man von hier aus sehen konnte und nennen sich die Ritter vom Granatorden, gestiftet auf dem Watzmann bei Salzburg.

Von da ging die Reise nach Wien, es trennten sich die Gäste von uns, bei Sonnenaufgang fuhren wir über die Salza, hinter der Brücke ist ein großes Pulvermagazin, hinter dem standen sie alle, um Savigny ein letztes Vivat zu bringen, ein jeder rief ihm noch eine Beteuerung von Lieb' und Dank zu. Freiberg, der uns bis zur nächsten Station begleitete, sagte: „Wenn sie nur alle so schrien, daß das Magazin in die Luft sprengte; denn uns ist doch das Herz gesprengt"; und nun erzählte er mir, welch neues Leben durch Savigny aufgeblüht war, wie alle Spannung und Feindschaft unter den Professoren sich gelegt oder doch sehr gemildert habe, besonders aber sei sein Einfluß wohltätig für die Studenten gewesen, die weit mehr Freiheit und Selbstgefühl durch ihn erlangt haben. Nun kann ich Dir auch nicht genug beschreiben, wie groß Savignys Talent ist, mit jungen Leuten umzugehen; zuvörderst fühlt er eine wahre Begeisterung für ihr Streben, ihren Fleiß; eine Aufgabe, die er ihnen macht: wenn sie gut behandelt wird, so macht es ihn ganz glücklich, er möchte gleich sein Innerstes mit jedem teilen, er berechnet ihre Zukunft, ihr Geschick, und ein leuchtender Eifer der Güte erhellt ihnen den Weg, man kann von ihm wohl in dieser Hinsicht sagen, daß die Unschuld seiner Jugend auch der Geleitsengel seiner jetzigen Zeit ist, und das ist eigentlich sein Charakter, die Liebe zu denen, denen er mit den schönsten Kräften seines Geistes und seiner Seele dient; ja, das ist wahrhaft liebenswürdig, und muß Liebenswürdigkeit nicht allein Größe bestätigen? – Diese naive Güte, mit der er sich allen gleichstellt bei seiner ästhetischen Gelahrtheit, macht ihn doppelt groß. Ach, liebes Landshut, mit deinen geweißten Giebeldächern und dem geplackten Kirchturm, mit deinem Springbrunnen, aus dessen verrosteten Röhren nur sparsam das Wasser lief, um den die Studenten bei nächtlicher Weile Sprünge machten und sanft mit Flöte und Gitarre akkompagnierten, und dann aus fernen Straßen singend ihre „Gute Nacht" ertönen ließen; wie schön war's im Winter auf der leichten Schneedecke, wenn ich mit dem siebzigjährigen Kanonikus Eixdorfer, meinem Generalbaßlehrer und vortrefflichen Bärenjäger, spazieren ging, da zeigte er mir auf dem Schnee die Spuren der Fischottern, und da war ich manchmal recht vergnügt und freute mich auf den andern Tag, wo er mir gewiß ein solches Tier auffinden wollte, und wenn ich denn am andern Tag kam, daß er mich versprochnermaßen auf die Otternjagd begleiten sollte, da machte er Ausflüchte, heute seien die Ottern bestimmt nicht zu Hause; wie ich Abschied von ihm nahm, da gab er mir einen wunderlichen Segen, er sagte: „Möge ein guter Dämon Sie begleiten und das Gold und die Kleinodien, die Sie besitzen, allemal zu rechter Zeit in Scheidemünze verwandeln, womit Sie allein sich das erwerben können, was Ihnen fehlt." Dann versprach er mir auch noch, er wolle mir einen Otternpelz zusammenfangen, und ich solle über's Jahr kommen, ihn holen. Ach, ich werde nicht wiederkommen in das liebe Landshut, wo wir uns freuten, wenn's schneite und nachts der Wind recht gestürmt hatte, so gut, als wenn die Sonne recht herrlich schien, wo wir alle einander so gut waren, wo die Studenten Konzerte gaben und in der Kirche höllisch musizierten und es gar nicht übelnahmen, wenn man ihnen davonlief.

Und nun ist weiter nichts Merkwürdiges auf der Reise bis Wien vorgefallen, außer daß ich am nächsten Morgen die Sonne aufgehen sah, ein Regenbogen drüber und davor ein Pfau, der sein Rad schlug.

***

Wien, am 28. Mai.

Wie ich diesen sah, von dem ich Dir jetzt sprechen will, da vergaß ich der ganzen Welt, schwindet mir doch auch die Welt, wenn mich Erinnerung ergreift – ja sie schwindet. Mein Horizont fängt zu meinen Füßen an, wölbt sich um mich, und ich stehe im Meer des Lichts, das von Dir ausgeht, und in aller Stille schweb' ich gelassenen Flugs über Berg und Tal zu Dir. – Ach, lasse alles sein, mache Deine lieben Augen zu, leb' in mir einen Augenblick, vergesse, was zwischen uns liegt, die weiten Meilen und auch die lange Zeit. – Von da aus, wo ich Dich zum letztenmal sah, sehe mich an; ständ' ich doch vor Dir! – Könnt' ich's Dir deutlich machen! Der tiefe Schauder, der mich schüttelt, wenn ich eine Weile der Welt mit zugesehen habe, wenn ich dann hinter mich sehe in die Einsamkeit und fühle, wie fremd mir alles ist. Wie kömmt's, daß ich dennoch grüne und blühe in dieser Öde? – Wo kömmt mir der Tau, die Nahrung, die Wärme, der Segen her? – Von dieser Liebe zwischen uns, in der ich mich selbst so lieblich fühle. – Wenn ich bei Dir wär', ich wollte Dir viel wiedergeben für alles. – Es ist Beethoven, von dem ich Dir jetzt sprechen will, und bei dem ich der Welt und Deiner vergessen habe; ich bin zwar unmündig, aber ich irre darum nicht, wenn ich ausspreche (was jetzt vielleicht keiner versteht und glaubt), er schreitet weit der Bildung der ganzen Menschheit voran, und ob wir ihn je einholen? – Ich zweifle; möge er nur leben, bis das gewaltige und erhabene Rätsel, was in seinem Geiste liegt, zu seiner höchsten Vollendung herangereift ist, ja, möge er sein höchstes Ziel erreichen, gewiß, dann läßt er den Schlüssel zu einer himmlischen Erkenntnis in unseren Händen, die uns der wahren Seligkeit um eine Stufe näher rückt.

Vor Dir kann ich's wohl bekennen, daß ich an einen göttlichen Zauber glaube, der das Element der geistigen Natur ist, diesen Zauber übt Beethoven in seiner Kunst; alles, wessen er Dich darüber belehren kann, ist reine Magie, jede Stellung ist Organisation einer höheren Existenz, und so fühlt Beethoven sich auch als Begründer einer neuen sinnlichen Basis im geistigen Leben; Du wirst wohl herausverstehen, was ich sagen will, und was wahr ist. Wer könnte uns diesen Geist ersetzen? Von wem könnten wir ein Gleiches erwarten? – Das ganze menschliche Treiben geht wie ein Uhrwerk an ihm auf und nieder, er allein erzeugt frei aus sich das Ungeahnte, Unerschaffne, was sollte diesem auch der Verkehr mit der Welt, der schon vor Sonnenaufgang am heiligen Tagwerk ist und nach Sonnenuntergang kaum um sich sieht, der seines Leibes Nahrung vergißt und von dem Strom der Begeisterung im Flug an den Ufern des flachen Alltagslebens vorübergetragen wird; er selber sagte: „Wenn ich die Augen aufschlage, so muß ich seufzen; denn, was ich sehe, ist gegen meine Religion, und die Welt muß ich verachten, die nicht ahnt, daß Musik höhere

Offenbarung ist als alle Weisheit und Philosophie, sie ist der Wein, der zu neuen Erzeugungen begeistert, und ich bin der Bacchus, der für die Menschen diesen herrlichen Wein keltert und sie geistestrunken macht, wenn sie dann wieder nüchtern sind, dann haben sie allerlei gefischt, was sie mit aufs Trockne bringen. – Keinen Freund hab' ich, ich muß mit mir allein leben; ich weiß aber wohl, daß Gott mir näher ist wie den andern in meiner Kunst, ich gehe ohne Furcht mit ihm um, ich hab' ihn jedesmal erkannt und verstanden, mir ist auch gar nicht bange um meine Musik, die kann kein bös Schicksal haben, wem sie sich verständlich macht, der muß frei werden von all dem Elend, womit sich die andern schleppen." Dies alles hat mir Beethoven gesagt, wie ich ihn zum erstenmal sah, mich durchdrang ein Gefühl von Ehrfurcht, wie er sich mit so freundlicher Offenheit gegen mich äußerte, da ich ihm doch ganz unbedeutend sein mußte; auch war ich verwundert; denn man hatte mir gesagt, er sei ganz menschenscheu und lasse sich mit niemand in ein Gespräch ein. Man fürchtete sich, mich zu ihm zu führen, ich mußte ihn allein aufsuchen, er hat drei Wohnungen, in denen er abwechselnd sich versteckt, eine auf dem Lande, eine in der Stadt und die dritte auf der Bastei, da fand ich ihn im dritten Stock; unangemeldet trat ich ein, er saß am Klavier, ich nannte meinen Namen, er war sehr freundlich und fragte: ob ich ein Lied hören wolle, was er eben komponiert habe; – dann sang er scharf und schneidend, daß die Wehmut auf den Hörer zurückwirkte: „Kennst du das Land?" – „Nicht wahr, es ist schön", sagte er begeistert, „wunderschön! Ich will's noch einmal singen", er freute sich über meinen heiteren Beifall. „Die meisten Menschen sind *gerührt* über etwas Gutes, das sind aber keine *Künstlernaturen*, Künstler sind feurig, die weinen nicht", sagte er. Dann sang er noch ein Lied von Dir, das er auch in diesen Tagen komponiert hatte: *"Trocknet nicht Tränen der ewigen Liebe."* – Er begleitete mich nach Hause und unterwegs sprach er eben das viele Schöne über die Kunst, dabei sprach er so laut und blieb auf der Straße stehen, daß Mut dazugehörte zuzuhören, er sprach mit großer Leidenschaft und viel zu überraschend, als daß ich nicht auch der Straße vergessen hätte, man war sehr verwundert, ihn mit mir in eine große Gesellschaft, die bei uns zum Diner war, eintreten zu sehen. Nach Tische setzte er sich unaufgefordert ans Instrument und spielte lang und wunderbar, sein Stolz fermentierte zugleich mit seinem Genie; in solcher Aufregung erzeugt sein Geist das Unbegreifliche, und seine Finger leisten das Unmögliche. Seitdem kommt er alle Tage, oder ich gehe zu ihm. Darüber versäume ich Gesellschaften, Galerien, Theater und sogar den Stephansturm. Beethoven sagt: „Ach, was wollen Sie da sehen! Ich werde Sie abholen, wir gehen gegen Abend durch die Allee von Schönbrunn." Gestern ging ich mit ihm in einen herrlichen Garten, in voller Blüte, alle Treibhäuser offen, der Duft war betäubend; Beethoven blieb in der drückenden Sonnenhitze stehen und sagte: „Goethes Gedichte behaupten nicht allein durch den Inhalt, auch durch den Rhythmus eine große Gewalt über mich, ich werde gestimmt und aufgeregt zum Komponieren durch diese Sprache, die wie durch Geister zu höherer Ordnung sich aufbaut und das Geheimnis der Harmonien schon in sich trägt. Da muß ich denn von dem Brennpunkt der Begeisterung die Melodie nach allen Seiten hin ausladen, ich verfolge sie, hole sie mit Leidenschaft wieder ein, ich sehe sie dahinfliehen, in der Masse verschiedener Aufregungen verschwinden, bald erfasse ich sie mit erneuter Leidenschaft, ich kann mich nicht von ihr trennen, ich muß mit raschem Entzücken in allen Modulationen sie vervielfältigen, und im letzten Augenblick da triumphiere ich über den ersten musikalischen Gedanken, sehen Sie, das ist eine Symphonie; ja, Musik ist so recht die Vermittelung des geistigen Lebens zum sinnlichen. Ich möchte mit Goethe hierüber sprechen, ob der mich verstehen würde? – Melodie ist das sinnliche Leben der Poesie. Wird nicht der geistige Inhalt eines Gedichts zum sinnlichen Gefühl durch die Melodie? Empfindet man nicht in dem Lied der Mignon ihre ganze sinnliche Stimmung durch die Melodie? Und erregt diese Empfindung nicht wieder zu neuen Erzeugungen? – Da will der Geist zu schrankenloser Allgemeinheit sich ausdehnen, wo alles in allem sich bildet zum Bett der *Gefühle*, die aus dem einfachen musikalischen Gedanken entspringen, und die sonst ungeahnt verhallen würden; *das* ist Harmonie, *das* spricht sich in meinen Symphonien aus, der Schmelz vielseitiger Formen wogt dahin in einem Bett bis zum Ziel. Da fühlt man denn wohl, daß ein Ewiges, Unendliches, nie ganz zu Umfassendes in allem Geistigen liege, und obschon ich bei meinen Werken immer die Empfindung des Gelingens habe, so fühle ich einen ewigen Hunger, was mir eben erschöpft schien, mit dem letzten Paukenschlag, mit dem ich meinen Genuß, meine musikalische Überzeugung den Zuhörern einkeilte, wie ein Kind von neuem anzufangen. Sprechen Sie dem Goethe von mir, sagen Sie ihm, er soll meine Symphonien hören, da wird er mir recht geben, daß Musik der einzige unverkörperte Eingang in eine höhere Welt des Wissens ist, die wohl den Menschen umfaßt, daß er aber nicht sie zu fassen vermag. – Es gehört Rhythmus des Geistes dazu, um Musik in ihrer Wesenheit zu fassen, sie gibt Ahnung, Inspiration himmlischer Wissenschaften, und was der Geist sinnlich von ihr empfindet, das ist die Verkörperung geistiger Erkenntnis. – Obschon die Geister von ihr leben, wie man von der Luft lebt, so ist es noch ein anders, sie mit dem Geiste *begreifen*; – je mehr aber die Seele ihre sinnliche Nahrung aus ihr schöpft, je reifer wird der Geist zum glücklichen Einverständnis mit ihr. – Aber wenige gelangen dazu; denn so wie Tausende sich um der Liebe willen vermählen und die Liebe in diesen Tausenden sich nicht einmal offenbart, obschon sie alle das Handwerk der Liebe treiben, so treiben Tausende einen Verkehr mit der Musik und haben doch ihre Offenbarung nicht; auch *ihr* liegen die hohen Zeichen des Moralsinns zum Grunde wie jeder Kunst, alle echte Erfindung ist ein moralischer Fortschritt. – Sich selbst ihren unerforschlichen Gesetzen unterwerfen, vermöge dieser Gesetze den eignen Geist bändigen und lenken, daß er ihre Offenbarungen ausströme, das ist das isolierende Prinzip der Kunst; von ihrer Offenbarung aufgelöst werden, das ist die Hingebung an das Göttliche, was in Ruhe seine Herrschaft an dem Rasen ungebändigter Kräfte übt und so der Phantasie die höchste Wirksamkeit verleihet. So vertritt die Kunst allemal die Gottheit, und das menschliche Verhältnis zu ihr ist Religion, was wir durch die Kunst erwerben, das ist von Gott, göttliche Eingebung, die den menschlichen Befähigungen ein Ziel steckt, was er erreicht.

Wir wissen nicht, was uns Erkenntnis verleihet; das fest verschloßne Samenkorn bedarf des feuchten, elektrisch warmen Bodens, um zu treiben, zu denken, sich auszusprechen. Musik ist der elektrische Boden, in dem der Geist lebt, denkt, erfindet. Philosophie ist ein Niederschlag ihres elektrischen Geistes; ihre Bedürftigkeit, die alles auf ein Urprinzip gründen will, wird durch sie gehoben, obschon der Geist dessen nicht mächtig ist, was er durch sie erzeugt, so ist er doch glückselig in dieser

Erzeugung, so ist echte Erzeugung der Kunst, unabhängig, mächtiger als der Künstler selbst, kehrt durch ihre Erscheinung zum Göttlichen zurück, hängt nur darin mit dem Menschen zusammen, daß sie Zeugnis gibt von der Vermittelung des Göttlichen in ihm.

Musik gibt dem Geist die Beziehung zur Harmonie. Ein Gedanke abgesondert, hat doch das Gefühl der Gesamtheit der Verwandtschaft im Geist; so ist jeder Gedanke in der Musik in innigster, unteilbarster Verwandtschaft mit der Gesamtheit der Harmonie, die Einheit ist.

Alles Elektrische regt den Geist zu musikalischer, fließender, ausströmender Erzeugung.

Ich bin elektrischer Natur. Ich muß abbrechen mit meiner unerweislichen Weisheit, sonst möchte ich die Probe versäumen, schreiben Sie an Goethe von mir, wenn Sie mich verstehen, aber verantworten kann ich nichts und will mich auch gern belehren lassen von ihm." – Ich versprach ihm, so gut ich's begreife, Dir alles zu schreiben. – Er führte mich zu einer großen Musikprobe mit vollem Orchester, da saß ich im weiten unerhellten Raum in einer Loge ganz allein; einzelne Streiflichter stahlen sich durch Ritzen und Astlöcher, in denen ein Strom bunter Lichtfunken hin und her tanzte, wie Himmelsstraßen mit seligen Geistern bevölkert.

Da sah ich denn diesen ungeheuren Geist sein Regiment führen. O Goethe! Kein Kaiser und kein König hat so das Bewußtsein seiner Macht, und daß alle Kraft von ihm ausgehe, wie dieser Beethoven, der eben noch im Garten nach einem Grund suchte, wo ihm denn alles herkomme; verstünd' ich ihn so, wie ich ihn fühle, dann wüßt' ich alles. Dort stand er, so fest entschlossen, seine Bewegungen, sein Gesicht drückten die Vollendung seiner Schöpfung aus, er kam jedem Fehler, jedem Mißverstehen zuvor, kein Hauch war willkürlich, alles war durch die großartige Gegenwart seines Geistes in die besonnenste Tätigkeit versetzt. – Man möchte weissagen, daß ein solcher Geist in späterer Vollendung als Weltherrscher wieder auftreten werde.

Gestern abend schrieb ich noch alles auf, heute morgen las ich's ihm vor, er sagte: *"Hab' ich das gesagt?* – Nun dann hab' ich einen Raptus gehabt"; er las es noch einmal aufmerksam und strich das oben aus und schrieb zwischen die Zeilen; denn es ist ihm drum zu tun, daß Du ihn verstehst.

Erfreue mich nun mit einer baldigen Antwort, die dem Beethoven beweist, daß Du ihn würdigst. Es war ja immer unser Plan, über Musik zu sprechen, ja, ich wollte auch, aber durch Beethoven fühl' ich nun erst, daß ich der Sache nicht gewachsen bin.

Bettine.

Meine Adresse ist Erdberggasse im Birkenstockischen Hause, noch vierzehn Tage trifft mich Dein Brief.

An Bettine.

Dein Brief, herzlich geliebtes Kind, ist zur glücklichen Stunde an mich gelangt, Du hast Dich brav zusammengenommen, um mir eine große und schöne Natur in ihren Leistungen wie in ihrem Streben, in ihren Bedürfnissen, wie in dem Überfluß ihrer Begabtheit darzustellen, es hat mir großes Vergnügen gemacht, dies Bild eines wahrhaft genialen Geistes in mich aufzunehmen, ohne ihn klassifizieren zu wollen, gehört doch ein psychologisches Rechnungskunststück dazu, um das wahre Fazit der Übereinstimmung da herauszuziehen, indessen fühle ich keinen Widerspruch gegen das, was sich von Deiner raschen Explosion erfassen läßt; im Gegenteil möchte ich Dir für einen innern Zusammenhang meiner Natur, mit dem, was sich aus diesen mannigfaltigen Äußerungen erkennen läßt, einstweilen einstehen, der gewöhnliche Menschenverstand würde vielleicht Widersprüche darin finden, was aber ein solcher vom Dämon Besessener ausspricht, davor muß ein Laie Ehrfurcht haben, und es muß gleichviel gelten, ob er aus Gefühl oder aus Erkenntnis spricht; denn hier walten die Götter und streuen Samen zu künftiger Einsicht, von der nur zu wünschen ist, daß sie zu ungestörter Ausbildung gedeihen möge; bis sie indessen allgemein werde, da müssen die Nebel vor dem menschlichen Geist sich erst teilen. Sage Beethoven das Herzlichste von mir, und daß ich gern Opfer bringen würde, um seine persönliche Bekanntschaft zu haben, wo denn ein Austausch von Gedanken und Empfindungen gewiß den schönsten Vorteil brächte, vielleicht vermagst Du so viel über ihn, daß er sich zu einer Reise nach Karlsbad bestimmen läßt, wo ich doch beinah' jedes Jahr hinkomme und die beste Muße haben würde, von ihm zu hören und zu lernen; ihn belehren zu wollen, wäre wohl selbst von Einsichtigern als ich Frevel, da ihm sein Genie vorleuchtet und ihm oft wie durch einen Blitz Hellung gibt, wo wir im Dunkel sitzen und kaum ahnen, von welcher Seite der Tag anbrechen werde.

Sehr viel Freude würde es mir machen, wenn Beethoven mir die beiden komponierten Lieder von mir schicken wollte, aber hübsch deutlich geschrieben, ich bin sehr begierig sie zu hören, es gehört mit zu meinen erfreulichsten Genüssen, für die ich sehr dankbar bin, wenn ein solches Gedicht früherer Stimmung mir durch eine Melodie (wie Beethoven ganz richtig erwähnt) wieder aufs neue versinnlicht wird.

Schließlich sage ich Dir noch einmal den innigsten Dank für Deine Mitteilungen und Deine Art mir wohlzutun, da Dir alles so schön gelingt, da Dir alles zu belehrendem, freudigem Genuß wird, welche Wünsche könnten da noch hinzugefügt werden, als daß es ewig so fortwähren möge; ewig auch in Beziehung auf mich, der den Vorteil nicht verkennt, zu Deinen Freunden gezählt zu werden. Bleibe mir daher, was Du mit so großer Treue warst, sooft Du auch den Platz wechseltest und sich die Gegenstände um Dich her veränderten und verschönerten.

Auch der Herzog grüßt Dich und wünscht, nicht ganz von Dir vergessen zu sein. Ich erhalte wohl noch Nachricht von Dir in meinem Karlsbader Aufenthalt bei den drei Mohren.

Am 6. Juni 1810. G.

An Goethe

Liebster Freund! Dem Beethoven hab' ich Deinen schönen Brief mitgeteilt, soweit es ihn anging, er war voll Freude und rief: „Wenn ihm jemand Verstand über Musik beibringen kann, so bin ich's." Die Idee, Dich im Karlsbad aufzusuchen, ergriff er mit Begeistrung, er schlug sich vor den Kopf und sagte: „Konnte ich das nicht schon früher getan haben? – Aber wahrhaftig, ich hab' schon daran gedacht, ich hab's aus Timidität unterlassen, die neckt mich manchmal, als ob ich kein rechter Mensch wär', aber vor dem Goethe fürchte ich mich nun nicht mehr." – Rechne daher darauf, daß Du ihn im nächsten Jahr siehst.

Nun antworte ich nur noch auf die letzten Punkte Deines Briefs, aus denen ich Honig sammle: Die Gegenstände um mich her verändern sich zwar, aber sie verschönern sich nicht, das Schönste ist ja doch, daß ich von Dir weiß, und mich würde nichts freuen, wenn Du nicht wärst, vor dem ich es aussprechen dürfte; und zweifelst Du daran, so ist Dir auch daran gelegen, und bin ich auch glücklicher, als mich alle gezählten und ungezählten Freunde je machen können. Mein Wolfgang, Du zählst nicht mit unter den Freunden, lieber will ich gar keinen zählen.

Den Herzog grüße, leg' mich ihm zu Füßen, sag' ihm, daß ich ihn nicht vergessen habe, auch keine Minute, die ich dort mit ihm erlebt habe. – Daß er mir erlaubte, auf dem Schemel zu sitzen, worauf sein Fuß ruhte, daß er sich seine Zigarre von mir anrauchen ließ, daß er meine Haarflechte aus den Krallen des bösen Affen befreite und gar nicht lachte, obschon es sehr komisch war, das vergesse ich gar nicht, wie er dem Affen so bittend zuredete; dann der Abend beim Souper, wo er dem Ohrenschlüpfer den Pfirsich hinhielt, daß er sich darin verkriechen sollte, und wie jemand anders das Tierchen vom Tisch herunterwarf, um es tot zu treten; er wendete sich zu mir und sagte: „So böse sind Sie nicht, das hätten Sie nicht getan!" – Ich nahm mich zusammen in dieser kitzligen Affäre und sagte: „Ohrenschlüpfer soll man bei einem Fürsten nicht leiden"; er fragte: „Hat man auch die zu meiden, die es hinter den Ohren haben, so muß ich mich vor Ihnen hüten"; auch die Promenade zu den jungen ausgebrüteten Enten, die ich mit ihm zählte, wo Du dazu kamst und über unsere Geduld Dich schon lange gewundert hattest, ehe wir fertig waren, und so könnte ich Dir Zug für Zug jeden Moment wieder herbeirufen, der mir in seiner Nähe gegönnt war. Wer ihm nah sein darf, dem muß wohl werden, weil er jeden gewähren läßt und doch mit dabei ist und die schönste Freiheit gestattet und nicht unwillig ist um die Herrschaft des Geistes und dennoch sicher ist, einen jeden durch diese großartige Milde zu beherrschen. Das mag ins Große und Allgemeine gehen, so wie ich's im Kleinen und Einzelnen erfahren habe. Er ist groß, der Herzog, und wächst dennoch, er bleibt sich selber gleich, gibt jeglichen Beweis, daß er sich überbieten kann. So ist der Mensch, der einen hohen Genius hat, er gleicht ihm, er wächst so lange, bis er eins mit ihm wird.

Danke ihm in meinem Namen, daß er an mich denkt, beschreibe ihm meine zärtliche Ehrfurcht. Wenn mir wieder beschert ist, ihn zu sehen, dann werde ich von seiner Gnade den möglichsten Ertrag ziehen.

Morgen packen wir auf und gehen hin, wo lauter böhmische Dörfer sind. Wie oft hat mir Deine Mutter gesagt, wenn ich ihr allerlei Projekte machte: „Das sind lauter böhmische Dörfer“, nun bin ich begierig, ein böhmisches Dorf zu sehen. Beide Lieder von Beethoven sind hier beigelegt, die beiden andern sind von mir, Beethoven hat sie gesehen und mir viel Schönes darüber gesagt, daß wenn ich mich dieser Kunst gewidmet hätte, ich große Hoffnungen darauf bauen könnte; ich aber streife sie nur im Flug; denn meine Kunst ist Lachen und Seufzen in einem Säckelchen, und über die ist mir keine.

Adieu! Vieles hole ich noch nach im böhmischen Schloß Bukowan.

Bettine.

An Goethe.

Bukowan im Praginer Kreis: Juli.

Wie bequem ist's, wie lieblich an Dich zu denken unter diesem Dach von Tannen und Birken, die den heißen Mittag in hoher Ferne halten. Die schweren Tannzapfen glänzen und funkeln mit ihrem Harze, wie tausend kleine Tagsterne, machen's droben nur noch heißer und hier unten kühler. Der blaue Himmel deckt mein hohes enges Haus; ich messe rücklings seine Ferne, wie er unerreichbar scheint, doch trug mancher schon den Himmel in der Brust; ist mir doch, als hab' auch ich ihn in mir festgehalten einen Augenblick, diesen weitgedehnten über Berg und Tal hinziehenden: über alle Ströme Brücken; durch alle Felsen, Höhlen; über Stock und Stein in einem Strich fort, der Himmel über mir, bis dort an Dein Herz, da sinkt er mit mir zusammen.

Liegt es denn nur in der Jugend, daß sie so innig wolle, was sie will? – Bist Du nicht so? Begehrst nicht nach mir? – Möchtest Du nicht zuweilen bei mir sein? – Sehnsucht ist ja doch die rechte Fährte, sie weckt ein höheres Leben, gibt helle Ahnung noch unerkannter Wahrheiten, vernichtet allen Zweifel und ist sie die sicherste Prophetin seines Glückes.

Dir sind alle Reiche aufgetan, Natur, Wissenschaft und Kunst, aus allen sind den Fragen Deiner Sehnsucht göttliche Wahrheiten zugeströmt. – Was hab' ich? Ich habe Dich auf tausend Fragen.

Hier in der tiefen Felsschlucht denk' ich so allerlei; – ich hab' mich einen halsbrechenden Weg heruntergewagt, wie werd' ich wieder hinaufkommen an diesen glatten Felswänden, an denen ich vergeblich die Spur suche, wo ich herabgeglitten bin. Selbstvertrauen ist Vertrauen auf Gott, er wird mich doch nicht stecken lassen! – Ich lieg' hier unter frischen hohen Kräutern, die mir die heiße Brust kühlen, viele kleine Würmchen und Spinnen klettern über mich hinaus, alles wimmelt geschäftig um mich her. Die Eidechsen schlüpfen aus ihren feuchten Löchern und heben das Köpfchen und staunen mich an mit ihren klugen Augen und schlüpfen eilig zurück; sie sagen's einander, daß ich da bin; – ich der Liebling des Dichters – es kommen immer mehr und gucken.

Ach, schöner Sommernachmittag! Ich brauch' nicht zu denken, der Geist sieht müßig hinauf in die kristallne Luft. – Kein Witz, keine Tugend, nackt und bloß ist die Seele, in der Gott sein Ebenbild erkennt.

Die ganze Zeit war Regenwetter, heute brennt die Sonne wieder. Nun lieg' ich hier zwischen Steinen auf weichem Moos von vielen Frühlingen her, die jungen Tannen dampfen heißes Harz aus und rühren mit den Ästen meinen Kopf. Ich muß jedem Fröschchen nachgucken, mich gegen Heuschrecken und Hummeln wehren, dabei bin ich so faul – was soll ich mit Dir schwätzen, hier wo ein Hauch das Laub bewegt, durch das die Sonne auf meine geschloßnen Augenlider spielt? – Guter Meister! Hör' in diesem Lispeln, wie sehr Du meine Einsamkeit beglückst; der Du alles weißt und alles fühlst und weißt, wie wenig die Worte dem innern Sinn gehorchen. – Wann soll ich Dich wiedersehen? – Wann? – Daß ich mich nur ein klein wenig an Dich anlehnen möge und ausruhen, ich faules Kind.

Bettine.

***

Wie ich gestern aus meiner Faulheit erwachte und mich besann, da waren die Schatten schon lang geworden; ich mußte mich an den jungen Birkenstämmchen, die aus den Felsritzen wachsen, aus meiner Untiefe heraufschwingen, das Schloß Bukowan mit seinen roten Dächern und schönen Türmen sah ich nirgends, ich wußte nicht, welchen Weg ich einschlagen sollte, und entschloß mich kurz, ein paar Ziegen nachzugehen, die brachten mich wieder zu Menschen, mit denen sie in einer Hütte wohnen, ich machte diesen verständlich, daß ich nach Bukowan wolle, sie begleiteten mich, der Tag ging schlafen, der Mond ging auf, ich sang, weil ich doch nicht mit ihnen sprechen konnte, nachher sangen sie wieder, und so kam ich am späten Abend an, ein paarmal hatte ich Angst, die Leute könnten mich irreführen, und war recht froh, wie ich in meiner kleinen Turmstube saß.

Ich bin übrigens nicht ohne Beschäftigung, so einsam es auch ist, an einem Morgen hab' ich mehrere Hundert kleine Backsteine gemacht, das Bauen ist meine Freude, mein Bruder Christian ist ein wahres Genie, er kann alles, eben ist das Modell einer kleinen Schmiede fertig geworden, das nun auch gleich im großen ausgeführt werden soll. Die Erfindungsgabe dieses Bruders ist ein unversiegbarer Quell, und ich bin sein bester Handlanger, soweit meine Kräfte reichen, mehrere ideale Gebäude stehen in kleinen Modellen um uns her in einem großen Saal, und da sind der Aufgaben so viele, die ich zu lösen habe, daß ich abends oft ganz müde bin, es hindert mich jedoch nicht, morgens den Sonnenaufgang auf dem Pedeetsch zu erwarten, ein Berg, der rund ist wie ein Backofen und hiervon den Namen trägt (denn Pedeetsch heißt auf Böhmisch Backofen), etwas erhöht über hundert seinesgleichen, die wie ein großes Lager von Zelten ihn umgeben, da seh' ich und abermals und abermals die Welt dem Licht erwachen; alleine und einsam wie ich bin, kämpft's in meiner Seele, müßte ich länger hier bleiben, so schön es auch ist, ich könnt's nicht aushalten. Vor kurzem war ich noch in der großen Wienstadt, ein Treiben, ein Leben unter den Menschen, als ob es nie aufhören sollte, da wurden in Gemeinschaft die üppigen Frühlingstage verlebt, in schönen Kleidern ging man gesellig umher. Jeder Tag brachte neue Freude und jeder Genuß wurde eine Quelle interessanter Mitteilungen, über das alles hinaus ragte mir Beethoven, der große, übergeistige, der uns in eine unsichtbare Welt einführte, und der Lebenskraft einen Schwung gab, daß man das eigne beschränkte Selbst zu einem Geisteruniversum erweitert fühlte. Schade, daß er nicht hier ist in dieser Einsamkeit, daß ich über seinem Gespräch das ewige Zirpen jener Grille vergessen möchte, die nicht aufhört mich zu mahnen, daß nichts außer ihrem Ton die Einsamkeit unterbricht. – Heute habe ich mich eine ganze Stunde exerziert, einen Kranz von Rosen mit dem Stock auf ein hohes steinernes Kreuz zu schwingen, das am Fahrweg steht, es war vergebens, der Kranz entblätterte, ich setzte mich ermüdet auf die Bank darunter, bis der Abend kam, und dann ging ich nach Hause. Kannst Du glauben, daß es mich sehr traurig machte, so einsam nach Hause zu gehen, und daß es mir war, als hänge ich mit nichts zusammen in der Welt, und daß ich unterwegs an Deine Mutter dachte, wenn ich im Sommer zum Eschenheimer Tor hereinkam vom weiten Spaziergang, da lief ich zu ihr hinauf, ich warf Blumen und Kräuter, alles, was ich gesammelt hatte, mitten in die Stube und setzte mich dicht an sie heran und legte den Kopf ermüdet auf ihren Schoß; sie sagte: „Hast Du die Blumen so weit hergebracht und jetzt wirfst du sie alle weg", da mußte ihr die Lieschen ein Gefäß bringen, und sie ordnete den Strauß selbst, über jede einzelne Blume hielt sie ihre Betrachtung und sagte vieles, was mir so wohltätig war, als schmeichle mir eine liebe Hand; sie freute sich, daß ich alles mitbrachte, Kornähren und Grassamen und Beeren am Aste, hohe Dolden, schöngeformte Blätter, Käfer, Moose, Samendolden, bunte Steine, sie nannte es eine Musterkarte der Natur und bewahrte es immer mehrere Tage; manchmal bracht' ich ihr auserlesene Früchte und verbot ihr, sie zu essen, weil sie zu schön waren, sie brach gleich einen schöngestreiften Pfirsich auf und sagte: „Man muß allem Ding seinen Willen tun, der Pfirsich läßt mir nun doch keine Ruh', bis er verzehrt ist." In allem, was sie tat, glaubt' ich Dich zu erkennen, ihre Eigenheiten und Ansichten waren mir liebe Rätsel, in denen ich Dich erriet.

Hätt' ich die Mutter noch, so wüßt' ich, wo ich zu Hause wär', ich würde ihren Umgang allem andern vorziehen, sie machte mich sicher im Denken und Handeln, manchmal verbot sie mir etwas, wenn ich aber doch als meinem Eigensinn gefolgt war, verteidigte sie mich gegen alle, und da holte sie aus in ihrem Enthusiasmus wie der Schmied, der das glühende Eisen auf dem Ambos hat, sie sagte: „Wer der Stimme in seiner Brust folgt, der wird seine Bestimmung nicht verfehlen, dem wächst ein Baum aus der Seele, aus dem jede Tugend und jede Kraft blüht, und der die schönsten Eigenschaften wie köstliche Äpfel trägt, und Religion, die ihm nicht im Weg ist, sondern seiner Natur angemessen, wer aber dieser Stimme nicht horcht, der ist blind und taub und muß sich von andern hinführen lassen, wo ihre Vorurteile sie selbst hin verbannen. Ei", sagte sie, „ich wollte ja lieber vor der Welt zuschanden werden, als daß ich mich von Philisterhand über einen gefährlichen Steig leiten ließ, am End' ist auch gar nichts gefährlich als nur die Furcht selber, die bringt einem um alles." Grad' im letzten Jahr war sie am lebendigsten und sprach über alles, mit gleichem Anteil, aus den einfachsten Gesprächen entwickelten sich die feierlichsten und edelsten Wahrheiten, die einem für das ganze Leben ein Talisman sein konnten; sie sagte: „Der Mensch muß sich den besten Platz erwählen, und den muß er behaupten sein Leben lang und muß all seine Kräfte daran setzen, *dann* nur ist er edel und wahrhaft groß. Ich meine nicht einen äußern, sondern einen innern Ehrenplatz, auf den uns stets diese innere Stimme hinweist, könnten wir nur das Regiment führen in uns selbst, wie Napoleon das Regiment der Welt führt, da würde sich die Welt mit jeder Generation erneuern und über sich selbst hinausschwingen. So bleibt's immer beim Alten, weil's halt keiner in sich weiter treibt wie der vorige, und da langweilt man sich schon, wenn man auch eben erst angekommen ist, ja, man fühlt's gleich, wenn man's auch zum erstenmal hört, daß die Weisheit schon altes abgedroschnes Zeug ist." – Ihre französische Einquartierung mußte ihr viel von Napoleon erzählen, da fühlte sie mit alle Schauer der Begeisterung; sie sagte: „*Der* ist der Rechte, der in allen Herzen widerhallt mit Entzücken, Höheres gibt es nichts, als daß sich der Mensch im Menschen fühlbar mache", und so steigere sich die Seligkeit durch Menschen und Geister wie durch eine elektrische Kette, um zuletzt als Funken in das himmlische Reich überzuspringen. – Die Poesie sei *dazu*, um das Edle, Einfache, Große aus den Krallen des Philistertums zu retten, alles sei Poesie in seiner Urpsprünglichkeit, und der Dichter sei *dazu*, diese wieder hervorzurufen, weil alles nur als Poesie sich verewige; ihre Art zu denken hat sich mir so tief eingeprägt, ich kann mir in ihrem Sinn auf alles Antwort geben, sie war so entschieden, daß die allgemeine Meinung durchaus keinen Einfluß auf sie hatte, es kam eben alles aus so tiefem Gefühl, sie sagte mir oft, ihre Vorliebe für mich sei bloß aus der verkehrten Meinung andrer Leute entstanden, da habe sie gleich geahnet, daß sie mich besser verstehen werde. – Nun, ich werde mich noch auf alles besinnen; denn mein Gedächtnis wird mir doch nicht weniger treu sein wie mein Herz. Am Pfingstfest, in ihrem letzten Lebensjahr, da kam ich aus dem Rheingau, um sie zu besuchen, sie war freudig überrascht, wir fuhren ins Kirschenwäldchen; es war so schön Wetter, die Blüten wirbelten leise um uns herab wie Schnee, ich erzählte ihr von einem ähnlichen schönen Feiertag, wie ich erst dreizehn Jahr' alt gewesen, da hab' ich nachmittags allein auf einer Rasenbank gesessen, und da habe sich ein Kätzchen auf meinen Schoß in die Sonne gelegt und sei eingeschlafen, und ich bin sitzen geblieben, um sie nicht zu stören, bis die Sonne unterging, da sprang die Katze fort. Die Mutter lachte und sagte: „Damals hast du vom Wolfgang noch nichts gewußt, da hast du mit der Katze vorlieb genommen."

Ja, hätte ich die Mutter noch! Mit ihr brauchte man nicht Großes zu erleben, ein Sonnenstrahl, ein Schneegestöber, der Schall eines Posthorns weckte Gefühle, Erinnerung und Gedanken. – Ich muß mich schämen vor Dir, daß ich so verzagt bin. Bist Du mir nicht gut und nimmst mich auf wie eine gute Gabe? – Und kann einer Gabe annehmen, der sich nicht hingibt der Gabe? – Und ist das Gabe, die nicht ganz und immerdar sich gibt? Geht auch ein Schritt vorwärts, der nicht in ein neues Leben geht ? – Geht einer rückwärts, der nicht mit dem ewigen Leben verfallen wäre? – Siehst Du, das ist ein sehr einfaches Rechenexempel, warum man nicht verzagen soll, weil das Ewige keine Grenze hat. Wer will der Liebe, wer kann dem Geist Grenzen setzen? – Wer hat je geliebt, der sich etwas vorbehalten habe? Vorbehalt ist Selbstliebe. Das irdische Leben ist Gefängnis, der Schlüssel zur Freiheit ist Liebe, sie führt aus dem irdischen Leben ins Himmlische. – Wer kann aus sich selbst erlöst werden ohne die Liebe? Die Flamme verzehrt das Irdische, um dem Geist grenzenlosen Raum zu gewinnen, der auffliegt zum Äther; der Seufzer, der sich in der Gottheit auflöst, hat keine Grenze. Nur der Geist hat ewige Wirkung, ewiges Leben, alles andre stirbt. Gute Nacht; gute Nacht, es ist um die Geisterstunde.

Dein Kind, das sich an Dich drängt aus
Furcht vor seinen eignen Gedanken.

An Bettine.

Da Du in der Fülle interessanter Begebenheiten und Zerstreuungen der volkreichsten Stadt nicht versäumt hast, mir so reichhaltige Berichte zu senden, so wäre es unbillig, wenn ich jetzt in Deinen verborgnen Schlupfwinkel Dir nicht auch ein Zeichen meines Lebens und meiner Liebe dahinüber schickte. Wo steckst Du denn? – Weit kann es nicht sein; die eingestreuten Lavendelblüten in Deinem Brief ohne Datum waren noch nicht welk, da ich ihn erhielt, sie deuten an, daß wir einander vielleicht näher sind, als wir ahnen konnten. Versäume ja nicht bei Deinen allseitigen Treiben und wunderlichen Versuchen, der Göttin Gelegenheit einen Tempel aus gemachten Backsteinen zu errichten, und erinnere Dich dabei, daß man sie ganz kühn bei den drei goldnen Haaren ergreifen muß, um sich ihrer Gunst zu versichern. Eigentlich hab' ich Dich schon hier, in Deinen Briefen, in Deinen Andenken und lieblichen Melodien und vor allem in Deinem Tagebuch, mit dem ich mich täglich beschäftige, um mehr und mehr Deiner reichen erhabenen Phantasie mächtig zu werden, doch möchte ich Dir auch mündlich sagen können, wie Du mir wert bist.

Deine Weissagungen über Menschen und Dinge, über Vergangenheit und Zukunft sind mir lieb und nützlich, und ich verdiene auch, daß Du mir das Beste gönnst. – Treues, liebevolles Andenken hat vielleicht einen bessern Einfluß auf Geschick und Geist als die Gunst der Sterne selbst, von denen wir ja doch nicht wissen, ob wir sie nicht den Beschwörungen schöner Liebe zu danken haben.

Von der Mutter schreib alles auf, es ist mir wichtig; sie hatte Kopf und Herz zur Tat wie zum Gefühl.

Was Du auf Deiner Reise gesehen und erfahren hast, schreib mir alles, lasse Dich die Einsamkeit nicht böslich anfallen, Du hast Kraft, ihr das Beste abzugewinnen.

Schön wär's, wenn das liebe Böhmer Gebirg' nun auch Deine liebe Erscheinung mir bescherte. Lebe wohl, liebstes Kind, fahre fort, mit mir zu leben, und lasse mich Deine lieben ausführlichen Briefe nicht missen.

Goethe.

An Goethe.

Dein Brief war ganz rasch da, ich glaubte, Deinen Atem noch darin zu erhaschen, noch eh' ich ihn gelesen hatte, hab' ich dem eine Falle gestellt, an der Landkarte bin ich auch gewesen. Wenn ich heute von hier abreiste, so läg' ich morgen früh zu Deinen Füßen; und wie ich an der weichen Molltonart Deines Schreibens erkenne, so würdest Du mich nicht lange da schmachten lassen, Du würdest mich bald ans Herz ziehen, und in stürmender Freude würde gleich Zimbeln und Pauken mit raschem Wirbelschlag ein durch Mark und Bein dringendes Finale der süßen Ruhe vorangehen, die mich in Deiner Gegenwart beglückt. Wem entdeck' ich's? Die kleine Reise zu Dir?

– Ach, nein, ich sag's nicht, es versteht's doch keiner, wie selig es mich machen könnte, und dann ist es ja auch so allgemein, die Freude der Begeistrung zu verdammen, sie nennen es Wahnsinn und Verkehrtheit. – Glaub' nicht, daß ich sagen dürfte, wie lieb ich Dich habe, was man nicht begreift, das findet man leicht toll, ich muß schweigen. Aber der herrlichen Göttin, die mit den Philistern ihr Spiel treibt, hab' ich nach Deinem Wink und um meiner Ungeduld zu steuern, mit selbstgemachten Backsteinen schon den Grund zum Tempelchen gelegt. Hier male ich Dir den Grundriß: eine viereckige Halle in der Mitte ihrer vier Wände, Türen klein und schmal, innerhalb derselben eine zweite auf Stufen erhaben, die auch in der Mitte jeder Wand eine Tür hat; dieser Raum steht aber quer, also, daß die Ecken auf die vier Türen der äußeren Halle gerichtet sind; in diesem ein dritter viereckiger Raum, der auf Stufen erhöht liegt, nur eine Tür hat und wieder mit dem äußersten Raum gleich steht, die drei Ecken, welche sich durch den innersten Raum in dem zweiten abschneiden und durch große Öffnungen sich an denselben anschließen, während die vierte Ecke den Eingang zur Tür bildet, stellen die Gärten der Hesperiden dar, in der Mitte auf weichgepolstertem Thron die Göttin; nachlässig hingelehnt, schießt sie ohne Wahl nur spielend nach den goldnen Äpfeln der Hesperiden, die mit Jammer zusehen müssen, wie die vom Pfeil zufällig durchschoßnen Äpfel über die umwachte Grenze hinausfliegen. – O Goethe! Wer nun von außen die rechte Tür wählt und ohne langes Besinnen durch die Vorhalle grade zum innersten Tempel gelangt, den Apfel am fliegenden Pfeil kühn erhascht, wie glücklich ist der!

Die Mutter sagte: alle schönen Empfindungen des Menschengeistes, wenn sie auch auf Erden nicht auszuführen seien, so wären sie dem Himmel, wo alles ohne Leib, nur im Geist da sei, doch nicht verloren. Gott habe gesagt, er *werde*, und habe dadurch die ganze schöne Welt erschaffen, ebenso sei dem Menschen diese Kraft eingeboren, was er im Geist erfinde, das werde durch diese Kraft im Himmel erschaffen. Denn der Mensch baue sich seinen Himmel selbst und seine herrlichen Erfindungen verzieren das ewige unendliche Jenseits; in diesem Sinne also baue ich unserer Göttin den schönen Tempel, ich bekleide seine Wände mit lieblichen Farben und Marmorbildern, ich lege den Boden aus mit bunten Steinen, ich schmücke ihn mit Blumen und erfülle durchwandelnd die Hallen mit dem Duft des Weihrauchs, auf den Zinnen aber bereite ich dem glückbringenden Storch ein bequemes Nest, und so vertreibe ich mir die ungeduldige Zeit, die mich aus einer Aufregung in die andere stürzt. – Ach, ich darf gar nicht hinhorchen in die Ferne wie sonst, wenn ich in der waldrauschenden Einsamkeit auf das Zwitschern der Vögel lauschte, um ihr Nestchen zu entdecken. Jetzt am hohen Mittag sitz' ich allein im Garten und möchte nur fühlen – nicht denken – was Du mir bist; da kommt leise der Wind, als käm' er von Dir; er legt sich so frisch ans Herz – er spielt mit dem Staub zu meinen Füßen und jagt unter die tanzenden Mückchen, er streift mir die heißen Wangen, hält schmeichelnd den Brand der Sonne auf; am unbeschnittnen Rebengeländer hebt er die Ranken und flüstert in den Blättern, dann streift er eilend über die Felder, über die neigenden Blumen. Brachte er Botschaft? Hab' ich ihn recht verstanden? – Ist's gewiß? Er soll mich tausendmal grüßen vom Freund, der gar nicht weit von hier meiner harrt, um mich tausendmal willkommen zu heißen? – Ach, könnt' ich noch einmal ihn fragen! – Er ist fort; laß ihn ziehen zu andern, die auch sich sehnen, ich wende mich zu ihm, der allein mein Herz ergreift, mein Leben erneut mit seinem Geist, mit dem Hauch seiner Worte.

***

Montag.

Frag' nur nicht nach dem Datum, ich habe keinen Kalender, und ich muß Dir gestehen, es ist, als ob sich's nicht schicke für meine Liebe, daß ich mich um die Zeit bekümmere. Ach Goethe! Ich mag nicht hinter mich sehen und auch nicht vor mich. Dem himmlischen Augenblick ist die Zeit ein Scharfrichter, das scharfe Schwert, das sie über ihm schwingt, seh' ich mit scheuer Ahnung blitzen; nein, ich will nicht fragen nach der Zeit, wo ich fühle, daß die Ewigkeit mir den Genuß nicht über die Grenze des Augenblicks ausdehnen würde; aber doch, wenn Du wissen willst, über's Jahr vielleicht – oder in späterer Zeit, wann es doch war, daß mich die Sonne braun gebrannt hat und ich's nicht spürte vor tiefem Sinnen an Dich; so merk' es Dir, es ist grade, wo die Johannisbeeren reif sind, der spekulierende Geist des Bruders will sich in einem trefflichen Goose-beery vine versuchen, ich helfe keltern. Gesten abend im Mondlicht haben wir Traubenlese gehalten, da flogen unzählige Nachtfalter mir um den Kopf; wir haben eine ganze Welt träumerischer Geschöpfe aufgestört bei dieser nächtlichen Ernte, sie waren ganz irre geworden. Wie ich in mein Zimmer kam, fand ich unzählige, die das Licht umschwärmten, sie dauerten mich, ich wollte ihnen wieder hinaushelfen, ich hielt lange das Licht vors Fenster und habe die halbe Nacht mit zugebracht, es hat mich keine Mühe verdrossen. Goethe, habe doch auch Geduld mit mir, wenn ich Dich umschwärme und von den Strahlen Deines Glanzes mich nicht trennen will, da möchtest Du mir wohl auch gern nach Hause leuchten.

Bettine.

***

Dienstag.

Heute morgen hat der Christian, der auch Arzneiwissenschaft treibt, eine zahme Wachtel kuriert, die in meinem Zimmer herumläuft und krank war, er versuchte ihr einen Tropfen Opium einzuflößen, unversehens trat er auf sie, daß sie ganz platt und tot dalag. Er faßte sie rasch und ribbelte sie mit beiden Händen wieder rund, da lief sie hin, als wenn ihr nichts gefehlt hätte, und die Krankheit ist auch vorbei, sie macht sich gar nicht mehr dick, sie frißt, sie säuft, badet sich und singt, alles staunt die Wachtel an.

***

Mittwoch.

Heute gingen wir auf's Feld, um die Wirkung einer Maschine zu sehen, mit der Christian bei großer Dürre die Saaten wässern will; ein sich weit verbreitender Perlenregen spielte in der Sonne und machte uns viel Vergnügen. Mit diesem Bruder geh' ich gern spazieren, er schlendert so vor mir her und findet überall was

Merkwürdiges; er kennt das Leben der kleinen Insekten und ihre Wohnungen, und wie sie sich nähren und mehren; alle Pflanzen nennt er und kennt ihre Abkunft und Eigenschaften, manchmal bleibt er den ganzen Tag auf einem Fleck liegen und simuliert, wer weiß, was er da alles denkt, in keiner Stadt gäb's so viel zu tun, als was seine Erfindsamkeit jeden Augenblick ausheckt; bald hab' ich beim Schmied, bald bei dem Zimmermann oder Maurer subtile Geschäfte für ihn, bei dem einen zieh' ich den Blasbalg, bei dem andern halte ich Schnur und Richtmaß. Mit der Nähnadel und Schere muß ich auch eingreifen; eine Reisemütze hat er erfunden, deren Zipfel sich in einen Sonnenschirm ausbreitet, und einen Reisewagen rund wie eine Pauke, mit Lämmerfell ausgeschlagen, der von selbst fährt; Gedichte macht er auch, ein Lustspiel hat er gemacht zum Lachen für Mund und Herz; auf der Flöte bläst er in die tiefe Nacht hinein selbstgemachte, sehr schöne brillante Variationen, die im ganzen Praginer Kreis widerhallen. Er lehrt mich reiten und das Pferd regieren wie ein Mann; er läßt mich ohne Sattel reiten und wundert sich, daß ich sitzen bleib' im Galopp. Der Gaul will mich nicht fallen lassen, er kneipt mich in den Fuß zum Scherz und daß ich Mut haben soll, er ist vielleicht ein verwünschter Prinz, dem ich gefall'. Fechten lehrt mich der Christian auch, mit der linken Hand und mit der rechten, und nach dem Ziel schießen nach einer großen Sonnenblume, das lern' ich alles mit Eifer, damit mein Leben doch nicht gar zu dumm wird, wenn's wieder Krieg gibt; heute abend waren wir auf der Jagd und haben Schmetterlinge geschossen, zwei hab' ich getroffen auf einen Schuß.

So geht der Tag rasch vorüber, erst fürchtete ich vor Zeitüberfluß allzulange Briefe zu schreiben oder Dich mit spekulativen Gedanken über Gott und Religion zu behelligen, weil ich in Landshut viel in der Bibel gelesen habe und in Luthers Schriften. Jetzt ist mir alles so rund wie die Weltkugel, wo denn gar nichts zu bedenken ist, weil wir nirgendwo herunterfallen können. Deine Lieder singe ich im Gehen in der freien Natur, da finden sich die Melodien von selbst, die meiner Erfindung den rechten Rhythmus geben; in der Wildnis mach' ich bedeutende Fortschritte, das heißt, kühne Sätze von einer Klippe zur nächsten. Da hab' ich einen kleinen Tummelplatz von Eichhörnchen entdeckt, unter einem Baum lagen eine große Menge dreieckiger Nüsse, auf dem Baum saßen zum wenigsten ein Dutzend Eichhörnchen und warfen mir die Schalen auf den Kopf, ich blieb still unten liegen und sah durch die Zweige ihren Ballettsprüngen und mimischen Tanz zu, was man mit so großem Genuß verzehren sieht, das macht einem auch unwiderstehlichen Appetit, ich habe ein ganzes Tuch voll dieser Nüsse, die man Bucheckern nennt, gesammelt und die ganze Nacht daran geknuspert wie die Eichhhörnchen; wie schön speisen die Tiere des Waldes, wie anmutig bewegen sie sich dabei, und wie beschreibt sich in ihren Bewegungen der Charakter ihrer Nahrungsmittel. Man sieht der Ziege gleich an, daß sie gerne säuerliche Kräuter frißt, denn sie schmatzt. Die Menschen seh' ich nicht gerne essen, da fühl' ich mich beschämt. Der Geruch aus der Küche, wo allerlei bereitet wird, kränkt mich, da wird gesotten und gebraten und gespickt; Du weißt vielleicht nicht, was das ist? – Das ist eine gewaltig große Nähnadel, in die wird Speck eingefädelt, und damit wird das Fleisch der Tiere benäht, da setzen sich die vornehmen, gebildeten Männer, die den Staat regieren, an die Tafel und kauen in Gesellschaft. In Wien, wie sie den Tirolern Verzeihung für die Revolution ausgemacht haben, die sie doch selbst angezettelt hatten, und haben den Hofer an die Franzosen verkauft, das ist alles bei Tafel ausgemacht worden, mit trunknem Mut ließ sich das ohne sonderliche Gewissenbisse einrichten.

Die Diplomaten haben zwar die List des Teufels, der Teufel hat sie aber doch zum besten, das sieht man an ihren närrischen Gesichtern, auf denen der Teufel alle ihre Intrigen abmalt. In was liegt denn die höchste Würde als nur im Dienst der Menschheit, welche herrliche Aufgabe für den Landesherrn, daß alle Kinder kommen und flehen: „Gib uns unser täglich Brot!" – Und daß er sagen kann: „Da habt! Nehmt alles, denn ich bedarf nur, daß ihr versorgt seid", ja wahrlich! Was kann einer für sich haben wollen als alles nur für andre zu haben, das wäre der beste Schuldentilger; aber den armen Tirolern haben sie doch ihre Schulden nicht bezahlt. Ach, was geht mich das alles an, der Bote geht ab, und nun hab' ich Dir nichts geschrieben von vielem, was ich Dir sagen wollte, ach, wenn es doch käme, daß ich Dir bald begegnete, was gewiß werden wird, ja, es muß wahr werden. Dann wollen wir alle Welthändel sein lassen und wollen jede Minute gewissenhaft verwenden.

Bettine.

An Bettine.

Töplitz.

Deine Briefe, allerliebste Bettine, sind von der Art, daß man jederzeit glaubt, der letzte sei der interessanteste. So ging mir's mit den Blättern, die Du mitgebracht hattest, und die ich am Morgen Deiner Abreise fleißig las und wieder las. Nun aber kam Dein letztes, das alle die andern übertrifft. Kannst Du so fortfahren, Dich selbst zu überbieten, so tue es, Du hast so viel mit Dir genommen, daß es wohl billig ist, etwas aus der Ferne zu senden. Gehe Dir's wohl!

Goethe.

Deinen nächsten Brief muß ich mir unter gegenüberstehender Adresse erbitten, wie ominös! O weh! Was wird er enthalten?

Durch Herrn Hauptmann von Verlohren in Dresden.

An Goethe.

Berlin, am 17. Oktober.

Beschuldige mich nicht, daß ich so viel mit mir fortgenommen habe; denn wahrlich, ich fühle mich so verarmt, daß ich mich nach allen Seiten umsehe nach etwas, an das ich mich halten kann; gib mir etwas zu tun, wozu ich kein Tageslicht brauche, kein Zusammensein mit den Menschen, und was mir Mut gibt, allein zu sein. Dieser Ort gefällt mir nicht, hier sind keine Höhen, von denen man in die Ferne schauen könnte.

***

Am 18.

Ich stieg einmal auf einen Berg. – Ach! – was mein Herz beschwert? – sind Kleinigkeiten, sagen die Menschen. – Zusammenhängend schreiben? Ich könnte meiner Lebtag' die Wahrheit nicht hervorbringen; seitdem wir in Töplitz zusammengesessen haben, was soll ich Dir noch lang' schreiben, was der Tag mit sich bringt, das Leben ist nur schön, wenn ich mit Dir bin. – Nein, ich kann Dir nichts Zusammenhängendes erzählen, buchstabier' Dich durch wie damals durch mein Geschwätz. Schreib' ich denn nicht immer, was ich schon hunderttausendmal gesagt habe? – Die da von Dresden kamen, erzählten mir viel von Deinen Wegen und Stegen, grad' als wollten sie sagen: „Dein Hausgott war auf andrer Leute Herd zu Gast und hat sich da gefallen." Z... hat Dein Bild überkommen und hat es wider ein graubraunes Konterfei gestützt; ich seh' in die Welt, und in diesem tausendfältigen Narrenspiegel seh' ich häufig Dein Bild, das von Narren geliebkost wird. Du kannst doch wohl denken, daß dies mir nicht erfreulich ist. Du und Schiller, Ihr wart Freunde, und Eure Freundschaft hatte eine Basis im Geisterreich; aber Goethe, diese nachkömmlichen Bündnisse, die gemahnen mich grad' wie die Trauerschleppe einer erhabenen vergangenen Zeit, die durch allen Schmutz des gemeinen Lebens nachschleppt. – Wenn ich mich bereite, Dir zu schreiben, und denke so in mich hinein, da fallen mir allemal die einzelnen Momente meines Lebens ein, die so ruhig, so auffaßlich in mich hereingeklungen haben, wie allenfalls einem Maler ähnliche Momente in der Natur wieder erscheinen, wenn er mit Lust etwas malt; so gedenke ich jetzt der Abenddämmerung im heißen Monat August, wie Du am Fenster saßest und ich vor Dir stand, und wie wir die Rede wechselten, ich hatte meinen Blick wie ein Pfeil scharf Dir ins Auge gedrückt, und so blieb ich drin haften und bohrte mich immer tiefer und tiefer ein, und wir waren beide stille, und Du zogst meine aufgelösten Haare durch die Finger. Ach, Goethe, da fragtest Du, ob ich künftig Deiner gedenken werde beim Licht der Sterne, und ich hab' es Dir versprochen; jetzt haben wir Mitte Oktober, und schon oft hab' ich nach den Sternen gesehen und habe Deiner gedacht, es überläuft mich kalter Schauer, und Du, der meinen Blick dahin gebannt hat, denke doch, wie oft ich noch hinaufblicken werde, so schreib es denn auch täglich neu in die Sterne, daß Du mich liebst, damit ich nicht verzweifeln muß, sondern daß mir Trost von den Sternen niederleuchtet, jetzt, wo wir nicht beieinander sind. Vorm Jahr um diese Zeit, da ging ich an einem Tag weit spazieren und blieb auf einem Berg sitzen, da oben spielte ich mit dem glitzernden Sand, den die Sonne beschien und knipste den Samen aus den verdorrten Stäudchen, bei mit Nebel kämpfender Abendröte ging ich und übersah alle Lande, ich war frei im Herzen; denn meine Liebe zu Dir macht mich frei. – So was beengt mich zuweilen, wie damals die erfrischende Luft mich kräftig, ja beinah' gescheut machte, daß ich nicht immer geh', immer wandre unter freiem Himmel und mit der Natur spreche. Ein Sturmwind nimmt in größter Schnelle ganze Täler ein, alles berührt er, alles bewegt er, und der es empfindet, wird von Begeistrung ergriffen. Die gewaltige Natur läßt keinen Raum und bedarf keinen Raum, was sie mit ihrem Zauberkreis umschlingt, das ist hereingebannt. O Goethe, Du bist auch hineingebannt, in keinem Wort, in keinem Hauch Deiner Gedichte läßt sie Dich los. – Und wieder muß ich vor dieser Menschwerdung niederknien und muß Dich lieben und begehren wie alle Natur. –

Da wollt' ich Dir noch viel sagen, ward abgerufen, und heute am 29. Oktober komme ich wieder zum Schreiben. – Es ist halt überall ruhig oder vielmehr öde. Daß die Wahrheit sei, dazu gehört nicht einer; aber daß die Wahrheit sich an ihnen bewähre, dazu gehören alle Menschen. Mann! Dessen Fleisch und Bein so von der Schönheit Deiner Seele durchdrungen ist, wie darf ich Leib und Seele so beisammen lieb haben! – Oft denk' ich bei mir, ich möchte besser und herrlicher sein, damit ich doch die Ansprüche an Dich rechtfertigen könnte, aber kann ich's? – Dann muß ich an Dich denken, Dich vor mir sehen und habe nichts, wenn mir die Liebe nicht als Verdienst gelten soll? – Solche Liebe ist nicht unfruchtbar. Und doch darf ich nicht nachdenken, ich könnte mir den Tod daran holen, ist was daran gelegen? – Jawohl! Ich hab' eine Wiege in Deinem Herzen, und wer mich da herausstiehlt, sei es Tod oder Leben, der raubt Dir ein Kind. Ein Kopfkissen möcht' ich mit Dir haben, aber ein hartes; sag' es niemand, daß ich so bei Dir liegen möchte, in tiefster Ruhe an Deiner Seite. Es gibt viele Auswege und Durchgänge in der Welt, einsame Wälder und Höhlen, die kein Ende haben, aber keiner ist so zum Schlaf, zum Wohlsein eingerichtet als nur der Schoß Gottes; ich denk' mir's da breit und behaglich, und daß einer mit dem Kopf auf des andern Brust ruhe, und daß ein warmer Atem am Herzen hinstreife, was ich mir so sehr wünsche zu fühlen, Deinen Atem.

Bettine.

An Bettine.

(Lücke in der Korrespondenz.)

Nun bin ich, liebe Bettine, wieder in Weimar ansässig und hätte Dir schon lange für Deine lieben Blätter danken sollen, die mir alle nach und nach zugekommen sind, besonders für Dein Andenken vom 28. August. Anstatt nun also Dir zu sagen, wie es mir geht, wovon nicht viel zu sagen ist, so bring' ich eine freundliche Bitte an Dich. Da Du doch nicht aufhören wirst, mir gern zu schreiben, und ich nicht aufhören werde, Dich gern zu lesen, so könntest Du mir noch nebenher einen Gefallen tun. Ich will Dir nämlich bekennen, daß ich im Begriff bin, meine Bekenntnisse zu schreiben, daraus mag nun ein Roman oder eine Geschichte werden, das läßt sich nicht voraussehen, aber in jedem Fall bedarf ich Deiner Beihilfe. Meine gute Mutter ist abgeschieden und so manche andre, die mir das Vergangne wieder hervorrufen könnten, das ich meistens vergessen habe. Nun hast Du eine schöne Zeit mit der teuern Mutter gelebt, hast ihre Märchen und Anekdoten wiederholt vernommen und trägst und hegst alles im frischen belebenden Gedächtnis. Setze Dich also nur gleich hin und schreibe nieder, was sich auf mich und die Meinigen bezieht, und Du wirst mich dadurch sehr erfreuen und verbinden. Schicke von Zeit zu Zeit etwas und sprich mir dabei von Dir und Deiner Umgebung. Liebe mich bis zum Wiedersehn.

Weimar, am 25. Oktober 1810. G.

***

Am 4. November.

Du hast doch immer eine Ursache, mir zu schreiben, ich hab' aber nichts behalten, noch in Betracht gezogen als nur das Ende: „Liebe mich bis zum Wiedersehn." Hättest Du diese letzten Worte nicht hingesetzt, so hätt' ich vielleicht noch Rücksicht genommen aufs Vorhergehende; diese einzige Freundlichkeit hat mich überschwemmt, hat mich gefangen gehalten in tausend süßen Gedanken von gestern abend an bis wieder heut' abend. Aus dem allen kannst Du schließen, daß mir Dein Brief ungefähr vor vierundzwanzig Stunden frische Luft ins Zimmer gebracht hat. Nun war ich aber seitdem wie ein Dachs, dem die Winterwelt zu schlecht ist, und habe mich in den warmen Boden meiner eignen Gedanken vergraben. Was Du verlangst, hat für mich immer den Wert, daß ich es der Gabe würdig achte; ich gebe daher die Nahrung, das Leben zweier regen Jahre gern in Dein Gewahrsam, es ist wenig in bezug auf viel, aber unendlich, weil es einzig ist; Du selber könntest Dich vielleicht wundern, daß ich Dinge in den Tempel eintrug und mein Dasein durch sie weihte, die man doch allerorten findet; an jeder Hecke kann man in der Frühlingszeit Blüten abbrechen; aber wie, lieber Herr! So unscheinbar die Blüte auch ist, wenn sie nun nach Jahren immer noch duftet und grünt? – Deine Mutter gebar Dich in ihrem siebzehnten Jahr, und im sechsundsiebzigsten konnte sie alles noch mitleben, was in Deinen ersten Jahren vorging, und sie besäte das junge Feld, das guten Boden, aber keine Blumen hatte, mit diesen ewigen Blüten; und so kann ich Dir wohl gefallen, da ich gleichsam ein duftender Garten dieser Erinnerungen bin, worunter Deiner Mutter Zärtlichkeit die schönste Blüte ist, und – darf ich's sagen? – meine Treue die gewaltigste. – Ich trug nun schon früher Sorge darum, daß, was bei der Mutter so kräftig Wurzeln schlug und bei mir Blüten trieb, endlich auch in süßer Frucht vom hohen Stamm an die Erde niederrollen möchte. Nun höre! – Da lernte ich in München einen jungen Arzt kennen, verbranntes, von Blattern zerrissenes Gesicht, arm wie Hiob, fremd mit allen, große ausgebreitete Natur, aber grade darum in sich fertig und geschlossen, konnte den Teufel nicht als das absolut Böse erfassen, aber wohl als einen Kerl mit zwei Hörnern und Bocksfüßen (natürlich an den Hörnern läßt sich einer packen, wenn man Courage hat), der Weg seiner Begeisterung ging nicht auf einer Himmels-, aber wohl auf einer Hühnerleiter in seine Kammer, allwo er auf eigne Kosten mit armen Kranken darbte und freudig das Seinige mit ihnen teilte, seine junge, enthusiastische Kunst an ihnen gedeihen machte; – er war stumm durch Krankheit bis in sein viertes Jahr, ein Donnerschlag löste ihm die Zunge, mit fünfzehn Jahren sollte er Soldat werden; dafür, daß er des Generals wildes Pferd zähmte, gab ihn dieser frei, dadurch, daß er einen Wahnwitzigen kurierte, bekam er eine kleine unbequeme Stelle in München, in dieser Lage lernte ich ihn kennen, bald ging er bei mir aus und ein, dieser gute Geist, reich an Edelmut, der außerdem nichts hatte als seine Einsamkeit; nach beschwerlicher Tageslast, aus hilfreicher Leidenschaft lief er oft noch abends spät meilenweite Strecken, um die gefangnen Tiroler zu begegnen und ihnen Geld zuzustecken, oder er begleitete mich auf den Schneckenturm, wo man die fernen Alpen sehen kann, da haben wir überlegt, wenn wir Nebel oder rötlichen Schein am Himmel bemerkten, ob's Feuer sein könnte, da hab' ich ihm auch oft meine Pläne mitgeteilt, daß ich hinüber möchte zu den Tirolern, da haben wir auf der Karte einen Weg ausstudiert, und ich sah es ihm auf dem Gesicht geschrieben, daß er nur meiner Befehle harre.

So war's, da in Augsburg die pestartigen Lazarette sich häuften und in kurzer Zeit die Ärzte mit den Kranken wegrafften; mein junger Eisbrecher wanderte hin, um Last und Gefahr einem alten Lehrer abzunehmen, der Familienvater war, er ging mit schwerer Ahnung, ich gab ihm ein Sacktuch, alten Wein und das Versprechen, zu schreiben, zum Abschied. Da wurde denn überlegt und all des Guten gedacht, was sich während dieser kurzen Bekanntschaft ereignet hatte, und da wurde überdacht, daß meine Worte über Dich, mein liebendes Wissen von Dir und der Mutter, ein heiliger Schatz sei, der nicht verloren gehen solle, in der äußern Schale der Armut würde ein solches Kleinod am heiligsten bewahrt sein, und so kam's, daß meine Briefe mit den einzelnen Anekdoten Deiner Jugend erfüllt waren, deren eine jede wie Geister zu rechter Zeit eintrat und Laune und Verdruß verscheuchten. – Der Zufall, uns der geheiligte, trägt auf seinen tausendfach beladnen Schwingen auch diese Briefe, und vielleicht wird es so, daß, wenn Fülle und Üppigkeit einst sich wieder durch das mißhandelte Fruchtland empordrängen, auch er die goldne Frucht niederschüttelt ins allgemeine Wohl.

Manches habe ich schon in dermaliger Zeit mit wenig Worten gedeutet, mehr zu Dir darüber sprechend, da ich Dich noch nicht kannte, nicht gesehen hatte, oder auch war ich mit dem Senkblei tief in eignes Wohl und Weh eingedrungen. – Verstehst Du mich? – Da Du mich liebst? –

Willst Du so, daß ich Dir die ehemalige Zeit vortrage, wo, so wie mir Dein Geist erschien, ich mich meiner eignen Geistigkeit bemächtigte, um ihn zu fassen, zu lieben? – Und warum sollte ich nicht schwindeln vor Begeisterung, ist denn das mögliche Hinabstürzen so furchtbar? – Wie der Edelstein, vom einsamen Strahl berührt, tausendfache Farben ihm entgegenspiegelt, so wird auch Deine Schönheit vom Strahl der Begeisterung allein beleuchtet, tausendfach bereichert.

Nur erst, wenn alles begriffen ist, kann das Etwas seinen vollen Wert erweisen, und somit begreifst Du mich, wenn ich Dir erzähle, daß das Wochenbett Deiner Mutter, worin sie Dich zur Welt brachte, blaugewürfelte Vorhänge hatte. Sie war damals achtzehn Jahre alt und ein Jahr verheiratet, hier bemerkte sie, Du würdest wohl ewig jung bleiben und Dein Herz würde nie veralten, da Du die Jugend der Mutter mit in den Kauf habest. Drei Tage bedachtest Du Dich, eh' Du ans Weltlicht kamst und machtest der Mutter schwere Stunden. Aus Zorn, daß Dich die Not aus dem eingebornen Wohnort trieb und durch die Mißhandlung der Amme kamst Du ganz schwarz und ohne Lebenszeichen. Sie legten Dich in einen sogenannten Fleischarden und bäheten Dir die Herzgrube mit Wein, ganz an Deinem Leben verzweifelnd. Deine Großmutter stand hinter dem Bett, als Du zuerst die Augen aufschlugst, rief sie hervor: *"Rätin, er lebt!"* "Da erwachte mein mütterliches Herz und lebte seitdem in fortwährender Begeisterung bis zu dieser Stunde!" sagte sie mir in ihrem fünfundsiebzigsten Jahre. Dein Großvater, der der Stadt ein herrlicher Bürger und damals Syndikus war, wendete stets Zufall und Unfall zum Wohl der Stadt an, und so wurde auch Deine schwere Geburt die Veranlassung, daß man einen Geburtshelfer für die Armen einsetzte. „Schon in der Wiege war er den Menschen eine Wohltat", sagte die Mutter, sie legte Dich an ihre Brust, allein Du warst nicht zum Saugen zu bringen, da wurde Dir eine Amme gegeben. An dieser hat er mit rechtem Appetit und Behagen getrunken, da es sich nun fand, sagte sie, daß ich keine

Milch hatte, so merkten wir bald, daß er gescheiter gewesen war wie wir alle, da er nicht an mir trinken wollte.

Siehst Du, nun bist Du einmal geboren, nun kann ich schon immer ein wenig pausieren, nun bist Du einmal da, ein jeder Augenblick ist mir lieb genug, um dabei zu verweilen, ich mag den zweiten nicht herbei rufen, daß er mich vom ersten verdränge. – *Wo Du bist, ist Lieb' und Güte, wo Du bist Natur!* – Jetzt wart' ich's erst ab, daß Du mir wieder schreibst: „Nun erzähl' weiter." Dann werd' ich erst fragen: Nun, wo sind wir denn geblieben? – Und dann werd' ich Dir erzählen von Deinen Großeltern, von Deinen Träumen Schönheit, Stolz, Liebe usw. Amen.

Rätin, er lebt! Das Wort ging mir immer durch Mark und Bein, so oft es die Mutter im erhöhten Freudenton vortrug.

Das Schwert der Gefahr
Hängt oft an einem Haar,
Aber der Segen einer Ewigkeit
Liegt oft in einem Blick der Gnade bereit

kann man bei Deiner Geburt wohl sagen

Bettine.

P.S.: Schreib' bald, Herzenskind, dann wirst Du auch bald wachsen, in die liebsten Jahre kommen, wo Dein Mutwille Dich allen gefährlich machte und über alle Gefahr hinweghob. – Soll ich Dir bekennen, daß dieses Geschäft mir Schmerzen macht, und daß die tausend Gedanken sich um mich herlagern, als wollten sie mich für ewig gefangennehmen?

Zelter läutet und bummelt mir Deine Lieder vor wie eine Glocke, die von einem faulen Küster angeläutet wird, es geht immer Bim und zu spät wieder Bam. Sie fallen alle übereinander her, Zelter über Reichard, dieser über Hummel, dieser über Righini und dieser wieder über den Zelter; es könnte ein jeder sich selbst ausprügeln, so hätte er immer dem andern einen größeren Gefallen getan, als wenn er ihn zum Konzert eingeladen hätte. Nur die Toten sollen sie mir ruhen lassen und den Beethoven, der gleich bei seiner Geburt auf ihr Erbteil Verzicht getan hat. Das gilt aber alles nichts... Lieber Freund! Wer Dich lieb hat wie ich, der singt Dich im tiefsten Herzen, das kann aber keiner mit so breiten Knochen und so langer Weste.

Schreib bald, schreib gleich, wenn Du wüßtest, wie in einem einzigen Wort von Dir oft ein schwerer Traum gelöst wird! – Ruf mir nur zu: „Kind, ich bin ja bei Dir!" Dann ist alles gut. Tu es.

Würde es Dich nicht interessieren, Briefe, die Du an Jugendfreunde geschrieben, wieder zu bekommen? – Schreib darüber, sie könnten Dich doch wohl um so lebhafter in die damalige Zeit versetzen, und derselben zum Teil habhaft zu werden, wäre doch auch nicht unmöglich, antworte mir, lieber Freund, unterdessen will ich keinen Tag vergehen lassen, ohne an Deiner Aufgabe zu arbeiten.

An Bettine.

Hier die Duette! In diesem Augenblick habe ich nicht mehr Fassung und Ruhe als Dir zu sagen: fahre fort, so lieb und anmutig zu sein. Laß mich nun bald taufen! Adieu.

12. November 1810. G.

***

Mein teuerster Freund! Ich kenne Dich nicht! Nein, ich kenne Dich nicht! Ich kann Deine Worte mißverstehen, ich kann mir Sorgen um Dich machen, da Du doch Freiheit hast über aller Sklaverei, da doch Dein Antlitz nie vom Unglück überschattet war, und ich kann Furcht haben bei dem edelsten Gastfreund des Glückes? – Die wahre Liebe hat kein Bekümmernis. Ich habe mir oft vorgenommen, daß ich Dich viel zu heilig halten will als elende Angst um Dich zu hegen, und daß Du in mir nur Trost und Freude hervorbringen sollst. Sei es, wie es mag, hab' ich Dich auch nicht, so hab' ich Dich doch, – und nicht wahr, in meinen Briefen, da fühlst Du, daß ich Wahrheit rede? Da hast Du mich, und ich? Weissagend verfolge ich die Züge Deiner Feder, die Hand, die mir gnädig ist, hat sie geführt, das Auge, das mir wohl will, hat sie übersehen, und der Geist, der so vieles, so Verschiednes umfängt, hat sich eine Minute lang ausschließlich zu mir gewendet – da hab' ich Dich, – soll ich Dir einen Kommentar hierzu machen? Ein Augenblick ist ein schicklicherer Raum für eine göttliche Erscheinung als eine halbe Stunde – der Augenblick, den Du mir schenkst, macht mich seliger als das ganze Leben.

Heute am 24. hab' ich die Duetten erhalten mit den wenigen Zeilen von Dir, die mich aufs Geratewohl irreführten, es war mir, als könntest Du krank sein, oder – ich weiß nicht, was ich mir alles dachte, aber daran dachte ich nicht, daß Du in jenem Augenblick, bloß, weil Dein Herz so voll war, so viel in wenig Worten ausdrücken könntest, und endlich, für Dich ist ja nichts zu fürchten, nichts zu zittern. Aber, wenn auch! – Weh mir, wenn ich Dir nicht freudig folgen könnte, wenn meine Liebe den Weg nicht fände, der Dir immer so nah ist, wie mein Herz dem Deinigen ist und war.

Bettine.

Hierbei schicke ich Dir Blätter mit allerlei Geschichten und Notizen aus Deinem und der Mutter Leben. Es ist die Frage, ob Du es wirst brauchen können, schreib' mir, ob Dir mehr erforderlich ist, in diesem Fall müßte ich das Notizbuch zurückerhalten, was ich hier mitschicke, ich glaub' aber gewiß, daß Du besser und mehr darin finden wirst, als ich noch hinzusetzen könnte. Verzeih' alles Überflüssige, wozu denn wohl am ersten die Tintenkleckse und ausgestrichenen Worte gehören.

An Goethe.

Die Himmel dehnen sich so weit vor mir, alle Berge, die ich je mit stillem Blick maß, heben sich so unermeßlich, die Ebenen, die noch eben mit dem glühenden Rand der aufgehenden Sonne begrenzt waren, sie haben keine Grenzen mehr. In die Ewigkeit hinein. – Will denn sein Leben so viel Raum haben? –

Von seiner Kindheit: wie er schon mit neun Wochen ängstliche Träume gehabt, wie Großmutter und Großvater, Mutter und Vater und die Amme um seine Wiege gestanden und lauschten, welche heftige Bewegungen sich in seinen Mienen zeigten, und wenn er erwachte, in ein sehr betrübtes Weinen verfallen, oft auch sehr heftig geschrien hat, so daß ihm der Atem entging und die Eltern für sein Leben besorgt waren; sie schafften eine Klingel an, wenn sie merkten, daß er im Schlaf unruhig ward, klingelten und rasselten sie heftig, damit er bei dem Aufwachen gleich den Traum vergessen möge; einmal hatte der Vater ihn auf dem Arm und ließ ihn in den Mond sehen, da fiel er plötzlich wie von etwas erschüttert, zurück und geriet so außer sich, daß ihm der Vater Luft einblasen mußte, damit er nicht ersticke. – „Diese kleinen Zufälle würde ich in einem Zeitraum von sechszig Jahren vergessen haben“, sagte die Mutter, „wenn nicht sein fortwährendes Leben mir dies alles geheiligt hätte; denn soll ich die Vorsehung nicht anbeten, wenn ich bedenke, daß ein Leben damals von einem Lufthauch abhing, das sich jetzt in tausend Herzen befestigt hat? – Und mir ist es nun gar das einzige, denn Du kannst wohl denken, Bettine, daß Weltbegebenheiten mich nicht sehr anfechten, daß Gesellschaften mich nicht erfüllen. Hier in meiner Einsamkeit, wo ich die Tage nacheinander zähle und keiner vergeht, daß ich nicht meines Sohnes gedenke, und alles ist mir wie Gold.“

Er spielte nicht gern mit kleinen Kindern, sie mußten denn sehr schön sein. In einer Gesellschaft fing er plötzlich an zu weinen und schrie: „Das schwarze Kind soll hinaus, das kann ich nicht leiden“, er hörte auch nicht auf mit Weinen, bis er nach Haus' kam, wo ihn die Mutter befragte über die Unart, er konnte sich nicht trösten über des Kindes Häßlichkeit. Damals war er drei Jahr alt. – Die Bettine, welche auf einem Schemel zu Füßen der Frau Rat saß, machte ihre eignen Glossen darüber und drückte der Mutter Knie ans Herz.

Zu der kleinen Schwester Cornelia hatte er, da sie noch in der Wiege lag, schon die zärtlichste Zuneigung, er trug ihr alles zu und wollte sie allein nähren und pflegen und war eifersüchtig, wenn man sie aus der Wiege nahm, in der er sie beherrschte, da war sein Zorn nicht zu bändigen, er war überhaupt viel mehr zum Zürnen wie zum Weinen zu bringen.

Die Küche im Haus ging auf die Straße, an einem Sonntag morgen, da alles in der Kirche war, geriet der kleine Wolfgang hinein und warf alles Geschirr nacheinander zum Fenster hinaus, weil ihn das Rappeln freute und die Nachbarn, die es ergötzte, ihn dazu aufmunterten; die Mutter, die aus der Kirche kam, war sehr erstaunt, die Schüsseln alle herausfließen zu sehen, da war er eben fertig und lachte so herzlich mit den Leuten auf der Straße, und die Mutter lachte mit.

Oft sah er nach den Sternen, von denen man ihm sagte, daß sie bei seiner Geburt eingestanden haben, hier mußte die Einbildungskraft der Mutter oft das Unmögliche tun, um seinen Forschungen Genüge zu leisten, und so hatte er bald heraus, daß Jupiter und Venus die Regenten und Beschützer seiner Geschicke sein würden; kein Spielwerk konnte ihn nun mehr fesseln, als das Zahlbrett seines Vaters, auf dem er mit Zahlpfennigen die Stellung der Gestirne nachmachte, wie er sie gesehen hatte; er stellte dieses Zahlbrett an sein Bett und glaubte sich dadurch dem Einfluß seiner günstigen Sterne näher gerückt; er sagte auch oft zur Mutter sorgenvoll: „Die Sterne werden mich doch nicht vergessen und werden halten, was sie bei meiner Wiege versprochen haben?“ – Da sagte die Mutter: „Warum willst du denn mit Gewalt den Beistand der Sterne, da wir andre doch ohne sie fertig werden müssen“, da sagte er ganz stolz: „Mit dem, was andern Leuten genügt, kann ich nicht fertig werden“; damals war er sieben Jahr alt.

Sonderbar fiel es der Mutter auf, daß er bei dem Tod seines jüngern Bruders Jakob, der sein Spielkamerad war, keine Träne vergoß, er schien vielmehr eine Art Ärger über die Klagen der Eltern und Geschwister zu haben, da die Mutter nun später den Trotzigen fragte, ob er den Bruder nicht lieb gehabt habe, lief er in seine Kammer, brachte unter dem Bett hervor eine Menge Papiere, die mit Lektionen und Geschichtchen beschrieben waren; er sagte ihr, daß er dies alles gemacht habe, um es dem Bruder zu lehren.

Die Mutter glaubte auch sich einen Anteil an seiner Darstellungsgabe zuschreiben zu dürfen, „denn einmal“, sagte sie, „konnte ich nicht ermüden zu erzählen, so wie er nicht ermüdete zuzuhören; Luft, Feuer, Wasser und Erde stellte ich ihm unter schönen Prinzessinnen vor, und alles, was in der ganzen Natur vorging, dem ergab sich eine Bedeutung, an die ich bald selbst fester glaubte als meine Zuhörer, und da wir uns erst zwischen den Gestirnen Straßen dachten, und daß wir einst Sterne bewohnen würden, und welchen großen Geistern wir da oben begegnen würden, da war kein Mensch so eifrig auf die Stunde des Erzählens mit den Kindern wie ich, ja, ich war im höchsten Grad begierig, unsere kleinen eingebildeten Erzählungen weiterzuführen, und eine Einladung, die mich um einen solchen Abend brachte, war mir immer verdrießlich. Da saß ich, und da verschlang er mich mit seinen großen schwarzen Augen, und wenn das Schicksal irgendeines Lieblings nicht recht nach seinem Sinn ging, da sah ich, wie die Zornader an der Stirn schwoll, und wie er die Tränen verbiß. Manchmal griff er ein und sagte, noch eh' ich meine Wendung genommen hatte: „Nicht wahr, Mutter, die Prinzessin heiratet nicht den verdammten Schneider, wenn er auch den Riesen totschlägt“; wenn ich nun Halt machte und die Katastrophe auf den nächsten Abend verschob, so konnte ich sicher sein, daß er bis dahin alles zurechtgerückt hatte, und so ward mir denn meine Einbildungskraft, wo sie nicht mehr zureichte, häufig durch die seine ersetzt; wenn ich denn am nächsten Abend die Schicksalsfäden nach seiner Angabe weiter lenkte und sagte: „Du hast's geraten, so ist's gekommen“, da war er Feuer und Flamme, und man konnte sein Herzchen unter der Halskrause schlagen sehen. Der Großmutter, die im Hinterhause wohnte, und deren Liebling er war, vertraute er nun allemal seine Ansichten, wie es mit der Erzählung wohl noch werde, und von dieser erfuhr ich, wie ich seinen Wünschen gemäß weiter im Text kommen solle, und so war ein geheimes diplomatisches Treiben zwischen uns, das keiner an den andern verriet; so hatte ich die Satisfaktion, zum Genuß und Erstaunen der Zuhörenden, meine Märchen vorzutragen, und der Wolfgang, ohne je sich als den Urheber aller merkwürdigen Ereignisse zu bekennen, sah mit glühenden Augen der Erfüllung seiner kühn angelegten Pläne entgegen und begrüßte das Ausmalen derselben mit enthusiastischem Beifall.“ Diese schönen Abende, durch die sich der Ruhm meiner Erzählungskunst bald verbreitete, so daß endlich alt und jung daran teilnahm, sind mir eine sehr erquickliche Erinnerung. Das Welttheater war nicht so reichhaltig, obschon es die Quelle war zu immer neuen

Erfindungen, es tat durch seine grausenhafte Wirklichkeit, die alles Fabelhafte überstieg, für's erste der Märchenwelt Abbruch, das war das Erdbeben von Lissabon; alle Zeitungen waren davon erfüllt, alle Menschen argumentierten in wunderlicher Verwirrung, kurz, es war ein Weltereignis, das bis in die entferntesten Gegenden alle Herzen erschütterte; der kleine Wolfgang, der damals im siebenten Jahr war, hatte keine Ruhe mehr; das brausende Meer, das in einem Nu alle Schiffe niederschluckte und dann hinaufstieg am Ufer, um den ungeheuern königlichen Palast zu verschlingen, die hohen Türme, die zuvörderst unter dem Schutt der kleinern Häuser begraben wurden, die Flammen, die überall aus den Ruinen heraus endlich zusammenschlagen und ein großes Feuermeer verbreiten, während eine Schar von Teufeln aus der Erde hervorsteigt, um allen bösen Unfug an den Unglücklichen auszuüben, die von vielen tausend zugrunde Gegangnen noch übrig waren, machten ihm einen ungeheuren Eindruck. Jeden Abend enthielt die Zeitung neue Mär, bestimmtere Erzählungen, in den Kirchen hielt man Bußpredigten, der Papst schrieb ein allgemeines Fasten aus, in den katholischen Kirchen waren Requiem für die vom Erdbeben Verschlungenen. Betrachtungen aller Art wurden in Gegenwart der Kinder vielseitig besprochen, die Bibel wurde aufgeschlagen, Gründe für und wider behauptet, dies alles beschäftigte den Wolfgang tiefer, als einer ahnen konnte, und er machte am Ende eine Auslegung davon, die alle an Weisheit übertraf.

Nachdem er mit dem Großvater aus einer Predigt kam, in welcher die Weisheit des Schöpfers gleichsam gegen die betroffne Menschheit verteidigt wurde, und der Vater ihn fragte, wie er die Predigt verstanden habe, sagte er: „Am Ende mag alles noch viel einfacher sein, als der Prediger meint, Gott wird wohl wissen, daß der unsterblichen Seele durch böses Schicksal kein Schaden geschehen kann.“ – Von da an warst Du wieder oben auf, doch meinte die Mutter, daß Deine revolutionären Aufregungen bei diesem Erdbeben später beim Prometheus wieder zum Vorschein gekommen seien.

Laß mich Dir noch erzählen, daß Dein Großvater zum Gedächtnis Deiner Geburt einen Birnbaum in dem wohlgepflegten Garten vor dem Bockenheimer Tor gepflanzt hat, der Baum ist sehr groß geworden, von seinen Früchten, die köstlich sind, hab' ich gegessen und Du würdest mich auslachen, wenn ich Dir alles sagen wollte. Es war ein schöner Frühling, sonnig und warm, der junge hochstämmige Birnbaum war über und über bedeckt mit Blüten, nun war's, glaub' ich, am Geburtstag der Mutter, da schafften die Kinder den grünen Sessel, auf dem sie abends, wenn sie erzählte, zu sitzen pflegte, und der darum der Märchensessel genannt wurde, in aller Stille in den Garten, putzten ihn auf mit Bändern und Blumen, und nachdem Gäste und Verwandte sich versammelt hatten, trat der Wolfgang als Schäfer gekleidet mit einer Hirtentasche, aus der eine Rolle mit goldnen Buchstaben herabhing, mit einem grünen Kranz auf dem Kopf unter den Birnbaum und hielt eine Anrede an den Sessel, als den Sitz der schönen Märchen, es war eine große Freude, den schönen bekränzten Knaben unter den blühenden Zweigen zu sehen, wie er im Feuer der Rede, welche er mit großer Zuversicht hielt, aufbrauste. Der zweite Teil dieses schönen Festes bestand in Seifenblasen, die im Sonnenschein, von Kindern, welche den Märchenstuhl umkreisten, in die heitere Luft gehaucht, von Zephir aufgenommen und schwebend hin und her geweht wurden; sooft eine Blase auf den gefeierten Stuhl sank, schrie alles: „Ein Märchen! ein Märchen!“ Wenn die Blase, von der krausen Wolle des Tuches eine Weile gehalten, endlich platzte, schrien sie wieder: „Das

Märchen platzt.“ Die Nachbarsleute in den angrenzenden Gärten guckten über Mauer und Verzäunung und nahmen den lebhaftesten Anteil an diesem großen Jubel, so daß dies kleine Fest am Abend in der ganzen Stadt bekannt war. Die Stadt hat's vergessen, die Mutter hat's behalten und es sich später oft als eine Weissagung Deiner Zukunft ausgelegt.

Nun, lieber Goethe, muß ich Dir bekennen, daß es mir das Herz zusammenschnürt, wenn ich Dir diese einzelnen Dinge hintereinander hinschreibe, die mit tausend Gedanken zusammenhängen, welche ich Dir weder erzählen noch sonst deutlich machen kann, denn Du liebst Dich nicht wie ich, und Dir muß dies wohl unbedeutend erscheinen, während ich keinen Atemzug von Dir verlieren möchte. – Daß vieles sich nicht verwindet, wenn's einmal empfunden ist, daß es immer wiederkehrt, ist nicht traurig; aber daß die Ufer ewig unerreichbar bleiben, das schärft den Schmerz. – Wenn mir Deine Liebe zu meiner Mutter durchklingt und ich überdenke das Ganze, dies Zurückhalten, dies Verbrausen der Jugend auf tausend Wegen, – es muß sich ja doch einmal lösen. – Mein Leben: was war's anders als ein tiefer Spiegel des Deinigen, es war liebende Ahnung, die alles mit sich fortzieht, die mir von Dir Kunde gab; so war ich Dir nachgekommen ans Licht, und so werd' ich Dir nachziehen ins Dunkel. Mein lieber Freund, der mich nimmermehr verkennt! – Sieh' ich löse mir das Rätsel auf mancherlei schöne Weise; aber, „frag' nicht, was es ist, und laß das Herz gewähren“, sag' ich mir hundertmal.

Ich sah um mich emporwachsen Pflanzen seltner Art, sie haben Stacheln und Duft, ich mag keine berühren, ich mag keine missen. Wer sich ins Leben hereinwagt, der kann nur sich wieder durcharbeiten in die Freiheit; und ich weiß, daß ich Dich einst noch festhalten werde und mit Dir sein und in Dir sein, das ist das Ziel meiner Wünsche, das ist mein Glaube.

Leb' wohl, sei gesund und laß Dir ein einheimischer Gedanke sein, daß Du mich wiedersehen wollest, vieles möcht' ich vor Dir aussprechen.

24. November.

An Goethe.

Schön wie ein Engel warst Du, bist Du und bleibst Du, so waren auch in Deiner frühesten Jugend aller Augen auf Dich gerichtet. Einmal stand jemand am Fenster bei Deiner Mutter, da Du eben über die Straße herkamst mit mehreren andern Knaben, sie bemerkten, daß Du sehr gravitätisch einherschrittst, und hielten Dir vor, daß Du Dich mit Deinem Gradehalten sehr sonderbar von den andern Knaben auszeichnetest. „Mit diesem mache ich den Anfang“, sagtest Du, „später werd ich mich noch mit allerlei auszeichnen“; „und das ist auch wahr geworden“, sagte die Mutter.

Einmal zur Herbstlese, wo denn in Frankfurt am Abend in allen Gärten Feuerwerke abbrennen und von allen Seiten Raketen aufsteigen, bemerkte man in den entferntesten Feldern, wo sich die Festlichkeit nicht hin erstreckt hatte, viele Irrlichter, die hin und her hüpften, bald auseinander, bald wieder eng zusammen, endlich fingen sie gar an, figurierte Tänze aufzuführen, wenn man nun näher drauf los kam, verlosch ein Irrlicht nach dem andern, manche taten noch große Sätze und verschwanden, andere blieben mitten in der Luft und verlöschen dann plötzlich, andere setzten sich auf Hecken und Bäume, weg waren sie, die Leute fanden nichts, gingen wieder zurück, gleich fing der Tanz von vorne an; ein Lichtlein nach dem andern stellte sich wieder ein und tanzte um die halbe Stadt herum. Was war's? – Goethe, der mit vielen Kameraden, die sich Lichter auf die Hüte gesteckt hatten, da draußen herumtanzte.

Das war Deiner Mutter eine der liebsten Anekdoten, sie konnte noch manches dazu erzählen, wie Du nach solchen Streichen immer lustig nach Hause kamst und hundert Abenteuer gehabt usw. – Deiner Mutter war gut zuhören! –

In seiner Kleidung war er nun ganz entsetzlich eigen, ich mußte ihm täglich drei Toiletten besorgen, auf einen Stuhl hing ich einen Überrock, lange Beinkleider, ordinäre Weste, stellte ein Paar Stiefel dazu, auf den zweiten einen Frack, seidne Strümpfe, die er schon angehabt hatte, Schuhe usw., auf den dritten kam alles vom Feinsten nebst Degen und Haarbeutel, das erste zog er im Hause an, das zweite, wenn er zu täglichen Bekannten ging, das dritte zum Gala; kam ich nun am andern Tag hinein, da hatte ich Ordnung zu stiften, da standen die Stiefeln auf den feinen Manschetten und Halskrausen, die Schuhe standen gegen Osten und Westen, ein Stück lag da, das andre dort; da schüttelte ich den Staub aus den Kleidern, legte frische Wäsche hin, brachte alles wieder ins Geleis; wie ich nun so eine Weste nehme und sie am offnen Fenster recht herzhaft in die Luft schwinge, fahren mir plötzlich eine Menge kleiner Steine ins Gesicht, darüber fing ich an zu fluchen, er kam hinzu, ich zanke ihn aus, die Steine hätten mir ja ein Aug' aus dem Kopf schlagen können; – „nun es hat Ihr ja kein Aug' ausgeschlagen, wo sind denn die Steine, ich muß sie wiederhaben, helf Sie mir sie wieder suchen“, sagte er; nun muß er sie wohl von seinem Schatz bekommen haben, denn er bekümmerte sich gar nur um die Steine, es waren ordinäre Kieselsteinchen und Sand, daß er den nicht mehr zusammenlesen konnte, war ihm ärgerlich, alles was noch da war, wickelte er sorgfältig in ein Papier und trug's fort, den Tag vorher war er in Offenbach gewesen, da war ein Wirtshaus zur Rose, die Tochter hieß das schöne Gretchen, er hatte sie sehr gern, das war die erste, von der ich weiß, daß er sie lieb hatte.

Bist Du böse, daß die Mutter mir dies alles erzählt hat? Diese Geschichte habe ich nun ganz ungemein lieb, Deine Mutter hat sie mir wohl zwanzigmal erzählt, manchmal setzte sie hinzu, daß die Sonne ins Fenster geschienen habe, daß Du rot geworden seist, daß Du die aufgesammelten Steinchen fest ans Herz gehalten und damit fortmarschiert, ohne auch nur eine Entschuldigung gemacht zu haben, daß sie ihr ins Gesicht geflogen. Siehst Du, was die alles gemerkt hat, denn so klein die Begebenheit schien, war es ihr doch eine Quelle von freudiger Betrachtung über Deine Raschheit, funkelnde Augen, pochend' Herz, rote Wangen usw. – Es ergötzte sie ja noch in ihrer späten Zeit. – Diese und die folgende Geschichte haben mir den lebhaftesten Eindruck gemacht, ich seh' Dich in beiden vor mir, in vollem Glanz Deiner Jugend. An einem hellen Wintertag, an dem Deine Mutter Gäste hatte, machtest Du ihr den Vorschlag, mit den Freunden an den Main zu fahren. „Mutter, Sie hat mich ja doch noch nicht Schlittschuhe laufen sehen, und das Wetter ist heut' so schön“ usw. – Ich zog meinen karmoisinroten Pelz an, der einen langen Schlepp' hatte und vorn herunter mit goldnen Spangen zugemacht war, und so fahren wir denn hinaus, da schleift mein Sohn herum wie ein Pfeil zwischen den andern durch, die Luft hatte ihm die Backen rot gemacht, und der Puder war aus seinen braunen Haaren geflogen, wie er nun den karmoisinroten Pelz sieht, kommt er herbei an die Kutsche und lacht mich ganz freundlich an, – „nun, was willst du?“ sag' ich. „Ei Mutter, Sie hat ja doch nicht kalt im Wagen, geb' Sie mir Ihren Sammetrock“, „du wirst ihn doch nicht gar anziehen wollen“, „freilich will ich ihn anziehen.“ – Ich zieh' halt meinen prächtig warmen Rock aus, er zieht ihn an, schlägt die Schleppe über den Arm, und da fährt er hin, wie ein Göttersohn auf dem Eis; Bettine, wenn du ihn gesehen hättest!! – So was Schönes gibt's nicht mehr, ich klatschte in die Hände vor Lust! Mein Lebtag seh' ich noch, wie er den einen Brückenbogen hinaus und den andern wieder herein lief, und wie da der Wind ihm den Schlepp' lang hinten nachtrug, damals war Deine Mutter mit auf dem Eis, der wollte er gefallen.

Nun, bei dieser Geschichte kann ich wieder sagen, was ich Dir in Töplitz sagte: daß es mich immer durchglüht, wenn ich an Deine Jugend denke, ja, es durchglüht mich auch, und ich hab' einen ewigen Genuß daran. – Wie freut es einem, den Baum vor der Haustür, den man seit der Kindheit kennt, im Frühjahr wieder grünen und Blüten gewinnen zu sehen; – wie freut es mich, da Du mir ewig blühst, wenn zuzeiten Deine Blüten eine innigere höhere Farbe ausstrahlen und ich in lebhafter Erinnerung mein Gesicht in die Kelche hineinsenke und sie ganz einatme. –

Am 28. November. Bettine.

An Goethe.

Ich weiß, daß Du alles, was ich Dir von Dir erzähle, nicht wirst brauchen können, ich hab' in einer einsamen Zeit über diesen einzelnen Momenten geschwebt wie der Tau auf den Blumen, der im Sonnenschein ihre Farben spiegelt. Noch immer seh' ich Dich so verherrlicht, aber mir ist's unmöglich, es Dir darstellend zu beweisen, Du bist bescheiden und wirst's auf sich beruhen lassen, Du wirst mir's gönnen, daß Deine Erscheinung grade mich anstrahlte; ich war die Einsame, die durch Zufall oder vielmehr durch bewußtlosen Trieb zu Deinen Füßen sich einfand. Es kostet mir Mühe, und ich kann nur ungenügend darlegen, was so eng mit meinem Herzen verbunden ist, das doch einmal in meiner Brust wohnt und sich nicht so ganz ablöst. – Indessen bedurft' es nur ein Wort von Dir, daß ich diese Kleinodien rauh und ungeglättet, wie ich sie empfing, wieder in Deinen ungeheueren Reichtum hereinwerfe; was in die Stirn, die liebendes Denken geründet hat, in meinen Blick, der mit Begeistrung auf Dich gerichtet war, in die Lippen, die von diesem Liebesgeist gerührt zu Dir sprachen, hierdurch eingeprägt ward, das kann ich nicht wiedergeben, es entschwebt, wie der Ton der Musik entschwebt und für sich besteht in dem Augenblick, da sie aufgeführt wird.

Jeder Anekdote, die ich hinschreibe, möchte ich ein Lebewohl zurufen; – die Blumen sollen abgebrochen werden, damit sie noch in ihrer Blüte ins Herbarium kommen. So hab' ich mir's nicht gedacht, da ich Dir in meinem vorletzten Brief meinen Garten so freundlich anbot, lächelst Du? – Du wirst doch alles überflüssige Laub absondern und des Tau's noch des Sonnenscheins nicht mehr achten, der außer meinem Territorium nicht mehr drauf ruht. – Der Schütze wird nicht müde, tausend und tausend Pfeile zu versenden, der nach der Liebe zielt. Er spannt abermals zieht die Senne bis ans Aug' heran, blickt scharf und zielt scharf; und Du! Sieh diese verschoßnen Pfeile, die zu Deinen Füßen hinsinken, gnädig an und denke, daß ich mich nicht zurückhalten kann, Dir ewig dasselbe zu sagen. Und berührt Dich ein solcher Pfeil niemals, auch nur ein kleines wenig? –

Dein Großvater war ein Träumender und Traumdeuter, es ward ihm vieles über seine Familie durch Träume offenbar, einmal sagte er einen großen Brand, dann die unvermutete Ankunft des Kaisers voraus; dieses war zwar nicht beachtet worden, doch hatte es sich in der Stadt verbreitet und erregte allgemeines Staunen, da es eintraf. Heimlich vertraute er seiner Frau, ihm habe geträumt, daß einer der Schöffen ihm sehr verbindlicherweise seinen Platz angeboten habe, nicht lange darauf starb dieser am Schlag, seine Stelle wurde durch die goldne Kugel Deinem Großvater zuteil. Als der Schultheiß gestorben war, wurde noch in später Nacht durch den Ratsdiener auf den andern Morgen eine außerordentliche Ratsversammlung angezeigt, das Licht in seiner Laterne war abgebrannt, da rief der Großvater aus seinem Bette: „Gebt ihm ein neues Licht, denn der Mann hat ja doch die Mühe bloß für mich." Kein Mensch hatte diese Worte beachtet, er selbst äußerte am andern Morgen nichts und schien es vergessen zu haben, seine älteste Tochter (Deine Mutter) hatte sich's gemerkt und hatte einen festen Glauben dran, wie nun der Vater ins Rathaus gegangen war, steckte sie sich nach ihrer eignen Aussage in einen unmenschlichen Staat und frisierte sich bis an den Himmel. In dieser Pracht setzte sie sich mit einem Buch in der Hand im Lehnsessel ans Fenster. Mutter und Schwestern glaubten, die Schwester Prinzeß (so wurde sie wegen ihrem Abscheu vor häuslicher Arbeit und Liebe zur Kleiderpracht und Lesen genannt) sei närrisch, sie aber versicherte ihnen, sie würden bald hinter die Bettvorhänge kriechen, wenn die Ratsherren kommen würden, ihnen wegen dem Vater, der heute zum Syndikus erwählt werde, zu gratulieren, da nun die Schwestern sie noch wegen ihrer Leichtgläubigkeit verlachten, sah sie vom hohen Sitz am Fenster den Vater im stattlichen Gefolge vieler Ratsherren daherkommen; „versteckt euch", rief sie, „dort kommt er und alle Ratsherren mit", keine wollt' es glauben, bis eine nach der andern den unfrisierten Kopf zum Fenster hinaus steckte und die feierliche Prozession daherschreiten sah, liefen alle davon und ließen die Prinzeß allein im Zimmer, um sie zu empfangen.

Diese Traumgabe schien auf die eine Schwester fortgeerbt zu haben, denn gleich nach Deines Großvaters Tod, da man in Verlegenheit war, das Testament zu finden, träumte ihr, es sei zwischen zwei Brettchen, im Pult des Vaters, zu finden, die durch ein geheimes Schloß verbunden waren, man untersuchte das Pult und fand alles richtig. Deine Mutter aber hatte das Talent nicht, sie meinte, es komme von ihrer heitern, sorglosen Stimmung und ihrer großen Zuversicht zu allem Guten, grade dies mag wohl ihre prophetische Gabe gewesen sein, denn sie sagte selbst, daß sie in dieser Beziehung sich nie getäuscht habe.

Deine Großmutter kam einst nach Mitternacht in die Schlafstube der Töchter und blieb da bis am Morgen, weil ihr etwas begegnet war, was sie vor Angst sich nicht zu sagen getraute, am andern Morgen erzählte sie, daß etwas im Zimmer geraschelt habe wie Papier, in der Meinung, das Fenster sei offen und der Wind jage die Papiere von des Vaters Schreibpult im anstoßenden Studierzimmer umher, sei sie aufgestanden, aber die Fenster seien geschlossen gewesen. Da sie wieder im Bett lag, rauschte es immer näher und näher heran mit ängstlichem Zusammenknittern von Papier, endlich seufzte es tief auf und noch einmal dicht an ihrem Angesicht, daß es sie kalt anwehte, darauf ist sie vor Angst zu den Kindern gelaufen; kurz hiernach ließ sich ein Fremder melden, da dieser nun auf die Hausfrau zuging und ein ganz zerknittertes Papier ihr darreichte, wandelte sie eine Ohnmacht an. Ein Freund von ihr, der in jener Nacht seinen herannahenden Tod gespürt, hatte nach Papier verlangt, um der Freundin in einer wichtigen Angelegenheit zu schreiben, aber noch ehe er fertig war, hatte er, vom Todeskrampf ergriffen, das Papier gepackt, zerknittert und damit auf der Bettdecke hin und her gefahren, endlich zweimal tief aufgeseufzt, und dann war er verschieden; obschon nun das, was auf dem Papiere geschrieben war, nichts Entscheidendes besagte, so konnte sich die Freundin doch vorstellen, was seine letzte Bitte gewesen, Dein edler Großvater nahm sich einer kleinen Waise jenes Freundes, die keine rechtlichen Ansprüche an sein Erbe hatte, an, ward ihr Vormund, legte eine Summe aus eignen Mitteln für sie an, die Deine Großmutter mit manchem kleinen Ersparnis mehrte.

Seit diesem Augenblick verschmähte Deine Mutter keine Vorbedeutungen noch Ähnliches, sie sagte: „Wenn man es auch nicht glaubt, so soll man es auch nicht leugnen oder gar verachten, das Herz werde durch dergleichen tief gerührt. Das ganze Schicksal entwickle sich oft an Begebenheiten, die so unbedeutend erscheinen, daß man ihrer gar nicht erwähne, und innerlich so gelenk und heimlich arbeiten, daß man es kaum empfinde; „noch täglich“, sagte sie, „erleb' ich Begebenheiten, die kein andrer Mensch beachten würde, aber sie sind meine Welt, mein Genuß und meine Herrlichkeit; wenn ich in einen Kreis von langweiligen Menschen trete, denen die aufgehende Sonne kein Wunder mehr ist, und die sich über alles hinaus glauben, was sie nicht verstehen, so denk' ich in meiner Seele, ja, meint nur, ihr hättet die Welt gefressen, wüßtet ihr, was die Frau Rat heute alles erlebt hat!“ Sie sagte mir, daß sie sich in ihrem ganzen Leben nicht mit der ordinären Tagsweise habe begnügen können, daß ihr starker Geist auch wichtige und tüchtige Begebenheiten habe verdauen wollen, und daß ihr dies auch in vollem Maße begegnet sei, sie sei nicht allein um ihres Sohnes willen da, sondern der Sohn auch um ihrentwillen; und sie könne sich wohl ihres Anteils an Deinem Wirken und an Deinem Ruhm versichert halten, indem sich ja auch kein vollendeteres und erhabeneres Glück denken lasse, als um des Sohnes willen allgemein so geehrt zu werden; sie hatte recht, wer braucht das noch zu beleuchten, es versteht sich von selbst. So entfernt Du von ihr warst, so lange Zeit auch: Du warst nie besser verstanden als von ihr; während Gelehrte, Philosophen und Kritiker Dich und Deine Werke untersuchten, war sie ein lebendiges Beispiel, wie Du aufzunehmen seist. Sie sagte mir oft einzelne Stellen aus Deinen Büchern vor, so zu rechter Zeit, so mit herrlichem Blick und Ton, daß in diesen auch meine Welt anfing, lebendigere Farbe zu empfangen, und Geschwister und Freunde dagegen in die Schattenseite traten. Das Lied: „O laß mich scheinen, bis ich werde“ legte sie herrlich aus, sie sagte, daß dies allein schon beweisen müsse, welche tiefe Religion in Dir sei, denn Du habest den Zustand darin beschrieben, in dem allein die Seele wieder sich zu Gott schwingen könne, nämlich ohne Vorurteile, ohne selbstische Verdienste aus reiner Sehnsucht zu ihrem Erzeuger; und daß die Tugenden, mit denen man glaube, den Himmel stürmen zu können, lauter Narrenspossen seien, und daß alles Verdienst vor der Zuversicht der Unschuld die Segel streichen müsse, diese sei der Born der Gnade, der alle Sünde abwasche, und jedem Menschen sei diese Unschuld eingeboren und sei das Urprinzip aller Sehnsucht nach einem göttlichen Leben; auch in dem verwirrtesten Gemüt vermittele sich ein tiefer Zusammenhang mit seinem Schöpfer, in jeder unschuldigen Liebe und Zuversicht, die sich trotz aller Verirrungen nicht ausrotten lasse, an diese solle man sich halten, denn es sei Gott selber im Menschen, der nicht wolle, daß er in Verzweiflung aus dieser Welt in jene übergehe, sondern mit Behagen und Geistesgegenwart, sonst würde der Geist wie ein Trunkenbold hinüberstolpern und die ewigen Freuden durch sein Lamento stören, und seine Albernheit würde da keinen großen Respekt einflößen, da man ihm erst den Kopf wieder müsse zurechtsetzen. Sie sagte von diesem Lied, es sei der Geist der Wahrheit mit dem kräftigen Leib der Natur angetan, und nannte es ihr Glaubensbekenntnis, die Melodien waren elend und unwahr gegen den Nachdruck ihres Vortrags und gegen das Gefühl, was in vollem Maße aus ihrer Stimme hervorklang. *Nur wer die Sehnsucht kennt*; ihr Auge ruhte dabei auf dem Knopf des Katharinenturms, der das letzte Ziel der Aussicht war, die sie vom Sitz an ihrem Fenster hatte, die Lippen bewegten sich herb, die sie am End' immer schmerzlich-ernst schloß, während ihr Blick in die Ferne verloren glühte, es war, als ob ihre Jugendsinne wieder anschwellen, dann drückte sie mir wohl die Hand und überraschte mich mit den Worten: „Du verstehst den Wolfgang und liebst ihn." – Ihr Gedächtnis war nicht allein merkwürdig, es war sehr herrlich; der Eindruck mächtiger Gefühle entwickelte sich in seiner vollen Gewalt bei ihren Erinnerungen, und hier will ich Dir die Geschichte, die ich Dir schon in München mitteilen wollte, und die so wunderbar mit ihrem Tode zusammenhing, als Beispiel ihres großen Herzens hinschreiben, so einfach wie sie mir selbst es erzählt hat. Eh' ich ins Rheingau reiste, kam ich, um Abschied zu nehmen, sie sagte, indem sich ein Posthorn auf der Straße hören ließ, daß ihr dieser Ton immer noch das Herz durchschneide, wie in ihrem siebenzehnten Jahre, damals war Karl VII., mit dem Zunamen der Unglückliche, in Frankfurt, alles war voll Begeisterung über seine große Schönheit, am Karfreitag sah sie ihn im langen schwarzen Mantel zu Fuß mit vielen Herren und schwarzgekleideten Pagen die Kirchen besuchen. „Himmel, was hatte der Mann für Augen; wie melancholisch blickte er unter den gesenkten Augenwimpern hervor! – Ich verließ ihn nicht, folgte ihm in alle Kirchen, überall kniete er auf der letzten Bank unter den Bettlern und legte sein Haupt eine Weile in die Hände, wenn er wieder emporsah, war mir's allemal wie ein Donnerschlag in der Brust; da ich nach Hause kam, fand ich mich nicht mehr in die alte Lebensweise, es war, als ob Bett, Stuhl und Tisch nicht mehr an dem gewohnten Ort ständen, es war Nacht geworden, man brachte Licht herein, ich ging ans Fenster und sah hinaus auf die dunklen Straßen, und wie ich die in der Stube von dem Kaiser sprechen hörte, da zitterte ich wie Espenlaub, am Abend in meiner Kammer legte ich mich vor meinem Bett auf die Knie und hielt meinen Kopf in den Händen wie er, es war nicht anders, wie wenn ein großes Tor in meiner Brust geöffnet wär'; meine Schwester, die ihn enthusiastisch pries, suchte jede Gelegenheit, ihn zu sehen, ich ging mit, ohne daß einer ahnte, wie tief es mir zu Herzen gehe, einmal, da der Kaiser vorüberfuhr, sprang sie auf einen Prallstein am Wege und rief ihm ein lautes Vivat zu, er sah heraus und winkte freundlich mit dem Schnupftuch, sie prahlte sich sehr, daß der Kaiser ihr so freundlich gewinkt habe, ich war aber heimlich überzeugt, daß der Gruß mir gegolten habe, denn im Vorüberfahren sah er noch einmal rückwärts nach mir; ja beinah jeden Tag, wo ich Gelegenheit hatte, ihn zu sehen, ereignete sich etwas, was ich mir als ein Zeichen seiner Gunst auslegen konnte, und am Abend, in meiner Schlafkammer, kniete ich allemal vor meinem Bett und hielt den Kopf in meinen Händen, wie ich von ihm am Karfreitag in der Kirche gesehen hatte, und dann überlegte ich, was mir alles mit ihm begegnet war, und so baute ich ein geheimes Liebeseinverständnis in meinem Herzen auf, von dem mir unmöglich war zu glauben, daß er nichts davon ahne, ich glaubte gewiß, er habe meine Wohnung erforscht, da er jetzt öfter durch unsere Gasse fuhr wie sonst und allemal heraufsah nach den Fenstern und mich grüßte. O, wie war ich den vollen Tag so selig, wo er mir am Morgen einen Gruß gespendet hatte; da kann ich wohl sagen, daß ich weinte vor Lust.

Wie er einmal offne Tafel hielt, drängte ich mich durch die Wachen und kam in den Saal, statt auf die Galerie. Es wurde in die Trompeten gestoßen, bei dem dritten Stoß erschien er in einem roten Sammetmantel, den ihm zwei Kammerherren abnahmen, er ging langsam mit etwas gebeugtem Haupt. Ich war ihm ganz nah und dachte an nichts, daß ich auf dem unrechten Platz wäre, seine Gesundheit wurde von allen anwesenden großen Herren getrunken, und die Trompeten schmetterten drein, da jauchzte ich laut mit, der Kaiser sah mich an, er nahm den Becher, um Bescheid zu tun und nickte mir, ja, da kam mir's vor, als hätte er den Becher mir bringen wollen, und ich muß noch heute daran glauben, es würde mir zuviel kosten, wenn ich diesen Gedanken, dem ich so viel Glückstränen geweint habe, aufgeben müßte; warum sollte er auch nicht, er mußte ja wohl die große Begeistrung in meinen Augen lesen; damals im Saal bei dem Geschmetter der Pauken und Trompeten, die den Trunk, womit er den Fürsten Bescheid tat, begleiteten, ward ich ganz elend und betäubt, so sehr nahm ich mir diese eingebildete Ehre zu Herzen, meine Schwester hatte Mühe, mich hinauszubringen an die frische Luft, sie schmälte mit mir, daß sie wegen meiner des Vergnügens verlustig war, den Kaiser speisen zu sehen, sie wollte auch, nachdem ich am Röhrbrunnen Wasser getrunken, versuchen, wieder hineinzukommen, aber eine geheime Stimme sagte mir, daß ich an dem, was mir heute beschert geworden, mir solle genügen lassen, und ging nicht wieder mit; nein, ich suchte meine einsame Schlafkammer auf und setzte mich auf den Stuhl am Bett und weinte dem Kaiser schmerzlich süße Tränen der heißesten Liebe, am andern Tag reiste er ab, ich lag früh morgens um vier Uhr in meinem Bett, der Tag fing eben an zu grauen, es war am 17. April, da hörte ich fünf Posthörner blasen, das war er, ich sprang aus dem Bett, vor übergroßer Eile fiel ich in die Mitte der Stube und tat mir weh, ich achtete es nicht und sprang ans Fenster, in dem Augenblick fuhr der Kaiser vorbei, er sah schon nach meinem Fenster, noch eh' ich es aufgerissen hatte, er warf mir Kußhände zu und winkte mir mit dem Schnupftuch, bis er die Gasse hinaus war. Von der Zeit an habe ich kein Posthorn blasen hören, ohne dieses Abschieds zu gedenken, und bis auf den heutigen Tag, wo ich den Lebensstrom seiner ganzen Länge nach durchschifft habe und eben im Begriff bin, zu landen, greift mich sein weitschallender Ton noch schmerzlich an, und wo so vieles, worauf die Menschen Wert legen, rund um mich versunken ist, ohne daß ich Kummer darum habe. Soll man da nicht wunderliche Glossen machen, wenn man erleben muß, daß eine Leidenschaft, die gleich im Entstehen eine Chimäre war, alles Wirkliche überdauert und sich in einem Herzen behauptet, dem längst solche Ansprüche als Narrheit verpönt sind? Ich hab' auch nie Lust gehabt, davon zu sprechen, es ist heute das erstemal. Bei dem Fall, den ich damals vor übergroßer Eile tat, hatte ich mir das Knie verwundet, an einem großen Brettnagel, der etwas hoch aus den Dielen hervorstand, hatte ich mir eine tiefe Wunde über dem rechten Knie geschlagen, der scharfgeschlagne Kopf des Nagels bildete die Narbe als einen sehr feinen regelmäßigen Stern, den ich oft darauf ansah während den vier Wochen, in denen bald darauf der Tod des Kaisers mit allen Glocken jeden Nachmittag eine ganze Stunde eingeläutet wurde, ach, was hab' ich da für schmerzliche Stunden gehabt, wenn der Dom anfing zu läuten mit der großen Glocke, es kamen erst so einzelne mächtige Schläge, als wanke er trostlos hin und her, nach und nach klang das Geläut der kleinern Glocken und der ferneren Kirchen mit, es war, als ob alle über den Trauerfall seufzten und weinten; und die Luft war so schauerlich, es war gleich bei Sonnenuntergang, da hörte es wieder auf zu läuten, eine Glocke nach der andern schwieg, bis der Dom, so wie er angefangen hatte zu klagen, auch die allerletzten Töne in die Nachtdämmerung seufzte; damals war die Narbe über meinem Knie noch ganz frisch, ich betrachtete sie jeden Tag und erinnerte mich dabei an alles.

Deine Mutter zeigte mir ihr Knie, über dem das Mal in Form eines sehr deutlichen regelmäßigen Sternes ausgebildet war, sie reichte mir die Hand zum Abschied und sagte mir noch in der Tür, sie habe niemals hiervon mit jemand gesprochen als nur mit mir; wie ich kaum im Rheingau war, schrieb ich mir aus der Erinnerung so viel wie möglich mit ihren eignen Worten alles auf, denn ich dachte gleich, daß Dich dies gewiß einmal interessieren müsse, nun hat aber der Mutter Tod dieser kindlichen Liebesgeschichte, von der ich mir denken kann, daß sie kein edles männliches Herz, viel weniger den Kaiser würde haben ungerührt gelassen, eine herrliche Krone aufgesetzt und sie zu etwas vollendet Schönem gestempelt. – Im September wurde mir ins Rheingau geschrieben, die Mutter sei nicht wohl, ich beeilte meine Rückkehr, mein erster Gang war zu ihr, der Arzt war grade bei ihr, sie sah sehr ernst aus, als er weg war, reichte sie mir lächelnd das Rezept hin und sagte: „Da lese, welche Vorbedeutung mag das haben, ein Umschlag von Wein, Myrrhen, Öl und Lorbeerblättern, um mein Knie zu stärken, das mich seit diesem Sommer anfing zu schmerzen, und endlich hat sich Wasser unter der Narbe gesammelt, du wirst aber sehen, es wird nichts helfen mit diesen kaiserlichen Spezialien von Lorbeer, Wein und Öl, womit die Kaiser bei der Krönung gesalbt werden. Ich seh das schon kommen, daß das Wasser sich nach dem Herzen ziehen wird, und da wird es gleich aus sein"; sie sagte mir Lebewohl und sie wolle mir sagen lassen, wenn ich wiederkommen solle; ein paar Tage darauf ließ sie mich rufen, sie lag zu Bett, sie sagte: „Heute lieg' ich wieder zu Bett wie damals, als ich kaum sechszehn Jahr alt war, an derselben Wunde"; ich lachte mit ihr hierüber und sagte ihr scherzweise viel, was sie rührte und erfreute; da sah sie mich noch einmal recht feurig an, sie drückte mir die Hand und sagte: „Du bist so recht geeignet, um mich in dieser Leidenszeit aufrecht zu halten, denn ich weiß wohl, daß es mit mir zu Ende geht.“ Sie sprach noch ein paar Worte von Dir, daß ich nicht aufhören sollte, Dich zu lieben, und ihrem Enkel solle ich zu Weihnachten noch einmal die gewohnten Zuckerwerke in ihrem Namen senden, zwei Tage drauf, am Abend, wo ein Konzert in ihrer Nähe gegeben wurde, sagte sie: „Nun will ich im Einschlafen an die Musik denken, die mich bald im Himmel empfangen wird“, sie ließ sich auch noch Haare abschneiden und sagte, man solle sie mir nach ihrem Tode geben nebst einem Familienbild von Seekatz, worauf sie mit Deinem Vater, Deiner Schwester und Dir als Schäfer gekleidet in anmutiger Gegend abgemalt ist, am andern Morgen war sie nicht mehr, sie war nächtlich hinübergeschlummert.

Das ist die Geschichte, die ich Dir schon in München versprochen hatte, jetzt, wo sie niedergeschrieben ist, weiß ich nicht, wie Du sie aufnehmen wirst, mir war sie immer als etwas ganz Außerordentliches vorgekommen, und ich habe bei ihr so manche Gelübde getan.

Von Deinem Vater erzählte sie mir auch viel Schönes, er selbst war ein schöner Mann, sie heiratete ihn ohne bestimmte Neigung, sie wußte ihn auf mancherlei Weise zum Vorteil der Kinder zu lenken, denen er mit einer gewissen Strenge im Lernen zusetzte, doch muß er auch sehr freundlich gegen Dich gewesen sein, da er stundenlang mit Dir von zukünftigen Reisen sprach und Dir Deine Zukunft so glanzvoll wie möglich ausmalte, von einem großen Hausbau, den Dein Vater unternahm, erzählte die Mutter auch und wie sie Dich da als junges Kind oft mit großen Sorgen habe auf den Gerüsten herumklettern sehen. Als der Bau beendigt war, der Euer altes rumpeliges Haus mit Windeltreppen und ungleichen Etagen in eine schöne anmutige Wohnung umschuf, in denen wertvolle Kunstgegenstände mit Geschmack die Zimmer verzierten, da richtete der Vater mit großer Umständlichkeit eine Bibliothek ein, bei der Du beschäftigt wurdest. Über Deines Vaters Leidenschaft zum Reisen erzählte die Mutter sehr viel. Seine Zimmer waren mit Landkarten, Planen von großen Städten behängt, und während Du die Reisebeschreibung verlasest, spazierte er mit dem Finger darauf herum, um jeden Punkt aufzusuchen, dies sagte weder Deiner Ungeduld noch dem eilfertigen Temperament der Mutter zu, Ihr sehntet Euch nach Hindernissen solcher langweiligen Winterabende, die denn endlich auch durch die Einquartierung eines französischen Kommandanten in die Prachtstuben völlig unterbrochen wurden, hierdurch war nichts gebessert, der Vater war nicht zu trösten, daß seine kaum eingerichtete Wohnung, die ihm so manches Opfer gekostet hatte, der Einquartierung preisgegeben war, daraus erwuchs mancherlei Not, die Deine Mutter trefflich auszugleichen verstand; ein paar Blätter mit Notizen schicke ich noch mit, ich kann sie nicht besser ausmalen, Dir aber können sie wohl zur Wiederaufweckung von tausenderlei Dingen dienen, die Du dann auch wieder in ihrem Zusammenhang finden wirst, die Liebesgeschichten aus Offenbach mit einem gewissen Gretchen, die nächtlichen Spaziergänge und was dergleichen mehr, hat Deine Mutter nie im Zusammenhang erzählt, und Gott weiß, ich hab' mich auch gescheut, danach zu fragen.

Bettine.

An Goethe.

Was mich so lange gefangen hielt, war die Musik, ungeschnittne Federn, schlechtes Papier, dicke Tinte, es treffen immer viel Umstände zusammen.

Am 4. Dezember war kalt und schauerlich Wetter, es wechselte ab im Schneien, Regnen und Eisen – was hab' ich nun besseres zu tun, als Dein Herz warmzuhalten, die Unterweste hab' ich so schmeichelnd warm gemacht als mir nur möglich. Denk' an mich.

Ich habe des Fürsten Radziwill seine Musik aus dem „Faust" gehört, das Lied vom Schäfer ist so einzig lebendig darstellend, kurz, alle löbliche Eigenschaften besitzend, daß es gewiß nimmermehr so trefflich kann komponiert werden. Das Chor: „Drinnen sitzt einer gefangen", es geht einem durch Mark und Bein. Das Chor der Geister, wo Faust einschlummert, herrlich! Man hört den Polen durch, ein Deutscher hätt' es nicht so angefangen, um so reizender. Es muß so leicht vorgetragen werden wie fliegende Spinnweb' in den Sommerabenden.

Zelter ist manchmal bei uns, ich suche herauszubringen, was er ist. Ungeschliffen ist er zwar, recht und unrecht hat er auch, Dich liebzuhaben behauptet er auch, er möchte der Welt dienen und führt Klage, daß sie sich's nicht will gefallen lassen, und daß er alle Weisheit für sich behalten muß. Einen Standpunkt hat er sich erwählt, von dem aus er sie von oben herab beschaut. Und der Welt ist's einerlei, daß er mit den Krähen auf der Zinne sitzt und sie sich auf ihren Gemeinplätzen tummeln sieht. An der Liedertafel ist er Cäsar und freut sich seiner Siege, in der Singakademie ist er Napoleon und jagt durch sein Machtwort alles in Schrecken, und seine Truppen gehen mit Zuversicht durch dick und dünn; zum Glück ist gesungen nicht gehauen und gestochen. Seine Leibgarde, der Baß, hat den Katarrh. In der Welt, in der Gesellschaft und auf Reisen, da ist er Goethe, und zwar ein recht menschlicher, voll herablassender Güte, er wandelt, er steht, wirft ein kurzes Wort hin, nickt freundlich zu unbedeutenden Dingen, hält die Hände auf den Rücken, das macht sich alles; nur zuweilen speit er aus, und zwar herzhaft, das trifft nicht, da geht die ganze Illusion zum Teufel.

Die Verwirrung, die das Magische in jeder Kunst bei den Philistern veranlaßt, ist bei der Musik auf den höchsten Grad gestiegen; Zelter zum Beispiel läßt nichts die Maut passieren, was er nicht schon versteht, und eigentlich ist das doch nur Musik, was grade da beginnt, wo der Verstand nicht mehr ausreicht, und die ewig vernichtenden Quergeister, die es so gut meinen, wenn sie zuvörderst das Verständliche in der Kunst fordern: daß die nicht begreifen, daß sie das höchste Element einer göttlichen Sprache herabwürdigen, wenn sie es nur mit dem ausfüllen, was sie verstehen, indem sie ja doch nur das Gemeine verstehen und daß sie höhere Offenbarung nie erfahren, wenn sie ewig gescheiter sein wollen, wie ihre Botschafter, die Phantasie und die Begeistrung. Obschon in der Musik die Zauberformeln ewig lebendig sind, so spricht sie der Philister, vor Schreck sie nicht zu verstehen, oft nur halb, oft rückwärts aus, und nun stehen die sonst so beweglichen, blitzenden, naßkalt, langwierig, beschwerlich und freilich unverständlich im Weg.

Dagegen ist der Begeisterte ein anderer: mit heimlicher Zuversicht lauscht er und wird eine Welt gewahr, sie läßt sich nicht definieren, sie kann dem Gemüt wohl ihre Wirkung, aber nicht ihren Ursprung mitteilen, daher die plötzliche reife Erscheinung des Genies, das lang in ungebundner Selbstbeschauung zerstreut war, nun, in sich selbst erhöht, hervorbricht ans Tageslicht, unbekümmert, ob die Ungeweihten es verstehen, da es mit Gott spricht (Beethoven). So steht's mit der Musik, das Genie kann nicht offenbar werden, weil die Philister nichts anerkennen, als was sie verstehen. – Wenn ich mir da meinen Beethoven denke, der, den eignen Geist fühlend, freudig ausruft: „Ich bin elektrischer Natur, und darum mache ich so herrliche Musik!"

Viele Sinne zu einer Erscheinung des Geistes. Stetes lebhaftes Wirken des Geistes auf die Sinne (Menschen), ohne welche kein Geist, keine Musik.

Wollust, ins Vergangene zu schauen wie durch Kristall, Einsicht der Beherrschung, der Tragung, der Erregung des Geistes; – nimmermehr in der Musik, was verklungen ist, hatte seinen eignen Tempel. Der ist mit ihm versunken, Musik kann nur ewig neu erstehen.

Sonderbares Schicksal der Musiksprache, nicht verstanden zu werden. Daher immer die Wut gegen das, was noch nicht gehört war, daher der Ausdruck: „Unerhört." Dem Genie in der Musik steht der Gelehrte in der Musik allemal als ein Holzbock gegenüber (Zelter muß vermeiden, dem Beethoven gegenüberzustehen), das Bekannte verträgt er, nicht weil er es begreift, sondern weil er es gewohnt ist wie der Esel den täglichen Weg. Was kann einer noch, wenn er auch alles wollte, solang er nicht mit dem Genius sein eignes Leben führt, da er nicht Rechenschaft zu geben hat und die Gelehrsamkeit ihm nicht hineinpfuschen darf. Die Gelehrsamkeit versteht ja doch nur höchstens, was schon da war, aber nicht, was da kommen soll, er kann die Geister nicht lösen vom Buchstaben, vom Gesetz. Jede Kunst steht eigenmächtig da, den Tod zu verdrängen, den Menschen in den Himmel zu führen; aber wo sie die Philister bewachen und als Meister lossprechen, da steht sie mit geschornem Haupt, beschämt, was freier Wille, freies Leben sein soll, ist Uhrwerk. Und da mag nun einer zuhören, glauben und hoffen, es wird doch nichts draus. Nur durch Wege konnte man dazu gelangen, die dem Philister verschüttet sind, Gebet, Verschwiegenheit des Herzens im stillen Vertrauen auf die ewige Weisheit, auch in dem Unbegreiflichen. – Da stehen wir an den unübersteiglichen Bergen, und doch: da oben nur lernt man die Wollust des Atmens verstehen.

Der Frau das kleine Andenken mit meinem Glückwunsch zum neuen Jahr. Dem Hrn. R. die ungemachte Weste, seine Vollkommenheit hat mich in Töplitz zu sehr geblendet, als daß ich mir das rechte Maß hätte denken können, die Vorstecknadeln seien hier zu geschmacklos, als daß ich ihm eine hätte schicken mögen, aber lauter und lauter Vergißmeinnicht in der Weste! – Er mag nicht wenig stolz darauf sein. Sollte sein Geschmack noch nicht soweit gebildet sein, dies schön zu finden, so soll er nur auf mein Wort glauben, daß ihn alle Menschen darum beneiden werden; noch muß ich erinnern, daß sie als Unterweste getragen wird. Nun, er wird mir gewiß schreiben und wird sich bedanken. – Und Du? – hm.

Du Einziger, der mir den Tod bitter macht! –

Bettine.

Grüß doch die Frau recht herzlich von mir, – es ist ihr doch niemand so von Herzen gut wie ich.

Adieu Magnetberg. – Wollt' ich auch da- und dorthin die Fahrt lenken, an Dir würden alle Schiffe scheitern.

Adieu einzig Erbteil meiner Mutter.

Adieu Brunnen, aus dem ich trinke.

An Bettine.

Du erscheinst von Zeit zu Zeit, liebe Bettine, als ein wohltätiger Genius, bald persönlich, bald mit guten Gaben. Auch diesmal hast Du viel Freude angerichtet, wofür Dir der schönste Dank von allen abgetragen wird.

Daß Du mit Zeltern manchmal zusammen bist, ist mir lieb, ich hoffe immer noch, Du wirst Dich noch besser in ihn finden, es könnte mir viel Freude machen. Du bist vielseitig genug, aber auch manchmal ein recht beschränkter Eigensinn, und besonders, was die Musik betrifft, hast Du wunderliche Grillen in Deinem Köpfchen erstarren lassen, die mir insofern lieb sind, weil sie Dein gehören, deswegen ich Dich auch keineswegs deshalb meistern noch quälen will; im Gegenteil, wenn ich Dir ein unverhohlnes Bekenntnis machen soll; so wünsch' ich Deine Gedanken über Kunst überhaupt wie über die Musik mir zugewendet. In einsamen Stunden kannst Du nichts Bessers tun als Deinem lieben Eigensinn nachhängen und ihn mir trauen, ich will Dir auch nicht verhehlen, daß Deine Ansichten trotz allem Absonderlichen einen gewissen Anklang in mir haben, und so manches, was ich in früherer Zeit wohl auch in feinem Herzen getragen, wieder anregen, was mir denn in diesem Augenblick sehr zustatten kommt; bei Dir wäre sehr zu wünschen, was die Weltweisen als die wesentlichste Bedingung der Unsterblichkeit fordern, daß nämlich der ganze Mensch aus sich heraustreten müsse ans Licht. Ich muß Dir doch auf's dringendste anempfehlen, diesen weisen Rat so viel wie möglich nachzukommen, denn obschon ich nicht glaube, daß hierdurch alles Unverstandne und Rätselhafte genügend gelöst würde, so wären doch wohl die erfreulichsten Resultate davon zu erwarten.

Von den guten Musiksachen, die ich Dir verdanke, ist schon gar manches einstudiert und wird oft wiederholt. Überhaupt geht unsre kleine musikalische Anstalt diesen Winter recht ruhig und ordentlich fort. Von mir kann ich Dir wenig sagen, als daß ich mich wohl befinde, welches denn auch sehr gut ist. Für lauter Äußerlichkeiten hat sich von innen nichts entwickeln können. Ich denke, das Frühjahr und einige Einsamkeit wird das Beste tun. Ich danke Dir zum schönsten für das Evangelium juventutis, wovon Du mir einige Perikopen gesendet hast. Fahre fort von Zeit zu Zeit, wie es Dir der Geist eingibt. Und nun lebe wohl und habe nochmals Dank für die warme Glanzweste. Meine Frau grüßt und dankt zum schönsten. Riemer hat wohl schon selbst geschrieben. Jena, wo ich mich vierzehn Tage hinbegeben.

Den 11. Januar 1811. G.

An Goethe.

Also ist mein lieber Freund allein! – Das freut mich, daß Du allein bist, denke meiner! – Lege die Hand an die Stirne und denke meiner, daß ich auch allein bin. In beiliegenden Blättern der Beweis, daß meine Einsamkeit mit Dir erfüllt ist, ja, wie sollte ich anders zu solchen Anschauungen kommen, als indem ich mich in Deine Gegenwart denke.

Ich habe eine kalte Nacht verwacht, um meinen Gedanken nachzugehen, weil Du so freundlich alles zu wissen verlangst, ich hab' doch nicht alles aufschreiben können weil diese Gedanken zu flüchtig sind. Ach ja, Goethe, wenn ich alles aufschreiben wollte, wie wunderlich würde das sein. Nimm vorlieb, ergänze Dir alles in meinem Sinn, in dem Du ja doch zu Hause bist. Du und kein andrer hat mich je gemahnt, Dir meine Seele mitzuteilen, und ich möchte Dir nichts vorenthalten, *darum* möcht' ich aus mir heraus ans Licht treten, weil Du allein mich erleuchtest.

Beiliegende Blätter geschrieben in der Montagnacht.

Über Kunst. Ich hab' sie nicht studiert, weiß nichts von ihrer Entstehung, ihrer Geschichte, ihrem Standpunkt. Wie sie einwirkt, wie die Menschen sie verstehen, das scheint mir unecht.

Die Kunst ist Heiligung der sinnlichen Natur, hiermit sag' ich alles, was ich von ihr weiß. Was geliebt wird, das soll der Liebe dienen, der Geist ist das geliebte Kind Gottes, Gott erwählt ihn zum Dienst der sinnlichen Natur, das ist die Kunst. Offenbarung des Geistes in den Sinnen ist die Kunst. Was Du fühlst, das wird Gedanke und was Du denkst, was Du zu erdenken strebst, das wird sinnliches Gefühl. Was die Menschen in der Kunst zusammentragen, was sie hervorbringen, wie sie sich durcharbeiten, was sie zu viel oder zu wenig tun, das möchte manchen Widerspruch erdulden, aber immer ist es ein Buchstabieren des göttlichen *Es werde*.

Was kann uns ergreifen an der Darstellung einer Gestalt, die sich nicht regt, die den Moment ihrer geistigen Tendenz nicht zu entwickeln vermag? – Was kann uns durchdringen in einer gemalten Luftschicht, in welcher die Ahnung des steigenden Lichts nie erfüllt wird? – Was bewegt uns zu heimatlichem Sehnen in der gemalten Hütte sogar? Was zu dem vertraulichen Hinneigen zum nachgeahmten Tiere? – Wenn es nicht eine Sanktion des keimenden Geistes der Erzeugung ist!

Ach, was fragst Du nach der Kunst, ich kann Dir nichts Genügendes sagen? Frage nach der Liebe, die ist meine Kunst, in ihr soll ich darstellen, in ihr soll ich mich fassen und heiligen.

Ich fürchte mich vor Dir, ich fürchte mich vor dem Geist, den Du in mir aufstehen heißest, weil ich ihn nicht aussprechen kann. Du sagst in Deinem Brief, der ganze Mensch müsse aus sich heraustreten ans Licht; nie hat dies einfache untrügliche Gebot mir früher eingeleuchtet, jetzt aber, wo Deine Weisheit mich ans Licht fordert, was hab' ich da aufzuweisen, als nur Verschuldungen gegen diesen inneren Menschen; siehe da! Er war mißhandelt und unterdrückt. – Ist aber dieses Hervortreten des innern Menschen ans Licht nicht die Kunst? – Dieser innere Mensch, der ans Licht begehrt, daß ihm Gottes

Finger die Zunge löse, das Gehör entbinde, alle Sinne erwecke, daß er empfange und ausgebe! – Und ist hier die Liebe nicht allein Meisterin und wir ihre Schüler in jedem Werke, das wir durch ihre Inspiration vollbringen?

Kunstwerke sind zwar allein das, was wir Kunst nennen, durch was wir die Kunst zu erkennen und zu genießen glauben. Aber soweit die Erzeugung Gottes in Herz und Geist erhaben ist über die Begriffe und Mitteilungen, die wir uns von ihm machen, über die Gesetze, die von ihm unter uns im zeitlichen Leben gelten sollen, ebenso erhaben ist die Kunst über das, was die Menschen unter sich von ihr geltend machen. Wer sie zu verstehen wähnt, der wird nicht mehr leisten, als was der Verstand beherrscht. Wessen Sinne aber ihrem Geist unterworfen sind, der hat die Offenbarung.

Alles Erzeugnis der Kunst ist Symbol der Offenbarung, und da hat oft der auffassende Geist mehr teil an der Offenbarung als der erzeugende. Die Kunst ist Zeugnis, daß die Sprache einer höheren Welt deutlich in der unsern vernommen wird, und wenn wir sie auslegen zu wollen uns nicht vermessen, so wird sie selbst die Vorbereitung jenes höheren Geisteslebens in uns bewirken, von dem sie die Sprache ist. Es ist nicht nötig, daß wir sie verstehen, aber daß wir an sie glauben. Der Glaube ist der Same, durch den ihr Geist in uns aufgeht, so wie durch ihn alle Weisheit aufgeht, da er der *Same* ist einer unsterblichen Welt. Da das höchste Wunder wahr ist, so muß wohl alles, was dazwischen liegt, eine Annäherung zur Wahrheit sein, und nur der richtende Menschengeist führt in die Irre. Was kann und darf uns billiger Weise noch wundern als unsre eigne Kleinheit? – Alles ist Vater und Sohn und heiliger Geist; der irdischen Weisheit Grenze sind die sternebeschienenen Menschlein, die von ihrem Lichte fabeln. – Die Wärme Deines Blutes ist Weisheit, denn die Liebe gibt das Leben allein. Die Wärme Deines Geistes ist Weisheit, denn die Liebe belebt den Geist allein; wärme mein Herz durch Deinen Geist, den Du mir einhauchst, so hab' ich den Geist Gottes, der nur allein vermag's.

Diese kalte Nacht hab' ich zugebracht am Schreibtisch, um das Evangelium juventutis weiterzuführen, und habe viel gedacht, was ich nicht sagen kann.

Die Vorratskammer der Erfahrung hat Vorteile aufgespeichert, diese benützen zu können nach Bedürfnis, ist Meisterschaft; sie auf den Schüler überzutragen, ist Belehrung; hat der Schüler alles erfaßt und versteht er es anzuwenden, so wird er losgesprochen; dies ist die Schule, durch welche die Kunst sich fortpflanzt.

Ein so Losgesprochener ist einer, dem alle Irrwege zwar offen stehn, aber nicht der rechte. Aus der langgewohnten Herberge, in die die Lehre der Erfahrung ihn eingepfercht hatte, entlassen, ist die Wüste des Irrtums seine Welt, aus der er nicht herauszutreten vermag, jeder Weg, den er ergreift, ist ein einseitiger Pfad des Irrtums; des göttlichen Geistes bar, durch Vorurteile verleitet, sucht er seine Kunstgriffe in Anwendung zu bringen, hat er sie alle an seinem Gegenstand durchgesetzt, so hat er ein Kunstwerk hervorgebracht. Mehr hat noch nie das Bestreben eines durch die Kunstschule gebildeten Künstlers erworben. Wer je zu etwas gekommen ist in der Kunst, der hat seiner Kunstgriffe vergessen, dessen Fracht von Erfahrungen hat Schiffbruch gelitten, und die Verzweiflung hat ihn am rechten Ufer landen lassen. Was aus solcher gewaltsamen Epoche hervorgeht, ist zwar oft ergreifend, aber nicht überzeugend, weil der Maßstab des Urteils und des Begriffs immer nur jene Erfahrungen und Kunstgriffe sind, die nicht passen, wo das Erzeugnis nicht durch sie vermittelt ist; dann auch weil das Vorurteil der errungenen Meisterschaft nicht zuläßt, daß etwas sei, was nicht in ihm begriffen ist, und so die Ahnung einer höheren Welt ihm verschlossen bleibt. Die Erfindung dieser Meisterschaft wird gerechtfertigt durch den Grundsatz: „Es ist nichts neues, alles ist vor der Imagination erfunden.“ Ihre Erzeugnisse teilen sich in den Mißbrauch des Erfundenen zu neuen Erfindungen, in das Scheinerfinden, wo das Kunstwerk nicht den Gedanken in sich trägt, sondern seine Entbehrung durch die Kunstgriffe und Erfahrung der Kunstschule vermittelt sind, und in die Erzeugungen, die so weit gehen, als dem Gedanken durch Bildung erlaubt ist, etwas zu fassen. Je klüger, je abwägender, je fehlerfreier, je sicherer, desto wohlverstandener, von und für die Menge, und dies nennen wir Kunstwerke.

Wenn wir eines Helden Standbild machen, wir kennen seine Lebensverhältnisse, verbinden diese mit der Genugtuung der Ehre auf eine *gebildete* Weise, ein jeder einzelne Teil enthält einen harmonischen Begriff seiner Individualität, das Ganze entspricht dem Maße der Erfahrung im Schönen, so sind wir hinlänglich befriedigt. – Dies ist aber nicht die Aufgabe des Kunstwerks, die durch das Genie gefördert wird; dies ist nicht befriedigend, sondern überwältigend, sie ist nicht der Repräsentant einer Erscheinung, sondern die Offenbarung des Genies selbst, in der Erscheinung. Ihr werdet nicht sagen: „Dies ist das Bild eines Mannes der ein Held war“, sondern: „Dies ist die Offenbarung des Heldentums, das sich in diesem Kunstwerk verkörperte.“ Zu solcher Aufgabe gehört nicht Berechnung, sondern Leidenschaft, oder vielmehr Erleiden einer göttlichen Gewalt. Und welcher Künstler das Heldentum (ich nehme es als Repräsentant jeder Tugend, denn jede Tugend ist lediglich Sieg) so darstellt, daß es die Begeistrung, die seine Erscheinung ist, mitteilt: der ist dieser Tugend nicht allein fähig, sondern sie ist schon in ihm wiedergeboren. In der bildenden Kunst steht der Gegenstand fest wie der Glaube, der Geist des Menschen umwandelt ihn wie der Begriff; Erkenntnis im Glauben bildet das Kunstwerk, welches erleuchtet.

In der Musik ist die Erzeugung selbst ein Wandeln der göttlichen Erkenntnis, die in den Menschen hereinleuchtet ohne Gegenstand, und der Mensch selbst ist die Empfängnis. – In allem ist ein Verein der Liebe, ein Ineinanderfügen geistiger Kräfte.

Jede Erregung wird Sprache, Aufforderung an den Geist; – er antwortet: – und dies ist Erfindung. Dies also ist die geheime Grundlage der Erfindung: das Vermögen des Geistes, auf eine Frage zu antworten, die nicht einen bestimmten Gegenstand zur Aufgabe hat, sondern die vielleicht bewußtlose Tendenz der Erzeugung ist.

Alle Regungen geistiger Ereignisse des Lebens nach außen haben einen solchen tief verborgnen Grund; so wie der Lebensatem sich in die Brust senkt, um aufs neue Atem zu schöpfen, so senkt sich der erzeugende Geist in die Seele, um aufs neue in die höhere Region ewiger Schöpfungskraft aufzusteigen.

Die Seele atmet durch den Geist, der Geist atmet durch die Inspiration, und *die* ist das Atmen der Gottheit.

Das Aufatmen des göttlichen Geistes ist Schöpfen, Erzeugen; das Senken des göttlichen Atems ist Gebären und Ernähren des Geistes, so erzeugt, gebärt und ernährt sich das Göttliche im Geist; so, durch den Geist in der Seele, so durch die Seele in dem Leib. Der Leib ist die Kunst, – sie ist die sinnliche Natur, ins Leben des Geistes erzeugt.

In der Künstlersprache heißt es: Es kann nichts neues erfunden werden, alles ist schon vorher dagewesen; ja! Wir können auch nur im Menschen erfinden, außer ihm gibt es nichts, denn da ist der Geist nicht, denn Gott selbst hat keine andere Herberge als den Geist des Menschen. Der Erfinder ist die Liebe. Da nur das Umfassen der Liebe das Dasein gründet, so liegt außer diesem Umfassen kein Dasein, kein Erfundenes. – *Das Erfinden* ist nur ein Gewahrwerden, wie der Geist der Liebe in dem von ihr begründeten Dasein waltet.

Der Mensch kann nicht erfinden, sondern nur sich selbst empfinden, nur auffassen, erkennen, was der Geist der Liebe zu ihm spricht, wie er sich in ihm nährt und ihn durch sich belehrt. – Außer diesem Gewahrwerden der göttlichen Liebe, in Sprache der Erkenntnis umsetzen: ist keine Erfindung.

Wie könnte der Geist nun erfinden wollen, da nur er das Erfundene ist, da die Entfaltung seines Lebens nur die Entwicklung der Leidenschaft ist, die ihm einzuflößen der göttlichen Liebe Genuß und Nahrung ist, da sein Atem nur das Verzehren dieser Leidenschaft ist, und da seine Erzeugnisse nur das Verkörpern dieser Leidenschaft sind.

Also das Dasein ist das Umfassen der Liebe, das Geliebtsein. Das Erfinden, das Aussprechen ist das Einflößen ihrer Leidenschaft in den menschlichen Geist. Die Schönheit aber ist der Spiegel ihrer Seligkeit, die sie in der Befriedigung ihrer Leidenschaft hat. Die Seligkeit der Liebe spiegelt sich in dem Geist, den sie erzeugt, den sie mit Leidenschaft durchdringt, daß er sie begehre; dieses Begehren zu befriedigen, erzeugt ihren Genuß, dieses Mitgefühl ihres Genusses, ihrer Seligkeit, spricht der Geist durch Schönheit aus. Die Schönheit verkörpert sich durch den liebenden Geist, der die Form mit Leidenschaft durchdringt, so, wie die Liebe die selbsterschaffene Form des Geistes durchdringt. Dann spricht nachher die sinnliche Form die Schönheit des Geistes aus, wie der von Leidenschaft erfüllte Geist die Schönheit der Liebe ausspricht. – Und so ist die Schönheit der irdischen Form der Spiegel der Seligkeit des liebenden Geistes, wie die Schönheit der Seele der Spiegel der Seligkeit der liebenden Gottheit ist.

Mein Freund glaubt vielleicht, ich sei mondsüchtig, da wir heute Vollmond haben, ich glaub's auch.

***

Den 1. August 1817.

Nicht geahndet hab' ich es, daß ich je wieder so viel Herz fassen würde an Dich zu schreiben, bist Du es denn? oder ist es nur meine Erinnerung, die sich so in der Einsamkeit zu mir lagert und mich allein mit ihren offnen Augen anblickt? Ach, wie vielmal hab' ich in solchen Stunden Dir die Hand dargeboten, daß Du die Deinigen hineinlegen möchtest, daß ich sie beide an meine Lippen drücken könnte. – Ich fühl' es jetzt wohl, daß es nicht leicht war, mich in meiner Leidenschaftlichkeit zu ertragen, ja ich ertrage mich selbst nicht, und mit Schauder wende ich mich von all den Schmerzen, die die Betrachtung in mir aufwühlt.

Warum aber gerad' heute, nachdem Jahre vorüber sind, nachdem Stunden verwunden sind, wo ich mit Geistern zu kämpfen hatte, die mich zu Dir hin mahnten? Heute bedachte ich es, daß vielleicht auch Du nie eine Liebe erfahren habest, die bis ans End' gewährt habe, heute hatte ich die Haare in den Händen, die Deine Mutter sich abschnitt, um sie mir als ein Zeichen ihrer Liebe nach ihrem Tode reichen zu lassen, und da faßte ich Herz, einmal will ich Dich noch rufen, was kann mir widerfahren, wenn Du nicht hörst?

Die Leute gehen jetzt häufig in die Kirche, sie gehen zum Abendmahl, sie sprechen viel von ihrem Freund und Herrn, von dem Sohn Ihres Gottes; ich habe nicht einmal den Freund bewahrt, den ich mir *selbst* erwählte, mein Mund hat sich geschlossen über ihn, als ob ich ihn nicht kenne, ich habe das Richtschwert der Zunge über ihm blitzen sehen und hab' es nicht abgewehrt, siehst Du, so wenig Gutes ist in mir, da ich doch damals so gewiß besser sein wollte als alle, die so sind.

Mir träumte vor drei Jahren, ich erwache aus einem ruhigen Schlaf auf Deinen Knien sitzend, an einer langen gedeckten Tafel, Du zeigtest mir ein Licht, was tief herabgebrennt war und sagtest: „So lange hab' ich dich an meinem Herzen schlafen lassen, alle Gäste sind von der Tafel weggegangen, ich allein bin, um deine Ruhe nicht zu stören, sitzengeblieben, nun werfe mir nicht mehr vor, daß ich keine Geduld mit dir habe“ – ja wahrlich, das träumte ich, ich wollte Dir damals schreiben, aber eine Bangigkeit, die mir bis in die Fingerspitzen ging, hielt mich davon ab; nun grüße ich Dich nochmals durch alle Nacht der Vergangenheit und drücke die Wunden wieder zu, die ich so lange nicht zu beschauen wagte, und warte ab, ob Du mich auch noch hören willst, eh' ich Dir mehr erzähle.

Bettine.

Den Tag, an dem ich dies geschrieben, geriet das Komödienhaus in Brand, ich ging nach dem Platz, wo Tausende mit mir dies unerhörte Schauspiel genossen, die wilden Flammendrachen rissen sich vom Dache los und ringelten sich nieder oder wurden von Windstößen zerrissen, die Hitze hatte die schon tröpfelnden Wolken verzehrt oder zerteilt, und man konnte durch die rote Glut ruhig ins Antlitz der Sonne sehen, der Rauch wurde zum rötlichen Schleier. Das Feuer senkte sich in die innern Gemächer und hüpfte von außen hier und dort auf dem Rand des Gebäudes umher, das Gebälke des Daches war in einem Nu in sich hereingestürzt, und das war herrlich; nun muß ich Dir auch erzählen, daß es währenddem in mir jubelte, ich glühte mit, der irdische Leib verzehrte sich, und der unechte Staat verzehrte sich mit, man sah durch die geöffnete Türe, durch die dunkeln toten Mauem alle Fenster schwarz, den Vorhang des Theaters brennend niederstürzen, nun war das Theater im Augenblick ein Feuermeer, jetzt ging ein leises Knistern durch alle Fenstern, und sie waren weg, ja, wenn die Geister solcher Elemente einmal die Flügel aus den Ketten los haben, dann machen sie es arg. In dieser andern Welt, in der ich nun stand, – dachte ich an Dich, den ich schon so lange verlassen hatte, Deine Lieder, die ich lange nicht gesungen hatte, zuckten auf meinen Lippen, ich allein vielleicht unter den Tausenden, die da standen, die schauderten, die jammerten, ich allein fühlte in seliger einsamer Begeisterung, wie feuerfest Du bist – ein Rätsel hatte sich gelöst, deutlicher und besser konnte der Schmerz, der oft in früheren Zeiten in meiner Brust wühlte, nicht erläutert werden, ja es war gut, mit diesem Haufen brannte ein dumpfes Gebäude nieder, frei und leicht ward's in meiner Seele, und die Vaterlandsluft wehte mich an, – noch eins will ich Dir davon erzählen: in den ersten Nachmittagsstunden schon hatte das Feuer seine Rolle im Innern ausgespielt, wie der Mond aufging, hüpften die kleinen Flammengeister spielend in die Fenstermauern, in den Verzierungen tanzend lichteten sie die geschwärzten Masken. Am dritten Tag schlug die Flamme aus den tiefgehöhlten Balkenlöchern. Gelt, mehr läßt sich nicht erwarten, willst Du mir nun über all diesen Schutt die Hand wieder reichen, willst Du bis ans End' mich warm und liebend für Dich wissen, so sag' ein Wort, aber bald, denn ich habe Durst.

Seit den langen Jahren hab' ich das Schreiben verlernt, die Gedanken arbeiten sich auf ungeebnetem Weg durch, und doch denk' ich mich noch wie den schäumenden Becher in Deiner Hand, aus dem Du gern nippen magst.

Wenn das beigefügte Blatt noch seine Farbe hat, so kannst Du sehen, welche Farbe meine Liebe zu Dir hat, denn immer kommt's mir vor, als ob's grad' so innig rot und so ruhig, und der goldne Samenstaub auch, so ist Dein Bett in meinem Herzen bereitet, verschmähe es nicht. Meine Adresse ist Georgen-Straße Nr. 17.

An Goethe.

Weimar, den 29. Oktober 1821.

Mit Dir hab' ich zu sprechen! – Nicht mit dem, der mich von sich gestoßen, der Tränen nicht geachtet und karg keinen Fluch wie keinen Segen zu spenden hat, vor dem weichen die Gedanken zurück. Mit Dir Genius! Hüter und Entzünder! Der mit gewaltigen Schwingen oft die Flamme aus der versunknen Asche wieder emporwehte, mit Dir, der es mit heimlichem Entzücken genoß, wenn der jugendliche Quell brausend, empörend über Gefels sich den Weg suchte zur ruhigen Bucht zu Deinen Füßen, da es mir genügte, Deine Knie zu umfassen.

Aug' in Aug'! Einzig Leben! Keine Begeistrung, die über Dich geht! – Die Seligkeit, gesehen zu sein und Dich zu sehen!

Ob ich Dich liebte? – Das fragst Du? – Macht Ihr es aus über unsern Häuptern, Ihr Schwingenbegabte. – Glaub' an mich! – Glaub' an einen heißen Trieb, – Lebenstrieb will ich ihn nennen, – so sing' ich Deinem träumenden Busen vor. – Du träumst, Du schläfst! Und ich träume mit.

Ja, die damalige Zeit ist jetzt ein Traum, der Blitz der Begeistrung hatte schnell Dein irdisch Gewand verzehrt, und ich sah Dich, wie Du bist, ein Sohn der Schönheit, jetzt ist's ein Traum.

Ich hatte mich selbst, ein ernstes stilles schauerliches Geheimnis Dir opfernd zu Füßen zu legen, still und tief verborgen wie der unreife Same in seiner Hülle. An Dir, an Deiner vergehenden Liebe sollte er reifen; jeden unwillkürlichen Fehl, jede Sünde wollt' ich eingestehn, ich wollte sie wegsaugen aus Deinen Augen mit meinem tränenbeladenen Blick, mit meinem Lächeln; aus Deinem Bewußtsein mit der Glut meines Herzens, die Du nicht zum zweitenmal findest, – aber dies alles ist nun ein Traum.

Zehn Jahre der Einsamkeit haben sich über meinem Herzen aufgebaut, haben mich getrennt von dem Quell, aus dem ich Leben schöpfte, keiner Worte hab' ich mich seitdem wieder bedient, alles war versunken, was ich gefühlt und geahnt hatte. Mein letzter Gedanke war: „Es wird wieder eine Zeit kommen, in der ich sein werde, denn für diesmal haben sie meine Sinne begraben und mein Herz verhüllt."

Diese zukünftige Zeit, o Freund! schwebt über mir hin gleich den Winden der Wüste, die so manches Dasein mit leichtem Flugsand verscharren, und es wird mich keine Stimme wieder erwecken, außer der Deinen, – und das bleibt wohl auch nur ein Traum? –

Damals betete ich oft um das einzige, daß ich Deinen letzten Atemzug küssen dürfe, denn ich wollte gern Deine auffliegende Seele mit meinen Lippen berühren; ja Goethe! – Zeiten, die ihr vorüber seid, wendet euch am fernen Horizont noch einmal nach mir her, ihr tragt das Bild meiner Jugendzeit in dichte Schleier gehüllt.

Nein! Du kannst doch nicht sein, was Du jetzt bist: hart und kalt wie Stein! – Sei es immer für diese Welt, für diese verrinnende Zeiten, aber dort, wo die Gewölke sich in triumphierenden Fahnen aufrollen, unter denen Deine Lieder zu dem Thron aufsteigen, wo Du ihr Schöpfer, und Schöpfer Deiner Welt, ruhest, nachdem Du das Werk Deiner Tage geschaffen, zum Leben geschaffen; da laß mich mit Dir sein um meiner Liebe willen, die mir von geschäftigen Geistern jener höheren Welt zugetragen ward, wie der Honig dem wilden Fruchtbaum in den hohlen Stamm von tausend geschäftigen Bienen eingeimpft wird, der dann, ob auch nicht aus sich selber, dennoch einen köstlicheren Schatz in sich bewahrt als der Baum, der edle Früchte trägt. Ja, laß das wilde Reis seine Wurzeln mit den Deinen verstricken, verzehre es, wenn Du es nicht dulden magst.

Jawohl! Ich bin zu heftig, siehe da, der Damm ist verschüttet, welchen Gewohnheit baut, und Ungewohntes überströmt Herz und Papier. Ja, ungewohnte Tränen, ihr überströmt mein Gesicht, das heute die Sonne sucht und vor Tränen nicht sieht, und auch nicht, weil sie mir heute nicht scheinen will.

***

Den 23. November.

Alle Blumen, die noch im Garten stehen, einsammeln, Rosen und frische Trauben noch in der späten Jahreszeit zusammenbringen, ist kein unsittlich Geschäft und verdient nicht den Zorn dessen, dem sie angeboten sind. Warum soll ich mich fürchten vor Dir? Daß Du mich zurückgestoßen hast mit der Hand, die ich küssen wollte, das ist schon lange her, und heut' bist Du anders gesinnt. – Dem Becher, aus dem Du heute getrunken, sei dieser Strauß in den Kelch gepflanzt, er übernachte diese letzte Blumen, er sei ein

Grab diesen Blumen, morgen wirf den Strauß weg und fülle den Becher nach Gewohnheit. – So hast Du mir's auch gemacht, Du hast mich weggeworfen aus dem Gefäß, das Du an die Lippen zu setzen gewohnt bist.

***

Den 24.

Eine Zeitlang flattert die Seele am Boden, aber bald schwebt sie aufwärts in den kühlenden Äther. Schönheit ist Äther! – Sie kühlt, – nicht entflammt. – Die Schönheit erkennen, das ist die wahre Handlung der Liebe. Liebe ist kein Irrtum, aber ach! der Wahn, der sie verfolgt. – Du siehst, ich will einen Eingang suchen mit Dir zu sprechen, aber wenn ich auch auf Kothurnen schreite, – der Leib ist zu schwach, den Geist zu tragen, – beladne Äste schleifen die Früchte am Boden. Ach! Bald werden diese Träume ausgeflammt haben.

***

Den 29. Juni 1822.

Du siehst an diesem Papier, daß es schon alt ist, und daß ich's schon lang mit mir herumtrage, ich schrieb's im vorigen Jahr gleich, nachdem ich Dich verlassen hatte. Es war mir plötzlich, als wollen alle Gedanken mit mir zusammenbrechen, ich mußte aufhören zu schreiben; doch ruft von Zeit zu Zeit eine Stimme, daß ich Dir noch alles sagen soll. Ich geh' aufs Land, da will ich womöglich den Blick über dies Erdenleben hinaustragen, ich will ihn in Nebel hüllen, daß er nichts gewahr werde außer Dir. – Außer der Sonne, die den Tautropfen in sich fasset, soll er nichts fassen. Jede Blüte, die sich dem Lichte öffnet, fasset einen Tautropfen, der das Bild der wärmenden belebenden Kraft aufnimmt; aber Stamm und Wurzel sind belastet mit der finsteren, festen Erde; und wenn die Blüte keine Wurzel hätte, so hätte sie wohl Flügel. –

Heute ist so warm, heute sei ergeben in die Gedanken, die Dir dies Papier bringt. Zeit und Raum laß weichen zwischen unsern Herzen, und wenn's so ist, dann hab' ich keine Bitte mehr, denn da muß das Herz verstummen.

Bettine.

Von Goethes Hand auf diesen Brief geschrieben: „Empfangen den 4. Juli 1822."

An Goethe.

Schon oft hab' ich mich im Geist vorbereitet, Dir zu schreiben, aber Gedanken und Empfindungen, wie die Sprache sie nicht ausdrücken kann, erfüllen die Seele, und sie vermag nicht, ihr Schweigen zu brechen.

So ist denn die Wahrheit eine Muse, die das Kunstgebilde ihrer Melodien zwar in dem, den sie durchschreitet, harmonisch begründet, nicht aber sie erklingen läßt. – Wenn alles irdische Bedürfnis schweigt, alles irdische Wissen verstummt, dann erst hebt sie ihrer Gesänge Schwingen. – Liebe! Trieb aller Begeistrung, erneut das Herz, macht die Seele kindlich und unbefleckt. Wie oft mein Herz unter der Schlummerdecke des Erdenlebens erwacht, begabt mit dieser mystischen Kraft, sich zu offenbaren; der Welt war ich erstorben, die Seele ein Mitlauter der Liebe, und daher mein Denken, mein Fühlen, ein Aufruf an Dich: Komm! Sei bei mir! Finde mich in diesem Dunkel! – Es ist mein Atem, der um Deine Lippen spielt, der Deine Brust anfliegt; – so dachte ich aus der Ferne zu Dir, und meine Briefe trugen Dir diese Melodien zu; es war mein einzig Begehren, daß Du meiner gedenken mögest, und so wie in Gedanken ich immer zu Deinen Füßen lag, Deine Knie umfassend, so wollte ich, daß Deine Hand segnend auf mir ruhe. Dies waren die Grundakkorde meines Geistes, die in Dir ihre Auflösung suchten. – Da war ich, was allein Seligkeit ist: ein Element von Gewalten höherer Natur durchdrungen, meine Füße gingen nicht, sie schwebten der Zukunftsfülle entgegen über die irdischen Pfade hinaus; meine Augen sahen nicht, sie erschufen die Bilder meiner seligsten Genüsse; und was meine Ohren von Dir vernahmen, das war Keim des ewigen Lebens, der vom Herzen aus mit fruchtender Wärme gehegt ward. Sieh, ich durcheile mit diesen Erinnerungen die Vergangenheit. Zurück! Von Klippe zu Klippe abwärts, ins Tal einsamer Jugend; hier Dich findend, das bewegte Herz an Deiner Brust beschwichtigend, fühl' ich mich zu dieser Begeistrung aufgeregt, mit der der Geist des Himmels in menschlicher Empfindung sich offenbart.

Dich auszusprechen wär' wohl das kräftigste Insiegel meiner Liebe, ja es bewiese als ein Erzeugnis göttlicher Natur meine Verwandtschaft mit Dir. Es wär' ein gelöstes Rätsel, gleich dem lange verschloßnen Bergstrom, der endlich zum Lichte sich drängt, den ungeheuren Sturz mit wollüstiger Begeistrung erleidend, in einem Lebensmoment, durch welchen, nach welchem ein höheres Dasein beginnt. – Du Vernichter, der Du den freien Willen von mir genommen, Du Erzeuger, der Du die Empfindung des Erwachens in mich geboren; mit tausend elektrischen Funken aus dem Reiche heiliger Natur mich durchzuckt. Durch Dich hab' ich das Gewinde der jungen Rebe lieben lernen, auf ihre bereiften Früchte fielen meiner Sehnsucht Tränen. Das junge Gras hab' ich um Deinetwillen geküßt, die off'ne Brust um Deinetwillen dem Tau geboten, um Deinetwillen hab' ich gelauscht, wenn der Schmetterling und die Biene mich umschwärmten. Denn Dich wollte ich empfinden in dem heiligsten Kreis Deiner Genüsse. O Du, im Verborgnen mit der Geliebten spielend! Mußte ich, die das Geheimnis erlauscht hatte, nicht liebetrunken werden?

Ahnest Du die Schauer, die mich durchbebten, wenn die Bäume ihren Duft und ihre Blüten auf mich schüttelten? Da ich dachte, empfand und fest glaubte, es sei Dein Kosen mit der Natur, Dein Genießen ihrer Schönheit, ihr Schmachten, ihr Hingeben an Dich, die diese Blüten von den bewegten Zweigen löse und sie leise niederwirble in meinen Schoß. O ihr Spiegelnächte des Mondes! Wie hat an euerm Himmelsbogen mein Geist sich ausgedehnt! Da entnahm der Traum das irdische Bewußtsein, und wieder erwachend war die Welt mir fremd. Im Herannahen der Gewitter ahnete ich den Freund. Das Herz empfand ihn, der Atem strömte ihm zu, freudig löste sich das gebundne Leben unter dem Kreuzen der Blitze und dem Rollen der Donner.

Die Gabe des Eros ist die einzige genialische Berührung, die den Genius weckt; aber die andern, die den Genius in sich entbehren, nennen sie Wahnsinn. Die Begabten aber entschwingen sich mit dem fern hintreffenden Pfeil dem Bogen des Gottes, und ihre Lust und ihre Liebe hat ihr Ziel erreicht, wenn sie mit solchem göttlichen Pfeil zu den Füßen des Geliebten niedersinkt. – Es halte einen solchen Pfeil heilig und bewahre ihn im Busen als ein Kleinod, wer zu seinen Füßen ihn findet, denn er ist ein Doppelgeschenk des Eros, da ein Leben, im Schwung solchen Pfeiles, ihm geweihet verglüht. Und nun sage ich auch Dir: achte mich als ein solches Geschenk, das Deiner Schönheit ein Gott geweihet habe, denn mein Leben ist für Dich einem höheren versöhnt, dem irdischen verglüht; und was ich Dir in diesem Leben noch sage, ist nur das Zeugnis, was der zu Deinen Füßen erstreckte Pfeil Dir gibt.

Was im Paradiese erquickender, der Himmelsbeseligung entsprechender sei: Ob Freunde wieder finden und umgebende Fülle seliger Geister, oder allein die Ruhe genießen, in welcher der Geist sich sammelt, in stiller Betrachtung schwebend über dem, was Liebe in ihm erzeugt habe, das ist mir keine Frage; denn ich eile unzerstreut an den einsamsten Ort, und dort das Antlitz in die betenden Hände verbergend, küsse ich die Erscheinung dessen, was mein Herz bewegt.

Ein König wandelte durch die Reihen des Volkes, und wie Ebbe und Flut es erheischen, so trug die Woge der Gemeinheit ihn höher, aber ein Kind, vom Strahl seiner Augen entzündet, ergriff den Saum seines Gewandes und begleitete ihn bis zu den Stufen des Thrones, dort aber drängte das berauschte Volk den unschuldigen, ungenannten, unberatnen Knaben zurück hinter der Philister aufgepflanzte Fahnenreihe. Jetzt harret er auf die einsame Stätte des Grabes, da wird er die Mauern um den Opferaltar hochbauen, daß kein Wind die Flamme verlösche, während sie, der Asche des Geliebten zu Ehren, die dargebrachten Blumen in Asche verwandelt. Aber Natur! Bist du es, die den Aufgelösten verbirgt? – Nein! nein! Denn die Töne, die der Leier entschweben, sind dem Lichte erzeugt und der Erde entnommen, und wie das Lied, entschwebt auch der geliebte Geist in die Freiheit höherer Regionen, und je unermeßlicher die Höhe, je endloser die Tiefe dessen, der liebend zurückbleibt, wenn nicht der befreite Geist ihn erkennt, ihn berührt, ihn weihet im Entfliehen.

Und so mir, o Goethe, wird die Verzweiflung den Busen durchschneiden, wenn, am einsamsten Orte verweilend, ich dem Genuß Deiner Betrachtung mich weihe, und die Natur um mich her wird ein Kerker, der mich allein umschließt, wenn Du ihm entschwebt bist, ohne daß Dein Geist, der Inhalt meiner Liebe mich berührt habe. O tue dem nicht also, sei nicht meiner Begeistrung früher erstorben, lasse das Geheimnis der Liebe noch einmal zwischen uns erblühen; ein ewiger Trieb ist außer den Grenzen der irdischen Zeit, und so ist meine Empfindung zu Dir ein Urquell der Jugend, der da erbrauset in seiner Kraft und sich fortreißt mit erneuten Lebensgluten bis an das Ende.

Und so ist es Mitternacht geworden bei dem Schreiben und Bedenken dieser letzten Zeilen, sie nennen es die Silvesternacht, in der die Menschen einen Augenblick das Fortrücken der Zeit wahrnehmen. Nun bei dieser Erschütterung, die dem Horn des Nachtwächters ein grüßendes Zeichen entlockt, beschwöre ich Dich: denke von diesen geschriebenen Blättern, daß sie wie alle Wahrheit wiederkehren aus vergangner Zeit. Es liegt hier nicht ein bloßes Erinnern, sondern eine innige Verbindung mit jener Zeit zum Grund. Wie der Zauberstab, der sich aus dem Strahl liebender Augen bildet und den

Geliebten aus der Ferne berührt, so bricht sich der Lichtstrahl jener frühen Zeit an meiner Erinnerung und wird zum Zauberstab an meinem Geist. Eine Empfindung unmittelbarer Gewißheit, meines eigensten wahrhaftesten Lebens Ansicht, ist für mich diese Berührung aus der Vergangenheit; und während Schicksal und Welt nur wie Phantome im Hintergrund nie wahrhaften Einfluß auf mich hatten, so hat der Glaube, als sei ich Dir näher verwandt, als habe Dein Sehen, Dein Hören, Dein Fühlen einen Augenblick meinem Einfluß sich ergeben, allein mir zur Versicherung meiner selbst verholfen. Der Weg zu Dir ist die Erinnerung, durch sie wirke ich an einer Gemeinschaft mit Dir, sie ist mir Erscheinung und Gegenerscheinung; Geistergespräch, Mitteilung und Zuneigung, und was mir damals ein Rätsel war, daß ich bei zärtlichem Gespräch mehr den Bewegungen Deiner Züge lauschte, als Deinen Worten, daß ich Deine Pulsschläge, Dein Herzklopfen zählte, die Schwere und Tiefe Deines Atems berechnete, die Linien an den Falten Deiner Kleider betrachtete, ja den Schatten, den Deine Gestalt warf, mit Geisterliebe in mich einsog, das ist mir jetzt kein Rätsel mehr, sondern Offenbarung, durch die mir Deine Erscheinung um so fühlbarer wird und auch mein Herz bei der Erinnerung zum Klopfen und den Atem zum Seufzen bewegt.

Sieh! An den Stufen der Verklärung, wo sich alle willkürliche Tätigkeit des Geistes niederbeugen läßt von irdischer Schwere, keine Liebe, keine Bewunderung ihre Flügel versucht, um die Nebel zu durchdringen, in die der Scheidende sich einhüllt, und die zwischen hier und jenseits aufsteigen, bin ich in liebender Ahnung Dir schon vorangeeilt, und während Freunde, Kinder und Schützlinge, und das Volk, das Dich *seinen Dichter* nennt, die Seele zum Abschied bereitend, Dir in feierlichem Zug langsam nachschreitet, schreite, fliege, jauchze ich bewillkommend Dir entgegen, die Seele in den Duft der Wolken tauchend, die Deine Füße tragen, aufgelöst in die Atmosphäre Deiner Beseligung; ob wir uns in diesem Augenblick verstehen, mein Freund! Der noch den irdischen Leib trägt, dieser Leib, der seinen Geist, ein Urquell der Grazie, ausströmte über mich, mich heiligte, verwandelte, der mich anbeten lehrte die Schönheit im Gefühl, der diese Schönheit als einen schützenden Mantel über mich ausbreitete und mein Leben unter dieser Verhüllung in einen heiligen Geheimniszustand erhob, ob wir uns verstehen, will ich nicht fragen in diesem Augenblick tiefster Rührung. Sei bewegt, wie ich es bin; laß mich erst ausweinen, Deine Füße in meinen Schoß verbergend, dann ziehe mich herauf ans Herz, gib Deinem Arm noch einmal die Freiheit, mich zu umfassen, lege die segnende Hand auf das Haupt, das sich Dir geweihet hat, überströme mich mit Deinem Blick, nein, mehr, verdunkle, verberge Deinen Blick in meinem, und es wird mir nicht fehlen, daß Deine Lippen die Seele auf den meinen als Dein Eigentum besiegeln. Dies ist, was ich diesseits von Dir verlange.

Im Schoße der Mitternacht, umlagert von den Prospekten meiner Jugend; das hingebendste Bekenntnis aller Sünden, deren Du mich zeihen willst im Hinterhalt, den Himmel der Versöhnung im Vordergrund, ergreife ich den Becher mit dem Nachttrunke und leere ihn auf Dein Wohl, indem ich bei dem dunkeln Erglühen des Weines auf kristallnem Rande der herrlichen Wölbung Deiner Augen gedenke.

***

Am 1. Januar.

Der herrlichen Wölbung Deiner Augen gedenkend auch heute am ersten Tag des Jahres, da ich so unwissend bin wie am ersten Tag meines Lebens, denn nichts hab' ich gelernt, und keine Künste hab' ich versucht, und keiner Weisheit bin ich mir bewußt; allein der Tag, an dem ich Dich gesehen habe, hat mich verständigt mit dem, was Schönheit ist. Nichts spricht überzeugender von Gott, als wenn er selbst aus der Schönheit spricht, so ist denn selig, wer da siehet, denn er glaubt; seit diesem Tag hab' ich nichts gelernt, wo ich nicht durch Erleuchtung belehrt wurde. Der Erwerb des Wissens und der Künste schien mir tot und nicht zu beneiden, Tugend, die nicht die höchste Wollust ist, währt nur kurz und mühselig, bald glaubt der Strebende sie zu erfassen, bald eilt er der Fliehenden nach, bald ist sie ihm entschwunden, und er ist's zufrieden, da er der Mühe überhoben wird, sie zu erwerben. So seh' ich denn auch die Künstler vergnügt mit der Geschicklichkeit, während der Genius entfliehet, sie messen einander und finden das Maß ihrer eignen Größe immer am höchsten und ahnen nicht, daß eine ungemeßne Begeistrung zum kleinsten Maßstab des Genies gehört. – Dies alles hab' ich bei Gelegenheit, da Deine Statue von Marmor soll verfertigt werden, recht sehr empfunden, die bedächtige vorsichtige Logik eines Bildhauers läßt keiner Begeistrung die Vorhand, er bildet einen toten Körper, der nicht einmal durch die rechtskräftige Macht des erfinderischen Geistes sanktioniert wird. Der *erfundne* Goethe konnte nur so dargestellt werden, daß er zugleich einen Adam, einen Abraham, einen Moses, einen Rechtsgelehrten oder auch einen Dichter bezeichnet; keine Individualität.

Indessen wuchs mir die Sehnsucht, auch einmal nach dem heiligen Ideal meiner Begeistrung Dich auszusprechen; beifolgende Zeichnung gebe Dir einen Beweis von dem, was Inspiration vermag ohne Übung der Kunst, denn ich habe nie gezeichnet oder gemalt, sondern nur immer den Künstlern zugesehen und mich gewundert über ihre beharrliche Ausdauer in der Beschränkung, indem sie nur das achten, was einmal Sprachgebrauch in der Kunst geworden, und wohl das bekannte gedankenlose Wort achten, nie aber den Gedanken, der erst das Wort heiligen soll. Kein herkömmlicher Prozeß kann den Geist und den Propheten und den Gott in einem ewigen Frieden in dem Kunstwerk vereinen. Der Goethe, wie ich ihn hier mit zitternder Hand, aber mit feuriger mutiger Anschauung gezeichnet habe, weicht schon vom *graden* Weg der Bildhauer ab, denn er senkt sich unmerklich nach jener Seite, wo die im Augenblick der Begeistrung vernachlässigte Lorbeerkrone in der losen Hand ruht. Die Seele von höherer Macht beherrscht, die Muse in Liebesergüssen beschwörend, während die kindliche Psyche das Geheimnis seiner Seele durch die Leier ausspricht, ihr Füßchen findet keinen andern Platz, sie muß sich auf dem Deinen den höheren Standpunkt erklettern; die Brust bietet sich den Strahlen der Sonne, den Arm, dem der Kranz anvertraut ist, haben wir mit der Unterlage des Mantels weich gebettet. Der Geist steigt im Flammenhaar über dem Haupt empor, umringt von einer Inschrift, die Du verstehen wirst, wenn Du mich nicht mißverstehst; sie ist auf die verschiedenste Art ausgelegt worden und immer so, daß es Deinem Verhältnis zum Publikum entsprach, ich habe einesteils damit ausdrücken wollen: „Alles, was ihr mit euren leiblichen Augen nicht mehr erkennt, ist über das Irdische hinaus dem Himmlischen zuteil geworden", ich habe noch was anders sagen wollen, was Du auch empfinden wirst, was sich nicht aussprechen läßt; kurz, diese

Inschrift liegt mir wie Honig im Munde, so süß finde ich sie, so meiner Liebe ganz entsprechend. – Die kleinen Genien in den Nischen am Rande des Sessels, die aber mehr wie kleine ungeschickte Bengel geraten sind, haben ein jeder ein Geschäft für Dich, sie keltern Dir den Wein, sie zünden Dir Feuer an und bereiten das Opfer, sie gießen Öl auf die Lampe bei Deinem Nachtwachen, und der hinter Deinem Haupt lehrt auf der Schalmei die jungen Nachtigallen im Neste besser singen. Mignon an Deiner rechten Seite im Augenblick, wo sie entsagt (ach und ich mit ihr für diese Welt, mit so tausend Tränen so tausendmal dies Lied aussprechend und die immer wieder aufs neue erregte Seele wehmütig beschwichtigend), dies erlaube, daß ich dieser meiner Liebe zur Apotheose den Platz gegeben; jenseits, die meinen Namen trägt im Augenblick, wo sie sich überwerfen will, nicht gut geraten, ich hab‘ sie noch einmal gezeichnet, wo sie auf dem Köpfchen steht, da ist sie gut gelungen. Konntest Du diesseits so fromm sein, so dürftest Du jenseits wohl so naiv sein, es gehört zusammen. Unten am Sockel hab‘ ich, *ein Frankfurter Kind wie Du*, meiner guten Stadt Frankfurt Ehre erzeugt: an beiden Seiten des Sockels, die Du nicht siehst, sollen Deine Werke eingegraben werden, von leichtem, erhabnem Lorbeergesträuch überwachsen, der sich hinter den Pilastern hervordrängt und den Frankfurter Adler an der Vorderseite reichlich umgibt und krönt; hinten können die Namen und Wappen derjenigen eingegraben werden, die dieses Monument verfertigen lassen. Dies Monument, so wie ich‘s mir in einer schlaflosen Nacht erdacht habe, hat den Vorteil, daß es Dich darstellt und keinen andern, daß es in sich fertig ist, ohne Nebenwerke Deine Weihe aussprechend, daß es die Liebe der Frankfurter Bürger ausspricht und auch das, was ihnen durch Dich zuteil geworden; und dann liegt noch das Geheimnis der Verklärung, die Deine sinnliche, wie Deine geistige Natur, Dein ganzes Leben lang vor aller Gemeinheit bewahrt hat, darin. Gezeichnet mag es schlecht sein, und wie könnte es auch anders, da ich Dir nochmals versichern kann, daß ich nie gezeichnet habe, um so überzeugter wirst Du von der Wahrhaftigkeit meiner Inspiration sein, die es gewaltsam im Zornesfeuer gegen den Mangel an Beschaulichkeit in dem Künstler, der dies der Welt heilige Werk vollenden soll, hervorgebracht hat. Wenn überlegt würde, wie bedeutend die Vergangenheit die Zukunft durchstrahlen soll in einem solchen Monument, wie die Jugend einst, die Dich nicht selbst gesehen, mit feurigem Auge an diesem nachgebildeten Antlitz hängen wird, so würden die Künstler wohl den heiligen Geist auffordern, ihnen beizustehen, statt auf ihrem akademischen Eigensinn mit eitler Arroganz loszuhämmern. Ich zum wenigsten rufe den heiligen Geist an, daß er Zeugnis gebe, daß er mir hier beigestanden, und daß er Dir eingebe, es mit vorurteilslosem Blick, wo nicht von Güte gegen mich übervorteilt, zu beschauen. Ich habe eine Durchzeichnung an Bethmann geschickt, auf dessen Bitte ich es gewagt habe, die Erfindung, die ich bei seinem Hiersein gemacht, zu zeichnen. Ist es nicht zu viel gefordert, wenn ich Dich bitte, mir den Empfang des Bildes mit wenigen Worten anzuzeigen?

Am 11. Januar 1824. Bettine.

Dritter Teil

Tagebuch

Buch der Liebe

In dieses Buch möcht' ich gern schreiben von dem geheimnisvollen Denken einsamer Stunden der Nacht, von dem Reifen des Geistes an der Liebe wie an der Mittagssonne.

Die Wahrheit will ich suchen, und fordern will ich von ihr die Gegenwart des Geliebten, von dem ich wähnen könnte, er sei fern.

Die Liebe ist ein inniges Ineinandersein; ich bin nicht von Dir getrennt, wenn es wahr ist, daß ich liebe.

Diese Wellen, die mich längs dem Ufer begleiten, die reifende Fülle der Gelände, die sich im Fluß spiegelt, der junge Tag, die flüchtenden Nebel, die fernen Gipfel, die die Morgensonne entzündet, das alles seh' ich an, und wie die Biene den Honig sammelt aus frischen Blüten, so saugt mein Blick aus allem die Liebe und trägt sie heim und bewahrt sie im Herzen wie die Biene den Honig in der Zelle.

So dacht' ich am heutigen Morgen, da ich am Rhein hinfuhr und durch dies aufgeregte Leben der Natur mich drängte, fort, dem stillen einsamen Abend entgegen, weil es da ist, als sage mir eine Stimme, der Geliebte ist da; – und weil ich da die Erinnerungen des Tages wie Blumen vor ihm ausstreuen und weil ich da mich an die Erde legen kann und sie küssen Dir zu Lieb', diese schöne Erde, die den Geliebten trägt, daß ich mich hinfinden kann zu ihm.

***

Schwalbach, auf der Mooshütte.

Namen nennen Dich nicht!

Ich schweige und nenne Dich nicht, ob's auch süß wär', Dich bei Namen zu rufen.

O Freund! schlanker Mann! weicher hingegoßner Geberde, Schweigsamer! – Wie soll ich Dich umschreiben, daß mir Dein Name ersetzt sei? – Beim Namen rufen ist ein Zaubermittel, den Entfernten zur Erinnerung aufzuregen; hier auf der Höhe, wo die waldigen Schluchten siebenfaches Echo zurückgeben, wage ich nicht Deinen Namen preiszugeben; ich will nicht hören eine Stimme, die eben so heiß, so eindringend Dir ruft.

O Du! Du selbst! – Ich will Dir's nicht sagen, daß Du es selbst bist; drum will ich dem Buch Deinen Namen nicht vertrauen, wie ich dem Echo ihn nicht vertraue.

Ach, Deinen Namen berühre ich nicht! So ganz entblößt von irdischem Besitztum nenne ich Dich mein.

***

Ems.

Nicht schlafen gehen, ohne mit Dir zu sprechen – so müde wie ich auch bin! Die Augenlider sinken und trennen mich von Dir; mich trennen nicht die Berge und die Flüsse und nicht die Zeiten und nicht Deine eigne Kälte, und daß Du nichts weißt von mir, wie ich Dich liebe. – Und mich trennt der Schlaf? – Warum denn trennen? Ich wühle mich in Deinen Busen, diese Liebesflammen umzingeln Dein Herz, und so schlafe ich ein.

***

Nein, ich will Dich nicht nennen, Du, dem ich rufe: gib mir Gehör! Du hörst Dich ja gern beschwatzen – so hör' auch mir zu; nicht wie jene, die *von* Dir, *über* Dich schwätzen; zu Dir, in Deinem Anschauen sammeln sich meine Gedanken; wie der Quell, der das Gestein spaltet und niederrauscht durchs Schattental, Blume um Blume anhaucht; so hauch' ich Dich an, süßer Freund!

Er murmelt nur, der Bach; er plätschert, er lispelt, wenige Melodien wechseln seinen Lauf; aber vernimm's mit freundlichem Ohr, da wirst Du jauchzen hören, klagen, bitten und trotzen, und noch wirst Du hören und empfinden, Geheimnisse, feierliche, leuchtende, die nur *der* versteht, der die Liebe hat.

***

Ich bin nicht mehr müde, ich will nicht mehr schlafen, der Mond ist aufgegangen mir gegenüber, Wolken jagen und decken ihn, immer wieder leuchtet er mich an.

Ich denke mir Dein Haus, die Treppe, daß *die* im Schatten liege, und daß ich an dieser Treppe sitze, und jenseits die Ebene vom Mond beleuchtet. Ich denke, daß die Zeiten jagen, eilen und mannigfach sich gestalten wie jene Wolken, daß der Mensch an der Zeit hängt und glaubt, mit ihr eile alles vorüber, und das reine Licht, das durch die Zeiten bricht, wie der Mond durch die fliehenden Wolken, das anerkennt er nicht. –

O ja doch! – Erkenne meine Liebe und denke, daß, da die Zeit vorübereilt, sie doch das *eine* hat, daß im flüchtigen Moment sich eine Ewigkeit erfassen lasse.

***

Schon lange ist Mitternacht vorüber, da lag ich im Fenster bis jetzt, und da ich mich umsehe, ist das Licht tief herabgebrannt.

Wo war ich so tief in Gedanken, – ich hab' gedacht, Du schläfst, und hab' über den Fluß gesehen, wo die Leute Feuer angezündet haben bei ihrem Linnen, das auf der Bleiche liegt, und hab' ihren Liedern zugehört, die sie singen, um wach zu bleiben; – ich wache auch und denke an Dich, es ist ein groß Geheimnis der Liebe, dies immerwährende Umfassen Deiner Seele mit meinem Geist, und es mag wohl manches daraus entstehen, was keiner ahnt.

Ja, Du schläfst! Träumst Du? Und ist es Dir wahr, was Du träumst? – Wie mir, wo ich zu Deinen Füßen sitze und sie im Schoß halte, und der Traum mir selbst die Zügel hält, daß ich nichts denke als nur dies, daß ich in Deiner Nähe bin?

***

Liebster! Gestern war ich tief bewegt und war sehnsüchtig, weil man viel über Dich gesprochen hat, was nicht wahr ist, da ich Dich besser kenne. Durch das Gewebe Deiner Tage zieht sich ein Faden, der sie mit dem Überirdischen verbindet. Nicht durch jedes Dasein schlingt sich ein solcher Faden, und jedes Dasein zerfällt ohne diesen.

Daß Dein Dasein nicht zerfalle, sondern daß alles ewige Wirklichkeit sei, das ist, wonach ich verlange; Du, der Du schön bist, und dessen Gebärden gleichfalls schön sind, weil sie Geist ausdrücken: Schönheit begreifen, heißt das nicht Dich lieben? Und hat die Liebe nicht die Sehnsucht, daß Du ewig sein mögest? Was kann ich vor Dir, als nur Dein geistig Bild in mich aufnehmen! – Ja sieh, das ist mein Tagwerk, und was ich anders noch beginne – es muß alles vor Dir weichen. Dir im Verborgnen dienen in meinem Denken, in meinem Treiben, Dir leben, mitten im Gewühl der Menschen oder in der Einsamkeit Dir gleich nahe stehen; eine heilige Richtung zu Dir haben, ungestört, ob Du mich aufnimmst oder verleugnest.

Die ganze Natur ist nur Symbol des Geistes; sie ist heilig, weil sie ihn ausspricht; der Mensch lernt durch sie den eignen Geist kennen, daß der auch der Liebe bedarf; daß er sich ansaugen will an den Geist, wie seine Lippe an den Mund des Geliebten. Wenn ich Dich auch hätte, und ich hätte Deinen Geist nicht, daß *der* mich empfände, gewiß das würde mich nie zu dem ersehnten Ziel meines Verlangens bringen.

Wie weit geht Liebe? Sie entfaltet ihre Fahnen, sie erobert ihre Reiche im Freudejauchzen, im Siegestoben eilt sie ihrem ewigen Erzeuger zu. – So weit geht Liebe, daß sie eingeht, von wo sie ausgegangen ist.

Und wo zwei ineinander übergehen, da hebt sich die Grenze des Endlichen zwischen ihnen auf. Aber soll ich klagen, wenn Du nicht wieder liebst? – Ist dies Feuer nicht in mir und wärmt mich? – Und ist sie nicht allumfassende Seligkeit, diese innere Glut? –

Und Wald, Gebirg und Strand am Fluß, sonnebeglänzt, lächeln mir entgegen, weil mein Herz, weil mein Geist ewigen Frühling ihnen entgegenhaucht.

***

Ich will dich nicht verscherzen, schöne Nacht, wie gestern; ich will schlafen gehen in deinen Schoß; du wiegst mich dem Morgenlicht entgegen, und die frischgeweckten Blumen pflücke ich dann mir zur Erinnerung an die Träume der Nacht. So sind freundliche Küsse, wie diese halberschloßnen Rosen, so – leises Flüstern wie der Blütenregen, so wanken die Gedanken wie die bewegten Blumen im Gras; so träufelt Zähre auf Zähre, die das Auge füllen mit Übermaß vom Glück, wie die Regentropfen von den Ästen niederperlen, und so schlägt das sehnende Herz, wie die Nachtigall schlägt, vom Morgenrot begeistert; sie jubelt, weil sie liebt, sie seufzt aus Liebe, sie klagt um Liebe; drum süße Nacht: schlafen! Dem Morgenrot entgegen schlafen, das mir bringt die süßen Früchte all, die der Liebe reifen.

***

Freund! Sie ist nicht erfunden diese innere Welt, sie beruht auf Wissen und Geheimnis, sie beruht auf höherem Glauben; die Liebe ist der Weltgeist dieses Inneren, sie ist die Seele der Natur.

Gedanken sind in der geistigen Welt, was Empfindung in der sinnlichen Welt ist; es ist Sinnenlust meines Geistes, der mich an Dich fesselt, daß ich an Dich denke; es bewegt mich tief, daß Du bist, in diese sinnliche Welt geboren bist. Daß Deine sinnliche Erscheinung Zeugnis gibt von der Ahnung, von der Offenbarung, die ich von Dir habe.

Liebe ist Erkenntnis; ich kann Dich nur genießen im Denken, das Dich verstehen, empfinden lernt; wenn ich Dich aber einmal ganz verstehe, gehörst Du dann mein? – Kannst Du irgendwem gehören, der Dich nicht verstände? Ist Verstehen nicht süßes, sinnliches Übergehen in den Geliebten? – Eine einzige Grenze ist, sie trennt das Endliche vom Unendlichen; Verstehn hebt die Grenze auf; zwei, die einander verstehen, sind ineinander unendlich; – Verstehen ist lieben; was wir nicht lieben, das verstehen wir nicht; was wir nicht verstehen, ist nicht für uns da.

Da ich Dich aber haben möchte, so denke ich an Dich, weil Denken Dich verstehen lernt.

***

Wenn ich nicht ganz bin, wie Du mich lieben müßtest, so ist mein Bewußtsein von Dir vernichtet. Das aber fördert mich, bringt mich Dir näher, wenn auch mein sinnliches Handeln, mein äußeres Leben sich im Rhythmus der Liebe bewegt; wenn nichts Einfluß auf mich hat als das Gefühl, daß ich Dein gehöre, durch eignen freien Willen Dir gewidmet bin.

Ich hab' Dich nicht in diesem äußeren Leben; andere rühmen sich Deiner Treue, Deines Vertrauens, Deiner Hingebung; ergehen sich mit Dir *im Labyrinth Deiner Brust*; die Deines Besitzes gewiß sind, die Deiner Lust genügen.

Ich bin nichts, ich habe nichts, dessen Du begehrst; kein Morgen weckt Dich, um nach mir zu fragen; kein Abend leitet Dich heim zu mir; Du bist nicht bei mir daheim.

Aber Vertrauen und Hingebung hab' ich in dieser Innenwelt zu Dir; alle wunderbaren Wege meines Geistes führen zu Dir; ja sie sind durch Deine Vermittlung gebahnt.

***

Am frühsten Morgen auf dem Johannisberg. Das Sonnenlicht stiehlt sich durch diese Büsche in meinen Schoß und spielt unter dem Schatten der bewegten Blätter.

Warum kam ich denn heute schon vor Tag hier herauf? Hier, wo die Ferne sich vor mir auftürmt und ins Unendliche verliert.

Ja, so geht es weiter und immer weiter; die Länder steigen hintereinander am Horizont auf, und wir glauben auf Bergeshöhen am Himmelsrand zu steigen; da breiten sich fruchtbeladne Tale vor uns aus, von dunklen Hügelwänden umschlossen, und die Lämmer weiden hier wie dort.

Und wie die Berge hintereinander aufsteigen, so die Tage, und keiner ist der letzte vor *dem*, der eine Ewigkeit entfaltet.

Wo ist der Tag, die Stunde, die mich aufnimmt, wie ich Dich, spielender Sonnenschein? – Wiedersehn, nimm mich auf! – Du! auf meines Lebens Höhen gelagert, von himmelreinen Lüften umwebt, nimm mich auf in Deinen Schoß; laß den Strahl der Liebe, der aus meinem Aug' hervorbricht, in Deinem Busen spielen, wie dieser Morgensonnenstrahl in meinem Aug'.

***

Gestern hab' ich mich gesehnt; ich dachte jeden Augenblick, er sei mir verloren, weil ich Dich nicht hatte.

Dich haben einen Augenblick, wie selig könnte mich das machen.

Wie reich bist Du, da Du so beseligen kannst, Ewigkeiten hindurch mit jedem Augenblick!

Gestern war es früher Morgen, da ich Dir schrieb; ich hatte Buch und Schreibzeug mit und ging noch vor Tag das Tal entlang, das von beiden Seiten eng in Bergwände eingelagert ist; da rieseln die Bäche nieder ins sanfte Gras und lallen wie Wiegenliedchen. Was sollt' ich machen? Es war mir im Herzen, auf der Lippe und im tränenschwellenden Auge; ich mußte Dir's klagen, ich mußte Dir's wehmütig vorhalten, daß ich Dich nicht habe, und da war die Sonne so freundlich; da rauschte es, da bewegte sich's hinter mir; – war es ein Wild? War's ein Anklang aus der Ferne? Ich stieg rasch aufwärts, ich wollte Dich ereilen, und auf der Höhe da öffnete sich dem Blick die weite Ferne; die Nebel teilten sich, es war mir, als trätest Du meinen Bitten entgegen geheimnisvoll, schautest mich an und nähmst mich auf an Deinem mir unerforschten Busen.

Jeder ewige Trieb, er erwirbt und erreicht, er ist außer der Zeit. – Was hab' ich zu fürchten? Diese Sehnsucht, ist sie vergänglich, so wirst Du mit ihr verschwinden; ist sie es nicht, so wird sie erreichen, wonach sie strebt, und schon jetzt hab' ich ihr eine Innenwelt, mannigfaltig und eigentümlich, zu verdanken; Wahrnehmungen und Gedanken nähren mich, und ich fühle mich in einem innig lebendigen Einverständnis mit Deinem Geist.

Die Natur ist kindlich, sie will verstanden sein, und das ist ihre Weisheit, daß sie solche Bilder malt, die der Spiegel unserer inneren Welt sind, und wer sie anschaut, in ihre Tiefen eingeht, dem wird sie die Fragen innerer Rätsel lösen; wer sich ihr anschmiegt, der wird sich in ihr verstanden fühlen; sie sagt jedem die Wahrheit, dem

Verzweifelnden wie dem Glücklichen. Sie beleuchtet die Seele und bietet ihren Reichtum dem Bedürftigen; sie reizt die Sinne und entzückt den Geist durch übereinstimmende Bedeutung.

Ich glaube auch von Dir, daß Du dies manchmal empfunden hast, wenn Du allein durch Wälder und Täler streifst; oder wenn Du vom Schattenlager die weite Ebene am Mittag überschaust, dann glaub' ich, daß Du die Sprache der *Stille* in der Natur verstehst; ich glaub', daß sie mit Dir Gedanken wechselt, daß Du in ihr Deine höhere Natur gespiegelt empfindest, und wenn auch schmerzlich oft durch sie erschüttert, so glaub' ich doch nicht, daß Du Dich vor ihr fürchtest wie andere Menschen.

Solang' wir Kinder sind im Gemüt, solang' übt die Natur Mutterpflege an uns; sie flößt Nahrung ein, von der der Geist wächst, dann entfaltet sie sich zum Genius; sie fordert auf zum Höchsten, zum Selbstverständnis, sie will Einsicht in die inneren Tiefen; und welcher Zwiespalt auch in diesem sein möchte, welcher Vernichtung auch preisgegeben, – das Vertrauen in die höhere Natur, als in unseren Genius, wird die ursprüngliche Schönheit wieder herstellen. Das sag' ich heute vorm Schlafengehen zu Dir; zu Dir spreche ich hier, getrennt durch Länder und Flüsse, getrennt, weil Du meiner nicht denkst; und jeder, der es wüßte, der würde es Wahnwitz nennen; und ich rede zu Dir aus meiner tiefsten Seele, und ob Du schon mit Deinen Sinnen mich nicht wahrnimmst, so dringt mein Geist darauf, Dir alles zu sagen, hier aus der Ferne rede ich mit Dir, und mein ganzes sinnliches Leben ist mir nichts gegen diese Geistersprache. Du bist inmitten meines Innern, es ist nicht mehr eins, es ist zu zweien in mir geworden.

***

Am Abend nach dem Gewitter, das vielleicht zu Dir gezogen ist.

Leg' Dich, brausendes Herz, wie der Wind sich legt, der die Wolken zerreißt; die Donner sind verrollt, die Wolken haben ausgeregnet, ein Stern nach dem andern geht auf.

Die Nacht ist ganz stille, ich bin ganz allein, die Ferne ist so weit, sie ist ohne Ende; nur da, wo ein Liebender wohnt, da ist eine Heimat und keine Ferne; wenn Du nun liebtest, so wüßt' ich, wo die Ferne aufhört.

Ja, leg' dich Herz! Tobe nicht, halt ruhig aus. Schmiege dich, wie die Natur sich schmiegt unter der Decke der Nacht.

Was hast du Herz? Fühlst du nicht? Ahnest du nicht? – Wie sich's auch füge und wende, die Nacht deckt dich und die Liebe.

Die Nacht bringt Rosen ans Licht. Wenn sich die Finsternis dem Lichte auftut, dann entfallen ihrem Schoß die Rosen.

Es ist freilich Nacht in dir, Herz. Dunkle geheimnisvolle Nacht webt Rosen, und ergießt sie alle, wenn's tagt, der Liebe zur Lust in den Schoß.

Ja, Seufzen, Klagen, das ist deine Lust; Bitten, Schmeicheln, nimmt das kein Ende, Herz?

Am Abend schreib' ich, wenn auch nur wenige Zeilen; es dauert doch bis spät in die Nacht.

Viel hab' ich zu denken, manche Zauberformel spreche ich aus, eh' ich den Freund in meinen Kreis banne. Und hab' ich Dich! – dann: – was soll ich da sagen? – Was soll ich Dir Neues erfinden, was sollen die Gedanken Dir hier auf diesen Blättern vortanzen?

***

Am Rhein.

Hier in den Weinbergen steht ein Tempel; erbaut nach dem Tempel der Diana zu Ephesus.

Gestern im Abendrot sah ich ihn in der Ferne liegen; er leuchtete so kühn, so stolz unter den Gewitterwolken; die Blitze umzingelten ihn. So denke ich mir Deine leuchtende Stirne, wie die Kuppel jenes Tempels, unter dessen Gebälk die Vögel sich bargen, denen der Sturm das Gefieder aufblätterte; so stolz gelagert und beherrschend die Umgebung.

Heute morgen, obschon der Tempel eine Stunde Wegs von meiner Wohnung entfernt ist, weil ich am Abend Dein Bild in ihm zu sehen wähnte, dacht' ich hierher zu gehen und Dir hier zu schreiben. Kaum daß der Tag sich ahnen ließ, eilt' ich durch betaute Wiesen hierher. – Und nun leg' ich die Hand auf diesen kleinen Altar, umkreist von neun Säulen, die mir Zeugen sind, daß ich Dir schwöre.

Was Liebster? – Was soll ich Dir schwören? Wohl, daß ich Dir ferner getreu sein will, ob Du es achtest oder nicht? – Oder daß ich Dich heimlich lieben will, heimlich nur diesem Buch, und nicht Dir es bekennend? Treu sein kann ich nicht schwören, das ist zu selbständig, und ich bin schon an Dich aufgegeben und vermag nichts über mich; da kann ich für Treue nicht stehen. Heimlich Dich lieben, nur diesem Buch es bekennen? – Das kann ich nicht, das will ich nicht; dies Buch ist der Widerhall meiner Geheimnisse, und an Deiner Brust wird er anschlagen. O nimm ihn auf, trink ihn, lasse Dich laben; einen einzigen heißen Mittag gehe Dein Blick unter, trunken, ein einziges Mal, diesem glühenden klaren Liebeswein.

Was soll ich Dir schwören? –

***

Heut' will ich Dir sagen, wie es gestern war: so unter Dach einer schöneren Vorwelt, vom tausendfarbigen Morgenlicht umwebt, die Hand auf diesem Altar, der früher wohl nie unter mystischen Beziehungen berührt war; Herr! – da war mein Herz auf eine wunderliche Weise befangen; – ich fragte Dich zum Scherz, in süßem Ernst: „Was soll ich schwören?“ – Und da fragt' ich mich wieder: „Ist *das* die Welt, in der du lebst?“ Und kannst du scherzen mit dir selbst, hier in der einsamen Natur, wo alles schweigt und feierlich Gehör gibt deiner innern Stimme? – Dort im fernen Gefild, wo die Lerche jubelnd aufsteigt, und am Gesimse des Tempels, wo die Schwalbe ihr Nest birgt und zwitschert? Und ich lehnte meine Stirne an den Stein, und dachte Dich; ich lief hinab ans Ufer und sammelte Balsamkräuter und legte sie auf den Altar; ich dachte: möchten die Blätter dieses Buchs voll Liebe einmal Deinem Geist duften, wie diese Kräuter dem Geist jener schönen Vorwelt, in deren Sinn der Tempel hier gebaut ist. – Dein Geist spricht ja die heilige Ordnung der Schönheit aus wie er, und ob ich ihm was bin, ob ich ihm was bleibe, das ist dann einerlei.

Ja, süßer Freund, ob ich Dir was bin: was soll ich danach fragen? – Weiß ich doch, daß die Lerche nicht umsonst jubelnd aufsteigt, daß der Morgenwind nicht ungefühlt in den Zweigen lispelt, ja daß die ganze Natur nicht unbegriffen in ihr Schweigen versunken ist; was sollt' ich zagen, von Dir nicht verstanden, nicht gefühlt zu sein? – Drum will ich nicht schwören, Dir etwas zu sein; es ist mir gewiß, daß ich Dir bin, was in einstimmender Schönheit ein Ton der Natur, eine geistige Berührung dieser sinnlichen Welt Dir sein kann.

***

Im Juli.

Diese Tage, diese Gegenden, sie tragen das Antlitz des Paradieses. Die Fülle lacht mich an in der reifenden Frucht, das Leben jauchzt in mir, und einsam bin ich wie der erste Mensch; und ich lerne wie dieser herrschen und gebieten dem Glück: daß die Welt soll sein, wie ich will. Ich will es, daß Du mich selig machest, nur weil ich Dich weiß und kenne, und weil Dein sittlich Gefühl der Raum ist meiner geistigen Schöpfungen; in Dich hinein nur kann ich ja diese Welt der Gefühle legen, Dir nur kann ich diese Phänomene einer erhöhten Rührung erscheinen lassen. – Deine Schönheit ist Güte, die mich nährt, schützt, mir lohnt, mich tröstet und mir den Himmel verheißt; kann ein Christ besser organisiert sein als ich?

Ich sitze nun einmal mitten in dieser reichen Natur, mit Herz und Seele; so muß ich denn immer wieder von diesem Doppelgespann schreiben.

Heute war ich in einem andern Tempel, der an der Höhe liegt und den herrlichsten deutschen Fluß in seiner glorreichsten Pracht beherrscht, wo man unzählige Orte und Städte sieht, die an seinen Ufern in seinen Gauen weiden. In diesem sonnenhellen Himmel liegen sie da wie ruhende Herden.

Was soll mir diese Pracht der Natur? Was soll mir dies wimmelnde Leben, diese mannigfaltige Geschäftigkeit, die sich durch die bunten Fluren zieht? – Es eilen die Schifflein hin und her aneinander vorüber, jedes hat seiner Reise Ziel. – Wie jener Schiffe eines hast auch Du Dein Ziel; und es geht an mir vorüber, rasch wie des Glücklichen Bahn schneller am Pfad des einsam Verlaßnen vorüber fährt. Und ich höre dann nicht mehr von Dir, daß Du nach mir fragst; und Deinem Gedächtnis verhallen, wie meine Seufzer, so die Spuren der Erinnerung.

So dacht' ich, dort auf der Höhe im Tempel, wie ich niedersah in das allseitig ausgebreitete Treiben der Menschen; wie ich mir überlegte, daß neue Interessen Dich jeden Augenblick aufnehmen können und mich gänzlich aus Deiner Welt bannen. Und ich hörte die Wellen brausen in der Tiefe, und Gevögel umflatterte meinen Sitz, der Abendstern winkte, daß ich heimgehen möge. Um so näher dräng' ich mich jetzt an Dich: o öffne Deinen Busen und lasse mich ausruhen von der tränenbewegten Ahnung, ich sei Dir nichts, ich sei Dir vergessen. O nein, vergesse mich nicht, nimm mich, halt mich fest und lasse die Stille um uns her den Segen sprechen über uns.

***

Du hast mir's beim Abschied damals gesagt, Du hast mir's abgefordert, ich möge Dir alles schreiben, und genau, was ich denke und fühle, und ich möchte gern; aber Liebster, die wunderlichen Wege, die mit dämmernder Fackel der Verstand kaum beleuchtet, wie soll ich die Dir beschreiben? – Diese Träume meines Glückes (denn glücklich träum' ich mich), sie sind so stürmisch, so wunderlich gelaunt, es ist so unscheinbar, was ich mir manchmal ersinne.

Mein Glück ' wie ich's mir denke, wie soll ich Dir's beschreiben? Sieh die Mondessichel am wolkenlosen Himmel und die breitästige, reich belaubte Linde; denke! Sieh unter ihrem flüsternden Laub, die flüsternd auch, einander umfassen, die beiden; wie einer den andern bedarf und feurig liebend an ihm hinauf reicht, wie jener mit freundlichem Willen sich ihm neigt und diesem Flüstern der Liebe Gehör gibt; und denke noch: die Mondessichel, die Sterne müßten nicht untergehen, bis diese Seelen, ineinander gesättigt, ihre Schwingen ausbreiten und höheren Welten zufliegen.

Dies spräche heute mein Glück aus, o lieber Freund, es spräche es einmal in vollem umfassenden Sinn aus.

So wie das Aug' die Schönheit erfaßt, so auch der Geist; er umfasset den Inbegriff der innern Schönheit wie der äußern, mit Schmeichelworten bringt er beide in Einklang, und der Leib wirkt magisch auf den Geist, der so schmeichelt, und so dieser auf ihn zurück, daß beide ineinander aufblühen, und das nennen wir begeisternde Schönheit. Mein Freund, das ist das Flüstern der Liebe, wenn Liebende einander sagen, daß sie schön sind.

***

Wo ist denn der Ruhesitz der Seele? Wo fühlt sie sich beschwichtigt genug, um zu atmen und sich zu besinnen? – Im engen Raum ist's, im Busen des Freundes; – in Dir heimatlich sein, das führt zur Besinnung.

Ach, wie wohl ist mir, wenn ich ganz wie ein Kind in Deiner Gegenwart spielen darf; wenn alles, was ich beginne, von dem Gefühl Deiner Nähe geheiligt ist; und daß ich mich ergehen kann in Deiner Natur, die keiner kennt, keiner ahnet. – Wie schön ist's, daß ich allein mit Dir bin, dort, wo die Sterne sich spiegeln in der klaren Tiefe Deiner Seele.

Gönne es mir, daß ich so meine Welt in Dir eingerichtet habe; vernichte nicht mit Deinem Willen, was Willkür nie erzeugen könnte.

Ich küsse Deiner Füße Spuren und will mich nicht hereindrängen in Deine Sinnenwelt, aber sei mit mir in meiner Gedankenwelt; lege freundlich die Hand auf das Haupt, das sich beugt, weil es der Liebe geweiht ist.

Der Wind rasselt am Fenster; welche Länder hat er schon durchstreift? Wo kommt er her? Wie schnell hat er die Strecke von Dir zu mir durchflogen? Hat er keinen Atemzug, in seinem Rasen und Toben, keinen Hauch von Dir mit fortgerissen?

Ich habe den Glauben an eine Offenbarung des Geistes; sie liegt nicht im Gefühl, im Schauen oder im Vernehmen; sie bricht hervor aus der Gesamtheit der auffassenden Organe; wenn die alle der Liebe dienen, dann offenbaren sie das Geliebte; sie sind der Spiegel der inneren Welt.

Ein Dasein im Geliebten haben ohne einen Standpunkt sinnlichen Bewußtseins, was kann mächtiger uns von unserer geistigen Macht und Unendlichkeit überzeugen? –

***

Sollte ich Dir heute nichts zu sagen haben? – Was stört mich denn heute am frühen Morgen? Vielleicht, daß die Sperlinge die Schwalben hier aus dem Nest unter meinem Fenster vertrieben haben? – Die Schwalben sind geschwätzig, aber sie sind freundlich und friedlich; die Sperlinge argumentieren, sie behaupten und lassen sich ihren Witz nicht nehmen. Wenn die Schwalbe heimkehrt von den Kreisflügen um ihre Heimat, dann ergießt sich die Kehle in lauter liebkosende Mitteilung, ihr gegenseitiges Gezwitscher ist das Element ihrer Liebeslust, wie der Äther das Element ihrer Weltanschauung ist. Der Sperling fliegt da und dorthin, er hat sein Teil Eigensucht, er lebt nicht wie die Schwalbe im Busen des Freundes.

Und nun ist die Schwalbe fort, und der Sperling hat ihren Wohnsitz, wo süße Geheimnisse und Träume ihre Rollen spielten.

Ach! – Du! Meine schlüpfrige Feder hätte schier Deinen Namen geschrieben, während ich im Zorn bin, daß die Schwalbe vom Sperling verjagt ist. – Ich bin die Schwalbe, wer der Sperling ist, das magst Du wissen, aber ich bin wahrhaftig die Schwalbe.

***

Um Mitternacht.

Gesang unter meinem Fenster; sie sitzen auf der Bank an der Haustür; der Mond, wie er mit den Wolken spielt, hat sie wohl zum Singen gebracht, oder auch die Langeweile der Ruhe; die Stimmen verbreiten sich durch die Einsamkeit der Nacht, da hört man nichts als nur das Plätschern der Wellen am Ufer, die die langen gehaltenen Intervalle dieses Gesangs ausfüllen.

Was ist dieser Gesang für mich? Warum bin ich in seine Gewalt gegeben, daß ich mich der Tränen kaum enthalte? – Es ist ein Ruf in die Ferne; wärst Du jenseits, wo seine letzten Töne verhallen, und empfändest den Ausdruck der herzlichen Sehnsucht, den er in mir aufgeregt hat, und wüßtest, daß in Dir das Glück der Befriedigung läge!

Ach schlafen! Nicht mehr dem Gesang zuhören, da ich doch aus der Ferne nicht das Echo des Gleichgestimmten vernehme!

Es ist wenig, was ich Dir hier mitteile: eintöniger Gesang, Mondesglanz, tiefe Schatten, geistermäßige Stille, Lauschen in die Ferne, das ist alles, und doch – es gibt nichts, was ein volles Herz Dir mehr zu bieten vermöchte!

***

Freund! Morgendämmerung weckt mich schon, und ich habe doch gestern tief in die Nacht hinein gewacht. Freund! Süßer! Geliebter! Es war eine kurze Zeit des Schlafs, denn ich hab' von Dir geträumt; im Wachen oder im Traum, mit Dir, da eilen die Rosse unbändig. Drum pocht das Herz und Wange und Schläfe erhitzt, weil die Zeit so rücksichtslos auf die seligen Minuten vorüberjagt. Wenn die Angst um die Flucht des Besitzes nicht wär', wie wär' da Lieb und Lust ein tiefer Friede, ein Schlaf, ein Behagen der Ruhe! Wenn wir an Gräbern vorübergehen und uns besinnen, wie sie da verdeckt liegen und beschwichtigt die pochenden Herzen, dann befällt uns feierliche Rührung; wenn aber die Liebe sich einsenken könnte zu zweien, wie sie es bedarf, so tief abgeschieden wie im Grab, und wenn auch die Weltgeschichte über die Stätte hintanzte, – was ging' sie uns an? – Ja, das kann ich wohl fragen, aber Du nicht.

Was ich träumte? Wir standen aneinander gelehnt im nächtlichen Dämmerlicht, das Sternenlicht spiegelte sich in Deinen Augen. Traumlicht, Sternenlicht, Augenlicht spiegelten ineinander. – Dies Auge, das hier folgt den Zeilen, die meine Hand an Dich schreibt, in ungemessene Ferne, – denn ach wie fern Du mir bist, das kann ja doch nur Dein Herz entscheiden – dies Auge sah heute nacht in Deinem Auge den Schein des Mondes sich spiegeln.

Ich träumte von *Dir*; Du träumtest mit *mir*; Du sprachst; ich empfinde noch den Ton Deiner Stimme; was Du sagtest, weiß ich nicht mehr; Schmeichelreden waren's, denn mit Deinen Reden gingen Schauer von Wollust durch mich.

Gott hat alles gemacht, und alles aus Weisheit und alle Weisheit für die Liebe, und doch sagen sie, ein Liebender sei toll!

Weisheit ist die Atmosphäre der Liebe, der Liebende atmet Weisheit, sie ist nicht außer ihm, nein, – sein Atem ist Weisheit, sein Blick, sein Gefühl, und dies bildet seinen Nimbus, der ihn absondert von allem, was nicht der Wille der Liebe ist, *der* Weisheit ist.

Weisheit der Liebe gibt alles, sie lenkt die Phantasie im Reich der Träume und schenkt der Lippe die süße Frucht, die ihren Durst löscht, während die Unbegeisterten sich nach dem Boden umtun, dem sie den Samen anvertrauen möchten, aus dem ihr Glück reifen könnte, um das sie ihre Vorsicht betrügt.

Ich aber sauge Genuß aus diesen Träumen, aus diesen Wonnen, die mir ein Wahn von Schmerz, ein eingebildetes Glück erregt; und die Weisheit, die meiner Begeistrung zuströmt; sie schifft mich auf ihren hohen stolzen Wellen, weit über die Grenze des gemeinen Begriffs, den wir Verstand nennen, und weit über den Beruf der irdischen Lebensbahn, auf der wir unser Glück suchen.

Wie schön, daß die Weisheit der Liebe wirklich meine Träume beherrscht, daß der Gott das Steuer lenkt, wo ich keinen Willen habe, und mich im Schlaf da hinüberschifft zum Ziel, um das ich, es zu erreichen, immer wachen möchte. Warum träumst Du nicht auch von mir? Warum rufst Du mich nicht an Deine Seite? Warum mich nicht in Deinem Arm halten und freundlich Deinen Blick in meinen tauchen?

Du bist ja hier; diese sonnigen Pfade, sie schlingen sich durcheinander und führen endlich auch zu Dir, o wandle auf ihnen; ihre labyrinthischen Verkettungen: sie lösen sich vielleicht auf, da, wo Dein Blick den meinen trifft, wie das Rätsel meiner Brust, da, wo Dein Geist den meinen berührt.

***

Heute las ich in diesen Blättern; lauter Seufzen und Sehnen.

Wie würde ich beschämt vor Dir stehen, wenn Du in diesem Buch läsest! So bleibt es denn verborgen und nur zu eigner Schmach geschrieben? – Nein, ich muß an Dich denken und glauben, daß dies alles einmal an Deinem Geist vorüberzieht; wenn es auch manchmal in mir ist, als wollt' ich Dich fliehen; Dich und diese seltsame Laune der Sehnsucht; Laune muß ich sie nennen, denn sie will alles und begehrt nichts. Aber dieses Abwenden von Dir wird doppelter Reiz; da sprengt mich's hinaus, die Berge hinan, noch im ersten Frührot, als könnt' ich Dich erjagen, und was ist das Ende? Daß ich mich wieder zum Buch wende. Nun, was hat's denn auf sich? Die Tage gehen vorüber so oder so, und was könnt' ich versäumen, wenn ich in diesen Blättern mich sammle?

***

Heute war ich früh draußen, ich ging den ersten Feldweg, die Feldhühner schreckten vor mir auf, so früh war's noch; die Wiesen lagen da im Morgenglanz, übersponnen mit Fäden, an denen die Tauperlen aufgereiht waren.

Manchmal hält die Natur Dir die Wage, und ich empfinde die Wahrheit der Worte: *"Weg du Traum, so gold' du bist, hier auch Lieb und Leben ist."* So ein Gang, wenn ich wieder unter die Menschen komme, macht mich einsam.

Ach, die zahmen Menschen, ich verstehe ihren Geist nicht. Geist lenkt, er deutet, er fliegt voran auf immer neuen Wegen oder er kommt entgegen wie die Leidenschaft und senkt sich in die Brust und regt sich da. Geist ist flüchtig wie Äther, drum sucht ihn die Liebe, und wenn sie ihn erfaßt, dann geht sie in ihm auf. Das ist meine List, daß die Liebe dem Geist nachgeht.

Dir geh' ich nach auf einsamen Wegen, wenn's still und ruhig ist, dann lispelt jedes Blatt von Dir, das vom Wind gehoben wird, da lasse ich meine Gedanken still stehen und lausche, da breiten sich die Sinne aus wie ein Netz, um Dich zu fangen, es ist nicht der große Dichter, nicht Dein weltgepriesener Ruhm! In Deinen Augen liegt's, in dem nachlässigen und feierlichen Bewegen Deiner Glieder, in den Schwingungen Deiner Stimme, in diesem Schweigen und Harren, bis die Sprache aus der Tiefe Deines Herzens sich zum Wort entfaltet; wie Du gehst und kommst und Deinen Blick über alles schweifen läßt, dies ist es und nichts anders, was mich erfreut, und keine glänzende Eigenschaft kann diese Leidenschaft erregenden Zeichen überwiegen.

Da streif' ich hin zwischen Hecken, ich dräng' mich durch's Gebüsch, die Sonne brennt, ich leg' mich ins Gras, ich bin nicht müde, aber weil meine Welt eine Traumwelt ist. Es zieht mich hinüber nur Augenblicke, es hebt mich zu Dir, den ich nicht mit Menschen vergleiche. – Mit den Streiflichtern und ihren blauen Schatten, mit den Nebelwolken, die am Berg hinziehen, mit dem Vögelgeräusch im Wald, mit den Wassern, die zwischen Gestein plätschern, mit dem Wind, der dem Sonnenlicht die belaubten Äste zuwiegt; mit diesem vergleich' ich Dich gern, da ist's, als wenn Deine Laune hervorbräche. – Das Summen der Bienen, das Schwärmen der Käfer trägt mir Deine Nähe zu, ja selbst das ferne Gebell der Hunde im Nachtwind weckt mir Ahnungen von Dir; wenn die Wolken mit dem Mond spielen, wenn sie im Licht schwimmen, verklärt: da ist alles Geist, und er ist deutlich aus Deiner Brust gehaucht; da ist's, als wendest Du Geist Dich mir entgegen und wärst zufrieden, von dem Atem der Liebe wie auf Wellen getragen zu sein.

Sieh! So lieb ich die Natur, weil ich Dich liebe, so ruh' ich gern in ihr aus und versenk' mich in sie, weil ich gern in Dein Andenken mich versenke.

Ach, da Du nirgends bist und doch da bist, weil ich Dich mehr empfinde als alles andere, so bist Du gewiß in diesem tausendfachen Echo meines Gefühls.

***

Ich weiß einen! Wie mit Kindeslächeln hat er sich mit der Weisheit, mit der Wissenschaft befreundet. Das Leben der Natur ist ihm Tempel und Religion; alles in ihr ist ihm Geisterblick, Weissagung, ein jeder Gegenstand in ihr ward ihm zum eigentümlichen Du, in seinen Liedern klingt die göttliche Lust, sich in allem zu empfinden, alle Geheimnisse in sich aufzunehmen, sich in ihnen verständlich zu werden.

***

Wenn der Same in die Erde kommt, wird er lebendig, und dies Leben strebt in ein neues Reich, in die Luft. Wenn der Same nicht schon Leben in sich hätte, könnte es nicht in ihm erweckt werden, es ist *Leben*, was ins Leben übergeht. – Wenn der Mensch nicht schon Seligkeit in sich hätte, könnte er nicht selig werden. Der Keim zum Himmel liegt in der Brust wie der Keim zur Blüte im verschloßnen Samen liegt. – Die Seligkeit ist so gut ein Erblühen in einem höheren Element wie jene Pflanze, die aus dem Samen durch die Erde in ein höheres Element, in die Luft geboren wird. Alles Leben wird durch ein höheres Element genährt, und wo es ihm entzogen ist, da stirbt es ab.

Erkenntnis, Offenbarung ist Samen eines höheren Lebens, das irdische Leben ist der Boden, in dem er eingestreut ist, im Sterben bricht die ganze Saat ans Licht. Wachsen, blühen, Früchte tragen von dem Samen, den der Geist hier in uns gelegt hat, das ist das Leben nach dem Tod.

Du bist der Äther meiner Gedanken, sie schweben durch Dich hin und werden von Dir im Flug getragen wie die Vögel in der Luft.

An Dich denken, im Bewußtsein von Dir verweilen, das ist ein Ausruhen vom Flug, wie der Vogel ausruht im Nest.

Geist im Geist ist unendlich, aber Geist in den Sinnen, im Gefühl ist Unendliches im Endlichen erfaßt.

Meine Gedanken umschwärmen Dich wie die Bienen den blühenden Baum. Sie berühren tausend Blüten und verlassen eine, um die andre zu besuchen, jede ist ihnen neu;. so wiederholt sich auch die Liebe, und Wiederholung ist ihr neu.

***

Liebe ist immerdar erstgeboren, sie ist ewig, ein einziger Moment Zeit ist ihr nichts, sie ist nicht in der Zeit, da sie ewig ist; sie ist, kurz, die Liebe. Ewigkeit ist eine himmlische Kürze.

Nichts Himmlisches geht vorüber, aber das Zeitliche geht vorüber am Himmlischen.

***

Hier auf dem Tisch liegen Trauben im Duft und Pfirsich im Pelz und buntgemalte Nelken; die Rose liegt vorne und fängt den einzigen Sonnenstrahl auf, der durch die verschlossenen Fensterladen dringt. Wie glüht die Rose! Psyche nenne ich sie; – wie lockt das glühende Rot den Strahl in den innersten Kelch! Wie duftet sie; – hier lobt das Werk den Meister. Rose, wie lobst du das Licht! – Wie Psyche den Eros lobt. – Unendlich schön ist Eros, und seine Schönheit durchleuchtet Psyche wie das Licht die Rose. – Und ich, die da wähnt, von Deiner Schönheit ebenso durchleuchtet zu sein, trete vor den Spiegel, ob es mich auch wie sie verschönt.

Der Strahl ist dem Abend gewichen, die Rose liegt im Schatten, ich durchstreife Wald und Flur, und auf einsamen Wegen denk' ich an Dich, daß Du auch wie Licht mich durchdringst.

***

Sehnsucht und Ahnung liegen ineinander, eins treibt das andre hervor.

Der Geist will sich vermählen mit dem Begriff: ich will geliebt oder ich will begriffen sein, das ist eins.

Darum tut der Geist wohl, weil wir fühlen, wie aus dem irdischen Leben das geistige ins himmlische übergeht und unsterblich wird.

Die Liebe ist das geistige Auge, sie erkennt das Himmlische, es sind Ahnungen höherer Wahrheiten, die uns der Liebe begehren machen.

In Dir seh' ich tausend Keime, die der Unsterblichkeit aufblühen, ich mein', ich müsse sie alle anhauchen. – Wenn Geister einander berühren, das ist göttliche Elektrizität.

Alles ist Offenbarung; sie gibt den Geist, und dann den Geist des Geistes. Wir haben den Geist der Liebe, und dessen Geist ist der Liebe Kunst.

Alles ist nichtig, nur der Wille reicht drüber hinaus, nur der Wille kann göttlich sein.

***

Wie begierig ist die Seele nach Wahrheit, wie durstet sie, wie trinkt sie! – Wie die lechzende Erde, die tausend Pflanzen zu nähren hat, den fruchtbaren Gewitterregen trinkt; die Wahrheit ist auch elektrisch Feuer wie der Blitz. – Ich fühl' den weiten wolkendurchjagten Himmel in meiner Brust; ich fühl' den feuchten Sturmwind in meinem Kopf; das weiche Heranrollen der Donner, wie sie steigen, mächtig, und das elektrische Feuer des Geistes begleiten. – Das Leben: eine Laufbahn, die mit dem Tod abschließt durch die Liebe, durch den Geist; ein geheim verborgen Feuer, das sich bei diesem Abschluß ins Licht ergießt.

Ja, elektrisch Feuer! Das glüht, das braust, die Funken, die Gedanken, die fahren zum Schornstein heraus.

Wer mich berührt im Gefühl meiner Geistigkeit, mit dem zusammen erbraust der Geist gewitterhaft und spielt im Pulsschlag der Stürme, im elektrischen Zittern der Luft. Das hab' ich gedacht, wie wir miteinander sprachen und Du meine Hand berührtest.

Geschrieben nach dem Gewitter, wie sich's nach dem Sturm noch einmal erhellen wollte und die Nacht dem nachträglichen Tag das Regiment abnahm.

***

Schon manch Vorurteil hab' ich gelöst, so jung wie ich bin, wenn ich auch das eine lösen könnte, daß die Zeit nichts verjährt, Hunger und Durst werden auch nicht älter; so ist's auch mit dem Geist, in der Gegenwart bedingt er schon die Zukunft. Wer Ansprüche an die Zukunft macht, wer der Zeit voraneilt, wie kann der der Zeit unterworfen sein?

Ich habe bemerkt an den Bäumen, immer ist hinter dem abwelkenden Blatt schon der Keim einer zukünftigen Blüte verborgen; so ist auch das Leben im jungen, frischen, kräftigen Leib die nährende Hülle der Geistesblume; und wie sie welkt und abfällt in der irdischen Zeit, so drängt sich aus ihr hervor der Geist als ewige himmlische Blüte.

Wenn ich im späten Herbst im Vorübergehen das tote Laub von den Hecken streifte, da sammelte ich mir diese Weisheit ein; ich öffnete die Knospen, ich grub die Wurzeln aus, überall drängte sich das Zukünftige aus der gesamten Kraft des Gegenwärtigen hervor; so ist denn kein Alter, kein Absterben, sondern ewiges Opfern der Zeit an das neue junge Frühlingsleben, und wer sich der Zukunft nicht opferte, wie unglücklich wär' der! –

***

Zum Tempeldienst bin ich geboren, wo mir nicht die Luft des Heiligtums heimatlich entgegenweht, da fühl' ich mich unsicher, als hab' ich mich verirrt.

Du bist mein Tempel, wenn ich mit Dir sein will, reinige ich mich von der alltäglichen Bedrängnis wie einer, der Feierkleider anlegt; so bist Du der Eingang zu meiner Religion.

Ich nenne Religion das, was den Geist auf der Lebensstufe des Augenblicks ergreift und im Gedeihen weiter bildet wie die Sonne Blüten und Früchte. Du siehst mich an wie die Sonne und fächelst mich an wie der Westwind, unter solchen Reizungen blühen meine Gedanken.

Diese Lebensepoche mit Dir zieht eine Grenze, die das Ewige umfaßt, weil alles, was sich innerhalb ihrer bildet, das Überirdische ausspricht, sie zieht einen Kreis um ein inneres Leben; nenne es Religion, Offenbarung, über alles, was der Geist Unermeßliches zu fassen vermag!

Was wacht, das weckt! Gewiß, in Dir wacht, was mich weckt. Es geht eine Stimme von Dir aus, die mir in die Seele ruft. – Was durch diese Stimme geweckt wird, ist Geheimnis; erwachtes Geheimnis ist Erleuchtung.

Manches sehe und fühl' ich, was schwer ist auszusprechen. Wer liebt, lernt wissen, das Wissen lehrt lieben, so wachse ich vielleicht in der Offenbarung, die jetzt noch Ahnung ist. Ich habe das Gefühl von dem Zeitpunkt an, wo mir's so freudig in die Sinne kam, meine Gedanken, mein geistiges Leben in Deinen Busen zu ergießen, als habe ich mich aus tiefem Schattental erhoben in die sonnigen Lüfte.

***

In dem Garten, wo ich noch als Kind spazierte, da wuchs die Jungfrauenrebe hoch empor an plattem Gestein. Damals hab' ich oft ihre kleinen Samtrüssel betrachtet, mit denen sie sich anzusaugen strebt, ich bewunderte dies unzertrennliche Anklammern in jede Fuge, und wenn der Frühling erschöpft war und die Sommergluten dem jungen weichen Keimleben dieser zarten Pflanze einfeuerten, da fielen allmählich ihre zierlichen rotgefärbten Blätter zum Schmuck des Herbstes ins Gras. Ach, ich auch! Absterbend, aber feurig werd' ich von Dir Abschied nehmen; und diese Blätter werden wie jenes rote Laub auf dem grünen Rasen spielen, der diese Zeiten deckt.

***

Ich bin nicht falsch gegen Dich; – Du sagst: *“Wenn Du falsch bist, Du hättest keine Ehre davon, ich bin leicht zu betrügen.“*

Ich will nicht falsch sein, ich frage nicht, ob Du falsch bist, sondern wie Du bist, will ich Dir dienen.

Den Stern, der dem Einsamen jeden Abend leuchtet, den wird er nicht verraten.

Was hast Du mir getan, was mich zur Falschheit bewegen könnte, alles, was ich an Dir verstehe, das beglückt mich; Du kannst weder Auge noch Geist beleidigen, und es hat mich weit über jede kleinliche Bedingung erhoben, daß ich Dir vertrauen darf; und aus dem tiefsten Herzen kann ich Dir immer nur den reinen Wein einschenken, in dem Dein Bild sich spiegelt.

Nicht wahr, Du glaubst nicht, daß ich falsch bin? –

Es gibt böse Fehler, die an uns hervorbrechen wie das Fieber; es hat seinen Verlauf, und wir empfinden in der Genesung, daß wir schmerzlich krank waren; aber Falschheit ist ein Gift, das sich in des Herzens Mitte erzeugt, könnte ich Dich nicht mehr in dieser Mitte herbergen, was sollte ich anfangen?

In meinen Briefen wollte ich Dir nichts sagen, aber hier im Buch, da lasse ich Dir die Hand in meine Wunde legen, und es tut weh, daß Du an mir zweifeln kannst; ich will Dir erzählen aus meinen Kindertagen, aus der Zeit, eh' ich Dich gesehen hatte. Wie mein ganzes Leben ein Vorbereiten war auf Dich; wie lange kenne ich Dich schon, wie oft hab' ich Dich gesehen mit geschlossenen Augen, und wie wunderbar war's, wie endlich die wirkliche Welt sich in Deiner Gegenwart an die lang gehegte Erwartung anschloß.

***

In den hängenden Gärten der Semiramis bin ich erzogen, ich glattes, braunes, feingegliedertes Rehchen, zahm und freundlich zu jedem Liebkosenden, aber unbändig in eigentümlichen Neigungen. Wer konnte mich vom glühenden Fels losreißen in der Mittagssonne? – Wer hätte mich gehemmt die steilsten Höhen zu erklettern und die Gipfel der Bäume? Wer hätte mich aus träumender Vergessenheit geweckt mitten unter den Lebenden oder meine begeisterten Nachtwanderungen gestört auf nebelerfülltem Pfad! – Sie ließen mich gewähren, die Parzen, Musen und Grazien, die da alle eingeklemmt waren im engen Tal, das vom Geklapper der Mühlen dreifaches Echo in den umgrenzenden Wald rief, vom Goldsandfluß durchschnitten, dessen Ufer jenseits eine Bande Zigeuner in Pacht hatte, die nachts im Wald lagerten und am Tag das Gold fischten, diesseits aber durch die Bleicher benutzt war und durch die wiehernden Pferde und Esel, die zu den Mühlen gehörten. Da waren die Sommernächte, mit Gesang der einsamen Wächter und Nachtigallen durchtönt, und der Morgen, mit Geschrei der Gänse und Esel begonnen; da machte die Nüchternheit des Tags einen rechten Abschnitt von dem Hymnus der Nacht.

Manche Nächte hab' ich da im Freien zugebracht, ich kleines Ding von acht Jahren; meinst Du, das war nichts? – Mein Heldentum war's, denn ich war kühn und wußte nichts davon. Die ganze Gegend, soweit ich sie ermessen konnte, war mein Bett; ob ich am Ufersrand von Wellen umspült oder auf steilem Fels vom fallenden Tau durchnäßt schlief, das war mir einerlei. Aber Freund! Wenn die Dämmerung wich, der Morgen seinen Purpur über mir ausbreitete und mich, nachdem ich dem Gesang der steigenden Lerche schon im Traum gelauscht hatte, unter tausendfachem Jubel aller befiederten Kehlen weckte, was meinst Du, wie ich mich fühlte? – Nichts geringer als göttlicher Natur fühlt' ich mich, und ich sah herab auf die ganze Menschheit. Solcher Nächte zwei erinnere ich mich, die schwül waren, wo ich aus den beklommenen Schlafsälen zwischen den Reihen von Tiefschlafenden mich schlich und hinaus ins Freie eilte und mich die Gewitter überraschten und die breite blühende Linde mich unter Dach nahm; die Blitze feuerten durch ihre tiefhängenden Zweige; dies urplötzliche Erleuchten des fernen Waldes und der einzelnen Felszacken erregte mir

Schauer, ich fürchtete mich und umklammerte den Baum, der kein Herz hatte, was dem meinen entgegenschlug.

O lieber Freund! Hätte ich nun den lebendigen Pulsschlag gefühlt unter dieses Baumes Rinde, dann hätte ich mich nicht gefürchtet; dies kleine Bewegen, dies Schlagen in der Brust kann Vertrauen erregen und kann den Feigen zum Helden umwandeln; denn wahrlich! fühlt' ich Dein Herz an meinem schlagen und führtest Du mich in den Tod, ich eilte triumphierend mit Dir!

Aber damals in der Gewitternacht unter dem Baum, da fürchtete ich mich, mein Herz schlug heftig, das schöne Lied: *"Wie ist Natur so hold und gut, die mich am Busen hält"*, das konnte ich damals noch nicht singen, ich empfand mich allein mitten im Gebraus der Stürme, doch war mir so wohl, mein Herz ward feurig. Da läuteten die Sturmglocken des Klosterturms, die Parzen und Musen eilten im Nachtgewand mit ihren geweihten Kerzen in das gewölbte Chor, ich sah unter meinem sturmzerzausten Baum die eilenden Lichter durch die langen Gänge schwirren; bald tönte ihr „ora pro nobis" herüber im Wind, so oft es blitzte, zogen sie die geweihte Glocke an, so weit ihr Schall trug, so weit schlug das Gewitter nicht ein.

Ich allein jenseits der Klausur, unter dem Baum in der schreckenvollen Nacht! Und jene alle, die Pflegerinnen meiner Kindheit, wie eine verzagte verschüchterte Herde, zusammengerottet in dem innersten feuerfesten Gewölb' ihres Tempels, Litaneien singend um Abwendung der Gefahr. Das kam mir so lustig vor unter meinem Laubdach, in dem der Wind raste und der Donner wie ein brüllender Löwe die Litanei samt dem Geläut verschlang; an diesem Ort hätte keins von jenen mit mir ausgehalten, das machte mich stark gegen das einzige Schreckenvolle, gegen die Angst, ich fühlte mich nicht verlassen in der allumfassenden Natur. Der herabströmende Regen verdarb ja nicht die Blumen auf ihrem feinen Stengel, was sollte er mir schaden, ich hätte mich schämen müssen, vor dem Vertrauen der kleinen Vögel hätt' ich mich gefürchtet.

***

So hab' ich allmählich Zuversicht gewonnen und war vertraulich mit der Natur und hab' zum Scherz manche Prüfung bestanden, Sturm und Gewitter zog mich hinaus und das machte mich freudig; die heiße Sonne scheute ich nicht, ich legte mich ins Gras unter die schwärmenden Bienen mit Blütenzweigen im Mund und glaubte fest, sie würden meine Lippen nicht stechen, weil ich so befreundet war mit der Natur; und so bot ich allem Trotz, was andre fürchteten und in der Nacht, in schauerlichen Wegen im finstern Gebüsch, da lockte es mich hin, da war's überall so heimlich, und nichts war zu fürchten.

Oben im ersten und höchsten Garten stand die Klosterkirche auf einem Rasenplatz, der am felsigen Boden hinab grünte und mit einem hohen Gang von Trauben umgeben war, er führte zur Türe der Sakristei, vor dieser saß ich oft, wenn ich meine Geschäfte in der Kirche versehen hatte, denn ich war Sakristan, ein Amt, dem es oblag, den Kelch, in dem die geweihten Hostien bewahrt wurden, zu reinigen und die Kelchtücher zu waschen, dies Amt wurde nur dem Liebling unter den jungfräulichen

Kindern vertraut, die Nonnen hatten mich einstimmig dazu erwählt. In dieser Türwölbung saß ich manchen heißen Nachmittag, links in der Ecke des Kreuzbaues das Bienenhaus unter hohen Taxusbäumen, rechts der kleine Bienengarten, bepflanzt mit duftenden Kräutern und Nelken, aus denen die Bienen Honig saugten. In die Ferne konnte ich von da sehen; die Ferne, die so wunderliche Gefühle in der Kinderseele erregt, die ewig eins und dasselbe vor uns liegt, bewegt in Licht und Schatten, und zuerst schauerliche Ahnungen einer verhüllten Zukunft in uns weckt; da saß ich und sah die Bienen von ihren Streifzügen heimkehren, ich sah, wie sie sich im Blumenstaub wälzten und wie sie weiter und weiter flogen in die ungemessene Ferne, wie sie im blauen sonnedurchglänzten Äther vorschwebten, und da ging mir mitten in diesen Anwandlungen von Melancholie auch die Ahnung von ungemessenem Glück auf.

Ja die Wehmut ist der Spiegel des Glücks; Du fühlst, Du siehst in ihr ausgesprochen ein Glück, nach dem sie sich sehnt. Ach und im Glück wieder durch allen Glanz der Freude durchschimmernd diese schmerzliche Wollust. Ja das Glück ist auch der Spiegel dieser aus unergründlichen Tiefen aufsteigenden Wehmut. Und jetzt noch, in der Erinnerung wie in den Kindertagen, füllt sich meine Seele mit jener Stimmung, die leise mit der Dämmerung hereinbrach und dann wieder nachgab, wenn das Sonnenlicht mit dem Sternenlicht gewechselt hatte und der Abendtau meine Haare losringelte. Die kalte Nachtluft stählte mich, ich buhlte, ich neckte mich mit den tausend Augen der Finsternis, die aus jedem Busch mir entgegen blitzten. Ich kletterte auf die Kastanienbäume, legte mich so schlank und elastisch auf ihre Äste; wenn dann der Wind durchschwirrte und jedes Blatt mich anflüsterte da war's, als redete sie meine Sprache. Am hohen Traubengeländer, das sich an die Kirchenmauer anlehnte, stieg ich hinauf und hörte die Schwalben in ihrem Nestchen plaudern; halb träumend zwitschern sie zwei-, dreisilbige Töne, und aus tiefer Ruhe seufzt die kleine Brust einen süßen Wohllaut der Befriedigung. Lauter Liebesglück, lauter Behagen, daß ihr Bettchen von befreundeter Wärme durchströmt ist.

O Weh über mich, daß mir im Herzen so unendlich weh ist, bloß weil ich dies Leben der Natur mit angeschaut hab' in meinen Kindertagen; diese tausendfältigen Liebesseufzer, die die Sommernacht durchstöhnen, und inmitten dieser ein einsames Kind, einsam bis ins innerste Mark, das da lauscht ihren Seligkeiten, ihrer Inbrunst, das in dem Kelch der Blumen nach ihren Geheimnissen forscht, das ihren Duft in sich saugt wie eine Lehre der Weisheit, das erst über die Traube den Segen spricht, ehe es sie genießt.

Aber da war ein hoher Baum mit feinen phantastischen Zweigen, breiten Sammetblättern, die sich wie ein Laubdach ausdehnten; oft lag ich in seiner kühlen Umwölbung und sah hinauf, wie das Licht durch ihn äugelte, und da lag ich mit freier Brust in tiefem Schlaf; ja mir träumte von süßen Gaben der Liebe, gewiß, sonst hätte ich den Baum nicht sogleich verstanden, da ich erwachte, weil eben die reife Frucht sich von seinen Zweigen gelöst hatte und im Fallen auf meine Brust ihr Saft mich netzte; dies schöne dunkle überreife Blut der Maulbeere, ich kannte sie nicht, ich hatte sie nie gesehen, aber mit Zutrauen verzehrten sie meine Lippen wie Liebende den ersten Kuß verzehren. Und es gibt Küsse, von denen fühl' ich, sie schmecken wie Maulbeeren.

Sag', sind das Abenteuer? – und würdig, daß ich sie Dir erzähle?

***

Und soll ich Dir noch mehr erzählen von diesen einfachen Ereignissen, die so gewöhnlich sind wie der Atem, der die Brust hebt, und doch fanden sie auf der reinen, noch unbeschriebenen Tafel der Erinnerung einen unverlöschbaren Eindruck. Sieh, wie dem Kind in den Windeln die ganze sinnliche Natur zur Nahrung seiner Kräfte gedeiht, bis es mannbar wird und mit seinen Gliedern das Pferd und das Schwert regiert, so gedeiht auch das Empfinden der Geistigkeit des Naturlebens zur Nahrung des Geistes. Nicht jetzt noch würde ich jene Sonnenstrahlen mit dem Auge der Erinnerung auffangen, nicht mich der Wolkenzüge als erhabener Begebnisse erinnern, die Blumen der verschwundenen Frühlinge würden mir nicht heute noch mit ihren Farben und Formen zulächeln, und die reifen Früchte, denen ich liebkoste, eh' ich sie genoß, würden mich nicht nach verschwundenen Jahren, wie aus den Träumen seliger Genüsse, mahnen an die heimliche Lust. – Sie lachten mich an, diese runden Äpfel, die gestreiften Birnen und die schwarzen Kirschen, die ich mir aus den höchsten Zweigen erkletterte. O keine Erinnerung brennt mehr in meinem Herzen auf meinen Lippen, die dieser den Rang abliefe; nicht Du, nicht andre haben für die süße Kost der Kirsche, auf höchstem Gipfel im brennenden Sonnenlicht gereift, oder der waldeinsamen Erdbeere, unter betautem Gras aufgefunden, mich nur einmal entschädigt. Darum, weil er denn in den Geist so tief eingegraben ist, der Genuß kindlicher Jugend, so tief wie die Flammenschrift der Leidenschaft, so ist er wohl auch eine göttliche Offenbarung, und er bedingt viel in der Brust, in der er haftet.

Gedanken sind auch Pflanzen, sie schweben im geistigen Äther, die Empfindung ist ihre Muttererde, in der sie ihre Wurzeln ausdehnen und nähren; der Geist ist ihre Luft, in dem sie ihre Blüten ausbreiten und ihren Duft; der Geist, in dem viele Gedanken ihre Blüten treiben, der ist ein gewürziger Geist, in seiner Nähe atmen wir seine Verklärung. Die ganze Natur ist aber ein Spiegel von dem, was im Geistesleben vorgeht. Keinem Sommervogel hab' ich umsonst nachgejagt, mein Geist empfing dadurch die Befähigung, einem verborgenen idealischen Reiz nachzujagen; und hab' ich das klopfende Herz in die hohen Kräuter der blühenden Erde gedrückt: ich lag am Busen einer göttlichen Natur, die meiner Inbrunst, meiner Sehnsucht kühlenden Balsam zuträufelte, der alles Begehren in geistiges Schauen umwandelte. –

Die wandelnden Herden in der Abenddämmerung mit ihrem Geläut, die ich oben von der Mauer herab mit stillem Entzücken betrachtete, die Schalmei des Schäfers, der in Mondnächten seine Schafe von Triften zu Triften leitete, das Bellen des Hundes in der Ferne, die jagenden Wolken, die aufseufzenden Abendwinde, das Rauschen des Flusses, das sanfte Anklatschen der Wellen am steinigen Ufer, das Einschlafen der Pflanzen, ihr Einsaugen des Morgenlichtes, das Kämpfen und Spielen der Nebel, – o sag', welcher Geist hat mir das geistig noch einmal geboten? – Du? – Hast Du Dich so traulich an mich geschmiegt wie die Abendschatten? Hat Deine Stimme wehmütig freundlich in mich eingedrungen wie jene ferne Rohrpfeife? Hat der Hund mir angeschlagen, es nahe sich einer auf heimlicher Fährte, dem mein Herz entgegenschlägt? Und habe ich nach glücklichen Stunden wie jene schlaftrunkne Natur mit dem Bewußtsein befriedigter Sehnsucht, mich der Ruhe hingegeben? Nein! Nur in dem Spiegel der Natur hab' ich's erfahren und die Bilder einer höheren Welterscheinung gesehen. So nimm denn jene Mitteilungen als Ereignisse hohen Genusses und reizender Liebesbegebenheiten auf; was hab' ich alles durch sie ahnen und begreifen gelernt! Und was können wir mehr vom Leben fordern, was kann es Besseres in uns vorbereiten als die Befähigung zur Seligkeit! Wenn also Sinne und Geist so bewegt war durch das Regen in der Natur, wenn die Begierde gespannt war durch ihr Schmachten, wenn ihr Dursten, ihr Trinken, ihr Brennen und Verzehren, ihr Erzeugen und Ausbrüten das Herz durchströmte, sag', was hätte ich da nicht erfahren im Liebesglück; und welche Blume würde mir im Paradies nicht duften und welche Frucht mir nicht reifen?

Darum nimm sie auf, diese Hieroglyphen höherer Seligkeit, wie sie mein Gedächtnis nacheinander aufzeichnet. O sieh doch, das Buch der Erinnerung blättert sich ja grade in *Deiner* Gegenwart an diesen merkwürdigen Stellen auf; Du! – Du wirst mir vielleicht im Paradiese die Äpfel vom unverbotenen Baum pflücken; an Deiner Brust werde ich dort aufwachen, und die Melodien einer beseligenden Schöpfung werden meine Lust in Deinen Busen hauchen.

***

Eins bewahr' im Herzen: daß Du mir den reinsten Eindruck von Schönheit gemacht hast, dem ich unmittelbar gehuldigt habe, und daß nichts dem Ursprünglichen in Deiner Natur Eintrag tun könne, und daß meine Liebe innig mit diesem einverstanden ist.

***

Nur so weit geht die Höhe der Seligkeit, als sie begriffen wird; was der Geist nicht umfaßt, das macht ihn nicht glücklich, vergebens würden Cherubim und Seraphim ihn auf ihren Schwingen höher tragen; er vermochte nie sich da zu erhalten.

***

Ahnungen sind Regungen, die Flügel des Geistes höher zu heben; Sehnsucht ist ein Beweis, daß der Geist eine höhere Seligkeit sucht; Geist ist nicht allein Fassungsgabe, sondern auch Gefühl und Instinkt des Höheren, aus dem er seine Erscheinung, den Gedanken entwickelt; der Gedanke aber ist nicht das Wesentliche, wir könnten seiner entbehren, wenn er nicht für die Seele der Spiegel wär', in dem sie ihre Geistigkeit erkennt.

***

Der verschloßne Same und die Blüte, die aus ihm erwächst, sind einander nicht vergleichbar, und doch ist sein erstes Keimen die Ahnung dieser Blüte, und so wächst und gedeiht er fort mit gesteigerter Zuversicht, bis Blüte und Frucht seinen ersten Instinkt bewährt, der, wenn er verloren gehen könnte, keine Blüten und Früchte tragen würde.

***

Und wenn ich's auch ins Buch schreibe, daß ich heute traurig bin, kann mich's trösten? Wie öde sind diese Zeilen! Ach, sie bezeichnen die Zeit des Verlassenseins. Verlassen! War ich denn je vereint mit dem, was ich liebte? War ich verstanden? – Ach, warum will ich verstanden sein? – Alles ist Geheimnis, die ganze Natur, ihr Zauber, die Liebe, ihre Beseligung, wie ihre Schmerzen. Die Sonne scheint, treibt Blüte und Frucht, aber ihr folgen die Schatten und die winterliche Zeit. – Sind denn die Bäume auch so trostlos, so verzweiflungsvoll in ihrem Winter wie das Herz in seiner Verlassenheit? – Sehnen sich die Pflanzen? Ringen sie nach dem Blühen, wie mein Herz heute ringt, daß es lieben will, daß es empfunden sein will? – Du mich empfinden? – Wer bist Du, daß ich's von Dir verlangen muß? – Ach! – Die ganze Welt ist tot; in jedem Busen ist's öde! gäb's ein Herz, *einen* Geist, der mir erwachte! –

***

Komm! Laß uns noch einmal die hängenden Gärten, in denen meine Kindheit einheimisch war, durchlaufen; laß Dich durch die langen Laubgänge geleiten zu dem Glockenturm, wo ich mit leichter Mühe das Seil in Schwung brachte, um zu Tisch oder zu Gebet zu rufen; und abends um sieben Uhr läutete ich dreimal das Angelus, um die Schutzengel zur Nachtwache bei den Schlafenden zu rufen. O, damals schnitt mir das Abendrot ins Herz und das schweigende Gold, in das sich die Wolken senkten; o, ich weiß es noch wie heute, daß es mir weh tat, wenn ich so einsam durch das schlafende Blumenfeld ging, und weiter, weiter Himmel um mich, der in beschwingter Eile seine Wolken zusammentrieb, wie eine Herde, die er weiterfahren wollte, der rotes, blaues und gelbes Gewand entfaltete, und dann wieder andre Farben, bis die Schatten ihn übermannten. Da stand ich und sah die verspäteten Vögel mit rascher Eile nach ihrem Nest fliegen; und dachte, wenn doch einer in meine Hand flög', und ich fühlte sein klein Herzchen pochen, ich wollte zufrieden sein; ja, ich glaubte, ein Vögelchen nur, das mir zahm wär', könnte mich glücklich machen. Aber es flog kein Vogel in meine Hand, ein jeder hatte schon anders gewählt, und ich war nicht verstanden mit meiner Sehnsucht. Ich glaubte doch damals, die ganze Natur bestehe bloß aus dem Begriff aufgeregter Gefühle, *davon* komme das Blühen aller Blumen, und *dadurch* schmelze sich das Licht in alle Farben, und *darum* hauche der Abendwind so leise Schauer übers Herz, und *deswegen* spiegle sich der Himmel, umgrenzt vom Ufer, in den Wellen. Ich sah das Leben der Natur und glaubte, ein Geist, der der Wehmut, die meine Brust erfüllte, sei dies Leben selbst; es seien *seine* Regungen, *seine* Gedanken, die dies Tag- und Nachwandeln der Natur bilde; ja und ich junges Kind fühlte, daß ich einschmelzen müsse in diesen Geist, und daß es allein Seligkeit sei, in ihm aufzuzugehen; ich rang, ohne zu wissen, was Tod sei, *dahin*, aufgelöst zu sein; ich war unersättlich, die Nachtluft mit vollen Zügen einzuatmen, ich streckte die Hände in die Luft, und das flatternde Gewand, die fliegenden Haare bewiesen mir die Gegenwart des liebenden Naturgeistes; ich ließ mich küssen von der Sonne mit verschlossenen Augen, und dann öffnete ich sie, und mein Blick hielt es aus; ich dachte: läßt du dich küssen von ihr, und solltest nicht vertragen können, sie anzusehen?

Von dem Kirchgarten führte eine hohe Treppe, über die das Wasser schäumend hinabstürzte, zum zweiten Garten, der rund war, mit regelmäßigen Blumenstücken ein großes Bassin umgab, in dem das Wasser sprang; hohe Pyramiden von Taxus umgaben das Bassin, sie waren mit purpurroten Beeren übersäet, deren jede ein kristallhelles Harztröpfchen ausschwitzte; ich weiß noch alles, und dies besonders war meine Lieblingsfreude, die ersten Strahlen der Morgensonne in diesen Harzdiamanten sich spiegeln zu sehen.

Das Wasser lief aus dem Bassin unter der Erde bis zum Ende des runden Gartens und stürzte von da wieder eine hohe Treppe hinab in den dritten Garten, der den runden Garten ganz umzog und grade so tief lag, daß die Wipfel seiner Bäume wie ein Meer den runden Garten umwogten. Es war so schön, wenn sie blühten, oder auch wenn die Äpfel und die Kirschen reiften und die vollen Äste herüberstreckten. Oft lag ich unter den Bäumen in der heißen Mittagssonne, und in der lautlosen Natur, wo sich kein Hälmchen regte, fiel die reife Frucht neben mir nieder ins hohe Gras; ich dachte: „Dich wird auch keiner finden!“ Da streckte ich die Hand aus nach dem goldnen Apfel und berührte ihn mit meinen Lippen, damit er doch nicht gar umsonst gewesen sein solle.

***

Nicht wahr, die Gärten waren schön! – Zauberisch! Da unten sammelte sich das Wasser in einem steinernen Brunnen, der von hohen Tannen umgeben war; dann lief es noch mehrere Terrassen hinab, immer in steinerne Becken gesammelt, wo es denn unter der Erde bis zur Mauer kam, die den tiefsten alle andere Gärten umgebenden einschloß, und von da sich ins Tal ergoß, denn auch dieser letzte Garten lag noch auf einer ziemlichen Höhe; da floß es in einem Bach weiter, ich weiß nicht wohin. So sah ich denn von oben hinab seinem Stürzen, seinem Sprudeln, seinem ruhigen Lauf zu; ich sah, wie es sich sammelte und kunstreich emporsprang und in feinen Strahlen umherspielte; es verbarg sich, es kam aber wieder und eilte wieder eine hohe Treppe hinab; ich eilte ihm nach, ich fand es im klaren Brunnen von dunklen Tannen umgeben, in denen die Nachtigallen hausten; da war es so traulich, da spielte ich mit bloßen Füßen in dem kühlen Wasser. – Und dann lief's weiter verborgen, und wie es sich außerhalb der Mauer hinabstürzte, das sah ich mit an und konnte es nicht weiter verfolgen, ich mußte es halt dahinlaufen lassen. – Ach, es kam ja Welle auf Welle nach, es strömte unaufhaltsam die Treppe hinab; der Wasserstrahl im Springbrunnen spielte Tag und Nacht und versiegte nimmer, aber da, wo es mir entlief, da grade sehnte sich mein Herz nach ihm, und da konnte ich nicht mit; und wenn ich nun Freiheit gehabt hätte und wäre mitgezogen durch alle Wiesen, durch alle Täler, durch die Wüste! – Wo der Bach mich am End' hingeführt haben möchte!

Ja Herr, ich sehe Dich brausen und strömen, ich seh' Dich kunstreich spielen, ich sehe Dich ruhig dahin wandeln, Tag für Tag und plötzlich Deine Bahn lenken hinaus

aus dem Reich des Vertrauens, wo ein liebendes Herz seine Heimat wähnte, unbekümmert, daß es verwaist bleibe.

So hat denn der Bach, an dessen Ufern ich meine Kindheit verspielte, mir in seinen kristallnen Wellen das Bild meines Geschickes gemalt, und damals hab' ich's schon betrauert, daß die mir sich nicht verwandt fühlten.

O komm nur und spiel' meine Kindertage noch einmal mit mir durch, Du bist mir's schuldig, daß Du meine Seufzer in Deine Melodien verhallen läßt, solange ich nicht weiter gehe, als meine kindliche Sehnsucht am Bach; die es auch geschehen lassen mußte, daß er sich losriß und sich energische Bahn brach in die Fremde. – In der Fremde, wo es gewiß war, daß mein Bild sich nicht mehr in ihm spiegelte.

***

Heute haben wir grünen Donnerstag, da hab' ich kleiner Tempeldiener viel zu tun; alle Blumen, die das frühe Jahr uns gönnt, werden abgemäht, Schneeglöckchen, Krokus, Maßlieb und das ganze Feld voll Hyazinthen schmücken den weißen Altar, und dann bring' ich die Chorhemdchen und zwölf Kinder mit aufgelösten Haaren werden damit bekleidet; sie stellen die Apostel vor. Nachdem wir mit brennenden, blumengeschmückten Kerzen den Altar umwandelt haben, lassen wir uns im Halbkreis nieder, und die alte Äbtissin mit ihrem hohen Stab von Silber, umwallt vom Schleier und langem, schleppendem Chormantel, kniet vor uns, um uns die Füße zu waschen, eine Nonne hält das silberne Becken und gießt das Wasser ein, die andre reicht die Linnen zum Abtrocknen; indessen läutet es mit allen Glocken, die Orgel ertönt, zwei Nonnen spielen die Violine, eine den Baß, zwei blasen die Posaune, eine wirbelt auf den Pauken, alle übrigen stimmen mit hohen Tönen die Litanei an: „Sankt Petrus, wir grüßen dich – du bist der Fels, auf den die Kirche baut.“ Dann geht es zum Paulus, und so die Reihe durch werden alle Apostel begrüßt, bis alle Füße gewaschen sind. – Nun siehst Du, das ist ein Tag, auf den wir uns schon ein Vierteljahr lang halb selig gefreut haben. Die ganze Kirche war voll Menschen, sie drängten sich um unsere Prozession und weinten Tränen der Rührung über die lachenden, unschuldigen Apostel. Von nun an ist der Garten wieder offen, der den Winter über unzugänglich war; jedes läuft an sein Blumengärtchen, da hat der Rosmarin gut überwintert, die Nelkenpflänzchen werden unter dem dürren Laub hervorgescharrt, und so manches junge Keimchen meldet den vergeßnen vorjährigen Blumenflor. Erdbeeren werden verpflanzt und die blühenden Veilchen sorgfältig herausgehoben und in Scherben versetzt; ich trage sie an mein Bett und lege den Kopf dicht an sie heran, damit ich ihren Duft die ganze Nacht ein- und ausatme.

***

O, was erzähle ich dies alles dem Mann, der fern ab von solchen Kindereien seinen Geist zu andern Sphären trägt! Warum Dir, dem ich schmeicheln, den ich locken will; Du sollst mir freundlich sein, Du sollst, Dir unbewußt, mich allmählich lieben, während ich so mit Dir plaudere; könnte ich Dir nun nichts anders sagen, was Dir wichtiger wär', was Dich bewegte, daß Du mich „geliebtes Kind“ nenntest, mich ans Herz drücktest in süßer Regung über das, was Du vernimmst?

Ach ich weiß nichts Besseres, ich weiß keine schöneren Freuden als *die* jener ersten Frühlinge, keine innigere Sehnsucht als die nach dem Aufblühen meiner Blumenknospen, keinen heißeren Durst, als der mich befiel, wenn ich mitten in der schönen blühenden Natur stand, und alles voll üppigem Gedeihen um mich her. Nichts hat freundlicher und mitleidiger mich berührt als die Sonnenstrahlen des jungen Jahrs, und wenn Du eifersüchtig sein könntest, so wär' es nur auf diese Zeit, denn wahrlich, ich sehne mich wieder dahin.

***

Eine Sonne geht uns auf, sie weckt den Geist wie den jungen Tag, mit ihrem Untergang geht er schlafen; wenn sie aufsteigt, erwacht ein Treiben im Herzen wie der Frühling, wenn sie hoch steht, glüht der Geist mächtig, er ragt über das Irdische hinaus und lernt aus Offenbarungen; wenn sie sich dem Abend neigt, da tritt die Besinnung ein, ihrem Untergang folgt die Erinnerung; wir besinnen uns in der Schattenruhe auf das Wogen der Seele im Lichtmeer, auf die Begeistrung in der Zeit der Glut, und mit diesen Träumen gehen wir schlafen. Manche Geister aber steigen so hoch, daß ihnen die Liebessonne nimmermehr untergeht, und der neue Tag schließt sich an den versinkenden an.

***

Die einsame Zeit ist allein, was mir bleibt; wessen ich mich erinnere, das war in der Einsamkeit erlebt, und was ich erlebt habe, das hat mich einsam gemacht; die ganze weite Welt umspielt in allen Farben den einsamen Geist, sie spiegelt sich in ihm, aber sie durchdringt ihn nicht.

Geist ist in sich, und was er wahrnimmt, was er aufnimmt, das ist seine eigne Richtung, sein Vermögen; es ist seine höchste Offenbarung, daß er erfasse, was er vermag. Ich glaub', im Tode mag's ihm wohl offenbar werden, früher hat er nur ungläubige Anschauungen davon; hätte ich früher geglaubt, so hätte der Geist auch zu erreichen gestrebt, was er unmöglich wähnte, und hätte erlangt, wonach er sich sehnte, denn Sehnsucht ist ein heilig Merkmal der Wahrhaftigkeit ihres Ziels, sie ist Inspiration und macht den Geist kühn. Dem Geist soll nichts zu kühn sein, denn weil er alles vermag; er ist der Krieger, dem keine Waffe versagt, er ist der Reiche, dessen Fülle Unendliches spendet, er ist der Selige, dem alles Wollust ist; ja wohl, Geist ist die Gottheit! Die Brust saugt die Luft in sich und entläßt sie wieder, um sie wieder zu trinken, und das ist Leben. – Der Geist trinkt sehnend die Gottheit und haucht sie wieder aus, um sie abermals zu trinken, und das ist sein Leben; alles andre ist Zufall, ist Spur, Geschichte des Geistes, aber nicht sein Leben.

***

Darum ist der Geist einsam, weil ihn nur ein einziges belebt, das ist die Liebe. Die Liebe ist das All. Der Geist ist einsam, weil die Liebe alles allein ist. Die Liebe ist nur für den, der ganz in ihr ist. Liebe und Geist schauen sich einander an, denn sie sind in sich allein und können nur sich sehen.

Ich war auch einsam damals in der Kindheit, die Sterne äugelten mich an, ich begriff sie, die Liebe spricht durch sie.

Die Natur ist die Sprache der Liebe, die Liebe spricht zur Kindheit durch die Natur. Der Geist ist Kind hier auf Erden, drum hat die Liebe die süße, selige, kindliche Natur als Sprache für den Geist geschaffen.

Wär' der Geist selbständig, vielleicht führte die Liebe eine andre Sprache. Die Natur lenkt und reicht dar, was der Geist bedarf; sie lehrt, sie erzählt, sie erfindet, sie tröstet, sie beschützt und vertritt seine Unmündigkeit, vielleicht wenn sie den Geist aus der Kindheit herausgeleitet hat, lenkt sie ihn nicht mehr, sie läßt ihn dann selbständig walten, vielleicht ist das jenseitige Leben der Frühling des Geistes, so wie *dieses* seine Kindheit ist. Denn wir sehnen uns ja nach dem Frühling, nach der Jugend bis zum letzten Augenblick, und dieses Erdenleben ist nur ein Vorbilden für das Jugendleben des Geistes, sie entläßt ihn aus der Kindheit, wie das Samenkorn den Keim entläßt ins Ätherleben.

Blühen ist Geist, es ist Schönheit, es ist Kunst, und sein Duftausströmen ist abermals Streben in ein höheres Element.

***

Komm mit, Freund! Scheue nicht den feuchten Abendtau, ich bin ein Kind, und Du bist ein Kind, wir liegen gern unter freiem Himmel und sehen den gemächlichen Zug der Abendwolken, die im purpurnen Gewand dahin schwimmen. O komme! – Kein seligerer Traum, kein beglückenderes Ereignis als Ruhe! Stille Ruhe im Dasein; beglückt, daß es so ist, und kein Wähnen, es könne anders sein, oder es müsse anders kommen. Nein! Nicht im Paradies wird es schöner sein, als diese Ruhe ist, die keine Rechenschaft gibt, kein Überschauen des Genusses, weil *jeder* Augenblick ganz selig ist. Solche Minuten erleb' ich mit Dir, nur weil ich Dich denke an meiner Seite in jenen Kinderjahren; da sind wir eines Sinnes, was ich erlebe, spiegelt sich in Dir, und ich lerne es in Dir begreifen, und was erlebte ich, wenn ich's nicht in Dir anschaute? – In was empfindet sich der Geist, durch was besitzt er sich, als nur dadurch, daß er die Liebe hat? – Ich habe Dich, Freund! Du wandelst mit mir, Du ruhst an meiner Seite, meine Worte sind der Geist, den Deine Brust aushaucht.

***

Alle sinnliche Natur wird Geist, aller Geist ist sinnliches Leben der Gottheit. – Augen, ihr seht! – Ihr trinkt Licht, Farben und Formen! – O Augen, ihr seid genährt durch göttliche Weisheit, aber alles tragt ihr der Liebe zu, ihr Augen; daß die Abendsonne ihre Glorie über euch spielen läßt, und der Wolkenhimmel eine heilige Farbenharmonie euch lehrt, in die alles einstimmt: die fernen Höhen, die grüne Saat, der silberne Fluß, der schwarze Wald, der Nebelduft, das gibt euch, ihr Augen, die Mutter Natur zu trinken, während der Geist den schönen Abend verlebt im Anschauen des Geliebten. O ihr Ohren, euch umtönt die weite Stille, in ihr erhebt sich das leise

Heranbrausen des Windes, es naht sich ein zweites, es trägt euch Töne zu aus der Ferne, die Wellen schlagen seufzend ans Ufer, die Blätter lispeln, nichts regt sich in der Einsamkeit, was nicht sich euch vertraute, ihr Ohren. Ihr werdet getränkt durch das ganze Walten der Natur, während Ohr, Aug', Sprache und Genuß im Busen des Freundes tief versunken ist. Ach, paradiesisches Mahl, wo die Kost sich in Weisheit verwandelt, wo Weisheit Wollust ist und *diese* Offenbarung wird.

Diese Frucht! Duftend, reif, niedersinkend aus dem Äther! – Welcher Baum hat sie abgeschüttelt von den überreichen Ästen? Während wir, Wange an Wange gelehnt, ihrer und der Zeit vergessen. Diese Gedanken, sind sie nicht die Äpfel, die der Baum der Weisheit trägt, und die er Liebenden in den Schoß schüttelt, die in seinem Paradiese wohnen und in seinem Schatten ruhen. – Damals war die Liebe in der Kindesbrust, die ihre Gefühle wie der junge Keim seine Blüten dichtgefaltet und verschränkt umschloß. Damals war *sie!* – und *ihrem* Drängen dehnte sich der Busen, und öffneten sich *ihre* Blüten, zu entfalten.

***

Ein Nönnchen wurde eingekleidet, eine andre haben wir begraben während den drei Jahren, als ich im Kloster war; dem einen hab' ich den Zypressenkranz auf den Sarg gelegt, sie war die Gärtnerin und hatte lange Jahre den Rosmarin gepflegt, den man ihr aufs Grab pflanzte; sie war achtzig Jahre alt, und der Tod berührte sie sanft, während sie Absenker von ihren Lieblingsnelken machte, da hockte sie am Boden und hielt die Pflanzen in der Hand, die sie eben einsetzen wollte; ich war der Vollstrecker ihres Testaments, denn ich nahm die Pflanzen aus der erstarrten Hand und setzte sie in die frisch aufgewühlte Erde, ich begoß sie mit dem letzten Krüglein Wasser, was sie am Madlenenbrünnchen geholt hatte, die gute Schwester Monika! Wie schön wuchsen diese Nelken! Dunkelrot waren sie und groß. – Da mich später *der, der mich liebt und kennt*, einer dunklen Nelke verglich, da dachte ich an die Blumen, die ich junges Kind aus der erstorbenen Hand des hohen Alters entnommen und eingepflanzt hatte, und ob es wohl so kommen werde, daß auch mich der Tod beim Pflanzen der Blumen überrasche; der Tod, der triumphierende Herold des Lebens, der Befreier von irdischer Schwere.

Aber jene andre Nonne, jung und schön, deren lange goldne Flechten ich auf goldnem Opferteller zum Altar trug: – ich hab' nicht geweint, da man die alte Gärtnerin zu Grabe trug, obschon sie meine Freundin gewesen war und mir manche Gartenkunst gelehrt hatte. Es kam mir so natürlich vor und so behaglich, daß ich nicht einmal darüber verwundert war; aber damals, als ich im Chorhemdchen mit einem Kranz von Rosen auf dem Kopf, mit brennender Kerze als Geleitengel, unter dem Geläute aller Glocken vor der in alle üppige Pracht gekleideten jugendlichen Braut Christi einherschritt; da wir an das Gitter kamen, vor welchem der Bischof stand, der ihr die Gelübde abnahm, und er fragte, ob sie sich Christo vermählen wolle, und man ihr auf ihr Bejahen die mit Perlen und Bändern durchflochtenen Haare abschnitt, welche ich auf einem goldenen Teller empfing, da fielen meine Tränen auf diese Haare, und da ich hin zum Altar trat, um sie dem Bischof zu überreichen, da schluchzte ich laut, und alles Volk weinte mit.

Die junge Braut legte sich an die Erde, es wurde ein Leichentuch über sie gebreitet, die Nonnen wallten von allen Seiten herbei, je zu zweien Blumenkörbe tragend. Ich streute die Blumen auf das Leichentuch, während ein Requiem gesungen wurde. Sie wurde als Tote eingesegnet und Gebete über sie gesprochen; das irdische Leben war beendet, ich hob als Auferstehungsengel die Totendecke auf; das himmlische Leben beginnt, die Nonnen umringen sie, in ihrer Mitte wird sie vom weltlichen Staat entkleidet, Ordenskleid, Mantel und Schleier werden ihr angelegt, worauf sie in die Hände des Bischofs die Gelübde des Gehorsams, der Keuschheit und der Armut ablegt. Ach, wie war ich beklommen, da der Bischof ihr das Kruzifix reichte, um es als ihren Bräutigam zu küssen. Ich wich nicht von ihrer Seite; am Abend, da die Nonne allein in ihrer Zelle saß, kniete ich noch vor ihr, mit meinem verwelkten Rosenkranz auf dem Kopf; sie war eine Französin, eine Gräfin d'Antelot. „Mon enfant", fragte sie, „mon cher ange gardien, pourquoi as-tu pleuré ce matin lorsqu'on m'a coupé les cheveux?" Ich schwieg eine Weile still, aber dann fragte ich leise: „Madame, est-ce que Jésus Christ a aussi une barbe noire?"

Diese schöne Frau war mit vielen andern hohen Damen und Rittern, die Ordensbänder und Sterne hatten, aus Frankreich vertrieben waren, in unser Kloster gekommen; diese zogen alle weiter, sie allein blieb zurück, sie wandelte viel im Garten, sie hatte einen blitzenden Ring am Finger, den sie küßte, wenn sie in der dunklen Allee allein war. Da las sie ihre Briefe mit leiser Stimme, und mit einem feinen weißen Tuch trocknete sie die weinenden Augen. Ich belauschte sie, ich liebte sie und weinte heimlich mit. Einmal trat ein schöner Mann in glänzender Uniform mit ihr in den Garten. Sie sprachen zärtlich miteinander. Der Mann hatte einen schwarzen Bart, er war größer als sie, er hielt sie in seinen Armen und sah auf sie herab, und seine glänzenden Tränen blieben in seinem schwarzen Bart hängen; das sah ich, denn ich saß in der dunkeln Laube, an deren Eingang sie standen. Er seufzte tief und laut, er drückte sie ans Herz, und sie küßte die glänzenden Tränen im schwarzen Bart auf.

Noch oft wandelte die schöne Frau in diesen einsamen Alleen, noch oft sah ich sie, weinend unter dem Baum, wo er Abschied genommen hatte, und endlich nahm sie den Schleier.

***

Koblenz.

Ich habe mehrere Tage nicht ins Buch geschrieben, wie hab' ich mich danach gesehnt! Im Wandern durch fremde Straßen hab' ich Deiner gedacht. Hier der Spiel- und Tummelplatz Deiner Jugendjahre, da üben der Ehrenbreitstein; er heißt wie die Basis Deines Ruhms, so muß der Würfel heißen, auf dem Dein Denkmal einst stehn wird.

Gestern fielen mir wunderliche Gedanken aus den Wolken, ich hätte sie gern aufgeschrieben, ich war nicht allein, ich mußte sie halt mit den wechselnden Wellen im Strom dahin ziehen lassen.

***

Alles, was dem Wesen der Liebe nicht zusagt, ist Sünde, und alles, was Sünde ist, sagt dem Wesen der Liebe nicht zu. Die Liebe hat eine persönliche Gewalt, die ein Recht an uns übt; ich unterwerfe mich ihrer Rüge, sie und sie allein ist die Stimme meines Gewissens.

Welche Anregungen auch im Leben vorkommen, welche Wendungen auch ein Geschick nimmt, sie ist der Weg der Modulation, der alle fremde Tonarten harmonisch auflöst, sie gibt die Erkenntnis, den Takt einer wahrhaft sittlichen Größe. Sie ist strenge, und diese Strenge erregt leidenschaftlich für die Liebe, ich brenne vor Begierde zu tun, was ihr gemäß ist. Ich will gern jedes Gefühl, jede Regung an ihr abmessen.

Jetzt geh' ich schlafen; könnt' ich Dir beschreiben, wie wohl mir ist.

***

Wenn heut' der Tag wäre, wo ich Dich wiedersehe! Heute! in wenig Sekunden trätest Du hier in meine vier Wände, in denen ich schon seit einem Sommer das Zauberhandwerk treibe, Dich zu besitzen; ja und manchen Augenblick warst Du mein, meine Liebe zog Dich heran. Ich sah in die Ferne, im Herzen sah ich nach Dir und erkannte Dich. Etwas sich aneignen, etwas besitzen, dazu gehört eine große Kraft; etwas besitzen, wenn auch nur Minuten lang, erzeugt Wunder; was Du besitzest im Geist, das erkennst Du, was Du erkennst, das nimmt Dich ein, was Dich einnimmt, das erschließt Dir eine neue Welt.

***

Der Geist will Selbstherrscher sein! der *eigne* Besitz ist seine wahre Kraft; jede Wahrheit, jede Offenbarung ist ein Berühren des eigenen Geistes, durchdringst Du ihn, schmilzt Deine Seele in Deinen Geist: dann hast Du alles was Du vermagst, und jede Offenbarung und Dein Leben ist Dein fortwährendes Wissen, und Dein Wissen ist Dein Sein, Dein Erzeugen. Alle Erkenntnis ist Liebe, darum ist es so selig zu lieben, weil im Lieben der Besitz liegt der eignen göttlichen Natur.

Hast Du geliebt? es war eine Spur göttlicher Natur, Du hobst die Grenze Deines Seins auf und dehntest Dich aus im Besitz Deiner Liebe. Dieses Ausdehnen ist der Kreislauf Deiner geistigen Natur; was Du liebst, das ist ein Reich, in das Du geboren bist, daß Du vermagst in ihm zu leben. Ach es ist so groß, so unendlich das Reich der Liebe, und doch umschließt es das menschliche Herz.

***

So wollen wir dann das Kloster verlassen, in dem kein Spiegel war, und in dem ich also während vier Jahren vergeblich die Bekanntschaft meiner Gesichtszüge, meiner Gestalt gesucht haben würde, doch ist es mir in dieser ganzen Zeit nie eingefallen daran zu denken, wie ich wohl aussähe; es war mir eine große Überraschung, wie ich im dreizehnten Jahre zum erstenmal mit zwei Schwestern, umarmt von der Großmutter, die ganze Gruppe im Spiegel erblickte. Ich erkannte alle, aber die eine nicht, mit feurigen Augen, glühenden Wangen, mit schwarzem, fein gekräuseltem

Haar; ich kenne sie nicht, aber mein Herz schlägt ihr entgegen, ein solches Gesicht hab' ich schon im Traum geliebt, in diesem Blick liegt etwas, was mich zu Tränen bewegt, diesem Wesen muß ich nachgehen, ich muß ihr Treue und Glauben zusagen; wenn sie weint, will ich still trauern, wenn sie freudig ist, will ich ihr still dienen, ich winke ihr, – siehe, sie erhebt sich und kommt mir entgegen, wir lächeln uns an, und ich kann's nicht länger bezweifeln, daß ich mein Bild im Spiegel erblicke.

Ach ja, diese Prophezeiung ist mir wahr geworden, ich habe keinen andern Freund gehabt als mich selber, ich habe nicht um mich, aber oft mit mir geweint; ich habe gescherzt mit mir, und das war noch rührender, daß am Scherz auch kein andrer teilnahm, hätte mir damals einer gesagt, es sucht jeder in der Liebe nur sich, und es ist das höchste Glück sich in ihr finden, ich hätt' es nicht verstanden, doch ist in diesem kleinen Ereignis eine hohe Wahrheit verborgen, die gewiß nur wenige fassen: finde dich, sei dir selber treu, lerne dich verstehen, folge deiner Stimme, nur so kannst du das Höchste erreichen, du kannst nur dir treu sein in der Liebe, was du schön findest, das mußt du lieben, oder du bist dir untreu.

Schönheit erzeugt Begeistrung, aber Begeistrung für Schönheit ist die höchste Schönheit selbst. Sie spricht das erhöhte, verklärte Ideal des Geliebten durch sich selbst aus.

Gewiß, die Liebe erzieht eine höhere Welt aus der Sinnenwelt; der Geist wird durch die Sinne genährt, gepflegt und getragen, er wächst und steigt durch sie zur Selbstbegeistrung, zum Genie, denn Genie ist das überirdische selige Leben einer durch die sinnliche Natur erzeugten himmlischen Begeisterung.

Du erscheinst mir wie dies himmlische Erzeugnis meiner Sinnenwelt, wenn ich so vor Dir stehe und Dir ausspreche, wie ich Dich liebe, und doch, wenn ich so vor Dir stehe, dann fühl' ich wie Deine sinnliche Erscheinung mich verklärt und zur himmlischen Natur in mir wird.

***

Jetzt bin ich dreizehn Jahr' alt, jetzt rückt die Zeit an, die aus dem Schlaf weckt, die jungen Keime haben Trieb und rücken aus ihrer braunen Hülle hervor ans Licht, und die Liebe des Kindes neigt sich den aufkeimenden Geschlechtern der Blumen; sein Herz glüht verschämt und innig ihren vielfarbigen duftenden Reizen entgegen und ahnet nicht, daß währenddem eine Keimwelt von tausendfältigen Geschlechtern der Sinne und des Geistes sich aus der Brust hervor, dem Leben, dem Licht entgegendrängt. Siehst Du wohl hier bestätigt, was ich sage: die Liebe zu der aufkeimenden Blütenwelt der sinnlichen Natur erregt die schlafenden Keime einer geistigen Blütenwelt; indem wir die sinnliche Schönheit gewahr werden, erzeugt sich in uns ein geistig Ebenbild, eine himmlische Verklärung dessen, was wir sinnlich lieben. So war meine erste Liebe, im Garten: in der Geißblattlaube war ich jeden Morgen mit der Sonne und drängte mich dem Aufbrechen ihrer rötlichen Knospen entgegen, und wie ich in die erschloßnen Kelche blickte, da liebte ich und betete die Sinnenwelt in den Blüten an, und ich mischte meine Tränen mit dem Honig in ihren Kelchen. Ja, glaub's, es war mir ein besonderer Reiz, die Träne, die unwillkürlich mir ins Auge gedrungen, da hinein zu betten, so wechselte die Lust mit der Wehmut. Die jungen Feigenblätter, wie sie zuerst so rein und dicht gefaltet aus dem Keim hervorsteigen und vor der Sonne sich ausbreiten: Ach Gott! Du! warum schmerzt die Schönheit der Natur? nicht wahr, weil die Liebe sich untüchtig fühlt, sie ganz zu umfassen, so ist die glücklichste Liebe von Wehmut durchdrungen, weil sie ihrer eignen Sehnsucht kein Genüge tun kann, so macht mich Deine Schönheit wehmütig, weil ich Dich nicht genug lieben kann. – O verlasse mich nicht, sei mir nur so weit willig gesinnt, wie der Tau den Blumen gesinnt ist; morgens weckt er sie und nährt sie, und abends reinigt er sie vom Staub und kühlt sie von der Hitze des Tages. So mache Du es auch, wecke und nähre meine Begeistrung in der Frühe, kühle meine Glut und reinige mich von Sünden am Abend.

***

Hast Du mich lieb? – Ach! ein Herabneigen Deines Angesichts auf mich wie die wogenden Zweige der Birke, – wie schön wär' das! – oder auch, daß Du mich anhauchtest im Schlaf, wie der Nachtwind über die Fluren hinstreift; mehr nicht, mein Freund, verlang' ich von dir – daß der Atem des Geliebten Dich berührt, welche Seligkeit kannst du dieser gleichstellen? –

So hell und deutlich hab' ich damals nicht gefühlt, wie ich heut' in der Erinnerung fühle, ich war so unmündig wie die junge Saat, aber ich wurde vom Lichte genährt und dem Selbstbewußtsein entgegengeführt, wie jene, wenn sie durch die Ähre ihrer selbst gewiß wird; und heute bin ich reif, und streue die goldnen Fruchtkörner der Liebe zu Deinen Füßen aus, mehr nicht besagt mein Leben.

***

Die Nachtigall war anders gegen mich gesinnt wie Du, sie stieg herab von Ast zu Ast und kam immer näher, sie hing sich an den äußersten Zweig, um mich zu sehen, ich wendete leise mich zu ihr, um sie nicht zu scheuchen, und siehe da! Aug' in Nachtigallenaug', wir blickten uns an und hielten's aus. Dazu trugen die Winde die Töne einer fernen Musik herüber, deren allumfassende Harmonie wie ein in sich abgeschlossenes Geisteruniversum erklang, wo jeder Geist alle Geister durchdringt, und alle jedem sich fügen; vollkommen schön war dies Ereignis, dies erste Annähern zweier gleich unbewußten, unschuldigen Naturen, die noch nicht erfahren hatten, daß aus Liebesdurst, aus Liebeslust das Herz im Busen stärker und stärker klopft. Gewiß, ich war erfreut und gerührt durch dies Annähern der Nachtigall, wie ich mir denke, daß Du allenfalls freundlich bewegt werden könntest durch meine Liebe, aber was hat die Nachtigall bewogen mir nachzugehen, warum kam sie herab vom hohen Baum und setzte sich mir so nah, daß ich sie mit der Hand hätte haschen können, warum sah sie mich an und zwar mir ins Aug'? – Das Aug' spricht mit uns, es antwortet auf den Blick, die Nachtigall wollte mit mir sprechen, sie hatte ein Gefühl, einen Gedanken mit mir auszutauschen. Gefühl ist der Keim des Gedankens, und wenn es so ist, welchen tiefen, gewaltigen Blick läßt uns hier die Natur in ihre Werkstatt tun; wie bereitet sie ihre Steigerungen vor, wie tief legt sie ihre Keime, wie weit ist es noch von der Nachtigall bis zu dem Bewußtsein zwischen zwei Liebenden, die ihre Inbrunst so deutlich im Lied der Nachtigall gesteigert empfinden, daß sie glauben müssen, ihre Melodien seien der wahre Ausdruck ihrer Empfindungen. –

Am andern Tag kam sie wieder, die Nachtigall – ich auch, mir ahnete, sie würde kommen, ich hatte die Gitarre mitgenommen, ich wollte ihr was vorspielen, an der Pappelwand war's, der wilden Rosenhecke gegenüber, die ihre langen schwankenden Zweige über die Mauer des Nachbargartens hereinstreckte und mit ihren Blüten beinah' bis wieder an den Boden reichte; da saß sie, streckte ihr Hälschen und sah mir zu, wie ich mit dem Sand spielte. Nachtigallen sind neugierig, sagen die Leute, bei uns ist's ein Sprichwort: „Du bist so neugierig wie eine Nachtigall"; aber warum ist sie denn neugierig auf den Menschen, der scheinbar gar keine Beziehung auf sie hat? – was wird einstens aus dieser Neugierde sich erzeugen? – O! nichts umsonst, alles braucht die Natur zu ihrem rastlosen Wirken, es will und muß weitergehen in ihren Erlösungen. Ich stieg auf eine hohe Pappel, deren Äste von unten auf zu einer bequemen Treppe rund um den Stamm gebildet waren; da oben in dem schlanken Wipfel band ich mich fest an die Zweige mit der Schnur, an der ich die Gitarre mir nachgezogen hatte, es war schwül, nun regten sich die Lüfte stärker und trieben ein Heer von Wolken über uns zusammen. – Die Rosenhecke wurde hochgehoben vom Wind und wieder niedergebeugt, aber der Vogel saß fest; je brausender der Sturm, je schmetternder ihr Gesang, die kleine Kehle strömte jubelnd ihr ganzes Leben in die aufgeregte Natur, der fallende Regen behinderte sie nicht, die brausenden Bäume, der Donner übertäubte und schreckte sie nicht, und ich auch auf meiner schlanken Pappel wogte im Sturmwind nieder auf die Rosenhecke, wenn sie sich hob, und streifte über die Saiten, um den Jubel der kleinen Sängerin durch den Takt zu mäßigen. Wie still war's nach dem Gewitter! welche heilige Ruhe folgte dieser Begeistrung im Sturm! mit ihr breitete die Dämmerung sich über die weiten Gefilde, meine kleine Sängerin schwieg, sie war müde geworden. Ach, wenn der Genius aufleuchtet in uns und unsere gesamten Kräfte aufregt, daß sie ihm dienen, wenn der ganze Mensch nichts mehr ist, als nur dienend dem Gewaltigen, dem Höheren als er selbst, und die Ruhe folgt auf solche Anstrengung, wie mild ist es da, wie sind da alle Ansprüche, selbst etwas zu sein, aufgelöst in Hingebung an den Genius! So ist Natur, wenn sie ruht vom Tagewerk: sie schläft, und im Schlaf gibt es Gott den Seinen. So ist der Mensch, der unterworfen ist dem Genius der Kunst, dem das elektrische Feuer der Poesie die Adern durchströmt, den prophetische Gabe durchleuchtet, oder der wie Beethoven eine Sprache führt, die nicht auf Erden, sondern im Äther Muttersprache ist. Wenn solche ruhen von begeisterter Anstrengung, dann ist es so mild, so kühl, wie es heute nach dem Gewitter war in der ganzen Natur und mehr noch in der Brust der kleinen Nachtigall, denn sie schlief wahrscheinlich heute noch tiefer als alle andren Vögel, und um so kräftiger und um so inniger wird ihr der Genius, der es den Seinen im Schlaf gibt, vergolten haben, ich aber stieg nach eingeatmeter Abendstille von meinem Baum herab, und durchdrungen von den hohen Ereignissen des eben Erlebten, sah ich unwillkürlich die Menschheit über die Achsel an.

***

Alles ändert sich, die Menschen denken anders, wenn sie älter sind, als in der Jugend. Ach! – was werde ich denn einstens denken, wenn mich dies irdische Leben so lange bewahrt, bis ich älter in ihm werde! vielleicht gehe ich, statt zu dem Freund, dann in die Kirche, vielleicht bete ich dann, statt zu lieben! Ach, wie werd ich's dem Lieben gleichtun im Beten? – Hab' ich je Andacht empfunden, so war's an Deiner Brust, Freund! – Tempelduft, den Deine Lippen hauchen, Geist Gottes, den Deine Augen predigen, es strömt von Dir aus eine begeisternde Macht, Deine Gewande, Dein Antlitz, Dein Geist, alles strömt eine Heiligung aus. O Du! – Deine Knie fest an meine Brust drückend, frag' ich nicht mehr, was das für eine Seligkeit sein möge, die im Himmel dem Frommen bereitet ist. – Gott von Angesicht zu Angesicht schauen? – Wie oft hab' ich mit geschloßnen Augen Deiner Nähe mich gefreut. Vielleicht dringt Gott durch den Geliebten in unser Herz, – ja Geliebter! was haben wir im Herzen als nur Gott? – Und wenn wir ihn da nicht empfänden, wie und wo sollten wir seine Spur suchen? –

***

Was fasele ich vom Frühling, was spreche ich von heiteren Tagen, von Genuß und Glück? – Du! – das Bewußtsein von Dir verzehrt mir jede Regung; ich kann nicht lächeln zum Scherz, ich kann nicht mich freuen, ich kann nicht hoffen mit den andern. Daß ich Dich kenne, daß ich Dich weiß, macht meine Sinne so still.

***

O heute ist ein wunderbarer Tag! – heute leide ich Schmerzen, so schwer ist die Seele! Du bist nah, ich weiß es, gar nicht fern ist der Weg zu Dir, aber mich trennt der kleine Raum wie die Unendlichkeit. Der Moment der Sehnsucht ist es, der gefühlt und befriedigt sein will, und wenn der Geliebte den nicht ahnt, wenn er die Liebe versäumt, was kann mich ihm nah bringen! Ach, schauerlicher Tag, der heute in Erwartung und Sehnsucht verging!

Wen mache ich zum Vertrauten? wer fühlt menschlich mit mir? – wem klag' ich über Dich? – wer ist mein Freund? – wer darf's wagen auf diesen Stufen hinanzusteigen, auf denen ich mich aller menschlichen Berührung enthoben habe? – wer darf die Hand mir an die Stirn legen und sagen: „Der Friede sei mit dir?“ –

Dir klag' ich's, den ich suche, Dir ruf' ich's zu über die Klüfte, denk' nur, mit heißem Ruderschlag überfliege ich die Zeit, das Leben; ich jage sie hinter mich, die Minuten der Trennung, und nun, ihr Inseln der Seligen, findet mein Anker keinen Grund. Wildes Gestade! – feindseliger Strand! – Ihr lasset mich nicht landen, nicht ahnen des Freundes Brust, der kennt die Geheimnisse und den göttlichen Ursprung und meines Lebens Ziel. Er hat, daß ich ihn schauen lerne, des Lichtes unbefleckten Glanz mir im Geiste geweckt, er hat – begleitend in raschen Liedern die Genüsse, die Leiden der Liebe – mich gelehrt, zwischen beiden voranschreitend: den Schicksalsschwestern, mit leuchtender Fackel des Eros zu bestrahlen den Weg.

***

Heute ist ein andrer Tag, die böse Furcht ist gestillt, es tobt nicht, es braust nicht mehr im Herzen, die Klage unterbricht nicht mehr der Liebe glanzerfüllte Stille. – Ach, heute ist die Sonne nicht hinab, ihre letzten Strahlen breiten sich unter Deine Schritte; sie wandelt – die Sonne, sie steht nicht still, sie führt Dich ein bei mir, wo Dämmerung Dir winkt und der von Violen geflochtene Kranz. O Liebster! – dann steh' ich schweigend vor Dir, und der Duft der Blumen wird für mich sprechen bei Dir.

***

Ich bin freudig wie der Delphin, der auf weitruhendem Meeresplan ferne Flöten vernimmt; er jagt mutwillig die Wasser in die glänzende Stille der Lufthöhen, daß sie auf der glatten Spiegelfläche einen Perlenrausch verbreiten; jede Perle spiegelt das Universum und zerfließt, so jeder Gedanke spiegelt die ewige Weisheit und zerfließt.

Deine Hand lehnte an meiner Wange, und Deine Lippe ruhte auf meiner Stirn, und es war so still, daß Dein Atem verhauchte wie Geisteratem. Sonst eilt die Zeit den Glücklichen, aber diesmal jagte die Zeit nicht; eine Ewigkeit, die nie endet, ist diese Zeit, die so kurz war, so in sich, daß ihr kein Maß kann angelegt werden.

An milden Frühlingstagen, wo dünnes Gewölk der jungen Saat den fruchtbringenden Regen spendet, da ist es so wie jetzt in meiner Brust; mir ahnet, wie dem kaum gewurzelten Keim seine künftige Blüte ahnet, daß Liebe ewige, einzige Zukunft sei.

Gut sein begnügt die Seele, wie das Wiegenlied die Kinderseele zum Schlaf befriedigt. Gut sein ist die heilige Ruhe, die der Same des Geistes haben muß, eh' er wieder gezeitigt ist zur Saat. Der Geist aber ahnt, daß Gutsein die Vorbereitung zu einem tiefen unerforschlichen Geheimnis ist. Das hast Du mir anvertraut, Goethe! – gestern abend beim Sternenhimmel am offnen Fenster, wo ein Lüftchen nach dem andern hereinschwirrte und wieder hinaus. – Wenn also die Seele gut ist: das ist eine Ruhe, ein Einschlafen im Schoß Gottes, wie der Same im Schoß der Natur schläft, eh' er keimt. Wenn aber der Geist das Gute will, so will er die Gottheit selbst; so will er jenes Geheimnis der Güte als Speise, Nahrung und Vorbereitung seiner nahen Verwandlung; so pocht er an, wie der verborgne Strom im Felsenschoß, daß er ans Licht will. Solchen kühnen Mut hat Dein Geist, daß seinem Dringen Tor und Riegel aufgetan wurden, und daß er hervorbrausen durfte, über alle Zeiten hinweg, wo Geist in Geist greift, Well' in Well' geboren, Well' in Well' verloren.

Solcherlei Gespräche führten wir gestern abend, und Du sagtest noch: „Kein Mensch würde glauben, daß wir beide so miteinander sprechen."

Wir sprachen auch von der Schönheit: Schönheit ist, wenn der Leib von dem Geist, den er beherbergt, ganz durchdrungen ist. Wenn das Licht des Geistes von dem Leib, den er durchdringt, ausströmt und seine Formen umkreist, das ist Schönheit. Dein Blick ist schön, weil er das Licht Deines Geistes ausströmt und in diesem Lichte schwimmt.

Der reine Geist bildet sich einen reinen Leib im Wort, das ist die Schönheit der Poesie. Dein Wort ist schön, weil der Geist, den es beherbergt, hindurch dringt und es umströmt.

Schönheit vergeht nicht! der Sinn, der sie in sich aufnimmt, hat sie ewig, und sie vergeht ihm nicht.

Nicht das Bild, das sie spiegelt, nicht die Form, die ihren Geist ausspricht, hat die Schönheit: nur *der* hat sie, der in diesem Spiegel den eignen Geist ahnt und ersehnt.

Schönheit bildet sich in dem, der sie sucht und im Bild wiederzugeben sucht, und in dem, der sie erkennt und sich ihr gleichzubilden sehnt.

Jeder echte Mensch ist Künstler, er sucht die Schönheit und sucht sie wiederzugeben, soweit er sie zu fassen vermag. Jeder echte Mensch bedarf der Schönheit als der einzigen Nahrung des Geistes.

Die Kunst ist der Spiegel der innersten Seele, ihr Bild ist es, wie sie aus Gott hervorging, was die Kunst Dir spiegelt. Alle Schönheit ist eine Erkenntnis Deiner eignen Schönheit.

Die Kunst ist es, die Dir ein sinnliches Ebenmaß des Geistes vor die leiblichen Augen zaubert.

Jeder Lebenstrieb ist Schönheitstrieb, sieh die Pflanze, ihre Triebe alle sind erfüllt mit der Sehnsucht zu blühen, und die Befriedigung dieser Sehnsucht lag schon im Samenkorn vorbereitet; also ist wohl Sehnsucht die sicherste Gewährleistung. Wer sich nach ewiger Schönheit sehnt, der wird sie haben und genießen.

Alles, was ich hier sage, schriebst Du mir ins Herz; wenn ich's noch nicht mit rechter Freiheit ausspreche? – Weil ich's nicht ganz zu fassen vermag.

Gestern abend, da streifte Dein Aug' über die fernen Gebirge, und da sagtest Du: „Die Leidenschaft, die ins Herz geboren ist, soll auch wachsen und gedeihen; denn es ist keine Begierde, der nicht das Göttliche gegenüberstände, um sie selig zu machen."

Sie haben mich eingeführt in ihren Tempel, die Genien, und hier stehe ich verzagt, aber nicht fremd, diese Lehren sind mir verständlich, diese Gesetze geben mir Weisheit, das Trachten der Liebe ist nicht Trachten vergänglicher Menschen. Alle Blumen, die wir brechen, werden unsterblich im Opfer – ein liebend Herz entschwingt sich feindseligem Los.

Ich soll Dir erzählen von den Zeiten, wo ich Deinen Namen noch nicht hatte nennen lernen? Gewiß, Du hast recht, wissen zu wollen, was mich auf Dich vorbereitete, ich sagte Dir, daß Blumen und Kräuter zuerst mich ansahen, daß ich erkannte, im Blick sei eine Frage, eine Forderung, die ich nur mit zärtlichen Tränen beantworten konnte, dann lockte mich die Nachtigall, ihr selbständig Handeln, ihr Gesang, ihr Annähern und Zurückziehen lockte mich noch mehr als das Leben der Blumen, ich war ihr näher im Gemüt, ihr Umgang hatte etwas Reizendes; aus meinem Bettchen konnte ich ihr nächtlich Lied hören, ihr melodisch Stöhnen weckte mich, ich seufzte mit ihr und legte ihrem Gesang Gedanken unter, auf die ich tröstende Antworten erfand. Ich erinnere mich, daß ich damals unter blühenden Bäumen Ball spielte, ein junger Mann, der ihn fing, brachte mir ihn und sagte: „Du bist schön!" – Dies Wort brachte mir Feuer ins Herz, es glühte auf wie meine Wangen, aber ich dachte auf die Nachtigall, deren Gesang mich wahrscheinlich nächtlich verschöne, und in diesem Augenblick brach die heilige Wahrheit in meinem Geiste auf, daß alles, was über das Irdische erhebt, Schönheit erzeugt, und ich widmete mich der Nachtigall mit mehr Eifer, mein Herz hielt pochend still und ließ sich von ihren Tönen berühren wie von göttlichem Finger – ich wollte schön sein, und Schönheit war mir göttlich, ich neigte mich vor dem Gefühl der Schönheit und überlegte nicht, ob es äußerlich war oder innen. – Indessen hab' ich bis heute immer in der Schönheit, wo sie sich mir zeigte, eine nahe Verwandtschaft gefühlt, in Bildern, in Statuen, in Gegenden, in schlanken Bäumen. Obschon ich nun nicht schlank bin, so regt sich doch etwas in meinem Geist, was dieser Schlankheit entspricht, und ob Du auch lächelst, ich sage Dir, während ich mit dem Blick ihre himmelanstrebenden Wipfel verfolge, scheinen mir meine Eingebungen auch himmelanstrebend, und wie im Windesrauschen die weichen Zweige hin und her wogen, so wogt ein Gefühl gleichsam als belaubtes Gezweig eines hohen Gedankenstammes in mir. Und so wollte ich nur sagen, daß alle Schönheit erzieht, und daß der Geist, der wie ein treuer Spiegel die Schönheit fasset, hierdurch auch zu dem höheren Aufschwung kommt, der geistig diese selbe Schönheit ist, nämlich allemal ihre göttliche Offenbarung. – So denke denn Du, wie Du mir einleuchten mußt, da Du schön bist. Schönheit ist Erlösung. Schönheit ist Befreiung vom Zauber, Schönheit ist Freiheit, himmlische; hat Flügel und durchschneidet den Äther. – Schönheit ist ohne Gesetz, vor ihr schwindet jede Grenze, sie löst sich auf in alles, was ihren Reiz zu empfinden vermag, sie befreit vom Buchstaben; denn sie ist Geist. – Du bist empfunden von mir, Du machst mich frei vom Buchstaben und vom Gesetz. Sieh diese Schauer, die mich überwogen, es ist der Reiz Deiner Schönheit, der sich auflöst, mir im Gefühl, daß ich selber schön bin und Deiner würdig.

***

Der Sommer geht vorüber, und die Nachtigall schweigt, sie schweigt, sie ist stumm und läßt sich auch nicht mehr sehen. Ich lebte da ohne Zerstreuung die Tage hindurch; ihre Nähe war mir eine liebe Gewohnheit, es schmerzt mich, sie zu entbehren, hätte ich doch etwas, was sie mir ersetzt! Vielleicht ein ander Tier – an die Menschen dachte ich nicht, im Nachbargarten ist ein Reh in einer Umzäunung, es läuft hin und her an der Bretterwand und seufzt, ich mache ihm eine Öffnung, wo es den Kopf durchstecken kann. Der Winter hat alles mit Schnee bedeckt, ich suche ihm Moos von den Bäumen: wir kennen uns, wie schön sind seine Augen; welche tiefe Seele sieht mich aus diesen an, wie wahr, wie warm! Es legt gern den Kopf in meine Hand und sieht mich an, ich bin ihm auch gut, ich komme, sooft es mich ruft; in den kalten hellen Mondnächten hör' ich seine Stimme, ich springe aus dem Bett, mit bloßen Füßen lauf' ich durch den Schnee, um dich zu beschwichtigen. Dann bist du ruhig, wenn du mich gesehen hast, wunderbares Tier, das mich ansieht, anschreit, als wenn es um Erlösung bäte. Welch festes Vertrauen hat es auf mich, die ich nicht seinesgleichen bin! Armes Tier, du und ich sind getrennt von unsersgleichen, wir sind beide einsam, und wir teilen dies Gefühl der Einsamkeit; o, wie oft hab' ich für dich in den Wald gedacht, wo du lang auslaufen konntest und nicht ewig in die Runde, wie hier in deinem Verschlag; dort liefst du doch deines Weges immerzu und konntest mit jedem Schritte hoffen, endlich einen Gefährten zu treffen, hier aber war deines Ziels kein Ende, und doch war alle Hoffnung abgeschnitten. Armes Tier! Wie schaudert mich dein Geschick, und wie nah verwandt mag es dem meinen sein! Ich auch lauf' in die Runde, da oben seh' ich die Sterne schimmern, aber sie halten alle fest, keiner senkt sich herab, und von hier aus ist es so weit bis zu ihnen, und was sich lieben lassen will, das soll mir nah kommen; aber so war's mir in der Wiege gesungen, daß ich mußte einen Stern lieben, und der Stern blieb mir fern; lange Zeit hab' ich nach ihm gestrebt, und meine Sinne waren aufgegangen in diesem Streben, so daß ich nichts sah, nichts hörte und auch nichts dachte als nur meinen Stern, der sich nicht vom Firmament losreißen werde, um sich mir zu neigen. – Mir träumt, der Stern senkt sich tiefer und tiefer, schon kann ich sein Antlitz erkennen, sein Strahlen wird zum Auge, es sieht mich an, und meine Augen spiegeln sich in ihm. Sein Glanz umbreitet mich, von allem auf Erden, soweit ich denken kann, soweit mich meine Sinne tragen, bin ich getrennt durch meinen Stern.

***

Nichts hab' ich zu verlieren, nichts hab' ich zu gewinnen, zwischen mir und jedem Gewinn schwebst Du, der, göttlich strahlend im Geist, alles Glück überbietet; zwischen mir und jedem Verlust bist Du, der sich mir menschlich herabneigt.

Ich verstehe nur das *Eine*, an Deinem Busen die Zeit zu verträumen; – ich verstehe nicht Deiner Schwingen Bewegung, die Dich in den Äther tragen, droben in schwindelnder Höhe über mir, im ewigen Blau Dich schwebend erhalten.

***

Mich und die Welt umkleidet Dein Glanz, Dein Licht ist Traumlicht der höheren Welt, wir atmen ihre Luft, wir erwachen im Duft der Erinnerung; ja, sie duftet uns, sie hebt uns und trägt unser schwankendes Los auf ihren spiegelnden Fluten der Götter allumfassenden Armen entgegen.

Du aber hast's mir in der Wiege gesungen, daß ich Deinem Gesang, der in Träumen mich wiegt über das Los meiner Tage, träumend auch lausche bis ans End' meiner Tage.

***

Einmal schon, im Kloster, hatten mich die Geister bewogen, mich ihnen zu gesellen, in den hellen Mondnächten lockten sie mich; ich durchwanderte wunderliche dunkle Gänge, in denen ich die Wasser rauschen hörte, ich folgte beklemmt, bis zum Springbrunnen kam ich; der Mond schien in sein bewegtes Wasser und gewandete die Geister, die auf seinem wogenden Spiegel sich mir zeigten, in Silberglanz; – sie kamen, sie bedeuteten mein fragendes Herz und verschwanden wieder, es kamen andere, sie legten Geheimnisse auf meine Zunge, berührten alle Lebenskeime in meiner Brust, bezeichneten mich mit ihrem Siegel, sie verhüllten meinen Willen, meine Neigungen und die Kraft, die von ihnen auf mich ausgegangen war.

Wie war das? – Wie berieten sie mich? – Durch welche Sprache gab sich ihre Lehre kund? – Und wie soll ich Dir darlegen, daß es so war? – Und was sie mir lehrten? –

Die Mondnacht deckte mich im süßen, tiefen Kindesschlaf, dann trat sie aus sich selbst hervor und berührte mich an meinen Augen, daß sie ihrem Licht erwachten, und senkte sich mit magnetischer Gewalt in meine Brust, daß ich alle Furcht bezwang, auf Wegen, die nicht geheuer waren, forteilte in tiefer, regungsloser Nacht, bis ich zum Springbrunnen kam zwischen Blumenbeeten, wo jede Blume, jedes Kraut in täuschender Dämmerung ein Traumgesicht ausdrückte, wo sie buhlten und stritten mit der Phantasie. Dort stand ich und sah, wie der von den Lüften bewegte Wasserstrahl hinüber und herüber schwankte, und wie die Mondstrahlen das bewegte Wasser durchwebten, und wie der Blitz mit zingelnder Eile silberne Hieroglyphen in die wogenden Kreise schrieb; da kniete ich in den feuchten Sand und beugte mich über dies schwindelnde Lichtweben und lauschte mit allen Sinnen, und mein Herz hielt still und ich nahm es an, als ob mir diese schwindenden Strahlenzüge etwas hinschrieben, und mein Herz war freudig, als ob ich sie verstanden hätte, daß ihr Inhalt mir Glück andeute; ich ging zurück durch die langen, dunklen, labyrinthischen Gänge, vorüber an Bildern von wunderlichen Heiligen in gelassener Ruhe, bis zu meinem Bettchen, das im Erker am Fenster eingeklemmt war, da öffnete ich leise das Fenster dem Mondlicht und ließ es meine Brust anstrahlen; – ja, mich umarmte in jenen glücklichen, glückbringenden Momenten ein freudegeistiges Gefühl, groß, allumfassend; es umarmte von außen mein Herz, mein Herz fühlte sich umfaßt von einer liebenden Gewalt, der es sich anschmiegte im Schlummer, der von dieser Gewalt aus über mich kam. Wie soll ich diese Gewalt nennen? – Lebensgeist? – Ich weiß es nicht – ich weiß nicht, was ich erfahren hatte, aber ein Begegnis war es mir, ein wichtiges Ereignis, und ich war im Herzen als wie der Keim, der aus erster Verhüllung ans Licht hervorbricht; ich saugte Licht mit dem Geist und sah mit diesem, was ich vorher mit leiblichem Auge nicht gesehen haben würde, alles was die Natur mir spielend darbot, gab mir eine Erinnerung an ein Verborgenes in mir, die Farben und Formen der Pflanzenwelt sah ich mit tiefem, genießendem, verzehrendem Blick, durch den die Nahrung in meinen Geist übergehe.

Ach, wir wollen schweigen, wir wollen leisen Nebelflor über dies Geheimnis ziehen, durch den uns sein Inhalt ahnungsweise durchschimmert, ja, wir wollen schweigen, Freund! Wir können's ja doch nicht in Worten enthüllen. Aber pflanzt doch der irdische Mensch und säet in den Busen der Erde, die vorher unbefruchtet war, daß ihre nährenden Kräfte eindringen in die Frucht ihrer Erzeugnisse. Hätte sie Bewußtsein ihres sinnlichen Gefühls, dann würde dies Gefühl zu Geist in ihr werden; – so vergleiche ich den Menschengeist mit ihr, ein vom himmlischen Geistesäther umschwebtes Eiland; es wird aufgelockert und urbar gemacht, und göttlicher Same wird seinen sinnlichen Kräften vertraut, und diese Kräfte regen sich und sprießen in ein höheres Leben, das dem Licht angehört, welches Geist ist; und die Frucht, die dieser göttliche Same trägt, ist die Erkenntnis, die wir genießen, damit unsere der Seligkeit zuwachsenden Kräfte gedeihen.

Wie soll ich's noch darlegen, daß dieses leise Schauern und Spielen der Lüfte, des Wassers, des Mondlichts mir wirklich Berührung mit der Geisterwelt war? Wie Gott die Schöpfung dachte, da war der einzige Gedanke: „Es werde“, ein Baum, der alle Welten trägt und sie reift. So ist auch dieser Hauch, dies Gelispel der Natur in nächtlicher Stille ein leiser Geisterhauch, der den Geist weckt und ihn besäet mit allen Gedanken, die ewig währen.

Ich sah ein Inneres in mir, ein Höheres, dem ich mich unterworfen fühlte, dem ich alles opfern sollte, und wo ich's nicht tat, da fühlte ich mich aus der Bahn der Erkenntnis herausgeworfen, und noch heute muß ich diese Macht anerkennen, sie spricht allen selbstischen Genuß ab, sie trennt von den Ansprüchen an das allgemeine Leben und hebt über diese hinweg. Es ist sonderbar, daß das, was wir für uns selbst fordern, gewöhnlich auch das ist, was uns unserer Freiheit beraubt; wir wollen gebunden sein mit Banden, die uns süß deuchten und unserer Schwachheit eine Stütze, eine Versicherung sind; wir wollen getragen sein, gehoben durch Anerkenntnis, durch Ruhm und ahnen nicht, daß wir dieser Forderung das Ruhmwürdige und die Nahrung des Höheren aufopfern; wir wollen geliebt sein, wo wir Anregung zur Liebe haben, und erkennen's nicht, daß wir den liebenden Genius darum in uns verdrängen. Wo bleibt die Freiheit, wenn die Seele Bedürfnisse hat und sie befriedigt wissen will durch äußere Vermittlung? –

Was ist die Forderung, die wir außer uns machen, anders, als der Beweis eines Mangels in uns? Und was bewirkt ihre Befriedigung, als nur die Beförderung dieser Schwäche, die Gebundenheit unserer Freiheit in dieser? Der Genius will, daß die Seele lieber entbehre, als daß sie von der Befriedigung eines Triebes, einer Neigung, eines Bedürfnisses abhänge.

Wir alle sollen Könige sein; und je widerspenstiger, je herrischer der Knecht in uns, je herrlicher wird sich die Herrscherwürde entfalten, je kühner und gewaltiger der Geist, der überwindet.

Der Genius, der selbst die Flügel regt, sich in den blauen Äther erhebt und Lichtstrahlen aussendet, der Macht hat, die Seligkeit durch eigne Kräfte zu erzeugen; wie schön, wenn *der* sich vor Dir beugt und Dich lieben will, der nicht um Liebe klagt, nicht sie fordert, sondern sie gibt. – Ja, schön und herrlich übergehen ineinander, in den Lichtsphären des Geistes, in aller Glorie der Freiheit aus eignem, kräftigem Willen.

Die Erde liegt im Äther wie im Ei, das Irdische liegt im Himmlischen wie im Mutterschoß, die Liebe ist der Mutterschoß des Geistes.

Es gibt keine Weisheit, keine Erkenntnis des Wahren, die mehr will, als die Liebe zu ihr.

Jede Wahrheit buhlt um die Gunst des Menschengeistes.

Gerechtigkeit gegen alle beurkundet die wahre Liebe zu dem einen.

Je allseitiger, je individueller.

Nur der Geist kann von Sünden freimachen.

Willst Du allein sein mit dem Geliebten, so sei allein mit Dir.

Willst Du den Geliebten erwerben, so suche Dich zu finden, zu erwerben in ihm.

Du erwirbst, Du hast Dich selbst – wo Du liebst; wo Du nicht liebst, entbehrst Du Dich.

Bist Du allein mit Dir, so bist Du mit dem Genius.

Du liebst in dem Geliebten nur den eignen Genius.

Gott lieben, ist Gott genießen; wenn Du das Göttliche anbetest, so gibst Du Deinem Genius ein Gastmahl.

Sei immer mit Deinem Genius, so bist Du auf dem graden Weg zum Himmel.

Eine Kunst erwerben, heißt dem Genius einen sinnlichen Leib geben.

Eine Kunst erworben haben, bedeutet dem Geist nicht mehr Verdienst, als dem Vater eines bedeutenden Kindes. – Die Seele war da, und der Geist hat sie in die sichtbare, fühlbare Welt geboren.

Wenn Du einen Gedanken hast, der Dich belehrt, so fühlst Du wohl, es ist Dein liebender Genius, der Dir schmeichelt, der Dir liebkost. Er will Dich bewegen zur Leidenschaft für ihn.

Und alle Wahrheit ist Eingebung, und alle Eingebung ist Liebkosung, ist Inbrunst von Deinem Genius zu Dir, er will Dich bewegen, in ihn überzugehen.

Liebst Du, so nimmt Dein Genius eine sinnliche Gestalt an.

Gott ist Mensch geworden in dem Geliebten; in welcher Gestalt Du auch liebst – es ist das Ideal Deiner eignen höheren Natur, was Du im Geliebten berührst.

Die wahre Liebe ist keiner Untreue fähig, sie sucht den Geliebten, den Genius, wie den Proteus unter jeglicher Verwandlung,

Geist ist göttlicher Kunststoff, in der sinnlichen Natur liegt er als unberührtes Material. Das himmlische Leben aber ist, wenn Gott ihn als Kunststoff benützt, um seinen Geist in ihm zu erzeugen.

Drum ist das ganze himmlische Leben nur Geist, – und jeder Irrtum ist Verlust des Himmlischen. Darum ist jede Wahrheit eine Knospe, die durch die himmlischen Elemente blühen und Früchte tragen wird. Darum sollen wir die Wahrheit in uns aufnehmen, wie die Erde den Samen; als Mittel, durch welches unsere sinnlichen Kräfte in ein höheres Element hinüberblühen.

Indem Du denkst, sei immer liebend gegen Deinen Genius, so wird Dir die Fülle des Geistes nie ausgehen.

Die echte Liebe empfindet den Geist auch im Leib, in der sinnlichen Schönheit. Schönheit ist Geist, der einen sinnlichen Leib hat.

Aller Geist geht aus Selbstbeherrschung hervor.

Selbstbeherrschung ist, wenn Deinem Genius die Macht über Deinen Geist gegeben ist, die der Liebende dem Geliebten über sich einräumt.

Mancher will sich selbst beherrschen, daran scheitert jeder Witz, jede List, jede Ausdauer; er muß sich selbst beherrschen lassen durch seinen Genius, durch seine idealische Natur.

Du kannst den Geist nicht erzeugen, Du kannst ihn nur empfangen.

Du berührst Dich mit dem Geliebten in allem, was Du erhaben über Dich fühlst.

Du bist im Geheimnis der Liebe mit ihm, in allem, was Dich begeistert.

Nichts soll Dich trennen von diesem göttlichen Selbst, alles, was eine Kluft zwischen Dir und dem Genius bildet, ist Sünde.

Nichts ist Sünde, was mit ihm nicht entzweit, jeder Scherz, jeder Mutwill, jede Kühnheit ist durch ihn sanktioniert, er ist die göttliche Freiheit in uns.

Wer sich durch die Äußerung dieser göttlichen Freiheit beleidigt fühlt, der lebt nicht in seinem Genius; dessen Weisheit ist nicht Inspiration, sie ist Afterweisheit.

Die Erkenntnis des Bösen ist ein Abwenden aus der Umarmung der idealischen Liebe; die Sünde spiegelt sich nicht im Auge des Geliebten.

Du saugst göttliche Freiheit aus dem Blick der Liebe, der Blick des Genius strahlt göttliche Freiheit. –

Es gibt ein wildes Naturleben, das durch alle Abgründe schweift, den göttlichen Genius nicht kennt, aber ihn nicht verleugnet; es gibt ein zahmes, kultiviertes Tugendleben, das ihn von sich ausschließt.

Wer die Tugend übt aus eigner Weisheit, der ist ein Sklave seiner kurzsichtigen Bildungsanstalt – wer dem Genius vertraut, der atmet göttliche Freiheit, dessen Fähigkeiten sind zerteilt in alle Regionen, und er wird sich überall wiederfinden im göttlichen Element.

Ich habe oft mit dem Genius gespielt in der Nacht, statt zu schlafen, und ich war müde, und er weckte mich zu vertraulichen Gesprächen und ließ mich nicht schlafen.

So sprach der Dämon heute nacht mit mir, da ich versuchte, Dir deutlich zu machen, in welchen wunderlichen Mitteilungen ich in diesen Kinderjahren begriffen war; er setzte Gedanken in mir ab, ich erwog sie nicht, ich glaubte an sie, sie waren wohl andrer Art, aber das Eigene hatten sie, wie auch noch jetzt, daß ich sie nicht als Selbstgedachtes, sondern als Mitgeteiltes empfinde.

***

Du bist gut, Du willst nicht, daß ich dies süße Geschwätz mit Dir abbreche, es ist doch allenfalls so schön und so verständlich wie das Blinken der Sterne, was ich Dir hier sage; und wenn es auch nur wär' eine Melodie, die sich durch meinen Geist Luft machte – sie ist äußerst lieblich, diese Melodie, und lehrt Dich träumen.

O, lerne schöne Träume durch mein Geschwätz, die Dich beflügeln und mit Dir den kühlen Äther durchschiffen.

Wie herrlich schreitest Du auf diesen Traumteppichen! Wie wühlst Du Dich durch die tausendfältigen Schleier der Phantasie und wirst immer klarer und deutlicher, Du selber, der da verdient geliebt zu sein; da begegnest Du mir und wunderst Dich über mich und gönnst es mir, daß ich zuerst Dich fand.

Schlafe! Senke Deine Wimpern ineinander, lasse Dich umweben so leise wie mit Sommerfäden auf der Wiese. Umweben lasse Dich mit Zauberfäden, die Dich ins Traumland bannen, schlafe! *Und gib vom weichen Pfühle träumend ein halb Gehör.*

***

Am Weihnachtmorgen – das waren drei Jahre, eh' ich Dich gesehen habe, – gingen wir bei früher Zeit in die Kirche; es war noch Nacht, eine Laterne leuchtete voran, um durch den Schnee den Fußpfad zu finden, wir kamen an einer verödeten, verfallnen Klosterkirche vorüber, der Wind pfiff durch die zerbrochnen Fenster und klapperte mit den losen Dachziegeln; „in diesem Gemäuer hausen die Geister“, sagte der Laternenträger, „da ist es unsicher!“ – Am Abend, im Zimmer der Großmutter, wo eine ebenso *verödete* und *verfallene* Gesellschaft eine Spielpartie machte, erinnerte ich mich dieser Bemerkung; ich dachte, wie schauerlich es sein müsse, da allein zu sein, und wie ich um alles in der Welt jetzt nicht dort sein möchte. Kaum hatte ich mir dies überlegt, so war die Frage innerlich, ob ich's nicht wagen möchte? – Ich schüttelte den Gedanken ab, er kam wieder, immer furchtsamer war ich, immer mehr wehrte ich mich gegen diesen unausführbaren Einfall, immer dringender wurde die Aufforderung dazu. Ich wollte ihr entgehen und setzte mich in eine andere Ecke des wohlerleuchteten Zimmers, aber da war's grade der offnen Tür eines dunklen Raumes gegenüber, nun spielten und zingelten Winke in der Finsternis, sie webten und schwebten bis an mich heran. Ich wickelte mich in den Fenstervorhang vor diesem Scheinwesen in der dunklen Kammer, ich drückte die Augen zu und träumte in mich hinein, da war ein freundlich Zureden in mir, ich solle an die Klostermauer gehen, wo die Geister spuken. Es war acht Uhr abends, ich überlegte, wie ich's wagen solle, in dieser Stunde einen einsamen weiten Weg zu gehen, den ich nicht genau kannte, und den ich selbst bei Tag nicht allein machen würde. – Es zog mich immer tiefer in einen vertrauten, abgeschlossenen Kreis; die Stimmen der Spielenden vernahm ich wie aus weiter Ferne, wie eine fremde Welt, die außer meinem Kreis sich rege.

Ich öffnete die Augen und sah die wunderlichen, unauflösbaren Rätselgesichter der Spielenden dort sitzen, vom hellen Kerzenschein beleuchtet; ich hörte die Ausrufungen des L'Hombrespiels wie Bannsprüche und Zauberformeln; diese Menschen mit ihrem wunderlichen Beginnen waren gespensterhaft; ihre Kleidung, ihre Gebärden unverständlich, grausenerregend; der Spuk war mir zu nahegekommen – ich schlich mich leise hinaus. Auf der Hoftreppe atmete ich wieder frei; da lag der reine Schneeteppich zu meinen Füßen und deckte sanft anschwellend alle Unebenheiten; da breiteten die bereiften Bäume ihre silbernen Zweige unter dem wandelnden Mondlicht aus. Diese Kälte war so warm, so freundlich, hier war nichts unverständlich, nichts zu fürchten, es war, als sei ich den bösen Geistern da drinnen entwischt; hier draußen sprachen die guten um so vernehmlichen zu mir, ich zauderte keinen Augenblick mehr, ihrem Geheiß zu folgen. Wie es auch werden mag, leise und behend klettere ich über das Hoftor, jenseits werf' ich mein Kleid über den Kopf, um mich zu verhüllen, und in flüchtigen Sprüngen setz' ich über den Schnee. Manches begegnet mir, dem ich ausbeuge, mit gesteigerter Angst und klopfendem Herzen komme ich an, scheu und furchtsam seh' ich mich um, aber ich zaudere nicht, den öden Platz zu betreten; ich bahne mir einen Weg durch das zusammengefallne, überschneite Gestein bis zur Kirchenmauer, an die ich den Kopf anlehne. Ich lausche, ich höre das Klappern der Ziegeln im Dach, und wie der Wind in dem losen Sparrwerk rasselt; ich denke: „Ob das die Geister sind?“ – Sie senken sich herab – ich suche meine Angst zu bekämpfen – sie schweben in geringer Höhe über mir – die Furcht beschwichtigt sich allmählich; es war, als ob ich die offne Brust dem Hauch des Freundes biete, den ich kurz vorher noch für meinen Feind gehalten hatte.

Wie ich zum erstenmal vor Dir stand – es war im Winter 1807 – da erblaßte ich und zitterte, aber an Deiner Brust, von Deinen Armen umschlossen, kam ich so zu seliger Ruhe, daß mir die Augenlider zufielen und ich einschlief.

So ist's, wenn wir Nektar trinken, die Sinne sind dieser Kost nicht gewachsen. Da mildert der Schlaf den Sturm der Beseligung und vermittelt und schützt die gebrochnen Kräfte; könnten wir umfassen, was uns in einem Moment geboten ist, könnten wir sein verklärendes Anschauen ertragen, so wären wir hellsehend; könnte sich die Macht des Glückes in uns ausbreiten, so wären wir allmächtig; drum bitte ich Dich wenn es wahr ist, daß Du mich liebst, begrabe mich in Deinem Denken, decke mir Herz und Geist mit Schlaf, weil sie zu schwach sind, um ihr Glück zu tragen. Ja, Glück! Wer sich mit ihm verständigte, wie mit einem Geist, dem er sich gewachsen fühlte, der müßte es durch seine irdische Natur zur göttlichen verklären.

Gestern kam ein Brief von Dir, ich sah das blaue Kuvert auf dem Tisch liegen und erkannte ihn von weitem, ich verbarg ihn im Busen und eilte in mein einsames Zimmer an den Schreibtisch, ich wollte Dir gleich beim ersten Lesen die Fülle der Begeistrung niederschreiben. Da saß ich und faltete die Hände über dem Schatz und mochte ihn nicht vom warmen Herzen herunternehmen. Du weißt, so hab' ich mich auch nie aus Deinen Armen losgemacht; Du warst immer der erste und ließest die Arme sinken und sagtest: „Nun geh!“ – Und ich folgte dem Befehl Deiner Lippen. Hätte ich dem Deiner Augen gefolgt, so wär' ich bei Dir geblieben; denn die sagten: „Komm her!“

Ich schlief also ein über dem Bewachen meines Kleinods im Busen, und da ich erwachte, las ich die zwei Zeilen von Deiner Hand geschrieben: „Ich war auch einmal so närrisch wie Du, und damals war ich besser als jetzt.“

O Du! – Von Dir sagt die öffentliche Stimme, Du seist glücklich, sie preisen Deinen Ruhm, und daß an den Strahlen Deines Geistes Dein Jahrhundert sich zum Äthergeschlecht ausbrüte, zum Fliegen und Schweben über Höhen und den Flug nach Deinen Winken zu richten; aber doch sagen sie, Dein Glück übersteige noch Deinen Geist. O wahrlich, Du bist Deines Glückes Schmied, der es mit kühnem, kräftigem

Schlag eines Helden zurechtschmiedet; was Dir auch begegne, es muß sich fügen, die Form auszufüllen, die Dein Glück bedarf, der Schmerz, der andre zum Mißmut und zur Klage bewegen würde, der wird ein Stachel für Deine Begeistrung. Was andre niederschlägt, das entfaltet Deinen Flug, der Dich den Bedrängnissen enthebt, wo Du den reinen Äther trinkst und die Empfindung des Elends Dich nicht verdirbt. Du nimmst Dein Geschick als Kost nur aus den Händen der Götter und trinkst den bitteren Kelch wie den süßen mit dem Gefühl der Überlegenheit. Du läßt Dich nicht berauschen, wie ich mich berauschen lasse auf dem Weg, der zu Dir führt, Du würdest nicht, wie ich, der Verzweiflung hingegeben sein, wenn ein Abgrund Dich von Deinem Glück trennte. Und so hat Unglück nichts mit Dir zu schaffen, Du weißt es zu schaffen, Dein Glück, in jedem kleinen Ereignis, wie die allselige Natur auch der geringsten Blume eine Blütezeit gewährt, in der sie duftet und die Sonne ihr in den Kelch scheint.

Du gibst jedem Stoff, jedem Moment alles, was sich von Seligkeit in ihn bilden läßt, und so hast Du mir gegeben, da ich doch zu Deinen Füßen hingegeben bin; und so hab' auch ich einen Moment Deines Glückes erfüllt. Was will ich mehr! Da in ihm eine Aufgabe liegt bis zum letzten Atemzug.

***

Ich vergleiche Dich mit Recht jener freundlichen kalten Winternacht, in der sich die Geister meiner bemächtigen, in Dir leuchtet mir nicht die Sonne, in Dir funkeln mir tausend Sterne, und alles Kleinliche, was der Tag beleuchtet, schmilzt mir unberührt in seinen viereckigen Widerwärtigkeiten in erhabenen Massen zusammen.

Du bist kalt und freundlich und klar und ruhig wie die helle Winternacht; Deine Anziehungskraft liegt in der idealischen Reinheit, mit der Du die hingebende Liebe aufnimmst und aussprichst, Du bist wie der Reif jener Winternacht, der die Bäume und Sträucher mit allen kleinen Zweigen, Sprossen und Knospen zukünftiger Blüte mit weicher Silberdecke umkleidet. Wie jene Nacht, wechselnd mit Mond- und Sternenlicht, so beleuchtest Du Dein Begreifen und Belehren in tausend sich durchkreuzenden Lichtern und deckst mit milder Dämmerung und verschmilzst im Schatten; die aufgeregten Gefühle übergießest Du mit idealischen Formen, jede Stimmung wird durch Dein liebendes Verstehen individueller und reizender, und durch Dein sanftes Beschwichtigen wird die heftige Leidenschaft zum Genie.

***

Von jenen abenteuerlichen Geister-Nachtwegen kam ich mit durchnäßten Kleidern zurück, vom geschmolzenen Schnee; man glaubte, ich sei im Garten gewesen. Über Nacht vergaß ich alles, erst am andern Abend um dieselbe Stunde fiel mir's wieder ein und die Angst, die ich ausgestanden hatte; ich begriff nicht, wie ich hatte wagen können, diesen öden Weg in der Nacht allein zu gehen und auf dem wüsten, schaurigen Platz zu verweilen; ich stand an die Hoftüre gelehnt, heute war's nicht so milde und still wie gestern, die Winde hoben sich und brausten dahin, sie seufzten auf zu meinen Füßen und eilten nach jener Seite, die schwankenden Pappeln im Garten beugten sich und warfen die Schneelast ab, die Wolken trieben mit ungeheurer Eile, was festgewurzelt war, schwankte hinüber, was sich ablösen konnte, das nahmen die jagenden Winde unaufhaltsam mit sich. – In einem Nu war auch ich über die Hoftür und im flüchtigen Lauf atemlos bis an die Kirche gekommen, und nun war ich so froh, daß ich da war; ich lehnte mich an das Gemäuer, bis der Atem beschwichtigt war, es war, als ob Leib und Seele in dieser Verborgenheit geläutert würden, ich fühlte die Liebkosungen von meinem Genius in der Brust, ich fühlte sie als echte Mitteilungen im Geist. Alles ist göttliche Mitteilung, was wir erfahren, alles Erkennen ist Aufnehmen des Göttlichen, es kommt nur auf die zweifellose unschuldige Empfängnis unseres Geistes an daß wir auch den Gott in uns empfinden. Wie ich zum erstenmal vor Dir stand und mich Dein Blick wie ein Zauberstab berührte, da verwandeltest Du allen Willen in Unterwerfung, es kam mir nicht in den Sinn, etwas anders zu verlangen als in dieser Lichtatmosphäre, in die mich Deine Gegenwart aufnahm, zu verweilen, sie war mein Element; ich bin oft aus ihm verdrängt worden, immer durch eigene Schuld. Die ganze Aufgabe des Lebens ist ja das Beharren in ihm, und die Sünde ist das, was uns daraus verdrängt.

***

So erlangen wir Seligkeit, wenn wir auf dem Weg uns zu erhalten wissen, auf dem wir sie ahnen. Nie hatte ich eine bestimmtere Überzeugung von ihr, als wenn ich glaubte, von Dir geliebt zu sein. Und was ist sie denn, diese Seligkeit? – Du bist fern, wenn Du Dich der Geliebten erinnerst, so schmilzt Deine Seele in diese Erinnerung ein und berührt so liebend die Geliebte, wie die Sonnenstrahlen wärmend den Fluß berühren; wie die leisen Frühlingslüfte, die den Duft und den Blütenstaub zu dem Fluß tragen, der diese schönen Geschenke des Frühlings mit seinen Wellen vermischt. Wenn alles Wirken der Natur sich geistig in sich selbst fühlt, so empfindet der Fluß diese liebkosenden Berührungen als ein innerlichstes Wesentlichstes. – Warum sollte ich dies bezweifeln? – Warum empfinden wir die Entzückungen des Frühlings, als nur weil er den Rhythmus angibt, mit dem der Geist sich aufzuschwingen vermag? – Also, wenn Du meiner gedenkst, so gibst Du den Rhythmus an, mit dem meine Begeistrung sich zu dem Begriff von Seligkeit aufzuschwingen vermag.

Ach, ich fühl's! Mich durchzucken leise Schauer, daß Du meiner gedenken solltest in der Ferne, daß das Behagen, die Lust Deiner Tage, einen Augenblick erhöht wird durch meine Liebe. Sieh, so schön ist das Geweb' meiner innern Gedankenwelt, wer möchte es zerstören! Musik! jeder Ton in ihr ist wesentlich, ist der Keim einer Modulation, in die die ganze Seele sich fügt, und so verschieden, so in sich abgeschlossen die melodischen Formen sind, in die diese Gedankenwelt sich ergießt: so umfaßt sie doch und vernimmt die Harmonie, wie der Ozean alle Strömungen in sich aufnimmt.

***

So gehört denn auch zu unserm vögelsingenden, blütescheinenden Frühling, wo der Fluß zwischen duftenden Kräutern tanzt und ein Herz im andern lebt, jener kalte, vom Wind und Schnee durchkreuzte Winter, wo diese eisige Luft mir den Atem an den Haaren zu Reif ansetzte, wo ich so wenig wußte, was mich in den Wintersturm hinausjagte, als wo der Wind herkam, und wo er hineilte. Ach, Herz und Sturmwind eilten der Gegenwart zuvor in die Zukunft, also Dir entgegen. Darum riß es mich so unwiderstehlich aus dem stummen Dasein dem schönen Augenblick entgegen, der mein Lieben in allen seinen Aspirationen entwickeln und in Musik auflösen sollte.

***

Es kann dem Winter nichts ungleicher sein als der Frühling, der unter seiner eisigen Decke der Zukunft harrt; es kann dem im Samen verschlossenen, in der Erde verborgenen Keim nichts fremder sein als das Licht, und doch ist es seine einzige Richtung; der Genius des Lebens treibt aus ihm hervor, um sich mit dem Licht zu vermählen. –

Dieses Anschmiegen an eine Geisterwelt, dies Vertrauen auf die geheime Stimme, die mich so seltsame Wege leitete, die mir nur leise Winke gab, – was war es anders als ein unwillkürliches Folgen dem Geist, der mich reizte, wie das Licht das Leben!

***

Meine verödete Kirche stand diesseits an der Höhe, einer Mauer, die tief hinabging, einen Bleichplatz umschloß, der jenseits vom Mainfluß begrenzt war. Während mir vor der Höhe dieser Mauer schwindelte und ich furchtsam ausweichen wollte, hatte ich mich unwillkürlich hinübergeschwungen, und so fand ich im nächtlichen Dunkel kleine Spalten in der Mauer, in die ich Hände und Füße einklemmte und hervorragende Steine, auf denen ich mir hinabhalf; ohne zu bedenken, ob und wie ich wieder hinaufkommen werde, hatte ich den Boden erreicht; eine Wanne, die wohl im Sommer zum Bleichen gedient hatte und im Herbst war vergessen worden, rollte ich bis zum Ufer, stellte sie da auf und setzte mich hinein und sah dem Eisgang zu; es war mir eine behagliche, befriedigende Empfindung, so als eingerahmtes Bild der erhabenen Winternatur ins Antlitz zu schauen. Es war, als habe ich einer geheimen Anforderung Genüge geleistet. – Im Hinaufklettern fand ich ebenso kleine Lücken und Steine unter Händen und Füßen, wie ich sie brauchte. – Von nun an konnte kein Wetter, kein Zufall mich abhalten, ich überwand alle Schwierigkeiten; ohne zu wissen wie, fand ich mich an meiner Geistermauer, an der ich jeden Abend hinabkletterte und in meiner Wanne sitzend dem Treiben der Eisschollen zusah. Eine stieß ans Ufer, ich sträubte mich nicht mehr gegen die dämonischen Eingebungen, zuversichtlich sprang ich drauf und ließ mich eine Weile forttreiben. Dann sprang ich auf die nächste, bis ich endlich in der Mitte des Stromes dahinsegelte. – Es war eine wunderbare Nacht! Warum? – Jeder Naturmoment ist wunderbar, ist ungeheuer, wo er in seiner Freiheit waltet über den Menschengeist, ich habe mich ihm preisgegeben, und so wirkte er als höchstes Ereignis. – Am fernen Horizont schimmerte ein dunkles Rot, ein trübes Gelb und milderte die Finsternis zur Dämmerung, das Licht, gefesselt in den Umarmungen der Nacht; dahin schaute ich, dahin trug mich mein eisiger Seelenverkäufer, und der Wind, der sich kaum über die Höhe des Flusses hob, spielte und klatschte zu meinen Füßen mit den Falten meiner Kleider. Noch heute empfinde ich den königlichen Stolz in meiner Brust, noch heute hebt mich die Erinnerung der schmeichelnden Winde zu meinen Füßen, noch heute durchglüht mich die

Begeistrung jener kühnen nächtlichen Fahrt, als wenn es nicht vor sechs Jahren, sondern in dieser kalten Winternacht wär', in der ich hier sitze, um Dir zulieb' und meiner Liebe zum Gedächtnis alles aufzuschreiben. Eine gute Strecke hatte ich mich dahin treiben lassen, da war ich ebenso willenlos, als ich den Fluß hinabgeschwommen war, wieder umgekehrt, ich schritt ruhig von einer nachkommenden Eisscholle zur andern, bis ich mich glücklich am Ufer befand. Zu Hause im Bette überlegte ich, wo mich wohl noch diese Wege hinführen möchten; es ahnt mir wie ein Weg, der immer weiter, aber nicht zurückführen werde, und ich war neugierig auf das Abenteuer der nächsten Nacht. Am andern Tag unterbrach eine zufällige Reise in die Stadt meine nächtlichen Geisterwanderungen. Da ich nach drei Wochen zurückkehrte, war dieser mächtige Reiz aufgehoben, und nichts hätte mich bewegen können, sie aus eigener Willkür zu wagen. – Sie lenkten freilich einen Weg, diese freundlichen Nachtgeister, der nicht wieder umlenkt, sie belehrten mich, wollten mich lehren der Tiefe, dem Ernst, der Weisheit meines Glückes nachzugehen und seine Beseligung nur als seinen Abglanz zu betrachten. So machen es die Menschen; während ihr Geschick ihnen einen vorübergehenden Genuß darbietet, wollen sie ewig dabei verweilen und versäumen so, sich ihrem Glück, das vorwärts schreitet, zu vertrauen, und ahnen nicht, daß sie den Genuß verlassen müssen, um dem Glück nachzugehen und es nicht aus den Augen zu lassen.

***

Nur das eine ist Glück, was den idealischen Menschen in uns entwickelt und nur, insofern ihn Genuß in den Äther hebt und ihn fliegen lehrt in ungekannten Regionen, ist er ihm wahre Beseligung. – Gewiß, ich möchte immer bei Dir sein, in Dein Antlitz schauen, Rede mit Dir wechseln, die Lust würde nimmer versiegen: aber doch sagt mir eine geheime Stimme, daß es Deiner nicht würdig sein würde, mir dies als Glück zu setzen. Vorwärtseilen in den ewigen Ozean, das sind die Wege, die mir auf eisiger Bahn die Geister vorschrieben, auf denen ich Dich gewiß nicht verlieren werde, da auch Du nicht umkehrst und ich nie an Dir vorüberschreiten werde, und so ist gewiß das einzige Ziel alles Begehrens die Ewigkeit.

***

Die Reise nach der Stadt hatte der Krieg veranlaßt. Wir flüchteten vor dem Getümmel der Österreicher mit den Franzosen; es war zu fürchten, daß unser kleines Stadtparadies mit seinen wohlgeordneten Lustrevieren nächstens unter den Hufen kämpfender Reiterei zertrümmert werde. Der Feind war nur flüchtig durch Feld und Wald gesprengt, hatte über den Fluß gesetzt, und die heimliche Ruh' des beginnenden Frühjahrs lagerte schützend über den Saatfeldern, deren junges Grün schon aus dem schmelzenden Schnee hervorragte, da wir wieder zurückkehrten.

Die kräftigen Stämme der Kastanienallee, Du kennst sie wohl! Manche Träume Deiner Frühlingstage flatterten dort mit der jungen Nachtigallenbrut um die Wette, wie oft bist Du dort an Liebchens Arm dem aufgehenden Mond entgegengeschlendert! Ich mag nicht daran denken; Du wirst Dich der heiteren Aussichten des wimmelnden Lebens auf dem Fluß am Tag, seiner ruheflüsternden Schilfgestade in warmen

Sommernächten und seiner ringsum blühenden Gärten, zwischen denen sich die reinlichen Straßen verteilen, noch gar wohl erinnern und auch seiner Bequemheit für Deine Liebesangelegenheiten. Seitdem hat sich die Gegend wie die Lebensweise und auch die Bevölkerung ins Wunderbare gespielt, und keiner würde es glauben, der's nicht gesehen hat, und jeder, der mit seinem Reisejournal in der Tasche von einer Reise um die Welt hier durchkäm', würde glauben, in die Stadt der Märchen versetzt zu sein; eine mystische Nation wandelt in bunter, wunderbarer Kleidung zwischen den andern durch; die Greise und Männer mit langen Bärten in Purpur und grün und gelben Talaren, die Hälfte des Gewandes immer von verschiedener Farbe, die wunderschönen Jünglinge und Knaben in enganliegendem Wams, mit Gold verbrämt, die eine Hose grün, die andre gelb oder rot, dahersprengend auf mutigen Rossen mit silbernen Glöckchen am Hals, oder am Abend durch die Straßen auf der Gitarre und Flöte präludierend, bis sie vor Liebchens Fenster Halt machen! Denke Dir dies alles und den milden Sommerhimmel, der sich darüber wölbt und dessen Grenzen eine blühende, tanzende und musizierende Welt umfließt; denke Dir den Fürsten jenes Volkes mit silbernem Bart, weißem Gewand, der vor dem Tor seines Palastes auf öffentlicher Straße auf prächtigen Teppichen und Polstern lagert, umgeben von seinem Hofstaat, wo jeder einzelne ein absonderliches Zeichen seines Amts und Würde an seiner fabelhaften Kleidung hat. Da speist er unter freiem Himmel gegenüber den lustigen Gärten, hinter deren zierlichen Gittern hohe Pyramiden blühender Gewächse aufgestellt sind und mit feinem Drahtflor umzogene Volieren, wo der Goldfasan und der Pfau zwischen den rucksenden Haustauben einherstolzieren und die kleinen Singvögel jubeln, alles von zartem, grünem Rasen umschlossen, wo mancher Wasserstrahl emporschießt; die Knaben in verbrämten Kleidern goldne Schüsseln bringen, indessen aus den offnen Fenstern des Palastes Musik erschallt. Wir Kinder machten manchmal im Vorübergehen da Halt und sahen und hörten dem Verein schöner Jünglinge im Gesang, Flöte und Gitarre zu; aber damals wußte ich nicht, daß nicht überall die Welt so heiter lieblich, so reinen Genusses sich ausbreite; und so fand ich es auch nicht wunderbar, wenn die Nacht einbrach und aus dem Nachbarsgarten die herrlichsten Symphonien herüberschallten, von einem Orchester der ersten Künstler aufgeführt, wenn die herrlichen großen Bäume mit so viel bunten Lampen geschmückt waren, als Sterne sich am Himmel blicken ließen; da suchte ich einen einsamen Weg und sah den glühenden Johanniswürmchen zu, wie sich die im Flug durchkreuzten, und ich war überrascht von dem wunderbaren Leuchten, ich dachte nachts an diese Tierchen und freute mich auf den andern Abend, um sie wiederzusehen, auf die Menschen aber freute ich mich nicht, – sie leuchteten mir nicht ein, ich verstand und ahnte nicht, daß man sich mit ihnen verständigen könne; – manche Sommernacht auch schwamm die Kapelle von blasenden Instrumenten auf dem Main bald hinab und hinauf, begleitet von vielen Nachen, auf denen sich kaum ein Flüstern hören ließ, so tiefernst hörten sie der Musik zu. Da wurde ich auch mitgeschaukelt auf den sanften Wellen und sah die wechselnden Schatten, Lichter und Mondstrahlen und ließ das kühle Wasser über meine Hände laufen. So war das Sommerleben, das plötzlich durch die rückkehrenden Kriegsszenen unterbrochen ward. Da war an kein Flüchten zu denken, am Morgen, da wir erwachten, hieß es: „Hinab in den Keller! Die Stadt wird beschossen, die Franzosen haben sich hereingeworfen, die Rotmäntel und die Totenköpfe sprengen von allen Seiten heran, um sie herauszujagen!“ Da war ein Zusammenlaufen auf den Straßen, da erzählte man sich von den Rotmänteln, daß die kein Pardon gäben, alles zusammenhauen, daß sie fürchterliche Schnurrbärte haben, rollende Augen, blutrote Mäntel, damit das vergossene Blut nicht so leicht zu bemerken sei. Allmählich wurden die Fensterladen geschlossen, die Straßen leer, die erste Kugel, die durch die Straßen flog, eilte alles in die Keller, auch wir, Großmutter, Tante, eine alte Cousine von achtzig Jahren, die Köchin, die Kammerjungfer, ein männlicher Hausgenosse. Da saßen wir, die Zeit wurde uns lang, wir lauschten – eine Bombe flog in unsern Hof, sie platzte. Das war doch eine Diversion, aber nun stand zu erwarten, daß Feuer ausbrechen könne. Allerlei, was meiner Großmutter unendlich wichtig war von Büchern, von Bildern, fiel ihr ein, sie hätte es gern in den Keller gerettet. Der männliche Hausgenosse demonstrierte, wie es eine Unmöglichkeit sei, den heiligen Johannes, ein Bild, was die wunderbare Eigenschaft hatte, die Fabel geltend zu machen, er sei ein Raffael, jetzt aus dem oberen Saal herunterzuschaffen, indem es viel zu schwer sei; ich entfernte mich leise, stieg zum Saal, hob das schwere Bild ab, nahm es an der Schnur über den Rücken, und so kam ich, noch eh' die Verhandlung beendigt war, zum Erstaunen aller und zur großen Freude meiner Großmutter, zur Kellertreppe herabgepoltert, ich meldete noch, wie ich aus dem Saalfenster gesehen und alles still sei; ich bekam die Erlaubnis, noch mehr zu retten, ich bekam die Schlüssel zur Bibliothek, um Kupferwerke zu holen, mit freudiger Eile sprang ich die Treppe hinauf, in die Bibliothek hätt' ich längst gern mich eingestohlen, da war eine Sammlung prachtvoller Muscheln, wunderbarer Steine, getrockneter Pflanzen, da hingen Straußeneier an den Wänden, Kokusnüsse, da lagen alte Waffen, ein Magnetstein, an dem alle Näh- und Stricknadeln hängen blieben, da standen Schachteln voll Briefschaften, Toiletten mit wunderlichem alten Geschirr und Geschmeide, Zitternadeln mit Sternen von bunten Steinen, o, ich freute mich, den Schlüssel zu haben, ich holte herunter, was man verlangte, zog den Schlüssel ab, ohne abzuschließen, und dachte mir eine stille, einsame Nacht, in der ich, alles durchsuchend und betrachtend, schwelgen wolle. Das Schießen hatte wieder angefangen, einzelne Reiter hörte man in gestrecktem Galopp die furchtbare Stille der Straße unterbrechen, die Furcht im Keller stieg, man dachte jedoch nicht daran, daß ich verletzt werden könne, und ich auch nicht; ich sprach nicht aus, daß ich mich nicht fürchte, und fühlte auch nicht, daß ich Gefahr lief, und so überkam ich das schöne Amt, alle zu bedienen, für alle Bedürfnisse zu sorgen. Ich hörte verschiedentlich die Reiter vorübersprengen. „Das mag ein Rotmantel sein!“ dachte ich, lief eilig ans Fenster des unteren Geschosses, riß den Laden auf – siehe, – da hielt er in der mitten Straße mit gezogenem Säbel, langem fliegenden Schnurrbart, dicken, schwarzen, geflochtenen Haarzöpfen, die unter der roten Pelzmütze hervorhingen, der rote Mantel schwebte in den Lüften, wie er die Straße hinabflog, – alles wieder totenstill! – Ein junger Mensch in Hemdärmeln, bloßem Kopf, totenblaß, blutbespritzt, rennt verzweiflungsvoll hin und wieder, rasselt an den Haustüren, klopft an den Läden, keiner tut sich auf, mir klopft das Herz, ich winke – er sieht es nicht. Jetzt eilt er auf mich zu, bittend, – da ertönt der Schall eines Pferdes; er schmiegt sich in die Vertiefung des Hoftors, der Reiter, der ihn suchend verfolgt, sprengt an ihm vorbei, hält einen Augenblick, späht in die Ferne, wendet um und – fort. O, jeder Blick, jede Bewegung des Reiters und des Pferdes haben sich tief in mein Gehirn geprägt, und der arme Angsterfüllte eilt hervor und schwingt sich am schwachen Kinderarm herein in die rettenden Wände, aber kaum, – da ist der Reiter schon wieder, er sprengt an mich heran, ich rühr' mich nicht vom Fenster, er verlangt Wasser, ich eile in die Küche, es ihm zu holen, nachdem er getrunken und nachdem ich ihn die Straße hinabreiten gesehen erst, mache ich meinen Laden zu, und nun sehe ich mich nach meiner geretteten Beute um. Hätte sich der Rotmantel auf seinem Pferde in die Steigbügel gestellt, so hätte er meinen Geretteten entdeckt, dieser küßte mir zitternd die Hände und sagte mit leiser Stimme: „O mon dieu, mon dieu!" Ich lachte vor Freuden, aber dann brach ich in Tränen aus; denn es rührte mich, der Retter eines Menschen geworden zu sein, so ohne mich zu besinnen, so ohne zu wissen wie. – Und Du auch! – Rührt es Dich nicht? – Freut es Dich nicht, daß es mir gelungen ist? – Mehr als alle Schmeichelreden, die ich Dir sagen könnte? – „Sauvez-moi! Cachez-moi!" sagte er, „mon père et ma mère prieront pour vous." Ich faßte ihn bei der Hand und führte ihn schweigend leise über den Hof nach dem Holzstall: dort untersuchte ich seine Wunde, das Blut abwaschen konnte ich nicht, ich hatte kein Wasser, holen mochte ich auch keins, der Nachbar Andree, dessen Du Dich erinnern mußt, war mit mehreren Freunden auf sein Observatorium gestiegen, um das Kriegswesen zu beobachten, er konnte mich bemerken. Ein einzig Mittel hatte ich erfunden; ich leckte ihm das Blut ab, denn es ihm so mit Speichel abzuwaschen, schien mir zu unbescheiden; er ließ mich gewähren, ich zog leise und sanft die anklebenden Haare zurück, da flog ein Huhn mit großem Geschrei vom oberen Holz herunter, wir hatten es verscheucht von dem Ort, wo es seine Eier zu legen pflegte, ich kletterte hinauf, um das Ei zu holen, die innere weiße Haut legte ich über die Wunde – es mag wohl geheilt haben, ich will's hoffen! – Nun eilte ich wieder in den Keller, die eine Schwester schlief, die andere betete vor Angst, die Großmutter schrieb an einem kleinen Tisch bei Licht ihr Testament, die Tante hatte den Tee bereitet, ich bekam die Schlüssel zur Speisekammer, um Wein und kalte Speisen zu holen, da dachte ich auch an den Magen meines armen Gefangenen und brachte ihm Wein und Brot. So ging der Tag vorüber und die Gefahr, der Keller wurde verlassen, mein Geheimnis fing an mich zu beklemmen; ich beobachtete jeden Schritt der Hausgenossen, der Köchin half ich in der Küche, ich holte ihr Wasser und Holz, unter dem Vorwand, daß es doch noch gefährlich sein könne unter freiem Himmel, sie ließ sich's gefallen; – endlich und endlich kam die Nacht, der Nachbar hatte Rapport gebracht, daß nichts zu fürchten sei vor der Hand, und so legte man sich zur Ruhe, deren man so sehr bedurfte. Ich hatte meine Schlafstätte im Nebenzimmer der Großmutter, von da konnte ich den Holzstall, der vom Mond beschienen war, beobachten, ich ordnete nun meinen Plan: fürs erste mußten Kleider beschafft werden, die den Soldaten verleugneten. Wie gut, daß ich die Bibliothek offen gelassen! Da oben hing ein Jagdkleid und Mütze – von welchem Schnitt, ob alt- oder neumodisch – wußt' ich nicht. Wie ein Geist schlich ich auf bloßen Strümpfen an der Tante Zimmer vorbei, schwebend trug ich's herunter, damit die metallnen Knöpfe nicht rasselten, er zog es an, es saß wie angegossen – Gott hat es ihm angepaßt und die Jagdmütze dazu! Ich hatte das Geld, was man mir schenkte, immer in das Kissen eines ledernen Sessels gesteckt, weil ich keine

Gelegenheit hatte, es zu brauchen. Jetzt durchsuchte ich den Sessel, und es fand sich eine ziemliche Barschaft zusammen, die ich meinem Geretteten als Zehrpfennig einhändigte. Nun führte ich ihn durch den mondbeschienenen blüteduftenden Garten, wir gingen langsamen Schrittes Hand in Hand bis hinter die Pappelwand, an die Mauer, wo alle Jahr' die Nachtigall in der Rosenhecke ihr Nest baute, es war grade die Zeit, was half's – dies Jahr mußte sie gestört werden. Da wollte er mir danken, da nahm er mich auf seine Arme und hob mich hoch, er warf die Mütze ab und legte den verbundenen Kopf auf meine Brust, was hatte ich zu tun? Ich hatte die Arme frei, ich faltete sie über seinem Kopf zum Gebet; er küßte mich, stieg über die Rosenheckenmauer in einen Garten, der zum Main führte, da konnte er sich übersetzen; denn es waren Nachen am Ufer.

Es gibt unerwartete Erfahrungen, die sind vergessen, gleich als ob sie nicht erlebt wären, und erst dann, wenn sie wieder aus dem Gedächtnisbrunnen heraufsteigen, ergibt sich ihre Bedeutung – es ist, als ob eine Lebenserfahrung dazu gehörte, ihre Wichtigkeit empfinden zu lernen; es sind andre Begebnisse, auf die man mit Begeistrung harrt, und die schwimmen so gleichgültig vorüber wie das fließende Wasser. – Wie Du mich fragtest, wer mir den ersten Kuß gegeben habe, dessen ich mich deutlich erinnere, da schweifte mein Besinnen hin und her wie ein Weberschiffchen, bis allmählich dies Bild des Erretteten lebhaft und deutlich hervortrat, und in diesem Widerhall des Gefühls erst werde ich gewahr, welche tiefe Spuren sie in mir zurückgelassen! – So gibt es Gedanken wie Lichtstrahlen, die einen Augenblick nur das Gefühl der Helle geben und dann verschwinden, aber ich glaube gewiß, daß sie ewig sind und uns wieder berühren in dem Augenblick, wo unsere sittliche Kraft auf die Höhe steigt, mit der allein wir sie zu fassen vermögen. Ich glaube: mit uns selbst ins Gericht gehen, oder wenn Du willst, Krieg führen mit allen Mächten, ist das beste Mittel, höherer Gedanken teilhaftig zu werden. Es gibt eine Art Lumpengesindel auch im Geist, das alle Befähigung zur Inspiration unterdrückt und sich wuchernd ausbreitet; dahin gehören die Ansprüche aller Art nach außen: wer etwas von außen erwartet, dem wird es in dem Innern nicht kommen, aller Reiz, der nach außen zur Versündigung wird, kann im Innersten konzentriert zur Tugend werden; – das Gefühl, das, sowie es sich mit der Oberfläche des Lebens berührt, gleich zur Eitelkeit anschießt: in der innersten Seele festgehalten, wird sich zu einer demütigen Unterwerfung an die Schönheit ausbilden. Und so könnte wohl jede Verkehrtheit daher entstehen, weil ihr Reiz fehlgeht in seiner Befriedigung. Alle Ansprüche, aller Reiz, alle Leidenschaft soll befriedigt werden, aber nur durch das Göttliche und so nicht der Sklave der Leidenschaft, sondern unserer höheren Natur werden.

Wenn ich mich über mich selbst stelle und über mein Tun und Treiben, dann kommen mir gleich Gedanken, von denen empfinde ich, sie haben eine bestimmte Beziehung auf eine bestimmte Erscheinung in mir, wie gewiß auch bei den verschiedenen Epochen in dem Pflanzenleben die Nahrung eine verschiedne geistige Richtung annimmt; daß zum Beispiel beim Blühen der Nahrungsstoff, der doch aus denselben Elementen besteht, eine in sich selbst erhöhte geistige Verwandlung vornimmt; denn er äußert sich ja nicht mehr bloß vegetierend in dem Leben der

Pflanze, sondern duftend, wissend, in ihrem Geist. Gedanken dieser Art beglücken mich, wenn ich Frieden mit mir schließe und den Schlaf gleichsam annehme als Versöhnung mit mir selbst; so gestern abend fühlte ich vor dem Einschlafen, als ob mich mein Inneres in Liebe aufgenommen habe, und da schlief ich die Ruhe bis tief in meine Seele hinein und wachte von Zeit zu Zeit auf und hatte Gedanken. Ich schrieb sie, ohne sie weiter zu spinnen oder ihren Gehalt zu wägen, ja selbst manche, ohne sie ganz zu verstehen, mit Bleistift auf – und schlief dann gleich wieder fort, aber bald weckte mich's wieder auf; diese Gedanken waren wie Ausrufungen meiner Seele in der Empfindung von Behagen. Ich will sie hier abschreiben, wie ich sie nacheinander erfahren. Ob sie Wert und Gehalt haben, lasse ich unberührt, aber immer werden sie ein Beweis sein, daß der Geist auch im Schlaf lebendig wirkt. Ich glaub', daß jede Handlung ihre unendlichen Folgen hat; daß uns die Wahrheit Genuß gewährt, daß also jeder Genuß eine Wahrheit zum tiefsten Grunde hat, daß also jeder Genuß durch seine Wahrheit legitimiert ist.

Ich glaube, daß alle Ahnungen Spiegelungen der Wahrheit sind.

Der Geist ist Auge, je schärfer er sieht, je deutlicher wird die Ahnung, je reiner tritt das Spiegelbild der Wahrheit in der Empfindung auf. Die Vielheit soll zur Einheit führen, der Spiegel fasset alles in einen Strahl zusammen.

Das Licht gebärt das allseitige Leben und Streben in die Einheit, in das Reich des Göttlichen.

Die Philosophie ist Symbol der Leidenschaft zwischen Gott und dem Menschen.

Die Liebe ist eine Metamorphose der Gottheit.

Jeder Gedanke ist die Blüte einer Pflanze; was ist dann aber ihre Frucht? – Die Wirkung auf unser Inneres ist ihre Frucht.

Zum Denken des wahren Geistes gehört die Unschuld. Nur mit der unschuldigen Psyche beredet sich der Geist.

Der Geist stellt die erkrankte Unschuld her. Die Frucht des Geistes genießen, macht unschuldig, das ist die Wirkung der Frucht.

Das Sinnliche ist Symbol des Geistigen, ist Spiegel einer noch nicht in die geistige Erfahrung getretnen Wahrheit.

Geistige Erfahrung ist gebornes Leben. Wenn wir Besitzer der geistigen Wahrheit sind, dann ist das Sinnliche aufgelöst.

Alles Sinnliche ist unverstanden, durch sein Verstehen wird es geistig.

Geistige Entwicklung macht große Schmerzen, sie ist der Beweis, wie sehr der Geist mit dem Physischen zusammenhängt.

Der Geist, der keine Schmerzen macht, ist Leben nach der Geburt.

Oft stirbt der Geist, sein Tod ist Sünde. Aber er ersteht wieder zum Leben; die Auferstehung von den Toten macht Schmerzen.

Der Geist ist ein Zauberer, er kann alles! Wenn ich mit dem vollen Gefühl der Liebe vor Dich hintrete, dann bist Du da.

Was ist denn Zauberei? Die Wahrheit des Gefühls geltend machen. –

Die Sehnsucht hat allemal recht, aber der Mensch verkennt sie oft.

Der Mensch hat einen sinnlichen Leib angenommen, damit er in ihm zur Wahrheit komme; das Irdische ist da, damit sich in ihm das Göttliche manifestiere.

Das ganze Wirken der Natur ist nur ein Trieb, der Wahrheit nachzugehen.

Die Wahrheit hat keinen Leib, aber das sinnliche Leben ist die Spur ihres Wegs.

Manchmal hab' ich den Trieb, mich von Dir, wie ich Dich sinnlich erkenne, abzuwenden und an das göttliche Geheimnis Deines Daseins zu appellieren, dann fühl' ich, daß sich alle verschiedenen Neigungen in einer auflösen.

Gewiß! Die Liebe ist Instinkt einer höheren Gemeinschaft, einer göttlichen Natur mit dem Geliebten. Drum schließt Liebe alle verschiedenen Neigungen aus.

Wenn wir erst wissen, daß alle äußeren Augen ein inneres Auge sind, das uns sieht, so tun wir alles dem inneren Auge zulieb'; denn wir wollen in unserer geheimen Handlung der Schönheit gesehen sein.

Unser Trieb, schön zu handeln, ist der Trieb, dem innern Auge wohlgefällig zu erscheinen. Drum ist der Trieb nach Anerkenntnis, nach Ruhm eine verkehrte Befriedigung dieser angebornen, unvertilgbaren Neigung, weil ihr Ursprung göttlich ist. Was haben wir von allem äußeren Glanz, von dem Gaukelspiel des Beifalls einer unwissenden Menge, wenn wir vor dem Auge des inneren Genius nicht bestehen, wenn unsere Schönheit vor ihm zerrüttet ist! Ich will nur für meine Schönheit leben, ich will nur ihr huldigen; denn sie ist der Geliebte selbst.

Wenn wir den Blick des inneren Auges umschreiben, so haben wir die Kunst und das Wissen.

Alles Wissen soll sich zur Kunst erheben, es soll ebenso unschuldig die Wahrheit nachahmen wie die bildende Kunst, und so wird sie ein Spiegel der Wahrheit, ein Bild, in dem wir sie erkennen.

Denken ist ein unmittelbares Nachahmen der Wahrheit, es ist nicht sie selbst, sie hat keinen Leib, sie hat nur eine Erscheinung.

Suche nur die Wahrheit in Deinem Innern, so hast Du den Vorteil, sie zu finden und Dich zugleich in sie aufzulösen.

In Deinem Innern wirst Du ein lebendiges Bewegen wahrnehmen, wie das Bewegen des Wassers, es ist nichts als ein Bewegen, sich in die Wahrheit aufzulösen.

Alles Leben löst sich in eine höhere Wahrheit auf, geht in eine höhere Wahrheit über, wär' es anders, so wär' es Sterben.

Schönheit ist eine Auflösung der sinnlichen Anschauung in eine höhere Wahrheit; Schönheit stirbt nicht, sie ist Geist.

Alle Disharmonie ist Unwahrheit.

Wenn Du schlafen willst, so ergib Dich Deinem innern Mond. Schlaf in dem Mondlicht Deiner Natur! Ich glaub', das erzieht und nährt Deinen inneren Menschen, wie das Mondlicht den Geist der Pflanze ernährt und befördert.

Wer von selbst seinen Geist der Natur unterwirft, für den gibt es keinen Tod.

Der Geist muß so mächtig werden, daß er den Tod des Leibes nicht empfindet.

Der Geist braucht nicht zu denken und kann doch mächtig sein, bloß durch die Reinheit des Willens.

In allem nur sich sehen und gegen sich den reinsten Willen haben, dann ist der Geist mächtig.

Auch der sinnliche Schlaf soll so genossen werden, daß er ein geistiger Balsam sei.

Vielleicht vererben sich die geistigen Reichtümer wie die irdischen, vielleicht verteilen die Geister ihre Fähigkeiten auf ihre Nachkommen! „Ich erkenne an dem Gedanken, wes Geistes Kind du bist". Dies Sprichwort beurkundet meine Bemerkung.

Wachsen ist das Gefühl, daß das Uranfänglichste zu seinem Ursprung in die Ewigkeit dringt.

Der Genius allein kann die verletzte Unschuld herstellen. O komm Genius und befriede Dich mit mir! Hier übermannte mich ein tieferer Schlaf. – Am Morgen fand ich mein beschriebenes Papier, ich erinnerte mich seiner kaum, aber sehr deutlich erinnerte ich mich des Behagens in der Nacht, und daß es eine Empfindung war, wie dem Kind in der Wiege das Schaukeln sein muß. und ich dachte, daß ich oft so träumen möchte. –

Nun will ich Dir auch gleich die Geschichte meines zweiten Kusses erzählen; er folgte beinah' unmittelbar auf den ersten, und was denkst Du von Deinem Mädchen, daß es so leichtfertig geworden! Ja, diesmal wurde ich leichtfertig, und zwar mit einem Freund von Dir. – Es klingelt, hastig springe ich an die Haustür, um zu öffnen; ein Mann in schwarzer Kleidung, ernsten Ansehens, etwas erhitzten Augen tritt ein, noch ehe er seinen Namen genannt oder gesagt, was sein Verlangen ist, küßt er mich; noch ehe ich mich besinnen konnte, geb' ich ihm eine Ohrfeige, und dann erst seh' ich ihm ergrimmt ins Antlitz und erkenne ein freundliches Gesicht, das gar nicht erschreckt und nicht erbittert über mein Verfahren zu sein scheint; um meiner Verlegenheit zu entgehen – denn ich wußte nicht, ob ich Recht oder Unrecht getan hatte – öffne ich ihm rasch die Türen zu den Zimmern der Großmutter. Da war nun meine Überraschung bald in Schrecken umgewandelt, da diese mit der höchsten Begeistrung ausrief, einmal über das andre: „Ist es möglich? Herder? mein Herder! Daß euer Weg euch zu dieser Grillentür führt? – Seid tausendmal umarmt!" Und hier folgten diese tausend Umarmungen, während denen ich mich leise davonschlich und wünschte, es möge in diesem Schwall von Liebkosungen die eine untergehen, die ihm mit einer Ohrfeige war beantwortet worden. Allein, dem nicht so, er vergaß weder Kuß noch Ohrfeige, er schielte, an das Herz der Großmutter von ihren umfassenden Armen gefesselt, über ihre Achsel hinaus, nach der Enkelin und machte ihr einen bittenden

Vorwurf. Ich verstand ihn sogleich und machte mich ihm auch verständlich, er solle mich nicht verklagen, sonst wolle ich mich rächen, und schlich hinter die Vorzimmer. Allein Herder hatte keine Andacht mehr für die Großmutter, für ihre schönen Erinnerungen aus der Schweiz, für ihre Mitteilungen aus den Briefen von Julie Bondeli, für ihre Schmeichelreden und begeisterten Lobsprüche, für ihre Reden von gelehrten Dingen. Er fragte, ob sie ihm nicht ihre Enkelkinder wolle zeigen? So wurden wir ihm denn alle drei feierlich vorgeführt und von der Großmutter zugleich belehrt, wie glücklich wir seien, ihn zu sehen und von ihm gesegnet zu sein. Er war auch gar nicht faul, ging rasch auf mich zu, legte mir die Hand auf den Kopf, unter welcher ich ihn drohend ansah, und sagte langsam und feierlich: „Diese da scheint sehr selbständig, wenn Gott ihr diese Gabe als eine Waffe für ihr Glück zugeteilt hat, so möge sie sich ihrer ungefährdet bedienen, daß alle sich ihrem kühnen Willen fügen und niemand ihren Sinn zu brechen gedenke." Ziemlich verwundert war die Großmutter über diesen wunderlichen Segen, noch mehr aber, daß er die Schwestern nicht segnete, die doch ihre Lieblinge waren. Wir wurden entlassen und gingen in den Garten; wir trugen damals breite Schärpen von blau und weiß geflammter Seide, auf dem Rücken waren sie in Schleifen gebunden, die in der vollen Breite, welche wohl eine Elle betrug, ausgebreitet waren, so daß sie gleichsam Schmetterlingsflügel bildeten. Während ich in meinem Blumenbeet arbeitete, haschte mich einer an diesen Flügeln; es war Herder. „Siehst du, kleine Psyche", sagte er, „mit den Flügeln genießt man wohl die Freiheit, wenn man sie zu rechter Zeit zu brauchen weiß, aber an den Flügeln wird man auch gefangen, und was gibst du, daß ich dich wieder loslasse"? – Er verlangte einen Kuß, ich verneigte mich und küßte ihn, ohne das Geringste einzuwenden.

Der Kuß des geretteten Franzosen war ganz im Einverständnis meiner Empfindung, ich kam ihm auf halbem Wege entgegen, und doch war er unmittelbar darauf vergessen, und jetzt erst, nach sechs Jahren, tauchte er aus meiner Erinnerung auf als eine neue Erscheinung. Herders Kuß war von meiner Seite ganz willenlos oder eher unwillig angenommen, und doch hab' ich ihn nicht vergessen; ich konnte in erster Zeit den Eindruck nicht verwinden, er verfolgte mich im Traum; bald war mir's, als habe ich wider meinen Willen etwas weggeschenkt, bald überraschte es mich, daß dieser große bedeutende Mann mich so dringend aufgefordert hatte, ihn zu küssen, dies war mir eine rätselhafte Erfahrung. Herder sah mich so feierlich an, nachdem er mich geküßt hatte, daß mich ein Schauer befiel; der rätselhafte Name Psyche, dessen Bedeutung ich nicht verstand, versöhnte mich einigermaßen mit ihm, und wie denn manches Zufällige, was vielen unscheinbar vorüberschweift, einen tief rührt und eine währende Bedeutung für ihn gewinnt, so war mir dies unbegriffne Wort Psyche ein Talisman, der mich einer unsichtbaren Welt zuführte, in der ich mich unter diesem Namen begriffen dachte. So lehrte mir Amor das Abc, und in meiner Geisblattlaube, in der die Spinnen rund um mich her dem beflügelten Insektenvolk Netze stellten, seufzte die kleine beflügelte Psyche über diese problematische Lektion.

Ach Herr! – Im Anfang des Jahres ist die Sonne mild, sie schmeichelt den jungen Trieben, dann spaltet sie die Keime und wird immer dringender, die geöffnete Knospe kann sich nicht wieder in die kühle Kammer bewußtloser Dunkelheit verschließen, ihre Blüte fällt dem glühenden Strahl, der sie erst lockte, als Opfer.

Dritter Kuß.

Der blinde Herzog von Aremberg, der schöne, dessen Zügen die geheiligte Würde der Legitimität aufgeprägt war, wollte gegen meinen Willen mir diesen Kuß geben, ich aber war wie die schwankende Blume im Winde, die der Schmetterling vergeblich umtanzt. Laß Dir's erzählen und ausmalen mit diesen bunten Farben aus dem Muschelkasten des Kindes, mit denen ich damals noch meine Welt ausmalte und sie verstand, und Du wirst sie auch verstehen und Dich freuen, daß Du mit mir in den Spiegel siehst, in dem ich mich erkenne und den Genius, der mich zu Dir lenkt.

Er war schön, der Herzog! – Schön für das großgewölbte Kinderauge, das noch kein Menschenantlitz erblickt hatte, dessen Züge Geist ausströmten. Wenn er stundenlang bei der Großmutter saß und sich von ihr erzählen ließ, stand ich neben ihm und starrte ihn an: ich war in Betrachtung dieser reinen erhabenen Züge versunken, die dem gewöhnlichen Menschen nie geschenkt werden.

Die reine, starke Stirn, deren Mitte eine Feuerstelle hatte für den göttlichen Brand des Zorns, diese Nase, höher, kühner, trotzbietender als sein schauerliches Schicksal, diese feinen feuchten Lippen, die mehr als alles andre Befehl und Herrscherwürde aussprachen, die Luft tranken und ausseufzten die tiefste Melancholie, diese feinen Schläfen, sich an den Wangen niederschmiegend zum aufgeworfnen Kinn, wie der metallne Helm der Minerva! – Laß mich malen, Goethe, aus meinem kleinen Muschelkasten, es wird so schön! Sieh sie an, die grellen abstechenden Farben, die der philosophische Maler vermeidet, aber ich, das Kind, ich male so; und Du, der dem Kinde lächelt wie den Sternen, und in dessen Begeistrung Kindereinfalt sich mischt mit dem Seherblick des Weisen, freue Dich der grellen bunten Farben meiner Phantasie.

So war er, der schöne, blinde Herzog, so ist er noch jetzt in dem Zauberspiegel der Erinnerung, der alle Bilder meiner Kindheit gefesselt hält, der sie in Perlen reiht und Dir als Opfer zu Füßen legt; so war seine Gestalt oft niedergebeugt im Schmerz um die erblindete Jugend, dann stolz erstreckt, sich aufrichtend, heiter verächtlich ironisch lächelnd, wenn er die tiefversunknen Augensterne gegen das Licht wendete. Da stand ich und starrte ihn an, wie der Schäferknabe tief vergessen seiner Herde und seines Hundes, den an den einsamen Felsen geschmiedeten, von der abgewendeten Welt unbeklagten Prometheus anstarrt; da stand ich und saugte den reinen Tau, den die tragische Muse aus ihrer Urne sprengt, um den Staub der Gemeinheit zu dämpfen, indem ich in tiefer, bewußtloser Betrachtung über ihn versunken war. – Es war in seinem zwanzigsten Jahr, im tollen, glühenden Übermut der Jugend, im Gefühl seiner überwiegenden Schönheit und im geheimen Bewußtsein alles dessen, was dieser zu Gebot stand, daß er am Tag der Jagd über die gedeckte Tafel sprang, mit seinen Sporen das Tischzeug mit Service und Prachtaufsatz auf die Erde riß und am Boden zerschmetterte, um seinem liebsten Freund an den Hals zu springen, zu umarmen, mit ihm tausend Abenteuer zu besprechen. Sie teilten sich auf der Jagd, und der erste Schuß, den der Freund tat, war in beide Augensterne des Herzogs.

Ich habe den Herzog nie bedauert, ich bin nie zum Bewußtsein über sein Unglück gekommen; so wie ich ihn sah, erschien er mir ganz zu sich und seinem Schicksal sich verhaltend, ohne Mangel; wenn ich andre hörte sagen: „Wie schade, wie traurig, daß der Herzog blind ist!“ so fühlte ich's nicht mit, im Gegenteil dachte ich: „Wie schade, daß ihr nicht alle blind seid, um die Gemeinheit eurer Züge nicht mit diesen vergleichen zu dürfen!“ Ja, Goethe! Schönheit ist ja das sehende Aug' Gottes, Gottes Auge, auf welchem Gegenstand es mit Wohlgefallen ruht, erzieht die Schönheit, und ob der Herzog auch nicht gesehen habe – er war dem göttlichen Licht vermählt durch die Schönheit, und dies war allemal nicht das bitterste Schicksal.

Wenn ich so neben ihm stand und in Gedanken versunken mit ihm seufzte, da fragte er: „Qui est la? – Bettine! Amie viens que je touche tes traits, pour les apprendre par cœur!“ Und so nahm er mich auf den Schoß und fuhr mit dem Zeigefinger über meine Stirn, Nase und Lippen und sagte mir Schönes über meine Züge, über das Feuer meiner Augen, als ob er sie sehen könne. Einmal fuhr ich mit ihm von Frankfurt nach Offenbach zur Großmutter, ich saß neben ihm, er fragte, ob wir noch in der Stadt seien, ob Häuser das seien und Menschen? Ich verneinte es, wir waren auf dem Land, da verwandelte sich plötzlich sein Gesicht, er griff nach mir, er wollte mich ans Herz ziehen, ich erschrak; schnell wie der Blitz hatte ich mich den Schlingen seiner Arme entzogen und duckte nieder in der Ecke des Wagens; er suchte mich, ich lachte heimlich, daß er mich nicht fand, da sagte er: „Ton cœur est-il si méchant pour mépriser, pour se jouer d'un pauvre aveugle?“ Da fürchtete ich mich der Sünde meines Mutwillens, ich setzte mich wieder an seine Seite und ließ ihn gewähren, mich an sich ziehen, mich heftig an sein Herz drücken, nur mit dem Gesicht beugte ich aus und gab ihm die Wange, wenn er nach dem Mund suchte. Er fragte, ob ich einen Beichtvater habe? – Ob ich diesem erzählen werde, daß er mich geküßt habe? Ich sagte naiv schalkhaft: wenn er glaube, daß dies dem Beichtvater Vergnügen machen werde, so wolle ich's ihm erzählen. „Non, mon amie, cela ne lui plaira pas, il n'en faut rien dire, cela ne lui plaira absolument pas, n'en dites rien à personne.“ In Offenbach erzählte ich's der Großmutter, die sah mich an und sagte: „Mein Kind! Ein blinder Mann, ein armer Mann!“ – Im Nachhausefahren fragte er, ob ich der Großmutter gesagt habe, daß er mich geküßt habe; ich sagte „ja.“ „Nun, war die Großmutter bös?“ – „Nein“; „Et bien? Est ce quelle n'a rien dit?“ – „Oui!“ – „Et quoi?“ – „Ein blinder Mann, ein armer Mann!“ „O oui!“ rief er, „elle a bien raison! Ein blinder Mann, ein armer Mann!“ und so rief er einmal ums andre: „Ein blinder Mann, ein armer Mann!“ bis er endlich in einen lauten Schrei der Klage ausbrach, der mir wie ein Schwert durchs Herz drang, aber meine Augen blieben trocken, während seinen erstorbenen Tränen entfielen. Dem Herzog ist seitdem ein feierliches Monument in meinem Herzen errichtet.

Wir hatten einen schönen Garten am Haus, Ebenmaß und Reinlichkeit war seine Hauptzierde, an beiden Seiten liefen Spaliere hin mit ausländischen Fruchtbäumen, im mitten Gang standen diese Bäume so edel, so hoch, so frei von jedem Fehl, sie hingen ihre schlanken Äste schwertragend im Herbst an den Boden, es war so still in diesem Garten wie in einem Tempel, im Eingang waren auf beiden Seiten zwei gleichmäßige Teiche, in deren Mitte Blumeninseln waren, hohe Pappeln begrenzten ihn und vermittelten die Nachbarschaft zu den Bäumen in den angrenzenden Gärten. Denke doch, wie es mir da erging, wie da alles so einfach war, und wie ich Deiner bewußt ward.

Warum wühlt's mir im Herzen, wenn ich mich dran erinnere, daß die Blütenkätzchen von den Pappeln und diese braunen klebrigen Schalen von den Knospen mich beregneten, wie ich da so still in der Mittagsstunde saß und dem Streben der jungen Weinranken nachspürte, wie die Sonnenstrahlen mich umwebten, die Bienen mich umsummten, die Käfer hin und her schwirrten, die Spinne ihr Netz ins Gitter der Laube hing? – In solcher Stunde bin ich Deiner zum erstenmal innegeworden. – Da lauschte ich, da hörte ich in der Ferne den Lärm der Welt, da dachte ich: du bist außer dieser Welt, aber mit wem bist du? – Wer ist bei dir? – Da besann ich mich auf nah und fern, da war nichts, was mir angehörte. Da konnte ich nichts erfassen, mir nichts denken, was mein sein könne. Da trat zufällig, oder war's in den Wolken geschrieben, Deine Gestalt hervor; ich hatte von Dir nichts weiter gehört als Tadel, man hatte in meiner Gegenwart gesagt: Goethe ist nicht mehr so wie sonst, er ist stolz und hochmütig, er kennt die alten Freunde nicht mehr, seine Schönheit hat gewaltig abgenommen, und er sieht nicht mehr so edel aus wie sonst; noch manches wurde von der Tante und Großmutter über Dich gesprochen, was zu Deinem Nachteil war. Ich hatte es nur im Vergessen angehört; denn ich wußte nicht, wer Du seist. Jetzt in dieser Einsamkeit und abgeschloßnen Stille unter den Bäumen, die eben blühen wollten, da kamen diese Reden mir wieder ins Gedächtnis, da sah ich im Geist, wie die Menschen, die über Dich urteilen wollten, unrecht hatten, ich sagte zu mir selbst: Nein! Er ist nicht unschön, er ist ganz edel, er ist nicht übermütig gegen mich. Trotzig ist er nur gegen die Welt, die da draußen lärmt, aber mir, die freundlich von ihm denkt, ist er gewogen, und zugleich fühlte ich, als ob Du mir gut seist, und ich dachte mich von Deinem Arm umfaßt und getrennt durch Dich von der ganzen Welt, und im Herzen spürte ich Dir nach und führte freundliche Gespräche in Gedanken mit Dir, da kam nachher meine Eifersucht, wenn man von Dir sprach oder Deinen Namen sagte, es war, als habe man Dich aus meiner Brust gerufen. Vergesse nicht, Goethe, wie ich Dich lieben lernte, daß ich nichts von Dir wußte, als daß man Dich in meiner Gegenwart böslich erwähnt hatte; die Tante sprach von Deiner Freigeisterei, und daß Du nicht an den Teufel glaubst, ich glaubte auf der Stelle auch nicht an den Teufel und war ganz Dein und liebte Dich, ohne zu wissen, daß Du der Dichter seist, von dem die Welt so Großes spreche und erwarte, das kam alles später; damals wußt' ich nur, daß die Leute Dich tadelten, und mein Herz sagte: Nein, er ist größer und schöner als alle, und da liebte ich Dich mit heißer Liebe bis auf heut' und trotzte der ganzen Welt bis auf heut', und wer über Dich sprach, von dem wendete ich mich ab, ich konnte es nicht anhören. Wie ich aber endlich Deine Herrlichkeit fassen sollte, da dehnten mir große Schmerzen die Brust aus, ich legte in Tränen mein Angesicht auf das erste Buch was ich von Dir in Händen bekam, es war der „Meister", mein Bruder Clemens hatte es mir gebracht. Wie ich allein war, da schlug ich das Buch auf, da las ich Deinen Namen gedruckt, den sah ich an als wie Dich selber. Dort auf der Rasenbank, wo ich wenig Tage vorher zum erstenmal Deiner gedacht und Dich im Herzen in Schutz nahm, da strömte mir eine von Dir geschaffne Welt entgegen, bald fand ich die Mignon, wie sie mit dem Freund redet, wie er sich ihrer annimmt, da fühlte ich Deine Gegenwart, ich legte die Hand auf das Buch, und es war mir in Gedanken, als stehe ich vor Dir und berühre Deine Hand, es war immer so still und feierlich, wenn ich allein mit dem Buch war, und nun gingen die Tage vorüber, und ich blieb Dir treu, ich hab' an nichts anders mehr gedacht, womit ich mir die Zeit ausfüllen solle. Deine Lieder waren die ersten, die ich kennen lernte, o wie reichlich hast Du mich beschenkt für diese Neigung zu Dir, wie war ich erstaunt und ergriffen von der Schönheit des Klangs, und der Inhalt, den ich damals nicht gleich fassen konnte, wie ich den allmählich verstehen lernte, was hat dies alles in mir angeregt, was hab' ich erfahren und genossen und welche Geschicke hab' ich erlebt, wie oft hat Eifersucht gegen diese Lieder mich erregt, und in manchen, da fühlte ich mich besungen und beglückt. – Ja, warum sollte ich mich nicht glücklich träumen? – Welche höhere Wirklichkeit gibt es denn als den Traum? – Du wirst nie im Schoß des ersehnten Glückes finden, was Du von ihm geträumt hattest. – Jahre gehen dahin, daß einer dem andern sich nahe wähnt, und doch wird sich nie die eigentümliche Natur ans Licht wagen, der erste Augenblick freier unbedingter Bewegung trennt Freundschaft und Liebe. Die ewige unversiegbare Quelle der Liebe ist ja eben, daß sie Geheimnisse in ihren klaren Wellen führt. Das Unendliche, der Sehnsucht Begehrliche des Geistes ist aber, daß er ewige Rätsel darlege. Drum mein Freund, träume ich, und keine Lehren der Weisheit gehen so tief in mich ein und begeistern mich zu immer neuen Anschauungen wie diese Träume; denn sie sind nicht gebaut auf Mißverständnisse, sondern auf das heilige Bedürfnis der Liebe. – Mein erstes Lesen Deiner Bücher! Ich verstand sie nicht, aber der Klang, der Rhythmus, die Wahl der Worte, denen Du Deinen Geist vertrautest, die rissen mich hin, ohne daß ich den Inhalt begriff, ja, ich möchte sagen, daß ich viel zu tief mit Dir beschäftigt war, als daß die Geschichte Deiner Dichtungen sich hätte zwischen uns drängen können; ach, es hatte mir niemand von Dir gesagt, er ist der größte, der einzige Mensch unter allen, ich mußte es alles selbst erfahren, wie ich Deine Bücher allmählich verstehen lernte, wie oft fühlte ich mich beschämt durch diese machtausübenden Begeistrungen, da stand ich und redete im Spiegel mit mir: „Er weiß von dir nichts, in dieser Stunde läuten ihm andere Glocken, die ihn da- und dorthin rufen, er ist heiter, der Gegenwärtige ist ihm der Liebste, armes Kind! Dich nennt sein Herz nicht", da flossen meine Tränen, da hab' ich mich getröstet und hatte Ehrfurcht vor dieser Liebe als vor etwas ganz Erhabnem. Ja, es ist wahr, es ist ein höherer Mensch innewohnend, dem sollen wir immer nachgehen, seinem Willen Folge leistend, und keinem andern sollen wir Altäre bauen und Opfer bringen, nichts soll außer ihm geschehen, wir sollen von keinem Glück wissen als nur in ihm.

So hab' ich Dich geliebt, indem ich dieser inneren Stimme willfahrte, blind war ich und taub für alles, kein Frühlingsfest und kein Winterfest feierte ich mit, auf Deine Bücher, die ich immer lesen wollte, legte ich den Kopf und schloß mit meinen Armen einen Kreis um sie, und so schlief ich einen süßen Schlaf, während die Geschwister in schönen Kleidern die Bälle besuchten, und ich sehnte mich, immer früher zum Schlafen zu kommen, bloß um da zu sein, wo ich Dir näher war. So ging die Zeit zwischen sechzehn und achtzehn Jahren hin, dann kam ich zu Deiner Mutter, mit der ich von Dir sprach, als ob Du mitten unter uns seist, dann kam ich zu Dir und seitdem weißt Du ja, daß ich nie aufgehört habe, mit Dir innerhalb dieses Kreises zu wohnen, den ein mächtiger Zauber um uns zieht. Und Du weißt von da an alles, was in meinem Herzen und Geist vorgeht, drum kann ich Dir nichts andres mehr sagen, als zieh mich an Dein Herz und bewahr' mich an demselben Dein Leben lang.

Gute Nacht, morgen reise ich in die Wetterau.

***

Reise in die Wetterau.

Wie es hier aussieht, das muß ich Dir beschreiben. Eine weite Ebne, lauter Korn, von allen Seiten, als wär' die Erde ein runder Teller, aber doch mit einem Rand; denn sanft schwillt die Fläche in die Runde bergan, abwechselnd umkränzt von Wald und Berggipfeln. Da stehe ich in der Mitte im wogenden Korn! Hätte ich Pfeil und Bogen und schösse nach allen Richtungen vom Mittelpunkt aus, so würde mein Pfeil einer alten Burg zufliegen, ich lauf' nach allen Seiten, und wo eine auftaucht, da wandre ich hin; da hab' ich manchen Graben zu überspringen, manch Wasser zu durchwaten, Wälder zu durchkreuzen, steile Klippen zu erklettern; wären's Abgründe, reißende Ströme, Wüsteneien und schwindelhohe Felswände, so wär' ich der kühnste Abenteurer. An jeder alten Ruine ein kleines Schwalbennest von Menschenwohnung angemörtelt, wo wunderliche steinalte Leute wohnen, abgelöst von den meisten Beziehungen mit ihresgleichen, und doch mit einem herzrührenden wolkendurchblitzten Blick versehen. Gestern gingen wir wohl eine gute Stunde durch schön geordnete Traubengänge, bis wir an die steile Höhe kamen, wo die Festungsmauern beginnen und das Hinansteigen nur durch Geübtheit oder Kunstsprünge erleichtert wird. Da oben haben sich ein paar mitleidige Birnbäume erhalten und Eichen mit großem, breitem Laubdach und eine Linde im schwimmenden, heißen Dampf ihrer Blüte. Mitten in dieser ehrwürdigen Gesellschaft, den Zeugen früherer Tage, lag auf spärlichem Rasen ein alter Mann mit silbernem Haar und schlief. Das unreife Obst, was von den Bäumen gefallen war, lag gesammelt an seiner Seite, seinen Händen war wahrscheinlich das danebenliegende, sehr zerlesene offene Gesangbuch entfallen, auf das ein schwarzer Hund mit glühenden Augen die Schnauze gelegt hatte; er machte Miene zu bellen, allein um seinen Herrn nicht zu wecken, hielt er an sich, wir auch gingen in weiterem Kreise um das kleine Revier, um dem Hund zu zeigen, daß wir keine böse Absicht hatten. Aus dem Speisekorb nahm ich ein weißes Brot und Wein, ich wagte mich, so nah mir der Hund erlaubte, und legte es hin, dann ging ich nach der andern Seite und übersah mir das Tal; es war geziert mit Silberbändern, die ins Kreuz die grünen Matten einschnürten, der schwarze Wald umarmte es, die fernen Bergkuppen umwachten es, die Herden wandelten über die Wiesen, die Wolkenherde zog der Sonne nach, von ihrem Glanz durchschimmert, und ließ die blasse Mondessichel allein stehen, dort über dem schwarzen Tannenhorst; so umwandelte ich rund meine Burg und sah hinab und hinauf, überall wunderliche Bilder, hörte schwermütige Töne und fühlte leises, schauerliches Atmen der Natur, sie seufzte, sie umschmeichelte mich wehmütig, als wolle sie sagen: „Weine mit mir!" – Ach, was steht in meiner Macht? – Was kann ich ihr geben!

Da ich zurückkehrte, sah ich im Vorübergehen den Alten unter dem Baum mit dem Hund, der aufrecht vor ihm saß und ihm in den Mund sah, das weiße Brot verzehren, was ich bei ihm gelegt hatte.

***

Gegenüber liegt eine andre Burg, da wohnt als Gegenstück eine alte Frau, umgeben von drei blonden Enkel-Engelsköpfchen, wovon das älteste drei Jahr' und das jüngste sechs Monate ist. Sie ist nah an siebenzig Jahre und geht an Krücken; im vorigen Jahr war sie noch rüstig, erzählte sie, und hatte vom Schulmeister den Dienst, die Glocken zu läuten, weil die Kirche höher lag wie das Dorf und näher an der alten Burgruine; ihr Sohn war Zimmermann, er ging in der kalten Weihnachtszeit in den Wald, um Holz zu fällen und zum Bau zu behauen, er kam nicht wieder, – er war erfroren im Wald. Da man ihr die Nachricht brachte, ging sie hinab in den Wald, um ihn noch einmal zu sehen, und da fiel sie zusammen und erlahmte, man mußte sie wieder die steilste Anhöhe hinauftragen, von der sie nun nicht wieder herabkommt. „Ich sehe alle Abend' die Sterne, die auf mein Grab scheinen werden, und das freut mich", sagte sie, „ich habe Friede geschlossen mit allen Menschen und mit allem Schicksal, der Wind mag brausend daherfahren, wie in der Bibel stehet, und den alten Eichen den Hals umdrehen, oder die Sonne mag meine alten Glieder erwärmen – ich nehme alles dahin. Friede mit allen Dingen macht den Geist mächtig – der wahre Friede hat Flügel und trägt den Menschen noch bei Leibes Leben hoch über die Erde dem Himmel zu, denn er ist ein himmlischer Bote und zeigt den kürzesten Weg; er sagt, wir sollen uns nirgendwo aufhalten; denn das ist Unfriede; der grade Weg zum Himmel ist Geist, das ist die Straße, die hinüber führt, daß man alles versteht und begreift, wer gegen sein Schicksal murrt, der begreift es nicht, wer es aber in Frieden dahinnimmt, der lernt es auch bald verstehen; was man erfahren und gelernt hat, das ist allemal eine Station, die man auf der Himmelsstraße zurückgelegt; ja, ja! Das Schicksal des Menschen enthält alle Erkenntnis, und wenn man erst alles verstanden hat auf dieser irdischen Welt, dann wird man ja doch wohl den lieben Gott können begreifen lernen. Niemand lernt begreifen, denn durch Eingebung vom heiligen Geist; durch eigne Offenbarung lernt man fremde verstehen; – ich erkenne gleich in jedes Menschen Herz, was ihn sticht und was ihn brennt, und weiß auch, wann die Zeit kommt, die ihn heilt; ja, ich muß noch täglich weinen über meinen lieben Sohn, der erfroren ist, aber weil ich weiß, daß er die irdische Straße zurückgelegt hat, so hab' ich nichts dawider, ich lese auch täglich in diesem Buch, da stehen diese großen Wahrheiten alle geschrieben." Sie gab uns einen alten Gesang zu lesen: „O Herr! Du führst mich dunkle Wege, am Ende aber seh' ich Licht"; in diesem stand zwar nichts von dem, was sie uns mitgeteilt hatte, als nur einzelne Hauptworte.

Im Nachhausegehen vertrieben uns die Gießener Studenten die Grillen, sie hatten sich am Abhang des Berges in großen Weinlauben gelagert, sie sangen, sie jauchzten, Gläser und Flaschen flogen hinab, sie tanzten, walzten und wälzten sich den Berg hinunter und durchschallten das Tal mit ihrem grausamen Gebrüll.

***

Die Ammenburg.

So nenne ich die kleine Wohnung, die grade so groß ist, den einfachsten Bedürfnissen eines einzelnen Menschen in schöner wohltuender Ordnung zu genügen, sie ist mit roten Steinen oben auf eine mit samtnen Rasen begleitete, kegelrunde Bergkuppe aufgemauert. Vor drei Jahren stand sie noch nicht hier, da war die Liebe der einzige Schutz gegen Wind und Wetter, da kamen sie häufig zusammen vom Frühling bis zum Herbst, von Sonnenuntergang bis zu Sonnenaufgang lagen sie, vom Mond belacht, auf Blumenrasen zwischen silbernen Bergquellen, im Winter rief ihn die Kriegstrompete, Armide blieb allein, aber nicht lange, da kam Amor das Kind, sie legte ihn in die Wiege, sie nährte es mit der Milch ihrer Brüste und noch ein anderes dazu. Für den Ammenlohn kaufte sie sich diesen Fleck und baute das kleine Haus und wohnt jetzt mit ihren goldlockigen Bübchen hier oben, wo sie weit durchs Tal in die Ferne sieht und bei Windstille auch hören kann, wenn die Trommel sich rührt oder die Trompete zwischen den Felswänden schmettert. Vielleicht kehrt er zurück und erkennt an dem lustigen, buntbemalten Schornstein, der auf das Häuschen aufgepflanzt ist, daß das freudige Liebesglück nicht in Reue zerschmolzen ist.

***

Heute zogen wir nach einer andern Burg. Sie liegt vier Meilen entfernt, ihre stolzen, wohlerhaltenen Türme streckt sie gen Himmel, als ob sie sie zum Schwur emporhebe; man sieht sie schon von mehreren Meilen, jede Viertelstunde macht sie eine andere Miene, bald treten Wälder hervor, die sie umkleiden, bald weiche Hügel, oft auch schwimmen Dörfer in den fruchtreichen Bahnen ihres langen und weiten Flurengewandes, die aber bald in seinen Falten wieder versinken. Wir waren alle beritten und zur Jagd gewappnet. Im Wald machten wir Mittag, ein Fuchs wurde verfolgt, das hielt unsere Reise auf. Da wir ankamen, stieg der Mond zwischen beiden Türmen herauf, wir aber ritten im finstern Tal durch die kleine Stadt mit holperigen Straßen; in einer großen Eisengießerei übernachteten wir. Am Morgen, vor Tag, eilte ich hinaus, ich wollte meine Schöne, die Natur, noch mit verschloßnen Augen überraschen, ich wollte sehen, wie sie auf dieser Seite, in dieser süßen Lage sich ausnähme. O Freund, alle Blumenkelche voll Tauspiegel, ein Gräschen malt sich im Perlenschmuck des andern, ein Blümchen trinkt sein Bild aus dem Kelche des Nachbarn, und Du! – und Dein Geist, der erquickende, was kann er mehr sein, was kann er anders sein als reiner Himmelstau, in dem sich alles in reinster Urschönheit spiegelt; Spiegel! – Tiefe weisheitsvolle Erkenntnis ist Dein Geist, in dem selbst Du nur Dich spiegelst, und alles Liebe, was der Menschheit durch Dich angetan, ist Spiegel ihrer *(Idealität)* reinsten, unverkümmerten Natur. Und nun kam ich von meinem Weg um die Burg, die ich zweimal in beflügeltem Lauf, wie Pindar sagt, umkreist habe, sie liegt auf runder kurzbegraster Kuppe, die Schafherde drängte sich wie ein Pelzkragen um ihre Zwinger: ein blökender Pelzkragen! Ich hatte Brot bei mir, das ich unter sie teilte, wie Deutschlands Kaiser unter die Tiroler, aber sie drängten mich auch wie jene den Kaiser und schrien: „Mehr Brot! Mehr Brot! – blä! blä!“ – Ich hatte keins mehr wie der Kaiser auch; ich war in Gefahr, umgerissen zu werden wie er; ich riß mich durch und im vollen Galopp den Berg hinunter, die ganze Herde hinter mir drein, mitsamt dem bellenden Hund kam ich am Fuß des Berges vor dem Wirtshaus an, dort weckten sie die ganze Reisegesellschaft mit ihrem Geblök, und ich sage Dir, sie wollten mit Gewalt in die Wirtsstube, ich mußte sie zuriegeln, ich glaub', der Bock hätte sie sonst mit seinen Hörnern aufgeklemmt. Ei, hätten's die Tiroler auch so gemacht, der Kaiser hätte Brot schaffen müssen; die machten's aber wie der Schäfer, der blieb verdattert auf dem Berge stehen und sah seine Herde davoneilen. „Du kannst tausend Dummheiten in einen kleinen Raum einpferchen, wie der Schäfer die Herde", sagte der Bruder Franz, da er mich mit der nachgeeilten Herde angekommen sah.

Bis alles sich reisefertig gemacht hatte, ging ich in den Kuhställen umher. Das Gehöfte ist unendlich groß, man könnte ein Vorwerk drin anlegen, sie rufen von der entferntesten Scheune zur andern mit einem Sprachrohr. Der Kuhstall inmitten bildet ein Amphitheater, ein Halbkreis von spiegelglatten Kühen, an jedem Ende durch einen Bullen abgeschlossen. An dem Ende, wo ich eintrat, ist der Ochs so freundlich, zärtlich, daß er jeden, der ihm nahe kommt, mit der Zunge zu erreichen sucht, um ihn zu belecken; er muhte mich an in hohem Ton, ich wollte ihn nicht vergeblich bitten lassen, mußte mein Gesicht von seiner schaumigen Zunge belecken lassen; das schmeckte ihm so gut, er konnte nicht fertig werden, er verkleisterte mir alle Locken, die Deine Hand immer in so schöne Ordnung streichelt.

Jetzt beschreib' ich Dir die Burg, aber flüchtig; denn wo ich nicht in Worten liebkosen kann, da verweile ich nicht lange. – Sie ist besser erhalten wie alle andern, auch selbst die Gelnhäuser ist lange nicht so ganz mehr, und ich begreife nicht, daß man keine Rücksicht darauf nimmt. Sie gehörte ehemals den Herren von Griesheim, jetzt ist sie an die Grafen Stolberg gefallen. – Die Burg ist in ihrem Hauptgemäuer noch erhalten, nur innen ist manches eingestürzt, der Söller ist noch ganz, auf diesem kann man rund um die Burg gehen. Nach allen Seiten sieht man ins Fruchtland, das in der Weite wieder an andern Burgruinen hinaufsteigt. So blüht und reift der ewige Segen zwischen Gräbern und verlaßnem Gemäuer, und der Mensch braucht nur sich einzufinden, so ist er auch da und umwandelt und umkleidet ihn. Die Sonne schmeichelt's dem lieben Herrgott ab, daß er seinen Menschenkindern hundertfältige Ähren reifen läßt; die Sonne und der Gott liebkosen einander und dabei haben die Menschen gutes Spiel, und wer liebt, der stimmt ein in die Liebe Gottes, und durch ihn und in ihm reift auch der göttliche Segen.

In der Kapelle stehen noch etliche Säulen mit ihren gotischen Kapitälen; etliche liegen an der Erde, aber noch ganz erhalten, eins, was ich nur unvollkommen Dir hier abzeichne. Die Mondessichel hebt das Wappen in der Luft und bildet so das Kapitäl, unter ihr zwei Drachen, die sich verschlingen. Die Leute sagen, sie haben goldne Schaumünzen im Rachen gehabt, so sind sie in einer alten Chronik verzeichnet. Ein anderes ist noch viel schöner; ich wollt' es auch abzeichnen, aber es war so kalt und feucht da unten; Rosen, wunderschön in Stein gehauen, bilden einen Kranz, Schlangen winden sich durch und strecken ihre gekrönten Köpfchen aus und bilden so einen zweiten Kranz; es ist gar zu schön, hätt' ich's mitnehmen können, ich hätte Dir's gebracht! Während ich's durchzeichnen wollte, kam eine kleine Schlange unter dem Gras hervor und richtete sich vor mir auf, als wollte sie zusehen, wie ich das Bild ihrer Ahnen nachzeichnete, und das erschreckte mich in der Einsamkeit, so daß ich mit einem Schauder davoneilte.

In dem äußeren Burgtor sind noch die Türangeln, über dem innersten Burgtor auf dem Söller ist ein Steinherd mit einer kleinen Brandmauer umgeben, die wie eine Nische gebildet ist. Da haben sie das Pech glühend gemacht und durch ein Loch über der Mitte des Tores durchgegossen; alles wurde betrachtet, beachtet, erklärt, zurechtgerückt, noch manches blieb unerklärt, die Verwundrung über vorige Zeiten, und daß sie mit ihren Resten noch so derb in unsre hineinreichte, machte uns zu einfältigen Leuten; ja, mir ward angst, diese alte grobknochige Zeit könne plötzlich über den Augenblick der Gegenwart kommen und ihn verschlingen. O Goethe, mir ist nur eins wichtig, mein Dasein in Dir! Und nach diesem komme das End' aller Dinge.

Soll ich Dich denn noch weiter mitnehmen auf meinen Streifzügen, oder ist's genug der eingefallnen Mauern, der Wildnis, die alles überwuchert, des Efeus, der aus dem kalten Boden hevorsprießt, unermüdlich hinaufklettert an der öden Mauer, bis er die Sonne erblickt, und dann gleich wieder hinabsteigt, mit weit reichenden Ranken nach der feuchten, düsteren Tiefe verlangt? Gestern war der Himmel blau, heute rubinfarb und smaragden, und dort im Westen, wo er die Erde deckt, jagt er das Licht im Safrangewand vor sich her aus der Schlafstätte. Einen Augenblick kann sich die sehnende Liebe ergötzen daran, daß die ganze Natur schlummernd saugt; ja, ich fühl's: wenn die Nacht einbricht, daß jedes Würzelchen trinkt, in jedem liegt Begierde, Sehnsucht nach Nahrung, und diese Anziehungskraft zwingt die Erde, die ihre Nahrung nicht versagt jedem lebenden Keim; und so liegt in jedem Blumenhaupt schwärmende Begeistrung, die aus dem Licht der Sterne Träume herabzieht, die es umweben; geh über einen Wiesenteppich in stiller sternenflimmernder Nacht, da wirst Du, wenn Du Dich herabbeugst zur Flur, die Millionen Traumbilder gewahr werden, die da wimmeln, wo eins oft vom andern Eigenheiten, Farben und Stimmungen entlehnt; da wirst Du es fühlen, daß diese Traumwelt sich hinaufschwingt in den Busen des Beschauenden und in Deinem Geist sich als Offenbarung spiegelt; ja, die schöne Blume des Gedankens hat eine Wurzel, die saugt aus dem warmen, verborgnen Boden der Sinne ihre Nahrung und steigt aufwärts zum göttlichen Licht, dem sie ihr Auge öffnet und es trinkt und ihm ihren Duft zuströmt; ja die Geistesblume ersehnt sich die Natur und die Gottheit, wie jede Erdenblume.

Bruchstücke aus
Briefen, in Goethes Gartenhaus
geschrieben.

Anno 18.

Ich habe Dich heute nur wenig Augenblicke gesehen, und mir deucht, das ganze Leben gehöre dazu, um Dir alles zu sagen. Musik und Kunst und Sprache, alles möcht' ich beherrschen, um mich drin auszusprechen.

Ich sehne mich nach Offenbarung; Du bist's! – Nach Deinem Innern strebt die Liebe, sie will sich in seinen Tiefen empfinden.

Deine Gegenwart erschüttert mich, weil ich die Möglichkeit empfinde, Dir eine Ahnung meiner Sehnsucht zu geben.

Deine Nähe verändert alles äußerlich und innerlich, daß der Atem, den Du aushauchst, sich mit der Luft mische, die auch meine Brust trinkt, das macht sie zum Element einer höheren Welt; so die Wände, die Dich umfassen, sind magnetisch; der Spiegel, der Dein Bild aufnimmt, die Lichtstrahlen, die an Dir hinstreifen, Dein Sitz, alles hat eine Magie; Du bist weg, aber diese bleibt und vertritt Deine Stelle, ich lege mich an die Erde, wo Deine Füße standen, an diesem Fleck und an keinem andern ist mir wohl. – Ist das Einbildung? – Tränen fühl' ich in der Brust, Deiner so zu denken, wie ich jetzt denke, und diese Wehmut ist mir Wollust, ich fühle mich in ihr erhoben über's ganze Erdenleben, und das ist meine Religion. – Gewiß! Der Geliebte ist das Element meines zukünftigen Lebens, aus dem es sich erzeugt, und in dem es lebt und sich nährt. – O hätte ich Geist! – Hätt' ich den, was für Geheimnisse wollt' ich Dir mitteilen!

Offenbarung ist das einzige Bedürfnis des Geistes; denn das Höchste ist allemal das einzigste Bedürfnis.

Geist kann nur durch Offenbarung berührt werden oder vielmehr: alles wird zur Offenbarung an ihm.

So muß sich der Geist sein Paradies begründen. – Nichts außer dem Geist. – Himmel und Seligkeit in ihm. – Wie hoch steigt Begeistrung, bis sie zum Himmel sich steigert!

Wenn das ganze Leben des Geistes Element wird, so hat er Gewalt über den Himmel.

Der Schlüssel zum höheren Leben ist die Liebe, sie bereitet vor zur Freiheit. – Freiheit ist Geisterleben.

Denken ist Inspiration der Freiheit. –

Der hat Geist oder ist geistig, der mit sich selbst zusammenkommt. Inspiration dringt darauf, daß der Mensch zu sich selbst komme. – Wenn Du mich begeisterst, so forderst Du Dich selber von mir, und meine Begeistrung geht darauf aus, Dich Dir selber zu geben. – Wahre Liebe gibt dem Geliebten sich selber. – Wie wahr ist dies, da ich Dich nur denken kann und doch Dir alles geben muß.

Was ist Lieben? – Der Wächter auf der Zinne ruft die nahe Morgenstunde. Der regsame Geist ahnet schlummernd den Tag, er bricht aus seiner Traumwelt hervor, und der junge Tag umfängt ihn mit seinem Licht, – und das ist die Gewalt der Liebe, daß alles Wirklichkeit ist, was vorher Traum war, und daß ein göttlicher Geist dem in der Liebe Erwachten das Leben erleuchten wie der junge Tag dem aus der Traumwelt Erwachten.

Liebe ist Erkenntnis, und die ist Besitz.

Liegt der Same in der Erde, so bedarf er der Erde. Nun er zum Leben angeregt ist, müßte er sterben, wenn er ihr entnommen würde. In der Erde erst wandelt sich der Same um ins Leben, und die Erde wird erst Geist im Samen. – Wenn Du liebst, dringst

Du ans Licht wie der Same, der in der Erde verborgen war. – Warum verbirgt die Natur den Samen im Schoß der Erde, eh' sie sein Leben ans Licht entläßt? – Auch das Leben liegt im geheimen Schoß des Geistes verborgen, ehe es als Liebe ans Licht dringt. – Der Boden, aus dem die Liebe entsteigt, ist Geheimnis.

Geheimnis ist Instinkt der Phantasie; wessen Geist diesen Instinkt hat, der hat den befruchtenden Boden für den Samen der Liebe. – Phantasie ist die freie Kunst der Wahrheit.

Und hier wär' ein Gewaltiges mitzuteilen, wenn die Müdigkeit mich nicht überwältigte; es muß mir genügen, daß ich's empfinde, wie die Phantasie die Vermittlerin ist zwischen der himmlischen Weisheit und dem irdischen Geist.

Jeder Gedanke hat Flügel und fliegt zu dem, der ihn eingibt; jeder Atemzug ein Gedanke, der zum Geliebten fliegt, nur was liebt, ist Gedanke und fliegt. – Ja, Gedanken sind geistige Vögel.

Wenn ich nicht im Bett wär', so schrieb' ich noch mehr, aber so zieht mich das Kopfkissen nieder.

In Deinem Garten ist's so schön! Alle meine Gedanken sind Bienen, sie kommen aus Deinem duftenden Garten zum Fenster hereingeflogen, das ich mir geöffnet habe, und setzen da ihren Honig ab, den sie in Deinem blütenreichen Garten gesammelt haben. Und so spät es ist, nach Mitternacht schon, so kommen sie doch noch einzeln und umsummen mich und wecken mich aus dem Schlaf; und die Bienen Deines Gartens und die Bienen Deines Geistes summen untereinander.

Liebe ist Erkenntnis, Schönheit ist das Geheimnis ihrer Erkenntnis, und so tief ist dies Geheimnis, daß es sich keinem mitteilt als nur dem Liebenden. Glaub's nur! Keiner besitzt das Geheimnis von Dir, wie ich es besitze, das heißt: keiner liebt Dich, wie ich Dich liebe.

Wieder ein Bienchen! – *Deine Schönheit ist Dein Leben* – es wollte noch mehr summen, aber der Wind jagte es wieder zum Fenster hinaus. – Daß ich in Deinem Garten schlafe eine Nacht, das ist wohl ein groß Ereignis. – Du hast oft hier herrliche Stunden verlebt, allein und mit Freunden; und nun bin ich allein hier und denke dem allen nach und seh' im Geist dem allen zu. Ach, und wie ich heute, eh' ich ins stille verlassene Haus eintrat, noch den Berg hinaufging zum obersten Baum, der so mit mannigfachem Grün umwachsen ist, das all von Deiner Hand geleitet wurde, der seine Äste schützend über den Stein verbreitet, in den die Weihe der Erinnerung eingegraben ist! Dort oben stand ich ganz allein, ein wenig Mondlicht stahl sich durch den Baum, ich fühlte an der Rinde des Baumes nach den eingeschnittenen Buchstaben. Ach, gute Nacht.

Stehle ich dem Schlaf noch länger die Träume, so werden meine Gedanken Schäume. Da oben sah ich Dein Haus erleuchtet. Ich dachte: wenn Du bei diesem Licht meiner harrtest, und ich käm' herab den frischen Mondscheinweg mit so wohl vorbereitetem Herzen, und ich träte ein bei Dir, wie freundlich Du mich aufnehmen würdest. Bis ich herabkam, hatte mir meine Einbildungskraft weisgemacht, es könne möglich sein, daß Du da seist, und obschon ich wußte, daß dies Licht allein in meiner Kammer brenne, denn ich hatte es ja selber angezündet, so öffnete ich doch mit Zagen die Tür; und wie ich diese stille Einsamkeit gewahrte, auf dem Tisch die getrockneten Pflanzen und an den Wänden die Steine und die Muscheln und die Schmetterlinge und das erhabene Dunkel, was mit den Strahlen der Lampe spielte; und wie ich da eintrat, da blieb ich am Türpfosten angelehnt stehen und holte erst Atem.

Und nun lieg' ich in diesem Bettchen zum Schlafen, es ist hart, das Bett, ein einziger Strohsack und eine wollne Decke drüber und zum Zudecken eine graue Decke mit bunten Blumen, und kein Mensch weiß, daß ich die Nacht hier zubringe, als nur Du.

Irdische Jugend ist bewußtlos, sie steigt aus ihrer Knospe, ihre Entfaltung ist ihr Ziel. Bewußtsein der Jugend ist schon übersinnliche Jugend.

In Dir bin ich meiner Jugend bewußt. Ich sehe sie alle, die goldnen Tage, die ich in Dir verlebte, gekrönt ein jeder mit wunderbaren Blüten. Stolz erhaben einherschreitend feurigen, raschen Geistes; unberührt, keusch, vor der Gemeinheit sich flüchtend in höhere Regionen; ein milder Schimmer durchglänzt sie, es ist der Abendschein Deines Lebens. Ach, und der heutige Tag ist auch ein solcher, er schließt sich an die Reihe der verflossenen an, majestätisch, triumphierend; obzwar ich allein bin hier im verlassenen Haus, ohne Einrichtung, mich zu empfangen, hier sind noch die Spuren des vergangenen Winters.

Der Geist taucht unter in der Jugend als in einem Meer.

Jugend wird sein Element, in ihm wird der Geist zur Liebe. Jugend bereitet den Geist vor zur Ewigkeit, die ewige Jugend ist.

Ich glaub' an Deine Gegenwart in diesem einsamen Gemach, ich glaub', daß Du mich hörst, mich empfindest; ich spreche mit Dir. Du fragst, ich antworte Dir.

Jeder strebt nach Jugend, weil das Bedürfnis des Geistes Entwicklung in der Liebe ist.

Nachdem ich schon ein Weilchen geschlafen habe.

Nichts ist dem Genius neu, alles ist ihm Element. In der Liebe ist einer dem andern Genius und wird einer dem andern Element.

Du bist mir Element, und ich kann die Flügel regen in Dir, und das ist das einzige Erkennen, das einzige Empfinden, das einzige Haben.

Und Du magst Dich tausendfach aus Dir heraussehnen, nie wirst Du Dich selbst finden, als indem Du Dich in einen andern ergießest; nie wirst Du im andern sein, als wenn er in Dir ist.

Denken sieht und berührt, es ist innigste Berührung mit dem Geist des Bedachten.

Wenn der Geist zur Musik wird, dann wird Philosophie zur Empfindung.

Schon hundertmal hab' ich mich in die graue Decke eingehüllt, und wollte ich schlafen, so muß ich die Hand ausstrecken, um eine Zeile zu schreiben.

Wenn es wahr ist, daß es eine Magie des Lebens gibt, die vermöge der Selbsterleuchtung sich erzeugt, wer wollte dann außer ihren Kreisen stehen?

Gute Nacht! – Zu Deinen Füßen verschlaf' ich sie.

Ja, ich will glauben, daß Du da bist, und will keine Hand nach Dir ausstrecken, damit ich Dich nicht verscheuche, und doch berührst Du mich, die Luft verändert sich, der Schimmer der Lampe, die Schatten, alles gewinnt Bedeutung.

Am 28. August.

Den übergehen wir mit Stillschweigen. Du bist mir von Ewigkeit her. Wer wollte leugnen, daß die Sterne uns regieren. Du warst ihrem Einfluß willig, und so haben sie Dich zu sich erhoben, ich weiß alles: heimlich regieren sie Dich auch, daß Du mir geneigt bist. Ich seh's an Deinem Blick, Du bist mit mir zufrieden. Du sagst nichts, Du schließest Deine Lippen so fest, als habest Du Furcht, sie mögen gegen Deinen Willen plaudern. Goethe! Es ist mir genügend, was Dein Blick sagt, auch wenn er nicht auf mir weilt. Gestern, wie ich hinter Dir stand und mit dem Papier rauschte, da sahst Du Dich um, ich merkte es wohl; ich ging leise hinaus und schob die Tür nicht ganz zu, da sah ich Dich rasch den Brief ergreifen, dann ging ich weg, ich wollte Dich nicht länger belauschen, mich überlief ein leises Frösteln, wie ich mir vorstellte, daß Du jetzt lesen werdest, was ich zu Dir gedacht hatte in letzter Mitternacht. – Wie selig, Goethe! – denken: jetzt nimmt er diese Schmeicheleien auf, jetzt spricht sein Geist freundlich nach, was ich für ihn erdacht habe. Es ist schön, was ich Dir sage, es sind die Liebesgeister, die mit Dir sprechen, sie umkreisen jubelnd Dein Haupt.

Weißt Du, wie ich Dich mir denke heute an Deinem Geburtstag? – Am Meeresstrand, auf goldnem Thronsessel im weißen wollnen Gewand, den Purpur untergebreitet; in der Ferne die weißen Segel auf hoher See, geschwellt vom Wind, rasch aneinander vorüberfliehend, und Du, ruhend im Morgenlicht, gekrönt mit heiligem Laub, mich aber seh' ich zu Deinen Füßen, mit der reinen Flut, die ich am Meer geschöpft, um sie zu waschen. – So denk' ich mich zu Deinem Dienst in tausend Bildern, und es ist, als sei dies die Reife meines Daseins.

Hast Du schon in die untergehende Sonne gesehen, wenn sie schon milder leuchtet, so daß ein scharfes Aug' von ihrem Glanz nicht mehr geblendet wird? – Hast Du da schon gesehen, wie sich ihr eigen Bild von ihr ablöst und vor ihr am Horizont niedertaucht in die rote Flut und nach diesem Bild immer wieder ein anderes in leisen Brechungen der Strahlen immer wieder sich anders färbt? – Meine Seele, wenn der gewaltige Glanz Deiner vollen Erscheinung nicht mehr so stark blendet und die Ferne sanfte Schleier über Dich webt, sieht solche Bilder, die eins nach dem andern von Dir abstrahlen, sie tauchen alle unter in meiner Begeistrung wie im Feuerschoß der Natur, und ich kann mich nicht sättigen in dieser schönen Fülle.

***

Den 3. September.

So müde wie ich war am späten Abend, so fest wie ich schlief am frühen Morgen, hab' ich drei Tage nicht geschrieben. Du hast nicht nach mir gefragt in dieser Zeit, und heut' am Abend bin ich zum erstenmal hinausgegangen und überlege hier auf der Bank, daß Du mich vergißt. Die Vögel sind schon gewohnt, daß ich hier sitze unbeweglich still. – Wie ist's doch so wunderlich hier im fremden Land! – Hierher bin ich gekommen an den verlassenen Ort, um tief in mich selbst zu versinken. Da seh' ich Bilder, Erinnerungen früherer Tage, die sich an den heutigen anschließen. Heute, wie sie in der frühen Morgenstunde vor dem römischen Haus Musik machten, und wie der Herzog hervortrat und die großen Hunde ungeduldig den Menschen zuvoreilten und ihm an den Hals sprangen, das kam mir so feierlich vor, wie er sich freundlich ihren ungestümen Liebkosungen preisgab und über sie hinaus dem Volk winkte, das ihn mit Jauchzen begrüßte. Da teiltest Du plötzlich die Menge, das Vivat verdoppelte sich bei Deiner Erscheinung; die beiden hohen Freunde miteinander auf und ab schreiten zu sehen, hoch an Geist und Milde, das war dem Volk ein heilig Schauspiel, und sie sagten alle: „Welch seltnes Paar!" – Und viel Schönes wurde von Euch gesprochen, jede Eurer Bewegungen wurde beachtet: *Er lächelt, er wendet sich, der Herzog stützt sich auf ihn! Sie reichen einander die Hände! Jetzt lassen sie sich nieder!* – So wiederholte das Volk mit heiligem Schauer alles, was zwischen Euch beiden vorging. Ach, mit Recht, denn aus Euer beider vereinten Liebe ging sein Glück hervor, das wissen sie alle; und wie Ihr lange miteinander Rede führtet, da harrte die Menge schweigend, als ob der Segen von Jahrhunderten auf es herabgerufen werde. Ich auch, Goethe! – Ich glaub' dran, daß Euch beiden als Wesen höherer Geschlechter Macht gegeben ist, Segen für die Zukunft zu versichern; denn in des Herzogs Brust ist die Milde schon lange als Frucht gereift, das hast Du selbst gesagt, und Dein Geist strömt Licht aus, Licht der Weisheit, die Gnade ist und alles gedeihen läßt.

Als Du weg warst, da ließ der Herzog mich rufen, er fragte, ob Du mich gesehen und begrüßt habest, das mußte ich verneinen; denn Du hattest mich ja *übersehen*. Erinnerst Du Dich noch an jenen Geburtstag? – Am Abend, wo ich hinter dem Pfeiler stand, Du suchtest mich mit dem Blick und fandest mich auch, ach, wie durchglühte das mein Herz, wie ich Dein Spähen belauschte, da reichtest Du mir Dein Glas, daß ich draus trinken sollte, und keiner merkte es in der Menge. Heute bin ich allein, viele Tage sind seitdem vergangen, dort liegt Dein Haus, ich könnte zu Dir gehen und Dich von Angesicht zu Angesicht sehen, doch zieh' ich's vor, hier allein in Deinem Garten Dich zu beschwören: o hilf mir Dich denken, Dich empfinden; mein Glaube ist mein Zauberstab, durch ihn erschaff' ich meine Welt, außer welcher mir alles fremd ist, und ich hege keinen Zweifel, daß ich nur in ihr wirklich lebe. Mein Denken ist wundertätig; ich spreche mit Dir, ich seh' in Dich hinein, mein Gebet ist, daß ich meinen Willen stärke, Dich zu denken.

***

In Goethes Garten.

Die ganze Welt umher beleuchtet von einer Sonne! Du, in mir allein beleuchtet, alles andre im Dunkel. Wie das die Liebe entflammt, wenn das Licht nur auf einen Gegenstand fällt!

Das waren Deine Worte gestern: ich solle schreiben, und wenn es Folianten wären, es sei Dir nicht zu viel. Ach, und Du weißt doch, daß meine Sprache nur einen kleinen Umfang an Kenntnis hat. Daß ich zwar glaube, jedesmal neu zu empfinden, was ich Dir zu sagen habe, aber doch ist es ewig dasselbe. Und Dir? Ist es Dir nicht zu viel? – Ich hab's versucht, wie ein Maulwurf mich durchs eigne Herz gewühlt und habe gehofft, einen Schatz zu entdecken, der im Dunkeln leuchte, den wollte ich Dir heraufbringen, aber vergeblich! – Es sind keine gewaltigen Dinge, die ich Dir zu sagen habe, es ist nichts als nur lieblich zu gestehen und unwiderstehlich dieses Nichts. Liebkosungen bestehen ja in der Mitteilung. – Wenn Du am Bach ruhst unter duftigen Kräutern und die Libelle mit ihren kristallnen Augen läßt sich auf Dir nieder, sie fächelt Deine Lippen mit ihren Flügeln, wirst Du ihr böse? – Wenn ein kleiner Käfer an Deinem Gewand hinaufklettert und endlich sich im Busen verirrt, nennst Du das allzu keck? – Das kleine Tierchen, so unbekannt mit dem schlagenden Herzen unter seinen Füßchen? – Und ich! Bekannt mit diesem erhöhten Takt Deiner Gefühle, bin ich zu tadeln, daß ich mich Dir ans Herz dränge? – Siehst Du! Das ist alles, was ich Dir zu sagen habe. – Der Abendwind eilt flüchtig über die Gräser bis zu mir herab, die ich am Fuß des Hügels sitze und daran denke, wie ich Dir diese Folianten ausfüllen soll.

***

Denk' ich an Dich, so mag ich nicht am Boden weilen. Gleich regt Psyche die Flügel, sie fühlt die irdische Schwere, fühlt sich befangen in manchem, was nicht zu ihrem himmlischen Beruf gehört, das macht Schmerz, das macht wehmütig.

Das Licht der Weisheit leuchtet nur in uns selbst. Was nicht innere Offenbarung ist, wird nie Früchte der Erkenntnis tragen. Die Seele kommt sich selber entgegen in der Liebe, sie findet sich und nimmt sich auf im Geliebten; so finde ich mich in Dir. Was kann mir Beglückenderes widerfahren? – Und ist es ein Wunder, daß ich Deine Knie umfasse? – Ich möchte Dir alles mitteilen, was ich von Dir lerne. – Wenn der Geist wäre, was das Wort wiederholen kann, so hätte der Begriff einen kleinen Umfang. Es ist noch was anders Geist, als was in dem Netz der Sprache gefangen wird. Geist ist das alles in sich verwandelnde Leben; auch die Liebe muß Geist werden. Mein Geist ist fortwährend geschäftig, diese Liebe in sich umzusetzen, daraus wird und muß mein unsterblich Leben hervorgehen, oder ich geh' unter. –

***

Die Sonne geht unter, ihr Purpurzelt breitet sich über Deinen Garten, ich sitze hier allein und übersehe die Wege, die Du durch diese Auen geleitet hast, alle sind verlassen, nirgends wandelt einer, so einsam ist's, so ganz bis in die Ferne, und so lange schon hab' ich darauf gewartet, alles soll schweigen, dann wollt' ich mich besinnen und mit Dir sprechen – und jetzt fühl' ich mich so verzagt in der allmächtigen Stille. – Den Vogel im

Busch hab' ich verscheucht, die Glockenblumen schlafen. Der Mond und der Abendstern winken einander, wo soll ich mich hinwenden? Der Baum, in dessen Rinde Du manchen Namen eingeschnitten hast, den hab' ich verlassen und bin herabgegangen zur Haustür und hab' die Stirne auf das Schloß gelegt, das Deine Hand wie oft aufgedrückt, und hast mit Freuden dagesessen und auch einsame Stunden verbracht. Du allein mit Deinem Genius hast's nicht gefühlt, das Schauervolle der Einsamkeit, glorreich triumphierend im Wettgefühl der Empfindung und Begeistrung gingen sie vorüber, diese stillen Abende. O Goethe, was denkst Du von meiner Liebe? – Die so ewig an Dich heranbraust wie die Flut ans Ufer und möchte mit Dir sprechen und kann nichts sagen als nur seufzen. Ja! Sage doch: was meinst Du, das diese Liebe will? – Ich selber erstaune oft, wie erwachend aus dem Traum, daß dieser Traum herrsche über mich. Aber bald beuge ich mich wieder unter das Schattendach seiner Wölbungen und schmiege mich seinem Flüstern und lasse die Sinne bewältigen durch das Flügelrauschen unbekannter Geister. – Göttlich will ich sein! Göttlich und groß wie Du, frei über den Menschen nur in Deinem Lichte stehend, nur von Dir verstanden. Pfeile will ich senden: Gedanken, Dich sollen sie treffen und keinen andern, Du sollst ihre Schärfe prüfen, und in diesem heimlichen Verkehr sollen meine Sinne gedeihen; sie sollen herzhaft sein, gesund, rasch, freudig, ewig aufwärts, nicht sinkend die Lebensgeister, ihrem Erzeuger zuströmend.

Es ist Nacht, ich schreib' beim Sternenlicht. Weisheit ist wie ein Baum, der seine Äste durch das ganze Firmament verbreitet, die goldnen Früchte, die ihr Gezweig zieren, sind Sterne. Wenn nun eine Begierde sich regt, die die Früchte vom Baum der Weisheit genießen möchte? Wie komme ich dazu, diese goldnen Früchte zu erlangen? – „Die Sterne sind Welten“, sagt man: ist der Kuß nicht auch eine Welt? – Und ist der Stern größer Deinem Auge als der Umfang eines Kusses? – Und ist der Kuß geringer Deinem Gefühl als das Umfassen einer Welt? Drum: – die Weisheit ist Liebe! Und ihre Früchte sind Welten, und der täuscht sich nicht, der im Kuß eine Welt empfindet; ihm ist eine reife Frucht, ein an dem Lichte der Weisheit gereifter Stern in den Busen gesunken. – Der aber, Freund, – der von solcher Himmelskost genährt wird, zählt er noch für vollgültig unter den Menschen? –

Ich gehe nun schlafen, die Stille der Nacht, die heimliche Zeit verwendet Psyche, um zu Dir zu dringen. Oft führt sie der Traum zu Dir, sie findet Dich vielleicht durchkreuzt von tausend Gedanken, deren keiner ihrer erwähnt. Doch sie senkt die Flügel und küßt den Staub Deiner Füße, bis Dein Blick sich ihr neigt.

Auf diesem Hügel überseh' ich meine Welt!
Hinab ins Tal, mit Rasen sanft begleitet,
Vom Weg durchzogen, der hinüber leitet,
Das weiße Haus inmitten aufgestellt,
Was ist's, worin sich hier der Sinn gefällt?

Auf diesem Hügel überseh' ich meine Welt!
Erstieg' ich auch der Länder steilste Höhen,
Von wo ich könnt' die Schiffe fahren sehen
Und Städte fern und nah von Bergen stolz umstellt,
Nichts ist's, was mir den Blick gefesselt hält.

Auf diesem Hügel überseh' ich meine Welt!
Und könnt' ich Paradiese überschauen,
Ich sehnte mich zurück nach jenen Auen,
Wo Deines Daches Zinne meinem Blick sich stellt,
Denn der allein umgrenzet meine Welt.

Gereimt und ungereimt sag' ich Dir dasselbe, und Du ermüdest nicht, mich anzuhören. Ich sitze hier auf der Bank in der Dämmerung, wo der sinkende Tag vom aufgehenden Mond noch das Licht borgt, und freue mich, meine Welt im Zwielicht zu überschauen. Vor wenig Minuten lag alles noch im Sonnenglanz, da war ich unruhig, ob ich bleiben oder gehen solle. Jetzt, seit der Mond gestiegen ist, weiß ich, daß ich bleibe; *in seinem Licht erkenn' ich meine Welt*, seine Strahlen ziehen mich in ihren Zauberkreis, und was ich auch Unglaubliches für wahr halte, das verneint er nicht wie das Sonnenlicht. Er schmiegt sich schmeichelnd in den Schoß der Täler, und ich fühle deutlich, wie sie ihn liebt, die Natur, und wie er ihr geneigt ist, der Mond.

Wär ich Dir, was die ganze Natur dem Mond ist, der lebenerregend in ihren Pulsen spielt, der leise Lüfte als Boten aussendet, der die samenbeflockten Schwingen des Abendwindes niederbannt ins tauige Gras und seinem befruchtenden Licht ihre Kraft aufregt: dann wär' mein ganzes Sein ein Empfängnis Deiner Schönheit. Soviel Blüten sich ihm erschließen, soviel Schmeichelreden Dir von meinen Lippen fließen, soviel Tautropfen in seinem Licht glänzen, soviel Tränen der Lust sich sammeln unter dem Einfluß Deines Geistes.

***

Ich danke Dir, daß Du gekommen bist, es war so grau und trüb, ich sah mich in der weiten Ferne um und dachte schon, es würde mich überkommen wie das Wetter, wo sparsame Tränen aus den Wolken träufelten und der Himmel schwer und traurig war und viel düsterer aussah, als wenn es noch so sehr geregnet hätte. – Da kamst Du. – Du hast nichts gesagt vom Abschied und hast mich beschämt; denn ich hatte es auf der Zunge zu klagen, ja, es war schöner so, daß wir nicht Abschied nahmen; wir beide nicht. – Wie hab' ich diese Zeit verbracht? – Gar zu glücklich! – Das Gefühl Deiner Nähe hat jeden Atemzug beseligt, das nenne ich mir himmlische Luft – und Du? – Hab' ich Dir auch nicht mißfallen? – Ach, beschäme mich nicht, vergesse, was Dir nicht zusagte, wenn ich manchmal zu heftig war und Deine leisen Winke nicht verstand. Meine leidenschaftlichen Stimmungen sind ohne Ansprüche, sie sind wie Musik, auch die verlangt keinen irdischen Besitz, aber sie stimmt den Geist, der ihr Gehör gibt, zum Mitgefühl, zur Nachempfindung, ja, kling's in Deinen Ohren, in Deinem Herzen noch eine Weile nach, alles, was ich Dir sagen durfte. Leidenschaft ist Musik, ein Werk höchster Mächte, nicht außer, sondern tief in uns, sie führt uns mit dem idealischen Ich zusammen, um dessentwillen der Geist in den Leib geboren ist: dies Ich, das allein Leidenschaft entzünden, sie gestalten und bilden kann. Der Mensch wird von der Begeistrung erzogen, das ganze irdische Leben verhält sich dann zu diesem Geistigen wie der Boden zum Fruchtkorn, das aus ihm emporsteigt, um tausendfältig zu tragen.

Nur die Ewigkeit gibt Wirklichkeit; denn was einmal zugrunde geht, mag's gleich zugrunde gehn, ob heute oder morgen, das ist einerlei; aber die Liebe trägt alles zum himmlischen Reich, sie ist allumfassend, alldurchdringend wie die Sonne, und doch bildet sie jeden geistigen Reiz zu einem in sich abgeschloßnen, sich selber anheimgegebenen Eigentum, sie bewegt den Geist, daß er ganz eigentümlich das Eigentümliche fasse. So macht's die Liebe mit mir, in Dir werd' ich meines Geistes mächtig – und Du? – Das leuchtende Grün, was der Baum in erneuter Frühlingskraft hervortreibt, das gibt Zeugnis, daß die Sonne ihm ins Mark dringt. – Und Du bist erfrischt durch diese Liebe, nicht wahr? –

Wer Dich mit leiblichen Augen sieht und sieht Dich nicht durch die Liebe, der sieht Dich nicht, Du erscheinst nur durch sie dem liebenden beschwörenden Geist. Je feuriger, je kräftiger die Beschwörung: je herrlicher Deine Erscheinung, je mächtiger Deine Einwirkung. Lieber Freund! Meiner Beschwörung hast Du Dich aufs innigste vergegenwärtigt, ich habe Dich in jedem Gedanken als in einem magischen Kreis umfaßt, und der Inhalt mag sein, welcher er wolle, Du durchwaltest ihn und wohnst in jeder Gestalt, die mein Geist ausspricht. –

Es ist wahr, Zauber ist Zauber, er hebt sich in sich selber auf, und darum leugnen sie seine Wirklichkeit; sie glauben: nur was sinnlichen Leib habe, sei wirklich, und ihnen muß Verstand nur als sinnlicher Boden gelten. Das Werk Gottes aber ist Magie, die Liebe in unserer Brust, die Unsterblichkeit, die Freiheit sind magische Erzeugnisse Gottes, sie werden nur durch die Kraft seiner Beschwörung in uns erhalten, sein Hauch ist ihr Leben, sie sind unser Element, und in diesem verewigen wir uns, und ob auch Zauber ins Nichts verschwinden könnte, wie leicht! – so ist er doch die einzige Basis der Wirklichkeit; denn er ist Wirkung des göttlichen Geistes.

Das Geborenwerden der göttlichen Natur ins irdische Leben und sein Sterben im vorbereiteten Schmerz ist magische Beschwörungsformel.

Schmerz liegt in der Natur als der mächtige Übergang aus dem Nichts ins magische Leben.

Leben ist Schmerz, aber da wir nur so viel Leben haben, als unser Geist verträgt, so empfinden wir diesen Schmerz gleichgültig, wär' unser Geist stark, so wär' der stärkste Schmerz die höchste Wollust.

In meiner Liebe, sei's Abschied oder Willkomm, schwankt mein Geist immer zwischen Lust und Schmerz; denn Du machst meinen Geist stark, und doch kann er's kaum ertragen. Übergehen ins Göttliche ist immer schmerzlich, aber es ist Leben.

Jedes Aneignen im Geist ist schmerzlich, alles, was wir erlernen, erkennen, macht uns Schmerz im Erwerben, so wie es in uns übergegangen ist, so hat es unsern Geist erhöht und befähigt, dies Leben kräftiger zu fassen, und was uns früher weh tat, das wird jetzt Genuß.

Die Kunst ist auch Magie, sie beschwört auch den Geist in eine erhöhte sichtbare Erscheinung, und der Geist geht auch über die Schmerzensbrücke bis innerhalb des magischen Kreises.

Genie ist der vorgreifende, wollustahnende, durstende Instinkt, sein Trieb überwindet das schmerzliche Zagen und reizt den Geist zu ewig neuer Energie. – Je leidenschaftlicher der Genius im Menschen, je mehr wird ihm Seligkeit Bedürfnis, je gewaltiger überwindet er, je gewisser ist er seiner Befriedigung; – dies bejahest Du mir. – Ich stehe in meiner Liebe zu Dir zwischen diesem Schmerz und dieser genialischen Begierde, die Trägheit meines Geistes zu überwinden und Beseligung zu empfinden. Manchmal fühlt sich der Geist ganz verlassen, und ein Nichts nimmt die Stelle dieser enthusiastischen Begeistrung ein, und alles ist verschwunden. Aber wie könnte ich mir dies gefallen lassen. Nein, Du mußt Dich erzaubern lassen. Wenn Gott mich aus dem Nichts hervorberufen hat, wenn er mein Wesen gebildet hat als reinen Anspruch an die Seligkeit, so erwerb' ich diese in der Magie der Liebe; und aus Bedürfnis, aus göttlich eingeprägter Sehnsucht nach dem Schönen erhebt der Genius immer wieder die ermüdeten Flügel und hält treu und fest dies Herz zu Deiner Wohnung und die Seele Dich zu empfinden und den Geist, Dich zu fassen und zu bekennen, alles wie Du bist in Deiner innern Wesenheit.

Und wenn dies alles wahr ist, was ich hier sage, und wir werden einst uns wiedersehen in einem höheren Leben, dann denke, daß mein Genie Deinem Geist gewachsen sein werde.

An Goethe.

22. März 1832.

Hier aus den Bergesschluchten hervor wag' ich's und komme ungerufen, unerwartet, wie manchmal sonst auf Deinen Wegen. Im Böhmer Gebirg, wo ich wie ein Stoßvogel auf dem vorragenden Gefels über Dir hing, weißt Du noch? – Und wie ich dann niederkletterte, ganz erhitzt, daß mir alle Adern im Kopf klopften, und wie Deine Hand meine Augenwimper vom Staub reinigte, und die kleinen Reiser und Moose aus meinen Flechten sammeltest und legtest es sanft neben Dich auf den Sitz? Du weißt's nicht mehr. Scharen sind an Dir vorübergezogen, die Dich begrüßten mit lautem Ehrenruf, Kränze haben sie vor Dir hergetragen, die Fahnen haben sie vor Dir geschwenkt, die Könige kamen und berührten den Saum Deines Mantels und brachten Dir goldne Gefäße und legten Ehrenketten um Deine freie Brust. Du weißt's nicht mehr, daß ich Dir die gesammelten Blumen, die wilden Kräuter alle in den Busen pflanzte und die Hand darauf legte, um sie fester zu drücken, Du weißt's nicht mehr, daß meine Hand gefangen lag inmitten Deiner Brust, und daß Du mich den wilden Hopfen nanntest, der Wurzel fasse da und dann hinauf sich ranke und Dich überschlinge und umwachse, daß nichts mehr an Dir zu kennen sei als bloß der wilde Hopfen. Sieh, in dieser Doppelwand von Fels- und Bergesschluchten, da haust des Widerhalles froher Ruf; sieh, meine Brust ist eine so kunstreich gebildete Doppelwand, daß ewig und ewig tausendfältig der freudige Schall so süßer Märe sich durchkreuzt. Wo sollte es ein Ende nehmen, dies Leben jugendlicher Lust? – Es liegt ja bewahrt und umgeben vom reinsten Enthusiasmus – die Nahrung meiner Wiegezeit. Dein Hauch, dem der Gott Unsterblichkeit einblies, hat ja mir den Atem der Begeistrung eingeblasen. Lasse es Dir gefallen, daß ich Dir noch einmal die Melodien meiner schönsten Lebenswege vorsinge und zwar im begeisterten Rhythmus des augenblicklichen Genusses, wo die Lebensquellen von Geist und Sinne ineinanderströmen und so einander erhöhen, daß alles Bedeutung gewinne, daß nicht allein das Erfahrne sichtbar fühlbar werde, sondern auch das Unsichtbare, Ungehörte erkannt und erhört werde.

Sind's Pauken und Posaunen, die feierlichen Jubelschlag an die Wolken dröhnen? – Sind's Harfen und Zimbeln? – Ist's das Gewirr von tausend Instrumenten, das aufs Kommandowort sich ordnen läßt, in reiner Linie Takt sich bildend wendet, die Sprache himmlischer Influenzen redet, eindringt in den Menschengeist mit Farb' und Licht, die Sinne mit dem Geist vermählt? – Ist's dieser Erzeugung Kraft, die durch die Adern rinnt, das Blut beschwörend, das Irdische auszustoßen und die reine Frucht himmlischer Liebe, himmlischen Lichtes zu nähren, zu gebären? – Hast Du's nicht vollbracht in mir, wenn es noch leuchtet in meiner Seele? – Ja, es leuchtet, wenn ich Deiner gedenke; – oder sind es nur Schalmeien sinnig und wähnend, nur an Phantasie streifend, nicht von ihrer Offenbarung ergriffen, was ich diesen Blättern zu vertrauen habe? – Was es auch sei? – Bis in den Tod geleite mich der ersten Liebe Musik. Zu Deinen Füßen pflanze ich den Grundbaß ein, er wachse Dir zum Palmenhain auf, in dessen Schatten Du wandelst. Alles Liebe und Süße, was Du mir gesagt hast, flüstre von Zweig zu Zweig wie leise Melodien zwitschernder Vögel; – die Küsse, die Liebkosungen zwischen uns seien die honigtriefenden Früchte dieses Haines; das Element meines Lebens aber: die Harmonie mit Dir, mit der Natur, mit Gott, aus deren Schoß die Fülle der Erzeugung steigt, aufwärts ans Licht, ins Licht, im Lichte vergehend: das sei der Strom, der gewaltige, der diesen Hain umzingelt, ihn einsam macht mit mir und Dir.

Weißt Du's noch, wie Du in der Dämmerung mich wieder bestelltest? – Du weißt nichts, ich weiß alles, ich bin das Blatt, auf das die Erinnerung aller Seligkeit geätzt ist. Ja, ich ging um Dein Haus herum und wartete auf die Dämmerung und dachte, wenn ich an die Pforte kam: „Ob's wohl schon dunkel genug ist? – Und ob er dies wohl für die Dämmerung hält?“ – Und aus Furcht, Deinen Befehl zu verfehlen, ging ich noch einmal um das Haus, und wie ich nun eintrat, da schmältest Du, daß ich zu spät gekommen, es sei schon lange dämmerig, Du habest lange schon auf mich gewartet. Dann ließest Du Dir ein weißes wollnes Gewand bringen und zogst das Tagskleid aus und sagtest: „Nun es gar Nacht geworden über dem Harren auf dich, so wollen wir recht nächtlich und bequem sein und recht feinwollig will ich gegen dich sein; denn du sollst mir heute beichten.“ Da kniete ich vor Dir auf dem Schemel und umfaßte Dich und Du mich. Da sagtest Du: „Vertrau' mir doch und sag' mir alles, was in deinem Herzen Gewalt geübt hat, du weißt, ich hab' dich nie verraten, kein Wort, kein Laut von dem, was deine Leidenschaft zu mir gerast hat, ist je über meine Lippen gekommen, so sag' mir doch, denn es ist nicht möglich, daß dein Herz diese ganze Zeit über so ruhig war, sag' mir doch, wer war's, kenne ich ihn? – Und wie war's? Was hast du noch alles gelernt und erfahren, was dich meiner vergessen machte?“

Damals, lieber Freund, sagte ich Dir die Wahrheit, wie ich Dir beteuerte, daß mein Herz ganz still gewesen sei, daß nichts seitdem mich berührt habe; denn in demselben Augenblick war mir alles Wahn gegen Dich, und bleiches Schattenbild die ganze Welt und abgeschiednes Totes schien mir des Schicksals Los in Deiner Nähe, ich konnte es sagen in vollem Bewußtsein, daß ich Deiner Schönheit gebunden sei; denn ich sah

Dich ja an. – Du aber ruhtest nicht und wolltest durchaus wissen die Geschichte, die ich mich vergebens bemühte zu erfinden; denn ich schämte mich beinah', daß mir gar keine Liebesgeschichte widerfahren war. Jetzt besann ich mich auf eine und wollte eben erzählen und hub an: „Ja! Aber glaube nicht, daß Dir die Liebe in den Weg gekommen, damals wandelte ich im Traum, jetzt wache ich wieder; hier im Mondschein an Deiner Brust weiß ich, wer ich bin, und was Du mir bist, wie ich nur Dir angehöre, wie Du mich bezauberst; aber einmal" – da begann ich meine Liebesgeschichte, von der ich nichts mehr weiß. Und Du, Herrlicher, ließest mich nicht weiter sprechen und riefst: „Nein, nein! Du bist mein! – Du bist meine Muse! Kein andrer soll sagen können, daß du ihm so zugetan warst wie mir, daß er deiner Liebe so versichert war wie ich, ich habe dich geliebt, ich habe dich geschont, die Biene trägt nicht sorgfältiger und behutsamer den Honig aus allen Blüten zusammen, wie ich aus deinen tausendfältigen Liebesergüssen mir Genuß sammelte." – Da fielen meine Haarflechten nieder, Du nahmst sie und nanntest sie braune Schlangen und stecktest sie in Dein Gewand und zogst so meinen Kopf an Deine Brust, an der ich von Ewigkeit zu Ewigkeit ruhen sollte und des Denkens und des Treibens mich überheben, das wär' schön, das wär' wahr, das wär' so die rechte süße Faulheit meines Daseins, das ist die Paradiesesfrucht, nach der ich schmachten ruhen und schlafen in dem Bewußtsein, daß ich dem Herrlichsten nahe bin.

An meinen Freund.

Soweit hatte ich gestern geschrieben, dann ging ich abends spät noch in Gesellschaft, ich hatte den Vorsatz gefaßt, alles Liebliche und Tiefbedeutende, was ich mit Goethe erlebt, ihm in einem Zyklus solcher Briefe noch einmal darzulegen; jetzt stand mir alles so klar und deutlich vor Augen, als wenn mir's eben erst widerfahren wäre. Meine Seele war tief bewegt von diesen Erinnerungen und fern den Menschen wie der Mond, wenn er jenseits ist. Bei solchen Stimmungen bin ich immer auf eine sonderbare Spitze gehoben, nämlich zum Übermut. – Man war in der Gesellschaft schon von Goethes Tode unterrichtet, ich erzählte, daß ich eben nach Jahren zum erstenmal wieder an ihn geschrieben, sie machten alle trübe Gesichter, aber keiner teilte mir die Nachricht mit. Nachts um ein Uhr nach Haus; die Zeitung lag an meinem Bett, ich las die Anzeige seines Todes, ich war allein, ich brauchte keinem Red' und Antwort zu geben über mein Gefühl; ich konnte so ruhig dabei sein und entgegensehen allem, was es mir bringen werde; da war's ganz deutlich, daß diese Liebesquelle mir nicht versiegt sei mit dem Tod, ich schlief ein und träumte von ihm und erwachte, um mich zu freuen, daß ich ihn eben im Traum gesehen, und ich schlief wieder ein, um weiter von ihm zu träumen, und so verging mir diese Nacht voll süßem Trost, und ich war gewiß, sein Geist habe sich mit mir versöhnt, und nichts sei mir verloren.

Wem sollte ich nun wohl dies verwaiste Blatt vererben als dem Freund, der mit so innigem Anteil mich von ihm sprechen hörte, und wenn es ihm auch nur wär', was ein falbes Blatt ist, das der Wind vor seinen Füßen hinwirbelt, er wird doch erkennen, daß es am edlen Stamm gewachsen ist. –

Ich will den Ausgang jenes Abends mit Goethe hier auserzählen: Als ich wegging, begleitete er mit der Kerze mich ins zweite Zimmer, indem er mich umfaßte, fiel das brennende Licht an die Erde, ich wollte es aufheben, er aber litt es nicht. „Laß es liegen", sagte er, „es soll mir ein Mal in den Boden brennen, wo ich dich zuletzt gesehen habe, sooft ich dran vorübergehe, will ich deiner lieben Erscheinung gedenken. Bleib mir treu, bleib mein", sagte er; so küßte er mich auf die Stirn und schob mich zur Tür hinaus.

Wär' es nicht unrecht, daß am Fest der Verklärung die Nebel geheimer Vorwürfe aufstiegen und den sonnenhellen Horizont verdunkelten, so würde ich dem Freund hier verklagen, grade die, von der er weiß, daß sie gern rein und frei von jedem Fehl in der Liebe erscheinen möchte, ja, dies beschämte Herz! Sieh, wie groß seine Vergehen sind gegen die Liebe, der nicht bloß ein Zweig vom heiligen Baum des Ruhms anvertraut war, nein, der Baum selbst, der diese Sprossen sich ewig verjüngend treibt, war ihr zur Pflege befohlen, und sie hat sein nicht geachtet, ist nicht geblieben im Schutze dieses Baumes, der ohne sie fortgrünte.

***

An Goethe.

Aufgefahren gen Himmel! Die Welt leer, die Triften öde; denn gewiß ist's, daß Dein Fuß hier nicht mehr wandert. Mag auch Sonnenschein die Wipfel jener Bäume beglänzen, die Du gepflanzt hast! Mag sich das Gewölk teilen und der blaue Himmel sich ihnen auftun: sie wachsen nicht hinein; aber die Liebe? – Wie wär's, wenn die ihre Blütenkrone da oben als Teppich zu Deinen Füßen ausbreite? Wenn sie hinaufstrebte fort und fort, bis ihr Wipfel anstieß' an den Schemel Deiner Füße und dort alle Blüten entfaltend, ihren Duft um Dich schwenkend: – wär' das nicht auch zu den Himmelsfreuden zu zählen? – Ich hab' Vertrauen, daß Du mich hörst, daß mein Ruf aufwärts gehe zu Dir. – Hier auf Erden, da war's nicht möglich. Das Marktgewühl des alltäglichen Lebens ließ die Sehnsucht nicht durchdringen, keine einsame vertrauliche Zeit kam ihr zu Hilfe, ich selbst sagte mir hundertmal: „Es ist alles verloren." Herr! Der mich hört, dem ich vertraue, daß er mich höre: gib Antwort. – Seit sie Dich tot sagen, klopft mir das Herz vor heimlicher Erwartung. Es ist, als hättest Du mich dahin bestellt, um mich zu überraschen wie sonst im Garten, wo Du aus umbuschten Nebenwegen hervortratst, den reifen Apfel in der Hand, den ich dann vor Dir herwarf, um Dich den Weg zu lenken in die Laube, wo die große Kugel am Boden lag. Da sagtest Du: „Da liegt die Welt zu deinen Füßen, und doch liegst du mir zu Füßen." – Ja, die Welt und ich, wir lagen zu Deinen Füßen, jene kalte Welt, über der erhaben Du standest, und ich, die zu Dir hinaufstrebte. So kam's auch: die Welt blieb liegen, und mich zogst Du ans Herz. An Deinem Herzen, mein Freund, das warm schlug, wer kann ermessen, wie selig das war. Herr! Ist das alles wieder zu erwerben, mit süßem Bewußtsein noch einmal zu durchleben? –

O der falschen Welt, die uns trennte und mich wegführte, mich armes blindes Kind von meinem Herrn! Was hab' ich gesucht? – Was hab' ich gefunden? – Wer hat mich freudig angelächelt? Wessen Umarmung hab' ich ausgefüllt mit der liebenden

Gewißheit, daß er nichts Seligeres umfassen könne? – Du warst zufrieden mit mir, Dich freute es zu sehen, wie aus dem Kinderherzen die Quelle der Begeistrung für Dich hervorbrach, warum mußte diese Quelle versiegen? – Konnte, sollte nicht der ganze Lebensstrom Deinem Lächeln, Deinem Grüßen und Nicken dahinfließen? – Wo war es schön als nur bei Dir? – Du kanntest die Grazien, ihr ferner Schritt schon gab den Rhythmus deiner Begeisterung. – Das stille Feuer Deiner dunklen Augen, die Ruhe Deiner Glieder, dein kindlich Lächeln zu meiner List im Erzählen, Deine gelehrige Andacht für meine Begeistrung. Ja, und Du senktest Dein heilig Haupt zu mir herab und sahst mich an, die ich geweiht war durch Deine Nähe.

***

An den Freund.

Vielleicht verscherz' ich Dein bißchen Andacht zu mir, daß ich Dich so tief in den Schacht meines Herzens einsenke, wo es so wunderlich hergeht, daß die Leute sagen würden, es sei Narrheit. – Ja, Narrheit ist die rechte Scheidewand zwischen dem ewig Unsterblichen und dem zeitlich Vergänglichen. Es scheue keiner, die irdischen Gewande zu vermehren am göttlichen Feuer. Du bist mein Freund, oder bist Du's auch nicht, ich weiß es nicht, immer muß ich Dich so annehmen, da Du mitten im Geheimnis meiner Brust stehst wie ein Pfeiler, an den ich mich anlehne, und wie der gewandte Schwimmer von gefährlicher Höhe sich in die Fluten stürzt vor solchen Augen, denen er seine Kühnheit bewähren möchte, so wage ich, weil Du mir Zeuge bist, diesen dämonischen Gewalten mich anheim zu geben, diese Tränenflut, in der ich spiele, diese Frühlingsbegeistrung meiner Liebeszeit zu Goethe und die Vorwürfe, die in mir aufsteigen würden, mir das Herz zerreißen, wenn ich nicht den Freund hätte, der zuhörte und nachempfinde, was ich hier ausspreche.

Der letzte Akt der Blütezeit ist, daß sie ihren befruchtenden Staub mit dem Samen in ihrem Kelch mische, dann tragen die Lüfte sich spielend mit ihren gelösten Blättern und gaukeln eine Weile mit dem Schmuck der Begeistrung. Bald sieht kein Auge mehr von ihrem Glanz, ihre Zeit ist vorüber; der Same aber quillt und offenbart in der Frucht das Geheimnis der Erzeugung. Vielleicht, wenn diese Blätter der Begeistrung vom Stamme gelöst dahinwirbeln und wie jene kleinen Blütenkronen, nachdem sie ihren Duft ausgehaucht, vom irdischen Staub beschwert, flügellahm sich endlich unter die Erde betten, daß es dann in dem Herzen des Freundes, dem sie duften, auch quillt und der Segen dieser schönen Liebe zwischen dem Dichter und dem Kinde sich an seinem Geist bewähre und ihn zu der Schönheit befruchte, deren Abbild in seinen edlen Zügen sich malt.

***

An Goethe.

Wie begierig nach Liebe warst Du! Wie begierig warst Du, geliebt zu sein! – „Nicht wahr, du liebst mich? Nicht wahr, es ist dein Ernst, du betrügst mich nicht?“ – so fragtest Du, und ich sah Dich an und schwieg. „Ich bin leicht zu betrügen, mich kann jeder betrügen, betrüge mich nicht, mir ist lieber die Wahrheit, und wenn sie auch schmerzt, als daß ich umgangen werde." Wenn ich dann aufgeregt durch solche Reden Dir mein Herz aussprach, da sagtest Du: „Ja, du bist wahr, so was kann nur die Liebe sagen." – Goethe, hör' mich an! Heute spricht auch die Liebe aus mir; heute am dreißigsten März, acht Tage nach dem, welchen man als den Tag deines Todes bezeichnet, seit welchem Tag alle Deine Rechte mir im Busen sich geltend machen, als läg' ich noch zu Deinen Füßen; heute will die Liebe Dir klagen: Du! Oben – *über* den Wolken, nicht getrübt durch ihre Schwere, nicht gestört durch ihre Tränen; können Klagen in Dein Ohr dringen? – O, löse meine Klagen auf und erlöse mich, mache mich frei von dieser Sehnsucht, erkannt zu werden, und daß man meiner auch bedürfen möge, hast Du nicht mich erkannt? ja, mit prophetischer Stimme schlummernde Kräfte der Begeistrung in mir geweckt, die mir ewige Jugend zusagen, die mich weit über die Fähigkeit der Menschen, sich mir zu nähern, hinwegtragen? Hast Du mir nicht reichlich ersetzt im ersten Einklang mit meinem Herzen alles, was je mir konnte entzogen werden? Du, an den zu denken mir leises Gewittern im Herzen erregt, wo's gleich elektrisch schauert durch den Geist, wo gleich Schlummer befällt das äußere Leben und keine Erkenntnis mehr von den Ansprüchen der äußeren Welt. Wer hat je mein Herz gefragt? – Wer hat sich geneigt zur Blume, um ihre Farbe zu erkennen und ihren Duft zu atmen? – Wem hätte der Klang meiner Stimme (von der Du sagtest: Du fühlest, was Echo fühlen müsse, wenn die Stimme eines Liebenden an ihrer Brust widerhalle) eine Ahnung gegeben, welche Geheimnisse kraft Deiner dichterischen Segnungen sie auszusprechen vermöge? O Goethe! Du allein hast den Schemel Deiner Füße mir hingerückt und mir erlaubt, in Deiner Nähe meine Begeistrung auszuströmen. Was jammere ich denn? – Daß es so still ist um mich? Daß ich so einsam bin? – Nun wohl! In dieser einsamen Weite, wenn es einen Widerhall meiner Gefühle gibt, kannst nur Du es sein; wenn eine Tröstung mir zuweht aus freier Luft, so ist es der Atem Deines Geistes. Wer würde auch verstehen, was wir hier miteinander sprechen, wer würde sich feierlich fügen dem Gespräch Deines Geistes mit mir. – Goethe! – Es ist nicht mehr süß, unser Zusammensein! Es ist kein Kosen, kein Scherzen; die Grazien räumen nicht mehr um Dich her auf und ordnen jede Liebeslaune, jede Spielerei des Witzes zu heiteren Gedichten. – Die Küsse, die Seufzer, Tränen und Lächeln jagen und necken einander nicht mehr, es ist feierliche Stille, es ist feierliche Wehmut, die mich ganz durchgreift. In meiner Brust ordnen sich die Harmonien, die Tonarten lösen sich voneinander, jede fühlt die Organe ihrer Verwandtschaften in sich mächtig, und was sie vermag. So ist es in meiner Brust, weil ich's wage, mich vor Dich zu stellen, mitten in Deinen Weg, den Du eilend durchjagst, und Dich zu fragen: Kennst Du mich noch? – die außer Dir niemand kennt? – Siehe, inmitten dieser Brust steht der reine Kelch der Liebe, gefüllt bis zum Rand mit herbem Trank, mit bitteren Tränen schmerzlichen Entbehrens. Wenn die Harmonien übergehen ineinander, dann wird der Kelch erschüttert, dann strömen die Tränen; sie fließen Dir, der Du die Totenopfer liebst, der Du sagtest: *"Unsterblich sein, um nach dem Tode tausendfach in jedem Busen zu erwachen."* Ja! Damals wollte ich: allein in meinem Busen solltest Du erwachen; und es ist wahr geworden, und dicht hinter mir und Dir ist das Leben abgeschlossen. Ach, ich bin Deiner heiligen Gegenwart nicht gewachsen, ich wage zu viel und stürze zusammen und sehne mich nach einer Brust, die lebt unter den Lebenden, die meine Geheimnisse aufnimmt und mich wärmt;

denn: vor Dir stehen gibt schauerliche Kälte; und die Hände muß ich ringen, daß ich Deiner so verinnigt zu denken wage. Nein! – Nicht Dich rufen! – Nicht die Hände nach Dir ausstrecken, in dieser seltsamen schauerlichen Stunde nach Dir forschen über den Sternen, hinaufsehen, Deinen Namen rufen? – Ich wage es nicht! – O, ich fürchte mich! – Besser bescheiden den Blick senken auf das Grab, was Dich deckt; Blumen sammeln, sie Dir hinstreuen; ja, die süßen Blumen der Erinnerung, alle wollen wir sammeln, sie duften so geistig, mag sie einer bewahren zu Deinem und meinem Gedenken, oder mag sie der Zufall verwehen, einmal will ich die süßen Geschichten der Vergangenheit noch durchgehen.

Heute erzähle ich Dir, wie Du mich in dunkler Nacht unbekannte Wege führtest, das war in Weimar auf dem Markt, als wir an eine Treppe kamen und Du zuerst niederstiegst und als ich unsicher zu folgen versuchte, mich in Deinen Mantel gehüllt dahin trugst; Herr! Ist es wahr! – Hast mich in beiden Armen schwebend getragen? Wie schön warst Du da, wie groß und edel, wie leuchtete Dein durchdringender Blick dunkel im Glanz der Sterne mich an. Da oben mit beiden Armen Dich umschlingend, wie war ich selig! Wie lächeltest Du, daß ich so selig war, wie freute es Dich, daß Du mich hattest, über Dir schwebend mich trugst, wie freute ich mich, und dann schwang ich mich hinüber auf die rechte Schulter, um die linke nicht zu ermüden. Du ließt mich durch die erleuchteten Fenster sehen, eine Reihe friedlicher Abende von alt und jung, bei Lampenschein oder bei hellem Küchenfeuer, auch der kleine Hund und das Kätzchen waren dabei. Du sagtest: „Ist das nicht eine allerliebste Bildergalerie?“ – So kamen wir von einer Wohnung zur andern aus den finstern Straßen hervor unter die hohen Bäume, ich reichte an die Äste, da rauschten die Vögel auf, da freuten wir uns, wir beide, Kinder, ich und Du. Und nun? – Du ein Geist, aufgefahren zu den Himmeln, und ich? – Unerleuchtet, unerfüllt, unerwartet, unverstanden, ungeliebt, ja, sie könnten mich fragen: „Wer bist du und was willst du?“ Und wenn ich Antwort gäbe, würden sie sagen: „Wir verstehen dich nicht.“ Du aber erkanntest mich und öffnetest mir die Arme, und das Herz und jede Frage war gelöst und jeder Schmerz beschwichtigt. – Dort im Park zu Weimar gingen wir Hand in Hand unter den dichtbelaubten Bäumen, das Mondlicht fiel ein, Du gabst mir viele süße Namen, es klingt noch in meinen Ohren: „Lieb Herz! Mein artig Kind!“ Wie war ich erfreut zu wissen, wie ich Dir heiße; dann führtest Du mich an die Quelle, sie kam mitten aus dem Rasen hervor, wie eine grüne kristallne Kugel, da standen wir eine Weile und hörten ihrem Getön zu. „Sie ruft der Nachtigall“, sagtest Du, „denn die heißt auf Persisch Bulbul, sie ruft dich, du bist meine Nachtigall, der ich gern zuhöre.“ Dann gingen wir nach Hause, ich saß an Deiner Seite, da war's so stille, nah an Deinem Herzen; ich hörte es klopfen, ich hörte Dich atmen, da lauschte ich und hatte keine Gedanken als bloß Deinem Leben zuzuhören. O Du! – Hier lang nach Mitternacht, allein mit Dir im Angedenken jener Stunde vor vielen Jahren, durchdrungen von Deiner Liebe, daß meine Tränen fließen; und Du! Nicht auf Erden, jenseits! – Wo ich Dich nicht mehr erreiche. – Ja, Tränen! – Alles umsonst. – So verging die Zeit an Deiner Brust, keine Ahnung, daß sie verging, es war alles für die Ewigkeit eingerichtet. Dämmerung – die Lampe warf einen ungewissen Schein an die Decke, die Flamme knisterte und leuchtete auf, das weckte Dich aus Deinem tiefen Sinnen. – Du wendetest Dich nach mir und sahst mich lange an, dann lehntest Du mich sanft aus

Deinen Armen und sagtest: „Ich will gehen, sieh, wie unsicher das Nachtlicht brennt, wie beweglich die Flamme an der Decke spielt, grade so unsicher brennt eine Flamme in meiner Brust, ich bin ihrer nicht gewiß, ob sie nicht auflodere und dich und mich versehre." Du drücktest meine Hände, Du gingst, ohne mich zu küssen. Ich blieb allein; erst, wie es sonderbar mit Liebenden ist, war ich ruhig, ich fühlte mich von Glanz umgeben und von Glanz erfüllt, aber plötzlich durchdrang mich der Schmerz, daß Du gegangen warst. Wem sollte ich's klagen, daß ich Dich nicht mehr hatte? Ich trat vor den Spiegel, da sah mein blasses Antlitz heraus, so schmerzlich sah das Auge mich an, daß ich vor Mitleid gegen mich selbst in Tränen ausbrach.

***

Dem Freund.

Es ist, als ob jeder Atemzug sich wieder aus der Vergangenheit erhebe, was ich vergessen zu haben glaubte, greift mit Macht in mich ein und erregt aufs neue das Feuer verhaltner Schmerzen.

So weit habe ich in der Nacht geschrieben, heut' am Tag schreibe ich noch als psychologische Merkwürdigkeit her, auf welche wunderbare Weise ich mich beschwichtigte, wie die geängstete, mit aller Willenskraft der Jugend ausgerüstete Seele sich half. – Auf dem Tisch vor dem Spiegel kniend, bei dem unsicheren Flackern der Nachtlampe, hilfesuchend im eignen Auge, das mir mit Tränen antwortete, die Lippen zuckten, die Hände so festgefaltet auf der Brust, die bedrängt, erfüllt war von Seufzern. Siehe da! – Wie oft hatte ich gewünscht, auch einmal vor ihm seine eigne Dichtung aussprechen zu dürfen, plötzlich fielen mir die großen gewaltigen Eichen ein, wie die vor wenig Stunden im Mondlicht über uns gerauscht hatten, und zugleich der Monolog der Iphigenia auf Tauris, der so beginnt: „Heraus in eure Schatten, rege Wipfel des alten heiligen dichtbelaubten Haines." – Ich stand aufrecht vor dem Spiegel, es war mir, als ob Goethe zuhöre, ich sagte den ganzen Monolog her, laut, mit einer gewiß zum höchsten Grad des Kunstgefühls gesteigerten Begeistrung. Oft mußte ich innehalten, das leise verhaltne Beben der Stimme gab mir die Pausen ein, die in diesem Monolog so wesentlich sind, weil unmöglich die nach allen Seiten sich scharfrichtenden Blicke auf Zukunft, Vergangenheit und Gegenwart, die seinen Inhalt ausmachen, alles in einem ununterbrochnen Lauf auffassen können. Meine Rührung, mein tief von Goethes Geist erschütterter Geist waren also Veranlassung, mein dramatisches Kunstgefühl zu steigern; ich empfand deutlich die Begeistrung der Begeistrung. – Ich fühlte mich wie in einer Wolke gebettet aufwärts schwebend, eine göttliche Gewalt trieb diese Wolke entgegen dem Ersehnten und zwar in der Verklärung seines eignen Werkes, welche schönere Apotheose seiner Einwirkung auf mich war zu erleben? – So waren denn alle Schmerzen der Sehnsucht gelöst in freudiges Flügelrauschen des Geistes. Wie ein junger Adler mit den Flügeln der Sonne zuwinkt, ohne sich emporzuschwingen, und im Gefühl seiner Kraft sie auf ihre Bahn zu verfolgen sich genügen läßt: so war ich heiter und froh. – Ich ging zu Bett und der Schlaf fiel über mich her wie ein erquickender Gewitterregen.

So ist von jeher und bis auf die heutige Stunde alles unbefriedigte Begehren durch Kunstgefühl aufgelöst worden. Jedes in der heiligen Natur begründete sinnliche Gefühl, alle unbefriedigte Leidenschaft steigert sich schon hier zu der Sehnsucht, überzugehen in eine höhere Welt, wo das Sinnliche auch Geist wird.

***

Ich danke Dir, Freund, daß ich Dir alles sagen darf, unter allen Menschen weiß ich keinen zweiten, dem ich diese Blätter hätte vertrauen mögen, ich will nicht zweifeln, daß Du ihren Wert erkennst, sie enthalten das Heiligtum von Goethes Pietät, aus der sein unendlicher Genius hervorgegangen war, der den Feuergeist des Lieblings sanft zu lenken verstand, daß er sich stets glücklich und in vollkommner Harmonie mit ihm. Mein Freund! – Dir ist's geschenkt, daß zutage komme, was sonst nie, nicht einmal in meinen einsamen Träumen sich wiederholt haben dürfte. Ich kann nicht über mich selbst entscheiden, was in mir vorgehe, ich fühle mich in einem magischen Kreis von Wunderwahrheiten eingeschlossen durch diese tiefen Erinnerungen, so daß ich sogar das Wehen der Luft von damals mit zu empfinden glaube, daß ich mich umsehe, als stände er hinter mir, und daß ich jeden Augenblick empfinde, wie durch die Berührung des irdischen Geistes von einem himmlischen überirdischen Geist alles Denken in mir entsteht. So will ich denn mein inniges Zutrauen zu Dir nicht verlieren und trotz schauerlichen Nachtgespenstern, die Du mir entgegenscheuchst, dennoch fortfahren, Dir mitzuteilen, wozu nur erprobte Treue berechtigt.

***

Von ungemeßner Höhe strömt das Licht der Sterne herab zur Erde, und die Erde ergrünt und blüht in tausend Blumen den Sternen entgegen. Der Geist der Liebe strömt auch aus ungemeßner göttlicher Höhe herab in die Brust, und diesem Geist entgegen lächeln auch die Liebkosungen eines blühenden Frühlings empor! Du! Wie sich's die Sterne gefallen lassen, daß ihr Widerschein am frisch begrünten Boden im goldnen Blumenfeld erblüht, so lasse auch Dir es gefallen, daß Dein höherer Geist Dir tausendfältige Blüten der Empfindung aus meiner Brust hervorrufe. Ewige Träume umspannen die Brust, Träume sind Schäume, ja, sie schäumen und brausen die Lebensflut himmelan. Sieh, er kommt! – Ungeheure Stille in der weiten Natur, – es regt sich kein Lüftchen, es regt sich kein Gedanke; willenlos zu seinen Füßen der ihm gebundne Geist. – Kann ich lieben – ihn, der so erhaben über mir steht? – Welt, wie bist Du enge? – Nicht *einmal* dehnt der Geist die Flügel, so breitet er sie weit über Deine Grenze. Ich verlasse Wald und Aue, den Spielplatz seiner dichterischen Lust, ich glaubte den Saum seines Gewandes zu berühren, ich streckte die Hände aus nach ihm! – Es war mir, als fühle ich seine Gegenwart im blendenden Schimmer, der sich zwischen Tränen malt. – Es ist ja ein so einfacher Weg zwischen den Wolken durch, warum soll ich ihn nicht kühn wandeln? – Siehe, der Äther trägt mich so gut wie der Rasen – ich eile ihm nach, wenn ich ihn auch nicht erreiche, kurz vor mir ist er diesen Wolkensteig gewandelt, sein Atem verträgt sich noch mit dem Luftstrom, mag ich ihn doch trinken.

Nimm mich zurück, hilf mir herab, – das Herz bricht mir, ja das Herz ist nicht stark genug, die leidenschaftliche Gewalt, die sich über die Grenze bäumt, zu tragen. Führ' mich zurück auf die Ebne, wo mein Genius mich ihm einst entgegenführte in der blühenden Zeit zwischen Kindheit und Jugend, wo sich der Augenstern zum erstenmal zum Licht erhob, und wo er mit vollen Strahlen mir den Blick einnahm und jedes andre Licht mir wegdunkelte.

***

O komm herein, wie Du zum erstenmal kamst vor das Antlitz des erblassenden, verstummten, dem Verhängnis der Liebe folgenden Kindes, wie es da zusammensank, da es das Richtschwert in Deinen Augen blitzen sah, wie Du es auffingst in Deinen Armen. Die seit Jahren gesteigerte Sehnsucht nach Dir mit einem Male lösend, der Friede, der mich überkam an Deiner Brust! Der süße Schlaf, einen Augenblick, oder war's Betäubung? – Das weiß ich nicht. Es war tiefe Ruhe, wie Du den Kopf über mich beugtest, als wolltest Du mich in seinem Schatten bergen, und wie ich erwachte, sagtest Du: „Du hast geschlafen!" „Lange?" – fragte ich. „Nun, Saiten, die lange nicht in meinem Herzen geklungen haben, fühlt' ich berührt, so ist mir die Zeit schnell genug vergangen. Wie sahst Du mich so mild an! – Wie war mir alles so neu! – Ein menschlich Antlitz zum erstenmal erkannt, angestaunt in der Liebe. Dein Antlitz, o Goethe, das keinem andern vergleichbar war, zum erstenmal mir in die Seele leuchtend. – O, Herrlicher! – Noch einmal knie ich hier zu Deinen Füßen, ich weiß, Deine Lippen träufeln Tau auf mich herab aus den Wolken, ich fühle mich wie belastet mit Früchten der Seligkeit, die all Dein Feuergeist in mir gezeitigt, ja, ich fühl's, Du siehst auf mich herab aus himmlischen Höhen, lasse mich bewußtlos sein, denn ich vertrag's nicht, Du hast mich aus den Angeln gehoben, wo steh' ich fest? – Der Boden wankt, schweben soll ich fortan, denn weil ich mich nicht mehr auf Erden fühle; keinen kenne ich mehr, keine Neigung, keinen Zweck als nur schlafen, schlafen auf Wolken gebettet an den Stufen Deines himmlischen Thrones, Dein Auge Feuerwache haltend über mir, Dein allbeherrschender Geist sich über mich beugend im Blütenrausch der Liebeslieder. Du! Säuselnd über mir, Nachtigall flötend: das Gestöhn meiner Sehnsucht. Du! Stürmend über mir, wetterbrausend: die Raserei meiner Leidenschaft. Du! – Aufjauchzend, himmelandringend die ewigen Hymnen beglückender Liebe, daß der Widerhall ans Herz schmettert, ja, zu Deinen Füßen will ich schlafen, Gewaltiger! Dichter! Fürst! Über den Wolken, während Du die Harmonien ausbreitest, deren Keime zuerst Wurzel faßten in meinem Herzen.

***

Dem Freund.

Gebete steigen gen Himmel, was ist er, der auch himmelan steigt? – Er ist auch Gebet, gereift unter dem Schutz der Musen. – Eros, der himmlische, leuchtet vorauf und teilt ihm die Wolken, ich aber kann's nicht sehen, ich muß mich verbergen.

Sein Stolz! – Sein heiliger Stolz in seiner Schönheit. Heute sagt jemand, das sei nicht möglich, er sei sechzig Jahre alt gewesen, wie ich ihn zum erstenmal gesehen, und ich eine frische Rose. O, es ist ein Unterschied zwischen Frische der Jugend und der Schönheit, die der göttliche Geist den menschlichen Zügen einprägt, Schönheit ist ein von der Gemeinheit abgeschloßnes Dasein, sie verwelkt nicht, sie löst sich nur von dem Stamm, der ihre Blüte trug, aber ihre Blüte sinkt nicht in den Staub, sie ist beflügelt und steigt himmelan. Goethe, Du bist schön! Ich will Dich nicht zum zweitenmal in Versuchung führen, wie damals in der Bibliothek, Deiner Büste gegenüber, die in Deinem vierzigsten Jahr das vollkommne Ebenmaß Deiner höchsten Schönheit ausdrückte; da standst Du im grünen Mantel gewickelt an den Pfeiler gelehnt, forschend, ob ich doch endlich in diesen verjüngten Zügen den gegenwärtigen Freund erkenne, ich aber tat nicht dergleichen, ach, Scherz und geheime Lust ließen mir's nicht über die Lippen. „Nun?" – fragte er ungeduldig. „Der muß ein schöner Mann gewesen sein", sagte ich. – „Ja wahrlich! Dieser konnte wohl sagen zu seiner Zeit, er sei ein schöner Mann", sagte er erzürnt; ich wollte an ihn herangehen, er wies mich ab, einen Augenblick war ich betroffen; – „halte stand wie dies Bild", rief ich, „so will ich Dich wieder sanft schmeicheln, willst Du nicht? – Nun, so laß ich den Lebenden und küsse den Stein so lange, bis Du eifersüchtig wirst." – Ich umfaßte die Büste und küßte diese erhabne Stirn und diese Marmorlippen, ich lehnte Wang' an Wange, da hob er mich plötzlich weg und hielt mich hoch in seinen Armen über seiner Brust, dieser Mann von sechzig Jahren sah an mir hinauf und gab mir süße Namen und sagte die schönen Worte: „Liebstes Kind, *du liegst in der Wiege meiner Brust*", dann ließ er mich an die Erde, er wickelte meinen Arm in seinen Mantel und hielt mir die Hand an sein klopfend Herz und so gingen wir langsamen Schrittes nach Haus; ich sagte: wie schlägt Dein Herz! – „Die Sekunden, die mit solchem Klopfen mir an die Brust stürmen", sagte er, „sie stürzen mit übereilter Leidenschaft dir zu, auch du jagst mir die unwiederbringliche Zeit vorwärts." – So schön fing er die Bewegung seines Herzens in süßen Worten ein, der heilige unwidersprechliche Dichter. –

Mein Freund, ich sage Dir gute Nacht. Weine mit mir einen Augenblick – schon ist Mitternacht vorüber, die Mitternacht, die ihn weggenommen hat.

***

Gestern hab' ich noch viel an Goethe gedacht, nein, nicht gedacht: mit ihm verkehrt. Schmerz ist bei mir, nicht Empfinden, es ist Denken, ich werde nicht berührt, ich werde erregt. Ich fühle mich nicht schmerzlich behandelt, ich handle selbst schmerzlich. – Das hat also weh getan, wie ich gestern mit ihm war. – Ich hab' auch von ihm geträumt. – Er führte mich längs dem Ufer eines Flusses schweigend und ruhig und bedeutsam, ich weiß auch, daß er sprach, einzelne Worte, aber nicht was. Die Dämmerung schwärmte wie vom Wind gejagte zerrissene Nebelwolken, ich sah das zitternde Blinken der Sterne im Wasser, mein gleichmäßiger Schritt an seiner Hand machte mir das Bewegte, Irrende in der Natur um so fühlbarer, das rührte mich und berührt mich jetzt, während ich schreibe. Was ist Rührung? Ist das nicht göttliche Gewalt, die eingeht durch meine Seele wie durch eine Pforte in meinem Geist, eindringt, sich mischt und verbindet mit einer Natur, die vorher unberührt war, mit ihr neue Gefühle, neue Gedanken, neue Fähigkeiten erzeugt! Ist es nicht auch ein Traum, der den grünen Teppich unter Deinen Füßen ausbreitet und ihn mit goldnen

Blumen stickt? – Und alle Schönheit, die Dich rührt, ist sie nicht Traum? Alles, was Du haben möchtest, träumst Du nicht gleich Dich in seinen Besitz? – Ach, und wenn Du so geträumt hast, mußt Du dann es nicht wahr machen oder sterben vor Sehnsucht? – Und ist der Traum im Traum nicht jene freie Willkür unseres Geistes, die alles gibt, was die Seele fordert? Der Spiegel dem Spiegel gegenüber, die Seele inmitten, er zeigt ihre Unendlichkeit in ewiger Verklärung.

***

Dem Freund.

Du willst, ich soll Dir mehr noch von ihm sagen, alles? – Wie kann ich's? – Gar zu schmerzlich wär's, von ihm getrennt, alle Liebe zu wiederholen; nein! Wenn mir's wird, daß ich ihn selbst seh' und spreche, wie mir's in diesen beiden Tagen erging, wenn ich zu ihm bitten kann wie sonst, wenn ich hoffen kann, daß er mir wieder die ewige heilige Rede seines Blickes zuwendet, dann will ich die Erinnerungen, die aus diesem Blick mir zuwinken, Dir mitteilen. So wird's auch kommen: es ist nicht möglich, daß, bloß weil die leichte Hülle von ihm gesunken, dies alles nicht mehr sein oder sich ändern sollte. Ich will vertrauen, und was andre für unmöglich halten, das soll mir möglich werden. Was wär' die Liebe, wenn sie nichts anders wär', als was die unregsame Menschheit an sich erfährt; ach, sie erfährt nichts als ihren Ablauf. Schon in dem Augenblick, wo wir kühn genug sind, die Ewigkeit zum Zeugen unseres Glückes aufzufordern, haben wir die Ahnung, daß wir ihr nicht gewachsen sind, ach und nicht einmal: wir wissen vielmehr gar nichts von ihr. Von ihr wissen und in ihr sein ist zweierlei; gewußt hab' ich von ihr, wie ich nicht mehr in ihr war. Dies ist der Unterschied: in ihr leben, da lebt man im Geheimnis, der innere Mensch umfaßt, begreift nicht die Wirkung, die es auf ihn hat. Von ihr leben: da lebt man in der Offenbarung, man wird gewahr, wie eine höhere Welt uns einst in sich aufgenommen hatte, man fühlt die Merkzeichen früherer göttlicher Berührung das, was Scherz der Liebe schien, erkennen wir nun als himmlische Weisheit, wir sind erschüttert, daß der Gott uns so nah war, daß unser irdisch Teil in ihm sich nicht verzehrte, daß wir noch leben, noch sind, noch denken, daß wir nicht auf ewig aufgegeben haben, was man so gern in glücklicher Stunde, am Busen des Freundes aufgibt, nämlich, was anders zu sein als *tief empfunden* von dem Geliebten.

Einmal stand ich am Fenster mit ihm, es war Mondschein, die Blätter der Reben schatteten sich ab auf seinem Antlitz, der Wind bewegte sie, so daß sein Aug' bald in Schatten kam, bald wieder im Mondlicht glänzte. Ich fragt': „Was sagt dein Aug'?" – Weil mir's schien, als plaudre es. – „Du gefällst mir!" – „Was sagen deine Blicke?" – „Du gefällst mir wie keine andre mir gefällt", sagte er; „o ich bitte, sage doch, was willst du mit deinem durchdringenden Blick?" fragte ich; denn ich hielt seine Rede für keine Antwort auf meine Frage. – „Er beteuert", sagte er, „was ich sage, und beschwört, was ich nicht wage, daß kein Frühling, Sommer, Herbst und Winter meinen Blick dir soll verlocken. Denn du lächelst mir ja zu, wie der Welt du niemals lächelst, soll ich dir da nicht beschwören, was der Welt ich nie geschworen?"

Es ist mir häufig nur gleich einem Lichtstreif, der mir durch die Sinne fährt und Erinnerungen in mir erhellt, von denen ich kaum weiß, ob sie bedeutend genug sind, daß man sie als etwas Erlebtes bezeichne. – In der Natur ist's auch so, was spiegeln kann, das gibt wider die Schrift der Liebe, der See malt die hohen Bäume, die ihn umgeben, grade die höchsten Wipfel in die tiefste Tiefe, und die erhabenen Sterne finden noch tiefere Tiefe in ihm, und die Liebe, die alles erzeugte, bildet zu allem den Grund, und so kann ich mit Recht sagen: unergründlich Geheimnis lockt alles zum Spiegel der Liebe, sei es auch noch so gering, sei es auch noch so entfernt.

Wie ich ihn zum erstenmal sah, da erzählte ich ihm, wie mich die Eifersucht gequält habe, seit ich von ihm wisse; es waren nicht seine Gedichte, nicht seine Bücher, die mich so ganz leidenschaftlich stimmten, ich war viel zu bewegt, noch eh' ich ihn gesehen hatte, meine Sinne waren viel zu verwirrt, um den Inhalt der Bücher zu fassen, ich war im Kloster erzogen und hatte noch nicht Poesie verstehen lernen: aber ich war schon im sechzehnten Jahr so von ihm hingerissen, daß, wenn man seinen Namen nannte, man mochte ihn loben oder tadeln, so befiel mich Herzklopfen; ich glaub', es war Eifersucht, ich ward schwindlig, war es bei Tisch, wo meine Großmutter manchmal von ihm sprach, so konnt' ich nicht mehr essen, währte das Gespräch länger, so vergingen mir die Sinne, ich ward nichts mehr gewahr, es brauste um mich her, und wenn ich allein war, dann brach ich in Tränen aus, ich konnte die Bücher nicht lesen, ich war viel zu bewegt, da war's gleichsam, als erstürzte der Strom meines Lebens über Fels und Geklüft in tausend Kaskaden herab, und es dauerte lang', ehe er sich wieder zur Ruh' sammelte. – Da kam nun einer, der trug einen Siegelring am Finger und sagte, den habe Goethe ihm geschenkt. Das klagte ich ihm, wie ich ihn zum erstenmal sah, wie sehr mich das geschmerzt habe, daß er einen Ring so leichtsinnig habe verschenken können, noch ehe er mich gekannt. Goethe lächelte zu diesem seltsamen Liebesklagen nicht, er sah milde auf mich herab, die zutraulich an seinen Knien auf dem Schemel saß. Beim Weggehen steckte er mir den Ring an den Finger und sagte: „Wenn einer sagt, er habe einen Ring von mir, so sage du: *Goethe erinnert sich an keinen wie an diesen*." – Nachher nahm er mich sanft an sein Herz, ich zählte die Schläge. – „Ich hoffe, du vergißt mich nicht", sagte er, „es wäre undankbar, ich habe ohne Bedingungen alle deine Forderungen soviel wie möglich befriedigt." – „Also liebst Du mich", sagte ich, „und ewig; denn sonst bin ich ärmer wie je, ja, ich muß verzweifeln."

***

Heute morgen hab' ich einen Brief vom Kanzler Müller erhalten, der folgendes über Goethe schrieb: „Er starb den seligsten Tod, selbstbewußt, heiter, ohne Todesahnung bis zum letzten Hauch, ganz schmerzlos. Es war ein allmählich sanftes Sinken und Verlöschen der Lebensflamme, ohne Kampf. Licht war seine letzte Forderung, eine halbe Stunde vor dem Ende befahl er: ›Die Fensterladen auf, damit mehr Licht eindringe.‹"

***

An Goethe.

Heute wollen wir der Leier andre Saiten aufziehen! Heute bin ich so glücklich! Herr und Meister! Heute ist mir ein so herrlicher überraschender Entschluß aus der Seele hervorgegangen, der mich Dir so nah' bringen wird. Du hast mich wie ein läuterndes Feuer durchgriffen und alles Überflüssige, alles Unwesentliche, weggezehrt. Es rauscht so selig durch mich – keine lustvollere, keine jugendlichere Zeit von heut' an bis zu Dir hinüber.

Wer kann sich mit mir messen? – Was wollen die? – die über mich urteilen? – Wer mich kennt, wer mich fühlt, will nicht urteilen. – Wie die Sonne freundlich mit ihren Streiflichtern auf Deinem Antlitz spielt, so spielt die Liebe, die Laune mir am Herzen, und wen ich liebe, dem bringt es Ehre, und wen ich Freund nenne, der kann sich drüber freuen, dem hab' ich Ehre erzeugt, *denn er kam gleich nach Dir*. Wenn's in mir klopfte und tobte, dann strömte mir die Liebeslust die Melodien dazu, und die Begeistrung nahm sie in den allumrauschenden Ozean der Harmonien auf. Du hörtest mir zu und ließest die andern den Verstand haben, sich meiner Narrheit zu entsetzen; unterdessen strömte Ewiges durch Deine Lieder, und der Eifersucht Brand teilte die Nebelschauer auseinander, der Sonne kräftiger Strahl lockte Blüte und Frucht.

Ja, ewiger Rausch der Liebe und Nüchternheit des Verstandes, Ihr stört einander nicht, die eine jauchzt Musik, die andre liest den Text. – Bildet euch, urteilt, macht euch Namen, nützlich, herrlich und groß. Habt Launen und was ihr versäumt? – erkennt es nie! Denn ich und er, der mir im ungemeßnen Leben zuströmte, ersetzt mir alles.

Du bist oben, Du lächelst herab! O, dieses Jahres Frühlingsregen, die Gewitter seiner Sommerzeit, sie kommen aus Deinem Bereich. Du wirst mir zudonnern, Du wirst Deine gewaltige tiefe Natur mir ans Herz schmettern, und ich jauchze mich hinauf.

Wenn die Begeistrung den Weg zum Himmel nimmt, dann schwingt sie sich tanzend im Flug, und die Götterjünglinge stehen gereiht und freuen sich ihrer Kühnheit. – Und Du? – Du bist stolz, daß sie der Liebling Deiner irdischen Tage ist, die den Luftozean mit lustbrausender Ungeduld durchrudert, aufspringt mit gleichen Füßen am Himmelsbord und mit hochauflodernder Fackel Dir entgegenfliegt, sie über Dir schwingend, dann sie hinschleudernd in die hallenden Himmelsräume, daß sie dem Zufall leuchte zum Dienst, ihr ist's einerlei wie; sie liegt im Schoß des Geliebten, und Eros, der Eifersüchtige, hält Wache, daß nicht ähnliche Flammen in ihrer Nähe sich zünden.

In Böhmen, am Waldesrand auf der Höhe, da harrtest Du meiner, und wie ich Dir entgegenkam, den steileren kürzeren Weg kletternd, da standest Du fest und ruhig wie eine Säule; der Wind aber, der Bote des heranrückenden Wetters, raste gewaltig und wühlte in den Falten Deines Mantels und hob ihn und warf ihn Dir übers Haupt und wieder herab und wehte an beiden Seiten ihn mir entgegen, als wolle er Dich mit herabziehen zu mir, die ich ein kleines Weilchen unweit Deiner Höhe ausruhte vom Steigen, um die klopfenden Schläfen und die erhitzten Wangen zu kühlen, und dann kam ich zu Dir, Du nahmst mich vor Dich an die Brust und schlugst die Arme um mich, in Deinen Mantel mich einhüllend. Da standen wir im leisen Regen, der sich durch das dickbelaubte Gezweig stahl, daß hie und da die warmen Tropfen auf uns fielen. Da kamen die Wetter von Osten und Westen, wenig wurde geredet. Wir waren einsilbig. „Es wird sich verziehen jenseits“, so sagtest Du, „wenn es nur nicht da unten so schwarz heraufkäme.“ – Und die Scharen der Wolken ritten am Horizont herauf, – es ward dunkel, – der Wind hob kleine Staubwirbel um uns her Deine *linke* Hand deutete auf die Ferne, während die *rechte* das Gekräut und die bunten Pflanzen hielt, die ich unterwegs gesammelt hatte. – „Sieh, dort gibt's Krieg! – Diese werden jene verjagen; wenn meine Ahnung und Erfahrungen im Wetter nicht trügen, so haben wir ihrer Streitsucht den Frieden zu danken.“ – Kaum hattest Du diese Worte ausgesagt, so blitzte es und brach wie von allen Seiten der Donner los; – ich sah über mich und streckte die Arme nach Dir, Du beugtest Dich über mein Gesicht und legtest Deinen Mund auf meinen, und die Donner krachten, prallten aneinander, stürzten von Stufe zu Stufe den Olympos herab, und leise rollend flüchteten sie in die Ferne, kein zweiter Schlag folgte. –

„Hält man das Liebchen im Arm: läßt man die Wetter überm Haupt sich ergehen!“ Das waren Deine letzten Worte da oben, wir gingen hinab, Hand in Hand. – Die Nacht brach ein, in der Stadt zündete die Obstfrau eben ihr Licht an, um ihre Äpfel zu beleuchten, Du bliebst stehen und sahst mich lange an. – „So benützt *Amor* die Leuchte der Alten, und man betrachtet bei *einer* Laterne seine Äpfel und sein Liebchen.“ – Dann führtest du mich schweigend bis zu meiner Wohnung, küßtest mich auf die Stirn und schobst mich zur Haustür hinein. Süßer Friede war die Wiege meiner träumenden Lust bis zum andern Morgen.

***

An den Freund.

Nach zehn Jahren ward dies schöne Ereignis, was so deutlich in meinem Gedächtnis eingeprägt blieb, Veranlassung zur Erfindung von Goethes Monument. Moritz Bethmann aus Frankfurt am Main hatte es bestellt, er wünschte, der unwidersprechliche Charakter des Dichters möge drin ausgedrückt werden. Er traute mir das Talent zu, daß ich die Idee dazu finden würde, obschon ich damals noch nichts mit der Kunst zu schaffen gehabt hatte. – In demselben Augenblick fiel mir Goethe ein, wie er damals am Rand des Berges gestanden, den Mantel unter den Armen hervor zusammengeworfen, ich an seiner Brust. – Das Erfindungsfieber ergriff mich, oft mußt' ich mich zerstreuen, um nur nicht mich ganz überlassen zu dürfen dem Gebrause der Imagination und den Erschütterungen der Begeistrung. Nachdem ich die Nächte nicht geschlafen und am Tag nichts genossen, war meine Idee gereinigt vom Überflüssigen und entschieden fürs Wesentliche.

Ein verklärtes Erzeugnis meiner Liebe, eine Apotheose meiner Begeistrung und seines Ruhms; so nannte es Goethe, wie er es zum erstenmal sah.

Goethe in halber Nische auf dem Thron sitzend, sein Haupt über die Nische, welche oben nicht geschlossen, sondern abgeschnitten ist, erhaben, wie der Mond sich über den Bergesrand heraufhebt. Mit nackter Brust und Armen. Den Mantel, der am Hals zugeknöpft ist, über die Schultern zurück, unter den Armen wieder hervor, im Schoße zusammengeworfen, die linke Hand, welche damals nach den Gewittern deutete, hebt sich jetzt über der Leier ruhend, die auf dem linken Knie steht; die rechte Hand, welche meine Blumen hielt, ist in derselben Art gesenkt und hält, nachlässig *seines Ruhms vergessend*, den vollen Lorbeerkranz gesenkt, sein Blick ist nach den Wolken gerichtet, die junge Psyche steht vor ihm wie ich damals, sie hebt sich auf ihren Fußspitzen, um in die Saiten der Leier zu greifen, und er läßt's geschehen, in Begeistrung versunken. Auf der einen Seite der Thronlehne ist Mignon als Engel gekleidet mit der Überschrift: „So laßt mich scheinen, bis ich werde", jenseits Bettina, wie sie, zierliche kindliche Mänade, auf dem Köpfchen steht, mit der Inschrift: „Wende die Füßchen zum Himmel nur ohne Sorge! Wir strecken Arme betend empor, aber nicht schuldlos wie Du."

Es sind jetzt acht Jahre her, daß ein hiesiger Künstler die Gefälligkeit hatte, mit mir eine Skizze in Ton von diesem Monument zu machen, es steht in Frankfurt auf dem Museum, man war sehr geneigt, es in Ton ausführen zu lassen, da gab Goethe das Frankfurter Bürgerrecht auf, dies verminderte zu sehr das Interesse für ihn, als daß man noch mit der Energie, die dazu nötig war, die Sache betrieben hätte, und so ist's bis heute unterblieben. Ich selbst hab' oft in mich hineingedacht, was meine Liebe zu ihm denn wohl bedeute, und was daraus entspringen könne, oder ob sie denn ganz umsonst gewesen sein solle, da fiel mir's in diesen letzten Tagen ein, daß ich so oft schon als Kind überlegte, wenn er gestorben wär', was ich da anfangen solle, was aus mir werden solle, und daß ich da immer mir dachte, auf seinem Grab möchte ich ein Plätzchen haben, bei seinem Denkmal möchte ich versteinert sein wie jene Steinbilder, die man zu seinem ewigen Nachruhm aufstellen werde; ja, ich sah im Geist mich in ein solches Hündchen, das gewöhnlich zu Füßen hoher Männer und Helden als Sinnbild der Treue ausgehauen liegt, darin möcht' ich mich verwandeln. Heute nacht dachte ich daran, daß ich früher öfter in solche Visionen versunken war, und da war mir's so klar, daß dies der Keim sei zu seinem Monument, und daß es mir obliege, seine Entstehung zu bewirken. Seit ich diesen Gedanken erfaßt habe, bin ich ganz freudig und habe große Zuversicht, daß es mir gelingen werde. Goethe sagte mir einmal folgende goldne Worte: „Sei beständig, und was einmal göttlicher Beschluß in dir bedungen, daran setze alle Kräfte, daß du es zur Reife bringst. Wenn die Früchte auch nicht derart ausfallen, wie du sie erwartest, so sind es doch immer Früchte höherer Empfindungen, und die allseitig erzeugende lebenernährende Natur kann und soll von der ewigen göttlichen Kraft der Liebe noch übertroffen werden." – Dieser Worte gedenkend, die er damals auf unsre Liebe bezog, und ihnen vertrauend, daß sie noch heute meine schwache Natur zum Ziel leiten, werde ich verharren in diesem Beschluß; denn solche Früchte erzeugt die Liebe; wenn es auch die nicht sind, die ich damals erwartete, so traue ich doch seiner Verheißung, es werde mir gelingen.

Zur Geschichte des Monuments gehört noch, daß ich es selbst zu Goethe brachte. Nachdem er es lange angesehen hatte, brach er in lautes Lachen aus; ich fragte: „Nun! Mehr kannst du nicht als lachen?" – Und Tränen erstickten meine Stimme. – „Kind! Mein liebstes Kind!" rief er mit Wehmut, „es ist die Freude, die laut aus mir aufjauchzt, daß du liebst, mich liebst; denn so was konnte nur die Liebe tun." – Und feierlich mir die Hände auf den Kopf legend: „Wenn die Kraft meines Segens etwas vermag, so sei sie dieser Liebe zum Dank auf dich übertragen." – Es war das einzigemal, wo er mich segnete, anno 24 am 5. September.

***

Der Freund weiß, daß die Sehnsucht nicht ist, wie der Mensch sich von ihr denkt, wie von dem Brausen des Windes und von beiden falsch; nämlich, daß beide so sind und auch wohl wieder vergehen; und die Frage: Warum und woher und wohin, ist ihnen bei der Sehnsucht wie bei dem Wind. Aber: wie hoch herab senken sich wohl diese Kräfte, die das junge Gras aus dem Boden hervorlocken? – Und wie hoch hinauf steigen wohl diese Düfte, die sich den Blumen entschwingen? – Ist da eine Leiter angelegt? – Oder steigen alle Gewalten der Natur aus dem Schoß der Gottheit herab und ihre einfachsten Erzeugnisse wieder zu ihrem Erzeuger hinauf? – Ja gewiß! – Alles, was aus göttlichem Segen entspringt, kehrt zu ihm hinauf! Und die Sehnsucht nach Ihm, der erst niedersank wie Tau auf den durstigen Boden des menschlichen Geistes, der hier in seine herrlichste Blüte sich entfaltete, der aufstieg im Duft seiner eigenen Verklärung: sollte diese Sehnsucht nicht auch himmelan steigen? – Sollte sie den Weg zu ihm hinauf nicht finden?

Dieses Fleisch ist Geist geworden.

Diese Worte habe ich als Inschrift des Monuments erwählt. Was der Liebende dir zuruft, Goethe, es bleibt nicht ohne Antwort. Du belehrst, du erfreust, du durchdringst, du machst fühlbar, daß das Wort Fleisch annimmt in des Liebenden Herz.

Wie der Ton hervorbricht aus dem Nichts und wieder hinein verhallt, der das Wort trug, was nie verhallt, was in der Seele klingt und alle verwandten Harmonien ausruft: so bricht auch die Begeisterung hervor aus dem Nichts und trägt das Wort ins Fleisch und verhallt dann wieder. – Der Geist aber, der sich vermählt mit der Weisheit des Wortes, wie jene himmlischen Kräfte sich im Boden vermählen mit dem Samen, aus dessen Blumen sie im Duft wieder aufsteigen zu ihrem Erzeuger, der wird auch emporsteigen, und ihm wird Antwort ertönen vom himmlischen Äther herab.

Der Zug der Lüfte, die auch aufseufzen und daherbrausen wie die Sehnsucht, von denen wir nicht wissen, von wannen, die haben auch keine Gestalt; sie können nicht sagen: „Das bin ich!" Oder: „Das ist mein!" – Aber der Atem der Gottheit durchströmt sie, der gibt ihnen Gestalt; denn er gebärt sie durch das Wort ins Fleisch. – Du weißt, daß die Liebe die einzige Gebärerin ist; – daß, was sie nicht darbringt dem himmlischen Erzeuger, nicht zur ewigen Sippschaft gehöre? – Was ist Wissen, das nicht von der Liebe ausgeht? – Was ist Erfahrung, die sie nicht gibt? – Was ist Bedürfnis, das nicht nach ihr strebt? – Was ist Handeln, das nicht sie übt? Wenn Du die Hand ausstreckst und hast den Willen nicht, die Liebe zu erreichen, was hast Du da? – Oder was erfassest Du? – Der Baum, den du mit allen Wurzeln in die Grube einbettest, dem Du die fruchtbare Erde zuträgst, die Bäche zuleitest, damit er, der nicht wandern kann, alles habe, was ihn gedeihen macht, der blüht Dir und Deine Sorge schenkst Du ihm darum; ich auch tue alles, damit sein Andenken mir blühe. – Die Liebe tut alles sich zu lieb', und doch verläßt der Liebende sich selber und geht der Liebe nach.

Ende des Tagebuchs.